TAX BY DESIGN: The Mirrlees Review

조세설계

Institute for Fiscal Studies(IFS) 지음
한국조세재정연구원 옮김

Σ 시그마프레스

조세설계

발행일 | 2015년 3월 23일 1쇄 발행

저자 | Institute for Fiscal Studies(IFS)
역자 | 한국조세재정연구원
발행인 | 강학경
발행처 | (주)시그마프레스
디자인 | 송현주
편집 | 김성남, 안은찬

등록번호 | 제10-2642호
주소 | 서울특별시 영등포구 양평로 22길 21 선유도코오롱디지털타워 A401~403호
전자우편 | sigma@spress.co.kr
홈페이지 | http://www.sigmapress.co.kr
전화 | (02)323-4845, (02)2062-5184~8
팩스 | (02)323-4197
ISBN | 978-89-6866-251-5

TAX BY DESIGN : THE MIRRLEES REVIEW, First Edition

* 책값은 뒤표지에 있습니다.
* 이 도서의 국립중앙도서관 출판시 도서목록(CIP)은 서지정보유통지원시스템 홈페이지 (http://seoji.nl.go.kr)와 국가자료공동목록시스템(http://www.nl.go.kr/kolisnet)에서 이용하실 수 있습니다.(CIP제어번호 : CIP2015007226)

역자 서문

세제개혁(稅制改革) 또는 조세개혁(租稅改革)이라는 말과 달리 본서의 제목 '조세설계(租稅設計)'는 우리에게 다소 생소한 개념이다. 조세개혁(tax reform)과 조세설계(tax design)란 개념은 하버드대학교의 마틴 펠드스타인(M. Feldstein) 교수에 의해 잘 구분된 적이 있다. 펠드스타인 교수에 의하면 조세설계란 '원점에서 새로운 조세제도를 그려 내는 것'을 말하고, 조세개혁은 '현존하는 제도를 토대로 바람직한 방향으로의 점진적인 변화를 추구하는 것'으로 정의된다. 그동안 조세설계는 이론적 연구에서만 간헐적으로 관심을 받아 왔고, 재정학자 및 일반인들의 관심은 대부분 조세개혁에만 맞추어져 있었다. 그러나 세계화라는 새로운 시대적 상황에 직면하여 조세개혁보다는 더욱더 근본적인 '조세설계'가 필요하다는 주장이 저명한 재정학자들에 의해 제기되었다.

1978년 영국에서는 노벨경제학상 수상자인 제임스 미드(James Meade) 교수의 주도하에 '직접세의 구조와 개혁(*The Structure and Reform of Direct Taxation*)'에 관한 당시로서는 획기적인 보고서가 발표되어 조세정책 토론에 지대한 영향을 미친 바 있다. 그로부터 30여 년이 지난 2011년, 세계화를 통해 경제개방이 급속도로 진행되고 있는 현실의 상황을 반영하기 위해 이번에도 영국에서는 노벨경제학상 수상자이자 세계 최고의 조세이론가인 제임스 멀리즈(James Mirrlees) 교수의 주도로 '조세설계(*Tax By Design*)'라는 새로운 보고서가 발간되었다. 미드 보고서(Meade Report)의 경우 직접세만 다룬 부분적인 조세개혁인 반면, 멀리즈 검토안(Mirrlees Review)은 직접세뿐만 아니라 부가가치세와 환경세 등을 포함하여 '조세시스템 전반'을 다루고 있다. 조세시스템 전반을 다루고 있다는 의미에서 본서는 '조세설계'라 명명되었다.

본서는 본질적으로 '조세설계의 청사진' 또는 '세계화 시대에 조세설계를 어떻게 할 것인가?'를 중심적으로 다루고 있다. 21세기의 개방화되고 선진화된 경제에서 '좋은(good) 조세시스템'이 되려면 어떤 요건을 갖추어야 하는지를 제시한 후, 기존의 조세체계를 근본적으로 어떻게 개혁해야 되는지를 분석하고 있다. 물론 좋은 시스템과 나쁜 시스템의 판별을 위해서는 가치판단의 기준이 있어야 한다. 본서는 경제학의 프리즘으로 현실을 접근하고 있기 때문에 '조세체계(tax system)'의 구조가 일반적인 (또는 평균적인) 개인들에 미치는 경제적 후생을 중시하고 있다. 다시 말해 누가 이익을 어느 정도 얻어야 하고 또 누가 손해를 봐야 하는가에 대해서는 판단을 내리지 않고, 일반 개인들의 경제적 후생에 미치는 결과를 정확하게 분석하는 틀을 제시하고 있는 것이다.

본서는 일반 국민들에게 공공서비스를 제공하고 소득과 부의 재분배를 위해서는 조세의 부담이 불가피하다고 지적한다. 그러나 본서는 일국의 조세부담과 국민부담 (조세부담과 사회보장기여금을 합한)의 총규모가 어떻게 되어야 한다거나, 일국 내에서 개인 사이의 소득과 부가 얼마나 재분배되어야 하는지에 대해서는 판단을 유보하고 있다. 이들은 정치적 판단의 영역으로 간주하고 있는 것이다. 대신 현재의 조세부담과 국민부담 그리고 현재의 소득재분배 효과를 주어진 조건으로 하는 제약하에서 보다 더 효율적인 조세체계를 설계하는 방안을 논의하고 있다. 이러한 접근은 조세체계의 완벽한 해답을 요구하는 독자들에게 실망을 줄 수도 있지만, 많은 정책결정자들이 조세체계의 전체적인 영향을 간과한 채 조세논쟁을 벌여 왔다는 점을 감안한다면 본서의 중요성은 어떤 논리로도 과소평가될 수 없다. 사실 선진국에서조차 '조세설계'에 대한 논의가 활발하게 이루어지지 않았고 또 일반 대중의 '총체적 조세개혁'에 대한 이해도 부족한 실정이다.

조세는 죽음처럼 피할 수 없다. 그러나 우리는 조세를 '설계'할 수는 있다. 우리는 조세체계를 현재와 같이 비효율적인 상태로, 또 조세부담과 공평성을 일반 국민의 눈높이에 걸맞지 않게 방치할 수는 없다. 이를 반드시 개선하거나 개혁해야만 한다. 본서는 21세기의 개방경제하에서 조세체계가 어떻게 설계되어야 하는지에 대한 보편적인 원리들(principles)을 수립하고, 이들을 바탕으로 구체적인 개혁방안들(proposals)을 제시하고 있다. 이를 위해 광범한 경제이론 및 실증적 연구결과들이 제시하는 객관적 통찰력(insights)을 활용하여 조세체계가 사람들의 행위에 미치는 영향을 논의하고 있다. 또한 조세체계가 달성하고자 하는 여러 가지 목표들 간에 상충관계가 발생할 때 정책결정자들이 어떤 선택을 해야 하는지에 대해서도 설명하고 있다.

본서의 주요 목적은 조세개혁의 분석틀(framework)과 방향(direction)을 새로이 제시하는 데 있다. 이를 위해 경제적 접근방법을 바탕으로 소득세, 소비세, 부가가치세, 환경세, 저축세, 자산세(부유세), 토지세, 재산세, 법인세, 기업관련세 등에 관해 구체적으로 논의한 후, 마지막으로 조세체계의 개혁에 대한 '종합적인 개혁안과 권고안'을 제시하고 있다. 이러한 개혁안과 권고안은 국민들의 후생 상태를 개선할 수 있으며, 무엇보다도 현재의 조세체계가 갖는 복잡성과 비효율성으로부터 나타나는 여러 족쇄들을 벗어나는 데 크게 기여할 것이다.

현재의 상황을 개선하기 위해서는 '새로운 인식'이 필요하다. 본서에서는 조세개혁을 위한 중요한 고려사항들을 지적하고 있는데, 이는 앞으로 우리나라의 조세개혁 논쟁에서 주목할 만한 것들로서 새로운 인식의 지평을 열 수 있다. 인내심을 가지고 본서를 끝까지 읽는다면 이러한 내용을 충분히 이해할 수 있을 것으로 생각된다. 본서는 조세설계의 전 과정에서 유념해야 할 몇 가지 유의사항을 정리하고 있는데, 특히 2015년 현재 증세와 복지라는 시대적 과제를 논하고 있는 우리 사회에 던지는 의미는 매우 크다고 할 수 있다.

첫째, 우리는 조세체계를 하나의 '전체로서(as a whole)' 인식해야만 한다. 조세제도 전체를 하나의 시스템(system)과 체계로 인식하여 조세체계 내의 각 세목이 수행하는 역할뿐만 아니라 여러 세목들이 함께 상호작용하는 방식을 명확하게 이해해야 한다는 것이다. 세금이라는 명칭의 조세뿐만 아니라 부담금, 부과금 등 강제적 재원을 포괄하는 전체 조세체계 내에서 개별 세목이 수행하는 정책적 목표들을 파악하고 또 이들 전체가 조화롭게 조세정책의 궁극적 목표를 달성하도록 해야 한다. 조세체계가 추구하는 다양한 경제사회적 목표들이 단일의 개별 세목에서 모두 총합적으로 구현되어야 하는 것은 아니다.

둘째, 우리는 조세체계가 운영되는 현실 경제와 인구통계학적 변화에 대한 분명한 이해를 바탕으로 조세체계를 설계해야 한다. 경제발전의 초기 단계에서는 징세가능성에 초점을 맞추어 세수를 확보하는 방안에 주력할 수밖에 없다. 그러나 경제가 성숙하면 경제 전체의 효율성을 제고하는 세수확보 방안을 고민해야 하며, 더 나아가 산업구조와 인구구성의 미래 변화를 감안하여 경제구조의 장기적 변화를 도모할 수 있도록 조세체계를 설계해야 할 것이다.

셋째, 우리는 경제적 통찰력과 실증적 증거들을 충분히 파악하여 조세체계의 설계에 이용해야만 한다. 경제이론은 개인의 행동방식을 모형화하고 조세가 미치는 실제 효과들을 실증적으로 분석하는 데 상당한 성과를 이룩하였다. 따라서 우리는 훨씬 더 나은 정보를 바탕으로 조세설계에 대한 토론이 이루어져야 하며, 또한 훨씬 더 나은 정치적 결정과정을 거쳐야 한다. 본서는 경제이론과 실증적 연구에 대한 학문적 결과들을 광범하게 정리하고 있기 때문에 공식적인 토론의 장에서 객관성에 근거한 주장들이 보다 폭넓게 수용되는 계기가 마련될 것이다.

넷째, 우리는 조세체계의 설계에서 조세의 효과뿐만 아니라 재정운용과 규제의 측면에서 나타나는 제반 효과를 동시에 고려할 필요가 있다. 특히 개인에 대한 소득과 부의 재분배 효과를 파악하기 위해서는 조세뿐만 아니라 각종 복지급여와 중소상공인 보호 등 재정운용과 규제의 측면에서 나타나는 여러 가지 편익체계도 동시에 감안하는 것이 바람직하다. 물론 재분배의 중요성에 대한 인식은 국민들의 선호와 조세체계가 효율성에 미치는 영향 등에 의해 결정될 것이다. 재분배와 효율성 간의 상충관계는 조세정책에 대한 수많은 논의에서 중심을 차지하고 있다.

다섯째, 소득은 그 원천에 상관없이 동일한 세율이 적용되어야 한다. 소득의 원천에 따라 다른 세율을 적용하는 것은 조세체계를 복잡하게 하고, 공평성을 저해하며, 세금부담이 적은 경제활동으로 쏠리는 왜곡이 나타나며 조세회피가 유발된다. 모든 소득을 동일하게 과세하는 것은 자영업 소득, 재산소득, 저축소득, 배당금 소득, 양도소득에도 동일한 세율 구조를 적용해야 한다는 것을 의미한다. 더구나 직원에 대한 각종 복리후생도 현금소득처럼 과세하라는 것을 의미하기도 한다. 또한 사업소득이 법인을 빠져나가기 전에 법인세를 통해 과세하는 것은 당연한 일이지만, 법인에서 발생한 소득(배당소득과 주식양도소득)에 대해서는 개인 소득세율은 인하되어야 한다는 의미도 포괄하고 있다.

우리는 일반적으로 조세체계를 설계함에 있어 다양한 목표를 추구한다. 조세부과로 경제활동을 불필요하게 위축시키지 않아야 하며, 일정한 소득재분배의 목표를 효과적으로 달성할 수 있어야 하며, 제반 절차는 공평하고 투명하며 그리고 행정적으로 간편해야 할 것이다. 우리는 이들을 조세체계가 추구해야 할 중요한 목표들(objectives)이라 부르는데, 본서는 이들을 효율성, 누진성, 공평성, 투명성의 네 가지 관점으로 정리하고 있다.

일정한 소득재분배 효과를 전제로 할 때, 조세체계는 개인들의 후생과 경제적 효율성에 미치는 부정적 효과들을 최소화해야 한다. 조세체계를 운영하는 데 드는 사회전체의 경제적 비용이 적어야 하는데, 조세행정 및 납세순응에 드는 비용들도 가능한 한 적어야 한다. 이들은 모두 효율성이란 단일의 목표로 정리할 수 있다. 그리고 소득분배의 상태를 받아들이기 위해서는 누진성이 필요하다. 누진성은 '고소득자들의 소득에 대해 더 높은 세율을 부과하는 것'을 말하는데, '소득불평능'이 수로 고용기회의 불평등에 의해 결정된다는 사실에 기반을 두고 있다. 그러나 높은 세율이 달성하는 이점은 고소득층의 행동 변화와 유인 감소라는 부정적 영향과 반드시 비교 상량되어야 할 것이다. 또한 조세체계는 공평해야 하는데, 이는 절차의 공정, 차별 방지, 합법적 기대에 대한 공평성 등을 말한다. 마지막으로 조세체계는 투명해야 하는데, 사람들이 이해할 수 있는 투명한 조세체계는 '몰래' 세금을 부과하는 조세체계보다 더 좋다.

그런데 본서는 조세체계가 추구하는 목표들을 체계적으로 정리했다는 것보다 이를 달성하는 중요한 '경험법칙들(rules of thumb)'을 소개했다는 데 그 중요한 가치가 있다고 할 수 있다. 조세체계의 목표들을 달성하는 데 유용한 세 가지 경험법칙들로서 중립성(neutrality), 단순성(simplicity), 안정성(stability)을 제안한다. 이들은 그 자체가 목표가 되는 것은 아니지만, '수단적 지침(instrumental guideline)'으로서 이들을 충실히 따르면 최종 목표를 달성하는 데 유익하다. 중립적이고, 단순하며, 안정적인 조세체계는 중립적이지 못하고, 복잡하며, 자주 변하는 조세체계보다 궁극 목표들을 달성하는 데 효과적이라는 것이다.

중립성은 '비슷한 경제 활동들을 비슷하게 과세하는 것'으로 정의되는데, 중립적인 조세체계는 사람들이 '높은 조세가 부과되는 활동'을 버리고 '낮은 조세가 부과되는 활동'을 선택하는 것을 방지한다. 사람들이 높은 조세가 부과되는 활동에서 낮은 조세가 부과되는 활동으로 전환할 때 경제적으로 큰 비용이 수반되기 때문이다. 또한 중립적인 조세체계는 서로 다른 활동을 선택하는 사람들을 차별하지 않는 기능도 수행한다. 따라서 중립성은 효율성뿐만 아니라 공평성도 함께 증진시킬 수 있는 것이다. 그러나 중립성이 비효율적인 경우도 존재하는데, 예컨대 건강 및 환경상의 해악(害惡)에 대해서는 조세체계가 중립적일 필요가 없다.

조세체계의 단순성에 대해서도 우리는 많은 얘기를 듣고 있다. 만약 두 가지 조세체계가 동일한 목적을 달성한다면 단순한 조세체계가 복잡한 조세체계보다 분명 더 나을 것이다. 단순한 조세체계는 복잡한 조세체계보다 상대적으로 더 투명하며, 조세 관련 행정비용들도 더 낮을 것이기 때문이다. 조세체계의 단순성이 결여되면 조세회피(tax avoidance)의 기회는 늘어나고 개인과 기업들은 조세부담을 줄이기 위해 자신들의 행동을 전략적으로 변화 또는 조정할 것이다. 조세당국은 다시 이러한 세법상의 허점들을 제거하기 위하여 일련의 복잡한 법들을 제정한다. 다시 말해, 조세체계의 복잡성은 조세회피를 유발하고, 조세회피를 억제하려는 세무당국은 더욱 복잡한 법률들을 제정하게 된다. 이는 마치 세무당국과 납세자들 사이에 벌어지는 '술래잡기 게임'과도 같다.

조세체계가 안정성을 유지해야 한다는 것은 빈번하게 변화하는 조세체계가 많은 납세순응 및 납세협력 비용을 부담하기 때문이다. 조세체계에서 안정성이 결여되면 기업의 투자결정, 개인의 저축 및 투자결정에 부정적인 영향을 미칠 수 있다. 또한 조세체계가 빈번하게 변화하면 납세자들은 자신들이 불공평하게 처우받는다는 느낌을 갖기 때문에 공평성을 상실하게 될 것이다.

본서는 비록 영국의 경우를 토대로 하고 있지만 그 기본적 이념과 정책적 시사점은 우리나라뿐만 아니라 여타 선진국들의 경우에도 매우 중요하다고 생각된다. 또한 조세설계라는 새로운 아이디어에 대한 정책결정자 및 전문가들의 이해 수준을 높이고 정치적 토론을 더욱 풍성하게 할 수 있을 것이라 예상된다. 본서와 관련하여 영국 중앙은행의 머빈 킹(Mervyn King) 전(前) 총재는 "조세개혁과 관련하여 우리가 어떤 견해를 가지고 있든 심도 있는 토론에 참여하려면 반드시 이 책을 읽어 보아야 한다"고 하였고, 하버드대학교의 로렌스 서머스(Lawrence Summers) 교수도 "이론과 실제는 대개 따로 놀기 마련이지만 본서는 이 두 가지를 잘 조화시키고 있다. 따라서 미래의 조세체계나 정부에 관심 있는 전문가나 독자들은 꼭 이 책을 읽어 볼 것"을 권하고 있다. 따라서 본서는 조세설계의 새로운 이해와 토대를 마련해 줄 획기적인 내용들을 담고 있기 때문에 조세설계에 관심 있는 정책입안자들에게 풍부한 지식의 보고(寶庫)가 될 것이며, 조세전문가들에게도 귀중한 참고서(參考書)가 될 것으로 믿어 의심치 않는다.

이 책의 한국어 번역본 출간에는 특히 두 분의 혜안(慧眼)이 있었다. 이 책이 발간된 직후 안동대학교 이성규 교수는 한국어 번역본 발간을 위해 2012년 제반 법적 준비와 함께 구체적인 번역 작업에 착수하였다. 나도 이 작업에 일부 참여하였으나 이런저런 사정으로 전체적인 번역 작업이 생각만큼 빨리 진행되지는 않았다. 2013년 5월 나는 한국조세재정연구원 원장으로 부임하게 되었는데, 번역 작업의 필요성을 연구원의 김재진 박사에게 문의하였다. 김재진 박사도 이미 이 책의 중요성을 인식하여 그 내용을 간단히 소개하는 논문, "Mirrlees Review : Reforming the Tax System for the 21st Century"을 연구원의 「재정포럼」 2012년 5월호에 게재한 적이 있었다. 나는 이 두 분의 도움을 받아 이 책의 번역 작업에 가속도를 붙일 수 있었다.

본서의 번역에는 오랜 기간 많은 분들의 헌신적인 노력과 지루하고도 어려운 우여

곡절이 있었다. 용어의 선택과 개념 정립에서는 조세와 재정이라는 동일한 분야를 고민하는 전문가라 하더라도 교과서적 이론에 충실한 분들과 조세정책과 세법 등 실무에 익숙한 분들 사이에 이견들이 있었다. 이 때문에 본 번역본을 읽는 독자들은 자신의 관점에 따라 다소 어색한 표현들을 느낄 수도 있을 것이다. 그러나 이 또한 우리나라 조세논쟁의 수준을 업그레이드하는 소중한 기회가 된다고 생각한다.

마지막으로 번역 작업과 감수 과정에 참여해 주신 많은 분들에게 감사의 말씀을 남기고 싶다. 국방대학교 권오성 교수, 경희대학교 박우성 교수, 한양대학교 주만수 교수, 조세심판원의 안세준 상임심판관, 기획재정부 김영노 국장과 이호섭 팀장 그리고 본 연구원의 강성훈 박사와 최승문 박사에게 진심 어린 감사의 말씀을 드린다. 특히 본 번역을 촉발시켰던 안동대학교 이성규 교수는 원고의 처음부터 끝까지 책임 감을 갖고 세심하게 읽으며 교정해 주신 것을 거듭 감사드린다. 또한 본서를 출간해 준 (주)시그마프레스 강학경 사장님과 고영수 부장님, 그리고 무엇보다도 편집에 완벽을 기하기 위해 많은 애를 써 주신 김성남 과장님께 심심한 감사의 말씀을 드린다. 다시 한 번 본 역서가 조세설계와 관련된 공적 논의에서 유익한 참고 자료가 되길 기원한다.

2015년 2월 건전한 조세논쟁을 기대하며
한국조세재정연구원 원장 옥동석

한국어판 서문

『조세설계』의 번역을 축하하며

20 07년 영국재정연구소(IFS)는 먼저 개방경제에서 '좋은(이상적인) 조세체계 (good tax system)'가 갖추어야 할 특성을 밝혀내고, 다음으로 그러한 이상(理想)에 가까이 다가가기 위해 영국의 조세체계를 어떻게 개혁해야 하는지에 대한 획기적인 제안들(proposals)을 하기 위해 최고의 전문가들로 구성된 하나의 위원회를 소집하였다. 이 역사적인 위원회는 '멀리즈 검토위원회(The Mirrlees Review)'라 불리게 되었고, 1996년 노벨경제학상 수상자인 제임스 멀리즈(James Mirrlees) 경(卿)이 위원장을 맡아 위원회를 이끌게 되었다. 3년여간의 노력 끝에 멀리즈 위원회는 마침내 2010년 『조세설계의 실제(Dimensions of Tax Design)』와 2011년 『조세설계(Tax by Design)』라는 두 편의 권위 있는 보고서(저서)를 발간하였다.

두 번째 보고서인 『조세설계』는 제임스 멀리즈, 스튜어트 아담, 팀 베슬리, 리차드 블룬델, 스티브 본드, 말콤 게미, 폴 존슨, 가레스 마일레스, 제임스 포테르바 등이 참가하여 저술하였으며 '조세체계의 원대한 비전(overarching vision)'을 제시하고자 노력하였다. 본서의 목적은 최근 경제이론과 실증적인 분석을 적용하여 조세체계를 새로이 설계하고자 하는 데 있다. 무엇보다도 우리는 조세체계를 개별 조세수단의 집합으로서가 아니라 '전체로서(tax system as a whole)' 보아야 한다고 '생각'하였다. 이리한 통찰력은 본 연구의 기초가 되었다. 본 분석은 최근의 최석과세(optimal taxation) 이론과 최신 실증 연구를 바탕으로 조세개혁의 균형 잡힌 새로운 제안들을 담고 있다.

우리는 이성규 교수를 중심으로 경제학 교수 및 연구소 이코노미스트, 그리고 조세 전문가들이 본서를 한국어로 번역해 준 데 대해 매우 기쁘게 생각한다. 우리는 본서에서 제시한 여러 권고안들이 국제적으로도 관련성이 크다는 점을 잘 알고 있으며, 좋은 조세체계가 갖추어야 할 주요 원리들이 비단 영국뿐만 아니라 한국에서도 적용될 수 있을 것으로 확신하는 바이다.

본서는 현재 우리가 과세(課稅)에 대해 알고 있는 바를 중심으로 기술했지만 우리

지식의 한계에 대해서도 지적하였다. 예를 들면, 조세가 사람들의 이주(移住)에 미치는 효과, 조세가 저축행위에 미치는 장기 효과, 조세가 인적(人的) 자본의 축적에 미치는 효과 등은 모두 더 많은 연구가 필요한 분야라고 생각한다. 또한 우리는 조세개혁으로부터 발생하는 후생 이득을 계량화하는 방법을 개선해야 할 필요가 있음을 통감한다. 마지막으로 본서의 번역이 한국의 경제학자들에게 조세경제학(economics of taxation)의 발전과 이해 증진에 기여할 수 있는 기회가 되기를 희망하는 바이다.

2015년 2월

영국 엑시터(Exeter)대학교 경제학과 교수

가레스 마일레스(Gareth Myles)

저자 서문

지금으로부터 33년 전에 영국재정연구소(Institute of Fiscal Studies, IFS)는 영국 조세체계에 대한 기념비적인 한 보고서(review)를 출간하였다. 이 보고서는 1977년에 노벨 경제학상을 수상한 제임스 미드(James Meade) 교수가 주관한 세제 관련 위원회의 결과물이다. 이를 흔히들 『미드 보고서(Meade Report, 1978)』라 부른다.[1][2] 당시 영국재정연구소(IFS) 소장이었던 딕 테버른(Dick Taverne)은 『미드 보고서』의 발간 동기를 설명하면서 다음과 같이 개탄한 바 있다.

> "너무 오랫동안 … 영국의 조세 개혁들(tax reforms)은 임시방편적으로 이루어져 왔다. 왜냐하면 조세 개혁이 조세 구조 전체의 변화에 미치는 효과들을 제대로 고려하지 않았기 때문이다. 그 결과, 영국 조세체계의 많은 부분들은 합리적 기반을 갖추지 못하고 있다. 이해가 상충되는 목표들이 일관성을 갖추지 못하고 아무렇게나 추구되고 있으며, 심지어 어떤 목표들은 상호 모순적으로 추구되고 있다."[3]

공교롭게도 이러한 개탄과 비판은 오늘날에도 여전히 유효하다. 어떤 측면에서 영국의 조세체계는 『미드 보고서』가 권고한 대로 전개되어 왔다고 해도 과언이 아닐 것이다. 그러나 영국의 조세체계는 여전히 '전략적 설계(strategic design)'라기보다는 종종 통일성이 결여된 '점진적 변화(piecemeal changes)'의 결과이다. 또한 영국의 조세체계는 그것이 운영되는 경제적, 사회적 그리고 제도적 환경에서의 커다란 변화들에 적응하려고 해 왔다. 그러나 조세체계가 사람들의 행위에 미치는 이론적·실증적

---

1) 역자 주 : *The Structure and Reform of Direct Taxation*, Report of a Committee chaired by Professor James E. Meade, The Institute for Fiscal Studies, 1978, London: George Allen & Unwin.
2) 역자 주 : 반면에 본 보고서는 '멀리즈 보고서(The Mirrlees Review)'라 명하고 있다. 1996년 노벨 경제학상 수상자인 '제임스 멀리즈(James Mirrlees)' 교수가 본 연구를 주관했기 때문이다(영어의 review와 report는 모두 '보고서'라 번역한다).
3) 역자 주 : Dick Taverne, "Foreword" in *The Structure and Reform of Direct Taxation*, 1978, p.xi.

연구들이 크게 증진되었음에도 불구하고 '조세설계'는 여전히 이들 연구로부터 큰 혜택을 보지 못하고 있는 게 사실이다.

　이러한 이유들 때문에 본서의 연구진은 일단의 조세 전문가들에게 다음 두 가지 측면에서 영국의 조세체계를 진지하게 검토해 줄 것을 요청하기에 이르렀다. 첫째, 21세기의 개방 경제에 적합한 조세체계[4]가 갖추어야 할 주요 특징들은 무엇인가? 둘째, 특히 영국의 조세체계가 그러한 이상(ideal)에 가까이 다가가기 위하여 어떻게 개혁되어야 하는가? 이러한 목표를 설정함으로써 우리는 『미드 보고서』를 작성했던 선배 학자들보다 훨씬 더 원대한 꿈을 가지게 되었다.

　『미드 보고서』가 주로 직접세들(direct taxes)[5] ─ 조세체계의 일부분 ─ 에 초점을 맞추고 있지만 본 보고서 ─『멀리즈 보고서(The Mirrlees Review)』─ 는 조세체계 전반[6]을 검토하고자 한다. 실제로 조세체계를 '하나의 전체로서' 보아야 한다[7]는 통찰력은 본 보고서의 기본 바탕이 되고 있다. 또한 본 보고서가 영국의 조세체계에 초점을 맞추고 있지만 본 보고서의 주요 결과들은 다른 국가들에서도 충분히 적용될 수 있을 것으로 확신하는 바이다.

　게다가 본서는 『멀리즈 보고서』의 유일한 결과물이 아니다. 본서의 자매서인 『조세설계의 실제(Dimensions of Tax Design)』가 이미 2010년에 출간되었기 때문이다. 『조세설계의 실제』는 영국재정연구소(IFS)와 세계 여러 나라의 전문가들이 중심이 되어 조세설계 관련 여러 주제들을 다루고 있다. 특히 조세설계 분야의 경제적 사고나 견해에 대한 포괄적이고 광범위한 최신 개관들을 자세히 다루고 있다. 물론 이러한 개관들은 본 보고서를 완성하는 데 필요한 귀중한 영감과 자료를 제공해 주었다.

　우선, 본 보고서의 집필 의도는 조세설계의 '조감도(big picture)'를 그리는 데 있다. 이를 위해 어떤 사회(국가)가 조세체계를 통해 무엇을 달성하고자 하는지(조세체계의 목표), 그리고 그것을 어떻게 달성하는지에 관해 살펴보고자 한다. 본 최종 보고서에서 우리는 조세체계의 원대한 비전을 수립할 뿐만 아니라 몇 가지 바람직한 개혁방안들을 제시하고자 한다. 본 보고서의 출발점은 '조세체계의 경제적 측면'을 살펴보는

---

4) 역자 주 : 이를 '이상적인 조세체계(ideal tax system)'라고도 한다.
5) 역자 주 : 『미드 보고서』는 포괄적 소득세, 지출세, 법인세, 사회보장 및 소득보전, 자본세, 국민보험기여금, 급여세 등에 초점을 맞추고 있다.
6) 역자 주 : 반면에 『멀리즈 보고서』는 근로소득세뿐만 아니라 상품세, 부가가치세, 환경세, 기후변화세, 자동차세, 가계저축세, 자산이전세, 토지세, 재산세, 법인세, 중소기업세 등 모든 조세체계를 다루고 있다.
7) 역사 주 : 이를 소위 '전일론(全─論, holism)'이라고 한다.

데 있다.[8] 비록 조세 변호사들, 조언자들, 세무사들 그리고 조세설계 관련 실무자들 등으로부터 많은 유용한 자료와 정보를 받았지만 무엇보다도 조세체계의 경제적 측면에 초점을 맞추고자 한다. 그 결과, 조세설계와 그 실행에 관해 생각하면서 대부분의 시간을 보냈던 일부 학자 및 연구자들은 조세설계의 우선순위가 다름을 발견하게 될 것이고, 본 보고서를 실제로 실행한다면 다른 접근 방법을 취할지도 모른다. 조세체계의 경제적 측면을 중시한다고 해서 경제학자들만이 '좋은 조세설계'를 수립하는데 모든 해결책을 가지고 있다고는 할 수 없다. 왜냐하면 경제학자들의 일부 해결책들은 새로운 문제들을 가져오기 때문이다. 그러나 조세체계가 효과적으로 작동하려면 조세체계의 경제적 측면에 대해 심각하게 고려해 보아야 한다.

조세 개혁안들(proposals for tax reform)은 행정적 실용성 문제와 경제적 의도를 법률적 언어로 전환해야 하는 어려움 등을 가지고 있다. 또한 조세 개혁안들은 '정치과정'에 의해서도 제약을 받는다. 특히 조세 개혁으로부터 손해를 보는 사람들은 당연히 조세 개혁에 대해 적개심을 가지게 될 것이지만, 조세 개혁으로부터 이익을 얻는 사람들조차도 조세 개혁에 대해 감사할 줄 모르는 경우를 종종 발견할 수 있다. 우리는 본 보고서가 제시하는 권고안들이 모든 정치적 스펙트럼으로부터 즉각적이고 열렬한 지지를 받을 것으로 확신하고 있다. 그러나 본 보고서가 단지 '권고안'에만 그친다면 아무런 의미가 없을 것이다. 만일 본 보고서가 몇 가지 권고안에만 그친다면 이렇게 길게 쓸 필요가 없을 것이다. 본 보고서를 통해 우리는 더 나은 조세체계(즉, 조세체계의 개선)의 방향을 수립·제시하기 위하여 '조세개혁의 정치·경제적 측면'을 명시적으로 고려하기 위하여 많은 노력을 기울였다. 그러나 경제적으로 바람직한 것(what is economically desirable)과 정치적으로 실용적인 것(what is politically practical) 간에 항상 어느 정도의 상충관세가 존재하기 마련이다.

이러한 원대한 의도(야망)를 가지고 본 보고서를 본격적으로 집필하기 위하여 우리는 제임스 미드 교수에 버금가는 후계자를 찾아보았다. 그 과정에서 우리는 아무런 어려움 없이 최고의 적격자를 찾게 되었다. 그는 다름 아닌 1996년 노벨 경제학상 수상자이고 근대 최적 과세이론(theory of optimal taxation)의 창시자인 제임스 멀리즈(James Mirrlees) 교수였다. 제임스 멀리즈 교수는 다른 한편으로 제임스 멀리즈 경

---

8) 역자 주 : 조세체계는 경제적 측면뿐만 아니라 정치적·사회적 측면에서도 중요하다. 그러나 조세체계의 본질은 경제적 측면에 있다. 따라서 조세체계를 경제적 측면에서 살펴보는 것이 무엇보다도 중요하다.

(卿)(Sir James Mirrlees)이라고도 불린다. 본서는 멀리즈 교수와 8명의 저명한 경제학자들과 한 명의 변호사의 공동 작품이다.[9] 이들은 본 보고서를 집필하기 위해 4년 동안 함께 연구를 해 왔다. 이들의 일부는 명실상부 영국에서뿐만 아니라 세계에서 가장 우수한 공공경제학자들이다. 이들과 함께 본 연구를 하게 된 것은 큰 기쁨인 동시에 크나큰 영광이기도 했다.

본 보고서의 집필자 모두가 가장 우수한 학자들이었음에도 불구하고 이들 역시 다른 학자들의 연구로부터 많은 도움을 받았음을 인정하지 않을 수 없다. 왜냐하면 우리의 생각과 견해들은 본 보고서의 준비 기간 동안 각종 학술회의, 세미나, 토론회, 발표 등에서의 유익한 비평과 논의들을 통해 많은 도움을 받아 왔기 때문이다. 게다가 『조세설계의 실제』를 집필한 63명의 저자들 모두 집필과 많은 논의들을 통해 본 보고서의 결론과 권고안들을 도출하는 데 기초가 된 아이디어들을 제시하고 개발하는 데 중요한 역할을 담당하였다. 우리는 이분들께 무한한 감사를 드린다. 조세 정책을 모형화하고 분석하는 데 전문 지식을 가진 영국재정연구소(IFS) 직원들도 본 보고서를 작성하는 데 중요한 역할을 하였다. 비록 예정된 시간보다 더 오래 걸렸지만 이들의 노력 덕분에 이 작업이 완수되었다고 생각한다.

본 보고서는 어느 한 사람의 노력에 의해 이루어진 것이 아니다. 따라서 나는 본 보고서를 집필하는 데 기여한 모든 사람들에게 감사를 드리고자 한다. 많은 사람들이 보여 준 지혜와 인내 그리고 혜안에 대해 진심으로 감사드린다.

또한 본 보고서를 출간하는 데 많은 노력을 기울여 준 여러 분들께도 특별한 감사를 드린다. 특히 주디스 페인(Judith Payne)은 편집자로서 다시 한 번 그녀의 놀라운 능력들을 보여 주었다. 무엇보다도 그녀는 원고가 예정보다 많이 지연되었음에도 불구하고 놀라운 인내심을 보여 주었다. 또한 옥스퍼드대학 출판부(OUP)의 관계자들도 상당한 인내심을 보여 주었으며, 영국재정연구소(IFS)에서 근무하는 브림스톤(Bonnie Brimstone)과 히멘(Emma Hyman)도 아낌없는 지원을 해 주었다. 이들의 노고에 깊은 감사를 드린다.

마지막으로, 경제학이 주는 가장 중요하고 잘 알려진 교훈들 중의 하나는 '세상에

---

9) 역자 주 : 이들은 다음과 같다. Sir James Mirrlees, Stuart Adam, Timothy Besley, Richard Blundell, Stephen Bond, Robert Chote, Paul Johnson, Gareth Myles, Malcolm Gammie 그리고 James Poterba 등이다. 이들 중에서 Malcolm Gammie는 변호사이고 나머지는 모두 경제학자들이다. 특히 James Poterba는 미국 교수이다.

공짜는 없다'는 것이다. 본 보고서의 경우도 마찬가지이다. 우리는 본 보고서의 집필 작업을 재정적으로 지원해 준 '너필드 재단(Nuffield Foundation)'과 '영국 경제·사회 연구위원회(Economic and Social Research Council)'에 대해 충심으로 감사드린다. 이들 두 기관은 오랫동안 영국재정연구소(IFS)를 아낌없이 지원해 왔으며, 특히 이들이 본 작업에 대한 투자가 결코 헛되지 않았다고 생각해 주기를 간절히 희망하는 바이다. 이 글을 끝맺기 전에 『미드 보고서』의 출간에 부쳐 서문을 쓴 딕 테버른(1978년 당시 영국재정연구소 소장)의 말을 다시 인용하고자 한다.

> "우리는 본 보고서(미드 보고서)가 조세 개혁자들에게 풍부한 지식의 원천이 될 것이며, 또한 미래의 조세 연구자들에게 귀중한 참고 자료가 될 것으로 희망하며, 또 그렇게 되리라 확신하는 바이다."

딕 테버른의 소망처럼 나 또한 그렇게 되길 희망하면서 이 글을 마친다.

2011년

폴 존슨(Paul Johnson)

영국재정연구소(IFS) 소장

차례

chapter 01 서론 [이성규 번역]

1.1	영국 조세체계의 발전과정과 구조	5
1.2	경제 환경의 변화	10
1.2.1	소득불평등의 증가와 노동시장의 변화	10
1.2.2	구조적 변화와 경제의 글로벌화	16
1.3	조세 개혁의 정치적 과정	19
1.4	결론	24

chapter 02 조세설계에 대한 경제적 접근 [이성규 번역]

2.1	조세체계의 평가	28
2.1.1	조세 및 편익체계가 소득분배에 미치는 영향	30
2.1.2	조세가 경제적 산출물 및 효율성에 미치는 효과	37
2.1.3	사람들의 행동 변화를 위해 고안된 조세들	42
2.1.4	공평한 조세체계	44
2.1.5	투명한 조세체계	47
2.2	목표 달성과 목표들 간의 상충관계	47
2.2.1	최적 과세와 사회 후생	48
2.2.2	실용적 법칙들 : 수단적 지침들	55
2.3	결론	63

chapter 03 근로소득세제 [김재진 번역]

3.1	고용과 소득	67
3.2	세율표 설계	74
3.2.1	근로유인과 재분배 간의 상충관계	77
3.2.2	최적과세 체계	79
3.2.3	과세기반과 과세소득의 반응	81

3.3 가족소득의 과세체계   84

3.4 추가적 정보 활용 : 태깅   87

3.5 결론   89

chapter 04

영국의 소득세 개혁   [김재진 번역]

4.1 **영국의 소득세제 및 복지급여**   92

    4.1.1 소득세와 복지혜택이 소득 재분배에 미치는 영향   96

    4.1.2 조세와 복지혜택이 근로의욕에 미치는 영향   99

    4.1.3 제도에 대한 평가   109

4.2 **저소득층의 실효세율**   111

4.3 **중·고소득층 과세**   120

    4.3.1 간단한 소득 과표구간   121

    4.3.2 최고세율   123

4.4 **각 생애주기별 혜택**   126

    4.4.1 막내 자녀의 연령   126

    4.4.2 은퇴 연령   129

4.5 **결론**   134

chapter 05

개인 조세와 편익의 통합   [이성규 번역]

5.1 **소득세와 국민보험기여금 : 조세체계의 통합**   141

5.2 **편익체계의 통합**   148

5.3 **조세체계와 편익체계의 통합**   152

    5.3.1 행정 통합   154

    5.3.2 세율 스케줄의 통합   157

5.4 **결론**   161

chapter 06

재화와 용역에 대한 과세 : 간접세   [안세준 번역]

6.1 **무엇을 과세할 것인가**   166

    6.1.1 생산 효율성 측면에서 본 중간투입재에 대한 과세 반대의견   167

    6.1.2 거래에 세금을 부과해야 하는가?   168

6.2 **효율성과 형평성, 그리고 일관성**   170

    6.2.1 평등주의와 수평적 형평성   174

    6.2.2 각 주장들 간의 조화   176

6.3 **파급효과와 행태적 변화**   178

6.4 결론 180

chapter
07 부가가치세의 실행 [안세준 번역]

7.1 부가가치세 작동원리 184
7.2 영세율과 감면세율, 그리고 면세 187
7.3 불이행 196
7.4 국제거래 197
　7.4.1 수출에 대한 영세율 적용과 그 집행 201
　7.4.2 수출 시 부가가치세 고리가 끊어지는 것에 대한 대책 202
　7.4.3 앞으로의 방향 207
7.5 결론 208

chapter
08 부가가치세와 금융서비스 [최승문 번역]

8.1 현금흐름 과세 213
8.2 금융서비스 과세의 분리 217
8.3 기업 간 거래에 대한 영세율 적용 218
8.4 조세 계산 회계 219
8.5 금융활동조세 224
8.6 결론 227

chapter
09 부가가치세 과세기반 확대 [최승문 번역]

9.1 개혁에 따른 수익을 직접세 감세와 복지급여 증대를 위해 지출 232
9.2 세금을 더 걷고 재분배를 확대 240
9.3 결론 243

chapter
10 환경과세 [권오성 번역]

10.1 환경세의 원칙과 실제 246
10.2 조세 및 배출량 거래제 250
10.3 조세수입 및 이중배당 254
10.4 실제 정책 255
10.5 결론 259

chapter 11 조세와 기후 변화 [권오성 번역]

11.1 기후 변화 – 이슈들 262
11.2 가격 기능 264
    11.2.1 조세 또는 '총량 제한 및 거래제' 265
    11.2.2 영국의 현황 266
    11.2.3 탄소 가격 280
    11.2.4 기타 정책 282
11.3 결론 283

chapter 12 자동차 관련 조세 [권오성 번역]

12.1 자동차 관련 조세에 대한 설계 288
12.2 혼잡통행료 부과 291
12.3 차선의 선택 294
    12.3.1 조세 수준 294
    12.3.2 자동차 소유에 대한 조세 299
12.4 결론 300

chapter 13 가계저축에 대한 과세 [박우성 번역]

13.1 저축행위 306
    13.1.1 생애주기의 저축 306
    13.1.2 자산들 간의 저축배분 310
13.2 중립성 원칙 312
    13.2.1 표준적 소득세가 중립성을 달성하지 못하는 이유 314
    13.2.2 저축 중립적 과세에 대한 대안적 경로 316
    13.2.3 조세 평준화와 상이한 한계세율 323
13.3 저축 중립적 조세체계에 해당되는 경제적 사례 326
    13.3.1 인내, 인식능력과 자기통제 327
    13.3.2 금융투자와 인적 자본에 대한 투자 간의 중립성 329
    13.3.3 소득 변동성 330
    13.3.4 일과 저축 간의 상호작용 331
    13.3.5 정책설계에의 적용 331
13.4 개혁의 방향 333

chapter 14

저축과세의 개혁 [이성규 번역]

14.1 영국의 현황에 대한 개관 339
    14.1.1 누진세와 가계 자산소득조사 347
14.2 개혁방안들 352
    14.2.1 TEE와 현금저축(단순 이자발생 예금) 353
    14.2.2 RRA와 위험자산들(주식)에 대한 과세 354
    14.2.3 연금과 소비세(EET) 357
14.3 조세체계 전체에 대한 고려와 조세 평준화 기회 365
14.4 결론 368

chapter 15

부의 이전에 대한 과세 : 상속·증여세 [강성훈 번역]

15.1 부의 재분배 376
15.2 경제적 원칙과 목표 378
15.3 부의 이전에 따른 세금 : 영국 384
15.4 결론 392

chapter 16

토지세와 재산세 [주만수 번역]

16.1 토지가치에 대한 과세 397
    16.1.1 경제적 논의 397
    16.1.2 실무적 과제 400
    16.1.3 사업용 레이트를 대체하기 403
16.2 주택 405
    16.2.1 주택의 소비가치에 대한 과세 407
    16.2.2 자산으로서 주택에 대한 과세 419
16.3 부동산거래세 428
16.4 결론 429

chapter 17

기업소득에 대한 과세 [이호섭 번역]

17.1 왜 기업(법인)에 대해 과세하는가? 433
17.2 표준적인 법인세 과세제도 437
17.3 표준적인 법인세 과세제도의 대안 443

17.3.1 현금흐름 조세   443

17.3.2 기업 자기자본(지분)에 대한 공제   446

17.3.3 포괄적인 기업소득세   450

17.4 법인세 과세제도의 선택   451

chapter 18

국제거래와 기업과세 [이호섭 번역]

18.1 원천 기준 법인세 제도   458

18.1.1 집행과정에서 나타나는 쟁점   459

18.1.2 조세부담 귀착과 논거   461

18.1.3 지대와 장소 특정적인 지대   464

18.2 이중과세 방지 제도   467

18.3 국제적인 맥락에서의 자기자본 공제제도(ACE)   470

18.4 결론   473

chapter 19

중소기업 과세제도 [강성훈 번역]

19.1 작은 것은 아름답거나, 적어도 세제 혜택을 받는다   481

**19.2 기업을 장려하는 것인가, 아니면 조세회피를 조장하는 것인가?
복잡하면서도 혼란스러운 방안**   486

19.3 근로소득과 자본소득 간의 과세방법 조정   488

19.4 결론   493

chapter 20

결론 및 세제 개혁에 대한 제언 [김재진 번역]

20.1 이상적인 조세제도   496

20.2 영국의 조세제도 개혁을 위한 제언   505

20.2.1 근로소득세제와 근로의욕   506

20.2.2 간접세제   508

20.2.3 환경세제   511

20.2.4 저축과 부에 대한 과세   512

20.2.5 기업 과세   515

20.3 전체 개혁안과 개혁이행 과정   518

20.4 결론   525

참고문헌 527

찾아보기 548

서론

현대 국가들은 조세체계(tax system) 없이 존재할 수 없다. 다시 말해, 오늘날 조세체계는 국가 존립(存立)의 필수요건이다. 왜냐하면 조세체계는 공공서비스 공급에 필요한 막대한 규모의 세수(稅收)를 조달하는 기능을 수행하기 때문이다. 대부분의 국가들은 국민소득(national income)의 30% 이상을 세금으로 가져간다. 또한 일부 국가들은 국민소득의 거의 50%를 세금으로 징수해 간다. 따라서 조세체계가 설계(design, 設計)되는 '방식'(즉 조세체계가 어떻게 설계되는가)은 각국의 '경제적 후생'(economic welfare, 즉 조세체계의 설계는 '사람들과 기업들의 행위 등에 커다란 영향'을 미친다. 따라서 '경제적 후생'이란 소비자 잉여, 생산자 잉여, 정부의 조세수입 등에 미치는 영향을 말한다.—역주)에 매우 중요하다. 그러나 정책결정자들(policymakers)은 국가의 **조세체계 전반**(全般)을 설계하는 데 거의 신경을 쓰지 않고 있다. 또한 과세에 대한 공공(公共)의 일반적 이해도 부족한 편이다. 마지막으로 '조세설계'에 대한 정치적 논의와 공적 논의들도 매우 불충분하다.

본서는 조세설계의 중요성과 그 접근방법에 대해 서술하고자 한다. 본서의 목적은 먼저 21세기 조세체계가 근본으로 삼아야 할 주요 '원칙들(principles)'을 제시한 후, 다음으로 이 원칙들을 적용하여 구체적인 '정책권고안들(policy recommendations)'을 제시함으로써 영국의 조세체계(본서의 이러한 목적은 영국에만 한정되는 것은 아니다. 왜냐하면 (i) 조세체계의 '근본 원칙들'을 제시하고, (ii) 이를 적용하여 '구체적인 정책 권고안들'을 제시함으로써 각국의 조세체계를 개선하고자 하는 데에도 그 목적이 있을 수 있기 때문이다. ─역주)를 개선하고자 하는 데 그 목적이 있다. 이러한 목적을 달성하기 위하여 우리는 경제이론과 실증적 연구결과들로부터 도출되는 여러 시사점 및 혜안들(insights)을 이용하여 (i) 조세체계가 사람들의 행위에 미치는 영향뿐만 아니라 (ii) 정책결정자들이 직면하는 여러 상충관계들(trade-offs)에 관해서도 논의하고자 한다. 조세체계가 달성하고자 하는 여러 정책 목표들 간에 종종 이해(利害)가 상충(相衝, 이를 '상충관계'라 함)되며, 정책결정자들은 정책선택 시 이러한 상충관계에 직면하게 된다.

이를 위하여 우리는 1977년 노벨수상자인 제임스 미드(James Meade)의 발자취(전례)를 따르고자 한다. 제임스 미드는 30여 년 전(정확히 1978년)에 영국재정연구소(Institute of Fiscal Studies)가 주관하는 조세체계에 대한 제1차 리뷰(review) 작업을 주도하였다. 그 결과, 그 유명한 『미드 보고서(Meade Report)』[1]가 탄생되었다. 당시의 미드 보고서는 '직접 과세(direct taxation)의 구조와 개혁'에 초점을 맞추고 있었다. 또한 미드 보고서는 발간 이래 조세정책에 대한 여러 논의들에 중요한 영향을 미쳐 왔다. 가슴 벅차게도 우리의 캔버스(canvas, 캔버스란 그림을 그릴 때 쓰는 천, 화포(畵布)를 말한다. 즉 직접세 중심의 조세 개혁이 아니라 조세체계 전반을 다루고자 하기 때문에 캔버스가 훨씬 더 넓다고 할 수 있다. 따라서 여기서 '캔버스'란 전체적인 조세체계를 설계할 때 주요 내용들을 담을 바탕천을 의미한다. ─역주)는 미드 보고서보다 더 광범위하다. 왜냐하면 (i) 직접세와 간접세, 사회보장세, 법인세, 부가가치세, 환경세 등을 포함하는 **조세체계 전반**을 다루고 있으며, 또한 (ii) 사회보장체계와 세액공제제도가 상호작용하는 몇몇 분야들도 함께 다루고 있기 때문이다. 문제는 이러한 주제들을 '어떻게 다룰 것인가?'에 있다.

법학, 회계학, 정치학, 심리학, 그리고 기타 연구방법들이 가지고 있는 중요성을 깊이 인식하고 있으며, 우리는 이러한 문제들을 '경제학의 프리즘(prism)'을 통해 접근하고자 한다. 무엇보다도 경제학적 접근방법은 우리에게 다음과 같은 질문들을 제

---

1) Meade, James, *The Structure and Reform of Direct Taxation : Report of a Committee Chaired by Professor J. E. Meade for the Institute for Fiscal Studies*, London : George Allen & Unwin, 1978.(http://www.ifs. org.uk/publications/3433)

기할 수 있는 중요한 틀(framework)을 제공해 준다. 예를 들면, 조세설계를 통해 우리는 무엇을 달성하고자 하는가? 조세체계의 구조는 사람들의 행위에 어떻게 영향을 미치는가? 특정한 정책을 선택함으로써 어떤 혜택과 비용이 발생하는가? 특정한 정책선택으로부터 누가 이익을 얻고, 또 누가 손해를 보는가? 경제학의 프리즘을 통한 우리의 접근방법은 이러한 질문들에 대해 정확한 대답을 제시하는 데 필요한 하나의 중요한 분석 틀을 제공해 준다.

물론 조세체계는 광범위하고 매우 복잡하다. 예를 들면, 영국의 조세법은 무려 8,000쪽 이상에 달한다. 또한 조세법을 해석하기 위하여 변호사들과 공인회계사들이 사용하는 세법(稅法) 해설서들은 가히 수백만 단어들에 달한다. 이토록 세법의 방대한 크기와 복잡성에 직면하여 우리는 오직 조세 전문가들(예 : 변호사, 공인회계사, 그리고 세무사)만 이해할 수 있는 덤불이나 늪에 빠지지 않으면서, 실질적인 정책결정을 안내하기 위하여 우리의 분석과 정책권고안들을 가능한 한 필요한 부분만 자세히 다루고자 한다. 이는 분석과 정책권고안들을 정교하게 만들기 위해 추가적인 수단들을 강구해 보아야 하며, 또한 어렵지만 특별한 사례들을 더 많이 고려해 보아야 한다는 것을 의미한다. 이러한 어려운 사례들은 조세체계 설계 시 반드시 고려되어야 한다. 그러나 이들 문제가 조세체계의 종합적인 설계를 방해해서는 안 될 것이다.

본서에서 우리가 설정한 주요 목표는 다음과 같다.

(i) 현재의 조세체계에서 징수되는 세수(稅收)와 거의 동일한 규모의 세수를 조달하고,

(ii) 재원(조세수입)을 가장 필요로 하는 사람들이나 저소득 계층들에게 거의 동일한 수준으로 재분배하면서,

(iii) 조세체계를 현재보다 더욱 효율적으로 운영하는 데 필요한 '개혁안'들을 찾아내는 데 있다.

위에서 (i)과 (ii)는 제약조건에 해당되고, (iii)은 추구하고자 하는 목표를 나타낸다. 따라서 우리의 목표는 '조세수입에 거의 변동을 초래하지 않고(조건 (i)), 조세의 소득 재분배 기능을 수행하면서(조건 (ii)), 효율적인 조세체계를 설계'하는 데 있다. 이렇게 하는 목적은 재정학 또는 조세론 교과서에서와 같이 잘 정리된 내용을 단순히 소개하는 것이 아니라 대규모 '잠재적 후생이득(welfare gains)'을 밝혀내어 알리는 데 있다. 이러한 후생이득이 '국민소득의 증가'로 나타난다면 정부는 이를 이용하여

조세체계가 작동하는 제약조건들을 완화시킬 수 있을 것이다. 다시 말해, 국민소득의 증가로 정부는 공공서비스에 대한 지출을 증가시킬 수 있거나, 또는 세금부과 후 총 국민소득을 감소시키지 않고서도 재분배에 대한 지출을 증가시킬 수 있을 것이다. 이는 정부의 제약조건을 완화시키는 것과 같은 효과를 가진다. 즉 정부의 제약조건을 완화시키지 않고서도 **조세체계를 더 효율적으로 운영함으로써** 공공서비스와 재분배를 위한 지출을 증가시킬 수 있게 된다.

조세체계를 개혁하는 일은 단기적으로 쉽지 않을 뿐만 아니라 국민들에게 인기가 없을지도 모른다. 그러나 조세체계의 개혁은 장기적으로 커다란 경제적 이득을 가져다주고, 또한 생활수준(국민소득)의 향상을 가져다줄 것으로 기대된다.

조세 개혁에 대한 우리의 결론은 다음 세 가지 주요 사항들을 고려함으로써 도출된다. 첫째, 실제 경제와 인구의 중요성이다. 즉 조세체계가 운영되는 실제 경제(actual economy)와 인구(population)를 반드시 고려해야만 한다. 조세는 우리가 바라는 가상의 세계가 아니라 현실 세계에서 생활하고 있는 사람들과 기업들에게 부과된다. 20세기 중반에 이상적(理想的)이었던 조세체계가 21세기 전반부에도 여전히 이상적이지는 않을 것이다. 둘째, 다음과 같은 새로운 혜안의 중요성이다. 우리는 조세체계를 하나의 '체계(system)'로 인식하는 혜안이 필요하다. 우리는 종종 설명을 단순하게 하기 위하여 각 조세의 영향을 개별적으로 다룰 것이지만, 시종일관 조세체계 전체에 미치는 영향에 초점을 맞출 것이다. 즉 (i) 각 조세들이 어떻게 함께 조화를 이루는지와 (ii) 조세체계 전체가 어떻게 정부의 목표를 달성하는가에 초점을 맞추고자 한다. 셋째, 경제학적 분석의 중요성이다. 즉 우리는 '현대 조세경제학(modern economics of taxation)'을 바탕으로 조세설계를 분석하고자 하며, 이를 통해 우리는 '체계적인 개념적 접근방법(systematic conceptual approach)'을 개발하고자 한다. 이 방법을 통해 우리는 모든 조세에 대한 우리의 생각을 하나로 결합 및 통합할 수 있다. 본서에서 우리가 하고자 하는 분석은 경제이론(economic theory)에 바탕을 두고 있다. 경제이론은 (i) 사람들이 직면하는 제약조건들과 (ii) 각종 조세가 변할 때 사람들이 행동하는 방식을 모형화하는 데 유용하다. 또한 우리의 접근방법은 확실히 '실증적(empirical)'이며, 그 결과 조세가 미치는 실제 효과들에 대해 이용 가능한 최선의 증거들에 의존하고 있다.

비록 우리가 조세설계 시 매우 광범위한 캔버스를 가지고 있지만 우리가 입장을 정하지 못하는 몇 가지 중요한 문제들이 있다. 예를 들면, 우리는 각국의 총조세 수준이 얼마가 되어야 하는지에 대해서는 권고안을 제시하지 못한다. 이러한 결정에 관련된 경제적 문제들은 매우 많으며, 또한 여러 측면에서 조세체계를 설계하는 데 관련된 문제들과 근본적으로 다르다. 또한 그러한 결정은 국가의 적당한 역할과 범위에 대해 정치적 판단을 필요로 한다. 마찬가지로, 우리는 국가가 부유한 사람들로부터 빈곤한 사람들에게로 소득과 부(富)를 얼마나 재분배해야 하는지(즉 재분배의 정도)에 대해서도 자신 있게 권고할 수 없다. 물론 이러한 문제들은 커다란 경제적 중요성을 가지고 있을지라도 주로 정치적 선택의 문제이다. 그러나 국가가 (i) 조세 수입을 현재보다 더 많이 조달하거나 또는 더 적게 조달하기(다시 말하면, 이는 조세 수입을 현재와 거의 유사한 수준으로 조달하는 것을 의미한다. – 역주) 위하여, 또는 (ii) 소득과 부를 현재보다 더 많이 재분배하거나 또는 더 적게 재분배하기 위하여 어떻게 조세체계를 최대한 활용할 수 있는지에 대해서는 확실한 권고안을 제시할 수 있을 것이다.

우리는 다음의 각 장들에서 소득, 지출, 저축, 자산, 주택, 기업 등에 대해 어떻게 조세를 부과해야 하는지를 살펴봄으로써 이러한 목적을 달성하고자 한다. 먼저 제2장에서는 조세 개혁의 경제학적 접근방법과 특히 조세체계 전체를 설계하는 데 관련된 주요 문제들에 관해 살펴보고자 한다. 그리고 마지막 장인 제20장에서는 조세 개혁의 장기 전략과 권고안들을 종합적으로 제시하고자 한다.

서론에 해당하는 본 장에서는 다음 장들에서 전개될 경제적 논의들과 각 유형의 조세들을 분석하기 전에 이들을 이해하는 데 필요한 세 가지 중요한 배경들에 관해 설명하고자 한다. 첫째, 영국의 조세체계와 발전과정에 대해 압축적으로 개관할 예정이다. 둘째, 조세체계가 운영되고 있는 경제적 환경에 대한 최근의 주요한 변화들 (예 : 소득불평등의 증가와 노동시장의 변화, 성제의 구조적 변화와 글로벌화)에 관해 간단히 살펴볼 예정이다. 셋째, 조세정책이 주로 정치적 환경에서 결정되기 때문에 (i) 몇 가지 주요한 정치적 환경들과 (ii) 정치적 환경이 정책결정에 미치는 제약들에 관해 간단히 살펴볼 예정이다.

1.1 영국 조세체계의 발전과정과 구조

오늘날 영국 조세체계의 많은 특징들은 1970년대 후반 이래로 거의 유사하다. 영국 정부는 여전히 소득세, 지출세(부가가치세), 법인세 그리고 지방 재산세로부터 대부분의 세수를 조달하고 있다. 이러한 일반적 특징은 대부분의 선진국들의 경우에서도 나타나고 있다.

그럼에도 불구하고 1970년대 후반과 비교해 볼 때 몇 가지 극적인 변화들이 관찰되고 있다. 부가가치세(VAT)가 물품세(excise duties)에 비해 그 중요성이 더해 왔으며, 기본 세율도 2배 이상 증가해 왔다. 소득세 체계는 결혼한 부부에 대한 부부합산과세(joint assessment)에서 개인단위과세(independent assessment)로 변경되었고, 소득세율은 크게 인하되었다. 근로 및 사업소득(earned income)에 대해 적용되던 악명 높은 83%의 최고 세율과 불로소득(unearned income)에 대한 98%의 최고 세율이 50% 수준으로 하락하였고, 사실상 대부분의 기간 동안 40% 수준에 머물렀다. 소득세의 기본세율은 33%에서 20%로 하락하였다. 국민보험기여금(National Insurance Contributions, NIC)에 대한 세율은 증가해 왔으며, 고용주 부담금에 대한 최고 한도가 폐지되었고, 국민보험기여금의 구조가 소득세 체계와 거의 유사하게 조정되었다. 그리고 세액공제(tax credits) 제도가 도입되어 광범위하게 확대되었다. 저축과세가 개혁되어 어느 정도는 개선되었고, 법인세 구조가 대폭적으로 개혁되었다. 법인세 기본 세율이 52%에서 2011년에 와서 26%로 떨어졌고, 2014년까지 23%로 떨어질 예정이다. 연구개발(R&D) 지출에 대한 세액공제가 도입되었다. 증여세(capital transfer tax)가 상속세(inheritance tax)로 교체되었다. 지방세(domestic rates)가 인두세(poll tax 또는 community charge)를 거쳐 재산세(council tax)로 대체되었다.

〈표 1.1〉은 영국의 2011~2012년 회계연도에 대한 조세수입(전망)을 요약하고 있다. 총조세수입의 대략 2/3(정확히는 63.7%)가 세 가지 주요 조세, 즉 소득세, 국민보험기여금, 부가가치세로부터 징수되었음을 볼 수 있다. 또한 법인세(corporation tax)가 총조세수입의 거의 9%를 차지하고 있다. 유류세, 재산세, 사업세 등은 각각 5% 미만을 차지하고 있다. 자동차, 주류, 담배, 도박 및 게임, 다른 오염 활동(환경, 기후변화, 쓰레기 매립, 여행, 혼합재) 등에 대한 간접세가 모두 합쳐 총조세수입의 약 6%를 차지하고 있다.

이러한 비중들은 1970년대 후반과 비교해 볼 때 크게 변하지 않았다. 예를 들면, 소득세가 총조세수입에서 차지하는 비중이 2012년에 약 30%인데, 이는 세율인하에도 불구하고 1970년대 후반과 비슷한 비중을 차지하고 있다. 가장 커다란 변화는 간접세의 구성에 있다. 총조세수입에서 부가가치세(VAT)가 차지하는 비중은 증가하

| 표 1.1 | 영국 조세수입의 원천 : 2011~2012년 회계연도(전망)

세수의 원천	조세수입 (단위 : 10억 파운드)	총조세액 대비 비중 (%)
소득세(세액공제액 포함)	157.6	28.0
세액공제('부(負)의 소득세'로 기록)	−4.7	−0.8
국민보험기여금(NIC)	100.7	17.9
부가가치세(VAT)	100.3	17.8
기타 간접세		
연료세	26.9	4.8
담배세	9.3	1.7
주류세	9.7	1.7
자동차 물품세	5.9	1.0
여행자세	2.5	0.4
보험료세	2.9	0.5
도박 및 게임세	1.6	0.3
기후 변화세	0.7	0.1
쓰레기 매립세	1.2	0.2
혼합재세	0.3	0.1
환경세	1.8	0.3
관세	3.3	0.6
자본세		
자본이득세	3.4	0.6
상속세	2.7	0.5
토지거래세	5.8	1.0
주식인지세	3.3	0.6
기업관련세		
법인세(세액공세 세외)	48.1	8.6
석유판매세	2.0	0.4
영업세	25.5	4.5
은행세	1.9	0.3
재산세(지방세 공제 제외)	26.1	4.6
면허세	3.1	0.6
공공 부문 기관에 대한 VAT 반환	15.0	2.7
기타 조세	5.6	1.0
국민계정(National Account)상 총조세액	562.4	100.0

출처 : Office for Budget Responsibility, 2011, Table 4.7과 보충자료인 Table 2.1과 2.7 참조.
(http://budgetresponsibility.independent.gov.uk/category/topics/economic-forecasts/)

였으나 물품세(excise duties, 소비세) 비중은 감소하였다.[2] 이러한 추세는 국제적으로 다른 나라에서도 관찰된다. 1975년과 2008년 사이에 OECD 국가들의 조세수입 비중을 살펴보면 '일반'소비세(general consumption tax) 비중은 13%에서 20%로 증가하였지만, '특별'소비세(specific consumption tax) 비중은 18%에서 10%로 감소하였다.[3]

국제 기준으로 볼 때 영국은 대부분의 국가들보다 소득세 비중이 더 높지만, 사회보장기여금은 더 낮은 것으로 나타나고 있다. 소득세의 경우 OECD 국가의 평균 비중은 25%이지만 영국은 30%를 차지하고 있다. 반면에 사회보장기여금은 OECD 국가의 평균은 25%이지만 영국은 19%(2008년의 경우)를 차지하고 있다.[4] 국제 기준으로 볼 때 영국 조세체계의 특이한 점은 과도한 중앙집권화의 정도에 있다. 영국의 경우 총조세수입 비중 면에서 5% 미만을 차지하고 있는 재산세만이 지방에서 징수되고 있다(국제적으로 오직 아일랜드만이 영국보다 지방세 비중이 더 적은 국가이다). 따라서 영국의 지방정부에서는 매우 과도한 비중(거의 95% 정도)이 중앙정부의 보조금에 의해 충당되고 있다. 그 결과, 영국의 지방세는 제한된 역할을 수행하고 있다.

거시수준(macro level)에서 각국의 조세체계들은 그 발전과정에서 많은 유사성을 가지고 있으나 그 구조 면에서는 큰 차이가 있다. 우리가 관심을 가지는 것은 바로 이러한 조세체계의 구조와 설계 면에서의 '차이'에 있다. (i) 소득세나 법인세가 부과되는 소득(과세기반)을 어떻게 측정하는가?, (ii) 저축을 어떻게 취급하는가?, (iii) 개인소득세 체계와 법인세 체계는 서로 어떻게 조화를 이뤄야 하는가?, (iv) 조세체계가 얼마나 누진적인가?, (v) 간접세의 과세기반(tax base)은 무엇이며, 어떻게 고안되어야 하는가? 등에 관해 국가 간에 큰 차이가 있다.

이러한 구조 및 설계상의 특징들을 올바르게 이해함으로써 모든 국가들은 경제적 효율성의 증가와 공평성의 증진이라는 면에서 매우 귀중한 결과를 얻을 수 있을 것이다. 실제로 영국은 『미드 보고서』가 발간된 이래 30년 이상 조세체계의 개선을 위해 발전을 거듭해 왔다. 기술의 발달과 이용으로 조세행정(tax administration)이 크게 개선되어 왔다. 영국은 더 이상 불로소득에 대해 98%의 높은 세율을 부과하지 않는

---

2) 자세한 변화 내역을 보려면 http://www.ifs.org.uk/fiscalFacts/taxTables 참조.
3) OECD Tax Revenue Statistics, Table C 참조.
    http://www.oecd.org/document/60/0,3746,en_2649_34533_1942460_1_1_1_1,00.html#A_RevenueStatistics)
4) OECD 국가들과의 비교를 위해 http://stats.oecd.org/Index.aspx?DataSetCode=REV 참조.

다. 저축과세의 경우도 크게 개선되어 왔다. 자가 소유 주택에 대한 과세도 합리화 (개선)되었다. 국민보험기여금과 법인세도 더 넓은 과세기반(broad base)을 가지게 되었다. 마지막으로, 세액공제제도(tax credits)의 도입과 확대는 일부 집단들에 대해 근로유인을 높이는 데 기여해 왔다.

국제 기준으로 볼 때 영국의 조세체계는 비교적 세법상의 허점도 적고, 조세회피 를 할 수 있는 여지도 적은 편이다. 영국의 조세체계는 대부분의 사람들에게 그리고 대부분의 기간 동안 잘 운영되어 왔다. 즉 영국의 조세체계는 과도하게 강제적이지 않고, 납세당국에 협력하는 데 많은 노력이 필요하지도 않다. (그러나 세액공제 혜택 을 받는 사람들이나 자영업을 하는 사람들, 또는 복잡한 금융문제를 가진 사람들은 이 점에 동의하지 않을 수도 있다.) 확실히 영국의 조세체계는 1995년 미국의 조세체 계만큼 무질서하지는 않다. 1995년 미국의 조세체계는 다음과 같이 묘사되었다.

> "미국의 연방소득세는 그야말로 혼잡 그 자체이다. 미 연방소득세는 효율적이지도 않고, 공 평하지도 않고, 단순하지도 않고, 이해하기 쉽지도 않다. 미 연방소득세는 조세회피와 조세사 기를 용이하게 한다. 조세행정에 수십억 달러가 든다. … 현재의 소득세 제도를 옹호하는 경 제학자들이 10여 명도 안 된다. 미 연방소득세는 한마디로 보호할 가치조차도 없다."[5]

그러나 영국의 조세체계도 여전히 불필요할 정도로 복잡하고, 왜곡을 초래할 여러 요인들을 가지고 있다. 그동안 영국의 조세정책은 장기 전략(long-term strategy)보다 는 단기 편의주의(short-term expedience)에 의해 주도되어 왔다. '정책결정자'들은 개인과 기업들이 조세체계가 유발하는 금전적 기회에 반응하는 정도를 지속적으로 과소평가하고 있는 것 같다. 또한 정책결정자들은 조세체계를 전체적인 관점(tax system as a whole, 전체로서의 조세체계)에서 인식해야 하는 필요성에 관해 제대로 파악하고 있지 못한 것 같다. 아울러 실질적이고 효과적인 조세 개혁은 정치적으로 도 매우 어려운 과제로 남아 있다.

그동안 실망스럽고 값비싼 대가를 치렀던 일련의 정책 사례들이 많이 있었다. 예 를 들면, 자본이득세 구조의 잇따른 변화, 소득세 최저 세율(10%)의 도입과 폐지, 소 기업에 대한 법인세 0% 세율의 도입과 폐지, 영화 제작에 대한 세제(稅制)상 우대조 치(영국 재무부는 이에 대한 재원이 2006~2007년에만 4억 8,000만 파운드에 달하는

---

5) Hall and Rabushka, 1995, p. 2.

것으로 추정한다), 인두세의 도입과 폐지 등을 들 수 있다. 더구나 정치적 의지의 실패로 2011년 잉글랜드 지역과 스코틀랜드 지역에서는 재산세 법안들이 여전히 1991년에 추정한 재산가치에 의존하게 되었다.

　본서에서는 앞으로 이러한 문제들에 대해 자세히 다루고자 한다. 그러나 조세설계를 집중적으로 설명하기 전에 먼저 조세설계의 바탕이 되는 경제적 환경에 관해 살펴보아야 한다.

1.2 　경제 환경의 변화

조세체계는 조세체계가 운영되는 '경제'를 바탕으로 설계되어야 하고, 자국의 경제 환경을 바탕으로 설계되어야만 한다. 다시 말하면, 조세체계의 설계 시 이의 바탕이 되는 경제적 상태나 환경을 충분히 반영해야 하는 것이다. 개발도상국은 대체로 조세의 징수 가능성에 매우 커다란 중요성을 두어야 한다. 천연(자연)자원이 풍부한 국가들은 자원의 풍부성을 반영하면서 조세체계를 설계해야 한다. 고도로 연방화된(federalized) 국가들은 하위정부(sub-national) 수준에서의 지방세 구조를 감안하여 조세체계를 설계해야 한다. 영국의 경우 지난 30여 년 동안 아래에서 설명할 두 가지 커다란 변화들이 발생해 왔다. 이들 변화는 그동안 영국 경제에 매우 커다란 영향을 미쳐 왔기 때문에 자세히 살펴볼 필요가 있다. 첫 번째, 지난 30여 년 동안 영국에서는 소득불평등이 크게 증가해 왔고, 이로 인해 노동시장이 크게 변화해 왔다. 두 번째, 경제구조에 있어서 커다란 변화가 발생해 왔다. 다시 말해 영국의 경제구조가 제조업 중심에서 서비스업 중심으로 이동했고, 국제환경 또한 변화해(즉 경제의 글로벌화) 왔다.

1.2.1 소득불평등의 증가와 노동시장의 변화

영국의 경우 소득과 부(富)가 30년 전에 비해 사람들 간에 훨씬 덜 균등하게 분배되어 왔다. 즉 영국은 지난 30년 동안 소득불평등의 증가를 경험해 왔다. 사람들은 그러한 변화가 얼마나 주목할 만한지 거의 이해하지 못하고 있을 뿐만 아니라, 이것이 공공정책(public policy)과 조세정책(tax policy)의 수립에 얼마나 중요한 영향을 미치는지에 대해서도 거의 이해하지 못하고 있다. 영국의 1980년대를 중심(기준)으로 지

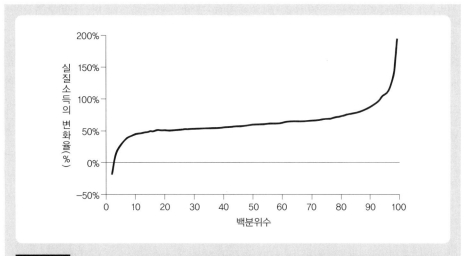

그림 1.1 영국의 소득분위별 실질소득의 증가 추이 : 1979년 대비 2009~2010년 증가율

주 : 제1분위 소득계층에 속하는 사람들의 소득 변화는 이 그래프에 나타나 있지 않음. 여기서 소득은 주택비가 공제되기 전의 소득을 말함.

출처 : 1979년 Family Expenditure Survey 자료 및 2009~2010년 Family Resources Survey 자료를 이용하여 저자들이 계산한 것임.

난 30년 동안 소득불평등의 증가는 역사적으로 그 전례를 찾을 수 없을 정도이다.

『미드 보고서』가 발행된 1978년에 가계의 소득분포상 90번째 백분위에 속했던 어떤 사람(즉 90%의 인구보다 더 부유한 사람)의 소득은 그 당시 소득분포상 10번째 백분위에 속했던 사람의 소득보다 3배가 많았다. 그러나 오늘날의 경우 그 격차가 5배로 커졌다. 이는 부유한 사람들과 가난한 사람들 간에 소득분배의 격차가 증가했음을 의미한다. 1978년에 710만 명의 사람들은 당시 중위소득자(소득분포상 중간에 위치해 있는 사람)가 버는 소득의 60%에도 미치지 못하는 소득을 벌고 있었다. 그러나 2009~2010년의 경우 이 수치는 1,350만 명으로 증가하였다.[6]

이러한 변화는 〈그림 1.1〉에 잘 나타나 있다. 〈그림 1.1〉은 1979년과 2009~2010년 사이의 총소득분배에서 백분위 분위별(즉 각 1%에 대해, 수평축에 해당) 실질소득수준(수직축에 해당)이 어떻게 변화되었는지를 보여 주고 있다. 그래프의 기울기가 지속적으로 상승하고 있음을 알 수 있다. 이는 소득분배상 더 올라갈수록(부유해

---

6) 모든 수치는 주택비를 뺀 것이고, 조세납부와 편익수혜를 뺀 것이다. 또한 모든 수치는 IFS 분석으로부터 나온 것이다. (구체적인 정보는 http://www.ifs.org.uk/fiscalfacts.php 참조.)

질수록) 소득증가율이 더 커지고 있다는 것을 보여 준다. 예를 들면, 소득분포상 5%
(=5/100)에 해당하는 어떤 사람(즉 나머지 95%의 사람들보다 더 빈곤한 사람)의 실
질소득이 1979년에 비해 2009~2010년에 약 30% 더 증가했음을 보여 주고 있다. 또
한 소득분포상 25%(=25/100)에 해당하는 어떤 사람의 실질소득은 약 50% 더 증가했
으며, 75%(=75/100)에 해당하는 어떤 사람의 실질소득은 70% 정도 더 증가했고,
95%(=95/100)에 해당하는 어떤 사람의 실질소득은 100% 이상이 증가했음을 볼 수
있다. 따라서 영국의 경우 1979년과 2009~2010년을 비교해 볼 때 소득분포 상 더
부유해질수록 소득증가율이 더 커지고 있음을 알 수 있다.

매우 부유한 사람들(95% 이상에 해당하는 사람들)의 소득은 빠르게 증가하였고,
나머지 사람들의 소득증가율과 큰 차이가 있었다. 영국에서 소득세를 납부하는 3,000
만 명 정도의 사람들 중에서 약 20만 명(=0.67%)은 2011~2012년 회계연도에 20만
파운드 이상의 소득을 가질 것으로 예상되고, 16만 명은 15만~20만 파운드의 소득
을 가질 것으로 추정된다.[7] 물론 가장 부유한 납세자들이 총조세수입의 커다란 비중
을 세금으로 납부하고 있다. 예를 들면, 2011~2012년 회계연도에 소득세 납부자의
최상위 1%가 총소득세 수입의 약 28%를 납부할 것으로 전망되며[8], 이는 1970년대
후반 최상위 1%가 부담했던 11%에 비해 무려 2배 이상이다. 반면에 소득세 납부자
들 중 하위 50%에 속하는 납세자들은 총소득세의 10% 정도만 납부하고 있다. 그러
나 최상위 1%에 속하는 부유층들의 과도한 소득세 납부 비중과 그 증가는 누진적인
소득세 구조 때문이 아니다. 오히려 그 반대로 최상위 소득계층에 대한 소득세율은
대폭 인하되어 있다. 따라서 최상위 소득계층에 대한 과도한 소득세 납부 비중과 그
증가는 오히려 최상위 부유층들의 매우 높은 소득수준에 기인하고 있다.

전체적인 소득분포 상태를 더 잘 이해하기 위하여 〈표 1.2〉를 살펴보기로 하자.
〈표 1.2〉는 가계 유형별로 가계 순소득이 어떻게 다른지를 자세히 보여 주고 있다.
또한 〈표 1.2〉는 다양한 가계유형 분포를 제시하고 각 가계유형별 소득분포를 보여
주고 있다. 예를 들면, 〈표 1.2〉는 자녀 유무에 상관없이 맞벌이 근로 부부가 수적으
로 가장 많은 분포를 차지하고 있음을 보여 주고 있다.

---

7) 이에 대해서는 H. M. Revenue and Customs, Income Tax Statistics, Table 2.5 참조.
   (http://www.hmrc.gov.uk/stats/income_tax/table2-5.pdf 참조.)
8) 이에 대해서는 H. M. Revenue and Customs, Income Tax Statistics, Table 2.4 참조.
   (http://www.hmrc.gov.uk/stats/income_tax/table2-4.pdf 참조.)

| 표 1.2 | 영국의 주당 순 가계 소득 : 2009~2010년 회계연도 (단위 : 파운드)

	백분위별 소득분포						점유율
	평균	10%	25%	50%	75%	90%	
자녀가 있는 가계							
편친(근로)	471	269	325	410	520	723	4.2%
편친(비근로)	318	179	230	287	375	497	3.9%
부부(모두 근로)	867	409	531	703	954	1,356	21.7%
부부(한쪽만 근로)	737	299	380	496	683	1,010	11.0%
부부(모두 비근로)	390	130	256	347	465	610	2.9%
자녀가 없는 가계							
독신(근로)	653	215	328	520	826	1,205	11.1%
독신(비근로)	437	97	166	316	562	898	6.4%
부부(모두 근로)	840	393	523	700	941	1,312	13.4%
부부(한쪽만 근로)	578	225	322	459	689	988	5.4%
부부(모두 비근로)	372	111	221	310	470	698	2.5%
연금소득자							
독신	294	134	175	237	335	507	7.2%
부부	487	225	293	388	563	818	10.4%
총계	637	207	320	500	755	1,098	100%

출처 : 2009년~2010년 Family Resources Survey 자료를 바탕으로 저자들이 계산한 것임.

물론 가계유형별 상대적 생활수준을 이해하기 위하여 각 가계유형의 소득을 직접적으로 비교할 수는 없다. 예를 들면, 자녀가 있는 부부는 자녀가 없는 독신보다 생활에 더 많은 돈이 필요할 것이다. 표에서 보듯이 부부가 모두 근로활동에 종사하는 경우 다른 가계집단에 비해 평균적으로 더 많은 소득(=867파운드 또는 840파운드)을 가지고 있고, 독신 연금소득자들은 그에 비해 평균적으로 더 적은 소득을 가지고 있을 것이다. 그러나 모든 가계집단들 간에는 커다란 공통분모가 존재한다. 즉 어느 집단도 전적으로 가난하지 않고, 또 전적으로 부유하지도 않다는 것이다. 가계유형들 내에서의 소득의 차이가 가계유형들 간의 소득의 차이보다 더 크다는 것을 볼 수 있다. 따라서 이러한 가계유형별 특징과 그들의 소득을 고려해서 조세 및 복지체계를 설계해야 한다. 다시 말하면, 조세 및 복지체계를 설계하는 데 이러한 가계유형별 특징과 그들의 소득을 명시적으로 고려해야 한다는 것이다.

이제 시간이 흘러감에 따라 소득분포 상태가 어떻게 더욱 분산되었는지에 대한

| 표 1.3 | 근로활동에 종사하는 연령별 남성과 여성의 비율 : 1979년과 2008년

연령별	남성 근로 비율(%)		여성 근로 비율(%)	
	1979년	2008년	1979년	2008년
16~24세	75	58	60	56
25~54세	93	88	60	75
55~64세	80	67	38	49
전체(16~64세)	87	78	56	67

출처 : Labour Force Survey 자료로부터 저자들이 계산함.

질문으로 되돌아가 보자. 이러한 변화의 상당 부분은 임금분포가 전에 비해 더욱 분산된 데 기인하며, 임금분포의 분산은 대부분 숙련되거나 교육수준이 높은 사람들이 받는 임금소득의 증가에 기인한다. 그러나 비슷한 숙련수준을 가진 집단들 내에서의 불평등도 크게 증가하였다. 노동시장 제도의 변화(예 : 노동조합 회원 수의 감소)도 소득분포의 분산에 부분적으로 기여하였고, 실업(unemployment)과 비고용(non-employment) 수준도 급속도로 증가하였다. 비록 공식적인 실업 수준이 1990년대 초반부터 감소하였지만 남성의 노동시장 참가수준은 여전히 낮은 수준에 머물렀으며, 이의 주요 원인으로 질병과 장애가 큰 비중을 차지하였다. 근로활동에 종사하는 남성의 90% 이상이 1970년대 중반에 고용 또는 자영업에 종사했지만, 2009년에는 단지 76%만이 고용 또는 자영업에 종사하고 있었다.[9]

〈표 1.3〉에 따르면 근로활동에 종사하는 남성 비율의 감소는 대부분 청년층(16~24세)과 노년층(55~64세) 집단에서 발생하였다. 이 사실은 조세제도 설계에 있어 매우 중요하다. 이에 대해서는 제3장에서 구체적으로 살펴볼 것이다.

어느 누구도 조세 및 편익체계가 이러한 노동시장 참가에 있어서 변화를 초래한 유일한 원인이라고 주장할 수 없다. 1980년대 초와 1990년대 초의 경기침체가 영국의 노동시장을 유례없이 크게 변화시켰다. 그러나 조세체계 및 편익체계가 가지고 있는 여러 유인들은 그러한 충격의 영향을 계속 연장시키거나 바람직한 방향으로 개선시킬 수도 있다. 예를 들면, 경기침체 후 영국의 노령 근로자들의 고용률 회복을 보면 프랑스의 경우와 매우 다르다는 것을 알 수 있다. 프랑스의 경우 1980년대 경기

---

9) 이에 대해서는 Office for National Statistics, *Social Trends 2010*, Figure 4.4 참조.
(http://www.statistics.gov.uk/downloads/theme_social/Social-Trends40/ST40_2010_FINAL.pdf)

침체에 대한 대응책으로 관대한 연금 지급과 일시 해고제를 도입하였다. 2009년의
경우 프랑스에 있어서 60~64세의 노령 남성 중 19%만이 근로활동에 종사했지만, 영
국의 경우는 무려 57%의 노령 남성이 근로활동에 종사하였다.[10]

또 다른 중요한 변화는 노동시장에서 여성의 역할에 있다. 여성 고용률은 꾸준히
증가해 왔다. 특히 자녀가 있는 기혼 여성의 고용률이 크게 증가해 왔다. 자녀를 둔
많은 부부들이 근로활동에 종사함으로써 세율과 보조금 감소율이 제2소득자(second
earner)에게 미치는 영향이 더욱 중요해지게 되었다. 조세 및 보조금체계는 자녀를
둔 맞벌이 부부들에게 다음과 같은 영향을 미친다. 먼저, 조세체계를 통해 세액공제
(tax credits)를 제공함으로써 제1소득자(primary earner)가 근로에 참가하도록 유인한
후, 다음으로 가계(또는 부부)의 소득이 증가하면 동(同) 세액공제를 철회하는 방법
이다. 이러한 조세 및 편익체계는 제2소득자가 근로에 참여하지 못하게 하는 역할을
한다. 그리고 이러한 구조는 자녀를 가진 여성들의 근로패턴에 가장 민감한 영향을
미친다는 유력한 실증자료가 존재한다. 다시 말해, 이렇게 줄어든 근로유인 효과는
남성(주로 25~50세 남성) 근로에 대해서는 거의 영향을 미치지 않지만, 여성의 근로
행태에 대해서는 상대적으로 큰 영향을 미치는 경향이 있다.[11]

그러나 고용률에 있어서는 여성 유형별로 큰 차이가 있어 왔다. 영국에서 여성의
고용률은 일반적으로 증가해 왔지만, 급속도로 증가하는 미혼모 집단의 고용률은 크
게 감소하다가 1997년 이후 다소 증가해 왔다. 영국의 조세 및 편익체계는 이러한
변화들에 다음과 같이 대응해 왔다. 즉 미혼모들의 노동 참가 유인을 증대시키기 위
하여 세액공제제도를 도입하고 계속 확대해 왔다. 이러한 유형의 문제들은 1970년대
『미드 보고서』 발간 시기에는 정책 어젠다로서 중요한 비중을 차지하진 못했다. 조
세체계의 설계는 이러한 사회적 변화와 노동시장의 변화에 견디어 낼 만큼 견고해야
만 한다. 근로활동에 종사하지 않는 편부모에게 관대한 복지혜택을 제공했던 조세
및 편익체계는 저숙련 노동자들에 대한 경제적 기회가 줄어들고 사회적 규범이 변하
는 시기를 맞아 당연하게 그 수혜 대상자들의 수를 크게 증가시켜 왔다.

또한 전체적인 소득불평등 수준도 중요하다. 우선, 소득불평등의 근원적인 증가를
억제하기 위하여 사람들로 하여금 더 많이 일하도록 하는 조세체계를 설계하는 것이

---

10) Blundell, Bazio & Laroque, 2011.

11) Meghir & Phillips(2010)와 Brewer, Saez & Shephard(2010) 참조.

필요하다. 둘째, 실업과 저임금 고용이 증가함에 따라 조세 및 편익체계가 그들의 근로유인과 저소득자들의 소득에 미치는 영향이 매우 중요해질 것이다. 이 문제에 대해서는 제4장에서 자세히 설명할 예정이다. 셋째, 그리고 좀 더 일반적으로, 동일한 조세체계가 주어지더라도 그 조세체계는 사람들 간의 소득분포에 따라 매우 다른 효과를 미칠 것이다. 예를 들면, 10만 파운드 이상의 소득에 대해 보다 높은 세율을 적용하는 세제(稅制)는 10만 파운드 이상을 버는 고소득자들의 수가 많아질수록 더욱 중요해질 것이다.

마지막으로, 부(富)의 분포도 부에 대해 과세하는 데에 중요한 영향을 미친다. 예를 들면, 유산(상속재산)의 분포가 꽤 평등하다면 공평성의 관점에서 유산에 대해 과세하려는 주장은 설득력을 잃을 것이다. 그러나 부(富)와 유산의 분포가 더 불평등해진다면 누진적인 상속세 옹호론은 더욱 설득력을 얻을 것이다.

1.2.2 구조적 변화와 경제의 글로벌화

소득의 변화와 노동시장 자체의 변화는 부분적으로 경제의 구조적 변화를 반영한다. 물론 이러한 변화들은 『미드 보고서』가 발간된 이래로 오랫동안 커져 왔다. 금융 및 사업 서비스는 1970년대 후반에 국민소득의 약 15% 정도를 차지했으나, 2008년에는 크게 증가하여 국민소득의 32%를 차지하였다.[12]

최근 영국의 조세체계에 매우 중요한 영향을 미친 한 가지 변화를 소개하자면 금융서비스(financial services)의 역할 증대를 들 수 있다. 금융서비스가 총부가가치에서 차지하는 비중이 1980년에 비해 2007년에는 2배 이상 증가하였다. 이러한 역할 증대로 인해 금융서비스 부문에 대한 '부가가치세(VAT) 면제 여부'가 조세설계상의 중요한 문제로 떠오르게 되었다. 이 문제에 대해서는 제8장에서 구체적으로 논의할 예정이다. 또한 금융서비스의 역할 증대는 법인세와 소득세 측면에서 정부의 금융서비스 의존도를 증가시키게 하였다. 이 점은 금융위기에서 그 중요성이 크게 인식되었다. 은행, 금융 및 보험부문은 2007~2008년에 123억 파운드의 법인세를 납부하였다. 이는 총법인세수의 27%를 차지하였다. 그러나 2008~2009년에는 75억 파운드로 감소하였다. 이는 2008~2009년 총법인세수의 약 17%에 해당되는 규모이다.[13] 영국

---

12) 여기서 금융 및 사업서비스는 경상가격으로 측정한 총부가가치를 말한다. 이에 대한 자료는 *The Blue Book*, ONS에서 구한 것이다. 최근의 자료를 보려면 *The Blue Book*(2010), Table 8.3 참조, 시계열 자료를 보려면 OECD STAN 참조.

재무부의 자체 분석에 따르면 금융부문의 중요성 증가는 경기변동에 대한 조세수입 민감도 증가의 한 요인임이 확인되었다.[14] 영국 재무부의 추정에 따르면 2003~2004 년에서 2007~2008년 동안 총조세수입 증가의 절반이 주택 및 금융 부문에서의 조세로부터 기인하였다.[15] 그러나 2007~2008년 회계연도부터 2009~2010년 회계연도까지 2년간 불행히도 이러한 경기변동으로 인한 영향은 GDP의 1.5%(=200억 파운드 이상) 정도 연간 세수를 감소시키는 효과를 가져왔다.[16]

각국이 당면한 경제 상태가 조세정책에 영향을 미친다. 반대로 조세구조 역시 경제 상태에 영향을 미칠 수 있으며, 때론 반갑지 않은 방향으로 영향을 미칠 수도 있다. 금융위기(경제 상태)의 결과로 각국의 공공재정(조세체계)이 큰 영향(타격)을 받게 되었다. 또한 반대로 조세체계가 금융위기를 초래하거나 조장하는 데 (비록 적지만) 어느 정도 영향을 미칠 수 있다. 예를 들면, 주택 및 금융서비스에 대한 과세체계, 자본이득에 대한 매우 낮은 조세, 주식 발행보다는 부채에 의한 자금조달을 선호하는 법인세 체계 등이 영향을 미친 책임이 있을 수 있다. 이러한 문제들은 다음의 관련된 장들에서 자세히 논의할 예정이다.

또한 기술발달은 조세가 부과되는 생산 경제를 변화시켰을 뿐만 아니라 동시에 조세행정과 조세회피 활동을 용이하게 해 주었다. 국가 간 거래들에서 기술의 역할과 이것이 조세체계에 미치는 영향에 대해서는 제7장과 제18장에서 논의할 예정이다. 글로벌화의 여러 측면들은 국가 간 거래 문제들이 30년 전에 비해 훨씬 더 중요해졌다는 것을 의미한다. 글로벌화의 이러한 측면들은 분명 조세체계에 새로운 제약조건들이 될 것이다. 글로벌화의 증가는 실제 이전에 비해 더욱 복잡한 문제들을 야기하고 있다. 예를 들면, 각국은 자국의 조세체계 내에서 다국적으로 활동하는 기업들을 어떻게 취급할 것인가? 예를 들어, 어느 스위스 제약회사가 영국에서 신약을 개발하고, 이를 벨기에 공장에서 제조하여, 미국에서 판매하는 경우 과세당국은 이에 대해 어떻게 과세할 것인가?[17]

그러나 점차 글로벌화되고 경쟁적인 세계 경제에서 일부 우려와 예측에도 불구하

---

13) 출처 : H. M. Revenue and Customs, Corporation Tax Statistics, Table 11.4와 11.5 참조.
   (http://www.hmrc.gov.uk/stats/corporate_tax/menu.htm)
14) H.M. Treasury, 2008, p. 17.
15) 여기에는 법인세, 인지세, 소득세, 금융 부문 종사자들의 소득으로부터 징수된 국민보험기여금 등이 포함되어 있다.
16) 출처 : H. M. Treasury, 2010a, Box C3 참조.
17) 이 예는 John Kay 교수가 2011년 5월 LSE에서 개최된 어느 콘퍼런스에서 사용한 것이다.

고 각국은 아직 자국의 조세를 과감하게 낮춰야 하는 상황에 처해 있지는 않다. 1975 년과 2008년 사이 사실상 모든 OECD 국가들에서 국민소득 대비 조세수입 비중은 오히려 증가하였다. 이 국가들 내에서 평균적으로 조세수입은 국민소득 대비 29.4% (1975년)에서 34.8%(2008년)로 증가하였다. 어느 OECD 국가 내에서도 이 기간 동안 조세수입이 크게 감소한 국가는 없었다. 또한 OECD 국가들 간에도 큰 차이가 있다. 덴마크, 스웨덴, 미국, 일본 등은 모두 부유한 국가들이다. 덴마크와 스웨덴에서 GDP 대비 조세수입은 2008년에 각각 48%와 46%를 차지하였다. 그러나 미국과 일본에서 GDP 대비 조세수입은 2008년에 각각 26%와 28%에 불과하였다.[18] 따라서 총조세부담과 경제성과 간에는 직접적인 관계가 없다고 할 수 있다.

이러한 사실은 어느 부유한 경제가 '글로벌화의 압력'에도 불구하고 국민소득 (GDP) 대비 조세수입 비중을 40% 또는 그 이상으로 증가시킬 수도 있음을 의미한다. 그러나 총조세수입 내에서 각국 정부는 국제적으로 이동할 수 있는 기업들이나 사람들로부터 조세를 징수하는 것이 전에 비해 더욱 어렵다는 것을 예상할 수 있다. 사실상 법인세로부터의 조세수입은 지난 40년 동안 변화가 거의 없어 왔다. 예를 들면, OECD 국가들 내에서 법인세는 1965년에 총조세수입의 9%, 1985년에 8%, 그리고 2010년에 10%를 차지해 왔다.[19] 이미 살펴보았듯이 영국에서 가장 부유한(그리고 아마 가장 이동성이 높은) 1%의 납세자들은 1979년에 소득세수의 11%를 납부했으나, 2011∼2012년에는 소득세수의 28%를 납부할 것으로 전망된다. 이와 같이 글로벌화의 증대에도 불구하고 조세수입이 증가할 수도 있다.

이러한 사실이 문제가 없다는 것을 의미하지는 않는다. 몇몇 기업과 사람들이 자신들의 국제적 이동성 덕분에 조세를 회피할 수 있다는 사실은 조세부담이 전에 비해 더 불공평해지고, 더 비효율적이 될 것이라는 것을 의미한다. 더구나 일부 기업과 사람들이 자신들의 거주지나 이윤을 이전할 수 있는 능력 덕분에 조세를 회피할 수 있다면 조세체계에 대한 기존의 믿음과 공평성에 대한 신뢰가 손상을 입을 수 있다.

그러나 이러한 조세수입의 회복력(resilience)은 다음 사실을 강조한다. 기업과 사람들이 국경을 넘나드는 것이 더 쉽고 더 간편해졌을지라도 — 또한 그러한 추세는

---

18) 여기에 사용된 모든 수치는 OECD Tax Revenue Statistics, Table A에서 나온 것이다.
   (http://www.oecd.org/document/60/0,3746,en_2649_34533_1942460_1_1_1_1,00.html#A_RevenueStatistics)
19) 출처 : OECD Tax Revenue Statistics, Table C 참조.
   (http://www.oecd.org/document/60/0,3746,en_2649_34533_1942460_1_1_1_1,00.html#A_RevenueStatistics)

앞으로 계속되겠지만 — 그 과정에서 비용이 발생하는 문제가 있다는 것이다. 그러므로 정책결정자들은 '글로벌화'라는 새로운 현상에 직면하여 다음 두 가지 개혁방안들 중에서 어느 하나를 선택해야만 한다. 첫째, 정책결정자들은 글로벌화로 인해 다른 국가로 이동하기 쉬운 기업이나 사람들로부터 조세수입을 징수하는 것이 더욱 어려울 때를 대비해서 '선제적으로' 조세체계를 새로이 설계할 수 있다. 둘째, 정책결정자들은 이러한 압력들이 가시화된 이후에 필요한 조세수입을 징수하면서 '사후적으로' 조세체계를 개혁할 수 있다. (이러한 두 방식에 대해서는 제4장과 제18장에서 자세히 논의할 예정이다.) 이들 두 가지 방식 중에서 어느 것이든 확실히 '글로벌화'는 고소득자들의 소득세율과 법인세의 구조에 영향을 미칠 것이다.

1.3 조세 개혁의 정치적 과정

물론 조세정책에 대해 중요한 것은 '경제적 관계(economic context)'뿐만 아니다. '정치적 관계(political context)' 또한 중요하다. 정치적 관계 밖에서 조세체계의 구조나 발전과정을 이해하는 것은 거의 불가능하다. 무엇보다도 사람들의 복지 상태를 명백히 더 악화시키는 것은 적어도 단기적으로 '좋은 정치(또는 좋은 정치적 결정)'가 아니기 때문이다. 그럼에도 불구하고 거의 모든 조세 개혁들은 일부 사람들의 복지 상태를 악화시킨다.

이 때문에 조세체계를 새로이 설계하는 것보다 실제로 실행하기가 더 어렵다. 이보다 더 나쁜 것은 정부가 재원(조세수입)이 필요할 때 조세 개혁으로 손해를 보는 사람들이 누구인지를 모호하게 하면서 필요한 조세수입을 조달하려 한다는 점이다. 이러한 결과로 조세체계는 더욱 복잡해지고 '속이 빈' 조세정책이 초래된다. 이에 대한 전형적인 예 중에는 정부가 한편으로 소득세의 기본 세율을 인하하면서, 다른 한편으로는 소득세 수입을 증가시키기 위하여 종종 사용하는 '재정견인(fiscal drag)'을 꼽을 수 있다. 재정견인은 소득세가 부과되는 '소득'보다 과표구간(tax bands)과 소득세 공제(tax allowances)가 더 느린 속도로 증가될 때 발생한다. 즉 소득은 증가하는데 소득세 과표구간과 공제액은 그대로 있거나 또는 더 느리게 증가하는 경우에 발생하는 것이다. 재정견인은 주로 소득세 납세자 수의 증가를 가져오는 효과가 있다. 예를 들면, 영국의 경우 1996~1997년 회계연도에 소득세 납세자 수가 2,600만 명 미만이었던 것이 2007~2008년 회계연도에는 무려 3,250만 명으로 크게 증가하였다.[20] 또한 소득세 체계에서 고(高)세율(즉 40%)을 납부하는 영국 납세자들의 수는 같은 기간 동안 200만 명에서 약 400만 명으로 거의 2배 정도가 증가하였다. 소득세 납세자 수에 있어서 이러한 커다란 변화는 일부 사람들이 임금과 급료의 인상에도 불구하고 변화가 있기 전에 비해 손해를 본다는 것을 의미한다. 이러한 사실은 매우 중요하지만 정책 논의에서 거의 주목을 받지 못하고 있다.

이와 비슷한 이유로 소득세율은 인하되었지만 국민보험기여율은 오히려 인상되었다. 소득세에 비해 국민보험기여금은 (i) 소득세보다 더 좁은 범위의 소득에 대해 조세가 부과되고, (ii) 부유한 사람들로부터 빈곤한 사람들에게로 소득을 재분배하는 측면에서 소득세보다 효과가 더 작고, (iii) 소득세보다 고용주들에게 부과되는 부분에 대해 시민들에게 덜 투명하게 보이는 특징을 가지고 있다. 제4장에서 살펴보겠지만 국민보험기여금은 처음에 국민연금과 같이 본인이 기여한 복지 혜택(contributory benefits)에 관한 권리 취득을 위한 비용으로서의 역할을 담당하였다. 그러나 정부가 기여와 혜택 간의 관계가 여전히 강하다는 오래된 믿음을 선전하고 있음에도, 이러한 역할은 거의 사라진 지 오래다. 그럼에도 영국에서 실제로 상당히 많은 수의 사람들은 여러 면에서 국민보험기여금(NIC)이 '국민의료서비스(National Health Service, NHS; 영국의 국민건강보험제도)'를 지급하고 있다고 믿고 있는 것으로 나타났다. 이러한 오해는 국민의료서비스(NHS)의 지출 증가에 대한 재원 마련을 내세워 국민보험기여금률 인상을 발표한 2002년에도 이용된 바 있다.

좀 더 급진적인 조세 개혁을 통해 조세수입을 조달하는 것은 어려운 것으로 나타나고 있다. 1990년대 초에 영국에서 국내 에너지 소비에 대해 감면혜택 없이 최고세율(즉 10%)로 부가가치세(VAT)를 부과하려는(영국에서는 이를 부가가치세 '표준세율'이라고 부른다. 영국의 경우 부가가치세에 대해 '영세율', '감면세율', '표준세율' 등을 적용하고 있다. ─ 역주) 시도가 있었지만 시민들로부터 커다란 정치적 저항을 받았다. 그 결과, 이 정책은 부분적으로 폐기되었으며, 또한 차기 정부에 의해 완전히 폐지되기에 이르렀다. 그러한 개혁은 일정한 조세수입을 조달하면서 대부분의 가난한 사람들의 복지 상태를 개선시키는 후속조치들이 수반되었다. 하지만 그러한

---

20) 출처 : H. M. Revenue and Customs, Corporation Tax Statistics, Table 2.1 참조.
(http://www.hmrc.gov.uk/stats/income_tax/table2-1.pdf)

후속조치에도 불구하고 자신의 소득 중 상당히 많은 비중을 에너지 소비에 지출하는 사람들의 복지 상태는 여전히 악화될 것이다. 이와 같은 이유들 때문에 그러한 개혁은 경제적 의도가 좋았음에도 정치적으로는 달성되기 어려웠다. 그러나 당시 영국 정부가 다른 몇몇 국가에서 하는 것처럼 이미 연료에 대해 부가가치세를 부과하고 있었다고 가정해 보자. 이 경우 당해 정책을 폐지하는 것은 정치적으로 매력적이지 못할 것이다. 부유한 사람들은 가난한 사람들보다 절대 금액 면에서 연료 소비에 더 많이 지출할 것이다. 따라서 기존의 조세(즉 연료에 대한 부가가치세 부과)를 폐지하는 것은 곧 부유한 사람들의 오염 유발재(polluting good, 오염을 유발하는 재화, 즉 연료) 소비를 증가시키기 위하여 이들에게 보조금을 지급하는 것과 같을 것이다. 그러나 우리는 어떤 재화에 대해 조세를 부과하지 못하는 것은 사실상 그 재화의 사용에 대해 보조금을 지급하는 것과 같다는 사실을 거의 인식하지 못하고 있다. 또한 이러한 사고실험(thought experiment, 사고실험(思考實驗)이란 어떤 가정이나 가설을 증명하기 위해 행하는 가상적 실험을 말하며, 이는 '영국이 1990년대 초반에 연료에 대해 부가가치세 최고(표준) 세율을 부과했었더라면' 하는 가정을 의미한다. ─역주)은 조세가 현상 유지의 폭정(tyranny of the status quo, 현상 유지의 폭정이란 '조세는 변화를 싫어한다'는 것을 의미한다. ─역주)이 가장 강한 공공정책의 한 분야라는 사실을 설명하는 데에도 유용하다. 조세를 실질적으로 변경시키는 것은 매우 어려운 일이다. 그럼에도 불구하고 우리는 본서에서 변화를 거부하는 현상 유지의 일부 폭정에 대해 과감히 도전해 보고자 한다.

비록 영국에서 국내 에너지 소비에 대해 최고(표준) 부가가치세를 부과하려는 시도가 성공하지는 못했지만 공공재정(public finances) 여건의 취약점은 때때로 유익한 조세 개혁을 촉진시킬 수 있다. 만약 사람들이 세수를 조달할 필요성이 있다는 점을 받아들인다면 일부 사람들의 복지 상태가 악화되는 것도 받아들일 수밖에 없다. 영국의 경우 1992년 직후의 시기는 영국이 '재정건전화(fiscal consolidation)'를 위해 중요한 조치들을 취한 마지막 시기였다(1992년 말에 유럽에서는 단일시장(Single Market)이 완성되었다. ─역주). 1992년 직후 영국은 주택융자금(mortgage)에 대한 이자감면의 최종 철폐, 결혼한 부부의 소득공제, 석유세 및 담배세의 대규모 인상 등을 실시하였다. 이러한 조세정책들은 국민들 사이에서 재정긴축의 필요성이 널리 인식되지 않는다면 실시하기 어려운 정책들이었다. 그러나 최근의 경제위기는 1992년 직후와 같은 과감한 개혁 정책들을 가져다주지 못했다. 최근 영국 정부는 경제위기를 해결하는 데 필요한 재원(세수)을 조달하기 위하여 국민보험기여율, 소득세 최고 세율 및 부가가치세율을 인상하였다. 즉 영국 정부는 경제위기를 이용하여 각종 세율을 증가시켰음을 알 수 있다. 이러한 정책은 아쉬운 측면들이 있다. 미국 오바마 대통령의 비서실장을 역임하였던 이매뉴얼(Rahm Emanuel)에 따르면 "우리는 위기가 재원을 낭비하는 기회가 되도록 내버려 두어서는 안 된다"고 경고하였다.

일부 부실한 정책결정이 솔직하게 정치적 압력 때문이었다고 말한다면 어느 정도 이해될 수는 있다. 그렇다고 해서 그러한 정책결정이 용납되는 것은 아니다. 조세체계의 복잡성과 공공의 이해 부족은 종종 부실한 정책과 정부의 명백한 실책을 너무 쉽게 허용하는 데 기여한다. 또한 이 요인들은 공개 토론의 범위를 좁히며, 그 결과 몇 가지 이해하기 쉬운 사항들(예 : 소득세 기본 세율)에만 논의를 고정시키는 역할을 한다. 이는 결코 바람직하지 않다. 마지막으로 그러한 요인들(즉 조세체계의 복잡성과 공공의 이해 부족)은 폭넓은 여러 고려사항들을 배제시키는 역할을 한다. 또한 영국 정부는 언론으로부터 소위 비밀세(stealth taxes)에 의존한다는 비난을 자주 받고 있다. 여기서 '비밀세'란 조세부과로 인한 개인의 부담이 불분명한 조세를 말한다(비밀세는 영어 표현 그대로 '스텔스세(稅)'라 부를 수 있다.－역주). 비밀세의 사용은 그 자체로 조세체계의 신뢰를 훼손시킬 수 있다.

기업과세(business taxation)의 복잡성은 상당히 크며, 또 더욱 커지고 있다. 기업과세의 이러한 복잡성은 실제로 이 분야에서의 공개 토론을 매우 제한적으로 만드는 역할을 한다. 영국에서 2011~2012년 현재(전망치) 법인세(corporation tax)와 영업세(business rates)는 총조세액 중에서 13.1%(＝8.6%＋4.5%)를 차지하고 있으며, 이는 거의 부가가치세(＝17.8%)만큼이나 징수되고 있고, 소득세(＝28%)의 절반, 연료세(＝4.8%)의 3배 수준에 이르고 있다. 물론 이들 조세는 궁극적으로 모두 개인들에 의해 납부된다. 이 점에 대한 인식 부족과 공개적 논의의 부재는 개탄스러운 일이다. 또한 법인세의 복잡성 증가는 수많은 기업들에게 각종 특혜 및 공제혜택의 도입과 연장을 위한 로비활동의 기회를 마련해 주기도 한다. 이에 대한 하나의 좋은 예로 Alt, Preston & Sibieta(2010)는 연구개발(R&D) 활동에 대한 세액공제제도를 들면서 이에 대해 다음과 같이 논평하고 있다.

"새로운 조세정책이 법률로 제정되면 당해 정책을 적극적으로 지지하는 이익집단과 유권자들이 새로 생긴다. 비록 그들이 처음에는 그러한 조세정책에 대해 로비활동을 하지 않았지만,

… 당해 정책의 지속과 연장을 위해 로비활동을 할 것이다. 그 결과, 당해 정책은 최초의 의도나 목적에서 벗어나거나 표류하게 될 것이다. 그러므로 잠재적 조세 개혁가는 누구든지 어떤 새로운 공제조치들이 제정·도입되거나 특정 집단들에게 조세상의 특혜조치들이 제공되는 경우 이들을 나중에 폐지하기 어렵다는 점을 유념해야 하며, 또한 시간이 흐를수록 처음의 의도와 완전히 다른 정책으로 왜곡 또는 변질될 수 있다는 점을 기억해야만 한다"(Alt, Preston & Sibieta, 2010, p. 1205).

우선, 좋은 조세정책은 믿을 만한 자료들을 바탕으로 공개적이고, 투명하며, 정확한 이해를 바탕으로 한 공적 논의를 필요로 한다. 이 과정에서 공공의 이해 부족은 좋은 조세정책 수립에 대한 하나의 제약조건으로 작용하며, 또한 정책개혁에 관한 부실한 분석들이 득세하는 문제를 가져온다.

또한 좋은 조세정책은 정부 내에서 효과적인 정책결정 과정을 필요로 한다. 현재 영국에서는 조세정책과 관련하여 정부 내에서뿐만 아니라 의회 내 입법과정에서도 다른 정책 분야들에 비해 더 제한된 수준의 논의와 토론이 진행되고 있는 것으로 여겨진다. 영국 재무부(Treasury)는 정부 내에서 가장 강력한 조직이며, 조세정책 결정에 관한 한 최근에 그 힘이 더욱 강해지고 있다. 왜냐하면 재무부는 최근 영국 국세청(HMRC)의 정책결정 권한의 상당 부분을 떠맡게 되었기 때문이다. 또한 영국은 행정부 내의 견제와 균형 시스템이 제대로 갖추어져 있지 않다. 특히 재무상(the Chancellor, 財務相)은 사실상 '그의 예산(his Budget)'에 대해 전적으로 책임을 진다.[21] 또한 영국 의회도 다소 미약한 정도의 감독기능만 효과적으로 수행하고 있다. 특히 영국 의회는 조세정책과 관련하여 몇몇 복잡한 분야에 오면 약한 정도의 감독기능만 수행하고 있는 실정이다.

마지막으로, 우리는 지난 30년 동안 조세 개혁과 관련한 정치적·제도적 환경에 대해 하나의 매우 중요한 변화를 겪어 왔다. 즉 유럽 경제의 통합이 진전되어 왔으며, 그 결과 '유럽연합(European Union, EU)'의 중요성이 크게 증대되어 왔다. 30년 전 유럽연합(당시에는 유럽경제공동체(European Economic Community, EEC)라 불림)의

---

21) 영국에서는 집권당의 예산을 '재무상의 예산'이라고 부르며, 이제까지 남성이 재무상을 거의 독점해 왔기 때문에 그의 예산(his Budget)이라고 불린다. 영국의 경우 여성 외무장관이나 여성 내무장관, 그리고 가장 유명한 여성 수상(首相, 즉 대처 수상)은 있었지만 아직까지 여성 재무상은 없다. 이런 연유로 그녀의 예산(her Budget)이라는 표현은 아직까지 없다. 또한 내각에서 각 부의 책임자를 '장관'이라고 부르지만, 재무부의 경우는 그 권한이 막강하여 '상(相)'이라고 부른다.

주요 역할은 무역 장벽들을 제거하는 데 있었다. 그 이후로 EU의 중요성은 더욱 증대되어 왔고, 현재에는 영국 조세정책에 직·간접적으로 중요한 영향력을 행사하고 있다. EU의 회원국들은 직접세에 대해서는 주권을 보유하고 있으며, 또한 EU법에 따라 직접세 주권을 행사하도록 요구받고 있다. 최근 유럽재판소에서는 회원국들의 법인세와 관련한 소송들이 있었으며 기업들의 승소 사례도 많이 있다. 이러한 상황은 다양한 조세 개혁들을 촉진시키는 계기를 제공해 주었다. 예를 들면, 다국적기업들을 겨냥한 조세회피 방지규정에 대한 변화를 들 수 있다. 다시 말해, 다국적기업들이 각기 다른 세율을 가진 회원국들 간에 그들의 과세소득을 이전시킬 수 있는 능력을 제한하기 위해 제정된 조세회피 방지규정에 커다란 변화가 발생하였다.

EU는 다른 조세들보다 형식적으로 간접세 정책에 더 큰 영향력을 행사하고 있다. 즉 EU는 회원국들이 자국의 부가가치세율을 변경시킬 수 있는 능력에 대해 명시적인 제한을 가하고 있다. 이는 EU 내에서 상품시장이 자유로이 개방됨으로써 회원국들 간 상품에 대한 상이한 조세 부과를 다룰 새로운 유형의 조세체계(예 : 부가가치세 조화 제도)가 필요하다(이를 간접세 조정 또는 조화라 부른다. – 역주)는 사실을 반영하고 있다. EU 내에서의 부가가치세(VAT)와 물품세(excise duty, 또는 소비세) 취급 문제는 제7장에서 구체적으로 논의될 예정이다.

1.4 결론

조세는 죽음처럼 피할 수 없다. 그러나 우리는 조세를 설계할 수는 있다. 우리는 조세체계를 현재와 같이 비효율적이고, 복잡하고, 불공평하게 놓아둘 수는 없다. 이를 반드시 개선하거나 개혁해야만 한다. 현재의 이러한 상황들을 개선시키기 위하여 다음과 같은 새로운 인식이 필요하다. 첫째, 우리는 조세체계를 하나의 전체(즉 통일체)로서 인식해야만 한다(이러한 인식체계를 '전일론'이라 부른다. 이는 복잡한 체계의 전체가 단지 각 부분의 총합이 아니라 각 부분을 결정하는 통일체임을 의미한다. – 역주). 즉 조세체계를 하나의 시스템(system)으로 인식해야만 한다. 둘째, 우리는 조세체계가 운영되는 실제 경제와 인구에 대한 분명한 이해를 바탕으로 조세체계를 설계해야만 한다. 셋째, 우리는 경제적 혜안과 실증적 증거들을 조세체계의 설계에 이용해야만 한다. 넷째, 현재보다 더 많은 정보를 바탕으로 한 공개 토론과 현재보다 나은 정치적 결정과정을 필요로 한다.

본서에서 우리의 목적은 조세 개혁의 분석 틀과 방향들을 새로이 제시하고자 하는 데 있다. 제2장에서는 조세 개혁의 경제적 접근방법에 관해 구체적으로 설명하고자 한다. 제3~19장까지는 소득세, 소비세, 부가가치세, 환경세, 저축세, 자산세(부유세), 토지세, 재산세, 법인세, 기업관련세 등에 관해 차례대로 설명할 예정이다. 마지막 장인 제20장에서는 이전의 장들에서 설명한 모든 내용들을 종합하여 조세체계의 개혁에 대한 '종합적인 개혁안들(권고안들)'을 제시할 예정이다. 이러한 개혁안들(권고안들)은 우리 모두의 후생 상태를 개선시킬 수 있으며, 무엇보다도 최소한 현재의 조세체계가 가지고 있는 복잡성과 비효율성들로부터 초래된 여러 족쇄들로부터 벗어나는 데 크게 기여할 수 있을 것이다.

조세설계에 대한 경제적 접근

본서는 '공공지출이 얼마나 이루어져야 하는가' 또는 '재분배가 얼마나 이루어져야 하는가' 등의 규범적인 문제를 다루는 책이 아니다. 또한 본서는 '총조세부담률이 얼마가 되는 게 옳은가'라는 규범적인 질문에 대해서도 논의하지 않을 것이다. 그러나 한 가지 분명한 사실은 공공지출이 이루어지려면 반드시 과세(taxation, 조세부과)가 있어야 한다는 점이다. 즉 이는 과세 없는 공공지출은 없다는 것을 의미한다. 따라서 공공지출과 과세는 동전의 양면과 같이 불가분의 관계를 가지고 있다. 또한 각종 조세들이 부과되면 반드시 비용이 수반된다. 경제적 충격이나 영향을 미치지 않고서 국민소득의 40% 또는 그 이상을 조세로 징수하는 것은 거의 불가능하다. 다시 말하면, 국민소득의 40% 또는 그 이상을 조세로 가져가면서 경제적 충격이나 영향이 없다는 것은 어불성설에 가깝다. 현재 대부분의 선진국들은 국민소득의 40% 또는 그 이상을 조세로 징수해 가고 있는 실정이다. 대부분의 조세들은 사람들의 행동에 유익하지 않은 방식으로 영향을 미치며, 또한 모든 조세들은 경제적 부담(economic burden)을 지는 사람들의 후생을 감소시킨다. 따라서 이러한 상황하에서 조세설계의 궁극적 과제는 조세부과로 인해 후생이 감소하는 각종 부작용들을 제한(최소화)하면서 사회·경제적 목표들을 효과적으로 달성하는 데 있다.

본서의 대부분은 먼저 다음과 같은 조세체계의 개별 분야들을 고찰하고자 한다. 즉 조세체계가 소득, 저축, 소비, 기업, 주택 등을 어떻게 취급하는가를 검토하고자 한다. 다음으로, 본서는 조세부과가 후생에 미치는 부정적인 효과들을 최소화하기 위하여 조세들이 어떻게 설계되어야 하는가를 논의할 예정이다. 이러한 효과들을 이해하기 위하여 우리는 (i) '조세체계를 어떻게 평가하는가'와 (ii) '조세체계가 후생과 분배 그리고 효율성에 미치는 효과를 어떻게 분석하는가'를 고찰하기 위하여 적절한 분석 틀(즉 연구 또는 접근방법)이 필요하다. 이러한 내용들이 본 장의 중심적인 주제들이다.

먼저, '조세체계를 어떻게 평가하는가'를 고찰해 보기로 하자. 특히 조세체계가 분배와 경제적 효율성에 미치는 효과에 대해서 검토해 보기로 한다. 이 과정에서 우리는 조세체계의 목표가 무엇인가(예 : 후생감소 최소화냐 또는 소득 재분배냐)에 대한 명확한 이해가 필요한데 이와 관련된 이슈들은 매우 복잡하다. 다음으로, 조세설계에 대한 경제적 접근이 가져다주는 여러 가지 중요한 통찰력들에 대해 살펴보고자 한다. 또한 상이한 여러 목표들을 어떻게 달성하고, 목표들이 상충(相衝)되는 경우 어떻게 주고받는가(trade off, 즉 우선순위를 어떻게 정하는가)에 대해 살펴보고자 한다. 이것은 2.2절에서 다룰 중심 내용이다. 2.2절에서 우리는 조세설계에 대한 '최적 조세 접근법(optimal tax approach)'을 소개하며, 또한 몇 가지 중요한 경험법칙들 (rules of thumb, 경험이나 실제에서 얻은 일반원리)을 소개하고자 한다. 특히 중립성을 지지하는 경험법칙은 본서의 전반에 걸쳐서 매우 중요한 역할을 담당한다.

2.1 조세체계의 평가

우리는 여러 조세체계들 중에서 '좋은 조세체계(good tax system)'를 어떻게 확인할 수 있을까? 한 가지 방법으로는 여러 바람직한 특성들로 구성된 '점검표'에서 제시된 바람직한 조세체계 기준과 비교하며 평가하는 방법을 들 수 있다. 이와 관련하여 가장 유명한 기준은 아담 스미스(Adam Smith)가 『국부론(The Wealth of Nations)』에서 제시한 다음의 네 가지 기준이다.

(i) 모든 국가의 국민들은 각자의 능력에 비례하여 최대한 모두가 정부를 지원하는 데 기여

해야만 한다(이를 '공평성'의 원칙이라고 부른다).

(ii) 개인(납세자)들이 지불해야만 하는 조세는 확실해야 하며 멋대로 부과되어서는 안 된다 (이를 '확실성'의 원칙이라고 부른다).

(iii) 모든 조세는 납세자가 지불하기에 가장 편안한 때나 방식으로 부과되어야만 한다(이를 '편리성'의 원칙이라고 부른다).

(iv) 모든 조세는 (국가에 필요한 금액을 조달하기 위하여) 국민들의 호주머니로부터 가능한 한 적게 가져오도록 설계되어야만 한다(이를 '경제성'의 원칙이라고 부른다).

아담 스미스의 이러한 권고들은 거의 보편적인 지지를 받을 수 있지만, 그 내용이 포괄적이지 못한 단점을 가지고 있다. 또한 아담 스미스의 권고안들은 하나의 목표가 다른 목표와 상충될 때 발생하는 매우 어려운 문제들을 해결하는 데에는 큰 도움이 되지 못한다. 따라서 실제적으로 조세체계의 여러 목표들을 형식화하는 방법은 어떤 주어진 분배 결과에 대해(즉 분배 결과가 주어져 있다고 가정하고) 다음 사항들을 명시적으로 고려하는 것을 말한다.

• 조세체계가 후생과 경제적 효율성에 미치는 부정적 효과들을 고려해야 한다. 물론 좋은 조세체계가 되려면 이들을 최소화하여야 한다.

• 조세행정 및 납세순응에 드는 비용을 고려해야 한다. 즉 다른 모든 것이 동일하다면, 조세체계를 운영하는 데 드는 비용이 적은 조세체계가 더 바람직하다.

• 공평성을 고려해야 한다. 이때의 공평성은 분배적 의미에서의 공평성이 아닌 절차의 공정, 차별 방지, 합법적 기대에 대한 공평성 등을 말한다.

• 투명성을 고려해야 한다. 사람들이 이해할 수 있는 투명한 조세체계는 '몰래' 세금을 부과하는 조세체계보다 더 좋다.

다시 말하면, 조세체계의 **목표**는 다음과 같이 구체적으로 형식화될 수 있다. 첫째, 주어진 분배 결과에 대해 조세체계가 후생과 경제적 효율성에 미치는 부정적 효과들을 최소화해야 한다. 둘째, 주어진 분배 결과에 대해 조세행정 및 납세순응에 드는 비용들이 가능한 한 적게 되도록 조세를 부과해야 한다. 셋째, 주어진 분배 결과에 대해 조세체계는 공평해야 한다. 넷째, 주어진 분배 결과에 대해 조세체계는 투명해야 한다.

그러면 이러한 결과들을 어떻게 달성하는가? 아래에서 살펴보겠지만 단순하고, 중립적이고, 안정적인 조세체계가 복잡하고, 중립적이지 못하고, 자주 변하는 조세체계보다 이러한 결과들을 달성하는 데 더 효과적일 것이다. 그러나 조세체계의 (i) 단순성(simplicity), (ii) 중립성(neutrality), 그리고 (iii) 안정성(stability)이 바람직한 이유는 이러한 특성들이 위에서 언급한 결과들을 촉진시킬 수 있기 때문이지, 그런 결과들을 보장할 수 있기 때문은 아니다.

좋은 조세체계는 경제적 효율성에 미치는 부정적 효과들을 제한할 뿐만 아니라 경제적 효율성을 증진시키기도 한다. 후자의 경우는 조세체계가 외부성(externality)을 교정하는 경우를 말한다. '외부성(또는 외부효과)'이란 어떤 한 사람이나 조직이 그들의 행동이 다른 사람들이나 조직에 미치는 효과를 고려하지 않을 때 발생하는 효과를 말한다. 조세부과는 어떤 유형의 행위를 하려는 유인들을 변화시킴으로써 외부성을 유발하는 행위들에 영향을 미칠 수 있다. 대표적으로 오염의 총량을 감소시키기 위하여 오염을 유발하는 활동(외부성)에 대해 조세가 부과되는 경우를 꼽을 수 있다.

이제까지 우리는 조세체계를 올바르게 평가하기 위한 '형식화 과정'(조세체계의 목표 설정과 조세체계가 갖추어야 할 바람직한 특성들)에 관해 논의하였다. 다시 말해 바람직한 분배적 결과를 '주어진 것'으로 가정하고 조세체계의 평가 시 무엇을 우선적으로 고려해야 할지(즉 조세체계의 목표)에 대해 논의하였다. 이를 위해 (i) 조세체계의 네 가지 주요 목표들과 (ii) 조세체계가 갖추어야 할 세 가지 바람직한 특성들을 제시하였다. 이제 이들에 대해 구체적으로 살펴보고자 한다. 무엇보다도 조세체계(tax system)와 편익체계(benefit system)가 소득(또는 후생) 분배에 미치는 영향에 대해 어떻게 생각하고 평가하는지를 이해하는 것이 매우 중요하다. 따라서 아래에서는 먼저 조세 및 편익체계가 소득(또는 후생) 분배에 미치는 영향에 대해 설명하고자 한다. 다음에는 조세 및 편익체계가 경제적 효율성에 미치는 효과에 대해 고찰할 것이다. 이것은 조세체계의 설계와 관련하여 가장 중요한 제약 요인이다. 즉 경제적 효율성은 조세체계의 설계 시 고려해야 하는 가장 중요한 요인이다. 마지막으로, **공평성**과 **투명성**에 관해 설명하고자 한다. 또한 조세체계가 외부성과 같은 시장실패(market failures)를 교정하는 데 미치는 긍정적인 효과들에 대해서도 살펴보고자 한다. 아래에서는 조세체계의 주요 목표들인 (i) 소득 분배, (ii) 경제적 효율성, (iii) 공평성, 그리고 (iv) 투명성 등에 대해 차례대로 살펴볼 예정이다.

2.1.1 조세 및 편익체계가 소득분배에 미치는 영향

사람들은 재분배를 평가하는 정도에 있어서 서로 다르다. 어떤 조세체계에 의해 재

|글|상|자| 2.1   누진성이란?

누진성과 관련하여 엄격한 경제적 정의가 있다. 누진성은 다음과 같이 정의된다. 과세기반(즉 과세표준, 예를 들면, 소득)이 증가함에 따라 평균 세율이 증가하는 어떤 조세가 있다면 이때의 조세를 누진적이라 한다. 예를 들면, 소득(과세기반)이 증가할 때 평균 세율이 증가하면 이때의 소득세를 누진적이라 부르는 것이다. (소득은 보통 '연간 소득(annual income)'을 의미한다. 그러나 누진성을 평가하는 과세기반으로 '평생소득(lifetime income)'이 더 나을 것이다.) 이러한 누진성은 한계 세율(즉 추가되는 1파운드 소득에 대해 조세로 지불되는 금액이 추가된 1파운드에서 차지하는 비중)이 평균 세율(즉 조세로 지불되는 금액이 총소득에서 차지하는 비중)보다 더 높은 경우 발생한다. 효과 면에서 보면 한계 세율이 높을수록 평균 세율도 더욱 올라가게 된다.

　소득세의 경우에 누진성을 달성하는 가장 단순한 방법은 조세가 부과되기 전에 일정 소득에 대해 면세공제(tax-free allowance)를 허용하는 것이다. 이것을 살펴보기 위하여 최초 1만 파운드까지의 소득에 대해서는 조세가 부과되지 않고(이를 면세 공제액이라 함), 그 이상의 모든 소득에 대해서는 20%의 단일 세율로 조세가 부과된다고 가정해 보자. 예를 들어, 연간 2만 파운드의 소득을 버는 어떤 사람들의 경우 한계 세율은 20%이지만, 그들의 평균 세율은 10%*가 된다. 다음으로, 연간 10만 파운드의 소득을 버는 어떤 사람들은 가정에 따라 한계 세율이 여전히 20%가 된다. 그러나 이 경우 그들의 평균 세율은 이보다 낮은 18%가 된다.** 두 경우 모두에 한계 세율이 평균 세율보다 높음을 알 수 있다. 따라서 평률세***(flat tax, 또는 일률세, 여기서는 20%) ― 즉 면세 공제액을 초과하는 소득에 대해서 단일 고정 세율로 부과되는 소득세를 말함 ― 는 면세 공제가 있는 한 누진적임을 알 수 있다. 이러한 소득세는 (i) 면세 공제액을 증가시키거나, (ii) 단일 세율을 인상하거나, 또는 (iii) 면세 공제액을 초과하는 더 높은 소득구간에 대해서 하나 또는 그 이상의 더 높은 한계 세율을 도입함으로써 누진성을 더 증가시킬 수 있다. 그러나 누진성이라고 해서 소득이 증가함에 따라 한계 세율이 계속 증가할 필요는 없다.

* 　이때의 조세 납부액은 2,000파운드가 된다. 즉 (20,000파운드−10,000파운드)×20%=2,000파운드가 된다. 이것을 이용하여 '평균 세율'을 계산할 수 있다. 즉 (2,000파운드/20,000파운드)×100=10%가 된다.
** 　역자 주 : 이때의 조세 납부액은 18,000파운드가 된다. 즉 (100,000파운드−10,000파운드)×20%=18,000파운드가 된다. 이것을 이용하여 '평균 세율'을 계산할 수 있다. 즉 (18,000파운드/100,000파운드)×100=18%가 된다.
*** 역자 주 : 이때의 '평률세'는 정확히 말하면 '평률 소득세'를 말한다.

분배가 달성되는 정도를 정확하게 평가하는 것은 매우 어려운 과제이다.

(1) 누진성

조세체계가 재분배에 미치는 영향, 즉 조세체계의 누진성(progressivity)[1]은 단기간 동안(보통 1년 동안) 개인들이나 가계들이 그들의 소득에 비해 얼마의 세금을 납부하느냐(즉 소득 대비 납세액)를 살펴봄으로써 판단할 수 있다. 그러나 사람들의 소득은 평생 동안 변하기 마련이다. 그러므로 이러한 방식은 한 사람의 단기소득이 아니라

---

1) '누진성'은 경제학자들에게 특별한 의미를 가지고 있다. 이에 관해서는 〈글상자 2.1〉 참조.

평생소득(lifetime income)에 대해 조세체계가 얼마나 누진적인지에 관하여 만족스러운 가이드를 제시해 주지 못할 수 있다. 이 문제는 실제로 매우 중요하다.

현재소득(current income)이라는 스냅사진들에 초점에 맞춘다면 누진성을 잘못 설명할 수 있다. 올해에 많은 소득을 버는 어떤 사람에 대해 많은 조세를 징수한다면 이는 누진적일 수 있다. 그러나 올해가 그 사람에게 유별나게 좋은(소득을 많이 번) 해라면 평생효과(lifetime effect)는 이와 매우 다를 것이다. 매년 소득이 변동하는 것은 특이한 것이 아니라 일반적이다. 평생 동안 사람들의 소득은 다음과 같이 변동하기 마련이다. 즉 사람들이 젊었을 때에는 소득이 낮고, 일정 기간 동안에는 증가하고, 이 이후에는 소득의 변화가 없거나 감소할 것이다. 그러나 이러한 패턴은 사람들 간에 큰 차이가 있으며, 특히 그들의 직업과 숙련도의 성격에 달려 있다. 따라서 이상적으로 우리는 어느 한 해가 아닌 평생에 걸친 조세체계의 분배적 영향(즉 누진성의 정도)을 평가해야 한다.

평생에 걸친 이러한 소득 변동을 설명하기 위하여, 소득수준이 가장 높은 1%의 인구(계층)들에 대해 조세를 인상시킬 목적으로 고안된 어떤 정책(예 : 고소득층에 대한 소득세 인상 정책)이 있다고 가정해 보자. 대체로 45~54세 인구의 약 4% 정도가 어느 해라도 고소득 1% 집단(계층)에 속한다고 여겨진다. 다시 말하면, 최소한 4%의 사람들이 그들 일생의 어느 기간 동안(즉 45~54세 사이의 기간 동안)에 1%의 고소득 계층에 있다는 것을 의미한다.[2] 평생 동안에 걸친 소득 변동을 통계 자료를 이용하여 살펴보기로 하자. 〈표 2.1〉은 1991년과 2008년 사이에 영국 사람들의 소득분배 상태가 어떻게 변동했는가를 보여 주고 있다. 인구를 소득이 가장 낮은 사람들에서부터 소득이 가장 높은 사람들에 이르기까지 5분위로 나누고 있다. 즉 사람들을 제1분위(가장 빈곤한 계층), 제2분위, 제3분위, 제4분위, 제5분위 계층(가장 부유한 계층)으로 나누고 있다. 이 표는 17년 동안(1991~2008년) 영국 사람들의 소득분배 상태가 어떻게 변동했는가를 보여 주고 있다. 예를 들면, 1991년에 가장 빈곤한 계층(제1분위)에 속했던 34%의 사람들은 2008년에도 여전히 가장 빈곤한 계층에 머무르고 있다. 또한 1991년에 가장 빈곤한 계층(제1분위)에 속했던 34%의 사람들 중 (i) 8%는 2008년에 가장 부유한 계층(제5분위)으로 이동하였고, (ii) 16%는 두 번째 부유한 계층(제4분위)으로 이동하였음을 보여 주고 있다. 반면에 1991년에 가장 부유한 계층

---

2) 이는 Brewer, Saez & Shephard(2010)를 기초로 해서 저자가 계산한 것이다.

| 표 2.1 | 영국 개인들의 소득분배 상태 : 1991년 대비 2008년의 소득분배 상태

		1991년의 소득분배 상태				
		제1분위 계층 (최하위 계층)	제2분위 계층	제3분위 계층	제4분위 계층	제5분위 계층 (최상위 계층)
2008년의 소득분배 상태	제1분위 계층 (최하위 계층)	34	23	18	15	10
	제2분위 계층	25	26	21	18	11
	제3분위 계층	18	22	21	20	18
	제4분위 계층	16	17	21	23	23
	제5분위 계층 (최상위 계층)	8	12	18	25	38

출처 : 영국 Department for Work and Pensions, 2010e, Table 4.1(BHC).

(제5분위)에 속했던 38%의 사람들은 2008년에도 여전히 가장 부유한 계층(제5분위)에 머무르고 있다. 또한 1991년에 가장 부유한 계층(제5분위)에 속했던 38%의 사람들 중 (i) 10%는 2008년에 가장 빈곤한 계층(제1분위)으로 이동하였고, (ii) 11%는 두 번째 빈곤한 계층(제2분위)으로 이동하였음을 보여 주고 있다. 다른 경우들도 이와 같이 해석할 수 있다.

이러한 '평생에 걸친 소득의 변동'은 조세를 어떻게 부과하느냐를 결정할 때 저축이 왜 중요한지를 설명하는 데 유용하다. 사람들은 돈을 축적하고(저축하고), 평생에 걸쳐 지출을 평준화(smooth)하기 위하여 저축을 사용하거나 돈을 빌리게 된다. 제13장에서 논의할 예정이지만, 과세목적상 저축을 어떻게 취급하느냐에 따라 사람들의 평생소득에 대해 근사적으로 조세를 부과하는 것이 원칙적으로 가능하다.

우리는 이상적으로 사람들의 평생소득에 따라 평생 조세납부액(lifetime tax payments)이 어떻게 변동하는지 알기를 원할 것이다. 그러나 불운하게도 우리는 평생소득 또는 평생 조세납부액을 관찰할 수 없다. 그러나 현재소득(current income)과 함께 현재지출(current expenditure)이라는 개념을 사용함으로써 우리는 조세체계에 의해 달성되는 재분배의 정도를 평가하는 데 도움을 얻을 수 있다. 만약 사람들이 소득 변동에 직면해서 안정적인 소비수준을 유지하기 위하여 저축하거나 차입한다면 현재소득보다는 현재지출이 평생소득을 더 잘 나타내 줄 것이다. 물론 사람들의 소비도 생애주기(life cycle)에 걸쳐서 변한다. 종종 현재소득과 현재지출은 상호 보완적인 지표들이다. 즉 양 지표들을 모두 고려하고, 각 지표가 무엇을 나타내는지를 살펴봄으로써 더 많은 정보들을 얻을 수 있다. 어떤 가계가 '부유한지', 아니면 '가난한지'를 평가하기 위하여 소득 또는 지출을 사용하듯이 우리는 그 가계의 조세납부액을 소득에서 차지하는 비율로 평가해야 할지 아니면 지출에서 차지하는 비율로 평가해야 할지를 고려해 보아야 한다. 현재소득 중 현재의 총조세 납부액이 차지하는 비율을 살펴보면 그릇된 판단을 할 수 있다. 일반적으로 사람들이 평생 동안에 걸쳐서 조세가 소득분배에 미치는 영향을 살펴보려면 현재소득 중 소득세(income taxes) 납부액이 차지하는 비율을 살펴보고, 현재지출 중 지출세(expenditure taxes) 납부액이 차지하는 비율을 살펴보는 것이 더 나은 방법이다. 평생소득 또는 평생지출에 대한 자료가 없는 경우에 조세가 소득분배에 미치는 영향을 근사적으로 살펴보기(추산하기) 위해 현재소득과 현재지출의 스냅사진들이 적절하게 사용될 수 있을 것이다.

또한 '누진성'을 평가하기 위하여 우리는 조세체계를 구성하고 있는 개별 요소가 아닌 조세체계 전체에 미치는 영향을 고려해 보아야 한다. 조세체계 전체의 영향을 종합적으로 평가하기 위하여 각종 복지혜택들(welfare benefits)과 세액공제들(tax credits)이 평가에 포함되어야 한다. 왜냐하면 중요한 것은 조세체계만이 아니라 조세체계와 편익체계의 전체 효과이기 때문이다. 조세 및 편익체계 전체를 누진적으로 하기 위해 개별 조세 각각이 누진적이 될 필요는 없다. 서로 다른 목적들을 달성하기 위하여 서로 다른 조세들이 고안(설계)될 수 있다. 현재 몇몇 조세들(예 : 담배세)은 매우 역진적(regressive)이다. 왜냐하면 이 조세들은 누진성이 아니라 다른 목적을 달성하기 위해 설계되었기 때문이다. 이 문제는 제6~9장에서 구체적으로 논의할 예정이다. 본서의 제6~9장에서 우리는 부가가치세(VAT)의 구조를 살펴볼 예정이며, 가난한 가계들이 많이 소비하는 물품들에 대해 영세율(zero rating)이 적용되는 것은 조세체계 전체의 누진성을 달성하는 데에는 그다지 좋은 방법이 아니라는 점을 주장할 것이다.

또 다른 이슈로 조세의 재분배 효과(그리고 다른 효과들)를 '개인'을 기준으로 할 것인가 아니면 '가계'를 기준으로 할 것인가에 대해 고찰해 보아야 한다. 즉 조세가 개인 또는 가계의 소득 재분배에 미치는 효과를 평가해 볼 필요가 있다. 이제까지 경제학은 주로 개인의 행동을 포괄적으로 분석하는 이론을 개발해 왔다. 그러나 대부분의 사람들은 가계를 구성하여 살고 있다. 다시 말해, 대부분의 사람들은 자신의 배우자, 동거인, 자녀 또는 부모와 함께 살고 있다. 점차 시간이 지남에 따라 가계의 구조가 출생, 사망, 별거 또는 이혼 등으로 인하여 변화한다. 이러한 요인들은 조세설계를 더욱 어렵게 하고 있다. 현재 영국의 제도 운영은 일관성(통일성)이 결여되어 있다고 할 수 있다. 왜냐하면 소득세와 국민보험기여금(NIC)은 개인들에 대해 부과되지만 복지혜택들과 세액공제들은 가계들에 대해 지급되고 있기 때문이다. 현실의 제도 운영뿐만 아니라 경제이론도 '무엇이 옳은 방식인가'에 대해 의견일치를 보는 데 큰 어려움을 겪고 있다.[3] 조세의 재분배 효과를 평가하는 과정에서 개인과 가계의 구분으로 인해 제기되는 여러 문제들은 쉽게 해결될 수 없는 성질의 것이다. 우리는 제3장과 제5장에서 직접세와 편익의 관점에서 이 문제들을 조금 더 구체적으로 논의할 예정이다.

(2) 조세부담

조세의 재분배 효과(redistributive effect)에 대한 보다 근본적인 문제는 '누가 실질적으로 조세를 경제적으로 부담하는가'(즉 조세의 실질적인 경제적 부담자)를 어떻게 평가하느냐와 관련되어 있다. 조세의 실질적인 경제적 부담자는 조세 당국에 세금을 납부하는 사람 또는 기관(조직)일 필요가 없다. 또한 법정(法定) 부담자(statutory bearer) ─ 법적으로 조세를 부담할 책임이 있는 사람이나 기관(조직) ─ 가 실질적인 경제적 부담자일 필요도 없다. 이러한 두 가지 개념을 구별하기 위하여 다음 예를 들어 보기로 하자. 영국의 PAYE(Pay-As-You-Earn, 영국의 원천 과세) 제도하에서 근로자들이 소득세의 법정 부담자들이며, 기업들은 소득세를 납부한다. 과세의 법정 부담을 납세자들(예 : 고용주와 근로자) 간에 배분하는 것을 법적 귀착(歸着)(legal incidence)이라 부른다. 어느 한 조세의 법적 귀착은 경제적 귀착(economic incidence)과 아주 다르다. 여기서 '경제적 귀착'이란 실질적으로 조세를 부담하는 사람을 의미한다. 어떤 개인이 조세를 실질적으로 부담하는 한 그 사람의 후생은 필연적으로 감소한다. 즉 그 사람의 후생손실(welfare loss)이 발생한다. 따라서 조세의 경제적 귀착은 필연적으로 실질적 부담자의 후생손실을 초래한다.

고용주들이 소득세를 납부하더라도 적어도 경제적 귀착의 일부분이 근로자들에게 부담된다는 사실은 분명하다. 마찬가지로 고용주와 근로자들이 근로소득에 대해 형식적으로는 별개의 국민보험기여금을 지불하지만, 국민보험기여금의 경제적 귀착은 궁극적으로는 동일할 것이다. 고용자들은 각 근로자에게 지급되는 총비용을 근거로

---

3) Apps & Rees(2009)는 이와 관련된 문헌들을 개괄적으로 정리하여 분석하고 있다.

고용에 대한 의사결정을 하며, 또 근로자들은 그들의 세금부과 후의 임금에 관심을 가진다. 따라서 고용주와 근로자 간 국민보험기여금의 배분은 장기적으로 '고용주가 근로자들을 얼마나 고용할 것인가' 또는 '근로자의 세후(稅後) 임금'에 아무런 영향을 미치지 않아야 한다.

그러나 많은 경우 어떤 조세의 경제적 귀착이 어떻게 이루어지는지 명확하게 밝혀내기가 어렵다. 예를 들면, 주류(酒類)에 대한 물품세(excise duty, 소비세)가 인상될 때 주류 상점들에서의 주류의 가격이 물품세 인상액만큼 증가되어야 하는 것은 아니다. 주류를 생산·공급하는 기업들은 물품세 인상의 일부분을 자신들이 흡수(부담)하고, 나머지 일부분은 소비자들에게 전가시킬 수 있다. 또 다른 예로, 주택 판매 시 부과되는 인지세(stamp duty)를 고려해 보자. 인지세는 주택 구입자가 부담하기 때문에 주택 판매자의 후생을 감소시키지 않는다고 가정하는 것이 당연할지도 모른다. 그러나 이 가정은 잘못된 것이다. 예를 들어, 주택 공급이 완전히 고정되어 있다고 가정해 보자. 그러면 판매되는 주택 가격은 주택 수요 ― 즉 주택 구입자들이 일정액의 집값을 기꺼이 지불하려는 의사 ― 에 의해 결정될 것이다. 주택 판매 시 인지세를 부과하더라도 주택 구입자들은 기꺼이 지불하려는 총금액(=주택 가격+인지세)을 변화시키지 않을 것이며, 그 결과 주택 가격은 하락해야 한다. 즉 경제적 귀착은 주택 구입자가 아니라 판매자에게 돌아간다. 따라서 인지세 부과는 주택 판매자의 후생을 감소시키게 된다. 그러므로 인지세 부과로 인해 주택 판매자의 후생이 감소되지 않는다는 가정은 잘못된 것이다.

경제적 귀착을 기업과 소비자들 간에 배분하는 것은 분석의 첫 번째 방법에 불과하다. 이제 분석의 두 번째 방법을 고려해 보자. 두 번째 방법에 따르면 기업들은 단지 법적 실체들(legal entities)에 불과하며, 그들의 고객, 근로자, 그리고 주주들의 경제적 후생과는 별도의 경제적 후생을 누리지 못한다. 어느 한 기업이 지불하는 조세는 (i) 그 기업이 해당 조세를 납부하거나, 또는 (ii) 그 기업이 해당 조세의 법정 부담자라는 의미에서 **궁극적으로** 기업 소유자들, 자본과 기타 생산요소의 공급자들, 그리고/또는 근로자들의 경제적 후생을 감소시킨다. 그래서 분석의 첫 번째 방법이 기업들에 대해 귀착의 일부분을 배분하지만 그 부담은 궁극적으로 고객, 근로자, 그리고 주주들이 나누어 갖게 된다. 부담의 최종 분배는 관련된 개인들에게 거의 불확실하며, 경제학자들조차도 결정하기 어려운 경우가 빈번하다. 이것은 분명히 (i) 거의 모든 국가들에서 고용주가 부담하는 사회보험기여금의 법정 부담이 근로자가 부담하는 기여금보다 훨씬 더 큰 이유를 설명하는 데 유용할 뿐만 아니라, (ii) 기업들에 대해 부과하는 조세가 종종 '피해가 없는 것'으로 인식됨을 설명하는 데에도 유용하다. 그러나 사실은 그렇지 않으며, 기업들에 대해 부과하는 조세들은 궁극적으로 고객, 근로자, 그리고 주주들이 부담하게 된다. 이러한 점은 아무리 강조해도 지나치지 않다.

2.1.2 조세가 경제적 산출물 및 효율성에 미치는 효과

각 재화나 서비스의 가격들은 현대 시장경제에서 신호 기능이라는 중요한 역할을 수행한다. 즉 가격은 소비자와 생산자들의 결정을 반영하고 안내하는 신호 역할을 수행하고 있다는 것이다. 그러나 각종 조세들은 이러한 신호 기능들을 붕괴 또는 혼란시키는 역할을 한다. 또한 각종 조세들은 구매자가 지불하는 가격과 판매자가 받는 가격 간에 차이(이를 '쐐기'라 함)를 발생시킴으로써 시장경제에서 가격의 신호 기능을 붕괴 또는 혼란시킨다(이를 '조세 쐐기(tax wedge)' 또는 '조세 격차'라 부른다. 즉 조세에 의해 구매자가 지불하는 가격과 판매자가 받는 가격 간에 차이(쐐기)가 발생하는데, 시장경제에서 조세가 없는 경우 구매자와 판매자는 시장에서 결정된 하나의 균형 가격을 가지게 된다. -역주). 예를 들면, 소득세는 고용주가 지불하는 소득(임금)과 근로자가 받는 소득(임금) 간에 차이를 발생시킨다. 즉 소득세는 1시간의 노동에 대해 근로자가 받는 임금보다 고용주가 지불하는 임금이 더 크다는 것(이를 '임금 격차(wage wedge)'라 부른다. 즉 소득세에 의해 근로자가 받는 임금과 고용주가 지불하는 임금 간에 차이가 발생한다. -역주)을 의미한다(바꾸어 말하면, 고용주가 지불하는 임금보다 근로자가 받는 임금이 더 작다는 것을 의미한다). 반면에 부가가치세(VAT)는 소비자가 지불하는 가격과 판매자가 받는 가격 간에 차이를 발생시킨다. 즉 어느 소매상인이 판매하는 어떤 제품에 대해 그의 고객이 지불하는 가격보다 소매상인이 받는 가격이 더 작다는 것을 의미한다(부가가치세의 경우 어떤 제품의 판매와 관련하여 소매상인이 받는 가격보다 소비자가 지불하는 가격이 더 크다는 것을 의미한다). 이와 같이 조세는 구매자가 지불하는 가격과 판매자가 받는 가격 간에 차이(쐐기)를 발생시킨다.

다음으로, 조세는 가격을 인상시켜 구매 및 판매되는 수량을 감소시킴으로써 소비자와 생산자들 모두에 대해 손실을 발생시킨다. 이러한 비용들의 합(合)은 거의 항상 조세부과가 가져다주는 수입을 초과한다. 조세부과에 따른 비용들이 조세수입을 초과하는 정도를 조세의 **자중손실**(deadweight loss, 自重損失. deadweight loss를 일본식

한자 표현으로는 사중손실(死重損失)이라고 부른다. 우리나라의 일부 재정학 교과서에서도 이를 사중손실로 표현하고 있다. 자중(自重)이란 자체 중량을 의미한다. 예를 들면, 화물열차의 자중이란 화물을 싣기 전의 자체의 무게를 말한다.-역주) 또는 사회적 비용(social cost)이라 부른다. 따라서 조세설계의 주요 목표는 조세체계 전체의 자중손실을 가능한 한 크게 줄이는 것이다.

자중손실의 크기는 조세가 부과되는 물품의 수요와 공급의 탄력성(elasticity)과 관련되어 있다. 여기서 '탄력성'이란 물품의 수요와 공급이 가격 변화에 반응하는 정도를 말한다.[4] 어떤 제품이 그 가격에 대한 수요가 더 탄력적일수록 주어진 조세 인상은 해당 제품의 수요를 더 많이 감소시킬 것이다. 그러므로 탄력성이 클수록 주어진 조세의 변화에 대해 자중손실이 더 커진다는 것을 의미한다.

조세 변화가 사람들의 행위에 미치는 경로에는 대체로 다음 두 가지가 있다. 이는 소득효과(income effect)와 대체효과(substitution effect)인데, 조세 변화는 이 효과들을 통해 사람들의 행위에 영향을 미친다. 우선, 소득(임금)에 대한 조세 인상이 사람들의 노동 결정에 미치는 영향을 고려해 보자. 이 경우 근로소득세는 주어진 노동시간 (예 : 8시간)에 대해 사람(근로자)들이 받는 소득을 감소시키며, 그 결과 사람들로 하여금 생활수준의 감소를 보상하기 위하여 더 많이 일하도록 하는 유인을 제공해 준다. 이것을 소득효과라 부른다. 반면에 근로소득세는 근로소득세가 부과되지 않는 경우에 비해 한 시간의 노동을 한 시간의 여가에 비해 덜 매력적으로 만들며, 그 결과 사람들이 덜 일하도록 만드는 유인을 제공해 준다. 이것을 대체효과라 부른다. 이와 같이 두 효과는 서로 반대방향으로 움직인다. 즉 근로소득세가 부과되는 경우 사람들은 한편으로 일을 더 많이(소득효과) 하지만, 다른 한편으로는 일을 더 적게(대체효과) 한다. 어떤 개별적인 조세 변화에 대해 선험적으로 어떤 효과가 더 큰지 말할 수 없다. 그러나 세수 중립적인(revenue neutral, 즉 조세수입에 변화가 없는) 조세 변화의 경우 소득효과는 상쇄되어 대략 평균적으로 균형을 유지할 것이다. 왜냐하면 어떤 사람들에게 지급한 돈은 다른 사람들로부터 징수한 돈과 거의 일치하기 때문이다. 그래서 어느 한 집단에 대한 양(+)의 소득효과는 다른 집단에 대한 음(-)의 소득효과에 의해 상

---

4) 가격의 증가가 사람들의 행위를 전혀 변화시키지 않는다면 이 경우 가격에 대한 행위의 변화, 즉 탄력성은 0이 된다. 만약 가격 변화가 동일한 크기의 행위 변화를 가져온다면(예를 들면, 가격이 10% 인상되는 경우에 수요도 10% 감소하는 경우) 이때의 탄력성(=수요의 가격탄력성)은 -1의 값을 가진다. 또한 탄력성이 -0.1이라는 것은 가격의 10% 증가가 수요를 단지 1%만 감소시킨다는 것을 의미한다.

쇄될 것이다(그러나 이 경우 어느 한 집단이 다른 집단보다 소득 변화에 더 민감할 수 있다. - 역주). 따라서 소득효과는 대체로 조세들 간에 상쇄된다. 반면에 대체효과는 소득효과처럼 반드시 조세들 간에 상쇄되지 않는다.

또한 대부분의 실증적 연구들[5]에 따르면 소득효과에 비해 대체효과가 더 크다고 보고하고 있다. 따라서 근로소득에 대한 추가적(한계적) 조세부과는 일반적으로 사람들의 노동시간을 줄이는 역할을 한다. 즉 대체효과에 따르면 사람들은 근로소득세가 부과되는 경우 조세부과 전에 비해 노동을 덜 하려고 한다는 것이다. 그러나 대체효과의 강도는 근로자 유형들 간에 서로 다르다. 종종 근로소득세는 **집약적 한계**(intensive margin)에 비해 **포괄적 한계**(extensive margin)에서 사람들의 행위에 더 크게 영향을 미친다. 여기서 '집약적 한계'는 사람들이 노동을 조금 더 많이 할지 아니면 조금 더 적게 할지를 결정하는 것을 말하고, '포괄적 한계'는 사람들이 임금이 지급된 노동을 수행할 것인지 아니면 아예 노동을 하지 않을 것인지를 결정하는 것을 말한다(한계를 집약적 한계와 포괄적 한계로 나눌 수 있다. '집약적 한계'는 자원이 사용되는 '정도(집약도)'를 말하고, '포괄적 한계'는 자원이 사용되는 '범위'를 말한다. 즉 근로소득세 부과로 인해 사람(근로자)들의 노동에 대한 의사결정이 집약적으로 이루어지느냐 또는 포괄적으로 이루어지느냐를 말한다. - 역주). 근로소득세가 부과되는 경우 사람들은 포괄적 한계일 때 노동을 덜 하려 할 것이다. 이것은 매우 중요한 통찰력이며, 이에 대해서는 다음 장에서 자세히 논의할 예정이다.

노동에 대한 의사결정과 관련하여 소득세만이 소득효과와 대체효과를 초래하는 것은 아니다. 부가가치세도 노동에 대한 의사결정과 관련하여 소득효과와 대체효과를 발생시킨다. 예를 들어, 균일 세율(예 : 10%)의 부가가치세(VAT)가 도입·부과됨으로써 소득세 부과 시와 유사한 소득효과와 대체효과를 가질 수 있나. 즉 부가가치세가 모든 사람들에게 균일하게 부과되는 경우 사람들은 (i) 어떤 주어진 소득으로 세금부과 전에 비해 더 적은 양의 재화를 구입하게 되며, 또한 (ii) 각 노동시간으로 더 적은 재화를 구입하게 된다는 것을 의미한다. 전자는 소득효과를 초래하고, 후자는 대체효과를 초래한다. 노동을 하느냐 마느냐와 얼마의 시간을 일하느냐를 결정하는 데 있어서 중요한 것은 '벌어들인 소득으로 얼마를 구입할 수 있느냐'에 있다. 그러므로 재화와 서비스에 대해 부과되는 조세들(예 : 부가가치세와 간접세)이 인상되

---

5) 이에 관해서는 Blundell & MaCurdy(1999)와 Meghir & Phillips(2010) 참조.

는 경우 이는 일함으로써 얻는 임금(소득)을 감소시킨다. 이는 직접세 인상의 경우와 동일하다. 이러한 사실은 때때로 다음과 같이 주장하는 많은 연구자들에 의해 간과되고 있다. 많은 연구자들은 사람들의 근로유인(work incentive)을 보존하기 위하여 조세체계를 소득세에서 간접세로 이전시켜야 한다고 주장하고 있다. 그러나 이들은 부가가치세 부과가 초래하는 근로소득의 감소 문제를 간과하고 있다.

만약 우리가 조세 변화가 초래하는 영향을 올바르게 평가하려 한다면 이러한 효과들을 측정할 수 있어야만 한다. 일반적으로 사람들의 행태에 영향을 덜 미치는 세금의 경우 상대적으로 더 높은 세율을 부과하려 할 것이다. 만약 다른 사람들에 비해 높은 세율에 더 민감하게 반응하는 사람들이 있다면 우리는 이를 반영하여 조세체계를 설계하기를 원할 것이다. 개인별 행태 변화에 상관없이 균일하게 적용하는 조세체계(one size fits all)는 사람들이 조세 변화에 '다르게' 반응할 때 경제적으로 커다란 비용을 수반할 것이다. 따라서 문제는 조세체계를 좀 더 맞춤형으로(여기서 '맞춤형 조세설계'란 조세 변화로 인한 사람들의 각기 다른 반응들을 고려하여 조세체계를 설계하는 것을 말한다. -역주) 설계함으로써 발생하는 혜택이 좀 더 복잡한 조세체계로 인해 발생하는 운영(조세행정) 및 순응(납세협력) 비용들을 초과하는지의 여부에 달려 있다. 이를 위해 다음 두 가지가 필요하다. 첫째, 조세 변화로 인해 발생하는 사람들의 모든 행위 변화에 따른 효과들을 측정할 수 있어야 한다. 둘째, 조세체계의 차별화에 드는 비용보다 그에 따른 혜택이 더 커야 한다. 많은 경우, 관련 연구자들은 균일한 취급으로부터 벗어나는 것(즉 조세체계의 차별화)이 과연 가치가 있는지에 대해 구체적인 증거를 요구하기도 한다.

무엇보다도 조세는 사람들의 행위에 즉각적으로 영향을 미칠 뿐만 아니라 장기적 또는 동태적(dynamic) 효과도 미칠 수 있음을 인식하는 것이 중요하다. 예를 들면, 우리는 석유세의 인상이 단기보다는 장기적으로 석유 소비에 더 큰 영향을 미치고, 자동차 운전 거리에는 더 적은 영향을 미친다는 것을 알고 있다. 왜냐하면 사람들은 연료 효율적인 자동차들을 더 많이 수요함으로써 석유세 인상에 반응하고, 자동차 제조업자들은 연료 효율적인 자동차들을 더 많이 공급함으로써 석유세 인상에 반응하기 때문이다. 조세정책뿐만 아니라 우리는 몇몇 다른 중요한 정책들의 '동태적' 효과들에 대해서도 잘 알지 못하고 있다. 예를 들면, 저소득 근로자들을 지원하는 각종 편익정책들(예 : 영국의 근로소득세액공제)은 단기적으로 더 많은 사람들을 근로활동에 유인하는 데 효과적이다. 그러나 이 편익정책들이 장기적으로는 어떤 효과를 가져다주는가? 아마 이 편익들은 단기적으로보다 장기적으로 사람들이 교육이나 훈련에 대한 결정을 내릴 때 더 큰 영향을 미칠 것이다. 우리는 이러한 효과들에 대해 거의 알지 못하고 있다. 그러나 이들 효과는 조세설계와 관련하여 매우 중요하다.

각종 조세들이 사람들의 행위에 중요한 영향을 미친다는 사실은 결코 부인할 수 없다. 이러한 사실은 경제학자들로 하여금 그러한 효과들을 발생시키지 않는 두 가지 종류의 조세 도입 가능성에 관해 진지하게 고려하게 된 계기를 마련해 주었다. '일괄세(lump-sum taxes)'와 '경제적 지대세(taxes on economic rents)'가 이들 유형의 조세에 속한다.

(1) 일괄세

일괄세(一括稅, lump-sum tax; 일괄세는 '정액세' 또는 '일괄중립세'라고도 표현함)는 사람들의 행위 변화에 의해 변경시킬 수 없는 조세이다. 즉 조세가 부과되더라도 사람들의 행위를 변화시킬 수 없는 조세를 의미한다. 원칙적으로 일괄세는 변경이 불가능한 개별적인 특성(예 : 납세자의 나이나 선천적인 능력을 나타내는 척도 등)을 바탕으로 부과된다. 따라서 개별적인 특성을 바탕으로 부과되는 일괄세는 조세가 부과되더라도 사람들의 행위를 변화시킬 수 없다. 그러나 실제적으로 그러한 특성들은 어떤 사람의 조세 납부를 결정하는 유일한 기준으로서 바람직하지 않거나, 또는 특성들을 명확하게 정의하거나 정확하게 측정하기 불가능한 측면이 있다. 모든 사람들에 대해 동일한 일괄세를 부과하는 것은 원칙적으로는 가능하다. 그러나 일괄세와 지불능력 간의 연계성 부족은 일괄세가 정치적으로 매력적이지 못한 원인을 제공해 준다. 왜냐하면 일괄세라는 조세체계 내에서의 한 구성요소의 재분배 효과보다는 '조세체계 전체'의 관점에서 재분배 효과에 관심을 보여야 하기 때문이다. 예를 들면, 영국의 인두세(人頭稅, community charge; 영국에서는 '인두세(poll tax)'를 공식적으로 'community charge'라 부른다. – 역주)에 대한 시민들의 민감하고 격렬한 반응은 이러한 점을 생생하게 보여 주고 있다. 영국에서 인두세는 정치적으로 강한 저항을 불러일으킨 바 있다.

(2) 경제적 지대세

순수 경제적 지대들(economic rents)에 대한 조세는 사람들의 행위에 변화(이를 '조세왜곡'이라 함)를 초래하지 않는다. 어느 한 경제적 자원(예 : 토지)이 차선의 사용에 비해 더 높은 수익을 창출해 낼 때 경제적 지대가 발생한다. 경제적 지대가 발생할 때 그것에 조세를 부과해도 사람들의 행위를 변화시키지는 못할 것이다. 왜냐하면 당해 경제적 자원이 차선의 사용에 비해 더 높은 수익을 창출해 내는 경우 초과소득(excess income)에 대해서만 조세가 부과되기 때문이다. 지대는 대개 토지에 대한 수익과 가장 밀접히 관련되어 있다. 토지는 소재한 장소에서 가치(지대)를 창출해 낸다. 토지에 대해 조세가 부과되더라도 해당 토지 소유자는 토지를 다른 곳으로 이동해 갈 수 없기 때문에, 토지세(또는 토지에 대한 지대세(地代稅))는 조세가 부과되더라도 사람들의 행위를 변화시킬 수 없다. 우리는 제16장에서 토지가치(지대)에 대한 과세 문제를 구체적으로 논의할 예정이다. 지대의 유형은 다양하다. 예를 들면, 지대들은 (i) 토지뿐만 아니라 (ii) 희소가치가 있는 천연자원들을 추출하여 사용할 수 있는 권리로부터 발생하거나, (iii) 혁신가들, 예술가들, 스포츠 스타들, 유명 브랜드를 가진 기업들 등으로부터도 발생한다.

그러나 일괄세와 지대들에 대한 과세(즉 지대세) 모두 대부분의 정책결정과정에서 그다지 유용한 가이드를 제공해 주지 못하는 단점을 가지고 있다. 우리가 인식해야 될 중요한 사실은 대부분의 조세들은 사람들의 행위를 변화시키며, 사람들의 후생과 어느 한 사회의 경제적 산출물(GDP)을 감소시킨다는 점이다.

2.1.3 사람들의 행동 변화를 위해 고안된 조세들

그러면 구체적으로 사람들의 행동을 변화시키기 위해 고안된 조세들로 무엇이 있는가? 일반적으로 각종 조세들은 사람들의 후생을 감소시킨다. 그러나 후생을 증진시키기 위하여 사람들의 행위를 변화시키는 데 의도적으로 사용되는 조세들이 있다. 예를 들면, '환경세(environmental tax)'가 가장 대표적인 예이다. 환경세는 외부성(externality, 보통 '외부성' 또는 '외부효과'는 영어로 externality로 표현된다. 본문에서는 외부성을 spillovers라도 표현하고 있다. 이 외에도 외부성을 나타내는 영어 단어로 neighborhood가 있다. ─역주)이 유발하는 문제를 해결하기 위해 고안된 조세이다. 어떤 경제 주체(소비자 또는 생산자)가 다른 사람들에게 비용(또는 편익)을 부과하지만 자신의 행동(소비 또는 생산 활동)을 결정할 때 이러한 효과들을 고려하지 않는 경우를 외부성이라 부른다. 특히 이를 '부정적 외부성(negative externalities)'이라 부른다. 이때 해당 경제주체가 부과하는 비용(또는 편익)을 '내부화(internalize)'하기 위해 조세체계가 사용될 수 있다. 다시 말하면, 우리는 가격신호를 제공하기 위하여 어떤 조세를 사용할 수 있다. 해당 조세가 시장의 가격신호를 대신하여 직접적으로 사용될 수 있기 때문에 조세부과가 외부성 문제를 해결하는 효율적인 방법이 될 수 있다. 이러한 문제들에 관해서는 제10장에서 구체적으로 논의할 예정이며, 또한 제11장과 제12장에서는 각각 '기후 변화'와 '자동차 운행'에 관해 논의할 예정이다.

사람들의 행위를 변화시키기 위하여 조세가 사용되는 경우로 환경세 부과만 있는 것이 아니다. 즉 환경적인 손실을 감소시킬 목적으로 환경세가 부과되며, 또한 다른 외부성 문제들을 해결하기 위하여 다른 조세들이 사용될 수 있다. 또 다른 예를 들면, 과도한 음주(외부성)는 사회적 비용을 초래할 수 있으며, 이를 예방하기 위해 대부분의 국가들은 '주류'에 대해 일반 소비세율 이상의 높은 세율을 부과하고 있다. 또한 '담배'에 대해서도 높은 조세가 부과된다. 사실상 담배의 경우 같은 조세들은 전적으로(또는 대부분) 다른 사람들에 대한 피해를 감소시키기 위해서 고안된 것만은 아니다. 담배세의 경우는 다른 부과 목적이 있다. 즉 담배세들은 다른 사람들뿐만 아니라 중독성으로 인하여 흡연자 자신들에게 돌아가는 피해를 예방하기 위해 부과되기도 한다.

또한 이러한 조세들에는 직접적인 온정주의(paternalism, 이웃이나 아랫사람에게 따뜻한 마음으로 대하려는 생각이나 태도를 말함. ― 역주) 요소가 크게 배어 있다고 할 수 있다. 각국의 정부들은 그들의 시민들이 어떻게 행동하는 것이 사회적으로 바람직한지를 기대하고, 그에 따라 조세체계들을 조정하려 한다. 즉 정부들은 조세체계를 통해 그들의 시민이 사회적으로 유익한 행동을 하도록 유인하려 한다. 이를 정부의 '온정주의'라 부른다. 대표적인 예로 영국 정부가 서적에 대해 부과하는 부가가치세 영세율(zero rating)을 들 수 있다. 영국 정부는 시민들이 독서를 많이 하는 것이 사회적으로 바람직하다고 생각하여 이를 장려하기 위해 서적에 대해 영세율을 적용하고 있다.

개인이나 기업에 의한 어떤 행위는 사회 전체에 대해 여러 편익들을 창출하지만(외부성이 다른 사람들에게 비용을 초래하면 부정적 외부성(negative externality)이라고 부르고, 혜택(편익)을 가져다주면 긍정적 외부성(positive externality)이라 부른다. ― 역주), 그러한 편익들은 가격신호들에 반영되지 않는다. 이를 긍정적 외부성이라 부른다. 그러한 가격신호들의 부재(不在)를 보상하기 위해 조세체계가 사용될 수 있다. 이에 대한 좋은 예로 연구개발 활동에 대한 세액공제(R&D tax credit)를 들 수 있다.

많은 국가들이 연구개발 활동에 대해 세액공제를 적용하고 있으며, 이를 통해 연구
개발 활동에 투자를 하는 기업들에 대해 보조금을 지급하고 있다. 어떤 기업의 연구
개발(R&D)은 다른 기업들이나 경제부문들에 대해 양(+)의 외부효과를 가져다줄 수
있다. 그러나 어떤 기업의 연구개발 활동에 의해 혜택을 보는 다른 기업들은 자신의
의사결정을 할 때 그러한 양의 외부성을 고려하지 않을 것이다. 따라서 조세유인(tax
incentive)은 그 기업들에게 가격신호를 제공해 주는 역할을 하며, 그 결과 기업들이
자신의 의사결정 시 양(+)의 외부효과를 고려하면서 진행하는 연구개발 수준에 가
깝도록 할 것이다. 이러한 종류의 양(+)의 외부효과를 효과적으로 반영하는 조세체
계들은 경제성장과 후생에 커다란 효과를 미칠 수 있다. 예를 들면, 운전이 유발하는
외부성 문제를 해결하기 위하여 정교하게 설계된 조세체계가 잠재적으로 커다란 환
경적 혜택들을 가져다줄 수 있을 것이다. 이에 대해서는 제12장에서 자세히 논의할
예정이다.

2.1.4 공평한 조세체계

조세체계의 공평성은 흔히 재분배와 관련해서만 생각하는 경향이 있다. 그러나 조세
체계가 '공평한지'의 여부는 단순히 재분배와 관련된 문제만이 아니다. 왜냐하면 공
평성은 재분배에서의 공평성뿐만 아니라 (i) 절차의 공정성, (ii) 합법적 기대(legitimate
expectations)에 대한 공평성, 그리고 (iii) 비슷한 처지에 있는 사람들을 비슷하게 취
급하는 공평성 개념 등도 있기 때문이다. 이들 세 가지 공평성의 개념들도 재분배
못지않게 중요하다. 이들에 대해서 구체적으로 살펴보기로 하자.

(1) 절차의 공정성

만약 조세구조와 조세수준을 결정하는 과정이 공정하다면 그 조세체계는 사람들로부
터 더 많은 존경을 받을 것이고, 그 결과 널리 인정될 것이다. 이를 '절차의 공정성
(fairness of procedure)'이라고 부른다. 조세정책의 수립과정과 절차, 그리고 제도적
환경 등도 중요한데, 왜냐하면 이는 조세정책의 결과를 결정할 뿐만 아니라, 그러한
결과가 시민들에게 어떻게 인식되는지, 또 시민들이 그러한 결과를 어떻게 잘 따르
는지(순응하는지)에도 영향을 미치기 때문이다. 또한 정책결정의 과정은 조세정책의
결과로 손해를 보는 사람들이 결과의 합법성(또는 정당성)을 수긍하도록 하는 데에
도 필요하다. 실용적인 민주적 절차들은 절차의 공정성을 매우 중요하게 취급하고

있으며, 이러한 절차들은 민주적인 논의 및 토의 과정을 통해 더욱 뒷받침되고 있다. 본서에서는 이 문제에 관해서 더 이상 논의하지 않지만, 그 중요성은 결코 과소평가 될 수 없다.

(2) 합법적 기대에 대한 공평성

절차의 공정성 개념과 관련된 또 다른 종류의 공평성 개념은 '합법적인 기대에 대한 공평성'이다. 사람들의 이전의 기대와 달리 예기치 못한 손실들을 가져다주는 조세 변화가 있다면 그것은 '불공평(unfair)'하다고 간주될 수 있다. 다시 말하면, 합법적 기대에 대한 공평성이란 사람들의 조세 변화 전의 기대와 조세 변화 후 실제 간의 일 치 여부를 말한다. 즉 조세 변화 이전의 사람들의 기대와 조세 변화 이후의 실제가 일치하면 이때의 조세 변화는 공평하다고 말하지만, 이들이 일치하지 않으면 불공평 하다고 말할 수 있다. 이것은 자본세(capital taxes)의 경우에 가장 빈번하게 나타난다. 예를 들면, 자본세 부과는 어떤 자산으로부터 기대되는 순 자본이득을 감소시키거나, 또는 자본세 부과로 인한 세부담의 자본화(資本化)를 통해 자산의 가치를 감소시킬 수 있다. 실제로 자본세뿐만 아니라 어떤 조세 변화도 이러한 종류의 효과를 발생시 킬 수 있다. 예를 들면, 나 자신의 인적 자본에 대한 투자의 가치가 소득세의 인상으 로 감소할 수 있다. 이는 어떤 조세 변화의 결과(예 : 부동산세의 인상)로 내 집의 가 치가 하락하는 것과 같다. 조세 변화와 관련된 사람들의 합법적 기대들이 중요하기 는 하지만 이러한 종류의 효과들은 사실상 피해 가기 매우 어렵다. 따라서 그 기대 효과는 잠재적 장기 편익들과 견주어 평가해야 한다.

(3) 수직적 공평성

분배적 공평성(distributional fairness) 개념과 좀 더 밀접하게 관련되어 있는 개념은 '수직적 공평성(horizontal equity)'이다. 즉 조세체계는 비슷한 처지에 있는 사람들을 비슷하게 취급해야 한다는 것인데, 경제학자들은 이것을 수평적 공평성이라 부른다(여 기에서 비슷한 처지에 있는 사람들이란 비슷한 소득수준을 가진 사람들을 의미한 다). 이러한 개념을 실제적으로 적용하는 데 따르는 어려움은 '비슷한 처지에 있는 개인들'을 어떻게 정의하느냐에 있다. 또한 국가들 간에 이를 다르게 정의하고 있다. 예를 들면, 영국의 경우 비슷한 소득을 가진 개인들에 대해 그들의 결혼 여부에 상관 없이 비슷하게 조세를 부과한다. 반면에 미국의 경우 비슷한 소득을 가진 결혼한 부부들에 대해 각자의 소득을 부부 간에 분리하는지 여부에 상관없이 비슷하게 조세를 부과한다.

이와 같이 조세체계가 비슷한 소득수준을 가진 사람들을 비슷하게 취급해야 하는 지에 대한 여부는 실제로 그렇게 분명하지 않다. 왜냐하면 사람들은 소득수준이 비 슷하다고 하더라도 그들의 능력이나 기본 욕구들이 서로 다르기 때문이다. 만약 어떤 사람이 일주일에 20시간을 일해서 500파운드(시간당 25파운드)를 번다면 동일한 금 액(＝500파운드)을 벌기 위하여 주당 40시간(시간당 12.5파운드)을 일해야 하는 다른 사람보다 노동시간 대비 임금 면에서 더 나을 것이다. 그 결과 그는 다른 사람보다 세금을 더 많이 내어야 할 것이다. 그러나 두 사람은 똑같이 주당 500파운드를 벌기 때문에 똑같은 금액의 조세를 납부하게 된다. 사람들은 그들의 기본적인 욕구가 서 로 다르며, 이에 따라 조세체계들은 이들을 차별적으로 취급해야 한다. 사람들은 건 강 상태나 부양 자녀의 수 등에서 욕구가 서로 다르며, 조세체계들은 이들을 반영하 여 각자를 차별적으로 취급해야 할 것이다. 그 예로 프랑스에서는 부양 자녀의 수가 조세 납부액에 영향을 미친다.

또한 공평성이라는 개념은 사람들의 소득수준뿐만 아니라 조세가 부과되는 **경제 활동의 영역**에 대해서도 적용될 수 있다. 이와 관련해서는 '중립적 조세체계(neutral tax system)'를 들 수 있다. **중립적 조세체계**는 비슷한 경제 활동들을 비슷하게 과세하 는 것으로 정의된다. 중립적 조세체계는 다음 두 가지 역할을 수행한다. 첫째, 사람 들이 '높은 조세가 부과되는 활동들'에서 '낮은 조세가 부과되는 활동들'로 이전해 가지 못하게 하는 기능을 수행한다. 사람들이 만약 그렇게 이전하는 경우 경제적으 로 비용이 수반된다. 둘째, 서로 다른 선택을 하는 사람들을 차별하지 못하게 하는 기능을 수행한다. 예를 들면, 파란색 자동차들보다 은색 자동차들에 대해 더 높은 세 율로 과세하는 경우 이러한 조세체계는 정당하지 못할 것이다. 이는 분명히 불공평 해 보인다. 또 다른 예를 들면, 영국의 조세체계에서 부가가치세율이 제품들 간에 서 로 다르게 부과되고 있다(반면에 우리나라의 부가가치세율은 현재 10%로 모든 상품 에 대해 일정하다. ─역주). 이 또한 불공평해 보인다. 이는 영국의 부가가치세 조세 체계가 케이크(부가가치세가 부과되지 않음)를 좋아하는 사람들에 비해 비스킷(부가 가치세가 부과됨)을 좋아하는 사람들을 불공평하게 취급하고 있음을 의미한다. 따라 서 재화들 간의 중립성은 '효율성'뿐만 아니라 '공평성'도 함께 증진시킬 수 있다.

2.1.5 투명한 조세체계

이러한 공평성 개념들이나 의미들 중 어느 것도 완전무결하지 못하다. 어떠한 조세
제안도 다소간 어떤 측면에서 볼 때 불공평하다는 비난에 직면할 수 있다. 그러나
해당 조세제안을 찬성하는 논의들과 증거들이 공개적이고 투명해짐으로써 그러한 비
난을 효과적으로 피할 수 있다. 새로운 조세제안으로 인해 이득을 얻는 사람들과 손
해를 보는 사람들을 일시적으로 속일 수 있을지라도, 장기적으로 조세 개혁의 합당
한 명분은 제안되는 조세체계의 목표와 결과에 대해 정부가 얼마나 '정직한가'의 여
부에 달려 있다. 이것은 투명성이 좋은 조세체계의 중요한 한 부분으로서 인식되는
이유들 중의 하나이다. 따라서 조세체계와 관련하여 투명성이 중요한 이유는 다음과
같다. 투명성이 결여되어 있으면 (i) 절차나 과정이 공정하지 못하게 되며, (ii) 다른
측면에서 공평성이 결여된 결과를 가져오며, (iii) 궁극적으로 합법성의 결여를 초래
할 수 있다. 그 결과 사람들로부터의 납세불순응(non-compliance)을 유발할 수 있다.

2.2 목표 달성과 목표들 간의 상충관계

우리는 다음 세 가지 조건들을 모두 충족시키는 하나의 조세체계를 가지고 있기를
원한다. 즉 (i) 조세부과로 경제활동을 불필요하게 위축시키지 않으며, (ii) 분배 목표
를 효과적으로 달성하며, (iii) 공평하고, 투명하고, 행정적으로 간편성을 갖춘 조세체
계를 가지길 원한다. 우리는 이들을 조세체계가 갖추어야 할 주요 목표들이라 부른
다. 그러면 이러한 목표들을 어떻게 달성할 수 있는가? 또한 조세체계의 설계과정에
서 발생하는 목표들 간의 상충관계(trade off)를 어떻게 조정하는가? (원문에 의하면
이 표현은 '이러한 목표들을 어떻게 교환(trade off)하는가?'로 번역될 수 있다. 사전
적 의미로 trade off는 '교환' 또는 '거래'를 의미하지만, 경제학에서는 대개 '상충관
계'로 번역하고 있다. 그러나 본질적으로 교환은 '주고받는 것'을 의미하며, '하나의
목표를 달성하기 위해 다른 목표를 희생해야' 하므로 이는 '하나의 목표와 다른 목표
를 교환하는 것'을 의미한다. −역주) 특히 효율성 손실과 공평성을 어떻게 조화 있
게 고려하는가?

이러한 세 가지 주요 목표들 간의 상충관계를 어떻게 조정하느냐의 문제는 '최적
세 이론(optimal tax theory)'의 중심 주제이다. 이에 대해서는 다음 소절에서 다룰

예정이다. 다음으로, 우리는 최적세 이론이 아니라 세 가지 실용적 법칙들(rules of thumb, 'rules of thumb'은 경험법칙, 실제법칙, 또는 실용적 법칙 등으로 표현할 수 있다. 여기서는 조세 이론이나 조세체계의 기준에 대비하기 위해 실용적 법칙이라 표현하기로 한다.－역주) － 즉 중립성, 단순성, 안정성 － 에 관해 자세히 살펴볼 예정이다. 이러한 세 가지 실용적 법칙들은 조세체계의 설계를 안내하는 데 유용하다. 우리는 이것들을 좋은 조세체계가 갖추어야 할 기본적인 기준과 구별하고자 한다. 왜냐하면 이러한 실용적 법칙들은 일반적으로는 바람직한 것처럼 보이지만 그 자체로서는 목적들이 아니기 때문이다. 오히려 수단적 지침(instrumental guideline)에 해당된다. 즉 우리가 이러한 수단들(실용적 법칙들)을 충실히 따르면 '최종 목표들'을 달성하는 데 유익하기 때문이다. 반면에 좋은 조세체계가 갖추어야 할 기본적인 기준들 중의 하나인 누진성과 효율성은 조세체계의 주요 목표들이다.

'좋은' 조세체계가 갖추어야 할 기본적인 기준 (조세체계의 목표들)	실용적 법칙 (목표 달성을 위한 수단들)
누진성	
효율성	중립성
공평성	단순성
투명성	안정성

주 : 역자가 만든 표임.

　　이러한 문제들을 본격적으로 검토하기 전에, 먼저 본서에서 논의하고자 하는 주요 논지를 전달하는 데 중요한 점 한 가지를 강조하고자 한다. 조세체계의 종합적인 목표들을 달성하는 데 있어서 모든 조세들(그리고 각종 이전 지급들)을 하나의 조세체계로 통합하여 고찰하는 것이 중요하다는 점이다. 우리가 측정하고 판단해야 할 대상은 조세체계 전체의 재분배적 영향이다. 따라서 모든 조세들이 누진적일 필요는 없다.

2.2.1 최적 과세와 사회 후생

경제학자들은 그동안 '최적 과세(optimal taxation)'에 대한 연구에 많은 노력을 기울여 왔다. 최적 과세와 관련된 많은 연구들은 추상적이고 수학적 분석에 치우쳐 있다. 따라서 본서는 최적세 이론(optimal tax theory)에 대한 구체적인 수식들이나 표현들에 관해서는 다루지 않을 것이다.[6] 그럼에도 불구하고 최적세 이론은 본서에서 설명하고자 하는 '조세설계'를 논의하는 데 매우 중요한 역할을 한다. 왜냐하면 '정부가 직면한 제약 조건들 아래서 최상의 결과를 달성하기 위한' 조세체계를 설계하는 데 하나의 방법론을 제공해 주기 때문이다. 최적세 이론은 그 자체로 '조세설계'를 위한 이론적 기초를 제공해 준다.

최적세 이론은 다음 조건을 충족시키는 하나의 조세체계를 선택하는 것을 말한다. 즉 조세부과로 인한 효율성 손실(목적함수)과 정부의 재분배 욕구 및 조세수입 조달의 필요성(제약 조건)을 최적적으로 균형시키는 하나의 조세체계를 선택하는 문제를 말한다(소비자는 예산 제약하에서 효용을 극대화시키는 최적 소비조합을 선택한다. 마찬가지로 정부도 예산 제약하에서 국민의 후생을 극대화시키는 최적 조세조합을 선택한다.─역주). 다시 말하면, 최적세 이론은 '정부의 재분배 욕구 및 조세수입 조달의 필요성'을 제약 조건으로 해서 '조세부과로 인한 효율성 손실'이라는 목적함수를 최소화하는 조세체계를 선택하는 것을 말한다. 이 이론은 다음 기능을 수행한다. (i) 효율성 손실과 형평성(또는 세수 조달) 간의 상충관계에 대해 냉정하게 생각하는 하나의 분석적 방법을 제공해 주고, (ii) 소득 재분배를 달성하는 데 수반되는 효율성 비용들을 적절하게 고려하면서, 소득분배와 후생에 관한 사람들의 관심을 나타내는 가치판단들을 명시적으로 표현하는 하나의 방법을 제공해 준다. 최적세 이론 분야에서 독창적인 이론 연구[7]는 이미 1970년대 초반에 이루어졌으나, 최적세 이론이 실용적 조세설계(practical tax design)에 미치는 영향은 이론과 응용의 중요한 발전들과 함께 점점 더 커지고 있다. 이러한 정의와 역할을 바탕으로 해서 최적세 이론은 먼저 (i) 조세정책의 목표들을 명확하게 설정하고(조세정책의 목표는 예를 들면 '사회 후생의 극대화'나 '조세수입의 극대화'가 될 수 있다.─역주), (ii) 이들을 달성하는 데 당면하는 정부의 제약 조건들이 무엇인지를 규정함으로써 시작된다. 다음으로, 정책결정자(정부)는 이러한 최적화 문제를 풀면 된다. 그 결과, 제약 조건들을 충족시키면서 목표를 가장 잘 달성하는 조세체계를 '최적 조세체계'라고 부른다.

이러한 가치판단들(또는 최적세 이론)과 관련하여 중요한 것은 조세체계가 소득만이 아니라 후생에 미치는 효과를 명시적으로 고려한다는 점이다. 조세수입 중립적인 조세 개혁(revenue-neutral reform)의 경우에 조세체계가 후생에 미치는 효과를 살펴

---

6) 이에 관해서는 Tuomala(1990) 참조.
7) 이에 관해서는 Mirrlees(1971) 참조.

보기로 하자. 이 경우에 조세체계가 후생에 미치는 효과들에 대한 가치판단은, 소득분배의 분포상 상이한 위치에 있는 사람들의 후생에 주어지는(부여되는) 가중치(weight)에 달려 있다. 즉 소득분배 상태가 서로 다른 사람들의 후생을 어떻게 취급하느냐가 중요하다. 물론 서로 다른 사람들의 후생에 서로 다른 가중치를 부여하면 될 것이다. 그 결과 조세부담의 변화는 소득분배상의 어떤 점들에서 다른 점들로 소득을 재분배하게 될 것이다. 이러한 결과는 다음 조건이 충족되는 한 **후생을 증진시킬 수 있다.** 이를 '후생증진적(welfare-enhancing) 변화(개혁)'라 부른다. 조세 변화로 손해를 보는 사람들(납세자들)의 후생손실에 비해 조세 변화로 혜택을 얻는 사람들(수혜자들)의 후생이득(welfare gains)에 더 높은 가중치를 부여한다면(즉 후생이득이 후생손실보다 더 크다면) 이러한 조세 변화는 후생증진적이 될 것이다. 구체적인 예를 들면, 만약 우리(또는 어떤 사회)가 부유한 사람들보다 가난한 사람들의 후생을 더 중요하게 생각한다면(가난한 사람들의 후생에 더 높은 가중치를 부여한다면－역주), 우리는 (다른 모든 여건들이 동일하다면) 가난한 사람들보다 부유한 사람들이 더 많은 세금을 내는 세상을 선호할 것이다. 따라서 이러한 조세 변화로 가난한 사람들의 후생이 증진될 것이다. 부유한 사람들이 '얼마나 더 많은 세금을 내느냐'는 우리(또는 어떤 사회)가 불평등 문제에 대해 어떻게 생각하느냐에 달려 있다. 만약 어떤 사회가 불평등 문제를 매우 중요하게 생각한다면 부유한 사람들은 더 많은 세금을 내게 될 것이다.

조세 변화로 인한 이러한 후생 변화뿐만 아니라 우리는 세율의 변화가 초래하는 사람들의 행위의 변화에 대해서도 엄밀하게 평가해 보아야 한다. 일반적으로 사람들에게 어떤 조세를 부과하면 사람들은 이에 반응하고(즉 행동의 변화를 유발하며), 그에 따라 후생손실이 발생한다. 이 과정에서 어떻게 후생손실이 발생하는가? 조세부과에 따른 **후생손실**은 (i) 사람들이 자신의 근로 노력을 감소시키거나, (ii) 조세 지급(부담)을 감소시키기 위하여 자신의 행위들을 변화 또는 재조정함으로써 발생한다. 따라서 사람들의 이러한 행위적 반응들(behavioral responses)은 조세체계를 통하여 달성하고자 하는 여러 목표들을 제약(制約)하는 역할을 한다. 이와 같이 조세부과는 사람들의 근로 노력을 감소시킴으로써 후생손실을 초래한다. 그러나 조세부과가 없더라도 근로와 관련해서 여러 비용들이 발생한다. 만약 사람들이 조세부과가 없는 경우에 일하기를 선택했었다면 이 경우에 근로에 따른 편익들이 이러한 비용들을 초과해야만 한다. 그러나 조세부과의 결과로 초래된 근로 노력의 감소는 사람들의 후생을 감소시키게 한다. 이러한 후생손실(welfare loss)을 **자중손실**(deadweight loss) 또는 조세

부과의 **초과부담**(excess burden)이라 부른다. 더구나 이러한 자중손실은 후생 측면뿐만 아니라 분배적 측면도 가지고 있다. 왜냐하면 자중손실의 크기가 소득분배의 상태에 따라 서로 다르기 때문이다. 소득분포상 어떤 한 점에 위치해 있는 사람들로부터 그들의 후생을 감소시키지 않으면서 얼마나 많은 조세를 징수할 수 있느냐를 고려해 봄으로써 자중손실의 크기를 측정할 수 있다. (이 경우 우리는 정부가 소득이 아니라 그러한 조세를 징수하는 데 필요한 다른 정보를 가지고 있다고 가정해야 한다.) 자중손실의 크기는 (i) 사람들이 받는 임금뿐만 아니라 (ii) 사람들의 행위가 조세 변화에 어떻게 반응하느냐에 달려 있을 것이다. 마지막으로, '**수혜적 조세 개혁**(beneficial tax reform)'의 개념을 소개하기로 한다. 수혜적 조세 개혁이란 이러한 효과들을 모두 고려하면서 사회후생에 양(+)의 영향을 미치는 조세 변화를 의미한다. 즉 이는 사회 전체적으로 후생을 증진시키는 조세 개혁을 말한다.

이제 최적세 이론이 최상의 조세체계를 설계하는 데(즉 최상의 조세체계에 대한 큰 그림을 그리는 데) 어떻게 이용되는지를 좀 더 구체적으로 살펴보기로 하자.

이를 위해 먼저, 근로소득(labor earnings)에 대한 세율구조를 고려해 보자. 근로소득의 경우 조세체계의 누진성 문제가 매우 중요하다. 근로소득과 관련한 조세체계의 누진성 문제는 소득불평등이 주로 **고용기회의 불평등**에 의해 결정된다는 사실에 기반을 두고 있다. '**누진적인**(progressive) 조세체계'란 고소득자들의 소득에 대해 더 높은 세율을 부과하는 것을 말한다. 그러한 높은 세율은 사람들의 행동의 변화(distortions, 이를 경제학에서는 '왜곡'이라 부름)와 유인의 감소(disincentive, 의욕 저하)를 초래한다. 높은 세율들이 초래하는 이러한 나쁜 영향들은 **높은 세율**로 누진성을 달성함으로써 얻는 이득과 비교해서 평가해 보아야 한다. 왜냐하면 높은 세율은 한편으로는 행동의 변화와 유인의 감소를 초래하지만, 다른 한편으로는 누진성을 달성할 수 있는 이점이 있기 때문이다. 세율을 얼마나 높게 부과할 수 있는지는 조세 변화에 대해 소득이 어떻게 반응(변화)하는지에 달려 있다. 이미 앞에서 살펴보았듯이 우리는 사람들의 조세부과에 따른 행동의 변화(반응)에 따라 세율을 변화시키기를 원할 것이다. 즉 어떤 집단들은 생애주기 동안 조세부과에 대해 더 민감하게 반응하지만 다른 집단들은 덜 민감하게 반응하는 경우에, 우리는 이들 집단에 대해 상이한 세율을 부과하기를 바랄지도 모른다(즉 더 민감하게 반응하는 집단들에 대해서는 더 낮은 세율을 부과하고, 덜 민감하게 반응하는 집단들에 대해서는 더 높은 세율을 부과하기를 바랄 것이다. ─ 역주). 따라서 다음 조건이 충족되면 소득세 체계가 '**최적**(optimal)'이라고 말한다. 즉 소득세 부과에 따른 (i) 바람직한 재분배가 달성됨으로써 얻어지는 이득과 (ii) 최초에 계획했던 세수조달 목표가 달성됨으로써 얻어지는 이득이 (iii) 소득세 부과로 근로소득의 감소를 통해 발생하는 비용과 최적적으로 상쇄될 때(최적적으로 상쇄된다는 말은 '소득세 부과에 따른 이득과 비용이 같아지게 된다'는 것을 의미한다. -역주), 이때의 소득세체계를 '최적 소득세체계'라고 부른다. 소득세체계가 최적 상태에 있으면 소득세 부과에 따른 이득과 비용이 같아지게 된다.

둘째, 최적 과세는 소득세뿐만 아니라 재화와 서비스에 대한 세율의 올바른 구조를 살펴보는 데에도 유용하다. 재화와 서비스의 경우에도 그 기본 원리는 근로소득의 경우와 동일하다. 즉 재화와 서비스에 대해 조세들(예 : 상품세나 부가가치세)이 부과되는 경우 왜곡이 발생하며, 동시에 '분배적 효과들(distributional effects)'도 발생시킨다. 그러나 최적세 이론은 항상 분배적 효과를 지지하는 것은 아니다. 왜냐하면 상품에 대한 세율에 차별화를 허용하기 때문이다. 최적세 이론에 따르면 상품들마다 서로 다른 세율을 부과할 수 있다. 이는 조세체계와 관련하여 체계적 관점이 왜 중요한지를 보여 주는 단적인 예이다. 만약 소득에 대한 조세(즉 소득세)가 잘 설계된다면 이는 누진성을 달성하는 데 있어서 커다란 도움이 될 수 있을 것이다.

셋째, 저축에 대한 과세(taxation on savings)를 고려해 보자. 저축에 대한 과세의 경우도 위와 비슷한 사고방식으로 접근할 필요가 있다. 왜냐하면 고소득자들은 대개 고저축자들이기 때문이다. 그러나 이것은 고저축자들에 대해 자동적으로 고세율을 부과해야 한다는 것을 의미하는 것은 아니다. 저축에 대한 과세는 먼저 조세체계를 살펴보고, 다음으로 세율 목록(rate schedule)을 조정함으로써 좀 더 효율적인 방법으로 누진성이 달성될 수 있는지를 평가하는 데 달려 있다. 일반적으로 저축에 대한 과세는 소득 재분배를 달성하는 데에는 비효율적인 방법이다. 왜냐하면 제13장에서 구체적으로 살펴보겠지만 저축으로부터 발생하는 수익에 대해 과세하는 것이 최적인 경우도 있기 때문이다. 사람들의 저축행위는 그들의 기본적인 소득 획득 가능성에 대해 추가적인 정보를 제공해 주기도 한다. 왜냐하면 어떤 사람의 소득이 늘어날수록 그의 저축도 늘어나기 때문이다. 이러한 경우에는 저축 자체가 아니라 저축으로부터 발생하는 수익에 대해 과세하는 것이 최적이다.

일반적으로, 사람들이 그들이 가진 총자산을 기초로 한 누진성에 초점을 맞추는 대신 자신의 생애에 걸쳐서 소비하도록 유도하려는 경우, 조세체계를 사용해야 하는 분명한 근거가 존재하지 않는다. 이러한 논리는 (i) 소득불평등이 대개 노동시장에서의 기회(즉 고용 기회)에 의해서 발생하거나, (ii) 최적 소득세가 설계될 수 있을 때에 특히 강력하게 적용될 수 있다. 그러나 특히 유산으로 물려받은 부(富)가 어떤 집단들의 후생에 큰 영향을 미치는 경우에 이러한 부의 이전에 대해 부과되는 조세들은 최적 조세체계의 한 부분이 될 수 있다. 이 문제에 대해서는 제15장에서 구체적으로 논의하기로 한다.

최적성(optimality)의 개념을 확장(또는 광의로 해석)해서 다른 요인들도 고려해 보아야 한다. 이상적으로 행정적 비용들(즉 조세당국의 조세행정에 드는 비용들)과 순응적 비용들(즉 납세자들의 납세협력에 드는 비용들)도 마땅히 '최적세 계산'에 고려되어야 한다.[8] 사회후생은 후생의 분포와 관련된 가치판단 이외의 것들을 구체적으로 나타낼 수 있다. 전 세계 대부분의 정부들은 많은 흡연자가 저소득계층에 속함에도 흡연을 감소시키기 위하여 담배제품들에 대해 높은 세율을 부과하고 있다. 즉 담배세의 경우 사회후생 증진과 흡연자의 흡연 감소라는 두 가지 목표들을 동시에 달성하고자 한다. 이러한 다수의 목표들은 하나의 조세체계가 어떻게 여러 기준들(목표들)을 동시에 달성할 수 있는지에 대해 생각해 볼 필요성을 제시해 준다.

이상적으로 조세설계는 다음과 같이 이루어질 수 있다. 다시 말해, 이상적 관점에서 (i) 이러한 목표들을 명확하고 체계적으로 설정하고, (ii) 이러한 목표들을 가장 잘 나타내는 조세체계를 구상함으로써 조세설계가 이루어질 수 있다.

우리가 이제까지 살펴보았듯이 최적세 접근방법은 목표들을 달성하는 데 수반되는 모든 제약요인들을 강조하고 있다. 특히 개인과 기업의 조세부과에 따른 행위적 반응들이 발생시키는 제약요인들을 강조하고 있다. 다시 말해, 조세부과로 인해 개인과 기업들의 행위가 변함으로써 경제 내에서 제약이 발생한다. 조세부과에 따른 개인과 기업들의 행위 변화가 제약요인으로 작용하는 것이다. 또한 정부의 제한된 정보(limited information)도 조세체계에 제약요인으로 영향을 미칠 수 있다. 정부의 제한된 정보는 정부가 '무엇에 대해 과세하느냐'를 선택하는 데 직접적으로 영향을 미칠 수 있다. 예를 들면, 각국의 정부들은 사람들의 실제 소득을 관찰할 수 있지만, 각 개인들의 기본적인 소득획득 능력에 대해서는 알 수 없다. 이것은 조세체계에 있어서 하나의 제약요인이다. 왜냐하면 틀림없이 사람들의 실제 소득보다 소득획득 능력을 바탕으로 해서 조세를 부과하는 것이 더 나을 것이기 때문이다. 또한 사람들의

---

8) Shaw, Slemrod & Whiting(2010)은 이에 관하여 매우 통찰력 있는 분석을 제시하고 있다.

소득획득 능력은 조세 변화에 직면해서(즉 조세가 부과되더라도) 쉽게 조작(조정 또는 변경)이 불가능하기 때문이기도 하다(조세가 부과되더라도 사람들의 소득획득 능력은 적어도 단기적으로는 변경이 불가능할 것이다. —역주). 결과적으로 정부의 제한된 정보(제약요인)로 인해 정부는 사람들의 소득획득 능력을 알 수 없는 것이다. 대체로 우리는 소득획득 능력과 관련하여 '소득획득 능력이 높은 사람들'이 소득을 더 많이 벌 것이라고 생각한다. 그러나 고(高)능력자들에게 너무 높은 조세가 부과되면 그들은 더 적게 벌려고 할 것이다. 즉 소득획득 능력이 높은 사람들에게 높은 조세가 부과되면 그들의 실제 소득이 감소하는 결과가 초래된다. 또한 이 사실은 소득세를 통해 달성하려는 '누진성의 정도'를 제한하는 역할을 한다. 따라서 최적 소득세는 이 점을 분명히 고려해야 한다(정확히 말하면, 최적 소득세 설계 시 이 점을 분명히 고려해야 한다. —역주).

최근 조세 분석과 관련한 연구들에서 커다란 진전이 일어나고 있다. 이는 (i) 조세 부과에 따른 사람들의 반응과 (ii) 그러한 반응들이 조세정책에 가하는 제약요인들에 대한 이해가 과거에 비해 더 커졌기 때문이다. 어떤 조세분야의 경우에 경제 이해가 더 나을수록 조세정책도 더 좋아지고 있다. 이는 좋은 조세정책이 더 나은 경제 이해를 바탕으로 하고 있음을 의미한다. 그러나 정부가 여전히 이해하고 파악하는 데 애를 먹고 있는 행위적 반응과 제약요인이 많이 존재하고 있다. 앞으로의 장들에서 다음 주제들을 살펴보고자 한다. 첫째, 제3장에서는 조세 및 편익체계가 어떻게 영국보다 프랑스의 노인 고용률을 더 낮추었는지를 살펴볼 것이다. 둘째, 제13장에서는 다양한 저축 유형들에 대한 조세 취급이 사람들의 저축 패턴에 어떻게 영향을 미쳤는지를 검토하고자 한다. 셋째, 제19장에서는 유리한 조세혜택을 노려 영국의 많은 자영업자들이 어떻게 법인화(法人化)를 꾀하게 되었는지를 살펴보고자 한다. 넷째, 제4장에서는 세액공제 제도가 어떻게 사람들의 근로유인에 다른 영향을 미쳤는지를 고찰하고자 한다. 그러나 이들 이외에도 조세설계가 사람들의 행위에 미치는, 명백히 '의도하지 않은' 효과들을 보여 주는 수많은 사례들이 있다.

그러나 최적세 이론은 몇 가지 한계를 가지고 있다. 우선, 최적세 이론은 앞에서 살펴본 공평성 관련 개념들을 제대로 고려하지 못하고 있다는 단점을 가지고 있다. 또 이론적으로는 조세행정 관련 비용들을 쉽게 이론에 포함시킬 수 있지만 '실제적으로' 거의 고려하지 못하고 있다. 그럼에도 불구하고 최적세 이론은 조세체계를 분석하는 데 사용되는 하나의 강력한(효과직인) 수단이다. 본서를 통하여 우리는 최적세 이론이 유도한 여러 결론들이 우리가 앞으로 각종 조세정책들을 논의하는 과정에서 매우 유용하게 이용될 수 있음을 보게 될 것이다. 이와 관련하여 먼저, 제3장에서 우리는 '한계소득세율의 구조'와 관련하여 최적세 이론의 결론들이 어떻게 이용되는지를 보게 될 것이다. 둘째, 최적세 이론의 결론들이 제6장에서 다룰 간접세의 구조와 제9장에서 다룰 부가가치세의 구조를 논의할 때 어떻게 이용되는지를 보게 될 것이다. 셋째, 최적세 이론은 제13장과 제14장에서 다룰 저축 과세와 관련된 논의에서도 중요한 역할을 할 것이다. 마지막으로, 최적세 이론은 제17장, 제18장, 그리고 제19장에서 논의할 기업이윤에 대한 과세에서도 유용하게 이용될 것이다. 이와 같이 최적세 이론과 이 이론이 유도한 유용한 결론들은 한계소득세율, 간접세, 부가가치세, 저축 과세, 기업이윤 과세 등을 논의할 때 유용하게 이용될 수 있다.

2.2.2 실용적 법칙들 : 수단적 지침들

이제까지 우리는 조세체계의 전체적인 목표들과 목표들 간의 상충관계, 그리고 최적세 이론 등에 관해 자세히 살펴보았다. 이들 이외에 몇 가지 수단적인 지침들이 있다. 우리는 이를 '실용적 법칙들(rules of thumb)'이라 부르기로 하자. 이러한 실용적 법칙들은 조세체계를 설계하는 데 매우 유용하다. '다른 모든 사정들이 동일하다'는 전제하에서 만약 어떤 조세체계가 단순하고, 중립적이고, 안정적이라면 복잡하고, 중립적이지 못하고, 불안정한 조세체계보다 더 나을 것이다. 그러나 이러한 단순성·중립성·안정성이라는 요인들 중에서 어느 요인도 우리가 항상 목표로 삼아야 할 올바른 대상(즉 목표)은 아니다. 이러한 이유로 단순성·중립성·안정성이 조세체계의 영구적 목표라기보다는 조세체계를 평가하는 데 사용되는 수단적 지침들로 간주된다. 아래에서 이들에 대해 자세히 살펴보기로 하자.

(1) 중립성

먼저, '중립적 조세체계(neutral tax system)'에 대해서 살펴보기로 하자. 중립적 조세체계란 비슷한 활동들을 비슷하게 취급하는 것을 말한다. 즉 비슷한 활동들에 대해 비슷하게 과세하는 것을 의미한다. 몇 가지 예를 들면 다음과 같다. 첫째, 모든 소비들을 똑같이 과세하는 조세체계는 '사람들이 무엇을 소비할 것인가'(즉 소비 유형, 예를 들면, 의류, 음식, 술, 담배 등)의 선택에 대해 중립적인 영향을 미칠 것이다. 둘째, 모든 소득들을 동일하게 과세하는 조세체계는 사람들이 소득을 획득하는 유형(예 : 노동이냐 자산이냐 등)에 대해 중립적인 영향을 미칠 것이다. 셋째, 모든 유형의 저축들에 대해 똑같이 과세하는 조세체계는 사람들이 저축을 하는 형태에 대해 중립적인 영향을 미칠 것이다. 넷째, 현재 소비와 미래 소비에 대한 조세부과 시 동일한 현재가치를 부여하는 조세체계는 사람들이 현재의 소득을 저축할 것인가 아니면 소비할 것인가의 결정에 대해 중립적인 영향을 미칠 것이다. 따라서 비슷한 활동들을 비슷하게 취급함으로써 중립성을 달성할 수 있다.

이와 같이 중립적 조세체계는 사람들의 행위와 선택들에 대해 왜곡을 최소화시키는 중요한 역할을 수행한다. 일반적으로 중립적 조세체계는 후생손실을 최소화시키는 역할을 한다. 그러나 비중립적인(non-neutral, 중립적이지 못한) 조세체계에서 사람들과 기업은 사회적으로 낭비인 노력을 기울일 유인을 가지게 된다. 즉 중립적이지 못한 조세체계에서 사람들과 기업은 자신들의 행위의 형태나 내용을 변경시킴으로써 조세납부를 감소시키는 데 사회적으로 낭비인 노력을 기울이게 될 것이다.

그러나 조세체계에서 중립성을 증진시키는 것이 항상 조세정책의 적절한 목적인 것은 아니다. 왜냐하면 중립성의 달성이 불필요한 경우가 유용할 때도 있기 때문이다. 다음 경우들에는 중립성을 달성할 필요가 없다. 우선, '환경적인 해악(害惡)'에 대해서 조세체계가 반드시 중립적일 필요가 없다. 환경적인 해악들에 대해서는 다른 경우들보다 더 높은 조세를 부과하기를 원한다. 둘째, 기업의 연구개발(R&D) 활동에 대해서는 조세감면을 제공해 줄 수 있을 것이다. 즉 기업의 연구개발 활동에 대해서는 조세체계가 반드시 중립적일 필요가 없다는 것이다. 셋째, 어떤 유형의 소비들에 대해서는 다른 소비활동들보다 더 낮은 조세를 부과할 수 있다. 근로와 보완관계에 있는 소비활동들, 예를 들면 육아활동에 대해서는 다른 소비활동들보다 더 낮은 조세를 부과할 수 있다. 즉 육아활동과 같은 일부 소비활동들에 대해서 이 역시 조세체계가 반드시 중립적일 필요가 없다. 이에 대해서는 비교적 강하고 설득력 있는 주장들이 제기되어 왔다. 마지막으로, 저축의 일부 형태들(예 : 연금저축)에 대해서도 다른 저축들보다 더 낮은 조세를 부과할 수 있다. 즉 저축의 일부 형태들에 대해서도 조세체계가 반드시 중립적일 필요가 없다는 것이다. 예를 들면, 우리는 연금저축(pension savings)이 다른 저축들과 똑같은 방식으로 과세되어야만 한다고 생각하지는 않는다. 따라서 환경적인 해악(害惡)들과 기업의 연구개발(R&D) 활동, 육아활동, 그리고 연금저축 등에 대해서는 조세체계가 반드시 중립성을 달성할 필요가 없다.

그러나 대부분의 현대 국가들의 조세체계와 마찬가지로 영국의 조세체계도 비(非)

중립적인 조세체계들로 가득 차 있다. 이러한 비중립적인 조세체계들은 정당화되기 어렵고, 또 국가적으로도 낭비이다. 따라서 이들은 개혁되어야만 한다. 왜냐하면 비중립적인 조세체계들은 다음과 같이 사람들의 선택행위를 왜곡시키기 때문이다. 즉 조세체계에 있어서 **비중립성**은 (i) 투자자본 조달 시 타인자본과 자기자본 간의 선택, (ii) 자본이득과 다른 유형의 자본소득 간의 선택, (iii) 집주인이 사는 주택(즉 자가주택)과 다른 자산 간의 선택, (iv) 근로에 대해 지급되는 보수의 여러 유형들 간의 선택, (v) 탄소 배출의 여러 유형들 간의 선택, 그리고 (vi) 기업조직의 여러 유형들 간의 선택 등에 있어서 선택의 왜곡을 초래한다. 또한 이러한 왜곡들은 조세체계의 복잡성을 초래하고, 각종 회피행위들을 조장하고, 납세자들과 정부 모두에 대해 여러 비용들을 발생시킨다. 따라서 비중립적인 조세체계들은 각종 왜곡과 부작용들을 초래하기 때문에 조세 개혁을 통해 반드시 제거되어야 한다.

비중립적인 조세체계들로 인해 발생하는 이러한 왜곡들을 반드시 피할 수 없는 것은 아니다. 이러한 왜곡들은 종종 조세체계의 설계에 있어서 토대를 제공하는 기본적인 '경제 원리들(economic principles)'의 부재에 기인하고 있다. 조세설계 시 필요한 기본적인 경제 원리 부재의 주요 예들을 들면 다음과 같다. 첫째, 개인세 및 법인세 체계하에서 기업의 부채조달과 주식투자에 대한 조세체계상의 상이한 취급으로부터 발생하는 여러 문제들을 들 수 있다. 이 문제들은 기업의 재원조달 시 필요한 두 가지 재원조달 방식을 명확히 구분하는 데 사용될 수 있는 경제 원리가 없다는 것을 나타낸다. 둘째, 이와 유사하게 만약 조세체계가 명확히 구분하기 어려운 물품들(또는 대상들)이나 거의 대체재 관계에 있는 물품들을 억지로 구분한다면 납세자들은 이 기회를 이용하여 자신들에게 좀 더 유리한 조세옵션(tax option)을 선택하게 될 것이다. 이러한 예들로 (i) 소규모 기업을 소유하고 직접 관리하는 사람들에 대한 월급과 이익배당을 구분하는 경우, 또는 (ii) 영국의 국민보험기여금 산정 시 포함 대상이 되는 현금과 부가급부(fringe benefit)를 구분하는 경우를 들 수 있다. 사실상 이러한 구분은 불필요하다. 따라서 기본적인 경제 원리들에 대한 이해가 명확해지면 비중립적인 조세체계들로 인해 발생하는 왜곡들을 어느 정도 피할 수 있다. 그러나 이러한 경우에 정부는 일반적으로 지나치게 꼼꼼하고 복잡한 법들을 제정하게 된다. 이렇게 복잡한 법률 제정은 사람들의 회피 기회들을 최소화하기 위해 정확한 정의(定義)를 필요로 하며, 그 결과 지나치게 길고 복잡한 정의 속에 법 제정의 기본 취지가 파묻히게 되어 결국에는 최초에 달성하고자 했던 정책 목표가 무엇인지 불분명해

지게 된다.

중립성 증진은 매우 자주 단순성뿐만 아니라 공평성을 제고하는 긍정적 기능을 수행한다. 그러나 중립성을 달성하려면 조세체계를 '전일론적 관점(holistic view)'에서 이해해야 할 필요가 있다(전일론(全一論)이란, 복잡한 체계의 전체가 단지 각 부분의 기능의 총합(總合)이 아니라 각 부분을 결정하는 통일체라는 것을 말하며, 이를 '전체론'이라고도 함. ─역주). 조세체계의 전일론적 관점은 조세체계의 여러 부분들 간의 상호의존성을 고려해야 하는 것을 의미한다. 예를 들면, 하나의 조세체계는 개인세와 법인세, 배당과 소득에 대한 과세, 부채와 주식에 대한 과세 등과 같이 여러 조세들 간에 상호의존되어 있다. 따라서 조세체계는 이들 조세 간의 상호의존성을 고려하는 전일론적 관점에서 검토되어야 한다. 특히 조세체계의 전일론적 관점은 '무엇에 대해 과세하느냐'(즉 과세기반, 'tax base'는 우리말로 과세표준, 조세 베이스, 과세기반, 세원 등으로 표현되고 있지만 여기서는 과세기반이라고 표현하기로 한다. ─역주)에 대한 분명하고 일관성 있는 이해를 필요로 한다. 우선, 대부분의 국가들처럼 영국의 경우에도 개인들에 대한 조세부과 기반(즉 과세기반)은 소득 기반과 지출 기반을 서로 혼합하여 사용하고 있으며, 그 결과 사람들의 저축에 대한 결정(선택)에 왜곡을 발생시킨다. 다음으로, 법인세 과세기반은 (i) 기업들이 어떻게 자금을 조달하는지(예 : 부채와 자기자본을 통한 자금조달 간의 선택)와 (ii) 기업들이 어디에, 어떻게, 그리고 얼마나 투자하는지의 결정에 왜곡을 발생시킨다. 또한 법인세 과세기반은 개인세 과세기반과 서로 일치하지 못하고 있다. 그 결과, 중소기업들이 사업을 수행하기 위한 법적 형태를 선택하는 데 있어서 왜곡을 가져온다.

우리는 종종 중립성으로부터 이탈하기를 바라거나, 때때로 특정 조세의 비중립성을 정당화하기도 한다. 이러한 비중립성들은 일반적으로 우리가 조세체계에서 목격하는 비중립성들과는 성질이 다른 것들이다. 그럼에도 불구하고 중립성 증진(즉 조세설계의 수단)을 통해 조세체계의 효율성(즉 조세설계의 목표)을 증대시키려는 목적은 조세 개혁을 안내하는 데 하나의 좋은 원리임이 분명하다.

(2) 단순성

다음으로, 단순한 조세체계(simple tax system)에 대해서 살펴보기로 하자. 우리는 '좋은 조세체계는 단순해야만 한다'는 이야기를 자주 듣는다. 만약 두 조세체계가 동일한 목적을 달성한다면 확실히 단순한 조세체계가 더 복잡한 조세체계보다 나을 것이다. 단순한 조세체계는 복잡한 조세체계보다 상대적으로 더 투명하며, 조세 관련 행정비용들도 더 낮을 것이다.

　그러나 세상은 매우 복잡하며, 그렇기에 어떠한 조세체계도 진정으로 단순하지 않을 것이다. 우리가 때때로 중립성으로부터 이탈하기를 바라는 것처럼 또한 더 복잡한 조세체계를 받아들여야만 할 때도 있다. 실제로 중립성과 단순성은 서로 연관(상호보완적)되어 있는 개념들이다. 왜냐하면 중립적인 조세체계는 단순한 경향이 있고, 반대로 단순한 조세체계는 중립적인 경향이 있기 때문이다. 또한 비슷한 활동들에 대한 과세가 덜 차별될수록 조세체계는 더 중립적이고 더 단순해질 것이다.

　조세체계에 있어서 중립성과 단순성이 결여되어 있으면 사람들로부터 조세회피(tax avoidance, 'tax avoidance'는 조세회피 또는 '합법적인 절세'라고도 표현된다. 반면에 'tax evasion'은 '탈세'이다. ─역주)가 발생한다. 개인과 기업들은 조세 변화에 반응하여 조세부담을 줄이기 위해 자신들의 행동을 전략적으로 변화 또는 조정하려 하기 때문이다. 다시 말해, 사람들은 자신의 행동에서 경제적 내용은 변화시키지 않더라도 조세부담을 줄이기 위하여 자신들의 행동을 전략적으로 변화시키거나 조정하게 될 것이다. 그러나 만약 조세체계의 복잡성이 조세회피를 위한 기회들을 만들어낸다면 이에 조세당국은 그러한 세법상의 허점들을 제거하기 위하여 일련의 복잡한 법들을 다시금 제정한다. 즉 조세체계의 복잡성은 사람들로부터 조세회피를 유발하고, 이를 제거하기 위해 과세당국은 더욱 복잡한 법들을 제정하게 된다. 따라서 조세회피의 이러한 과정은 과세당국과 납세자들 간에 벌어지는 술래잡기 게임과도 같을 것이다. 또한 조세회피 활동을 제거하기 위하여 기존의 조세체계나 조세법들을 개정하면 사람들로부터 새로운 조세회피 수법들이나 전략들이 또다시 등장하게 된다. 어떤 조세회피 수법들은 불법적이지만 다른 회피 수법들은 조세법의 불필요한 개성에 의해 부수적으로 얻어진 것이다. 이러한 악순환적인 과정은 다시 되풀이된다. 그러나 이러한 조세회피 수법들에 대해 법원에 소송하거나 세법을 끊임없이 개정한다면 조세체계의 복잡성과 실행 비용은 더욱 증가하게 될 것이다. 또한 납세자들도 소송이나 조세회피 수법의 시도로 인해 납세순응(납세협력) 비용들이 증가하게 된다. 따라서 조세회피 활동은 자중손실의 증가를 초래한다. 그러므로 각종 조세회피 활동들을 최소화하는 조세체계는 '과세로 인한 경제적 총비용'을 감소시킬 것이다. 그러면 어떠한 조세체계가 조세회피 활동을 최소화시키는가? 대개(항상은 아니지만) 더 중립적이고 더 단순한 조세체계가 조세회피 활동들을 최소화하는 데 기여할 것이다.

또한 조세회피와 탈세로 인해 세수(稅收)당국은 직접적으로 막대한 규모의 세수손실을 경험하게 될 것이다. 여기서 '탈세(tax evasion)'란 사람들이나 기업들의 조세부담을 줄이기 위한 불법적인 활동을 의미한다. 이러한 세수손실 규모가 얼마인지를 측정하는 것은 매우 어렵다. 예를 들면, 영국 국세청(HMRC)은 이를 추정하기 위해 '국세청이 실제 거두어들인 세수'와 '국세청이 반드시 거두어들여야 하는 세수' 간의 조세격차(tax gap)를 측정해 보았다. 그 결과, 영국의 2008~2009년 회계 기간 동안의 조세격차 규모는 국세청이 반드시 징수해야만 하는 조세수입의 8.6%를 차지하고 있는 것으로 나타났다.[9] 즉 영국 국세청이 반드시 징수해야 하는 세수 중에서 8.6%에 해당하는 세수를 조세회피와 탈세로 인해 거두어들이지 못하고 있음을 의미한다. 이러한 비중은 다른 국가들의 경우에서도 비슷하게 나타났다. 미국의 경우 2001년의 직접적인 조세격차 규모는 14%로 추정되었고, 스웨덴의 경우 2000년의 조세격차 규모는 8%로 추정되었다. 그러나 개발도상국들의 경우 조세격차 규모들이 선진국들보다 훨씬 더 큰 것으로 추정되었다.[10]

이와 같이 조세체계의 복잡성은 (i) 직접적인 납세순응(또는 납세협력) 비용들을 수반하거나, (ii) 조세를 회피하기 위한 기회들을 유발하기도 하며, 또한 (iii) 사람들의 행동 변화를 초래하기도 한다. 특히 사람들의 행동 변화에는 비용이 많이 수반된다. 최근 행동경제학자들(behavioral economists)이 강조해 왔듯이 복잡성은 또한 '의도하지 않은 추가적 결과들'을 초래하기도 한다. 대체로 사람들은 (i) 해결하기 더 쉬운 문제들에, (ii) 내일보다는 오늘에, 그리고 (iii) 다른 사람들이 하는 것에 집중하는 경향이 있다. 사람들의 이러한 경향은 조세 개혁의 정치경제학(political economy)과 관련하여 중요한 문제이며, 또한 공적·정치적 논의의 초점이 소득세 기본세율과 같은 조세체계의 특정 측면에 과도하게 맞추어지는 이유이기도 하다. 조세체계의 복잡성은 사회적으로 유익하고 필요한 조세 개혁 관련 논의들을 '어렵게' 만드는 요인이 된다. 그러나 불행하게도 각국의 정부들은 복잡성을 줄이기는커녕 종종 기존의 조세체계에 새로운 조항들이나 특수한(또는 예외적인) 경우들을 추가함으로써 복잡성을 더욱 증가시키고 있다.

만약 정책결정자들이 조세체계에 대해 다수의 목표들을 가지고 있다면 이들을 달

---

9) H.M. Revenue & Customs(2010d) 참조.
10) Schneider & Enste(2000) 참조.

성하기 위해 상당한 정도의 복잡성이 불가피하게 발생한다. 이 경우에 정책결정자들은 다수의 목표 달성을 위해 왜 복잡성이 증가하는지에 대해 설득력 있는 증거를 제시할 필요가 있다. 다음의 모든 장들에서 우리는 조세체계의 '단순성을 지지한다'는 전제 에서 논의를 시작할 것이다. 단, 이때 단순성으로 인해 얻어지는 혜택들이 단순성으로부터 발생하는 비용들보다 더 커야만 한다.

현실적으로 거의 모든 조세체계는 '정책결정자들이 달성하기를 원하는 것'과 '기존의 정보와 행정적 수단들을 사용하여 실제로 달성할 수 있는 것' 간에 절충점을 찾으려 할 것이다. 조세를 부과할 수 있는 능력은 조세가 부과되는 적절한 과세기반 ― 소득액이나 지출액 등 ― 을 측정할 수 있는지에 달려 있다. 과세기반과 관련하여 현재의 표준들은 조세행정력과 납세순응 여건 등에 대규모 투자를 필요로 하고 있다. 왜냐하면 조세당국이 조세체계를 관리하는 데 드는 비용들(즉 조세행정비용들)과 납세자들이 조세체계에 순응하는 데 드는 비용들(즉 납세협력비용들)은 한 나라의 조세체계를 유지하는 데 매우 중요하기 때문이다. 또한 이러한 비용들은 조세설계에 커다란 제약을 가하게 된다. 극단적인 예를 들면, 우리가 직접적으로 관찰할 수 없는 것(예 : 사람들의 능력)에 대해서는 직접적으로 조세를 부과할 수 없다. 이보다 좀 더 현실적으로 말하면, 모든 형태의 소득들이 쉽게 평가 또는 사정(査定)되는 것은 아니다. 예를 들면, 일부 자본이득과 자영업자의 소득은 측정하기 어렵다.

또한 주요 조세기반(즉 과세표준)들은 사회가 발전하고 시간이 경과함에 따라 변하는 경향이 있다. 19세기에 대부분의 세수(稅收)는 물품세(excise, 즉 국내 소비세)와 관세로부터 조달되었다. 소득에 대한 조세는 20세기 후반에 와서야 세수의 대부분을 충당해 주는 주요 세목이 되었다. 현재도 많은 개발도상국들에게는 소득세를 부과하는 일이 매우 어려운 과제이다. 또한 서구 선진국들에서도 세수의 많은 비중은 '쉽게 과세되는 것'으로부터 조달되고 있다. 예를 들면, 국제적으로 교역되는 제품들의 경우이다. 왜냐하면 이들 제품에 대해서는 공항이나 항구를 통과할 때 쉽게 조세를 부과할 수 있기 때문이다. 그러나 이러한 조세는 국제무역을 왜곡시키고, 특히 경제적 효율성을 손상시킨다.

좀 더 장기적으로 보면, 현재 실행 가능한 것도 미래에는 변할 수 있다. 이와 관련하여 우리는 다음의 두 가지 질문을 제기할 수 있다. 첫째, 만일 조세부과 대상(또는 기반)으로 다른 옵션들이 이용 가능하다면 현재 우리가 의존하고 있는 소득과 지출에 대한 과세가 과연 줄어들 것인가? 둘째, 현재 관찰 불가능한 사람들의 **능력**(또는 사람들의 수명이나 근로 의욕)에 대한 과세평가(또는 과세사정) 기술이 발전한다면 — 유전자에 의해 사람들의 능력을 평가할 수 있다면 — 이것이 과연 새로운 과세기반이 될 것인가? 아마 가능하지 않을 것이다. 그러나 현재 소득에 대해 부과되는 조세들이 300년 전에는 불가능했었던 점을 유의할 필요가 있다.

(3) 안정성

마지막으로, 안정적인 조세체계(stable tax system)에 대해서 살펴보기로 하자. 조세체계들이 지속적으로 그리고 빈번히 변화한다면 이는 조세가 부과되는 사람들에 대해 커다란 납세순응(compliance costs, 또는 납세협력) 비용을 부과하게 될 것이다. 납세순응 또는 납세협력 비용이 증가한다면 조세체계와 관련한 장기 계획들을 수립하는 데 여러 가지 어려움들이 발생할 것이다. 따라서 조세체계의 빈번한 변화는 조세체계의 안정성을 저해할 뿐만 아니라, 납세순응 비용을 증가시키게 될 것이다. 조세체계에 있어서 안정성의 결여는 (i) 기업들의 투자 결정과 (ii) 개인들의 저축 및 투자 결정에 부정적으로 영향을 미칠 수 있다. 예를 들어, 자본세가 변하게 되면 자본세의 현재 구조와 세율하에서 자산의 가치에 포함되어 자본화되었던 세부담 수준이 바뀌면서 자산의 가치도 바뀌게 되므로 개인과 기업들은 이에 대해 불공평하다는 느낌을 가지게 될 것이다. 이러한 이유들 때문에 다른 모든 사정이 동일하다면 안정적인 조세체계는 불안정한 조세체계보다 더 나을 것이다.

그렇다고 해서 이것이 '영구적인 무대책(permanent inaction)'의 구실이 되어서는 안 될 것이다. 한편에서는 조세체계의 변화와 관련하여 비용이 발생할 것이다. 다른 한편에서는 불완전하게 설계된 조세체계를 계속 유지하는 데에도 비용이 발생한다. 본서는 '조세 개혁'에 관한 책이며, 모든 것을 현재대로 유지하는 것이 더 나은 것을 추구하는 것보다 더 가치가 있다고 결론짓기 위해 저술된 것은 아니다. 나중에 살펴보겠지만 조세 개혁의 결과로서 얻어지는 후생이득의 규모가 어떤 경우에는 매우 크다는 것을 알게 될 것이다.

그러나 (i) 조세체계를 변화시키는 방법이 명확하고 투명해야 하며, (ii) 조세체계의 변화에 대한 장기 전략을 수립하는 것이 필요하다. 또한 이 과정에서 '확실성(certainty)'은 매우 귀중한 가치를 지니고 있다. 따라서 조세 개혁의 '내용'뿐만 아니라 '과정'도 중요하다. 영국과 다른 국가에서 여러 정부들이 조세 개혁을 실시했지만 조세정책의 방향과 장기 전략에 대해 분명한 청사진을 제시하지 못했기 때문에 이들 정부는 값비싼 희생을 치르게 되었으며, 그 결과 이 국가들의 조세 개혁은 큰 성공을 거두지 못하게 되었다.

2.3 결론

본 장에서 이제까지 논의한 주요 개념들은 조세설계에 대한 경제적 접근의 핵심을 이루고 있으며, 이 개념들은 본서에서 자주 사용될 것이다. 최근 영국은 (i) 사람들의 조세회피와 탈세로 인해 상당한 세수손실이 발생했고, (ii) 조세부과로 인해 여러 의도하지 않은 결과들이 초래되었으며, (iii) 정책의 유턴(policy U-turn) 현상이 발생하는 등 조세정책과 관련하여 많은 문제들을 경험하였는데, 이러한 문제들은 이제까지 논의한 여러 아이디어들을 무시하거나 경시했기 때문에 발생하였다. 이러한 경향이 비단 영국에서만 나타나는 것은 아니다.

이제까지 본 장에서 논의한 모든 아이디어들로부터 가장 주목할 만한 가치가 있는 세 가지 핵심 아이디어들이 있다면 다음과 같다.

- 조세체계를 단지 하나의 '체계(system)'로 인식할 필요성이 있다. 조세체계 내에서 각 조세가 수행하는 역할이 중요하듯이 여러 다른 조세들이 함께 작용하는 방식(즉 하나의 체계)이 중요하다. 따라서 조세체계도 하나의 체계로서 인식하는 것이 필요하다.
- 조세 및 편익체계에 있어서 '재분배(redistribution)'의 역할이 중심이 되어야 한다. 재분배의 중요성에 대한 정도는 (i) 각 사회의 국민들의 선호와 (ii) 조세체계가 효율성에 미치는 영향 등에 의해 결정될 것이다. 재분배와 효율성 간의 상충관계는 조세정책에 대한 수많은 논의들에서 중심을 차지하고 있다.
- 조세설계에 대한 하나의 기준(수단)으로서 '중립성(neutrality)'이 중요하다. 우리는 항상 중립성이 지켜지기를 바라지는 않는다. 그러나 중립성은 조세체계를 평가하는 데 있어서 매우 귀중하고 중요한 기준이다.

정리하면, 조세체계의 설계와 관련하여 (i) 조세체계를 하나의 '체계'로서 인식하고, (ii) 조세 및 편익체계에 있어서 '재분배'(즉 조세체계의 목표)의 역할을 중시하며, (iii) 조세체계에 대한 수단으로서 '중립성'을 중시해야 한다.

이제까지 부유한 국가들의 정부가 대다수의 '순종적인' 사람들로부터 대규모 세수들을 성공적으로 조달해 왔다는 사실은 놀라운 일이 아닐 수 없다. 만약 부유한 국가의 정부들이 앞으로도 계속 그렇게 하려면 그들은 위의 세 가지 원칙을 분명히 고려해야 하며, 또한 시민들과 정부 간의 교섭의 일부분으로서 조세체계가 효율적(efficient)이고 공평(fair)해야만 할 것이다. 다음 장들에서 살펴보겠지만 현재의 조세체계를 개선시킬 실질적인 기회들이 있다. 즉 현재의 조세체계를 더 통일적(체계적)이고, 더 효율적으로 만들며, 그 결과 더 공평하게 만들 수 있는 기회들이 있다. 그러한 개혁을 위해 다음 조치들이 필요하다. 첫째, 기존의 조세정책이 가지고 있는 명백한 변칙적 요소들을 과감하게 제거해야 한다. 둘째, 과세기반에 대해 근본적으로 다시 생각해 보아야 한다. 셋째, 조세체계 전체의 관점에서 조세정책을 고려해야 한다. 넷째, 조세체계를 설계함에 있어서 조세 변화와 유인들에 대해 집단들 간의 서로 다른 반응들을 분명히 파악하고, 이를 명시적으로 고려해야 한다. 이러한 요인들을 고려함으로써 현재의 조세체계를 더 체계적이고, 더 효율적이고, 더 공평하게 만들 수 있을 것이다.

근로소득세제

대부분의 OECD 국가를 살펴보면 근로소득세가 다른 세목보다 많은 세수를 차지하고 있다. 복지 및 세액공제시스템과 더불어 근로소득 과세는 고소득 가구에서 저소득 가구로 자원을 재분배하는 데 큰 역할을 수행하고 있다. 그러므로 근로소득세제가 과세체계와 수준에 관한 논쟁에서 특별한 위치를 차지하는 것은 당연하다.

이번 장과 다음 두 장에서는, 근로소득세제를 보다 심층적으로 다룰 것이며, 이와 관련하여 실업자와 저소득자 지원을 위한 복지혜택 제도도 살펴볼 것이다. 먼저 이번 장에시는 소득불평등과 노동침여에 관한 배경에 대하여 설명힐 것이다. 그다음으로는, 많은 지원을 필요로 하는 저소득층을 위한 재분배와 경제효율성 증진의 필요성(특히 근로유인의 필요성) 사이의 불가피한 상충관계에 대하여 설명할 것이다. 개인이 아닌 가구 단위의 최적과세체계 안에서 이러한 상충관계를 어떻게 살펴봐야 하는가에 대해서도 생각해 볼 것이다. 정부가 활용할 수 있는 정보가 한정적이며, 그 상황이 정부 정책안을 제한시키는 역할을 한다는 사실이 특히 강조된다. 다음 장에서는 영국의 개혁안들을 명확하게 살펴볼 것이다.

이 과정에서 우리의 관심이 사회복지임을 명심해야 한다. 사회복지는 측정된 소득 이외에도 많은 요소에 따라 좌우될 수 있다. 근로시간 증가에 따른 비용도 고려해 보아야 한다. 사람들의 요구는 다양하고 누군가에게는 소득이 다른 어떤 것보다 더 가치 있는 것일 수 있다. 정부는 부자에서 가난한 사람에게 이전되는 소득을 중히 여기는 경향이 있고, 사회는 사람들 간의 복지가 얼마나 공평한가에 관심을 두기도 한다.[1] 사회는 지원이 필요한 저소득층이 얻는 혜택에 가치를 두고 있다는 일반적 사실을 반영하여 사회복지정책을 수립하는 경향이 있다.

사회복지 측정의 극대화는 대략적인 총소득 측정의 극대화와는 거리가 멀다. 그것은 근로의지와 필요한 욕구, 그리고 불평등을 고려한다. 반면, 사람들이 근로의지의 수준을 조정해서 조세 변화에 반응한다고 인식함에 따라 경제에서 소득창출을 위한 유인의 중요성이 강조된다. 따라서 경제 내의 소득창출을 위한(소위 말하는 '파이'를 키우기 위한) 근로의지 수준과 가난하고 지원이 필요한 계층을 위한 재분배 정도 간의 균형이 이루어져야 한다.

사회가 불평등과 가난에 대해 관심을 가진다면, 분배목적을 달성하기 위해서 국민소득의 일부분을 항상 기꺼이 희생할 것이다. 조세제도 설계 시 근본적인 문제는 이러한 희생을 최소화하면서, 그와 동시에 필요한 공공서비스를 조달하고 불평등과 빈곤의 문제를 해소하기 위한 충분한 세수를 확보하는 것이다.

이 장에서 우리의 목표는 일관된 조세·복지시스템 내에서 경제적 효율성과 재분배 간의 균형을 이루는 원칙을 마련하는 것이다. 우리는 이를 위해서 두 가지 핵심 질문에 답해야 한다. 첫 번째는 실증적인 요소로서, 소득에 관한 개인의 의사결정이 조세 및 복지혜택에 따라 어떻게 달라지는가 하는 것이며, 두 번째는 규범적인 요소로서, 특정 행동양식을 전제로 하였을 때, 어떠한 조세·복지 시스템이 정책목표와 가장 잘 부합하는가 하는 것이다.

세율체계를 수립하는 과정에서 정부가 재분배와 경제적 효율성에만 관심을 두는 것은 아니다. 사회적 의사결정을 좌우하는 다른 요소가 존재할 수도 있다. 예를 들면, 비근로 저소득층보다는 근로 저소득층에게, 또는 동거가구보다는 결혼한 부모가 있는 가구에게 더 많은 혜택을 부여하는 것이다. 일부 조세정책은 다른 정책보다 더 효율적인 방식으로 특정 사회적 목표를 달성하기도 한다.

장기적으로 근로소득 과세는 자영업자가 될 것인지 아니면 근로자가 될 것인지의

---

[1] 모든 개인의 행복 총량 극대화 목적은 벤담(Bentham, 1789)에 의해 제안된 공리주의의 한 형태이다. 또 다른 한쪽 극단으로는, 많은 비중을 평등에 두어야 한다는 관점이 있으며, 이는 사회의 질적 수준은 형편이 가장 안 좋은 구성원의 행복에 의해서만 평가되어야 한다는 롤스(Rawls)의 주장에서 비롯되었다.

선택부터 경력, 교육, 훈련 등의 선택까지 영향을 줄 수 있다. 이러한 모든 것은 개인의 근로수명 전반에 걸쳐 소득과 고용의 유형에 영향을 미친다. 결론적으로 세율체계를 고안할 때는, 더 많은 지원을 필요로 하는 자들을 위한 재분배와 세수 증대를 위해 근로 의욕을 증대시키는 근로유인체계 간의 균형을 이루어야 한다. 조세시스템을 하나의 큰 틀로 보아, 저축, 연금, 인적 자본에 대한 투자와 소득에 관해 일관성 있는 정책을 제공하는 조세시스템을 제안하는 것이 이 책의 목적이다.

3.1 고용과 소득

이 절에서는, 고용률과 소득분배의 변화라는 두 가지 중요한 경향에 대해서 간략히 설명하고자 한다.

지난 30년 동안 고용률에 많은 변화가 있었다. 〈그림 3.1a〉는 영국 남성의 고용률

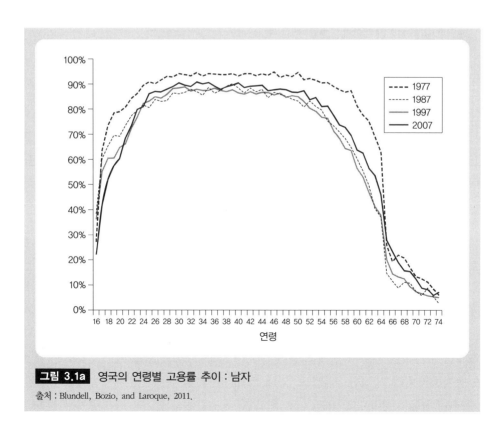

그림 3.1a 영국의 연령별 고용률 추이 : 남자

출처 : Blundell, Bozio, and Laroque, 2011.

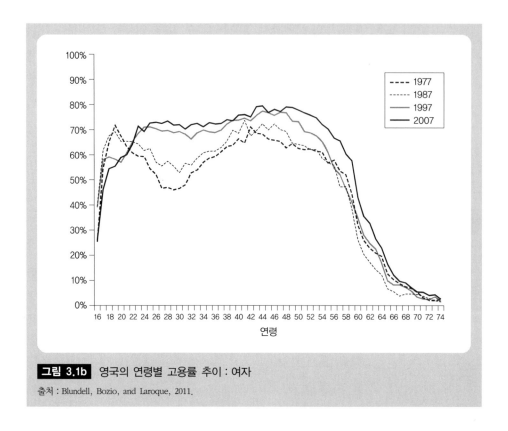

그림 3.1b   영국의 연령별 고용률 추이 : 여자

출처 : Blundell, Bozio, and Laroque, 2011.

변화를 보여 준다. 이 기간 동안 거의 모든 연령대에서 고용의 구조적인 하락이 존재
했다. 고용률이 금융위기 이전 10년간 소폭 상승했음에도 불구하고, 1970년대 남성
의 고용률에는 도달하지 못했다. 젊은 남성의 경우는 교육의 증가로 21세까지 지속
적으로 고용률이 하락하였다. 노년층에서는 오히려 고용률이 많이 회복되었는데, 65
세 이상 영국 남성의 경우 2007년에 1977년과 유사한 고용률을 나타내고 있다.

여성의 경우, 거의 모든 것이 반대로 나타난다. 〈그림 3.1b〉를 살펴보면 22세 미만
의 여성을 제외하고는, 모든 연령에서 1977년에 비해 2007년에는 높은 고용률을 나
타내고 있다. 1970년대 매우 뚜렷했던 20대와 30대 초반 여성의 고용률 하락은 대
부분 사라졌다.

여성 노동력 증가는 출산율 하락, 만혼, 워킹맘 증가로부터의 영향을 반영한다. 남
성고용의 감소는 연금 연령에 도달하기 전 노동 시장에서 퇴출되는 저교육·저숙련
노동자들과 주로 넉넉한 연금으로 인해 조기은퇴를 택하는 고임금 노동자들의 증가
를 반영한다. 마지막으로, 16세 이후 대학 및 전문대학 등으로의 진학 증가는 직장생

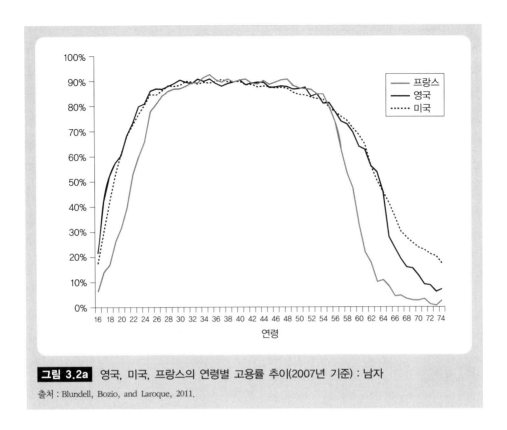

그림 3.2a 영국, 미국, 프랑스의 연령별 고용률 추이(2007년 기준) : 남자

출처 : Blundell, Bozio, and Laroque, 2011.

활을 시작하는 자의 평균 연령을 높였으며, 노동인구의 기술력도 향상시켰다.

국가 간 노동공급의 차이를 살펴보면 매우 유익한 정보를 얻을 수 있다.[2] 〈그림 3.2a〉는 영국, 프랑스, 미국의 남성 고용 추이를 나타내는데, 주요한 차이점이 젊은 층과 노년층에 집중되어 있는 것을 볼 수 있다. 가장 주목할 점은 세 나라 모두 약 30~54세 사이의 남성 취업률이 매우 안정적이라는 것이다. 〈그림 3.2b〉는 다소 다양하게 나타나는 세 국가의 여성 고용률을 보여 주는데, 그들의 최고 소득 연령인 30~40대에서는 세 나라 모두 비교적 유사한 추이를 나타내고 있다.

특히 자녀가 있는 여성의 경우, 단순히 근로에 참여하는가(외연적 한계 : extensive margin)가 중요한 것이 아니라 몇 시간 근로를 하는가(내연적 한계 : intensive margin)가 중요하다. 〈그림 3.2c〉는 가족 내 어린 자녀가 있을 수 있는 연령대에서

[2] 미국, 영국, 프랑스의 고용과 세부 근로시간에 대한 더 자세한 내용은 Blundell, Bozio, & Laroque(2011) 참조.

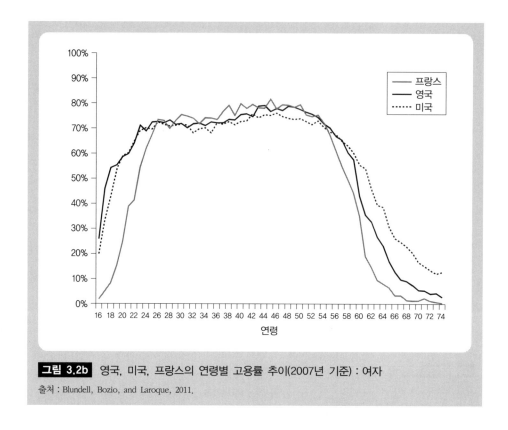

그림 3.2b 영국, 미국, 프랑스의 연령별 고용률 추이(2007년 기준) : 여자

출처 : Blundell, Bozio, and Laroque, 2011.

근로 시간이 감소하는 경향을 보여 주며, 이러한 감소는 미국이나 프랑스보다 영국
에서 더 뚜렷하다. 외연적·내연적 한계를 나타내는 자녀가 있는 여성의 근로 형태는
부분적으로 국가 간의 서로 다른 조세체계에서 기인한다. 이러한 외연적·내연적 한
계의 차이는 다음 장에서 근로소득과세 개혁에 대한 방향을 제시할 때 함께 다루게
될 것이다.

　이러한 그림들의 두드러진 특징은 50대 후반에서 60대의 남성·여성 모두 노동공
급의 변동이 매우 크다는 것이다. 대부분의 선진국에서 노년층의 노동시장 참여 수
준은 하락하는데, 최근에는 역전 현상도 나타나고 있다. 영국에서는 상대적으로 가난
하거나 부유한 개인의 경우 자산분포의 중간에 위치한 사람들보다 일찍 근로활동을
그만둘 가능성이 더 높은 것으로 조사되었다. 〈그림 3.3〉은 이를 분명하게 보여 주고
있다. 대략적으로 말하자면, 가난한 사람들은 장애연금으로 이동할 가능성이 더 높은
반면, 부자들은 조기 퇴직 후 개인연금소득으로 살아갈 가능성이 높으며, 자산분포의
중간에 있는 사람들은 유급근로를 계속할 공산이 크다.

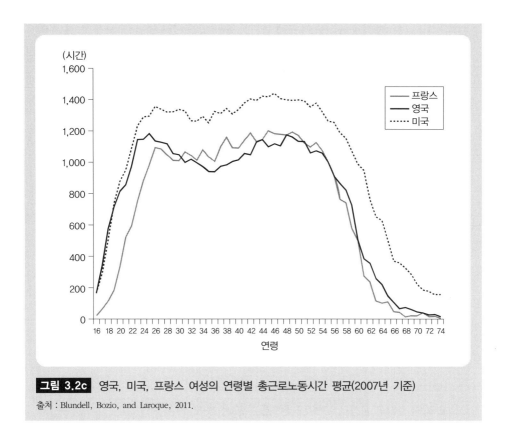

그림 3.2c 영국, 미국, 프랑스 여성의 연령별 총근로노동시간 평균(2007년 기준)

출처 : Blundell, Bozio, and Laroque, 2011.

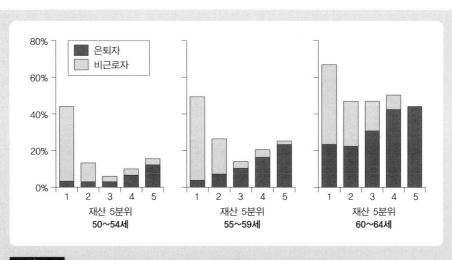

그림 3.3 영국의 연령별·재산 5분위별 조기 은퇴자와 비근로자의 비율 : 남자

주 : 재산 5분위는 5세 간격그룹 내에서 정의됨.

출처 : Banks and Casanova(2003), 2002 English Longitudinal Study of Ageing의 남성표본을 기준으로 함.

〈그림 3.1a〉를 살펴보면, 최근 금융 위기 직전 수년 동안 영국 남성의 조기은퇴 추이가 부분적으로 뒤바뀐 것을 볼 수 있다. 조세 및 연금 혜택은 노년층 고용에 중요한 결정요인이 되는 것으로 보이며[3], 향후 장기적으로 중요한 역할을 할 것으로 예상된다.

서로 다른 연령 그룹의 고용률 변화는 기본적인 소득분배에도 놀라운 변화를 일으켰다. 이러한 변화를 이해하는 것은 근로소득세제의 근거로 작용하는 요인이 있기 때문에 중요하다. 즉 근로소득세제는 고소득자로부터 세수를 걷어서 세액공제 및 복지급여(tax credits and benefits)를 통해 소득 잠재력이 낮은 저소득 근로자들에게 재분배하는 역할을 한다. 많은 산업 국가들은 20세기 말 저소득 근로자의 임금이 상대적으로 하락하는 것을 경험하였다. 이 현상은 1980년대와 1990년대에 영국과 미국에서 특히 심각하였는데[4], 이러한 현상에 대응하기 위하여 영국 정부는 근로장려 세액공제(Working Tax Credit)와 같은 '근로유인(Make Work Pay)' 정책을 도입하여 확대 시행하였다.[5]

〈표 3.1〉은 여러 선진국의 임금 불평등 진행과정을 보여 준다. 이는 임금분포의

| 표 3.1 | 주요국 남성의 90-10 임금비율, 1980~2000

	1980	1990	2000
호주	2.73	2.71	3.16
핀란드	2.44	2.57	2.47[f]
프랑스	3.38	3.46	3.28[e]
독일	2.53[b]	2.44	2.86[e]
이탈리아	2.09[b]	2.38	2.44[c]
일본	2.60	2.84	2.74[f]
네덜란드	2.32[a]	2.48	2.83[f]
뉴질랜드	2.72	3.08	3.55[d]
스웨덴	2.11	2.07	2.35[e]
영국	2.63[b]	3.24	3.40
미국	3.58	4.41	4.76

주 : 주단위 임금(주급), 표시되어 있는 [a]1985, [b]1986, [c]1996, [d]1997, [e]1998, [f]1999 외에는 각 연도별 OECD 자료임.
출처 : Machin and Van Reenen, 2008.

---

3) Blundell, Meghir, and Smith, 2004; Gruber and Wise, 2004.
4) Machin and Van Reenen, 2008.
5) Blundell and Hoynes, 2004.

| 표 3.2 | 영국과 미국의 시간당 임금 불평등도 : 백분위수별 실제임금의 추이(연간 %p)

	UK			US		
	1980년대	1990년대	2000년대	1980년대	1990년대	2000년대
5번째 백분위수	1.8	1.0	3.0	−1.6	1.3	1.8
10번째 백분위수	1.6	1.1	2.6	−0.6	1.5	1.4
25번째 백분위수	1.8	1.2	2.3	0.0	0.9	0.4
50번째 백분위수	2.3	1.5	2.4	0.3	0.8	1.1
75번째 백분위수	3.0	1.9	2.8	0.6	1.0	1.6
90번째 백분위수	3.5	2.1	3.0	1.3	1.3	1.9
95번째 백분위수	3.8	2.2	3.5	2.0	1.3	1.9

주 : 1. 영국은 NES(New Earnings Survey)의 자료를 이용하였고, 미국은 CPS(Current Population Survey : 국가경제연구단의 Outgoing Rotation Group 자료)의 자료를 이용하였으며, 모두 전일제 근로자의 자료이다.
　　2. 사용된 시기는 1980년대 : 1979∼1989년, 1990년대 : 1989∼1999년, 2000년대 : 2000∼2004년이다.
출처 : Machin and Van Reenen, 2008.

100분위 중에서 90번째와 10번째 사이의 임금비율을 사용한 것으로, 즉 가구임금을 최고부터 최저까지 일렬로 배열한다고 가정하였을 때, 최하위 10%와 최상위 10%의 임금수준을 의미하는 것이다. 영국과 미국의 경우, 하위층보다 상위층의 임금수준이 훨씬 더 크게 증가하는 현상이 나타난다. 여기에 나타난 규모 변화는 역사적 기준으로 볼 때 매우 큰 변화이다. 자세한 내용은 〈표 3.2〉에서 볼 수 있는데, 소득분포의 최상위층을 살펴보면 그 변화는 더욱 놀랍다. 상위 95%의 소득이 상위 90%보다 훨씬 더 빠르게 증가하였고, 상위 99%의 소득이 상위 95%의 소득보다 더 빠르게 증가하였기 때문이다. 2000년대 영국의 경우 최저임금의 도입 및 상향조정의 결과로 저소득층의 임금이 약간 회복되는 현상이 나타났다.

이러한 추세에서 중요한 점은 조세·복지 시스템의 재분배 기능에 대한 부담이 증가하였다는 것이다. 즉 저소득 근로자의 소득이 상대적 빈곤선 이하로 더 떨어질 가능성이 높다는 것을 의미한다. 복지급여가 평균임금에 근접한 수준으로까지 증가한다면, 저숙련 근로자의 임금은 실직 시 받는 실업급여보다 많지 않을 수도 있다. 이는 근로활동 참여의지를 저해하여 정부의 '근로유인(make work pay)' 정책이 더 큰 부담을 떠안게 한다. 다음 장에서 다룰 근로소득세제 개혁 논의에서는 이면에 있는 소득불평등에 대하여 강조할 것이며, 이는 저소득층을 위한 조세·복지 시스템 설계 시 중요하게 고려해야 할 사안이다.

소득불평등의 주요 요인을 이해하는 것(우리의 논의 범위를 넘어서는 주제이지만)

은 종합적인 정책 대응을 결정하는 데 중요하다. 일자리가 요구하는 기술의 변화, 단체교섭의 수준 변화, 세계화의 수준, 교육의 공급과 질 등이 주요 요인으로 작용한다. 이 요인들 각각이 지니는 중요성과 불평등의 유형은 시대에 따라 변화한다. 예를 들면, 1990년대 중반부터 최고소득자들의 급격한 고용소득의 증가는 소득불평등을 지속적으로 악화시킨 주요 원인이었으며[6], 이로 인해 최고소득자들을 위한 세율 수립에 정책적 관심이 증가되었다. 최근에 연구자들은 영국과 미국에서 중간영역의 직업기술에 대한 수요가 하락하고 있다는 연구결과를 발표했다.[7] 이처럼 현대의 정보기술이 수리능력을 요하는 은행원과 같은 일자리를 대체하고 있으며, 이러한 현상은 청소와 같은 전통적인 저임금 비숙련 서비스 업종에서는 나타나지 않는다. 소득분배에 대한 이러한 외부압력은 모두 조세·복지 시스템에 부담을 주고 있다. 개혁에 관한 논의를 할 때에는 불평등에 관한 이러한 추세를 고려해야만 한다.

3.2 세율표 설계

대부분의 선진국에서는 근로소득 세율표가 복잡하다. 이것이 항상 소득세율표 자체에서 명백하게 드러나는 것은 아니다. 중요한 것은 소득이 증가함에 따라 징수되는 세금과 줄어드는 복지급여(withdrawn benefits), 즉 유효세율이다. 유효세율표는 소득세, 소득과 연동되어 지급하는 고용주 부담 사회보장기여금, 복지혜택, 세액공제 등 간의 많은 상호 작용에 의해 복잡해진다.

이러한 조세 및 복지의 조합은 **소득효과**(income effect)와 **대체효과**(substitution effect)를 통해 사람들의 근로의지에 영향을 미칠 것이다. 세율 하락의 예를 보면, 근로자가 일정 세율을 감당하기에 충분한 소득을 얻고 있을 경우, 세율 인하는 소득을 증가시켜 세율 하락 이전보다 더 적은 시간을 일해도(일반적으로 노동력 감소를 의미) 더 쉽게 같은 생활수준을 유지할 수 있게 된다. 이것이 소득효과이다. 동시에, 감세로 인해 낮아진 한계세율 덕분에 근로자는 추가근로로 인해 더 많은 소득을 가져갈 수 있으므로 근로를 더 많이 하게 된다. 이것이 대체효과이다. 두 효과는 서로 상쇄되며 이론적으로 어떤 것이 우세하다고 말할 수 없다. 외연적 한계에서는 예외가 발생하

---

6) Atkinson and Piketty, 2007b; Brewer, Sibieta, and Wren-Lewis, 2008.
7) Manning and Goos, 2007; Autor and Dorn, 2011.

는데, 현재 실업상태인 경우, 소득세율 하락이 취업에 대한 동기를 감소시키지는 않을 것이다. 그러나 두 가지 효과의 파급력을 알아보기 위해서는 신뢰할 만한 실증자료가 필요하다.

세수 중립적 세제개혁(revenue-neutral reforms)을 살펴보면, 소득효과는 전 인구에 걸쳐 균형을 유지하는 경향이 있다. 일부가 감세혜택을 받고 덜 일하는 반면, 다른 사람들은 그만큼 더 많은 세금을 내야 하므로 손실을 만회하기 위해 더 열심히 일할 것이다.[8] 그러나 이로 인해 대체효과가 반드시 균형을 이루는 것은 아니다. 예를 들어, 선형 예산제약의 세수중립적 안정화는[9] 부자나 빈자에 대한 한계세율을 증가시킬 것이다. 한계임금에 미치는 영향은 모든 노동자에게 동일하다. 그러나 총소득이 낮은 사람에게는 순소득이 증가된 것으로 나타나는 반면, 고소득자에게는 그만큼 납부해야 할 세금이 증가하게 될 것이다. 그러므로 특정 개인에 대해서는 소득효과와 대체효과가 모두 영향을 미치지만, 경제전반에 대해서는 세수중립적 개혁으로 인한 대체효과가 지배적인 경향이 있다.

세율표를 고안할 때 중요한 것은 다양한 그룹의 사람들에게 영향을 미치는 세율표의 효과에 관한 실증자료를 감안하는 것이다. 이러한 실증자료에서 나오는 주요 내용은 다음과 같다.[10]

- 대체효과는 일반적으로 소득효과보다 크며, 조세는 노동공급을 감소시킨다.
- 특히 저소득자의 경우 노동시간과 관련된 내연적 한계보다는 고용유무와 관련된 외연적 한계에 더 크게 반응한다.
- 내연적·외연적 한계 그리고 대체효과와 소득효과 모두에 대한 반응은 취학연령의 아이를 가진 여성과 50세 이상의 연령층에서 가장 높게 나타난다.

세율표를 고안할 때, 사람들이 조세 변화에 반응하는 여러 가지 다른 방식들도 고려해야만 한다. 그들은 근무시간에 투여하는 노력의 정도를 변경할 수도 있고, 다른 직업을 선택하거나, 더 많은 교육을 받기도 하고, 때로는 자영업자가 될 수도 있다. 조세회피나 조세포탈의 방법을 찾는 형태로 반응할 수도 있다. 이러한 현상 중 일부

---

8) 한 그룹의 노동공급이 다른 그룹보다 소득 변화에 더 많이 반응할 수 있지만, 이러한 소득효과를 합쳐서 순액만 보면 그 결과는 규모 면에서 그리 크지 않을 것이다.
9) ((소득이 0일 때 받는 총액의 증가)+(한계세율의 증가))를 의미함
10) 더 자세한 내용은 Blurdell & MaCurdy(1999), Blundell & Shephard(2011), Meghir & Phillips(2010) 참조.

는 외부로 드러나기까지 오랜 시간이 소요되기도 하며, 일부는 세율변화가 신고 과세표준에 영향을 미침으로써 더 빠르게 관찰되기도 한다. 과세소득의 세율탄력성은 이러한 효과를 측정하는 기준이 되며 내연적·외연적 효과와 소득·대체 효과를 모두 포괄한다. 정의상 과세소득의 세율탄력성은 조세납부에 영향을 미치는 모든 요소를 포괄하기 때문이다. 일반적으로, 과세표준의 세율탄력성은 소득세 개편에 따른 복지 손실을 단순하면서도 직접적으로 측정하는 수단이 된다.[11]

과세소득이 세율변경에 더 많이 반응할수록, 변경으로 인한 세수는 감소한다. 즉 과세 탄력적 행동은 세수효과를 감소시킨다. 탄력성이 클수록 세수 단위당 복지손실이 증가한다. 세부담 회피를 위한 개인의 대응이 노동력을 감소시키는 방법이든 조세회피에 가담하는 방법이든 그 결과는 같다.

물론 특정 이유로 인해 서로 다른 행동반응 간의 차이가 중요하게 여겨지기도 하고, 일개 과세소득 탄력성이 모든 관련 정보를 포괄하지도 않는다. 소득공제가 가능한 연금기여금의 증가는 현 연도의 과세소득을 줄일 수 있지만, 연금소득을 추가로 받는 미래의 과세소득은 증가하게 될 것이므로, 단지 현재의 과세소득만을 살펴보는 것은 불완전한 그림이 될 것이다. 이와 유사하게, 특정 행동반응은 소득세수에만 영향을 미치는 반면, 다른 행동반응은 기타 세수에도 영향을 미치게 될 것이다. 노동력과 소득의 하락은 소비와 과세소득을 감소시키게 되며, 동시에 부가가치 세수도 감소시킨다. 반면, 소득세 회피를 위해 소득의 종류를 변형시킬 경우에는 소비를 통해 부가가치세를 여전히 납부하게 될 것이다.[12]

불행하게도, 과세소득 탄력성의 크기에 대한 입증자료가 늘어남에도 불구하고 이는 아직 제한적이다. 탄력성은 고정된 수치가 아니라 과세대상에 적용되는 세법규정이 개정되면 변경될 수 있다. 조세제도상의 면세, 소득공제, 저세율 국가로의 소득이동 등을 통해 과세소득을 감소시킬 기회가 적을수록 세율증가를 통한 세수증가는 더 용이해지며, 그 결과로 과세소득의 탄력성은 감소할 것이다.[13]

반면, 시간당 임금 및 기타소득의 변화가 노동시간과 고용에 미치는 영향을 특히 저소득 근로자를 중심으로 측정한 실증적 참고문헌은 방대하다. 특히 저소득 근로자

---

11) Feldstein, 1999.
12) 이와 유사하게, 행동반응의 몇 가지 종류는 그 자체로서 중요한 동적 및 거시경제적 효과를 가진다. 다른 것은 단순히 소득을 재분류하는 것이다. Carroll & Hrung(2005) 참조.
13) Kopczuk, 2005.

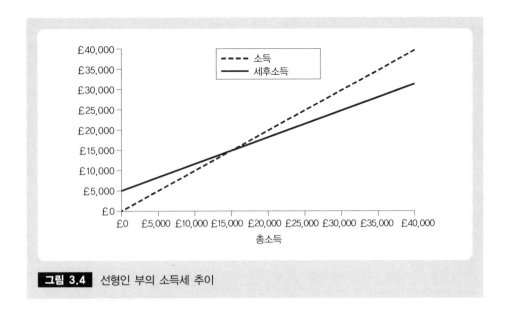

그림 3.4 선형인 부의 소득세 추이

의 경우, 주로 노동시간과 고용여부의 변동을 통해 세제개편에 반응하며, 이러한 반응이 최소 중기적으로는 나타난다. 반면, 고소득자와 자영업자의 경우 노동시간 및 고용여부의 변화는 크게 중요하지 않다. 고소득자의 경우, 최고세율의 효과를 살펴볼 때 과세소득 탄력성의 크기를 사용할 것이다.

3.2.1 근로유인과 재분배 간의 상충관계

따라서 소득세와 복지혜택은 근로유인에 영향을 미친다. 세율과 복지급여율이 높을수록 근로유인 및 기타 행동에 미치는 영향이 크다. 그럼에도 불구하고 재분배에 대한 관심으로 인해 이를 상당한 수준으로 설정하고자 한다. 일반적으로 더 많은 재분배가 이루어지면 더 많은 행위반응이 유발되는 상충관계가 있다.

정부가 저소득층에게 보조금을 지급하는 제도, 즉 '부의 소득세(negative income tax)' 제도를 가장 단순하게 나타내는 것이 '일률과세(flat tax)'와 '사회배당(social dividend)'이 결합된 형태이다.[14] 〈그림 3.4〉가 나타내듯이, 이러한 제도에서는 소득이 없는 개인이 정부로부터 5,000파운드의 사회배당을 받는다.[15] 각 개인의 증가하

---

14) 이보다 더 오래된 뿌리를 가지고 있지만, 고전적인 제안은 Friedman(1962)과 Rhys Williams(1943)이다. 명확한 설명을 위해서는 Meade(1978), Dilnot, Kay, & Morris(1984), Creedy & Disney(1985), Atkinson (1995) 참조.

는 소득에 대해 일정한 유효한계세율로 과세한다. 두 개의 선이 교차되는 손익분기점에서, 개인의 납세급액은 5,000파운드가 되어 정부 보조금도, 납세액도 없게 된다. 이 손익분기점 이후에도 소득은 계속 동일한 한계세율로 과세된다.

이러한 '부의 소득세' 제도는 상당한 수준의 재분배 효과를 가져올 수 있다. 정책결정자가 해결해야 할 문제는 사회배당, 소득보장, 그리고 유효한계세율을 어떤 수준으로 설정해야 하는가에 관한 사항이다. 보장소득이 높을수록 이를 충당하기 위한 세율은 높아진다. 높은 수준의 소득을 보장해 주고, 높은 세율을 유지하는 방법으로 저소득층을 위한 재분배를 실현하고자 하는 것이다. 그러나 소득효과보다 대체효과가 더 강력할 경우, 높은 수준의 보장소득은 근로에 참여하고자 하는 의욕을 감소시킬 것이고, 높은 한계세율은 더 높은 소득을 얻고자 하는 의욕을 감소시키게 될 것이다.

이 간단한 시스템에서 적절한 수준의 소득을 보장하기 위해 요구되는 높은 세율은 많은 사람들의 근로의지를 심각하게 저해할 수 있다.[16] 간략히 말하자면, 실업소득이 평균소득에서 차지하는 비율이 세율로 책정되어야 한다. 따라서 평균소득의 1/3을 비근로자에게 제공하기 위해서는 33%의 세율이 요구되며, 그 외에도 세수가 필요한 다른 이유로 인해 추가 세율인상이 필요하게 될 것이다. 영국의 경우, 평균소득의 1/3을 사회배당으로 제공하면서, 기존의 공공서비스를 위한 재원을 충당하기 위해서는 약 67%의 세율이 일률적으로 요구된다. 이는 이와 같은 제도개혁으로 인한 행동반응을 배제하고 산출한 세율이다.

실업자에게 적절한 소득을 제공하기 위해서 대부분의 국가에서는 실업을 벗어나 저소득층이 된 자에게는 복지혜택을 상당히 철회함으로써 중산층 이상이 부담하는 세율이 아주 높아지지 않게 조절한다. 따라서 실업을 벗어나 저소득층이 되면 복지혜택이 줄게 되므로 저소득층은 고소득층에 비하여 추가로 소득을 얻으려 하는 의욕이 약해지고, 아예 일 자체를 하지 않으려는 경향마저 생겨난다.

이것은 불가피한 상충관계이며, 저소득층으로부터 복지혜택을 빠른 속도로 철회하지 않는 한 모두가 높은 세율을 감당해야 한다. 이를 해결하기 위한 대안은 복지혜택

---

15) '사회 배당'은 때로 '시민소득(citizen's income)' 또는 '기본소득(basic income)'으로 알려져 있으며, '최저소득(minimum income)'과 혼동되어서는 안 된다. 최저소득은 영국의 소득지원(Income Support)과 같이 소득이 일정 수준에 다다를 때까지 지원받는 제도이다.

16) Creedy & Disney(1985)와 관련문헌 참조.

을 빠른 속도로 철회함으로써 극빈층의 의욕을 상당 수준 저해시키는 것이다. 많은 정책적 논쟁이 이러한 상충관계를 해결하는 최선의 방안을 모색하는 데 집중되어 있다.

3.2.2 최적과세 체계

사회적 관점에서 살펴보면, 좋은 세율체계 설계를 위해서는 필요한 세수를 확보함과 동시에 분배목적을 달성하면서도 조세 왜곡을 최소화할 수 있는 방안을 찾아야 한다.

'최적'의 세율표는 주어진 세수목표를 달성하면서 사회복지를 더 이상 늘릴 수 있는 세율변화가 존재하지 않는 세율표이다. 세수를 고정함으로써 세율표가 의도적으로 세수 중립적(revenue-neutral)인 여건을 갖게 된다. 세수 중립성은 정부가 재원 없는 보조금을 통해 세율표가 거짓으로 개선된 것처럼 보이게 하는 현상을 막을 수 있다. 예를 들어, 앞서 설명한 '부의 소득세(negative income tax)'의 경우, 보다 높은 수준의 소득을 보장하기 위해서는 세율 상승이 수반되어야 한다. 엄밀히 말하자면, 정부가 보장하는 소득수준을 높이기 위해서는 세율 상승을 통한 재원 마련이 필요한데, 이는 세율 상승과 보장소득의 변화에 반응한 국민이 노동공급을 어떻게 조정하는가에 달려 있다.

대체효과가 클수록(한계세율 증가 시 노동력을 감소시키는 국민이 많을수록) 세율 인상으로부터 세수를 확보하는 것이 더 어렵다. 노동력의 감소가 없다는 가정하에 세수 중립적인 세법 개정을 했는데 실제로 노동력이 감소한다면 세수손실을 초래할 것이다. 즉 세수손실의 규모는 조세제도의 초과부담(excess burden)을 결정짓는다. 평등에 대한 선호도가 높은 사회는 기꺼이 높은 초과부담을 수용할 것이므로 세율이 높다. 그러나 평등에 대한 선호도가 같다면 대체효과가 크게 나타날수록 최적세율은 낮아진다.

최적과세 접근방식(optimal tax approach)은 세율의 적절한 유형을 고려하는 데 도움이 된다. 소규모 특정 소득구간(small band of income)에 대한 세율을 조금 인상하는 정책안이 긍정적인 방법이라는 점은 이러한 특성을 가장 잘 설명해 주고 있다. 증세는 해당 소득구간에 속한 납세자와, 혹은 그 이상의 소득을 가진 모든 납세자의 과세금액을 증가시킨다. 그러나 이 특정 소득구간에 속한 납세자의 유효한계세율만 증가한다. 해당 소득구간이 소규모이므로 해당 납세자들에게는 대체효과가 우세하다. 이 소득구간보다 더 높은 소득을 가진 근로자의 경우, 유효한계세율의 변화가 없으므로 대체효과가 나타나지 않는다. 그러나 그들의 소득에서 납부세액이 차지하는 비중이 증가하여 평균세율이 증가한다. 결국 사회 전체적으로는 세수가 증대되고, 추가적인 세금을 지불하는 개인에게는 복지손실이 발생한다.

노동력의 변화로 나타나는 행동반응을 3개의 집단으로 분리할 수 있다. 세율이 변경된 소득구간보다 낮은 하위 소득계층에는 변화가 없다. 해당 소득구간에 속한 납세자는 벌어들이는 모든 소득에 대하여 더 높은 한계세율로 과세된다. 따라서 대체효과로 인해 노동력이 감소될 것이다. 마지막으로, 세율변경 소득구간보다 높은 상위계층의 경우 소득은 감소할 것이나 대체효과는 발생하지 않을 것이다.

세율증가로 인한 효율성 손실의 정도를 결정하는 것은, 노동공급의 변화로 나타난 대체효과의 규모와 해당 소득구간에 속한 납세자의 수이다. 그러나 선택된 소득구간에 대한 최적세율은 해당 소득구간의 위에 속한 납세자의 인구비율로부터 영향을 받는다. 이 비율이 높을수록 정부가 저소득층에게 재분배할 수 있는 세수가 더 증가하게 된다. 마지막으로, 최적세율은 다른 소득구간의 사람들에게 제공되는 복지의 중요도에 따라 달라질 것이다. 현존하는 불평등의 정도가 클수록, 재분배를 통해 이득을 얻는 사람들에 대한 중요도가 클 것이다.[17]

일을 얼마나 할 것인가를 결정하는 내연적 한계 변화를 고려하는 것은 좋은 방법이 된다. 일을 할 것인가, 말 것인가를 결정하는 외연적 한계의 측면을 보면, 노동력의 변화를 통해 나타나는 행위반응이, 특히 자녀가 있는 저소득 가계의 경우에 매우 큰 문제로 작용한다.[18] 이는 조세체계를 고안할 때 매우 중요한 관측 요소가 된다. 저소득층을 위한 최적세율이 낮거나 심지어는 마이너스가 될 수 있음을 나타낸다.[19]

세율의 감소가 개인의 고용을 유도한다면, 이는 개혁의 잠재적인 추가이득이 될 것이다. 이를 통해 외연적 반응과 내연적 반응 사이에 균형이 생기게 된다. 노동력의 외연적 반응이 충분히 높을 때 소득보조금을 지급하는 것이 최선일 수 있다. 영국의 근로장려세제(Working Tax Credit)와 같은 정책의 목적이 이것이다.

그러나 이러한 주장의 설득력을 떨어뜨리는 상충관계도 존재한다. 저소득자에 대한 세율인하는 이로 인한 고소득자의 근로의지 저해와 균형을 이루어야 한다. 전 소득계층에 걸친 노동력 공급의 행동반응에 대한 지식이 세제개편에 꼭 필요하다. 다

---

17) 자세한 내용은 Heady(1993)의 확장판 참조.
18) Blundell & Shephard(2011) 참조.
19) 예를 들면 Saez(2002), Laroque(2005b) 참조.

음 장에서 설명할 영국의 소득세 체계 분석에서 개편 방향을 제시하기 위해 노동력 공급의 행동반응에 관한 실증자료를 사용할 것이다.

3.2.3 과세기반과 과세소득의 반응

사람들이 조세에 어떻게 반응하는가는 한계세율의 구조뿐만 아니라 과세표준에 따라서도 다르게 나타난다. 세율이 높을 경우, 납세자들은 과세소득과 비과세소득 간 소득의 이전을 통해 과세소득을 축소시킨다. 이러한 행동의 범위를 결정하는 것이 과세기반 관련 정책이다. 이와 관련한 좋은 사례가 1980년대 미국에서 감행한 과세기반 확대 개혁이다. 과세기반 확대를 통해 고소득자에 대한 세율 상승이 세수 증대로 무난히 이어질 수 있었다.[20] 이 책에서 주장하는 바와 같이 과세 시스템의 전체를 살펴보기 위해서는 과세대상과 세율을 함께 설계해야 한다.

원칙적으로, 근로소득의 과세 대상은 현물 급여를 포함한 모든 형태의 급여를 포함해야 하며, 여기에는 각종 복지혜택과 소득을 얻기 위해 발생한 모든 비용, 즉 업무 관련 비용(비용의 지급자가 고용주이든, 고용인이든 관계없이)을 공제해야 한다. 특정 형태의 보수에 유리한 세율을 적용하는 정책은 다른 형태의 보수를 받아 상대적으로 더 무겁게 과세되는 납세자에게 불공평할 것이며, 유리한 세율이 적용되는 형태로 보수를 이전시키는 행위를 유발할 것이다. 결과적으로 근로자는 자신이 선호하는 보수형태(대개 현금을 선호할 것이다)로 급여를 받지 못해서, 그리고 과세당국은 세수가 줄어서 모두 손해이다. 근로소득 창출 과정에서 발생한 비용은 소득이 아니기 때문에 공제되어야만 한다.

보수와 비용 모두 측정하기가 쉽지 않다. 비금전적 보수에 가치를 부여하는 것과 소비지출과 업무비용을 구별하는 것에는 어려움이 있다. 업무용과 개인용으로 함께 사용하는 노트북과 양복, 그리고 회사 차량 등은 어떻게 처리해야 할 것이며, 보육비용은 어느 범위까지 업무를 위해 지출했다고 봐야 하는가? 교육을 위해 지출하는 비용의 경우, 그 자체를 소비활동으로 보지 않고, 어느 범위까지 미래의 소득 창출을 위한 투자로 인정해야 하는가? 쾌적한 업무환경 제공을 위해 비좁은 업무공간을 면해주는 것부터 관상용 화분, 구내식당, 주차 공간, 레크리에이션 공간 제공과 유연근무제 운영까지 노동 생산성을 높이기 위한 비용은 어디까지 허용해야 하며, 어느 범

---

20) Kopczuk, 2005.

위까지 더 높은 금전적 보수를 대체하는 비금전적 보수로 볼 것인가?

이것은 단지 소득세만의 문제가 아니다. 업무관련 비용과 소비성 지출을 구분하는 것은 부가가치세(VAT)의 문제와도 결부되어 있다.

이러한 문제를 고려해 보면 조세제도가 얼마나 복잡해질 수 있는지 알 수 있다. 이 책에서 다루는 다른 사안들과는 다르게 이러한 복잡한 문제를 해결하기 위한 단순한 해결책은 존재하지 않는다. 영국의 소득세제는 대략적으로 급여에서 비용을 공제하는 원칙을 따르고 있으며, 비용 공제에 관한 일반적 규칙은 '고용 관련 업무수행을 위해 전적으로, 배타적으로, 그리고 필수 불가결하게'[21] 발생한 비용만 공제하도록 엄격히 규정하고 있다. 업무 관련 비용을 정확하게 식별하는 데 어려움이 있기 때문에 주의가 필요하다는 것을 감안한 정책이다.[22] 사실상 더 중요한 문제는 제13장과 제14장에서 논의할 저축에 대한 과세이다. 특히 직장연금과 같이 이연된 보수를 과세하는 문제와 연계되어 있다.

일반적으로, 비과세나 소득공제가 많을수록, 그리고 저세율을 적용받는 소득 형태로 급여를 받을 수 있는 기회가 빈번하며 저세율 국가로의 소득이전이 용이할수록 근로소득세를 통한 세수 증가는 어렵다. 이와 관련하여 Slemrod과 Kopczuk(2002, 92)의 문헌으로부터 다음 문장을 인용하였다.

경상소득에 대한 개인소득세율이 상승하면 조세회피가 증가할 수 있으며, 개인 사업자들은 법인의 형태로 전환할 수 있다. 기부금과 같이 공제 가능한 소비활동이 늘어날 수 있으며, 개인들은 세제혜택이 더 많은 양도소득의 형태로 소득을 얻기 위해 보상 패키지와 투자 포트폴리오를 재조정할 수도 있다. 증세에 대해 이러한 반응은 과세소득을 감소시킬 것이다. 적어도 고소득층에서는 한계세율에 대한 과세소득 탄력성이 상당히 높은 수준이라는 주장이 늘고 있다.

세율변경에 따른 과세소득의 반응은 조세의 추가적 부담을 나타내는 사중손실을 측정하게 한다. 그리고 특히 자영업자나 고소득자와 같은 특정 집단의 경우, 조세 개

---

21) Income Tax (Earnings and Pensions) Act 2003, section 336.

22) 적어도 실무를 위한 해석에 있어서, 이 규정은 다른 국가보다 비교적 철저하게 적용되고 있으며, 이는 자영업자에게 적용되는 것보다 더 엄격하다. (참고자료 및 논쟁은 Freedman & Chamberlain(1997) 참조.) 여행 경비 및 기타 특정 비용에는 특별규칙이 적용되며, 이상하게도 국민보험을 위해서는 다른 소득정의가 적용된다. (이와 관련된 내용은 제5장에서 간략히 설명될 것이나, 더 자세한 내용은 Adam & Loutzenhiser (2007) 참조.)

혁에 대한 반응으로서 근로시간이나 고용유무의 변화가 가장 중요한 것은 아니다. 자영업자의 과세표준과 세율체계에 대해서는 제19장 소기업 과세에서 자세히 다루게 될 것이다. 여기서는 고소득자의 과세에 대해 중점적으로 다루고자 한다.

과세소득의 최고세율구간에 대한 한계세율을 고려해보자. 과세소득이 세율 변동에 따라 변화하지 않는다면, 최고세율을 높임으로써 정부 세수가 증가할 것이고, 증세액은 최고소득구간에 속한 납세자의 수에 따라 산출될 것이다. 그러나 최고세율을 높이면, 최고세율구간에 속한 납세자는 과세소득을 낮추려 할 것이다. (최고 소득구간 이하의 납세자의 경우, 그들이 곧 최고 소득구간으로 이동될 상황이 아니라면 아무런 영향을 받지 않기 때문에 이러한 행동 변화에 동참하지 않는다.[23]) 이러한 과세소득의 축소는 세수감소로 이어져 사회적 비용을 발생시킨다. 과세소득의 탄력성이 높을수록 필요한 수준만큼의 세수 확보를 위해서는 세율을 더 많이 인상해야 한다.

우리가 본 바와 같이, 소득분포의 특정 지점에서 한계세율 증가는 두 가지 사회복지 효과를 유발하게 된다. 긍정적인 측면은 특정 지점을 기준으로 소득이 더 많은 사람들로부터 세수를 확보할 수 있다는 것이고, 부정적인 측면은 그로 인해 왜곡현상(distortion)이 증가한다는 것이다. 소득분포 전반에 걸쳐 이 두 가지 효과가 균형을 이루는 세율체계가 최적이 된다. 이는 곧 유명한 이론적 통찰에 이르게 하는데, 즉 소득분포상 최고소득지점에서는 부정적 효과가 나타날 뿐이므로 최적세율은 사중손실을 최소화하는 0%가 될 수밖에 없다는 것이다.[24]

현실적으로, 최고 세율을 얼마나 높일 수 있는가를 알아보기 위해 세수 극대화를 달성할 최고 세율을 고려해 볼 수 있을 것이다. 이것은 최고 소득계층의 복지를 무시하는 것이며, 그들의 복지에 대한 가치를 0으로 두는 것이다. (a) 최고 세율 인상 시 과세소득의 하락이 적을수록, (b) 최고 세율 구간에 속하는 납세자의 비율이 높을수록 세수 극대화를 위한 최고 세율은 높아질 수 있다. 물론 사회가 최고 세율 구간의 소득을 가진 사람의 복지를 중요하게 여긴다면 세율도 덜 올리고 세수를 줄이는 방안을 선호할 것이다.

이는 단순해 보이지만, 이러한 분석을 통해 정책안을 마련하는 것에는 상당한 어

---

23) 최고세율구간에서의 세금이 교육과 직업 선택에 많은 영향을 미친다면, 이 주장은 재조정되어야 한다.
24) 이것은 종종 이론적으로 0%의 최고 세율(zero top rate)로 설명된다. 여기서는 특정 소득구간이 속한 다수의 납세자만 고려하므로 적용되지 않는다. 최고 소득구간에 속한 납세자가 매우 적어서 1명에 불과하다고 할 경우, i) 최고 소득자에게 복지를 부여한다면 세수 극대화를 위한 최고 한계세율은 0이 되고, ii) 최고 소득자에게 복지를 부여하지 않는다면, 0도 그 어떤 한계세율만큼 좋을 것이다.

려움이 따른다. 고소득자의 과세소득 탄력성(세율 변화에 따른 과세소득의 변화)을 측정하는 것이 매우 어렵다는 것은 잘 알려진 사실이다. 납세자가 자신의 소득이 과세되지 않도록 옮길 수 있다면 탄력성은 더 다양하게 변할 것이다. 다음 장에서 영국 고소득자의 세율 정책에 대해 논의하면서 이러한 어려움에 대해 자세히 살펴볼 것이다.

3.3 가족소득의 과세체계

지금까지 우리는 조세·복지제도가 개인에게 미치는 영향에 대하여 자주 다루어 왔으나, 가족 단위로는 직접적으로 다루어 보지 않았다. 이것은 매우 중요한 문제이다.

조세·복지제도가 가족 구성원의 소득을 합산하여 과세해야 하는지 개별적으로 과세해야 하는지를 결정하는 것은 매우 중요하다. 그들이 부부인지 아닌지에 따라 다르게 과세해야 하는지? 가족 전체가 저소득인 경우에만 재분배를 할 것인지? 가족 구성원 중 적어도 한 명이 저소득자인 경우에도 재분배를 할 것인지? 가족을 한 단위로 결합하여 과세하는 경우, 그리고 복지혜택의 수급대상 여부를 가리는 소득·자산 조사를 가족을 한 단위로 결합하여 실시할 경우, 매우 다양한 형태의 근로 장려책이 나타나며, 개인 단위 과세 및 복지급여와는 매우 다른 분배적 결과를 초래한다. 그 정책적 판단은 서로 다른 가족형태를 공정하게 취급해야 한다는 것과 근로 장려책을 모두 고려해야 한다.

두 사람이 결혼할지 여부에 관해 중립적인 태도를 유지하기 위해서는 이들을 각각 별도의 단위로 취급하는 조세·복지제도가 필요할 것이다. 그러나 부부합산 소득이 모든 납세자를 동일하게 취급하기 위해서는 조세·복지제도가 이들을 하나의 단위로 취급해야 할 것이다. 개별 소득세제가 누진적일 경우(소득의 증가에 따라 평균세율이 올라가는 제도), 부부합산 소득이 동일한 두 커플이라 할지라도 부부 각각의 개별소득이 다르면 두 커플의 과세금액은 서로 다를 것이다. 만약 부부합산 소득에 대한 과세제도가 누진적이라면 결혼을 하지 않은 커플의 합산 소득이 더 높을 것이다.

조세제도는 결혼·동거에 대해 누진적이고 중립적이며, 동시에 부부합산 소득이 동일한 모든 가구를 동일하게 과세할 수 없다.[25]

---

25) Rosen, 1977.

영국은 혼합된 시스템을 가지고 있는데, 소득세와 국민보험기여금 책정은 개별소득으로 평가하고, 복지혜택 수급을 위한 소득·자산조사와 세액공제 적용 여부는 합산소득으로 평가한다. 조세시스템은 누진적이지만, 같은 합산소득을 가진 가족을 동일하게 과세하지 않는다. 이는 가족의 평균세율이 가구 내 소득분리 형태에 따라 결정되기 때문이다. 예를 들어 배우자 간 소득격차가 적을수록 납부세액이 적어진다. 그러나 조세시스템은 결혼 여부에 대하여는 중립적이다. 두 사람이 따로 살아도, 결혼을 해도, 납부세액은 동일하다. (소득이 동일할 경우, 두 성인이 함께 살면 각각 따로 살 때보다 더 높은 생활수준을 즐길 수 있을 것이다. 이 때문에 부부가 더 많은 세금을 부담해야 한다고 생각할 수 있다.) 반면, 조세·복지제도는 결혼이나 동거를 불리하게 만들기도 한다.[26] 소득이 없는 자가 소득이 있는 자와 결혼 및 동거를 할 경우, 복지혜택 수급자격을 상실하게 된다. 균형이 유지되는 것이다. 우리는 백만장자의 동거인에게 복지혜택을 제공하길 원하지 않는다. 이런 식으로 복지혜택을 운영하면 비용도 많이 소요되고, 가족 단위로 소득을 비교할 때 역진적인 제도가 되기 때문이다. 다른 한편으로는, 가족 간 자원을 마음대로 쓸 수 없다는 점을 감안하면, 소득이 없음에도 동거 중이라는 이유로 복지혜택을 받을 수 없도록 함으로써, 소득이 없는 동거자는 저소득층을 대상으로 하는 재분배를 받지 못하게 될 수 있다.[27]

가족합산 과세제도에 대한 의사결정에서 재분배만 중요하게 여기는 것은 아니다. 여성 근로자에게 부양자녀가 있는 경우, 세율 변화에 따라 근로여부가 뚜렷하게 달라진다는 것을 나타내는 실증자료가 있다.[28] 다른 것이 동일한 상황이라면, 부양자녀를 가진 여성의 경우 낮은 세율로 과세해야 함을 시사하는 자료이다.[29] 그러나 자녀가 있는 저소득가구 근로자에 대한 암묵적 세율과 이러한 저소득가구에게 재분배를 하고자 하는 요구 사이의 균형이 필요하다. 가족 내에서의 소득과 자원이 공정하게 배분되고 있어 이 부분에 대한 우려가 크지 않은 상황이라면, 영국의 혼합시스템은 균형이 적절하다고 할 수 있다.[30] 예컨대 근로여성에게 고소득 배우자가 있는 경우, 조세·복지제도를 통해 당해 여성에게 소득을 지원함으로써 근로활동에 관한 결

---

26) Adam and Brewer, 2010.

27) Browning et al.(1994) 참조. 또한 1977년 영국의 보육수당 개혁의 내용을 담은 Lundberg, Pollack, & Wales(1997) 참조. 이 개혁은 '이 지갑에서 저 지갑으로'의 지급전환을 이용한 것으로서 결과적으로 어린 이와 여성에 대한 의류지출 증가로 이어졌다.

28) Blundell & Macurdy(1999)와 Meghir & Phillips(2010) 참조.

29) Alesina, Ichino, & Karabarbounis(2007)에 실린 유사한 쟁점 참조.

30) Kleven, Kreiner, and Saez, 2009b.

정을 불필요하게 왜곡하지 않을 것이다.

실제로 가구 내에서 2차적 수입을 벌고 있는 저소득 근로자의 경우 영국의 세율이 매우 높을 수 있다. 배우자 또한 저소득자라면 더욱 그렇다.[31] 자녀가 있는 여성의 외연적 노동공급 탄력성이 충분할 정도로 크다면, 2차적 소득자의 소득은 무시하는 것이 최적일 수도 있다. 다음 장에서는 이러한 문제를 다룰 개혁안을 살펴본다.

따라서 가족과세의 구조는 근로에 대한 영향과 '공정성'에 대한 문제로 귀결된다. 삶 전반에 걸쳐 개인은 누구나 각각 다른 형태의 가족에 구성원(아이, 미혼 자녀, 부모 등으로서)으로 속하게 될 가능성이 높다. 그러므로 가장 중요하게 생각해야 하는 것은 가족의 유형이 아닌 생애주기 전반에 걸쳐 각 개인을 공평하게 취급하는 것일지 모른다. 그러나 조세·복지제도에 영향을 주는 제3의 문제는 개인의 결혼과 출산에 대한 결정이 이 제도에 의해 영향을 받을 수 있다는 것이다. 누진적이면서, 가구별 합산소득을 기준으로 조세 및 복지혜택 수준을 결정하는 제도의 경우, 결혼(또는 동거)이라는 조건이 더 유리하거나 또는 불리하게 작용될 수밖에 없다. 두 성인의 세후소득(복지혜택도 포함)은 결혼(또는 동거) 여부에 따라 달라질 수 있다.[32]

결혼으로 인한 혜택이나 불이익은 대중으로부터 상당한 관심을 받는다. 그러나 이러한 재정적 혜택이 결혼을 결정하는 데 있어 민감한 역할을 할 경우에 한하여 조세제도 설계에 영향을 준다. Hoynes(2010)는 '전반적으로, 과세효과가 결혼에 미치는 영향은 이론적인 예측과 일치하지만, 그 규모는 작다'고 결론 내린다. 주의해야 할 점은 조세·복지혜택이 결혼 또는 동거에 대한 의사결정에는 비교적 영향을 주지 않을지라도, 그들의 관계를 과세당국에게 어떤 형태로 보고하는가에는 영향을 줄 수 있다는 것이다.[33]

아이를 낳을 것인가(또는 얼마나 많이 낳을 것인가)에 대한 결정은 자녀로 인한 조세 및 복지혜택의 규모에 영향을 받을 수 있다. 가구별 소득세제 구상에 영향을 미칠 수 있는 또 다른 행동요소가 등장하게 된 것이다. 최근 영국의 몇몇 연구조사 결과[34]에 따르면, 조세 및 복지혜택이 출산을 장려하는 효과가 있으나, 그 규모가 크지 않다.

---

31) Brewer, Saez, and Shephard, 2010.
32) Adam and Brewer, 2010.
33) Brewer and Shaw, 2006.
34) Brewer, Ratcliffe and Smith, 2010.

장기적으로 가족의 형성과 구성은 경제적 혜택에 매우 민감할 수 있다.[35] 조세제도에 관한 논의는 적어도 이러한 혜택에 대한 내용을 포함해야 하며, 이에 따른 행동변화에 관해 인식하고 있어야 한다.

3.4 추가적 정보 활용 : 태깅

과세당국이 국민 개개인의 잠재적인 소득능력과 필요를 직접적으로 관찰할 수 있다면, 조세제도 설계는 상당히 쉬워질 것이다. 예를 들어, 실제 소득과는 관계없이 소득능력이 높은 자에게 세금을 부과하면, 노동력을 감소시킴으로써 납부세액을 줄이려는 행동을 예방할 수 있을 것이다. 그러나 현실에서는 생산력과 필요에 대한 측정치가 계속 변화한다. 따라서 실급여와 소득 및 지출로부터 소득능력을 추정하고, 가족의 규모와 연령으로부터 필요를 추정한다. 근본적으로 이것이 형평성과 효율성 간의 상충관계를 형성한다. 소득세율이 지나치게 높으면 납세자는 적게 벌려고 할 수 있다. 정부가 소득능력과 필요를 잘 측정할 수 있는 요소를 바탕으로 조세제도를 수립할 가능성이 높을수록 조세로 인한 복지손실은 적어진다. 이 절에서는 행위왜곡을 줄이면서 달성하려는 재분배를 비슷하게 이루어 내도록 소득정보를 사용하는 방법 외에 다른 정보를 사용할 수 있는지도 간략히 살펴본다.

능력과 필요를 측정할 수 있는 다른 지표로 소득을 보완할 수 있다면 보다 정확하게 재분배할 수 있고, 소득을 지표로서 적게 사용할 수 있으므로 근로의지도 적게 위축시킬 수 있을 것이다.[36] 과세에 가장 민감한 집단을 알고 있다면, 세율을 조정하여 더 효율적인 조세제도를 만들 수 있을 것이다. 요약하자면, 소득이라는 지표에 추가하여 다른 정보를 활용한다면 근로의욕과 재분배 사이에 상충관계가 생기는 것을 완화할 수 있다. 이러한 접근방법을 태깅(tagging)이라 한다.[37]

정부는 이미 이를 활용하고 있다. 예를 들어, 정부는 장애인에게 추가적인 지원을 제공한다. 이는 장애요소가 일반인보다 낮은 소득능력과 높은 필요를 나타내는 지표가 되기 때문이다. 모든 개개인의 차이가 태깅의 원칙에 부합하지는 않지만, 조세와

---

35) Becker(1991)가 역력히 주장하는 것과 같다.
36) 그래픽을 활용한 간단한 설명을 위해는 Dilnot, Kay, & Morris(1984, 71-7) 참조.
37) Akerlof, 1978.

복지는 많은 인구통계학적 특성에 따라 달라진다. (그리고 상품에 대한 취향의 차이
도 간접세의 차별화를 통해서 세부담이 달라진다.)

그러나 이 방법에는 심각한 한계가 있다.

- 복잡성이 그중 하나이다. 비용이 소요될 수밖에 없다. 조세·복지혜택에 더 많은
  요소가 포함될수록 제도는 더 불투명해지고 이해하기 어려운 시스템이 될 뿐만
  아니라 실행과정에서 행정비용과 순응비용이 높아진다.

- 사생활 보호도 문제이다. 일부 경우에 효율적 재분배를 위해 매우 유용할 수 있는
  정보가 사람들의 지나친 사생활 침해로 간주될 수 있으며, 정부에 대한 불신으로
  이어질 수 있다. 이러한 우려는 기술의 발전과 함께 점차 커지고 있다. 기술의
  발전이 특정 상점에서만 사용하는 카드부터 DNA 테스트까지 잠재적으로 사용
  될 수 있는 정보의 범위를 확장시키고 있기 때문이다.[38]

- 수급조건 충족여부를 조작하고자 하는 유인도 문제가 된다. 혜택에 대한 수급조건을
  충족하고자 하는 국민의 의지도 방해요인이 될 수 있다. 특정 조건을 가진 사람
  에게 지급하는 복지혜택은 국민들로 하여금 그 조건을 득하거나 유지하고자 하
  는 의지를 갖게 한다. 일반적으로 생각할 때 고소득층에서 저소득층으로 재분배
  하는 것은 국민이 스스로의 소득을 낮게 유지하도록 만든다. 그러나 태깅한다고
  해서 이 문제가 해결되는 것은 아니다. 태깅을 하면, 소득은 소득대로 낮은 수준
  을 유지하려고 할 뿐만 아니라 태깅하는 조건도 충족하려고 하게 될 뿐이다. 이
  러한 반응의 정도는 무엇으로 태깅하는가에 따라 달라진다. 나이에 따라 수급여
  부가 달라진다고 하더라도 일부러 고령이 되고자 하는 사람은 없겠지만, 자녀
  수에 따라 수급 정도가 달라진다면 더 많은 자녀를 출산하려고 할 수는 있다.
  장애인에게 수급한다고 하더라도 장애인이 될 사람은 없겠지만, 실제보다 덜 건
  강해 보이려 할 수는 있다. 다른 조건이 동일하다면, 이러한 왜곡 행동은 바람직
  하지 않으므로 소득과세를 하면 근로의욕이 저하되는 문제와 균형을 이루어야
  한다.

- 수평적 형평성도 문제가 될 수 있다. 단순히 특정 조건에 기초하여 개개인을 차별
  화하는 것은 불공정하다고 생각할 수 있다. 장애로 인한 복지혜택은 어느 누구
  도 문제 삼지 않는다. 반면, 특정 소수민족의 구성원이라는 것이 빈곤을 나타내

---

38) 논의를 위해서 Slemrod(2006) 참조.

는 탁월한 지표이긴 하지만[39], '흑인을 위한 복지'를 도입할 정부는 거의 없다. 신장은 소득을 나타내는 훌륭한 지표이다.[40] 그러나 소득세제가 야기하는 왜곡 문제를 해결하기 위해 신장세(height tax) 도입을 지지할 사람은 거의 없을 것이다.

이런 맥락에서 소득 이외의 지표를 태깅하는 것이 공정한가에 대하여는 확실하게 결론 내기 어렵다.[41] Kay(2010)는 여러 지표들 중 몇 가지를 선택하여 연구한 다음, "일반적으로 허용되는 지표와 일반적으로 허용되지 않는 지표를 구별하는 뚜렷한 기준은 찾을 수 없다. '임의적(arbitrary)'과 '부적절(inappropriate)'과 같은 단어는 단순히 직관적 감정을 설명할 뿐이다."라고 결론 내렸다. 조세제도의 효율성을 개선하기 위해 도입될 수 있는 신장세에 대한 상당한 이론적 가능성을 제시한 Banks와 Diamond(2010)의 연구를 반영한 Hall(2010)도 다음과 같이 유사하게 결론 내린다. "우리 모두 왜 신장세 도입에 반대하는지를 설명하는 일관성 있는 분석틀을 찾지 못하였다."

이와 관련하여 다양한 관점에서 연구한 방대한 양의 문헌(경제학 및 다른 분야에서)이 있으며, '공정성'에 대한 정치적 논쟁의 중심이 되고 있다. 여러 특성 중 어떤 지표가 수급조건으로 적절한지를 판단하는 철학적 연구도 있으나, 이 책에서는 이러한 철학적 복잡성과 이 문제에 내재해 있는 가치판단에 관한 부분은 다루지 않을 것이다. 여기서는 가족 구성원이나 아이들의 연령과 같이 조세부담과 복지혜택 수급여부를 결정하기 위해 정부가 이미 활용하고 있는 조건에 대해서만 살펴볼 것이다. 다음 장에서는 정부가 이러한 조건들을 보다 잘 활용할 수 있는 방법을 살펴본다.

3.5 결론

근로소득세제는 고용주의 비용과 근로자에 대한 보상 사이에 격차를 발생시켜 경제가 효율적으로 운영되는 데 직접적인 영향을 미치게 된다. 동시에 사회의 분배 목적을 달성하기 위한 핵심적 정책 수단이 된다. 이후 개혁방안을 논의하기 위한 배경으

---

39) Kenway and Palmer, 2007.
40) Case and Paxson, 2008.
41) Banks & Diamond(2010) 참조. Hall(2010), Kay(2010), Pestieau(2010)에도 관련 내용이 있다.

로서 이 장에서 몇 가지 중요한 메시지를 설명하고자 한다.

첫째, 세전소득의 분배 상황은 적합한 조세시스템 구성을 위하여 중요하다. 소득분배는 지난 30년간 영국과 그 밖의 많은 나라에서 더 불평등해졌다.

둘째, 근로유인에 대한 반응은 인구집단별로 매우 다양하게 나타나는데, 집단별 노동공급 수준의 차이와 그 차이의 변화추이를 통해 명확하게 볼 수 있다.

셋째, 재분배와 근로유인 사이에 불가피한 상충관계가 존재한다. 일반적으로 재분배가 커지면 경제적 효율성이 감소한다. 전반적으로 대체효과(높아진 한계세율로 인한 반응으로 사람들이 노동공급을 감소시키는 현상)가 일반적으로 소득효과(평균세율의 증가로 인한 반응으로 사람들이 노동공급을 증가시키는 현상)를 상회한다.

넷째, 그러나 혜택에 대한 인구집단별 반응의 차이를 고려하면 효율성을 최소로 희생시키면서 달성할 수 있는 재분배의 수준을 가늠할 수 있다.

다섯째, 소득세제와 복지혜택으로 인한 영향 중 근로유무 결정에 미치는 영향(외연적 한계)과 근로시간 결정에 미치는 영향(내연적 한계)을 구분하는 것은 중요하다. 또한 어떠한 납세자에게는 조세 정책의 변화가 이러한 행동에 아무런 영향을 주지 않는 대신 납부세액을 최소화하기 위하여 과세소득을 조정하려고 할 수 있다.

여섯째, 총과세소득의 탄력성(과세소득 일체가 조세 변화에 반응하는 정도)은 세율뿐만 아니라 과세기반에 따라 달라진다. 즉 과세기반은 고정된 것이 아니며, 과세범위 안으로 더 많은(혹은 적은) 소득의 원천을 끌어들임으로써 변화될 수 있다.

일곱 번째, 앞 장에서 강조했듯이, 조세정책의 변화를 평가하기 위해서는 소득수준과 노동공급에 미치는 영향뿐만 아니라 소득의 재분배와 복지에 미치는 영향까지 고려하는 것이 이상적이다.

마지막으로, 가족 단위의 소득세제 설계 시 꼭 고려해야 하는 불가피한 상충관계가 있다. 조세제도는 누진적이고 결혼(동거)에 대하여 중립적이면서 동시에 동일한 부부합산소득을 가진 모든 가구를 동일하게 과세할 수는 없다.

영국의 소득세 개혁

앞 장에서 우리는 근로소득세제와 관련된 이론과 근거에 대해 살펴보았다. 이번 장에서는 영국의 조세제도에 관한 실증적인 분석과 현 조세·복지제도의 세율 및 소득기준의 개편에 대해서 보다 심도 있게 검토해 보고자 한다. 이를 통해 조세제도와 관련된 상충효과(trade-off)를 설명하고, 필요한 경우에는 근로의욕을 향상시키기 위한 방안을 찾아볼 것이다. 다음 장에서는 현행 조세·복지제도의 적절성 여부, 특히 근로소득세제의 단순화 방안과 근로의욕을 합리화할 수 있는 방안 가능성에 대해서 검토할 것이다.

직접세와 복지제도는 조세제도 전체의 누진성을 확보하고, 고소득층에서 저소득층으로 소득 재분배가 이루어질 수 있도록 하는 주요 통로이다. 재분배의 적정규모에 관해서는 의도적으로 우리의 분석 및 제안에서 제외하였다. 이러한 내용은 일반 사람들의 동의를 얻지 못할 수도 있기 때문이다. 하지만 특정 재분배 방식은 비효율성, 복잡성, 근로의욕 저하의 문제를 심화시킬 수 있다. 따라서 우리가 논의하고자 하는 것은 재분배의 규모가 이미 결정되어 있다는 전제하에서 시스템의 효율성을 극대화하기 위한 방안을 찾고자 하는 것이다.

이번 장에서는 조세·복지제도의 요소 중 사람들의 현재 소득과 직접적인 연관성이 있는 요소에 초점을 두고자 한다.[1] 물론 조세제도의 다른 요소들도 근로의욕과 소득 재분배에 영향을 주지만, 궁극적으로는 조세제도 전체가 미치는 영향이 중요하다. 하지만 분명한 것은 소득에 직접적으로 연관된 요소들이 근로의욕의 행태를 미세하게 조정하고, 근로의욕과 소득 재분배 간의 균형을 유지하도록 하기 위해 활용될 수 있는 가장 적합한 요소라는 것이다. 다음 장부터는 여러 장에 걸쳐 세율체계 재조정 가능성에 대하여 강조할 것이다. 근로소득세제 외의 분야에서 추진하는 효율성 향상을 위한 개혁의 부산물로서 재분배 및 근로의욕에 변화가 나타나는데, 소득세제로 이러한 효과를 상쇄할 수 있도록 세율체계를 재조정하고자 하는 것이다.

4.1 영국의 소득세제 및 복지급여

언뜻 보기에는 영국의 소득세제가 상당히 단순한 것처럼 생각될 수 있다. 일단 소득이 6,475파운드(2010~2011년 기준)를 넘으면 20%의 소득세가 부과된다. 소득이 37,400파운드를 넘어서면 세율이 40%로 상승한다. 2010년 4월까지는 이러한 단순한 체계였으나 현재는 이상한 체계로 변화하였다. 100,000~112,950파운드의 소득구간에 대한 세율이 60%로 상승하였고, 112,950파운드를 넘어설 경우 세율이 40%로 하락했다가, 소득이 150,000파운드를 초과하면 다시 50%로 상승한다. 이러한 소득구간별 소득세율은 〈그림 4.1〉에 나타나 있다.

물론 소득세는 전체적인 내용의 일부분일 뿐이다. 영국은 소득세와 완전히 분리된 국민보험기여금(NIC) 체계를 가지고 있다. 110~844파운드 사이의 주급 소득을 가진 근로자는 국민보험기여금을 위해 11%의 세율을 추가로 부담하며, 그 이후 소득에 대하여는 1%로 부담한다. 고용주도 근로자의 주급이 110파운드 이상인 경우, 연봉의 12.8%를 부담한다. 소득세와 달리 국민보험기여금은 다른 소득의 원천은 제외하고 오직 근로소득에 대해서만 부과한다. 또한 소득세 과세기준과 공제혜택은 연봉 단위로 명시하는 반면, 국민보험기여금의 과세기준은 주급 단위로 명시하고 있다.

---

[1] 책의 나머지 부분들과 마찬가지로 이 부분 역시 2010년 4월 당시의 조세·복지제도를 기준으로 하여 2010년 여름에 작성되었다. '현행'제도와 개혁안을 위한 분배효과 및 실효세율 등의 추정치는 2009~2010년 후반기의 조세·복지제도를 기준으로 도출되었다. 최근 개정안은 미미하여 개혁을 지지하는 주장을 바꾸지 못하였다. 2010년 5월에 들어선 연합정부에 의해 중대한 개혁안이 발표되었고 이를 명시하기는 하였으나 심도 있는 분석은 하지 않았다.

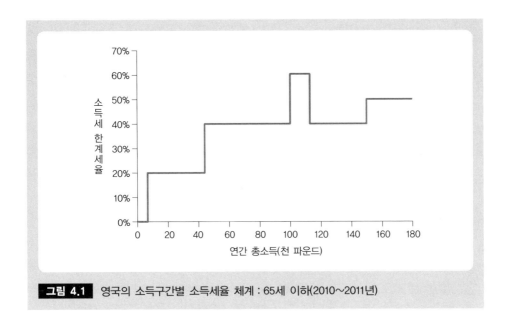

그림 4.1 영국의 소득구간별 소득세율 체계 : 65세 이하(2010~2011년)

영국은 자산소득 조사 결과에 따라 정해진 기본적인 수준까지 비근로 가구의 소득 수준이 유지되도록 수당을 지급하나, 소득이 특정 수준을 조금만 넘어가면 수당이 100% 철회된다. 또한 근로상태와 관계없이 주택(임대료 및 재산세 지원) 및 부양가족(자녀, 노인)에 대한 별도의 추가적인 지원도 다양하게 제공한다. 이러한 혜택들은 소득이 일정 수준에 이르면 철회되나, 갑자기 100% 철회되는 것은 아니고 적정한 비율로 점진적으로 철회된다(다음에 논의하겠지만 지원수단들의 혜택 철회와 소득세와 국민보험금을 합쳐 보면 전반적으로 높은 실효세율이 되고 만다). 근로장려세액공제제도(Working Tax Credit)는 저소득층 가구를 대상으로 (자녀의 유무와 관계없이) 자산과 소득에 따라 추가로 수당을 지급한다.

다음 〈글상자 4.1〉은 각 세목 및 복지혜택에 관하여 보다 자세한 내용을 담고 있다. 다음 장에서는 복잡한 방식으로 상호 작용하는 많은 세목과 혜택들이 과연 모두 필요한 것인지에 관하여 검토할 것이다. 적어도 중하위 소득 계층에서는 다양한 세목과 복지혜택을 모두 포괄하여 집계한 총괄 세율표가 〈그림 4.1〉에서의 소득세율표와 상당히 다른 형태를 띠고 있을 것이다. 이러한 총괄 세율표는 가구의 형태와 여러 특성들에 따라 매우 다양하게 나타날 것이다. 〈그림 4.2〉는 한 예시로서 특정 상황 하의 저소득 한부모 가구의 총소득과 순소득 간의 관계, 즉 예산제약(budget constraint)을 보여 준다.

|글|상|자| 4.1 영국의 소득과 관련된 주요 세금 및 복지혜택(2010~2011)

소득세 : 모든 개인은 6,475파운드의 인적공제를 받는다. 6,475~37,400파운드 사이의 소득은 20%의 세율로 과세되고 그 이상의 소득은 40% 세율로 과세된다. 2010~2011 과세연도부터 100,000파운드 이상 소득의 경우 1파운드당 50펜스씩 인적공제를 삭감하기 시작하였고, (실효세율은 60%가 되며, 소득이 112,950파운드인 경우, 인적공제는 완전히 소멸된다.) 150,000파운드 이상의 소득은 50%의 세율로 과세되기 시작하였다. 65세 이상인 경우 인적공제 금액이 높으나 22,900파운드를 초과하는 소득의 경우 1파운드당 50펜스씩 인적공제가 삭감되어 실효세율이 30%가 된다.

　국민보험기여금(NIC)은 근로소득(다른 소득에는 적용되지 않음)에만 적용된다. 고용주는 각 근로자별로 주급 110파운드를 초과하는 소득에 대하여 12.8%의 기여금을 부담한다. 근로자들은 주급 110파운드를 초과하는 소득에 대하여 11%의 기여금을 부담하고, 844파운드를 초과하는 소득에 대해서는 1%만 부담한다. 만일 근로자가 국영 2차 연금(State Second Pension)을 '탈퇴'하고 대신 승인된 민간연금에 가입한다면 감면된 세율이 적용된다. 자영업자에게는 훨씬 낮은 세율이 적용된다.

　소득과 자산에 따라 지급되는 복지혜택과 **세액공제**는 다음과 같다. (위에서 언급한 개인을 기준으로 한 세목과는 달리 소득과 자산에 따라 지급되는 복지혜택은 항상 가구당 합산소득에 근거하여 산출되며, 상당한 규모의 금융자산을 소유한 경우 수급대상에서 제외되거나 혜택이 줄어든다.)

　소득지원 수당 및 소득을 기준으로 한 구직자 수당(JSA)을 통해 경제활동이 가능한 가구를 대상으로 최저소득을 유지할 수 있도록 수당을 지급한다. 2010~2011년 기준 1인 가구의 최저소득은 주당 64.45파운드이며, 2인 가구의 경우 102.75파운드이다. 간병인이나 장애인 부양자, 주택담보대출자에게는 추가 수당이 지급되며, 이 경우 신청자 또는 배우자가 상시 근로자가 아니어야 한다. 소득이 느는 만큼 복지혜택도 줄어들고, 이와 같은 자산과 소득 조사결과에 따라 복지혜택을 지급하므로 가구소득이 조금 늘더라도 100%의 세율이 적용되는 셈이다. (단, 일정 금액 이하의 소액은 수급조건 평가에서 제외된다.) 어린 자녀를 둔 한부모나 간병인, 장애인은 소득지원 수당을 신청할 수 있다. 그 외의 경우에도 구직자 수당(JSA)을 통해 동일한 금액을 신청할 수 있는데, 구직활동을 하고 있다는 여러 조건을 충족해야 한다. 구직활동 조건을 갖춘 자로서 과거 국민보험기여금 납부를 충분히 한 경우, 기여한 국민보험기여금을 기준으로 지급하는 또 다른 형태의 구직자 수당을 주당 64.45파운드를 6개월간 받을 수 있다. 저축이 많거나 배우자의 소득으로 인하여 수급조건을 만족하지 못한 경우에도 받을 수 있다. 장애로 인해 경제활동이 어려운 개인은 소득에 따라 **고용 및 지원 수당(ESA)**을 받을 수 있으며, 이는 점차적으로 소득지원금 형태로 전환되고 있다. 고용 및 지원 수당(ESA) 금액은 소득지원금 및 구직자 수당(JSA)과 유사한 방식으로 산출되지만 수급조건은 다르다.

　연금혜택(Pension Credit)은 연금수령 연령(2010년 현재 60세, 2020년에는 66세) 이상의 여성들을 대상으로 근로가구의 소득지원(Income Support) 혜택과 유사하게 사회 안전망 역할을 수행한다. 그러나 지원 수준은 더 높아서, 1인 가구의 경우 최저소득이 주당 132.60파운드가 되도록, 2인 가구의 경우 주당 202.40파운드가 되도록 지원하며 다양한 추가혜택도 있다. 또한 65세 이상에 대해서는 기초국민연금을 넘어서는 소득에 대해서라도 연금혜택이 100% 철회되는 것이 아니라 40%만 철회된다.

　주택수당 및 재산세 혜택은 저소득 가구의 주택 임대료 및 재산세[a] 부담을 덜어 준다. 소득지원을 받을 만큼 저소득인 경우(또는 60세 이상의 기초국민연금 수령자인 경우), 주택 임대료(최대 허용금액에 한하여) 및 지방세 전체를 지원받는다. 이보다 소득이 높은 경우, 초과 소득에 대하여 세후소득 1파운드당 주택수당은 65펜스, 지방세 혜택은 20펜스씩 줄어든다.

　자녀세액공제(CTC)는 근로상태와 관계없이 자녀가 있는 저소득 가구에게 적용되는데, 545파운드의 기본공제에 자녀 한 명당 2,300파운드(자녀 공제)씩 추가 지원된다. **근로장려세액공제(WTC)**는 저소득 근로자를 위한 혜택이며, 1인 가구는 최대 1,920파운드, 부부와 한부모 가정은 최대 3,810파운드를 지원하며, 주

---

[a] 재산세(council tax)는 지방자치단체가 부동산에 부과하는 세금으로 제16장에서 다룬다.

당 30시간 이상 근무할 경우 추가로 790파운드를 지원한다.

자녀가 없는 경우에는 근로장려세액공제 수급조건을 충족하기 위해 25세 이상이어야 하고 주당 최소 30시간 근무해야 한다. 자녀가 있는 경우 나이와 상관없이 주당 16시간 이상 근무해야 한다. 또한 가구 내 모든 성인이 16시간 이상 근무할 경우, 근로장려세제하에서 주당 300파운드 한도(자녀가 1명인 경우 175파운드 한도)로 자녀부양을 위해 지출한 금액 중 등록된 금액의 80%를 환급해 준다. 근로장려세액공제와 자녀세액공제 모두 자산과 소득에 따라 지급되며, 6,420파운드(근로장려세액공제 수급 자격을 충족하지 않는 경우 16,190파운드)을 초과하는 가구소득에 대하여 1파운드당 39펜스씩 혜택이 줄어든다. 단, 545파운드의 기본금액은 가구소득이 50,000파운드 이하인 경우 삭감되지 않으며, 50,000파운드를 초과하는 금액에 대하여는 세전소득의 1파운드당 6.7펜스씩 기본금액이 삭감된다.

고령자(**국가연금, 겨울철 연료 지원**), 자녀가 있는 가구(**자녀수당**), 그리고 장애인과 그 보호자(**장애수당/기여고용 및 지원수당, 장애생계수당, 출근수당, 보호자수당**)에게는 **소득과 자산에 관계없이 혜택**(Non-means-tested benefits)을 제공한다.

〈그림 4.2〉의 주요 내용은 다음과 같다.

- 첫째로, 대부분 구간에서 총소득이 증가하여도 순소득은 변화하지 않는다. 이는 소득이 증가함에 따라 소득지원 수당(Income Suport)이 그만큼 줄어든다는 것을 의미한다.
- 두 번째, 근로장려세액공제 수급기준인 주당 16시간의 근로시간 요건 충족 시 순소득이 급증한다. 그러나 총소득 증가분은 근로장려세액공제(WTC) 지급액보다 적다. 주택수당 및 지방세 혜택이 근로장려세액공제(WTC) 때문에 줄어들기 때문이다. 그럼에도 일단 16시간을 일할 경우, 이로 인해 미혼모의 소득이 증가한다는 것은 분명하다.
- 세 번째, 16시간 이상 근로할 유인이 적다. 소득이 더 늘어날 경우 근로세액공제(WTC) 및 주택수당이 줄어들기 때문이다.

뿐만 아니라 〈그림 4.2〉는 상이한 요소들이 중첩되어 있는 현 체계의 복잡성을 나타내고 있다. 이는 정부가 여러 지원체계를 하나로 묶는 새로운 통합적 복지체계(Universal Credit)를 도입하려는 이유이기도 하다. 다음 장에서 이러한 통합안에 대해 검토할 것이다.

〈그림 4.2〉는 한 가지 예에 불과하다. 개인과 가구가 가진 조건에 따라 서로 다른 세목과 복지혜택이 각기 다르게 변동되기 때문에, 이 사례 하나만으로 너무 많은 시사점을 유추해서는 안 된다. 따라서 우선, 소득계층 간의 재분배와 근로유인 효과를

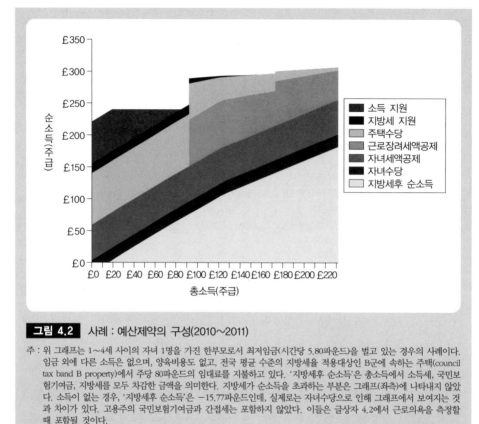

그림 4.2 사례 : 예산제약의 구성(2010~2011)

주 : 위 그래프는 1~4세 사이의 자녀 1명을 가진 한부모로서 최저임금(시간당 5.80파운드)을 벌고 있는 경우의 사례이다. 임금 외에 다른 소득은 없으며, 양육비용도 없고, 전국 평균 수준의 지방세율 적용대상인 B군에 속하는 주택(council tax band B property)에서 주당 80파운드의 임대료를 지불하고 있다. '지방세후 순소득'은 총소득에서 소득세, 국민보험기여금, 지방세를 모두 차감한 금액을 의미한다. 지방세가 순소득을 초과하는 부분은 그래프(좌측)에 나타내지 않았다. 소득이 없는 경우, '지방세후 순소득'은 −15.77파운드인데, 실제로는 자녀수당으로 인해 그래프에서 보여지는 것과 차이가 있다. 고용주의 국민보험기여금과 간접세는 포함하지 않았다. 이들은 글상자 4.2에서 근로의욕을 측정할 때 포함될 것이다.

출처 : IFS 세금 및 복지혜택에 대한 마이크로시뮬레이션 모델(IFS tax and benefit microsimulation model)인 TAXBEN을 활용하여 저자가 산출하였다.

검토하기 위해 전 인구에 걸쳐 소득세 및 복지혜택의 효과를 정리해 보도록 하겠다.

4.1.1 소득세와 복지혜택이 소득 재분배에 미치는 영향

영국은 조세·복지제도 전체를 통해 고소득 가구에서 저소득 가구로 상당한 규모의 소득 재분배를 집행한다. 이는 〈그림 4.3〉에 나타나 있다. 이 그래프에 의하면, 최하 10분위 소득계층의 가처분소득 중 40% 가까운 금액이 세후(간접세를 포함) 복지수당으로 충당되고 있다. 그다음 3단계 10분위 소득계층에 걸쳐 이 비율이 낮아지다가 5번째 10분위 계층은 복지혜택 수급액보다 세금을 조금 더 내는 것으로 나타났다. 소득이 증가할수록 납부세액이 빠르게 증가하여, 최상 10분위 계층의 경우 가처분소득 중 60% 이상을 세금(복지혜택 수급 후)으로 내고 있다.

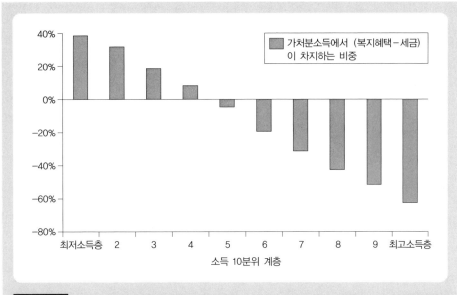

그림 4.3 영국의 조세·복지제도가 소득분배에 미치는 영향(2009~2010)

주 : 맥클리먼츠(McClements) 동등화 지수를 활용하여 가구 규모에 따라 재조정한 가구당 가처분소득을 10개의 동일규모
　　그룹으로 나누어 소득 10분위 집단을 구성하였다. 소득과 자산에 따라 받는 수당 및 세액공제는 모두 수급하는 것으로
　　가정하였다. '사업세'(법인세와 사업재산세 : 고용주의 국민보험기여금은 제외)와 '자본세'(상속세, 인지세, 양도소득
　　세)는 제외하였다.

출처 : IFS 세금 및 복지혜택에 대한 마이크로시뮬레이션 모델(IFS tax and benefit microsimulation model)인 TAXBEN을
　　활용하여 저자가 산출하였다. 재무부가 취합한 2007년도 지출 및 식품 조사(간접세 보정 후 자료) 자료를 상향조정
　　하여 사용하였다.

〈그림 4.4〉는 조세·복지제도의 여러 요소들이 재분배에 어떻게 기여하는지를 보
여 준다. 복지혜택 및 세액공제는 극빈층 가구에게 매우 중요하다. 이는 10분위 소득
계층 중 최저소득계층 가구 가처분소득의 85%를 충당하며, 소득이 높아짐에 따라 점
차 중요성이 감소한다. 10분위 소득계층 중 최고소득계층은(또는 그들을 대신해서
그들의 고용주가) 가처분소득의 절반 이상을 소득세, 국민보험기여금, 지방세로 납부
한다.

　복지제도가 저소득계층을 위해 재분배 기능을 하는 것은 분명하다. 직접세의 대부
분을 구성하는 소득세와 국민보험기여금, 지방세는 고소득계층으로부터 재분배를 위
한 재원을 수납하는 역할을 한다. 직접세와 복지혜택이 재분배 역할을 한다는 것은
놀랄 만한 것이 아니다. 또한 이러한 요소들이 통합적으로 조세·복지제도의 재분배
기능의 큰 역할을 수행한다는 것은 매우 적절하다.

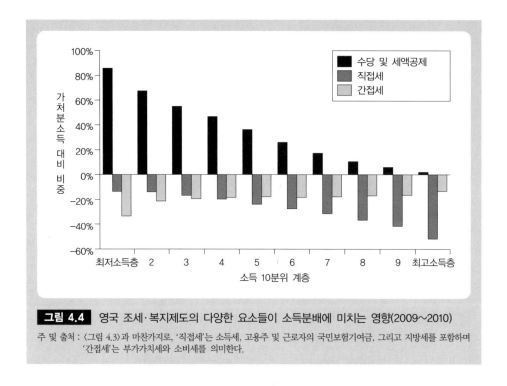

그림 4.4　영국 조세·복지제도의 다양한 요소들이 소득분배에 미치는 영향(2009~2010)

주 및 출처: 〈그림 4.3〉과 마찬가지로, '직접세'는 소득세, 고용주 및 근로자의 국민보험기여금, 그리고 지방세를 포함하며 '간접세'는 부가가치세와 소비세를 의미한다.

　　간접세(부가가치세와 소비세)는 역진적이다. 간접세가 가처분소득에서 차지하는 비중을 보면, 최고소득층에 비교하여 최저소득층의 간접세 부담률이 더 크다. 저소득층은 소득에 비해 상대적으로 소비가 많기 때문에 간접세 부담이 커지기 때문이다. 그러나 식료품이나 내국산 연료와 같은 필수재는 영세율이나 감면세율을 적용받으므로, 영국 저소득층의 가계지출 중 부가가치세의 비중은 고소득층에 비해 사실상 더 작다고 할 수 있다. 따라서 만일 전 생애에 걸쳐 산출한 총소득과 총지출이 모두에게 동일하다면(동일하지 않은 이유는 주로 상속해 주거나 상속받는 것에서 비롯된다), 저소득층이 전 생애에 걸쳐 소비하는 자원 중 부가가치세가 차지하는 비중은 상대적으로 작을 것이다. 이와 같은 맥락에서 부가가치세 또한 누진적이라 할 수 있다.[2]

　　부가가치세 개혁에 관한 자세한 논의는 제9장에서 다시 다룰 것이다. 여기서는 생애주기적 관점으로 조세제도를 검토하는 것의 중요성을 개괄적으로 강조하고 있다. 간접세 납부세액을 검토할 때 지출이 아닌 소득을 기준으로 하는 실수도 주의해야

---

2) 그러나 몇몇 소비세의 경우 역진적인 방법을 취하고 있으며, 특히 담배세의 경우가 그렇다.

하지만, 〈그림 4.3〉과 〈그림 4.4〉가 보여 주는 재분배는 특정 시점에서의 소득이전을 나타내는 것임을 유념해야 한다. 인구통계학적 특성 및 생애주기 단계와 함께 각 개인은 소득분포도상의 서로 다른 계층에 속하게 된다. 조세·복지제도로 인한 재분배의 많은 부분이 개인 사이의 소득의 이전이기보다는, 생애주기의 단계 간 소득의 이전인 것이다. 생애주기적 관점은 이 책 전반에서 계속 반복될 것이다.

이번 장에서 중점적으로 다루고자 하는 것은 직접세 및 복지혜택으로 인해 조세제도 전반에 재분배 효과가 있다는 것이다. 세율 및 혜택 수준을 변동하여 재분배 수준을 다양화할 수 있다는 것은 명확하다. 하지만 근로유인 감소로 인해 이러한 세금 및 복지혜택은 비용을 발생시키고, 재분배 수준과 근로유인 저해효과 간에 상충관계가 발생한다. 이번 장의 남은 부분에서는 직접세 및 복지혜택의 유인 효과에 주로 초점을 둘 것이다. 제도에 대한 평가 및 개혁 방안에 대한 검토에 앞서 이러한 유인 효과에 대해 먼저 살펴보겠다.

4.1.2 조세와 복지혜택이 근로의욕에 미치는 영향

조세·복지제도는 경제활동을 하도록 유도하거나 이미 경제활동을 하고 있던 사람이 근로시간을 더 늘리도록 유도할 수 있다. 첫 번째 효과는 참여세율(participation tax rate, PTR)로 측정하고, 두 번째 효과는 실효한계세율(effective marginal tax rate, EMTR)로 측정한다. 〈글상자 4.2〉에서 이러한 실효세율을 어떻게 측정하는지에 대해 자세히 설명할 것이다.

추가로 1파운드를 더 벌게 될 경우, 소득세 기본세율과 국민보험기여금 기본율을 적용받을 뿐만 아니라 세액공제, 주택 수당, 지방세 혜택도 줄여 주므로 실효한계세율은 96%를 넘게 된다. 이와 유사하게, 근로활동으로 인한 소득지원은 거의 없지만 실업급여를 많이 받는 저소득층 또한 높은 참여세율을 적용받게 된다. 이러한 경우가 일반적이지는 않다. 다만 서로 다른 세금과 복지혜택의 상호작용으로 인해 예상치 못한 결과가 발생할 수 있다는 것을 보여 주는 사례라고 할 수 있다.

〈그림 4.5〉는 영국 근로자들의 참여세율과 실효한계세율의 분포를 보여 준다.[3] 그림에서 확인할 수 있듯이, 근로자의 약 10%가 30% 이하의 참여세율과 40% 이하의 실효한계세율을 갖는다. 사람들의 소득(또는 추가적인 소득)은 대략 그들의 고용주

---

3) Adam, Browne, & Heady(2010)와 Adam & Browne(2010)에서 비근로자에 대한 참여세율도 추정하였는데, 비근로자의 경우 근로자에 비해 약한 유인체계를 갖는 경향이 있음을 보여 주었다.

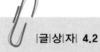

|글|상|자| 4.2   근로유인 측정[a]

경제활동 유인 정도를 측정하기 위해 참여세율(PTR)을 측정한다. 참여세율은 총소득 대비 납부세액 및 복지혜택 감소액의 비율로 산출되며, 계산식은 다음과 같다.

$$PTR = 1 - \frac{순\ 근로소득 - 순\ 실업소득}{총소득}$$

소득을 약간 증가시키고자 하는 의욕은 실효한계세율(EMTR)로 측정한다. 실효한계세율은 소득의 증가분 대비 납부세액 및 복지혜택 감소액의 비율로 산출한다.

　부부 중 한 사람의 참여세율과 실효한계세율을 계산하기 위해 배우자의 고용과 임금이 고정되어 있다고 가정하고, 그 상대 배우자가 경제활동을 그만두거나 근로소득을 바꿀 경우 부부의 순 소득은 어떻게 변화하는지 살펴보았다.

　이 책에서 참여세율과 실효한계세율을 측정할 때에는 소득세, 고용주 및 근로자의 국민보험기여금, 모든 주요 사회보장 혜택 및 소득공제, 주요 간접세(VAT 및 소비세)[b]를 포함하여 측정한다. 그러나 자본세(법인세, 상속세, 인지세, 양도소득세, 저축소득세)는 포함하지 않는다. 이는 자본세가 근로의욕에 영향을 미칠 수 있으나, 분석이 어렵고, 현 데이터로는 추정이 불가능하기 때문이다.

　고용주의 국민보험기여금과 간접세도 계산에 포함하기 때문에 우리가 측정하고자 하는 것은 단순히 총소득과 가처분소득 간의 차이가 아니다. 고용주의 노동비용(즉 임금과 고용주의 국민보험기여금의 합계)과 임금의 구매력 가치(즉 가처분소득에서 구매하는 물건 가격에 포함된 세금을 제한 금액)의 차이를 보고자 하는 것이다. 이러한 분석 내용을 포함한 선행연구가 없으나, 고용주는 누군가를 고용함으로써 발생하는 총비용에 관심이 있을 것이고, 근로자는 근로 혹은 추가 근로로 인한 구매력 증가에 관심이 있을 것이기 때문에, 조세·복지제도로 인한 근로의욕 저하 수준을 보다 정확하게 측정하기 위해서는 고용주의 국민보험기여금과 간접세의 효과를 포함하는 것이 좋을 것이다.

　실효세율을 계산할 때 우리는 특정 소득수준에서 지급한 납부세액만을 고려한다. 이는 국민보험기여금 납부가 근로의욕을 저해하는 요소가 되기도 하지만, 향후 국민보험금 수급이라는 혜택으로 상쇄될 수 있다는 것을 간과한 견해이다. 다음 장에서 다룰 내용이지만, 사실 영국에서 국민보험기여금 납부와 향후 수급 혜택 사이의 연관성이 다소 약하다. 따라서 단순히 납부세액만 고려하는 것이 큰 오류를 초래하지는 않겠지만, 일부 사례에서(특히 국영 2차 연금 관련) 중요한 문제가 될 수 있다.

────────────

[a] 여기서 사용한 방법론에 대한 자세한 내용은 Adam(2005)과 Adam & Browne(2010)에서 확인할 수 있다.
[b] 간접세를 포함하기 위해 '지출 및 식품 조사'로부터 소비세율(CTRs : 가계지출 대비 간접세 비율)을 추정했고, 이 소비세율(CTRs)을 이 장에서 사용된 '가계 자원 조사'상의 소비세율(CTRs)로 사용했다. 추가적인 소득으로부터의 지출에 대한 평균세율이 기존 지출에 대한 평균세율과 동일하지 않다면, 간접세가 근로의욕에 미치는 영향을 측정하기 위한 도구로서 CTRs가 정확하지 않을 수 있다. 더 자세한 내용은 http://www.ifs.org.uk/mirrleesReview에서 확인할 수 있다.

가 부담하는 비용의 절반 정도이며, 따라서 참여세율과 실효한계세율의 평균과 중위값은 모두 50%에 가깝다. 많은 사람들에게서 이러한 경향을 찾아볼 수 있지만, 모두가 그러한 것은 아니다. 근로자 절반의 참여세율이 40~60% 사이이지만, 나머지 절반은 이 범위를 벗어나 있다. 실효한계세율의 분포는 보다 집중적이다. 근로자의 3/4이 40~60% 사이의 실효한계세율구간에 속해 있다. 그러나 근로자의 15%(약 350만

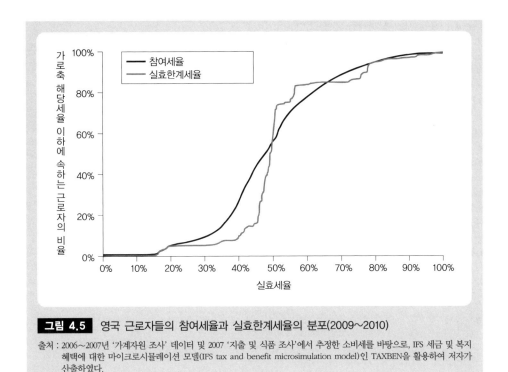

그림 4.5 영국 근로자들의 참여세율과 실효한계세율의 분포(2009~2010)

출처 : 2006~2007년 '가계자원 조사' 데이터 및 2007 '지출 및 식품 조사'에서 추정한 소비세를 바탕으로, IFS 세금 및 복지 혜택에 대한 마이크로시뮬레이션 모델(IFS tax and benefit microsimulation model)인 TAXBEN을 활용하여 저자가 산출하였다.

명)는 75%가 넘는 실효한계세율을 부담하고 있다. 이는 추가소득의 경우, 고용주가 부담하는 비용의 1/4보다 적은 금액이 근로자에게 돌아간다는 것을 의미한다.

참여세율과 실효한계세율은 소득수준 및 기타 다른 특성에 따라 다양하게 나타난다. 특히 거주유형과 가구형태에 따른 차이가 눈에 띄게 나타나며, 가구형태에 따른 차이는 〈표 4.1〉과 〈표 4.2〉에 나타나 있다. 자녀가 있는 외벌이 가구의 경우, 근로유지를 위한 유인혜택이 가장 낮으며(가장 높은 참여세율), 자녀가 없는 맞벌이 가구는 근로유지를 위한 유인혜택이 가장 높다. 한부모 가구의 경우, 한계실효세율이 가장 높으며, 이는 근로시간을 더 늘림으로써 근로소득을 증가시키려는 동기가 가장 약하다는 것을 의미한다. 반대로 자녀가 없는 부부의 경우, 한계실효세율이 가장 낮게 나타나는 경향을 볼 수 있다. 또한 한부모 가구에서는 참여세율과 실효한계세율 모두 넓은 분포도를 보이는 반면, 미혼자나 자녀가 없는 맞벌이 가구의 경우 좁은 분포도를 나타내고 있다.

〈표 4.1〉과 〈표 4.2〉가 보여 주고 있는 가구 유형별 차이는 소득분포의 차이와 세금 및 복지혜택의 차이를 반영하고 있다. 어느 소득수준에서는 높은 실효세율을 보

| 표 4.1 | 근로자의 참여세율 분포도(2009~2010)

	평균	분포도					인원
		10th	25th	50th	75th	90th	(백만 명)
미혼 또는 한부모							
자녀 없음	55%	39%	49%	53%	63%	75%	6.8
자녀 있음	50%	16%	38%	56%	67%	76%	1.0
기혼(외벌이)							
자녀 없음	52%	31%	38%	48%	64%	79%	2.1
자녀 있음	66%	44%	53%	69%	79%	86%	1.8
기혼(맞벌이)							
자녀 없음	41%	30%	37%	41%	45%	52%	8.3
자녀 있음	47%	27%	38%	48%	57%	66%	6.6
전체	49%	31%	39%	47%	58%	72%	26.7

출처 : 2006~2007년 '가계자원 조사' 데이터를 바탕으로, IFS 세금 및 복지혜택에 대한 마이크로시뮬레이션 모델(IFS tax and benefit microsimulation model)인 TAXBEN을 활용하여 산출하였다.

| 표 4.2 | 근로자의 실효한계세율 분포도(2009~2010)

	평균	분포도					인원
		10th	25th	50th	75th	90th	(백만 명)
미혼 또는 한부모							
자녀 없음	50%	41%	47%	50%	50%	73%	6.8
자녀 있음	71%	38%	56%	76%	87%	92%	1.0
기혼(외벌이)							
자녀 없음	50%	34%	42%	49%	56%	78%	2.1
자녀 있음	65%	45%	49%	72%	78%	92%	1.8
기혼(맞벌이)							
자녀 없음	47%	41%	46%	49%	50%	56%	8.3
자녀 있음	52%	40%	46%	49%	55%	76%	6.6
전체	52%	40%	46%	49%	53%	77%	26.7

출처 : 2006~2007년 '가계자원 조사' 데이터를 바탕으로, IFS 세금 및 복지혜택에 대한 마이크로시뮬레이션 모델(IFS tax and benefit microsimulation model)인 TAXBEN을 활용하여 산출하였다.

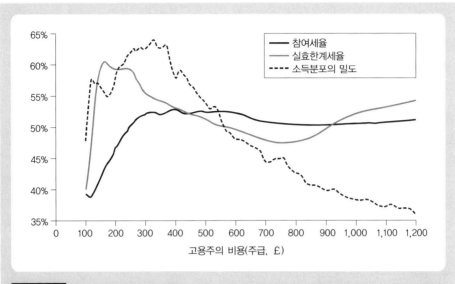

그림 4.6 소득분포에 따른 평균 참여세율과 유효한계세율(2009~2010)

주 : 비모수 회귀 모형(Non-parametric regression, lowess)으로 참여세율과 실효한계세율을 추정하였고, 소득분포의 카넬 (kernel) 밀도 추정치를 나타냈으나, 눈금은 표시하지 않았다. 고용주 총비용=총급여＋고용주가 부담하는 국민보험기여금

출처 : 2006~2007년 '가계자원 조사' 데이터 및 2007 '지출 및 식품 조사'에서 추정한 소비세를 바탕으로, IFS 세금 및 복지혜택에 대한 마이크로시뮬레이션 모델(IFS tax and benefit microsimulation model)인 TAXBEN을 활용하여 산출하였다.

인 그룹이 평균적으로는 낮은 실효세율을 나타내는 경우가 있다.

〈그림 4.6〉은 고용주의 비용 관점에서 측정한 임금에 따른 참여세율과 실효한계세율의 분포를 나타낸다. 또한 소득수준별 근로자의 빈도수 또는 집중도를 나타내고 있다. 고용주의 비용이 주당 약 330파운드일 때 근로자의 집중도가 최고치를 기록한다. 소득·자산에 따른 복지혜택이 없어짐에 따라 저소득층의 실효한계세율이 높아지는 경향이 있다. 중·고소득층에서는 소득세, 국민보험기여금, 간접세만 부담하기 때문에 실효한계세율이 떨어진다. 이후 소득세율이 높아지면 실효세율도 다시 높아진다. 그러나 특정 저소득층이 직면하는, 지나치게 높은 수준까지는 오르는 것은 아니다.[4]

저소득층의 경우, 실효한계세율은 높은 데 반해 평균 참여세율은 상대적으로 낮

─────────────

4) 〈그림 4.6〉은 연간 약 60,000파운드의 소득이 있는 사람까지만 보여 준다. 대략 60%의 소득세율을 적용받는 100,000파운드 소득자와 50%의 소득세율을 적용받는 150,000파운드 소득자도 최저소득자만큼 한계세율이 높지는 않다. 연간 60,000파운드를 버는 소득자의 소득분포는 밀도가 상대적으로 높지 않다.

다.5) 이는 (추가적인 소득에 대해서는 소득세와 국민보험기여금이 제대로 부과된다고 할지라도) 저소득층의 총소득 대부분이 소득공제 대상이며, 국민보험기여금 제외 대상이기 때문이다. 또한 (추가적인 소득이 이러한 혜택을 대폭 감소시킬지라도) 경제활동을 하면, 근로장려세액공제(WTC)를 받기 때문이다. 높은 참여세율은 소득이 많은 자들에게서 발견된다. 실업수당을 받지 못하게 되는 손실이 근로장려세액공제(WTC)로 만회되어야 하는데, 오히려 높은 소득세 및 국민보험기여금 부담으로 이어져 그들의 상황을 악화시키기 때문이다.

하지만 이러한 행태는 오직 각 소득의 평균적인 행태라는 점을 기억해야 한다. 예를 들어, 소득이 같을 경우, 그 소득을 얻기 위해 얼마나 많은 시간을 근무해야 하는지에 따라 참여세율이 결정된다. 왜냐하면 소득 지원과 구직자 수당은 16시간 이상 근무한 사람들은 받을 수 없기 때문이다. 반면에 근로세액공제(WTC)는 최소 16시간 (자녀가 없는 경우 30시간) 근무해야만 받을 수 있다. 또한 소득수준이 같을 경우, 가구형태나 주거비용에 따라 근로의욕이 결정된다.

가구형태의 중요성에 대해서는 이미 언급한 바 있다. 가장 분명한 것은 유자녀 저소득 가구는 무자녀 가구에 비해 근로의욕이 약한 경향이 있다는 것이다. 왜냐하면 자녀세액공제가 자산소득 조사를 거쳐 상당한 지원을 하다가 소득이 증가하면 수급 대상에서 제외되기 때문이다. 배우자의 존재 여부와 배우자의 근로상태 또한 매우 중요하다. 자산소득 조사는 부부의 합산소득을 기준으로 이루어지기 때문에, 2차 근로자의 근로의욕 형태는 1차 근로자와 다르다.

만일 부부 중 한 사람의 소득수준이 낮다면 대체로 근로장려세액공제(WTC) 수급 조건을 충족하게 된다. 이로 인해 낮은 참여세율을 보이게 되며, 이것이 근로장려세제의 핵심이다. 하지만 배우자도 경제활동을 하게 되면 부부의 근로장려세액공제 수급액이 감소하기 때문에 상대 배우자의 경제활동 의욕은 약해지고, 참여세율이 높아진다. 반면에 부부 중 한 명의 소득이 너무 높아서 복지혜택을 받지 못할 정도라면,

---

5) 〈그림 4.6〉은 주당 100파운드 이하의 소득에 대한 실효세율은 보여 주지 않고 있다. 이렇게 극단적으로 낮은 소득의 외벌이들은 전형적으로 높은 참여세율을 보인다. 왜냐하면 근로소득이 있어도 실업수당을 겨우 초과하는 수준이며, 근로장려세액공제(WTC)는 1주일에 16시간 이하 근무에 대해서는 지원되지 않기 때문이다. (만일 주당 16시간 이상 근무한다면, 최저임금제도로 인해 100파운드보다 낮은 소득을 벌기는 어렵다.) 실업수당을 받을 수 없는 학생과 같은 예외적 상황이 있다. 그러나 일반적으로 이러한 높은 참여세율은 100파운드보다 적게 일하는 외벌이는 거의 없을 것이라는 것을 의미한다. 있을지라도 순수한 실제 사례이기보다는 오히려 오류처럼 보인다. 따라서 영국의 한부모는 '소소한 일자리'에 참여하고고자 하는 의욕이 약하며, 이에 관한 내용은 Bell, Brewer, & Phillips(2007)에서 논의된다.

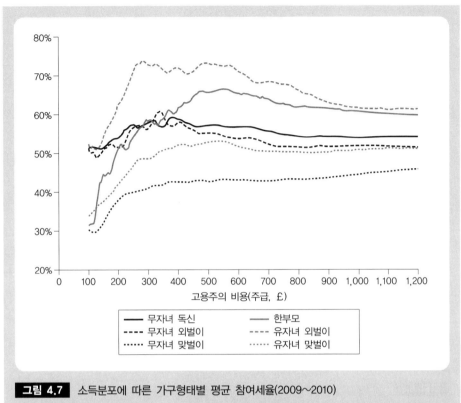

그림 4.7 소득분포에 따른 가구형태별 평균 참여세율(2009~2010)

주 : 비모수 회귀 모형으로 추정하였다. 고용주 총비용=총급여+고용주 부담 국민보험기여금

출처 : 2006~2007년 '가계자원 조사' 데이터 및 2007 '지출 및 식품 조사'에서 추정한 소비세를 바탕으로 저자가 IFS 세금 및 혜택 마이크로시뮬레이션 모델인 TAXBEN을 활용하여 구성하였다.

저소득자인 상대방 배우자는 (혜택이나 세액공제의 감소가 없으므로) 매우 낮은 실효한계세율을 보이게 되는데, 이것은 〈그림 4.6〉에서 확인할 수 있는 높은 실효한계세율과 매우 다른 양상이다. 〈그림 4.7〉과 〈그림 4.8〉은 가구형태별 소득에 따라 평균참여세율과 실효한계세율이 얼마나 다를 수 있는지를 보여 준다. 〈그림 4.8〉에서 분명하게 확인할 수 있는 것은 세액공제제도가 자녀가 있는 주소득자의 실효한계세율에 영향을 미친다는 것이다. 이러한 집단의 평균 실효한계세율은 70% 이상이며, 주당 소득은 500파운드 이하이다.

　마지막으로 이야기할 것은 근로의욕을 결정하는 데 있어 주택비용 지원의 역할도 중요하다는 것이다. 정부가 2010~2011년 세입자들을 위한 주택수당으로 215억 파운드를 지원할 것으로 예상한다. 이는 자녀세액공제와 비슷한 수준이며, 기초국가연금

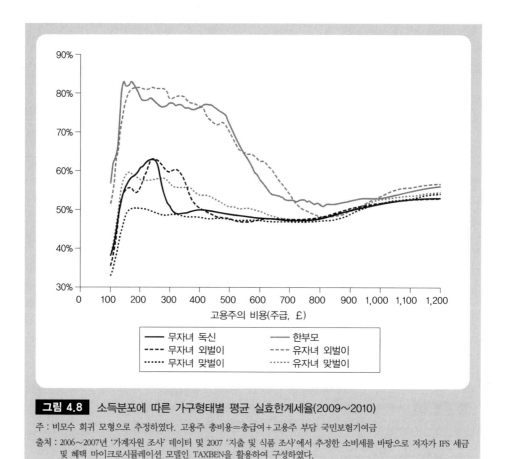

그림 4.8 소득분포에 따른 가구형태별 평균 실효한계세율(2009~2010)

주 : 비모수 회귀 모형으로 추정하였다. 고용주 총비용=총급여+고용주 부담 국민보험기여금

출처 : 2006~2007년 '가계자원 조사' 데이터 및 2007 '지출 및 식품 조사'에서 추정한 소비세를 바탕으로 저자가 IFS 세금 및 혜택 마이크로시뮬레이션 모델인 TAXBEN을 활용하여 구성하였다.

을 제외하고는 다른 어떤 복지급여보다도 큰 규모이다.[6] 저소득층에게는 매우 큰 부담인 임대비용에 대한 지원은 소득이 증가할 경우 급격하게 감소하는 구조를 가졌다. 이로 인해 주택수당은 영국의 조세·복지제도 중 근로의욕을 저해하는 가장 큰 요인으로 지목된다. 〈표 4.3〉과 〈표 4.4〉는 임대주택에 거주하는 근로자가 주택을 소유하고 있는 사람들에 비해 평균적으로 참여세율은 13%p 이상, 실효한계세율은 11%p 이상 높음을 보여 준다(이러한 차이는 소득과 거주조건 및 다른 특성들의 차이가 반영된 것일 수 있다).

---

6) 출처 : 노동·연금부, 복지지출표.
    http://research.dwp.gov.uk/asd/asd4/index.php?page=medium_term; HM Treasury, 2010b; HM Revenue and Customs, 2010f.

| **표 4.3** | 근로자의 가구형태와 주거형태에 따른 평균 참여세율(2009~2010)

	임대주택	자가주택(대출 있음)		자가주택 (대출 없음)
		SMI	No SMI	
미혼 또는 한부모				
자녀 없음	60%	56%	50%	48%
자녀 있음	48%	54%	39%	35%
기혼(외벌이)				
자녀 없음	65%	55%	50%	46%
자녀 있음	70%	66%	56%	52%
기혼(맞벌이)				
자녀 없음	45%	40%	40%	39%
자녀 있음	58%	46%	45%	45%
전체	57%	48%	45%	44%

주 : 'SMI'와 'No SMI'는 동일한 사람의 실업수당에 주택담보대출 이자상환액에 대한 지원금(Support for Mortgage Interest)이
　　포함되어 있는 경우와 그렇지 않은 경우의 평균 참여세율을 각각 나타낸다. 자료에 기록되지 않은 주거형태는 제외하였다.
출처 : 2006~2007년 '가계자원 조사' 데이터 및 2007 '지출 및 식품 조사'에서 추정한 소비세를 바탕으로 IFS 세금 및 혜택 마이크
　　로시뮬레이션 모델인 TAXBEN을 활용하여 구성하였다.

　　주택담보대출금이 있는 경우 상황은 더 복잡해진다. 실업수당 수급 이전의 주택담
보대출 잔액(200,000파운드 한도)에 간주 이자율(실제 지급하는 이자율에 관계없이)
을 적용하여 지급하는 주택담보대출 이자상환액에 대한 지원금(주택담보대출 이자지
원금, SMI)을 실업수당에 포함시킬 수 있다. 하지만 연금수급자가 아닌 경우에는 실
업수당을 받기 시작한 후 3개월이 지나야 주택담보대출 이자지원금을 받을 수 있다.
이는 개인소득이 더 이상 없는 상황에서 대출이자를 지급해야 하는 사람들에게는 심
각한 지체이다. 구직자 수당(JSA)을 받는 경우, 주택담보대출 이자지원금을 2년 동안
만 받을 수 있다.[7] 주택담보대출 이자지원금의 지급기간이 제한되어 있기 때문에 주
택담보대출금을 가진 근로자의 참여세율 추정 시 이를 실업수당에 포함해야 하는지
여부가 불분명하다. 선행연구와 이 책의 다른 부분의 연구에서는 대출금이 있는 모

---

7) 대출이자지원금에 대한 정밀한 규정은 2008년 가을부터 빠르게 변했다. 세부적 규정은 처음 정해진 2011년
4월에는 정교했으나, 최근의 변화는 분명히 일시적이다. 대출이자지원금의 한도가 100,000파운드에서
200,000파운드로 인상되었다. 3개월간 지원을 기다려야 하는 것은 과거 규정상 상황에 따라 6개월 또는
9개월까지 기다려야 했다. 구직수당 수급자에게 적용되는 2년 제한은 새롭게 도입된 것이다. 간주 이자율은
영국 은행의 기준 금리보다 1.58%p 높게 책정되었다. 불황기에 기준 금리가 떨어졌을 때 6.08%로 동결되었
다가 2010년 10월부터 은행과 건설협회의 평균금리로 책정하였다.

| **표 4.4** | 근로자의 가구형태와 주거형태에 따른 평균 실효한계세율(2009~2010)

	임대주택	자가주택(대출 있음)		자가주택 (대출 없음)
		SMI	No SMI	
미혼 또는 한부모				
자녀 없음	54%	49%	49%	50%
자녀 있음	79%	65%	65%	62%
기혼(외벌이)				
자녀 없음	60%	50%	50%	47%
자녀 있음	78%	61%	61%	61%
기혼(맞벌이)				
자녀 없음	48%	47%	47%	46%
자녀 있음	61%	51%	51%	51%
전체	60%	51%	51%	49%

주 : 'SMI'와 'No SMI'는 동일한 사람이 경우에 따라 주택담보대출 이자상환액에 대한 지원금(Support for Mortgage Interest)을 받는 경우와 그렇지 않은 경우의 평균 한계유효세율을 각각 나타낸다. 자료에 기록되지 않은 주거형태는 제외하였다.

출처 : 2006~2007년 '가계자원 조사' 데이터 및 2007 '지출 및 식품 조사'에서 추정한 소비세를 바탕으로 저자가 IFS 세금 및 혜택 마이크로시뮬레이션 모델인 TAXBEN을 활용하여 구성하였다.

든 근로자가 주택담보대출 이자지원금을 받는 것으로 간주하였다. 따라서 참여세율이 과장된 수치로 나타날 수 있다. 그러나 〈표 4.3〉과 〈표 4.4〉는 주택담보대출 이자지원금 수급 여부를 구분하여 근로유인 수준을 보여 주고 있다.[8]

주택담보대출 이자지원금은 평균 실효한계세율에 영향을 미치지 않는다. 주 16시간 이상 일하는 사람들은 실업수당을 받지 못하기 때문이다. 비슷한 이유로 배우자가 경제활동을 하는 사람들의 참여세율도 주택담보대출 이자지원금 수급 여부와 매우 무관하다. 하지만 가구 내 주소득자, 특히 자녀가 있는 주소득자들(다른 집단보다 주택담보대출이 더 큰 경향이 있다[9])의 참여세율에는 매우 큰 영향을 줄 수 있다. 대출이 있는 한부모가 주택담보대출 이자지원금을 받을 경우, 그렇지 않은 경우보다 평균 참여세율이 15%p 높다. 자녀가 있는 외벌이 가구가 주택담보대출 이자지원금

---

8) 주택담보대출 이자지원금(SMI) 적용 대상이 되는 주택담보대출(Mortgage) 상환액 200,000파운드를 고려하지 않았기 때문에 실질 SMI를 포함한 참여세율은 표에서 보여지는 것보다 다소 낮을 것이다.

9) 한부모의 경우, 아이가 없는 미혼에 비해 평균소득이 낮다. 따라서 주택담보대출 이자지원금지급액이 참여세율에 큰 영향을 줄 수 있다. 외벌이 가구의 경우 이와 반대이다. 자녀가 없는 경우보다 자녀가 있는 경우가 평균소득이 더 높다.

을 받을 경우에는 그렇지 않은 경우보다 평균 참여세율이 10%p 높다.

주택담보대출 이자지원금은 받는 사람이 적기 때문에(예 : 소득지원 수급자의 4%, 구직자 수당 수급자의 3%[10]) 간과되곤 한다. 하지만 주택담보대출 이자지원금은 근로 의욕에 있어서 중요하다. 왜냐하면 많은 비근로자들은 주택담보대출을 받기보다는 주택을 임대하는 반면에, 대부분의 근로자는 주택담보대출을 받기 때문이다. 따라서 주택담보대출 이자지원금을 받을 수 있다는 혹은 받을 수 없다는 잠재적 가능성이 현재의 근로자들에게 중요할 수 있다.

4.1.3 제도에 대한 평가

조세·복지제도가 재분배 기능을 상당한 수준 수행함과 동시에, 근로의욕을 저해한다는 것을 보았다. 재분배 기능을 유지해야 하는 상황에서, 현 근로유인 형태가 '이상적인' 근로유인 형태와 어떻게 비교가 될 수 있겠는가?

넓은 의미에서 보면, 앞부분에서 서술한 근로유인체계의 형태는 이전 장에서 설명한 이론 및 근거에 따른 결과와 놀랍도록 잘 일치한다.

앞부분에서 우리는 미혼모, 맞벌이 여성, 미숙련 노동자와 같은 여러 집단에 대해 검토하였으며, 이들에게 재정적 복지혜택은 근로소득보다는 근로의 양에 영향을 줄 것이라고 주장하였다. 이는 저소득층에서 참여세율을 낮게 유지해야 한다는 것을 의미한다. 그리고 실제로 저소득층의 참여세율이 평균적으로 낮게 나타났다. 특히 저소득층 한부모와 외벌이의 배우자는 근로활동에 대한 의사결정 시 재정적 복지혜택에 민감하게 반응한다. 자녀가 있는 외벌이의 참여세율이 가장 높고, 미혼이거나 자녀가 없는 외벌이의 참여세율이 그다음으로 높게 나타났다. 이들은 근로유인이 상대적으로 약하더라도 경제활동을 지속할 가능성이 높은 근로자이다.

〈그림 4.6〉과 〈그림 4.8〉은 실효한계세율의 형태를 보여 준다. 실효한계세율이 저소득층에게서 높게 나타나고, 고용주의 비용 기준 주당 750파운드 정도의 소득수준에서 최저점으로 떨어졌다가 소득이 증가함에 따라 다시 오르는 U자형을 나타내고 있다. 이는 앞 장에서 설명한 세율표와 소득분포 간의 연관성, 즉 최적세율 이론에 관한 내용과 일치한다. 이 이론에 따르면, 특정 소득수준에서는 해당하는 사람이 적

---

10) 출처 : 2010년 2월 5% 샘플 데이터를 기반으로 한 DWP's Tabulation Tool(http://research.dwp.gov.uk/asd/index.php?page=tabtool). 연금혜택에 해당하는 수치는 없으나 다소 높을 것으로 추정된다. 연금혜택 수급자는 대부분 주택담보대출 이자지원(SMI) 수령자로 구성된다.

으나 그보다 높은 소득수준에서 해당하는 사람이 많을 때, 해당하는 사람이 적은 특정 소득수준에서의 실효한계세율이 가장 높아야 한다.

〈그림 4.6〉을 보면, 실효한계세율이 가장 높은 지점 직전이 고용주 비용 기준 주당 170파운드의 소득지점이고, 이때의 평균 실효한계세율이 가장 높은 것을 볼 수 있다. 그 지점에서는 사람 수가 상대적으로 적으며(이들은 소득을 축소하는 쪽으로 반응할 수 있다), 그 지점보다 높은 소득지점에서는 사람 수가 많다(따라서 높은 실효한계세율은 많은 세수를 발생시킨다). 평균 실효한계세율은 소득분포의 최고점인 400파운드 부근에서 낮아진다. 그 지점에는 사람 수가 많고(따라서 근로의욕을 심각하게 저해하는 것은 손해를 초래할 것이다), 그보다 높은 소득지점에는 사람 수가 적다. 물론 제도설계와 관련된 문제는 이보다 더 복잡하다. 각기 다른 소득수준에 있는 사람들 간의 반응정도, 경제활동 참가 여부뿐만 아니라 근로시간에 미치는 영향, 서로 다른 인구통계적 그룹 간 다양성, 사회의 재분배 선호도 등을 모두 고려해야 한다. 그러나 실효한계세율의 전반적인 형태가 크게 잘못된 것으로 보이지는 않는다.[11]

하지만 이러한 전반적인 형태가 합리적인 것으로 보일 수는 있으나, 특정 집단에 대한 문제가 여전히 남아 있다. 실효세율이 평균적으로는 낮아도 몇몇에게는 매우 높을 수 있다.

모든 저소득층의 근로의욕이 약한 것은 아니지만, 가장 약한 근로의욕이 저소득층에서 발견된다. 다양한 복지혜택과 세액공제가 철회됨으로 인해 일부 저소득층에게 적용되는 90% 이상의 실효세율은 너무 높은 것임에 분명하다. 평균 실효세율을 감소시키지 않아도 〈그림 4.5〉, 〈표 4.1〉과 〈표 4.2〉에 나타난 분산을 줄이는 것이 가능할 것이다.

높은 참여세율과 실효한계세율은 경제활동을 함으로써 많은 정부지원을 받지 못하게 되어도 이를 감당하는 사람들에게 적용된다. 이들은 보통 자녀가 있거나, 상당한 주택비용을 부담하고 있거나, 수급자격을 얻기 어려울 만큼 경제활동을 하는 배우자가 없기 때문이다. 이것은 가구의 주 수입원이 되는 1차 근로자뿐만 아니라 부수

---

11) 실제로 주당 750파운드가 최하점인 U자형은 Brewer, Saez, & Shephard(2010)의 표 2.4A 2.4B에서 보여주는 가상의 영국 최적 유효한계세율표와 매우 흡사하다. 이러한 가상의 세율표를 정확한 지침인 것처럼 심각하게 국가정책에 반영해서는 안 되며, 이를 목적으로 설계된 것도 아니다. 경제활동 참여여부, 인구통계학적 차이를 무시한 가상의 세율표이며, 노동공급의 탄력성 또한 모두 동일한 것으로 가정하여 얻은 결과물이기 때문이다. 하지만 소득분포의 형태를 고려하여 만들어진 유효한계세율표의 전반적인 형태는 시사하는 바가 분명히 있다.

적 수입원이 되는 2차 근로자에게서도 동일하다. 앞부분에서도 언급했듯이 저소득 2차 근로자는(또는 잠재적인 2차 근로자는) 매우 민감한 그룹이며, 이들의 평균 참여 세율은 상대적으로 낮은 편이다. 그러나 배우자인 1차 근로자 역시 저소득자인 경우, 2차 근로자의 참여세율이 높다. 맞벌이 가구가 되면, 저소득 외벌이 가구에게 지급되던 세액공제가 없어지기 때문이다. 25세 미만 자녀가 없고 주 30시간 미만 근무하는 (또는 근무하고자 하는) 경우, 혹은 자녀가 있으면서 주 16시간 미만 근무하는(또는 근무하고자 하는) 경우로서 근로장려세액공제 혜택을 받지 못하는 저소득자에게서도 참여세율이 높게 나타난다.

소득분포상의 높은 소득수준에서 이처럼 실효세율이 높은 경우는 발견되지 않는다. 그러나 〈그림 4.1〉에서처럼 한계소득세율이 오르락내리락하는 이상한 형태가 최적의 형태가 될 확률은 낮다. 최고소득자의 세율을 정확하게 책정하는 것이 특히나 중요하다. 많은 세수가 이런 적은 수의 사람들로부터 확보되고 있기 때문이다. 추후 4.3절에서 적절한 최고 세율에 대해 자세히 검토할 것이다.

우리는 지금까지 가족의 형태를 대략적으로만 검토하였다. 따라서 세율과 복지급여 지급률이 인구통계학적 특성을 최대한 반영하고 있는지가 불분명하다. 다시 말하자면, 다양한 노동시장의 특성에 대한 정보를 최대한 활용하여 설계한 제도인지가 불확실하다.

다음 절에서는 저소득층을 대상으로 실현 가능한 개혁안에 대하여 먼저 살펴볼 것이고, 이어서 중·고소득층을 대상으로 검토할 것이다. 마지막으로 근로의욕의 효율성을 극대화하기 위하여 인구통계학적 특성(특히 연령)을 지금보다 더 많이 활용할 수 있는지에 대하여 검토할 것이다.

4.2 저소득층의 실효세율

몇몇 저소득층은 자산소득 조사에 따라 지급되는 복지혜택이 없어짐으로 인해 매우 높은 참여세율 또는 실효한계세율을 적용받는다. 그러나 이러한 실효세율을 낮출 경우 득과 실이 있다. 저소득층에게서 이러한 지원을 철회하는 대신 처음부터 지원을 하지 않는 방안(최저소득층을 더 궁핍하게 한다), 또는 복지혜택 수급 대상을 확대하는 방안(결국에는 누군가가 부담해야 하는 비용이다)을 시도할 수 있다. 이것이 정책 설계에 있어 핵심 딜레마이다. 현실 세계에서는 문제와 정책 대안을 이보다 좀 더 복잡하게 만드는 미묘한 차이가 있다.

정책결정자들이 직면하는 딜레마 개념을 보다 명확하게 검토하기 위해서 우리는 Brewer 등(2010)이 제안한 몇 가지 구체적인 방안들을 고려해 볼 수 있다. 그들은 참여세율과 실효한계세율이 많은 저소득층에게서 너무 높게 나타난다고 주장하고 있으며, 자산소득 조사에 따라 부여되는 현 복지급여·세액공제 제도를 개선하기 위해 다음과 같은 방안을 제시하고 있다.

- 자산소득 조사에 따라 지급되는 복지급여가 줄기 시작하는 소득기준을 주 50파운드로 상향조정
- 세액공제가 줄기 시작하는 맞벌이 부부의 소득기준을 현행보다 2배 확대(연간 6,420파운드에서 12,840파운드로 상향조정)
- 세액공제가 줄어드는 비율을 추가 소득 1파운드당 39펜스에서 34펜스로 축소
- 근로장려세액공제율을 소득지원율·구직수당률 수준으로 확대(이미 소득지원보다 높은 수준으로 근로장려세액공제를 받고 있는 한부모 가구는 제외)

이러한 개혁이 〈그림 4.2〉에서 보여 준 저소득 한부모의 예산제약에 어떠한 영향을 미칠지 보여 주기 위해 〈그림 4.9〉에서 개혁 전후의 모습을 비교하였다.[12] 이 사례에서 두드러지는 점은 근로소득의 증가(근로의욕 강화)인데, 이는 위에서 언급한 개혁안 중 첫 번째 방안, 즉 복지혜택이 줄기 시작하는 소득기준을 주당 50파운드까지 상향조정한 것의 결과물이다. 또한 예산제약도 평평해진다.

지금까지 한 사례가 전체적인 내용을 담은 적이 없었다. 사실 위에서 언급한 네 가지 개혁안 중 두 가지만이 한부모 가구에게 적용되지만, 다른 그룹에게는 더 중요하다. 대략적으로 말하자면, 이러한 개혁안은 근로의욕을 높여 경제활동을 더 많이 하도록 설계되었다. 특히 저소득층의 참여세율과 실효한계세율을 낮추는 것에 집중한 것이다. 하지만 여기에도 비용은 있다. 복지혜택을 주기 위하여 자산소득 조사를 하는 대상소득자와 실효한계세율이 높게 나타나는 소득지점이 모두 상향조정되었다. 개혁안은 다음 요소들 간의 미묘한 상충관계를 강조하고 있다.

---

12) 〈그림 4.9〉의 '개혁 전' 그래프는 〈그림 4.2〉의 상위 그래프와 동일하지 않다. 〈그림 4.2〉는 2010~2011년도를 기준으로 작성되었고, 개혁안을 반영한 그래프는 2009~2010년도 조세·복지제도를 기준으로 작성되었기 때문이다. 그러나 차이는 미미하다.

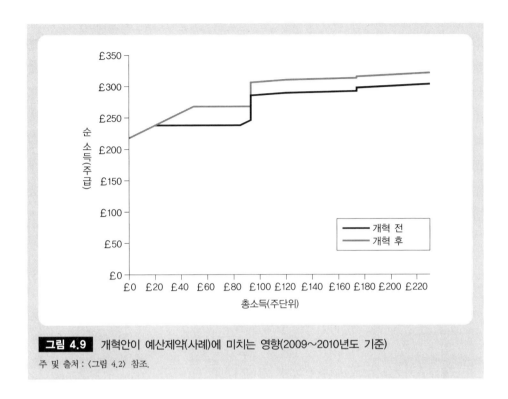

그림 4.9 개혁안이 예산제약(사례)에 미치는 영향(2009~2010년도 기준)

주 및 출처 : 〈그림 4.2〉 참조.

(i) 근로에 대한 유인 vs 소득 증가에 대한 유인 : 네 가지 개혁안의 내용은 저소득층의 순 소득을 증가시키는 역할을 한다. 따라서 그들의 참여세율이 줄어든다. 자산소득 조사의 적용 완화와 근로장려세액공제 확대의 결과로 수급조건의 상한선이 상향조정되었다. 이는 소득을 증가시키고자 하는 의욕을 감소시키는 결과를 초래하였다. 참여세율 감소를 위해 실효한계세율의 증가라는 대가를 치르는 것이 이 개혁안의 근본 바탕이다.

(ii) 1차 근로자에 대한 근로유인 vs 2차 근로자(배우자)에 대한 근로유인 : 자산소득 조사에 따라 지급되는 복지혜택은 일반적으로 부부의 합산 소득을 기준으로 수급여부가 결정된다. 저소득 가구에 대한 지원 확대는 1차 근로자의 근로의욕 증가를 가져온다. 하지만 만일 추가적인 소득에 의해 지원이 감소된다면, 2차 근로자의 근로의욕을 감소시킬 수 있다. 합산소득을 기준으로 하는 평가제도하에서 1차 근로자의 참여세율을 감소시키는 정책은 2차 근로자의 참여세율을 증가시킨다.[13] 두 번째 개혁안(맞벌이 부부의 세액공제 수급기준 소득 상향조정)은 다른 세 가지 개혁안과 현행 제도의 이러한 특징에 대응하기 위해 만들어진 것

으로서 기본적으로 기존의 합산소득 평가원칙에서 벗어난 방안이다. 경제활동에 대한 반응이 2차 근로자에게서 특히 크게 나타난다는 실증자료가 있음을 고려해 볼 때 이는 시사하는 바가 크다.

(iii) 소수에 대해 매우 약한 유인체계 vs 다수에 대해 상당히 약한 유인체계 : 세액공제가 철회되는 세율을 낮추는 것은 최고 실효한계세율을 가진 사람들의 실효한계세율이 낮아지는 것을 의미한다. 이에 대한 비용으로, 더 넓은 소득범위의 사람들에게서 복지지원이 철회된다는 점, 높은 실효한계세율이 많은 사람들에게 영향을 미치게 된다는 점을 감수해야 한다. 다른 한편으로는, 높은 실효한계세율을 보다 넓은 범위에 고르게 적용하는 것이 긍정적일 수 있다. 세금에 의해 발행되는 왜곡이 세율인상에 비례하지 않고 더 큰 폭으로 증가하기 때문이다.[14] 따라서 한 사람은 30%, 다른 한 사람은 70%의 세율을 적용받는 것보다 두 사람이 50%의 세율을 적용받는 것을 일반적으로 더 선호하게 된다. 반면, 세액공제 수급액과 수급기준 확대로 인해 납세자가 더 밀집된 소득구간에 영향을 미칠 것이다. 이는 행정 비용이 증가하고, 실효한계세율이 낮아지는 사람보다 실효한계세율이 높아지는 사람이 훨씬 더 많아짐을 의미한다. Brewer 등(2010)은 현재의 실효한계세율이 몇몇 저소득자에게 지나치게 높으므로 실효한계세율을 낮춰서 조금 넓게 적용하는 것이 필요하다고 주장하였다.

(iv) 최적이론 vs 현실적 고려사항 : 수급조건을 크게 확대하는 방안은 실효한계세율에 미치는 효과와는 달리 현실적으로 부작용을 초래한다. 정부가 부담해야 할 추가 행정업무, 수혜자가 느끼는 번거로움과 불명예, 수급조건에 해당함에도 수급받지 않은 사람의 증가와 같은 문제를 의미하는 것이다. 이러한 현실적인 문제들은 이론적인 상충관계를 정확하게 이해하는 것보다 더 중대한 요소이다. 그러므로 다음 장에서는 조세 및 복지혜택의 통합과 집행에 대해서 심도 있게 다룰 것이다.

물론 이러한 상충관계를 다루기 위해 또 다른 정책 대안을 선택할 수도 있다. 자산소득 조사를 확대하지 않고도 비교적 소득이 적은 사람들(극빈층이 아닌)의 참여세

---

13) 앞의 관점에서 이는 특별한 사례로 보일 수 있다. 합산소득을 기준으로 하는 평가시스템하에서는 가족 중 누군가가 경제활동을 하도록 유인하는 것과 가구 총소득을 높이는 것 사이의 상충관계가 발행한다. 그리고 외벌이 가족이 소득을 늘릴 수 있는 유일한 방법은 2차 근로자가 경제활동을 하는 것이다.

14) 이 주장은 Dupuit(1844)을 따르는 것으로, 더 자세한 내용은 Auerbach(1985) 참조.

율을 낮추는 명백한 방법은 소득공제를 늘리는 것이다. (아마도 기본 세율을 상향조정하여 재원을 충당할 것이다. 따라서 참여세율의 감소는 실효한계세율의 증가로 상쇄될 것이다.) 궁극적으로 사람들에게 면세라는 실질적 혜택을 추가로 부여하게 된다. 하지만 이 대안은 기존 제도의 문제를 해결하지 못한다. 이는 현행 인적공제액보다 더 많은 소득을 버는 사람들에게만 영향을 미치는 대안인데 참여세율의 감소는 이보다 소득이 적은 사람들에게 가장 필요한 것이기 때문이다.

1차 근로자에 대한 지원이 2차 근로자의 근로의욕을 저해하는 문제를 완벽하게 해결할 또 다른 개혁안은 근로장려세액공제를 개인 소득에 따라 지급하는 방안이다. 배우자의 소득은 고려하지 않고, 각 개인의 소득에 대한 평가에 근거하여 근로자별로 세액공제를 구분하여 지급하는 방법이다. 가족 소득세제에 대해 논의한 3.3절에서 언급한 것처럼, 이러한 방법의 큰 부작용은 상대적으로 부유한 가정에 속한 많은 사람들에게도 세액공제가 지급된다는 점이다.

개혁안을 더욱 명확하게 설명하기 위해 앞서 언급했던 변화[15]에 초점을 두고자 한다.

현 제도와의 공정한 비교를 위해 이 개혁안 모두가 금전적 비용을 발생시킨다는 점을 인식해야 한다. 개혁으로 인한 행위변화가 수반되지 않는다면, 총 123억 파운드의 비용[16]이 부담되어야 한다.[17] 설명을 돕기 위해, 다음과 같은 방법으로 이 비용을 충당한다고 가정하였다.

- 자산소득 조사에 따라 지급하는 모든 주요 복지혜택 및 세액공제(연금혜택 제외) 12% 감축
- 소득세 기본세율을 1%p 상향조정

비근로자, 저소득 근로자, 고소득 근로자들 간의 균형을 재조정하기 위한 개혁안이기는 하지만 혼란은 최소화하고자 한다. 이를 위해 이 세 그룹은 제도개혁으로 인해

---

15) 이러한 변화는 Brewer, Saez, & Shephard(2010)에 의해 제시되었다.
16) 이것은 Brewer, Saez, & Shephard(2010)이 계산한 88억 파운드보다 더 높은 비용이다. 그들은 학교 무료급식, 주택담보대출 이자지금원금, 근로장려소득공제 중 육아지원 비용 부분, 자녀세액공제와 주택/지방세 지원혜택 중 '영아보육수당' 부분, 출산보조금 등을 반영하지 않았다. 우리는 이러한 내용들을 모두 반영하였다. 개혁이 시행되면, 수급조건 완화로 인해 더 많은 가족에게 이러한 혜택이 지급될 것이고, 이는 제도개혁 비용을 전반적으로 상승시킬 것이다.
17) Brewer, Saez, & Shephard(2010)은 장기적 개혁안을 마련했다. 이는 세수 중립적이지만, 단기적으로 발생하는 개혁비용을 어떻게 충당해야 하는지에 대한 방법이 제시되지 않았다.

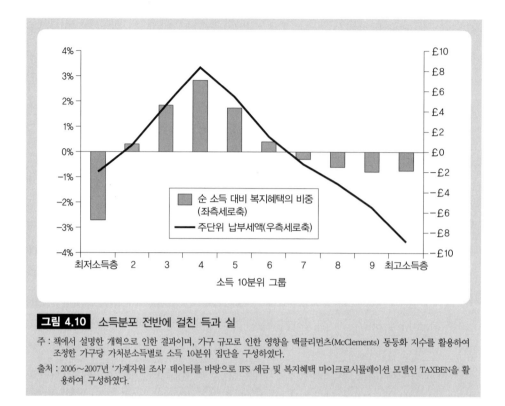

그림 4.10 소득분포 전반에 걸친 득과 실

주 : 책에서 설명한 개혁으로 인한 결과이며, 가구 규모로 인한 영향을 맥클리먼츠(McClements) 동등화 지수를 활용하여
조정한 가구당 가처분소득별로 소득 10분위 집단을 구성하였다.

출처 : 2006~2007년 '가계자원 조사' 데이터를 바탕으로 IFS 세금 및 복지혜택 마이크로시뮬레이션 모델인 TAXBEN을 활
용하여 구성하였다.

발생하는 비용을 공동으로 분담해야 한다. 비근로자는 복지혜택 감축, 고소득 근로자
는 소득세 부담 증가, 저소득 근로자는 혜택 감축과 세부담 증가를 혼합한 방식이
될 것이다. 앞에서 언급했듯이, 개혁안 시행에 대응하여 사람들이 행동을 바꾸지 않
는다고 가정할 경우, 개혁 비용은 총 123억 파운드가 될 것이다.

이러한 개혁은 그 속성상 배분 측면에서 중립적이지 않다. 저소득 일자리로 근로
자를 유인하기 위해서는 저소득 근로자(넓게는 소득분포상의 중하위권 근로자)를 위
한 지원을 늘려야만 한다. 이때 소요되는 비용은 극빈층과 부유층이 감당하게 된다.
이러한 분배상의 결과를 피할 수가 없다.

이러한 '역U자' 형태의 득과 실이 불가피하다는 점을 감안하여, 제도개혁의 재원
마련을 위한 증세와 복지혜택 감축의 상대적 규모는 전반적인 재분배의 변화를 최소
화하도록 설계되었다. 〈그림 4.10〉에서 나타나는 득실의 형태는 전반적으로 균형을
이루고 있으며, 강한 누진성도, 강한 역진성도 보이지 않고 있다.[18] 중·저소득층을
지원하기 위한 재원을 마련히는 과정에서 부유층이 현금 납부액 기준으로 가장 많이

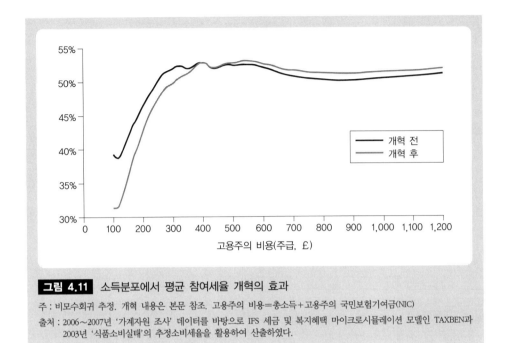

그림 4.11 소득분포에서 평균 참여세율 개혁의 효과

주 : 비모수회귀 추정. 개혁 내용은 본문 참조. 고용주의 비용=총소득+고용주의 국민보험기여금(NIC)
출처 : 2006~2007년 '가계자원 조사' 데이터를 바탕으로 IFS 세금 및 복지혜택 마이크로시뮬레이션 모델인 TAXBEN과 2003년 '식품소비실태'의 추정소비세율을 활용하여 산출하였다.

부담하여 극빈층은 소득 대비 복지지원율 측면에서 가장 많이 손해를 보는 계층이 된다.[19)]

〈그림 4.10〉이 나타내는 재분배의 형태가 균형적인지(혹은 용인될 수 있는 것인지) 아닌지는 정치적 논쟁거리이다. 이러한 특정 개혁안과 관련된 재분배적 결과를 지지하고자 하는 것은 아니며, 다만 이러한 방향으로의 변화가 가져오는 경제적 효과를 설명하고자 하는 것이다.

〈그림 4.11〉과 〈그림 4.12〉는 개혁이 근로에 미치는 영향을 나타내고 있으며, 동시에 앞서 논의한 몇몇 상충관계에 대해 설명하고 있다. 〈그림 4.11〉은 평균 참여세율이 저소득층에서는 떨어지고 고소득층에서는 올라가는 것을 보여 준다.[20)] 하지만

---

18) 불평등의 표준척도도 이것이 사실임을 증명한다. 지니계수와 분산계수는 개혁으로 인해 약간 감소한다. 반면 테일 중위 로그분산은 증가한다. 이러한 차이는 불평등에 대한 다양한 측정 수단에 따라 극단적 고소득과 저소득에 대한 가중치의 차이가 반영된 것이다. 그러나 뚜렷한 불평등의 증가 또는 감소는 나타나지 않고 있다.

19) Brewer, Saez, & Shephard(2010)은 경제활동이 가능한 연령대의 가구에 대한 내용을 제한했다. 우리는 연금 수급자도 포함하였기에 결과가 약간 다르다.

20) 고소득 근로자의 평균 참여세율이 증가하였는데, 이는 부분적으로 소득세 증가에 기인한 것이다. 이러한 고소득 근로자의 다수가 저소득 배우자와 가정을 이루고 있고, 이러한 배우자가 경제활동을 하지 않을

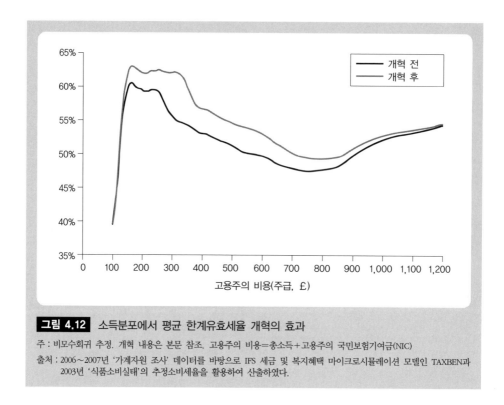

그림 4.12 소득분포에서 평균 한계유효세율 개혁의 효과

주 : 비모수회귀 추정. 개혁 내용은 본문 참조. 고용주의 비용=총소득+고용주의 국민보험기여금(NIC)
출처 : 2006~2007년 '가계자원 조사' 데이터를 바탕으로 IFS 세금 및 복지혜택 마이크로시뮬레이션 모델인 TAXBEN과 2003년 '식품소비실태'의 추정소비세율을 활용하여 산출하였다.

참여세율 전체의 평균은 하락하고 있으며(49%에서 47.5%로 1.5%p 하락), 참여세율 최고지점에서 주로 하락하였다. 참여세율이 75% 이상이었던 근로자의 수가 40%(800,000명)나 감소한 것이다. 반면에 평균 유효한계세율은 51.6%에서 53.9%로 2.3%p 올랐다. 평균 실효한계세율은 소득분포 전반에 걸쳐 상승하였고, 특히 중·저소득층에서 많이 올랐다(그림 4.12). 최고 실효세율 역시 감소하여, 실효한계세율이 75% 이상이던 사람의 수가 900,000명 감소하였다. 하지만 실효한계세율이 50~75% 사이인 사람의 수는 4,900,000명이나 증가하여, 추가소득의 가치가 고용주의 비용에 절반에도 미치지 못하는 근로자가 총 38% 증가하였다. 이는 근로유인 수준이 매우 낮은 소수를 위한 개선과 근로유인 수준이 이미 다소 낮았던 다수의 근로유인 수준을 더 약화시키는 문제 사이의 상충관계를 나타내고 있다.

이러한 전반적인 유형은 가구 유형의 차이로 인한 중요한 변동성을 숨기고 있다.

경우 수급조건에 따라 지원을 받을 수 있기 때문이다. 개혁으로 인하여 저소득 외벌이 가구에 대한 지원이 증가하였으므로 고소득 근로자들은 더 많은 지원을 잃게 된다.

예를 들어 자녀가 없는 맞벌이 부부의 경우 평균 참여세율이 3%p 가까이 올라간다. 하지만 다른 모든 집단에서는 참여세율이 감소한다. 특히 자녀가 있는 외벌이 가구의 경우 9%p까지 떨어진다. 한부모 가구의 경우 평균 실효한계세율이 4%p 떨어지지만 다른 유형의 가구들에서는 모두 오른다.

각기 다른 유형의 사람들이 어떻게 반응하는지에 대한 실증자료(앞 장에서 논의됨)를 바탕으로 근로유인수준 변화에 따른 고용, 근로시간, 그리고 총소득의 변화에 대한 규모를 추정할 수 있다.[21] 우리의 가정을 둘러싼 불가피하고 중요한 불확실성들이 있지만, 가장 중요한 것은 이러한 개혁이 1,100,000명 상당(혹은 4.2%)의 고용순 증가를 가져온다는 것이다. 이는 많은 불확실성을 내재하고 있다. 가정에 따라 민감하게 변동될 수 있으며, 탄력성 또한 정확하게 측정된 것이 아닐 뿐만 아니라, 개혁에 따라 탄력성 수준이 바뀔 수도 있다. 그럼에도 중요한 것은 고용에 미치는 효과가 크다는 것이다.

이러한 경제활동 참여는 대부분 저소득층에 해당된다. 반면에 고소득층의 평균 참여세율의 증가는 그들이 경제활동을 그만두게 되는 것을 의미하고, 실효한계세율의 증가는 경제활동을 하고 있는 사람들의 소득이 줄어드는 것을 의미한다. 따라서 경제 전체의 총소득(고용주의 국민보험기여금 포함) 증가는 훨씬 적어 0.5%(35억 파운드)에 불과할 것이다. 이 중에서 약 30억 파운드는 소비의 증가 형태로 가계에서 발생할 것이며, 재무부는 개혁 전에 비해 복지급여 감소 및 소득세수 확대로 6억 파운드의 추가 세입을 얻을 것이다.

요약하자면, 만일 저소득 근로자의 순소득이 실업수당에 비해 너무 낮다면, 저소득층의 근로소득을 높이는 처방이 필요할 것이다. 하지만 이러한 처방은 부작용을 낳는다. 수급조건이 확대되어 더 많은 사람들에게 복지혜택이 지급된다는 것이다. 개혁으로 인해 약 100만 가구 이상이 추가로 수당과 세액공제 혜택을 받게 될 것이다. (현재 수급자는 약 1,460만 명이며, 이 중 연금 수급자는 약 1/3 수준이다.) 이러한 수급조건 확대는 저소득층의 소득증가 유인을 약화시키는 문제는 별개로 하더라도 정책결정자들에게는 삼키기 어려운 약이 될지 모른다는 것이다. 장단점이 서로 팽팽하게 맞서고 있기 때문이다.

---

21) 우리의 방법론과 가정의 상세한 내용은 온라인상의 별첨자료(http://www.ifs.org.uk/mirrleesReview)에서 확인할 수 있다. 노동공급에 대한 동일한 가정이 이 장 및 책의 나머지 부분에서 동일하게 유지된다.

보다 삼키기 쉬운 약으로 만드는 방법이 있을지 모른다. 수급조건 확대를 최소화 하기 위해(또는 완전히 피하기 위해) 필요한 경우에 한하여 실효세율을 축소하는 방 법을 활용하는 것이다. 수급조건의 전반적 완화보다 가장 큰 문제를 내재하고 있는 부분, 즉 세금과 지원을 동시에 적용받고 있는 사람들에 대한 실효세율을 축소할 수 있다. 서로 다른 세금, 세액 공제, 혜택이 상호 작용하는 방식의 개혁이 필요하다. 그 과정에서 수급조건을 적절하게 재조정할 수 있을 것이다. 우리는 다음 장에서 이 주제에 관해 논의하겠다.

4.3   중·고소득층 과세

우리는 저소득층이 세금 및 복지혜택에 어떻게 반응하는지 잘 알고 있다. 더불어 우 리는 소득분포 전반에 대해서는 알고 있지만, 일반적으로 고소득층에 대해서는 많이 알지 못한다. 노동공급의 변화는 주로 연령이 높아지면서 은퇴 시점 부근에서 나타 나며, 여성의 경우에는 육아시기에 주로 나타나는 것으로 보인다. 다른 집단들의 경 우, 특히 고소득층에서는 조세제도에 따라 노동공급의 변화를 꾀하기보다는 과세소 득의 변화로 대응한다. 이것은 조세납부를 회피하려는 노력에 기인할 수 있고, 심지 어는 그 나라에 계속 거주할지 여부를 통해서도 영향을 미치기 때문이다. 노동공급 은 대부분의 소득계층에서 상대적으로 비탄력적인 반면, 과세소득의 탄력성은 소득 분포 전반에 걸쳐 유의한 수준으로 나타나고 있다.[22]

노동공급의 단기적 반응은 교육, 훈련, 직업과 같은 장기적 선택에 비해 덜 중요할 수 있다. 이러한 관계들은 중요성에도 불구하고 실증적으로는 측정하기 더 어려운 것으로 입증되었다.[23]

중산층 사람들이 조세 변화에 대응하는 방법이 불확실하기 때문에 앞부분에서 설 명한 상충관계를 세밀하게 조정하는 것이 어렵다.

정부는 동일한 세수를 거둬들이더라도 인적공제수준, 기본세율과 높은 세율의 수 준, 높은 세율이 적용되는 소득수준, 국민보험기여금 요율 및 과표구간 등을 조정하 여 세수를 거둬들이는 방법을 바꿀 수 있다. 제한된 지식에도 불구하고, 그렇게 함으

---

22) Chetty, 2009.
23) Heckman, Lochner, and Taber, 1999.

로써 누진성 정도와 근로의욕 및 장·단기 과세대상 소득의 탄력성에 대한 우려를 서로 조화시키게 된다. 일반적으로 인적공제를 증가시키는 것은 기본세율을 줄이는 것보다 더 누진적이며, 더 높은 세율을 낮추는 것보다는 훨씬 더 누진적이다. 반대로 개인의 소득공제 금액을 초과하는 소득에 더 높은 한계세율을 적용하는 것은 소득을 늘리고자 하는 유인에 부정적 효과를 미칠 수 있다. 조세제도 자체만으로 극빈층을 구제하는 것은 매우 제한적이라는 점을 알아야 한다. 1/4가량의 성인이 세금을 낼 만한 소득자가 없는 가구에 속해 있다.[24]

소득세율표의 두 가지 특별한 특징, 즉 세율표의 복잡성과 최고소득 계층에 대한 과세는 좀 더 논의할 가치가 있다.

4.3.1 간단한 소득 과표구간

소득세 체계의 기본 요건은 세율표가 투명해야 한다는 것이다. 영국의 조세제도는 이러한 요건을 충족시키는 것과는 거리가 멀다. 조세 개혁은 소득세에서부터 시작되어야 한다.

제일 큰 문제는 소득이 증가함에 따라 인적공제가 점점 줄어드는 것이다. 현재 65세 이상에게 적용되는 추가적인 소득공제는 22,900파운드를 초과하는 소득의 경우 1파운드당 50펜스씩 줄어든다. 그래서 65세 이상의 소득공제는 소득이 28,930파운드를 넘어서면 65세 미만의 사람들과 같아진다(75세 이상의 경우 29,230파운드). 많은 사람들이 이에 대하여 알지 못하고 있으며, 이렇게 소득공제를 줄어들게 함으로써 이 구간의 소득에 대하여 한계소득세율 30%를 적용하는 효과가 있다는 것은 더욱이 알지 못한다.[25]

비슷하게 2010~2011년에는 100,000파운드를 초과하는 소득의 경우, 개인 소득공제가 1파운드당 50펜스까지 줄어들었다. 소득이 112,950파운드에 도달하면 공제는 완전히 없어지며, 이것은 이 구간에서 소득세율이 60%가 되는 것과 같은 효과가 있다.

---

24) Adam, Browne, and Heady, 2010.
25) 사실상 75세 이상의 부부 또는 동거 가구의 경우 더 복잡하다. 그들은 부부공제를 적용받아 696.50파운드까지 세액이 줄어든다. 부부공제는 29,230파운드를 넘는 소득에 대해 1파운드당 5펜스씩 줄어든다. 부부공제 최소액은 소득이 37,820파운드일 경우로서 267파운드이다. 이는 29,230~37,820파운드 사이의 소득에 25%의 한계세율을 적용하는 것과 같은 효과이다. 물론 저소득 배우자가 부부공제를 적용받을 경우에 한해서이다. 부부공제는 부부가 각각 절반씩 적용받을 수도 있고, 한 사람의 소득이 29,230파운드 이상일 경우, 그보다 소득이 적은 배우자가 부부공제를 적용함으로써 세액을 절감시킬 수도 있다. 이러한 모순과 불명확은 더 이상 말할 필요가 없을 정도로 분명하다.

| **표 4.5** | 65~75세 사이에 대한 소득세율표(2010~2011)

소득구간	한계소득세율(%)
0~9,490파운드	0
9,491~22,900파운드	20
22,901~28,930파운드	30
28,931~43,875파운드	20
43,876~100,000파운드	40
100,001~112,950파운드	60
112,951~150,000파운드	40
150,001파운드 이상	50

만일 이러한 실효세율이 설정된 목표라면 소득공제를 점차 줄이는 방법으로 이해하기 어렵게 하지 말고 한계세율표에 분명하게 명시하여야 한다. 이러한 이상한 메커니즘은 조세제도의 실제 기능을 모호하게 만들고 있을 뿐이다. 〈표 4.5〉는 소득공제가 줄어드는 점까지를 반영한 65~75세 사이의 실효세율표를 나타낸다.[26] 납세자는커녕 정부 내의 장관들과 공무원들이 이렇게 불합리한 세율표를 만들어 냈다는 것을 알고 있는지 의심스럽다.

최적소득세율표가 반드시 아주 간단한 것을 의미하는 것은 아닐지라도, 〈표 4.5〉가 최적세율표가 될 가능성은 적다. 과세대상을 정의할 때 소득구간 전반에 걸쳐 유사한 세율을 적용하는 방법은 단순함을 실현할 뿐만 아니라 경제활동의 왜곡을 최소화하기 때문에[27] 효율적이다. 세율표를 설정할 때 그러한 가정은 없다. 우리가 이전 장에서 설명한 것처럼, 최적과세 이론에 따르면 각 소득구간별 세율은 많은 요소에 따라 달라질 수밖에 없다. 세율에 영향을 미치는 요소들로는 해당 소득수준에 있는 사람들의 수와 그들의 세율에 대한 반응, 재분배에 대한 배려 정도 등이 있다. 만일 이러한 요소들이 소득에 따라 복잡하게 변동된다면, 최적의 소득세율표도 복잡해질

---

26) 〈표 4.5〉는 실제 상황을 간략하게 나타낸 것이다. 소득세의 시작인 10% 세율은 2008~2009년에 완전히 폐기되지 않았다. 이는 여전히 남아 있지만 오직 저축소득에만 적용된다. 배당금을 제외하고 소득의 가장 윗부분으로서 취급되는 저축소득만 소득공제금액을 초과하는 첫 과세구간인 2,440파운드 이내의 소득에 속한다. 매우 우스꽝스럽고 변명의 여지가 없는 상황이다.

27) 경제적 이론은 단일세율을 벗어나야 경제적 효율성을 향상시킬 수 있다고 한다. 우리는 그러한 주장에 대해서는(경제적 효율을 높이는 것이 복잡성을 정당화하는지 여부에 대해서) 다음 장에서 다룬다. 그럼에도 불구하고 단일세율에 대한 선호도는 일반적이다.

것이다. 그렇지만 모든 소득구간에 단일 한계세율을 적용하는 것이 최적이 아니라는 뚜렷한 근거도 없다.

그러나 만일 이론적 최적세율표가 복잡한 소득함수가 되더라도, 2~3개의 세율과 1개의 소득공제를 가지는 세율표로 단순화할 수 있다. 적은 수단으로도 다양한 효과를 도출할 수 있기 때문이다.

소득공제금액을 초과하는 소득에 대해 1개의 한계세율을 적용하는 '단일세율'은 불필요할 정도로 융통성이 없다. 따라서 기본세율과 이보다 높은 세율로 구성된 구조가 유용할 수 있다. 소득공제금액을 초과하는 소득에 대해 세 번째 세율까지 적용하는 것을 고려해 볼 수도 있다(2010~2011년에 도입된, 최고소득층에 50%의 소득세율을 부과한 경우와 유사하게). 하지만 그보다 더 많은 소득구간 및 세율을 추가하는 것은 간단한 세율표에 비하여 아무런 이득이 없다. 예를 들면, 1992~1993년도와 2007~2008년도에 존재하였던 가장 낮은 세율의 효과는 이 세율을 적용받는 소득층의 최하위 부분까지 소득공제금액을 늘리고, 취고위 부분에 기본세율을 적용하는 것으로 충분히 얻어질 수 있는 것이었다. 세율이 임의로 오르락내리락하는 〈표 4.5〉상의 제도는 명백히 불합리하다.

소득세율표는 분명히 필요 이상으로 복잡하고, 전체적으로 보면 소득세제보다 더 복잡하다. 왜냐하면 서로 조화를 이루지 못하는 다양한 요소들로 구성되어 있기 때문이다.

가장 간단한 예를 들자면, 소득세 및 국민보험기여금에 대한 소득구간이 서로 상이하다. 따라서 소득세만 보는 것보다 두 가지를 조합할 경우, 세율에 대한 소득구간이 더 많아진다. 세액공제 및 복지급여까지 조합할 경우, 더욱 복잡해져서 실효세율이 제멋대로 많아지는 양상을 띠게 된다. 소득세제를 구성하는 서로 다른 요소들 간의 상호작용에 대한 설명이 필요한 이유이다. 이에 대해서는 다음 장에서 더 자세하게 다루겠다.

4.3.2 최고세율

2010~2011년도부터 50%의 소득세율이 150,000파운드를 초과하는 소득구간에 새롭게 부과되었다. 정부는 약 49,000,000명의 성인 인구 중 275,000명만이 직접적인 영향을 받게 될 것으로 추정했다. 하지만 초고소득층에 적용되는 소득세율은 인원수 비중과 상관없이 더 큰 중요성을 갖는다. 왜냐하면 그들이 세수의 중요한 원천이기

때문이다. 이 개혁이 시행되기 전에도 소득세 세수의 1/4이 상위 1%에서 나왔고, 이들의 수는 300,000명을 조금 우회하는 정도였다.[28] 이는 재고할 가치가 있는 사실이다. 소득세 세수 4파운드 중 1파운드가 상위 1%에서 나온 것이다. 물론 이것은 상위 1% 납세자의 세전소득수준이 다른 소득계층의 소득수준보다 훨씬 많다는 것을 반영하고 있는 것이다.

앞 장에서 설명했듯이, 과세소득이 세율에 따라 달라지는 변동성은 고소득층에서 꽤 높게 나타날 수 있다. 고소득자들은 고용의 유무나 근무시간을 변동시키는 대신 세금을 줄이기 위한 다른 방법을 찾기 때문이다. 예를 들면 시간당 투자하는 노력을 줄이거나, 보수의 형태를 바꾸거나, 연금이나 기부에 더 많은 돈을 내거나, 소득을 양도소득으로 전환하거나, 회사를 설립하거나, 조세회피에 더 많은 돈을 들이거나, 불법적인 방법으로 소득을 숨기거나, 심지어 다른 나라로 가거나(또는 국내로 복귀하지 않거나) 하는 방법으로 세금을 줄일 수 있다.

사실 50%의 소득세율이 세수를 증가시킬 수 있을지는 분명하지 않다. 높은 세율을 피하기 위해 과세소득을 줄일 수 있는 방법은 무수히 많다. 어떤 점에서는 세율이 상승하면 세수가 더 늘어나는 것이 아니라 비용을 발생시킨다. 그렇다면 어느 정도의 세율수준에서 그런 상황이 발생하는지가 문제이다. Brewer, Saez와 Shepard(2010)는 최고소득 1% 집단을 대상으로 이 주제를 다루었다. 그들의 추정에 따르면, 이 집단의 과세소득 탄력성은 0.46이라고 한다. 이는 이들로부터의 세수를 극대화하기 위해서 소득세율이 56%가 되어야 한다는 것을 의미한다.[29] 국민보험기여금과 간접세를 포함하면, 이는 40%의 소득세율과 부합하는 것이다. 따라서 이러한 추정에 의하면 50%의 세율은 사실 세수를 줄이는 효과가 있다.[30]

그러나 세수를 극대화할 수 있다는 40%의 소득세율도 불명확한 부분이 있다. 40%라는 수치는 1980년대 후반 세율이 변동되었을 때 소득이 변화했던 통계에 기반하여

---

28) 출처 : 소득세율 50%를 적용받는 인원 – HMRC 통계, 표 2.1, http://www.hmrc.gov.uk/stats/income_tax/table2-1.pdf; 상위 1%가 차지하는 소득세 세수 비중 – HMRC 통계, 표 2.4, http://www.hmrc.gov.uk/stats/income_tax/table2-4.pdf; 전체 인구 – ONS 2008년도 기준 전체 인구 예상치, http://www.statistics.gov.uk/downloads/theme_population/NPP2008/NatPopProj2008.pdf; 전체 인구 중 부양자녀의 수 – HMRC, *Child Benefit Statistics : Geographical Analysis, August 2010*, http://www.hmrc.gov.uk/stats/child_benefit/chb-geog-aug10.pdf.

29) Brewer and Browne, 2009.

30) 이러한 분석이 행해진 이후 국민보험기여금이나 부가가치세 세율이 인상되었다. 따라서 이러한 점을 감안하면 소득에 대한 종합적인 세율 56%에 상응하는 소득세율은 더 낮아져야 할 것이다.

작성되었다. 하지만 사람들의 조세변동에 대응하는 능력은 그때보다 많이 바뀌었을 것이다. 국제적 이동성 증가와 복잡한 금융 상품은 사람들의 대응 범위를 넓혔고, 반면 조세회피 방지대책은 이들을 감소시키는 역할을 했다. 양도소득세제의 변화는 소득을 양도소득으로 이전시킴으로써 가능했던 조세회피를 때때로 어렵게 혹은 쉽게 만들었다.[31] 그리고 정부는 고소득자들이 연금에 저축하면 부여받던 세제혜택에 제한을 가함으로써 거의 50%에 달했던 소득세율을 인상하였다.[32] 그 결과로 탄력성은 오르거나 떨어졌을 것이다. 그리고 설령 1980년대 이후 아무것도 바뀌지 않았을지라도, 세수극대화를 위한 세율이 33~57% 사이일 가능성은 2/3 정도에 불과하다.[33]

그래서 우리는 세수를 극대화할 수 있는 최고세율이 무엇인지 확신할 수 없다. 하지만 정부는 여기서 멈출 수 없다. 설득력 있는 증거 없이도 정책은 결정되어야 하며, 그들은 가장 좋은 추정치를 택해야 한다. 재무부가 택한 최선의 추측은 세율이 50%일 경우, 세수가 증가한다는 것이다. 불가능한 것은 아니지만 불확실하다.

세수 극대화를 위한 세율이 무엇이 되든 간에, 최고소득층의 소득세율을 높이는 간단한 방법으로 추가적인 세수 확보가 가능할 것 같지는 않다. 하지만 이것이 이들로부터 돈을 빼내기 위한 유일한 수단이 아니라는 것을 아는 것은 중요하다. (소득공제를 없애고 조세회피에 대한 단속을 강화함으로써) 과세기반을 넓히는 방법은 세수를 직접적으로 올릴 뿐만 아니라 과세소득을 비과세소득으로 이전할 수 있는 범위를 줄여 주어 세율상승으로 인한 세수증대 효과를 더 크게 할 수 있다. 물론 부자에 대한 다른 세금(예 : 상속세)도 세수를 증가시킬 수 있다.

그리고 세수를 극대화할 수 있는 세율을 우리가 이 집단에 반드시 부과해야만 하는 것은 아니다. 만일 우리가 그들의 복지에 가치를 두고, 또는 이들 행동에 미치는 장기적 영향을 고려한다면 보다 낮은 세율을 원할 것이다.

---

31) 제19장 참조.
32) 제14장 참조.
33) Brewer et al.(2009). 세수 극대화를 위한 최고세율 추정은 두 가지 논란스러운 가정을 근거로 하고 있다. 첫 번째는 세금 변동을 위한 것이 아니라는 점이다. 상위 1%의 소득은 우리가 알 수 없는 그다음 상위 고소득층 4%의 소득으로 발전할 수 있다. 두 번째는 과세소득의 축소는 지출 감소(직접세 세수)와 대응된다는 것이다. 만일 과세소득의 감소가 영국의 실제 경제활동의 감소(예 : 노동력의 감소 또는 이민 감소)를 반영하는 것이라면 정확할 것이나, 그렇지 않고 조세회피를 반영하는 것이라면 정확하지 않을 것이다.

4.4   각 생애주기별 혜택

3.4절에서 우리는 사람들의 능력, 필요, 조세에 대한 민감도와 같은 특성을 태깅 (tagging)하여 세율을 다양화하면 재분배가 더 효율적으로 달성될 수 있다고 주장했다. 우리는 또한 이러한 태깅 방법이 잠재적으로 복잡성을 가중시키고, 사생활을 침해하며, 태깅되는 특성을 얻고자 하는 유인 때문에 왜곡이 생기는 등의 부작용을 낳을 수 있고, 어떤 특성들은 부적절한 차별마저 초래할 수 있기 때문에 제외되어야 한다는 점을 언급하였다.

이번 장에서 우리는 두 가지 사례를 살펴볼 것이다. 이들은 특정 집단을 대상으로 설계된 제도이며, 장점이 있는 대신 약간의 단점을 감수해야 하는 제도이다. 가족 구성원의 연령 정보를 근거로 하는 제도이며, 특히 막내 자녀가 학교에 다니고 있는 가구와 은퇴 연령에 이른 가구에게 낮은 실효세율이 적용되는 경우를 살펴볼 것이다. 생애주기 중 이 두 시점에서 노동력의 변화가 특히 심하게 나타나는 것을 보았다. 따라서 이러한 시점에 낮은 실효세율을 적용하는 것은 강력한 수단이 될 수 있다.

영국 및 다른 국가의 정부는 이러한 특성에 따라 이미 세금 및 복지혜택을 다양화하고 있다. 이러한 개혁은 사생활 침해나 부적절한 차별과 같은 소수의 새로운 문제를 야기할 것이고, 기존의 제도에 약간의 복잡성을 추가하게 될 것이다. 혜택을 받기 위해 나이를 바꿀 수는 없다(물론 아이를 낳는 시기는 바꿀 수 있다). 조세·복지제도는 가족 구성원의 나이에 따라 다양하게 설계되지만, 사람들의 반응에 대한 정보를 최대한 활용한 것은 아니다. 따라서 많은 개선이 가능하며, 누진성의 훼손 없이도 노동공급을 늘릴 수 있다. 생애주기 중 특정 시점에 맞춘다는 것은 서로 다른 가족 간의 재분배가 아닌, 한 가족 안에서 생애주기에 따라 자원을 이동시키는 것으로 생각될 수 있다.

4.4.1 막내 자녀의 연령

경제활동을 할 것인지 말 것인지, 그리고 얼마나 할 것인지에 관한 어머니의 선택은 그의 아이들이 5세 미만일 때보다 학교에 다니는 나이일 때 유인체계에 더 민감하게 반응하며 이루어진다.[34] 조세·복지혜택에 민감한 사람들에 대해서는 제도를 통해

---

34) Blundell & Shephard(2011)은 막내가 5세 이상일 때 영국 미혼모의 근로탄력성이 0.85라는 것을 발견했다.

근로의욕을 높일 수 있다. 보다 덜 민감한 집단의 경우, 부유층에서 극빈층으로의 재분배가 가능하다. 재분배가 근로의욕을 저해하는 정도가 민감한 집단에 비해 덜하기 때문이다. 따라서 각각 다른 연령의 자녀를 데리고 있어 민감성의 정도가 다른 부모들의 특성을 반영하여 복지체계를 설계한다. 결과적으로 5세 미만 자녀를 가진 가족에게 보다 많은 자녀세액공제를 부여하고(수급조건 확대), 막내가 5세 이상인 가족에 대해서는 적게 부여하는(수급조건 축소) 방법이다.

2009~2010년도를 기준으로 한 세수 중립적 개혁(납세자의 행동이 변화하지 않는다고 가정)의 경우, 막내가 5세 미만일 때 자녀세액공제가 2,235파운드에서 3,100파운드로 늘고, 막내가 5세 이상일 때 그 절반인 1,550파운드가 될 것이다.[35]

〈그림 4.13〉과 〈그림 4.14〉는 자녀의 연령이 높을 가정일수록 평균적으로 근로유인 효과가 높다는 것과 개혁으로 인해 이 차이가 더 커질 수 있다는 것을 보여 준다. 자녀의 나이가 더 많은 부모의 경우, 개혁으로 인해 평균 참여세율은 약 1%p 줄고, 평균 실효한계세율은 비슷한 수준이 된다. 반대로 미취학 자녀 부모의 경우, 개혁으로 인해 근로유인을 약화시키는 결과가 있을 것이다. 평균 참여세율은 1%p, 유효한계세율은 1.5%p 증가한다. 하지만 자녀의 나이가 더 많은 집단이 강화된 유인체계에 반응하는 정도가, 자녀가 더 어린 집단이 약화된 근로유인 체계에 반응하는 정도보다 더 클 것임을 기대할 수 있다. 우리는 자녀의 나이가 더 많은 부모 72,000명이 경제활동을 시작하는 데 반해 자녀가 더 어린 부모 21,000명이 경제활동을 그만둔다고 추정한다. 전반적으로는 52,000명의 근로자가 늘어나 약 0.2%의 근로자 증가가 가능하다. 일을 더 하게 된 사람들의 평균 급여는 일을 더 적게 하는 사람들의 평균 급여보다 적다. 따라서 총소득(고용주의 국민보험기여금을 포함)은 0.1% 정도 증가하여 약 8억 파운드가 늘어날 것이다. 이 중 5억 파운드는 가계로, 3억 파운드는 국고로 돌아갈 것이다.

정책결정자들은 개혁이 근로유인에 미치는 영향보다 더 많은 것을 고려할 것이다. 특히 그들은 재분배 효과에 관심을 가질 것이다. 특정 연도의 경우, 이러한 개혁을 통해 나이가 많은 자녀를 가진 부모에서 더 어린 자녀를 가진 부모에게로 연간 15억

그보다 더 어릴 경우에는 0.5이다.

35) 우리의 모델은 주택 혜택 및 지방세 혜택도 상응하게 변화하게 하고 있다. 그렇지 않으면 자녀세액공제의 증가가 다른 혜택을 감소시킴으로써 개혁의 효과가 크게 줄어들 것이다. 다음 장에서 논의되겠지만, 이것은 복지혜택 간의 상호작용으로 피할 수 있는 전형적인 문제이다.

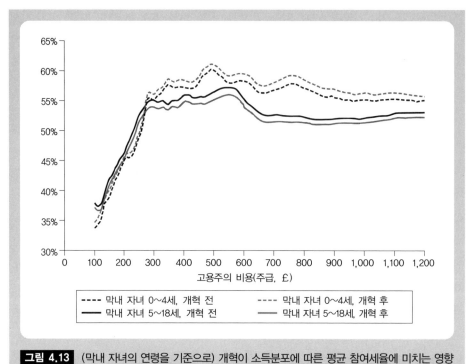

그림 4.13 (막내 자녀의 연령을 기준으로) 개혁이 소득분포에 따른 평균 참여세율에 미치는 영향

주 : 비모수 회귀 모형으로 추정하였다. 책에서 설명한 개혁 내용을 반영하였다. 고용주 총비용=총급여+고용주 부담 국민
보험기여금

출처 : 2006~2007년 '가계자원 조사' 데이터 및 2007 '지출 및 식품 조사'에서 추정한 소비세를 바탕으로 IFS 세금 및 혜택
마이크로시뮬레이션 모델 TAXBEN을 활용하여 구성하였다.

파운드 상당의 재분배가 이루어진다. 하지만 크게 보면, 이것은 생애주기상의 재분배이다. 모든 사람의 자녀는 0세부터 시작해서 연령이 높아지기 때문이다. 아이가 어릴 때 받은 지원은 아이가 크면 없어지기 때문에 결국 상쇄되는 것이다. 이러한 개혁을 시행하기 위해서 정부는 자녀 연령이 높은 가구의 혜택을 줄이기 몇 해 전에 어린 자녀를 가진 가구의 혜택률을 높이는 것을 고려할 수 있다. 그래서 이전에 혜택을 받았던 가구만이 축소된 지원을 받도록 해야 한다.

물론 재분배 모습은 정해진 수당을 단순히 앞으로 당기는 것보다는 약간 더 복잡하다. 자녀가 크고 나서는 아이들이 어렸을 때보다 소득이 늘어나서 세액공제를 받지 못하게 될 수도 있다(일어날 확률은 적지만 그 반대의 상황이 될 수도 있다). 혼인 여부가 바뀌거나 자녀 연령대의 분포에 따라 효과가 달라질 수도 있다.

그럼에도 불구하고 많은 가정이 아이들이 어릴 때 복지 혜택을 받는 효과를 누리

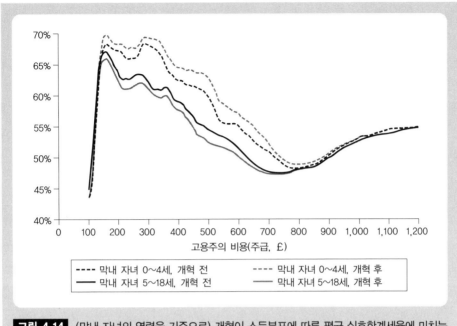

그림 4.14 (막내 자녀의 연령을 기준으로) 개혁이 소득분포에 따른 평균 실효한계세율에 미치는 영향

주 : 비모수 회귀 모형으로 추정하였다. 책에서 설명한 개혁 내용을 반영하였다. 고용주 총비용=총급여+고용주 부담 국민
보험기여금

출처 : 2006~2007년 '가계자원 조사' 데이터 및 2007 '지출 및 식품 조사'에서 추정한 소비세를 바탕으로 IFS 세금 및 혜택
마이크로시뮬레이션 모델 TAXBEN을 활용하여 구성하였다.

게 될 것이다. 자녀가 어릴 때 지출하는 것이 더 가치가 있다는 실증증거를 감안할
때 이러한 효과는 유용할 것이다.[36]

4.4.2 은퇴 연령

같은 맥락에서 사람들이 은퇴 연령인 약 55~70세가 되었을 때, 경제활동 지속 여부
와 근로 시간에 대한 결정이 재정적 지원에 따라 매우 민감하게 변동한다는 근거가
제시되고 있다.[37] 따라서 30대, 40대, 50대 초반보다 은퇴 연령대의 근로유인 체계를
견고하게 유지시키는 것이 더 중요하다.

나이가 많은 근로자들은 이미 다소 강한 근로유인 체계를 가진 경향이 있다. 그들

---

36) Heckman(2006), Fiszbein & Schady(2009) 참조. 그러나 이러한 연구들은 간단한 재정지원뿐만 아니라 교
육 정책 또는 부모의 '좋은 행동'이라는 조건하에 부여하는 재정적 지원 같은 제도도 고려하는 것임을 참조.
37) Gruber and Wise, 1999 and 2004.

이 부양해야 할 자녀가 없기 때문에, 근로활동을 한다고 해도(혹은 근로소득이 늘어난다 해도) 자녀세액공제 혜택을 잃을 염려가 없기 때문일 수도 있다. 앞부분에서 주장한 것과 같이, 만일 어린 자녀를 가진 가족을 중점적으로 자산·소득 조사결과에 따라 지급하는 복지혜택을 부여한다면, 이 또한 나이가 많은 자녀를 가진 55세 이상 부모의 근로유인 수준을 강화하는 방향으로 작용할 것이다.

하지만 고령자의 근로유인체계에 보다 더 직접적으로 집중할 수 있다. 이미 기존 조세·복지제도를 보면 은퇴 연령 부근에서 중요한 변화가 많이 있다. 따라서 각 개인의 실효세율은 다음과 같이 변동한다.[38]

- 근로자와 자영업자의 경우, 국민연금 수급 연령이 되면 국민보험기여금 납부를 하지 않는다. (현재 남성은 65세, 여성은 60세이나, 여성의 경우 2018년까지 65세로 오를 것이고, 2020년에 남녀 모두 66세가 된다.)
- 인적공제금액이 65세가 되면 크게 오른다(6,475파운드에서 9,490파운드로).[39] 이러한 추가적인 공제는 22,900파운드를 초과하는 소득에 대해서는 1파운드당 50펜스씩 줄어든다.
- 여성이 국민연금 수급 연령에 이르면, 소득지원과 구직수당이 훨씬 더 관대한 연금 공제로 대체되고, 그 혜택은 65세가 되면 더 늘어난다.

예를 들어, 55~70세 사이 고령자의 근로의욕을 높이기 위해서 우리는 이러한 변화가 나타나는 연령을 변화시키고자 한다. 이를 위한 재원은 제도 개혁을 통해 55세 이하가 감당해야 하거나, 세수가 늘어난다면 55세 이하에게 지급될 것이다. 우리가 생각한 개혁의 내용은 다음과 같다.

- 근로자와 자영업자의 국민보험기여금은 국민연금 수급 연령이 아닌 55세에서 납부를 멈추도록 조정한다. 이를 위해서는 52억 파운드의 비용이 필요하며, 국민보험기여금을 납부하고 있는 55세 미만 근로자들의 기여율을 1.2%p 올려서 충당할 것이다.
- 65세가 아닌 55세부터 더 높은 개인 소득공제를 적용한다. 이를 위해서는 17억

---

38) 또 다른 연령에 따른 제도가 2011년 4월에 시행된다. 2009년도 사전 예산 보고서(Pre-Budget Report)는 65세 이상이 근로장려세액공제 수급자격을 갖기 위해서는 1주 30시간이 아닌, 16시간을 일해야 한다고 명시하고 있다. 이로 인해 고령자는 은퇴 또는 상근을 택하기보다는 파트타임으로 일하게 될 것이다.
39) 75세가 되면 9,640파운드로 더 오른다.

파운드가 필요하며, 55세 미만 사람들의 소득공제금액을 6,475파운드에서 6,145
파운드로 줄여서 충당한다.

- 연금 수령 자격 연령은 70세로 높인다. 이로 인한 추가 세수 31억 파운드는 소득
지원율과 구직수당률을 19%까지 높이는 데 사용한다.[40] [41]

55~70세 사이의 고령자에 대하여 세수 중립적인 다른 대안도 있다. 앞에서 설명
한 개혁의 내용을 종합하면, 55~70세 사이는 평균적으로 이득을 얻게 될 것이고, 이
는 55세 미만에게 비용을 발생시킬 것이다. 55~70세에 대한 세율표는 덜 누진적일
것이며, 이로 인해 저소득층 고령자에게는 손해를, 고소득층 고령자에게는 이득을 끼
칠 것이다. 반면에 55세 미만의 경우는, 일하지 않는 저소득층에게 이득을, 고소득층
에게 손해를 입히게 되어 더 누진적이게 된다.

55~70세 사이의 누진성 감소는 55세 이하의 누진성 증가와 대칭되기 때문에 제도
전반에 걸친 누진성은 변화가 거의 없을 것이다. 그럼에도 이러한 개혁은 특정 시점
에 있는 각 가구에게 세금 및 복지혜택에 있어 큰 변화를 야기한다. 가구의 절반 이
상이 주당 5파운드 이상을 얻거나 잃을 것이다. 하지만 앞부분에서 설명한 것처럼
이러한 재분배 효과도 생애주기 측면에서 고려한다면 큰 것이 아니다. 많은 사람의
경우, 55세 미만일 때 잃은(얻는) 것을 그들이 55~70세가 되면 얻게(잃게) 될 것이
다. 재분배는 소득 집단 간보다는 생애주기에서 일어난다.

이러한 현상이 모든 사람에게서 똑같이 일어나는 것은 아니다. 장기간 실직자이거
나, 저소득자였다가 뒤늦게 고소득자가 된 경우에는 얻는 것이 많을 것이다. 반면,
소득이 점차 줄어 나중에 저소득자가 된 경우에는 잃는 것이 많다. 하지만 분명한
것은 특정 시점에서 크게 얻거나 잃은 것처럼 보이는 사람들이 개혁의 장기적인 분
배효과를 과장한다는 것이다.

〈그림 4.15〉와 〈그림 4.16〉은 이러한 개혁이 55세 미만 그룹과 55~70세 사이 그
룹의 평균 참여세율과 실효한계세율에 미치는 효과를 소득별로 보여 준다. 55~70세
의 경우, 모든 소득수준에서 경제활동을 계속하도록 유인하는 효과와 더 많이 근무

---

40) 앞부분에서와 마찬가지로, 이러한 변화로 인해 다른 혜택이 상쇄되는 경우를 피하기 위해 우리 모형은
주택 혜택 및 지방세 혜택에 대한 전반적인 내용을 포함한다.

41) 사실 연금공제 수급을 위한 연령은 상승될 예정이다. 2010~2020년 사이에 여성의 국민연금 연령이 60세
에서 66세로 오르기 때문이다. 2007년 연금법은 국민연금 연령과 연금공제 연령을 2046년까지 68세로 더
높일 것이라는 내용을 담고 있다. 연합정부는 '국민연금 연령 변화에 대한 관리의 자동화' 관련 개정안을
발표할 것이라고 했다(재무부, 2011).

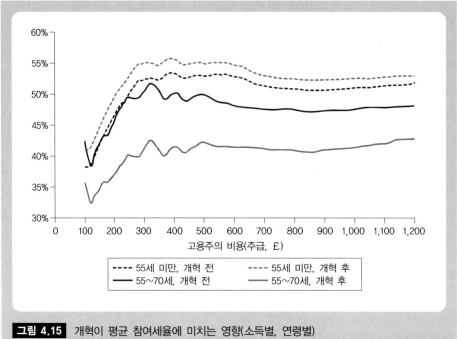

그림 4.15 개혁이 평균 참여세율에 미치는 영향(소득별, 연령별)

주 : 비모수 회귀 모형으로 추정하였다. 책에서 설명한 개혁 내용을 반영하였다. 고용주 총비용=총급여＋고용주 부담 국민
　　보험기여금

출처 : 2006~2007년 '가계자원 조사' 데이터 및 2007 '지출 및 식품 조사'에서 추정한 소비세를 바탕으로 IFS 세금 및 혜택
　　마이크로시뮬레이션 모델 TAXBEN을 활용하여 구성하였다.

하도록 하는 효과가 강하게 나타난다. 평균 참여세율은 7%p까지 떨어졌고 평균 유효
한계세율은 5.3%p까지 떨어졌다. 55세 미만에서 근로유인은 작게 약화되었지만, 더
많은 사람에게 영향을 미치게 되었다(평균 참여세율과 유효한계세율이 각각 2.2%p,
1.2%p씩 상승).

　이러한 제도 변화로 인해 55~70세 근로자는 535,000명 늘고, 55세 미만 근로자는
378,000명 줄어 총 157,000명(근로자의 0.6%) 정도의 순 고용증가 효과가 있을 것으
로 추정한다. 실제 그러한 대규모 변화가 하루아침에 일어나지는 않을 것이다. 총소
득(고용주 국민보험기여금을 포함)은 19억 파운드가 증가하여 0.3% 늘어날 것이다.
사실 가계의 지출 능력은 25억 파운드 늘고, 정부 세수는 7억 파운드 감소한다. 〈표
4.15〉와 〈표 4.16〉에서 볼 수 있듯이 실효세율이 55세 미만보다 55~70세에서 더 낮
아서, 55세 미만의 근로자 감소로 인한 세수 감소분이 55~70세 근로자 증가로 인한
세수 증가분보다 크다.

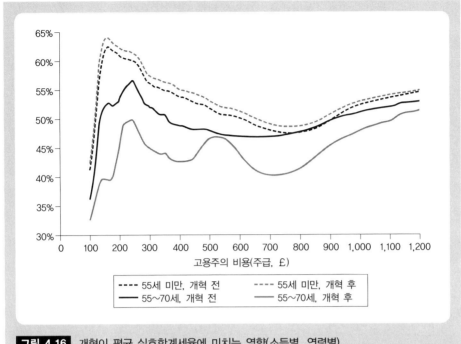

그림 4.16 개혁이 평균 실효한계세율에 미치는 영향(소득별, 연령별)

주 : 비모수 회귀 모형으로 추정하였다. 책에서 설명한 개혁 내용을 반영하였다. 고용주 총비용=총급여+고용주 부담 국민
　　보험기여금

출처 : 2006～2007년 '가계자원 조사' 데이터 및 2007 '지출 및 식품 조사'에서 추정한 소비세를 바탕으로 저자가 IFS 세금
　　및 혜택 마이크로시뮬레이션 모델 TAXBEN을 활용하여 구성하였다.

　이러한 예시적 개혁안은 현 조세·복지제도가 허용하는 세율 및 한도 변화에 한정
되어 있다. 더 복잡해지지는 않을 것이며, 만일 이러한 개혁안이 어려워 보인다면 다
른 대안을 생각해 볼 수 있다. 55세 이상에게 근로장려 세액공제를 확대하는 것
이다.[42]

　국민연금 연령이 되기 전에 일을 그만두고 은퇴 대신 장애수당을 선택하는 사람의
수가 많다는 점에 주의를 기울일 필요가 있다. 하지만 장애수당 설계는 이 책의 범위
를 넘어서는 것이다. 우리는 그저 생애주기상 중요한 이 시점에서 근로의욕을 높임

---

42) 현행 근로장려세도 이미 50세 이상을 대상으로 한 보너스가 있지만, 경제활동을 시작하게 된 사람들에게
　　1년에 한하여 지급하는 것이고, 2010년 6월 예산안은 이러한 보너스가 2012년 4월부터 없어질 것이라고
　　밝히고 있다. 근로장려 세액공제의 증가는 근로의욕을 아주 강화시키지는 않는다. 왜냐하면 그것은 2차
　　근로자의 근로의욕을 저해하고, 소득이 증가하면 세액공제가 점점 줄어듦으로 인해 높은 실효한계세율을
　　적용받는 사람의 수를 증가시키기 때문이다.

으로써 얻는 잠재적인 이득이 매우 크다는 것을 설명하고자 한다.

개혁의 포괄적 방향으로서 우리는 사람들이 노년기에 적용받는 조세 및 복지혜택의 이러한 변화가 은퇴 시기 사람들의 반응에 대해 우리가 알고 있는 바를 더 잘 설명할 수 있을 것이라 생각한다. 특히 계속해서 경제활동을 할 것인지를 가장 민감하게 결정하는 시기에 연금세액공제(pension credit)를 부여하여 실업수당을 높이는 것은 잘못된 것으로 보인다. 만일 재분배적 함의가 수긍 가능하다면, 현재 연금세액공제 수급 연령을 60세에서 66세(그 이상으로)로 높이기 위한 과정은 매우 옳은 방향일 것이다.

4.5 결론

세율표는 조세제도에서 가장 정치적인 부분으로, 평균적인 삶의 수준을 더 높이려는 것과 더 평등한 분배를 추구하는 것 사이의 상충관계에 대해 서로 다른 관점에서 논쟁이 발생하는 장이다. 우리는 사회가 바라는 재분배를 달성하기 위해 직접세와 복지혜택이 주된 역할을 하는 것으로 알고 있다. 그러나 그 제도가 얼마나 누진적이어야 하는지에 관한 제안은 일부러 하지 않겠다. 얼마나 더 누진적으로 또는 덜 누진적으로 도입될 수 있는지를 검토하는 것은 간단하다. 대신 우리는 근로의욕이 가장 중요한 부분에서의 근로의욕 저하를 최소화함으로써, 재분배를 달성할 때 효율성이 어떻게 극대화될 수 있는지에 중점을 두었다.

세율표를 설계하는 것은 어렵다. 이번 장에서 나온 모든 비판에도 불구하고, 영국 대부분의 사람들이 적용받는 전반적인 세율은 생각보다 나쁘지 않다. 거의 어느 누구도 실효한계세율이 100%를 넘지는 않는다(단, 항상 그런 것은 아니다). 더 민감하게 반응하는 집단에서 실효세율이 더 낮게 나타난다는 것은 사실이다. 그럼에도 불구하고 상당한 부분에서 개선의 여지가 있다.

소득이 늘어날수록 소득공제율을 축소시키는 체계를 없앰으로써 소득세 세율표는 단순해질 수 있다. 한계세율이 오르락내리락하는 형태는 불합리한 것임이 분명하다. 공제율을 축소하는 것은 이와 같은 불합리한 점을 대중이 보지 못하도록 숨겨 주는 역할을 한다.

최고소득계층의 소득세율을 정하는 깃은 징치적 선호에 달려 있다. 부자가 더 부유해지는 것에 대하여 가치를 둘 것인지, 거부할 것인지에 따라 달라지는 것이다. 세수 증가만을 중요하게 여긴다 하더라도 최고 세율이 어느 수준이 되어야 옳은 것인지에 대해서는 거의 알지 못한다. 하지만 과세기반의 확대가 없는 상황에서 추정치에 따르면, 세수 극대화를 위해서는 50%가 최고소득세율의 최고점이 될 것이라고 한다.

저소득층과 관련해서는 참여세율이 너무 높다는 의견이 있다. 즉 그들이 경제활동을 시작함으로써 얻는 이득이 너무 적다는 것이다. 이는 수급조건을 완화함으로써 해결될 수 있다. 우리는 한 가지 대안을 검토했다. 훨씬 더 많은 소득을 혜택 및 세액공제 수급조건에서 제외시키는 것, 이것을 1차 및 2차 근로자별로 다르게 책정하는 것, 세액공제 감소율을 낮추는 것, 그리고 근로장려세제를 확대하는 내용 등을 포함하는 대안이다.

이러한 접근법에는 큰 단점이 있다. 수급조건을 완화함으로써 소득을 높이고자 하는 근로가구의 의욕을 저해한다는 것 이상의 실제적인 부작용이 발생한다. 이는 비용이 소요되며, 결국 세금 증가(근로의욕 약화) 또는 복지혜택 감소(저소득층을 더 가난하게 만드는)의 혼합으로 충당할 수밖에 없을 것이다. 이러한 부작용도 괜찮다면, 고용률은 상당히 증가할 가능성이 있다. 상충관계는 정교한 균형을 이루고 있다.

우리는 확신을 가지고, 각각 다른 연령대의 자녀를 가진 가구와 은퇴 연령에 있는 가구들에게 영향을 미칠 수 있는 조세·복지제도를 제안한다. 근로의욕이 가장 민감하게 변하는 사람들의 근로의욕 저해 요소를 최소화함으로써 경제적 효율성을 향상시키는 개혁안이 존재한다. 특히 학교에 다니는 자녀를 가진 부모와 고령근로자의 근로의욕이 강화되어야 한다. 아마도 다른 집단의 근로의욕이 약화됨으로써 균형을 이루게 될 것이고, 이를 성취할 수 있는 방법들은 설명하였다.

소득과세로 인한 효과에 대해 우리는 여전히 많은 것을 정확히 알지 못한다. 특히 교육, 경력의 선택과 같은 장기적인 효과에 대해 잘 알지 못한다. 이는 중요하고, 무시해서는 안 되는 것일 수 있다. 예를 들어, 대부분의 사람들에게서 근로시간이 과세에 민감하지 않게 보일지라도, 그들의 세율을 경제적 손실 없이 무한정 올릴 수 있는 것은 아니다. 중요한 점은 사람들이 인센티브에 어떻게 반응하는지에 관하여 우리가 알고 있는 관한 지식(비록 어떤 경우에는 알고 있는 지식이 너무 부족하더라도)을 고려하여 제도 설계가 이루어져야 한다는 것이다.

개인 조세와 편익의 통합

제 4장에서는 근로유인(work incentive)을 개선시키기 위하여, 기존의 조세 및 편익체계(원문의 'benefit'을 '편익'으로 번역함. 이를 '복지급여'라고 생각하면 이해하기 쉬울 것임 ─ 역주) 내에서 세율과 소득 기준선(threshold, 과세 최저소득수준)을 어떻게 고칠 것인가에 대해 논의하였다. 본 장에서는 그러한 조세 및 편익체계의 구조에 대한 개혁을 다루고자 한다. 즉 소득과세를 집행하는 데 사용되는 여러 수단들에 대해 논의하고자 한다. 특히, 영국의 여러 직접세들과 편익제도들이 통합 가능한지, 그리고 어떻게 통합되어야 하는지에 관해 살펴보고자 한다.

우선, 소득에 대한 과세와 각종 편익들의 지급이 어떻게 실시되어야 하는지가 중요하다. 즉 소득에 대해 '어떻게' 과세하고, 각종 편익들을 '어떻게' 지급하는가가 중요한 문제이다. 왜냐하면 조세의 징수와 편익의 지급에 각종 비용들이 수반되기 때문이다. 정부가 각종 조세와 편익들을 행정적으로 집행하는 데는 여러 비용(이를 '조세행정비용'이라고 한다.─역주)이 수반되고, 또한 납세자들과 편익 수령자들을 처리하는 데에도 여러 비용(이를 '조세순응 및 협력비용' 또는 '편익 수령비용'이라고 한다.─역주)이 든다. 이러한 비용들은 최소화하는 것이 필요하다.

또한 사람들이 조세를 납부하고, 편익을 수령받도록 하는 데 있어 효과적인 전달은 필수적이다. 탈세와 조세회피, 편익의 부정수급, 정부나 개인들에 의해 저질러지는 사소한 실수들, 사회보장혜택의 비(非)수령 등은 당초 제도 설계를 통해 기획되었던 조세 및 편익체계가 현실에서 효과적으로 실시되지 못하게 하는 주요 요인이 된다.

이러한 유형의 마찰들은 어느 정도까지는 측정될 수 있다. 예를 들면, 영국 정부는 최근 이러한 유형의 마찰들에 대한 추정치를 다음과 같이 보고하였다.

- 정부가 근로자들에게 각종 편익과 세액공제 명목으로 지급하는 1파운드당 약 4페니가 행정비로 지출된다. 또한 정부가 소득세와 국민보험기여금(NIC) 1파운드를 징수하는 데 각각 1.24페니와 0.35페니의 비용이 든다.[1]

- PAYE(Pay-As-You-Earn, 원천과세제도) 제도를 운영하는 데 고용주는 1파운드 지급에 약 0.6페니의 비용이 든다.[2] 그러나 과세액을 스스로 산정하는(self assessment, 신고 납부제도) 개인들이 부담하는 납세순응비용은 정확히 알 수 없지만 아마 이보다 더 높을 것이다.[3]

- 소득세, 국민보험기여금 그리고 자본이득세로부터 징수되는 조세수입 1파운드당 5.4페니 정도가 탈세, 조세회피, 실수 등으로 상실된다. 반면에 사회보장 혜택과 세액공제의 경우 부정수급과 실수 등으로 1파운드당 3페니가 과잉지급되고, 1페니가 과소지급된다.[4]

- 가계 자산소득 조사에 의한 사회보장 혜택과 세액공제의 경우 1파운드당 20페니 정도가 수혜대상 가계의 미신청으로 지급되지 않고 있다.[5]

그러나 조세 및 편익체계의 전달 체계를 단순하게 유지하는 것은 그 효과를 측정

---

1) 출처 : Department for Work and Pension(2010b)와 H. M. Revenue and Customs(2009) 참조. 편익과 세액공제에 대한 수치들은 근사치들이다. 이들 제도의 행정에 지출되는 금액들은 반올림한 것이기 때문에 영국 국세청(HMRC)의 행정비용은 최저치를 나타낸다. 행정비용은 주택 수당과 지방세 공제의 전부를 포함하고 있지만, 편익에 대한 지출의 경우 근로연령 수령자들에 대한 지급만 포함하고 있다.

2) 출처 : PAYE를 운영하는 데 드는 비용은 H. M. Revenue & Customs(2010c) 참조. 또한 PAYE에 대한 총수령액은 H. M. Treasury(2010b) 참조.

3) 편익과 세액공제를 청구하는 개인들이 부담하는 비용은 이제까지 수량화된 적이 없다. 그러나 이에 대한 논의를 보려면 Bennett, Brewer & Shaw(2009) 참조.

4) 출처 : H. M. Revenue and Customs(2010a, 2010d)와 Department for Work and Pensions(2010c) 참조. 실수와 사기에 의한 세액공제 과잉지급과 과소지급은 세액공제 제도의 일반적인 운영 과정에서 발생하는 과잉지급과 과소지급과는 큰 차이가 있다. 이에 대해서는 5.3.2절에서 논의할 예정이다.

5) 이는 Department for Work and Pensions(2010a)와 H. M. Revenue and Customs(2010b) 자료를 이용하여 저자가 계산한 것이다.

|글|상|자| 5.1 　　　　　영국의 PAYE(원천과세제도)

PAYE(Pay-As-You-Earn)제도는 소득으로부터(또한 사적 연금과 직장 연금으로부터) 소득세를 원천징수하는 것을 의미하며, 이는 다른 국가의 일반적인 원천징수제도와 달리 국제적으로 특이한 측면이 있다. 왜냐하면 PAYE는 '정확한 누적 공제'를 포함하고 있기 때문이다. 다시 말하면, 매주 또는 매달의 조세액을 계산할 때 고용주는 당해 기간 동안의 소득뿐만 아니라 과세 연도 전체의 소득도 고려하기 때문이다. 총 누적 소득에 대해 조세액이 계산되고 지금까지 납부된 조세는 공제되며, 그 결과 이번 주 또는 이번 달 조세액이 계산된다. 누적 제도(cumulative system)라는 말은 '과세 연도 말에 정확한 조세액이 공제되었어야만 한다'는 것을 의미한다. 반면에 비(非)누적 제도하에서는 이번 주나 이번 달의 소득만 고려되기 때문에 연말 정산이 필요하다.

영국에서 소득세수(所得稅收)의 약 85% 정도가 PAYE를 통해 징수된다.[a] 다른 소득 원천들(예 : 은행 이자)에 대한 조세는 PAYE보다 더 단순한 원천 징수 제도를 통해 징수된다. '단순 원천징수제도'란 "당해 소득에 대해서는 복수의 세율체계 중 높은 세율이 적용되지 않는다"라는 가정하에서 운영되는 것을 말한다. 좀 더 복잡한 과세 문제를 가진 사람들 – 자영업자, 고소득자, 회사의 중역, 지주 등 – 은 과세 연도 말이 지난 후 자신이 작성한 소득세 신고서(self-assessment tax return)를 기재하여 국세청에 제출해야만 한다. 자진납부 소득세 신고서가 국세청에 제출되면 이를 바탕으로 영국 국세청(HMRC)은 조세액을 계산한다.

PAYE는 그동안 잘 운영되어 왔으며, 영국 납세자들 중 2/3에 대하여 소득세 신고서를 제출할 필요성을 없애 주었다. 그러나 소수의 경우에 잘못된 금액이 원천징수되고 있다. 이러한 경우는 대개 사람들이 특정 기간 동안 한 가지 이상의 PAYE 소득 원천을 가지고 있거나(예 : 특정 기간 동안 한 가지 이상의 직업이나 연금소득을 가지고 있는 경우), 그들의 상황이 자주 바뀌거나, 연말에 임박하여 바뀌는 경우에 발생한다. 이러한 경우, 나중에 조정(정산)하는 데 문제가 될 수 있다. 이러한 이유로 영국 정부는 'PAYE 현대화 계획'에 착수하였다.[b]

반면에 근로소득을 기초로 납부하는 국민보험기여금은 1년 단위로 시행되는 제도가 아니다. 따라서 국민보험기여금 납부액은 각 봉급 기간 동안 별도로 계산된다. 그 결과 누적제도의 적용을 받지 않고, 또 연말 조정(정산)도 불필요하다.

---

a) 출처 : H.M. Treasury, 2010b, Table C11.
b) 'PAYE 현대화 계획'에 대해서는 H.M. Revenue and Customs(2010c, 2010e) 참조. PAYE 제도의 평가에 대해서는 Shaw, Slemrod, & Whiting(2010), Highfield(2010), Mace(2010) 등을 참조.

하기 어렵지만 여러 가지 이유로 매우 중요하다. 투명성(transparency)은 그 자체로 하나의 중요한 장점이다. 일반적으로 사람들은 자신이 한 결정이 어떠한 결과를 초래하는지 잘 이해하는 것이 바람직하기 때문이다. 또한 투명성은 근로유인을 효과적으로 증진시키는 역할을 수행할 수 있다. 사람들이 자신이 하는 일을 변화시킬 때 발생하는 금전적 결과를 제대로 이해하지 못한다면, 근로유인체계가 아무리 신중하게 설계되더라도 그 중요성이 떨어지게 된다. 정책 수단들의 조합을 단순화함으로써 통일성 있는 정책 설계를 하는 것이 좀 더 용이하게 될 수 있다. 정책결정자들도 역시 인간이다. 조세 및 편익체계가 서로 복잡하게 얽혀 있는 경우 좋은 의도로 실시한

개혁이 의도하지 않은 결과를 초래할 수 있고, 그 결과 각종 변칙과 불합리한 세율구조가 초래될 수 있다. 잘 설계된 수단들이 이용하기에도 더 편리할 것이다.

소득과세를 올바르게 실시하기 위한 체계를 평가하는 데 적용될 수 있는 몇 가지 기본 원칙들이 있다. 대표적인 원칙들을 열거하면 다음과 같다.

- 투명성을 최대화한다. 즉 가능한 한 적은 프로그램으로, 그리고 가능한 한 단순한 형태로 운영하며 사람들은 얼마를 지불하고 또는 얼마를 받는지 알아야 한다(즉 어떻게 계산되는지 이해해야 한다).
- 측정되거나 계산되는 내용 및 사항의 수를 최소화한다. 소득과 소득의 산정기간 등에 대한 다양한 정의를 가능한 한 피한다.
- 정보 제공과 처리 과정의 중복을 최소화한다. 여러 가지 조세 및 편익, 세액공제 등을 위하여 동일한 소득 정보를 각각 수집하지 않는다.
- 가능하면 소수의 대리인들과 일을 처리한다. 근로자들을 일일이 상대하기보다 그 종업원의 고용주와 일을 처리하는 것이 더 쉬울 것이다.
- 사람들이 가능하면 동일한 기관을 상대하거나, 심지어 동일한 공무원들을 상대하도록 한다.
- 가능한 한 신뢰할 수 있는 시장거래들로부터 필요한 정보를 획득한다. 자진 소득신고보다 월급 명세서를 사용한다.[6]
- 프로그램들 간의 격차를 최소화한다. '실업 급여의 지급 중지'와 '취업 장려금의 지급 개시' 간의 지연을 가능한 한 줄인다.
- 사정이 어려워 특별 지원을 신청해야 하는 소수의 사람들이 낙인효과에 시달리지 않도록 이들이 구분되는 것을 피해야 한다.

이러한 지침들은 세부적인 수준에서 이루어지는 정책설계 단계에서 유용한 정보를 제공해 줄 수 있다(여기서 세부적 수준에서의 정책설계에 대해서는 논의하지 않을 것이다.) 그러나 이 원칙들로부터 다음과 같은 한 가지, 좀 더 '일반적인 결론'을 직접적으로 유도해 낼 수 있다. 즉 별개로 운영되고 있는 유사한 프로그램들을 단일 프로그램으로 통합하라는 것이다. 현재 영국에는 너무 많은 조세들, 각종 세액공제들, 과다한 편익제도들이 있으며, 이들은 매우 비슷한 목표를 달성하기 위해 도입되었다. 이러한

---

6) 탈세 방지책으로 '제3자에 의한 모니터링 제도'가 가지는 중요성에 관해서는 Kleven, Kreiner & Sacz (2009a) 참조.

복잡성은 사람들(납세자들)이 영국의 조세 및 편익체계를 이해하고 순응하기 어렵게 만드는 요인이 되고 있으며, 또한 정부가 조세 및 편익체계를 집행하기 어렵게 만드는 요인이 되기도 한다. 또한 복잡성은 통일성 있는 설계와 바람직한 결과를 달성하는 데 장애가 되는 요인이기도 하다. 단순히 조세 및 편익체계가 가지고 있는 프로그램의 수만 줄여도 위에서 열거한 거의 모든 기준들을 동시에 개선시킬 수 있다. 이러한 배경하에서 이제 본 장은 (i) 조세체계의 여러 부분들을 통합시키는 방안, (ii) 편익체계와 세액공제제도의 여러 부분들을 통합시키는 방안, 마지막으로 (iii) 조세체계와 편익체계를 통합시키는 방안 등에 관해 자세히 논의할 예정이다.

5.1 소득세와 국민보험기여금[7] : 조세체계의 통합

영국이 현재 소득에 대해 부과하는 두 가지 조세로는 '소득세'와 '국민보험기여금(NIC)'이 있다. 비록 기원은 다르지만 현재 두 조세는 매우 유사하다. 두 제도를 별도로 운영함으로써 얻어지는 이점은 거의 없고, 다만 두 제도가 결합해서 나타나는 효과에 대한 투명성을 약화시킨다. 또한 두 제도의 별도 운영은 고용주들에게 추가적 부담을 가져다준다. 예를 들면, 고용주들은 소득을 두 조세의 정의에 따라 별도로 계산해야 하고, 증빙 보관을 이중으로 해야 하는 등 여러 가지 부담을 추가적으로 야기한다. 따라서 두 조세를 **통합**해야 할 분명한 이유가 존재한다. 두 조세가 통합되더라도 두 조세 간의 나머지 차이들이 바람직하다면 유지될 수 있다. 예를 들면, 현재한 가지 유형의 조세만 부과되고 다른 유형의 조세가 부과되지 않는 품목들에 대해서는 지금보다 더 낮은 세율로 '통합된 조세(combined tax)'가 부과될 수 있다. 그러나 두 조세의 **통합 필요성**은 현재 두 조세 간의 대부분의 차이가 '불합리'하다는 것을 잘 나타내며, 또 그러한 불합리한 차이들을 제거할 수 있는 기회를 제공해 준다. 예를 들면, 한 가지 조세는 각 개인의 봉급 수령 기간에 벌어들인 소득에 대해 부과하고, 다른 조세는 전체 기간 동안의 소득에 대해 부과하는 것은 분명히 불합리하다.

그동안 영국의 여러 정부들은 소득세와 국민보험기여금의 통합을 거부해 왔다.[8]

---

7) 본 절의 논의는 Adam & Loutzenhiser(2007)의 연구에 크게 의존하였다. 특히 Adam & Loutzenhiser(2007)는 이러한 문제들에 관해 자세히 논의하였고, 관련된 참고문헌들을 제시하고 있다.
8) 본서가 마무리될 무렵 영국 정부는 '소득세와 국민보험기여금(NIC)의 운영을 통합하는 개혁안의 범위, 단

주된 이유는 소위 '기여 원리(contributory principle)'에 있다. 즉 국민보험은 '사회보험'의 형태를 띠고 있으며, 기여금(보험료)은 곧 '급부금 수령 권리'를 창출해 낸다. 확실히 국민보험기여금은 특정 급부금 수령 권리에 대한 대가로 지급하는 금액을 말한다. 그러나 실제로 기여금과 급부금 수령 권리 간의 관계는 이제 거의 없어질 정도로 약화되었다. 국민보험에 대한 기여금은 소득이 증가함에 따라 증가하지만, 급부금 수령은 그렇지 못하다. 단연 가장 큰 국민보험 급부금은 '국가연금'이다. 현재 영국에 거주하기만 하면 완전기초연금(full basic pension)을 받는 것은 어려운 일이 아니다. 실업자들, 환자들, 어린이를 키우는 사람들은 기여금 공제를 받을 수 있고, 최근에 30년간의 기여금 납부만으로도 완전연금(full pension) 수령이 가능하도록 관련법이 변경되었다. 그 결과, 영국 정부는 2025년에 국가연금 수령 연령에 도달하는 사람들의 90%가 완전연금 수령이 가능하다고 추정하고 있다.[9] 완전급부혜택(full contributory benefit)을 받을 수 없는 사람들은 종종 '가계 자산소득 조사에 의한 편익들'을 통해 완전히(또는 거의 완전히) 보상받을 수 있다. 추가적으로 지급하는 국민보험 급부금의 증가액도 매우 작은 편이다. 따라서 '사회보험제도'의 도입 필요성이 존재한다. 영국은 아직까지 그러한 사회보험제도를 운영하고 있지 않은 실정이다.

이 문제는 매우 중요하다. 만약 국민보험(NI)이 진정한 '사회보험'이라면(즉 추가적 기여금이 추가적 급부금을 가져다준다면) 소득세와 **별도로** 국민보험제도를 유지할 필요가 있다. 또한 국민보험제도가 근로유인과 노동공급에 미치는 효과를 다른 측면에서 분석할 필요성이 있다. 왜냐하면 국민보험(NI)이 조세라기보다는 보험이나 저축 수단으로 이용될 가능성이 크기 때문이다. 그러나 우리가 속한 현실은 이와 다르다.

두 제도의 '통합'은 두 가지 혜택을 가져다준다. 두 제도의 통합은 (i) 행정비용과 순응비용을 낮추어 줄 뿐만 아니라 (ii) 투명성을 증가시켜 준다. 전자의 효과는 클 것으로 생각되지만 그 효과를 수량화하기는 어려울 것이다.[10]

계, 시기 등'에 관해 심의할 것이라고 발표하였다(H. M. Treasury, 2011). 본서의 저술 당시에 그러한 개혁안이 무슨 내용을 포함할지는 분명하지 않았다. 그러나 여기서 중요한 것은 '소득세와 국민보험기여금의 운영'이라는 표현에 있다. 이는 그러한 개혁안이 초기에는 '근본적인 통합(fundamental integration)'보다는 '운영상의 문제들(operational matters)'에만 한정될 것이라는 것을 내포하고 있다.

9) 이에 대해서는 H. M. Treasury(2007) 참조.

10) 예를 들면, KPMG가 정부에 제출한 보고서(KPMG, 2006)에 따르면 소득세에 더하여 고용주가 부담하는 NIC 비용은 연간 1억 7,900만 파운드에 이를 것이라고 추정하였다. 그러나 이 보고서는 협의의 비용만 고려하고 있다. 왜냐하면 KPMG 보고서에는 고용주들의 의무와 조세설계와 관련된 비용들이나 종업원들, 자영업자들, 그리고 정부가 부담하는 비용들은 제외되어 있다. 좀 더 자세한 내용을 보려면 Adam & Loutzenhiser(2007)와 Shaw, Slemrod & Whiting(2010) 참조.

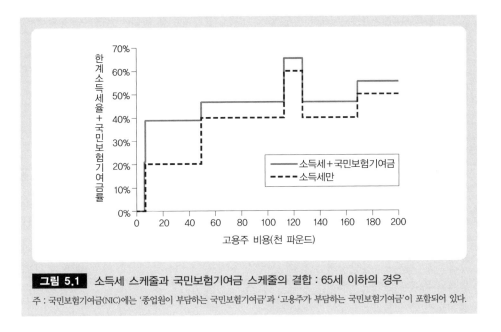

그림 5.1 소득세 스케줄과 국민보험기여금 스케줄의 결합 : 65세 이하의 경우

주 : 국민보험기여금(NIC)에는 '종업원이 부담하는 국민보험기여금'과 '고용주가 부담하는 국민보험기여금'이 포함되어 있다.

  사람들의 소득에 대해 실제로 적용하는 조세 스케줄(tax schedule)은 소득세와 국민보험기여금의 결합으로 나타난다. 따라서 제도의 투명성을 위해서는 소득세와 국민보험기여금의 '결합 스케줄(combined schedule)'을 대상으로 논의되어야 한다. 정치인들이 소득세와 관련하여 현재 20%의 기초세율, 40%의 고세율, 50%의 추가 세율이 적절한지를 논의할 때, 그들은 일반 사람들에게 '진정한 세율 스케줄(rate schedule)이 소득세율에 국민보험기여금을 합친 것'이라는 것을 상기시키지 않을 것이다. 2010~2011년 현재 공개적 논의에서 '종업원이 부담하는 국민보험기여금'을 포함한 세율이 31%, 41%, 51%라는 논의를 거의 들어 본 적이 없을 것이다. 또한 공개적 토론과정에서 '고용주가 부담하는 국민보험기여금'의 효과나 '자영업자들에게 적용되는 상이한 세율 스케줄'에 대해서도 거의 들어 본 적이 없을 것이다. 왜냐하면 국민보험기여금률(NIC rates)은 거의 무시된 채(예 : 종업원들이 부담하는 국민보험기여금률이 11%에서 1%로 하락하는 경우) 오직 '헤드라인 소득세율'(예 : 헤드라인 소득세율이 20%에서 40% 또는 50%로 인상되는 경우)에만 초점이 맞추어져 있기 때문이다. 그 결과, 상위 소득계층에 대한 누진도가 자주 과장되곤 한다. 〈그림 5.1〉은 '소득세율만의 경우'와 '소득세율+종업원이 부담하는 국민보험기여금률+고용주가 부담하는 국민보험기여금률의 경우(즉 **결합 실효세율**)'를 보여 주고 있다. 두 세율 간의 격차가 고소득층보다 저소득층에서 훨씬 더 크다는 것을 알 수 있다. 〈그림 5.1〉에서 두 세율을 나타내는 선은 아주 다른 인상을 보여 주고 있다.

아쉽게도 영국의 여러 정부들은 현재의 조세체계에서 투명성 부족을 부정적 요소가 아닌 긍정적 요소로 볼 수도 있을 것이다. 두 제도의 '분리'가 혼란을 초래할 수 있음을 보여 준 사례가 바로 영국 노동당의 2001년 총선 메니페스토(manifesto)였다. 당시 노동당은 총선 공약으로 소득세율을 인상시키지 않겠다고 약속했지만, 국민보험기여금(NIC)에 대해서는 그러한 공약을 하지 않았다. 당시 노동당은 재집권에 성공했지만, 선거 후 첫 번째로 발표한 예산안에서 국민보험기여금률의 전면적인 인상을 신속하게 발표하였다. 당시 노동당 정부가 과연 다음 두 가지 문제를 심사숙고한 후 결정했는지 믿을 수가 없다. 즉 (i) 근로소득(소득세와 국민보험기여금의 부과대상)에 대한 세율만 인상시켜야 하며 근로소득이 아닌 다른 소득(즉 소득세만 부과되는 대상)에 대한 세율을 인상해서는 안 된다고 생각했는지, 그리고 (ii) 의도적으로 총선 메니페스토가 전자는 가만히 둔 채 후자만 약속하였는지는 의문이다. 그러한 의도는 선거 캠페인 기간 동안 시민들에게 분명하게 전달되지 않았다. 이중성, 불합리성, 의사소통의 부족 등이 그 원인일지 몰라도 다시는 그러한 과오를 되풀이하지 말아야 한다.

또한 소득세와 국민보험기여금의 '분리'는 결합 세율 스케줄(combined rate schedule)이 합리적으로 제 기능을 발휘하는 데 하나의 장애가 된다. 예를 들면, 단순 결합 세율 스케줄은 소득세와 국민보험기여금에 대한 면세점(thresholds, 과세 최저소득수준)을 일치시킬 수 있으며, 그 결과 상이한 세율이 적용되는 소득의 구간(band) 수를 최소화시킬 수 있다. 영국의 경우 다년간에 걸친 점진적인 수렴과정을 거친 후 소득세와 국민보험기여금에 대한 면세점의 일치가 마침내 2007년 예산안에서 발표되었다.[11] 그러나 이러한 조치는 2008년 4월에 실시되고 나서 몇 주가 지나지 않아 철회하는 것이 정치적으로 편리한 상황에 이르렀다. 이에 따라 영국 정부는 '10% 세율 부과' 폐지로부터 손해를 보는 사람들을 보상하기 위하여 국민보험기여금에 대한 면세점은 그대로 둔 채 소득세 공제액만 인상시키기를 원했다. 그 후 추가적인 변경 조치들이 계속 발표되었으나, 2011년 4월부터 소득세, 종업원이 부담하는 국민보험

---

11) 그러나 그러한 면세점의 일치에는 두 가지 커다란 제약조건이 붙어 있다. 첫째, 여전히 NIC에 대한 주당 면세점과 연간 소득세 산정에 필요한 면세점 간의 일치에만 한정되며, 둘째 두 조세(즉 소득세와 NIC)는 여전히 다른 과세기반에 대해 부과된다.

기여금, 고용주가 부담하는 국민보험기여금 모두가 상이한 소득수준에서 부과되기로 예정되어 있다(본서는 2011년 초에 출간됨-역주). 따라서 소득세와 국민보험기여금에 대한 면세점의 일치를 폐지한 것은 정치적으로는 편리했을지 모르지만 두 조세의 '진정한 통합'을 가로막게 되었다.

소득세와 국민보험기여금이 근본적으로 같다는 점에서 두 제도의 '통합'에 의해 투명성과 행정적 간편성은 분명히 증가될 것이다. 특히 두 제도의 과세기반 간 차이는 통합의 필요성을 더욱 높일 것이다.

소득의 일부 범주들에 대해서는 소득세만 부과되고, 국민보험기여금은 부과되지 않는다(또는 고용주가 부담하는 국민보험기여금만 부과된다). 그러한 소득 범주들로는 저축 소득, 일부 국가 급부금(state benefits, 실업이나 질병에 대해 지급하는 급부금), 대부분 매매 불가능한 보상금, 군인 하사금, 국가연금 수령 연령을 초과한(또는 16세 이하의) 사람들이 벌어들인 소득과 그들의 연금소득 등이 있다.[12] 이러한 소득 범주들에 대해서는 사실상 '중간 세율(intermediate tax rate)'로 과세된다. 즉 0%보다 높거나 보통 소득에 부과되는 완전 세율(또는 결합 세율)보다 낮은 세율로 부과된다. 이러한 중간 세율은 적절할지도 모른다. 예를 들면, 제4장에서 제시했듯이 노령 근로자들에 대해서는 완전 세율보다 낮은 세율이 부과되는 것이 바람직할 수도 있다. 그러나 실제로 중간 세율의 부과는 대부분의 경우 정당화되기 어렵다.[13] 또한 현재 중간 세율 수준은 다른 이유로 결정된 우연적인 부산물이며, 소득세보다 국민보험기여금의 인상이 정치적으로 더 쉽다는 잘못된 믿음에 근거를 두고 결정된다.

중간 세율 수준은 소득세와 국민보험기여금 중 '한 조세는 부과되지만 다른 조세가 부과되지 않는' 유형의 소득에 대해 적용되는 것으로서 이는 조세체계의 의도하지 않은 특징일 뿐만 아니라 매우 불투명한 특징이기도 하다. 만약 일부 소득 유형에 대해 중간 세율이 부과된다면 그러한 부과는 명백하게 이루어져야 한다. 단일 통합세(single integrated tax)가 이러한 목표를 달성할 수 있을 것이다. 단일 통합세는 각 소득 유형이 완전 세율로 부과되어야 할지, 전혀 부과되지 않아야 할지, 또는 중간 세율로 부과되어야 할지에 관한 공개적 토론을 유발할 것이다. 중간 세율의 수준과

---

12) 이와 유사하게 일부 항목들에 대해서는 소득세가 공제되지만 NIC는 공제되지 않는다. 예를 들면, 종업원이 부담하는 연금기여금, 고용주에게 상환되지 않는 고용 관련 경비들, 사업 및 사적 용도로 사용되는 사업용 자산, 연예인들의 대리인 비용 등에 대해서는 소득세가 공제되지만 NIC는 공제되지 않는다.
13) 저축과 연금에 대해 적용되는 적정 조세체계에 대해서는 제14장에서 논의할 예정이다.

적용 범위는 그 실체가 불투명하기 때문에 현재 거의 논의되지 않고 있다.

소득세와 국민보험기여금 간의 가장 두드러진 차이는 국민보험기여금이 종업원들에 대해서뿐만 아니라 고용주들에 대해서도 부과된다는 점이다. 앞 장들에서 법과 용어 면에서 나타나는 이러한 차이가 경제적 측면에서 보면 거의 중요하지 않음을 설명한 바 있다. 두 조세는 모두 소득에 대해 부과되고, 사람들을 고용하는 '고용주'가 부담하는 비용과 고용된 '종업원'이 실제로 가져가는 봉급(take-home pay, 세금 등을 빼고 실제 손에 들어오는 급료) 간의 격차를 발생시킨다. 총조세격차가 일정하게 주어져 있다면 고용주의 비용과 종업원의 봉급은 장기적으로 노동시장에서의 수요와 공급에 의해 결정된다.

고용주세와 종업원세의 별도 운영은 우선 조세행정비(administrative costs)와 순응비용(compliance costs)을 증가시킨다. 또한 고용주세와 종업원세를 별도로 운영함으로써 총조세격차의 규모를 감추는 결과를 초래하고, 전체적인 세율 스케줄의 적절한 형태에 대한 올바른 논의를 방해하기도 한다. 마지막으로 고용주세와 종업원세의 별도 운영은 사람들이 고용주세를 근본적으로 다르게 취급하도록 하거나, 아니면 전적으로 무시하도록 하는 역할을 한다. 따라서 고용주 기여금을 단계적으로 완전히 폐지할 필요성이 존재하고, 소득세와 종업원 국민보험기여금으로 통합하여 개인에게 단일세(single tax)를 부과해야 한다.[14] 만약 우리가 현재 고용주세와 종업원세를 별도로 운영하고 있지 않다면 이들을 새로이 도입할 필요는 없을 것이다.

그러한 변화는 고통을 수반할 것이다. 하룻밤 사이에 고용주세에서 종업원세로의 전환에 따른 즉각적인 효과로 종업원들의 봉급이 감소하고 고용주들의 이윤은 증가할 것이다. 종업원들의 봉급과 고용주의 비용을 이전 수준으로 회복하기 위하여 궁극적으로 소득이 증가할 것이다. 그러나 이것이 이루어지려면 오랜 시간이 걸릴 것이다. 그러한 변화가 쉽게 이루어지려면 실시 이전에 관련 변화 내용을 미리 발표 및 홍보할 필요성이 있으며, 그러면 소득이 그러한 변화와 병행하여 조정될 것이다. 실제로 정부는 이러한 과정을 통해 고용주와 종업원들에게 개혁조치를 상쇄하기 위하여 어떠한 소득 조정이 필요할지를 분명히 알려 줄 수 있다. 그러나 이 과정에서

---

14) 소득세와 종업원 NIC의 형식적(명목적) 부담과는 무관하다. 즉 소득세와 종업원 NIC는 고용주에 대해 부과되는 단일세(single tax)로 통합될 수 있다. 그러나 개인의 총소득에 대해 '누진세'를 부과하기를 원한다면 이것은 작동되지 않을 것이다. 왜냐하면 어떤 사람이 한 가지 이상의 소득원(예 : 두 번째 직업으로부터 생기는 소득이나 저축으로부터 발생하는 소득 등)을 가지고 있다면 소득 중 어느 부분에 대해 조세를 부과해야 할지를 결정하기 어렵기 때문이다.

여전히 마찰이 발생할 수 있다. 특히 만약 고용주들이 개혁조치를 이용하려고 한다는 인식이 있다면 종업원과 고용주 사이에 마찰이 발생할 수 있다.

또한 새로운 제도가 현재의 제도보다 더 단순하지만, 이를 달성하는 데 필요한 변화들은 결코 단순하지 않을 것이다. 예를 들면, 12.8%의 고용주 국민보험기여금의 폐지를 상쇄시키기 위하여 단순히 종업원 국민보험기여금을 12.8%p 인상시킨다고 해서 되는 것은 아니다. 고용주에 의한 국민보험기여금이 현재의 제도에 부합되는 방식 때문에(특히 동시적으로 부과되는 것이 아니라 순차적으로 부과되는 경우를 말하며, 이 두 가지 방식 간의 차이는 5.3.2절에서 논의될 예정) 세율이나 편익 수급과 관련한 소득기준선에 대해 다양한 변화가 필요할 것이다.[15] 또한 최저임금과 일부 국가 급부금 등에 대한 조정도 고려되어야 한다.

만약 그러한 변화의 어려움들이 매우 크다면 **별도의 고용주세를 그대로 둔 채** 소득세와 종업원 국민보험기여금을 통합할 수 있을 것이다. 그러나 고용주세를 그대로 유지함으로써 통합이 가져다주는 여러 혜택들을 포기해야 할 뿐만 아니라 다른 대가도 지불해야 한다. 그러한 대가는 고용소득에 영향을 미치기 때문에 필연적으로 조세체계 전체에 대해서도 영향을 미칠 것이다. 예를 들면, 영국 정부가 고용소득만이 아니라 '모든 유형의 소득들'에 대해 **동일한 총조세 스케줄을** 부과하려 한다고 가정해 보자(이는 우리가 주장하는 내용이기도 하다). 고용소득은 현재 자영업 소득과 자본소득(또는 자본이득)보다 더 높은 세율로 과세되고 있다. 이는 국민보험기여금이 근로소득에 대해서만 부과되기 때문이다. 모든 유형의 소득에 대해 동일한 총세율 스케줄이 적용되려면 국민보험기여금(또는 이와 유사한 기여금)도 다른 유형의 소득에 대해 부과되어야 한다. 이것이 종업원 국민보험기여금에 대해 어떻게 달성되는가를 보는 것은 어려운 일이 아니다. 기여금 부과대상 소득범위를 간단히 확대하기만 하면 된다. 고용주 국민보험기여금에 대해 '통합세'가 부과된다면 이와 동일한 절차가 적용될 수 있다. 그러나 만약 고용주 국민보험기여금이 별도의 조세로서 유지된다면 그러한 절차는 고용소득에만 적용될 수 있다. 고용소득과 동일한 조세부과를 위하여 자본소득과 자영업 소득 등에 대해서도 고용주 국민보험기여금과 유사한 추가적 조세

---

15) 특히 Adam & Loutzenhiser(2007, p. 25)는 9개 정도의 조정을 제시하였다(지금은 이보다 더 많을 것이다). 그러나 주된 변화는 고용주 NIC에서 종업원 NIC로의 전환이었다. 만약 (i) 소득세 면세점과 NIC 면세점을 분리하지 않는다면(즉 소득세 면세점과 NIC 면세점을 통합한다면), 또한 (ii) 세액공제가 세전(稅前) 소득이 아니라 세후(稅後) 소득을 기초로 산정된다면(이러한 양자의 변화는 본 장에서 제안된 것이다) 훨씬 더 적은 조정이 필요할 것이다.

들이 부과되어야 한다. 이러한 변화는 조세체계에 추가적 복잡성을 더해 줄 뿐만 아니라, 정치적으로도 매력적이지 못할 것이다. 이것이 고용주 국민보험기여금을 점차적으로 폐지하고, 그 대신 소득세를 인상하는 방안보다 더 매력적인 것인지는 논쟁거리이다.

재정 순수주의자들(fiscal purists)은 별도의 고용주 급료세(payroll tax)가 없는 조세체계를 더 선호할 것이다. 왜냐하면 그러한 조세체계는 그 자체로 더 단순할 뿐만 아니라 조세체계 전체의 통일성을 달성하기가 더 쉽기 때문이다. 또한 정치적 실용주의자들(political pragmatists)은 그러한 조세체계가 더 안정적이라고 생각할 것이다. 그러나 고용주 국민보험기여금의 별도 유지 여부와 관계없이 소득세와 국민보험기여금의 **통합** 필요성은 그 형태가 어떠하든 매우 크다.

5.2 편익체계의 통합

다음으로 편익체계(benefit system)와 세액공제체계(tax credit system)의 통합 문제를 살펴보기로 하자. 편익체계와 세액공제제도는 소득세와 국민보험기여금보다 더 복잡하고 중복된 프로그램들이다. 현재 영국에서 저소득 가계들을 지원하기 위한 프로그램들에는 소득 보조, 소득에 기반을 둔 구직자 공제, 소득에 기반을 둔 고용 및 원조 공제, 주택 수당, 지방세 공제, 연금 공제, 근로세액공제, 자녀세액공제 등이 있다. 이러한 프로그램들은 아동수당, 국가연금, 겨울연료보조, 기여금에 기반을 둔 구직자 공제, 신체장애자 생활비 지원, 간호자 공제, 기여금에 기반을 둔 고용 및 원조 공제 등과 함께 지급된다. 많은 가계들은 이들 중 여러 프로그램을 동시에 청구하기도 한다.

수많은 프로그램들이 존재함으로써 다음과 같은 세 가지 문제점들이 발생한다. 첫째, 편익체계 전체에 대한 합리적인 구조를 달성하기 더욱 어렵다. 예를 들면, 여러 가지 가계 자산소득 조사들 간의 상호작용 때문에 일부 사람들의 소득에 대해 매우 높은 실효세율(effective tax rate)이 부과될 수 있다. 또한 다른 프로그램들에 대해 다른 세부 규칙들이 적용된다. 예를 들면, 근로가 어떻게 정의되고, 소득이 어떻게 측정되는지 등에 대해 다른 규칙이 적용된다. 여러 지원 프로그램들을 청구하거나, 어느 한 프로그램에서 다른 프로그램으로 이동하는 사람들만을 다루기 위한 복잡한 규칙들도 있다.

둘째, 과다한 프로그램들로 인한 또 다른 결과는 다음과 같다. 너무 많은 프로그램들 때문에 종종 사람들은 무슨 프로그램을 신청해야 할지, 또는 자신들의 상황이 달라지는 경우 무엇을 신청할 수 있는지에 관해 모르는 경우가 있다. 많은 가계들이 현재 실직상태에서 임금이 낮은 근로활동으로 이동하는 경우 여전히 주택 수당이나 지방세 공제 등을 신청할 수 있는지에 대해 알지 못하고 있다.[16] 따라서 사람들은 실제보다 과다하게 수급권 상실을 인식함에 따라 근로의욕을 잃게 된다. 많은 취업자들이 주택 수당과 지방세 공제를 청구할 수 있다는 사실을 모르고 있기 때문에 지원제도가 애초에 의도한 수령자들 중 제한된 비중에 대해서만 제공된다. 영국의 경우 주택 수당을 받을 수 있는 근로가계들 중 약 절반만이 주택 수당을 청구하고 있다. 반면에 비(非)근로가계들의 경우 90% 이상이 주택 수당을 신청하고 있다.[17] 이와 유사한 문제들이 다른 경우에서도 발생한다. 예를 들면, 사람들은 자녀가 없는 경우에도 근로세액공제(Working Tax Credit)를 청구할 수 있다는 사실과 비교적 소득수준이 높은 사람들도 자녀세액공제(Child Tax Credit)를 신청할 수 있다는 사실을 모르고 있다.[18]

마지막으로, 상이한 프로그램들의 분리는 청구자들(신청자들)에게 큰 불편을 줄 수 있고, 정부에게는 행정적 문제들을 초래할 수 있다. 왜냐하면 사람들이 여러 개의 프로그램들을 신청하는 경우 여러 정부 부서들에 동일한 정보를 제공해 주어야만 하기 때문이다. 영국의 경우 대부분의 편익제도들은 노동연금부(Department for Work and Pensions)가 담당하고 있지만, 세액공제와 아동수당은 국세청(H.M. Revenue and Customs)이 맡고 있다. 반면에 주택 수당과 지방세 혜택은 지방정부가 담당하고 있다.[19] 가계의 상황이 변할 때(예 : 취업하거나 질병으로부터 회복하는 경우) 사람들은 다른 지원 프로그램에 신청해야 할 뿐만 아니라, 종종 한 가지 편익의 지급이 중지되는 기간과 다른 편익의 지급이 시작되는 기간 간에 지연이 발생하기도 한다. 이러한 관행은 어려운 상황 변화에 처해 있는 가구들에게 곤란을 가져다줄 수 있다.

물론 정부 부서들은 청구인들에 대한 부담을 완화시키고, 관련 정보를 홍보하는 조치를 취할 수 있다. 그러나 그러한 과정은 비용이 수반되며, 편익체계의 복잡성을

---

16) 이에 대해서는 Turley & Thomas(2006) 참조.
17) 이에 대해서는 Department for Work and Pensions(2010a) 참조.
18) 본서가 집필되는 당시에 최고 58,000파운드까지의 소득을 가진 사람들도 자녀세액공제를 신청할 수 있었다. 자세한 내용에 관해서는 McAlpine & Thomas(2008) 참조.
19) 영국에서 전몰자 유족 연금은 국방부가 담당하고 있고, 교육비 공제는 교육부가 담당하고 있다.

줄이기보다는 오히려 증가시키게 된다.

좀 더 급진적인 조치는 가능한 한 많은 프로그램들을 **통합**하여 단일 편익체계로 만드는 방법이다. 단일 편익체계는 하나의 통일된 구조와 단일 규칙을 가지고 있어야 한다. 사실상 이 방식은 2003년에 자녀세액공제의 도입과 함께 채택된 방식이다. 자녀세액공제는 기존의 아홉 가지 상이한 편익제도의 전부 또는 일부를 대체한 것이다. 2003년 이전에 자녀를 가진 가계들은 자녀세액공제와 근로가계세액공제를 신청할 수 있었다. 또한 소득 보조나 기초 국가연금 등에 이르는 거의 모든 다른 편익제도들도 자녀들을 위한 추가 지급을 포함하고 있었다. 그러나 당시 정부의 생각은 자녀와 관련된 거의 모든 지급제도를 '단일 가계 자산소득 조사 프로그램(single means-tested programme)'으로 대체하려고 하였다. 따라서 자녀를 가진 대다수의 가계들은 단일 가계 자산소득 조사 프로그램을 통해 지원을 받을 수 있었다. 자녀를 가진 많은 가계들이 이 프로그램에 신청할 자격이 있기 때문에 사람들은 자신들이 신청할 수 있다는 것을 쉽게 알게 되고, 또한 청구에 따른 불명예도 줄어들게 된다. 단일 프로그램이 광범위한 상황을 포괄하기 때문에 사람들은 상황이 변하더라도 자신들의 신청자격이 변하지 않는다는 것을 알게 된다. 또한 단일 프로그램하에서는 여러 개의 신청서에 기입할 필요도 없고, 한 프로그램에서 다른 프로그램으로 이전하는 데 따른 행정비용도 수반되지 않는다.

이러한 방식이 가지고 있는 장점은 분명하며, 특히 자녀와 관련된 지원 프로그램만 통합해야 할 이유가 없다.[20] 모든 가계 자산소득 조사에 기반을 둔 지원 프로그램들(비(非)가계 자산소득 조사를 필요로 하진 않는 프로그램을 포함하여)을 단일 편익체계로 통합해야 할 필요성이 있다. 여러 편익제도들과 세액공제를 제공하는 기본 목적은 보호할 필요가 많고 가난한 가계들을 지원하는 데 있다. 따라서 논리적 방식은 가계의 필요와 재원을 하나의 통합된 체계를 통해 평가하고, 이들을 비교하는 것이다.

통합된 편익체계는 현재의 체계와 많은 특징을 공유하고 있다. 최대 편익은 기초수당(기존의 소득 보조, 소득에 기반을 둔 구직자 공제, 소득에 기반을 둔 고용 및

---

20) 2003년에 도입된 자녀세액공제(그리고 근로세액공제)의 실시와 관련된 여러 문제들은 이러한 통합이 아니라 주로 정부의 다음 결정에 의해 야기되었다. 당시 영국 정부는 '복잡한 산정체계'를 사용하려고 결정하였다. 영국의 산정체계는 사람들의 급부금에 대해 '회고적(소급적) 조정'을 함으로써 매우 복잡하였다(이에 대해서는 5.3.1절에서 논의할 예정). 또한 그러한 문제들은 주로 처음 몇 달 동안은 IT에 의해 야기되었다. 이에 대해서는 Brewer(2006) 참조.

지원 공제, 근로세액공제를 대체한 것)에 자녀(기존의 자녀세액공제를 대체한 것), 노령(기존의 연금세액공제를 대체한 것), 지방 주택비(기존의 주택 수당과 지방세 공제를 대체한 것), 신체장애 등에 대한 추가적 편익을 합친 것으로 구성되어 있다. 기존의 비(非)가계 자산소득 조사 편익은 통합되거나 별도로 유지될 수 있다.

편익 수준은 (i) 적극적인 구직 노력이나 다른 근로 관련 활동들(예 : 구직자 공제와 고용·지원 공제), (ii) 최소 또는 최대 근로시간(예 : 근로세액공제와 소득 보조, 구직자 공제), (iii) 과거의 행동(예 : 영국에 거주하면서 조세나 국민보험기여금을 지급한 연수), (iv) 부양가족 봉양(예 : 기여 급부금) 등에 달려 있다.

통합된 편익체계로 인해 정부의 행정비용은 그다지 큰 영향을 받지 않을 것이다. 그러나 통합은 편익체계 전체를 더욱 간편하게 설계하고, 또 더욱 통일적으로 설계할 기회를 제공해 준다. 또한 편익체계가 그 목표들을 달성하기 위하여 제대로 설계되었는지에 관해 생각해 보는 기회를 마련해 주기도 한다. 여러 편익제도들을 통합함으로써 투명성이 확보된다. 투명성은 편익체계의 여러 변칙적 요인들에 초점을 맞추어 이들을 합리화하는 데 기여할 수 있다.

아마 편익체계의 통합이 가져다주는 최대의 기회는 저소득 계층에 대한 실효세율 패턴을 합리화하는 데 있다. 제4장에서 우리는 최고 실효세율이 여러 편익들이나 세액공제가 동시에 축소되면서 발생함을 보았다(종종 소득세와 국민보험기여금과도 결합하기도 한다). 비록 개별적인 축소율이 높지는 않지만 이들을 합치면 그 수준이 매우 높을 수 있다. 편익체계의 통합은 가계 자산소득 조사를 확대하지 않고서도 최고 실효세율을 낮출 수 있는 방안들을 제시해 줄 수 있다. 최고 및 최저 실효한계세율 (effective marginal tax rates, EMTR)이 더 이상 편익 축소가 시작되고 끝나는 시점에 의해 임의적으로 결정되지 않을 것이다.

그 대신에 편익이 축소되기 시작하는 소득수준은 모든 사람들에게 동일하게 적용될 수 있고, 또 축소율은 모든 사람들에게 동일해질 수 있다. 그렇지 않으면 축소되는 총금액이나 가계의 특성에 따라서 체계적으로 달라질 수 있다. 결국 가계 자산소득 조사는 합리적으로 설계될 수 있다. 통합은 제3장과 제4장에서 논의한 그러한 유형의 상충관계를 없애 주지는 못할 것이다. 그러나 통합은 합리적인 세율 스케줄의 달성을 더욱 용이하게 해 줄 것이다.

물론 통합은 편익체계의 모든 복잡성들을 제거하지는 못할 것이다. 하나의 통합된 편익체계는 확실히 길고 복잡한 신청서를 작성해야 할 것이다. 그러나 소득세 신고서류와 같이 대부분의 조항들은 사람들과 관련이 없으며, 이를 생략할 수 있다. 따라서 통합 과정을 적절히 설계하고, 통합을 가능한 한 쉽게 하고, 적절한 온라인 기술을 사용하는 것이 편익체계의 통합에서 매우 중요하다.

편익체계의 통합 필요성은 정책결정자들과 해설자들 간에 더욱더 중요해지고 있으며, 그에 따라 수많은 제안들이 제출되어 왔다.[21] 2010년 11월에 영국 정부는 가계 자산소득 조사에 의해 근로 연령층에 제공되는 모든(또는 대부분의) 편익들과 세액공제를 **통합**하여 새로운 '종합세액공제제도(Universal Credit)'를 도입하는 계획을 발표하였다.[22] 이 제도는 매우 복잡한 시행이 되겠지만 시도해 볼 만한 가치가 충분히 크다고 할 수 있다.

5.3 조세체계와 편익체계의 통합

이제까지 우리는 (i) 소득세와 국민보험기여금의 통합과 (ii) 여러 편익제도들을 하나로 통합하는 방안에 관해 논의했다. 그러나 통합 설계의 성배(聖杯)는 바로 조세체계와 편익체계의 통합에 있어 왔다.

조세체계와 편익체계의 통합은 '부(負)의 소득세(negative income tax)'나 '사회적 배당(social dividend)'을 위한 제안들에서 가장 순수하게 나타나 있다(이들에 관해서는 제3장 3.2.1절에 서술되어 있다). 그러한 제안들의 중요한 특징은 소득세와 편익 축소 간에 차이가 없다는 점이다. 그 대신에 '소득 변화에 따라 지급이 어떻게 변하는가'에 대한 단일 스케줄이 있다. 이는 다음을 의미한다. ('부의 소득세'에서와 같이) 저소득계층에 대한 지원이 조세환급을 통해 달성되거나 ('사회적 배당'에서와 같이) 편익이 소득과 관계없이 모든 사람들에게 지급되며, 그 결과 편익에 대한 재원 마련을 위해 세율이 인상된다. 비록 이러한 제도들이 '단일 평률세율(single flat tax rate)'이나 사적 소득이 없는 사람들에 대한 '단일 지원 수준(single support level)'으로 표

---

21) 예를 들면, Freud(2007), Sainsbury & Stanley(2007), Select Committee on Work and Pensions(2007), Martin(2009), Centre for Social Justice(2009), Brewer, Saez & Shephard(2010), Taylor et al.(2010) 등을 참조.

22) 이에 관해서는 Department for Work and Pensions(2010d)를 참조하였으며, 예비적인 분석에 관해서는 Brewer, Browne & Jin(2011) 참조. 이와 관련된 여러 제안들은 2011년 영국 '복지개혁법(Welfare Reform Bill)'에 포함되어 있다.

현되지만 가계의 특성에 따라 한 가지 이상의 세율이나 한 가지 이상의 지급을 허용할 수 있다.

조세와 편익의 통합에 따른 장점은 조세들만의 통합이나 편익들만의 통합에 의한 장점과 유사하다. 즉 조세와 편익의 통합은 세율 스케줄을 더욱 투명하고, 체계를 더욱 통일성 있게 하는 장점이 있다. 또한 조세와 편익의 통합은 가계 자산소득 조사에 의한 편익 지급을 하나의 특별 장치로 남겨 둘 필요성을 없애 주기도 한다. 가계 자산소득 조사에 의한 편익 지급 방식은 가난한 사람들에게 불편함과 수치심을 가져다 준다.

영국에서 조세와 편익 통합의 주요 장애는 조세와 편익을 산정하는 기반들의 두 가지 면에서 차이가 있다. 양자의 차이는 일치되기 어렵다.

- 첫째, 소득세는 주로 개인의 소득을 기반으로 해서 부과되지만, 편익과 세액공제는 부부의 공동(합산)소득을 기초로 해서 결정된다. 통합 체계는 동시에 양자를 포괄할 수 없다.[23]
- 둘째, 소득세는 연간 실제 소득에 달려 있다. 즉 주어진 연도의 소득세는 당해 연도의 소득에 달려 있다. 반면에 편익(특히 별다른 소득을 가지고 있지 않은 사람들에게 제공되는 안전망)은 훨씬 더 짧은 시간 범위, 즉 대개 주(週) 단위로 결정된다. 영국은 연내 소득액을 사용하여 저소득 가계들에게 세액공제를 제공하려고 시도하였다(이에 관해서는 5.3.1절에서 논의될 예정). 이는 이 문제가 얼마나 어려운지를 보여 주고 있다.

물론 조세와 편익의 산정 단위(assessment unit, 개인소득이냐 공동소득이냐)와 산정 기간(assessment period, 1년 단위냐 주 단위냐)에 대한 이러한 차이가 항상 불변인 것은 아니다. 그러나 각 경우에 대해 그럴 만한 이유가 있다. 조세납부는 개인의 총지불능력을 반영해야 한다. 개인의 지불능력은 비교적 장기간에 걸친 각자의 소득에 의해 가장 잘 측정된다. 즉 조세는 비교적 장기간에 걸친 각자의 소득을 기준으로 부과되어야 한다. 반면에 편익은 '당면한 필요'를 충족시키는 데 그 목적이 있다. 즉 편익은 비록 소득이 다른 기간에 더 높을지라도 '일시적으로 곤궁상태'에 처해 있는

---

23) 개별 산정과 공동 산정 간의 구분은 '단일 평률세(single flat tax rate)'와 사회적 배당이라는 특별 경우에는 붕괴된다. 정부는 분배의 패턴과 유인에 대한 심한 제약들을 받아들이려 하지 않을 것이다. 이에 대해서는 Adam & Brewer(2010) 참조.

사람들에게 지원을 제공해 주어야만 한다.

또한 편익 수급자격을 공동(부부합산)으로 결정할(산정할) 필요성도 커지고 있다. 왜냐하면 국가가 편익체계를 통해 고소득 배우자를 가진 개인들에게 지원을 제공하는 것은 매우 값비싸기 때문이다.

소득세의 기반으로 부부가 아니라 개인을 적용하는 이유는 그렇게 분명하지 못하다. 이들 간에 상충관계가 존재하기 때문이다. 제3장에서 논의했듯이 조세체계는 결혼(또는 동거)에 대해 누진적이고 동시에 중립적이 될 수 없다. 동일한 공동소득을 가진 모든 가계들을 동일하게 과세해야 한다. 개별과세 원칙에 따르면 (편익체계와 달리) 조세체계는 결혼과 부부가 되는 결정에 대해 중립적이어야 한다. 즉 조세부과는 결혼 상태나 동거에 의해 영향을 받지 않아야 한다. 그러나 동일한 공동소득을 가진 가계들을 동일하게 과세하지 않는다. 소득이 서로 다른 부부들은 소득이 비슷한 부부들에 비해 더 높은 조세가 부과된다. 따라서 더 낮은 한계세율이 적용되는 배우자에게 소득을 귀속시키려는 유인이 발생한다. 이러한 유인은 특히 투자소득과 소기업을 운영하는 사람들에게 중요하다. 또한 개인단위 과세기반에 따르면 어느 한 부부는 동일한 소득을 가진 두 명의 독신자들과 동일한 세금을 납부해야 한다. (그러나 부부는 아마 가계 예산을 공유함으로써 규모의 경제를 통해 어느 정도 이익을 얻을 것이다.)

결국, 개별과세와 공동(합산)과세 간의 선택은 사람들이 독립적인 개인과 부부를 어떻게 인식하느냐에 대한 '정치적 가치판단(political value judgements)'에 달려 있다. 본서에서는 자체의 정치적 가치판단을 하지 않는 대신에 현재의 제도를 그저 '주어진 것'으로 간주하고자 한다. 즉 현재의 '연간 개별 조세산정'과 '단기 부부합산 편익산정' 방식을 주어진 것으로 간주하고 논의를 전개하고자 한다. 이러한 상황에서 확실히 '완전 통합(full integration)'을 할 여지는 거의 없을 것이다. 그러나 현재의 두 제도를 더 조화시킬 여지는 없는가? 아마 분명히 있을 것이다. 그러한 목표에 이르는 방법으로 (i) 행정적 통합을 증가시키거나, (ii) 세율 스케줄을 통합하는 방법을 들 수 있다. 다음에서는 이들에 관해 차례대로 자세히 살펴보기로 한다.

5.3.1 행정 통합

행정 통합(administrative integration)을 위한 제안들이 가지고 있는 주요 특징은, 조세체계를 통해 가계 자산소득 조사에 의한 편익을 축소하는 것이다. 그 결과, 편익 축소는 조세부과와 구별될 것이다. 편익이 모두 축소되어 급여액이 0에 이르면 비로소 조세가 부과될 것이다. 그러나 두 과정은 행정적으로 **통합될 수 있다**.[24] 일부 제안들은 다음 세 가지를 포함하고 있다. 첫째, 모든 청구인(신청자)들에게 그들의 환경을 고려하여 최대 급부금(즉 그들이 사적 소득이 없을 때 받을 수 있는 금액)을 제공한다. 둘째, 가계 자산소득 조사를 관리하기 위하여 조세체계를 이용한다. 셋째, 소득수준이 높은 사람들에게 지급된 과잉 편익들을 회수한다. 반면에 다른 제안들은 다음 두 가지를 제시하고 있다. 첫째, 과잉 편익을 철회하고 급부금을 실제로 지불하기 위하여 조세체계를 이용한다. 둘째, 소득세와 편익을 상쇄시켜 고용주들이 임금을 지불하게 한다.

그러나 (소득세와 달리) 편익과 세액공제는 부부의 공동소득과 다른 특성들(예 : 자녀의 수, 자녀양육비, 주택비, 신체장애 등)에 달려 있다. 조세체계를 통해 그러한 지원을 제공하려면 조세체계가 이러한 모든 특성들에 반응하도록 해야 한다. 이는 시도해 볼 만한 일이다. 왜냐하면 부부들이 맞벌이를 하는 것은 이제 일반적이기 때문이다. 만약 적절한 지원금이 적절한 시기에 지급되지 않으면 과소 또는 과잉 지급될 우려가 있고, 이는 연말정산을 통해 바로잡아야 한다.

영국의 세액공제제도는 다음과 같이 두 가지 교훈적인 경험을 제시해 준다. 행정 개선의 어려움과 편익이 제때에 정확히 지급되지 않을 때 발생하는 문제점들이 바로 그것이다.

- 영국에서 1999~2000년에 세액공제제도가 처음 도입되었을 당시 정부는 PAYE 코드를 통해 세액공제를 실시함으로써 세액공제 행정을 소득세로 통합하려 했다. 그러나 PAYE 코드는 세액공제에 필요한 정확성과 신뢰성을 가져다주지 못할 것이라고 결론 내렸다.[25] 정부는 **고용주들을 통해 세액공제를 지급**하기로 결정하였다. 이는 고용주들에게 세액공제가 조세체계의 일부처럼 보이고 느끼도록 하기 위함이었다. 이를 위해 정부가 대신 급부금을 계산해서 고용주들에게 봉급 지급을 위해 얼마가 필요한지를 말해 주었다. 이는 행정을 단순화하지 않고 단순히 지급 체인에 추가적인 연결만 더해 주었을 뿐이었다. 그 결과, 행정비와 순

---

24) 이것은 Dilnot, Kay & Morris(1984) 제안의 주요 특징이었다. 또한 최근의 Select Committee on Work and Pensions(2007), Centre for Social Justice(2009), Brewer, Saez & Shephard(2010) 등의 제안들이 가지고 있는 특징이기도 하다.

25) Inland Revenue(1999, p. 5) 참조. Shaw, Slemrod & Whiting(2010, p. 1140)은 이를 다시 인용.

응비용의 증가로 인해 **고용주들을 통한** 지급은 2006년에 폐지되었다.[26]

- 세액공제액을 계산하고 지급하기 위한 새로운 제도가 2003년에 도입되었고, 소득세처럼 현재 연도의 상황을 기초로 해서 급부금을 지불하였다. 이 제도는 신청자들이 그들의 상황이 변할 때 국세청(HMRC)에 통지(보고)하도록 하여 반응성을 높이기 위한 의도였다. 그러나 신청자들이 상황의 변화에 대해 국세청에 알려 주지 않았기 때문에 '임시 지급'이 이루어졌다. 임시 지급은 과거의 정보를 기초로 하였고, 그 결과 저소득 가계들에게 대규모의 과소지급과 과잉지급을 발생시켰다. 연말에 실제 상황이 확인되면 그러한 과소지급과 과잉지급은 정정되었다. 특히 과잉지급의 정정(회수)은 커다란 불만을 초래하였고, 여러 면에서 세액공제제도 전체를 손상시키게 되었다. 저소득 가계들을 지원하기 위하여 우선 개산(槪算)하고 나중에 조정하는 방식은 이와 같이 과잉지급의 위험을 초래하였다. 2006년에 도입된 개혁조치들은 과잉지급의 문제를 감소시키는 데 기여하였다. 그러나 2006년 개혁조치들은 과소지급의 정도를 증가시켜 세액공제제도의 복잡성을 더욱 증가시켰으며, 그 결과 2003년 개혁의 특징인 반응성으로부터 후퇴하였다.[27]

현재 영국의 소득세 체계는 수급자 배우자의 소득, 자녀의 수, 다른 많은 특성들을 감안하면서 수급자의 상황 변화에 신속하게 반응하여 편익을 지급하거나 축소해야 하는 업무에 적합하지 못하다. 기술이 빠른 속도로 발전하면서 대량의 정보를 동시에(실시간으로) 이전하는 것이 더 간편해짐에 따라 '편익 행정(benefit administration)'과 '조세 행정(tax administration)'을 통합하는 새로운 방법들을 개발해야 한다. 최근에 제시된 PAYE 제도에 대한 개혁안들[28]은 이러한 방향으로 움직여지고 있다. 만약 조세를 원천징수하는 고용주들이 매달 각 개인에 대한 그들의 지급을 국세청(HMRC)에 통지한다면 국세청은 당해 정보를 배우자의 소득 정보에 연결해서 편익을 체크하고 조정하는 데 이용할 수 있을 것이다. 따라서 장기 제안은 다음과 같다. 즉 고용주들이 아니라 정부가 소득세와 국민보험기여금을 계산하고 공제하는 것이다. 이 제안은 조세와 편익 지급에 관한 행정이 더욱 긴밀하게 통합될 수 있을 것이라는 어렴풋한

---

26) Shaw, Slemrod & Whiting(2010, p. 1140) 참조.
27) 자세한 내용과 분석에 대해서는 Brewer(2006) 참조.
28) 이에 대해서는 H. M. Revenue and Customs(2010c) 참조.

희망을 갖게 해 준다. 현재로서 완전한 행정 통합을 달성하기는 어렵겠지만, 행정 개선은 확실히 이루어져야만 한다.

5.3.2 세율 스케줄의 통합

종종 우리는 많은 사람들이 조세를 지불하고 동시에 편익을 받는다는 불만을 자주 듣곤 한다. 그러한 불만은 충분히 이해할 만하다. 다음과 같은 경우를 고려해 보자. 정부가 어떤 사람에게 편익으로 100파운드를 주고, 동시에 그로부터 50파운드를 세금으로 가져가는 경우(또는 그 반대의 경우)를 고려해 보자. 물론 이러한 경우는 개선될 수 있다고 생각하는 것이 자연스럽다. 이를 개선하기 위해 단순히 행정적 개혁을 추구하기보다는 좀 더 근본적인 방법으로 접근해 볼 필요가 있다. 예를 들면, 각종 편익들을 완전히 축소한 후에 소득세를 부과할 수는 없는가?

불운하게도 이러한 개혁은 이미 논의한 바 있는 조세와 편익 간의 과세기반 차이로 인해 어려움을 겪을 것이다.

상이한 조세 및 편익 산정기간으로 인하여 1년 동안에 걸쳐 소득세가 부과될 수 있을 정도의 적당한 소득(즉 소득세망(網)에 포함될 수 있을 정도의 소득)을 버는 사람들일지라도, 가계 자산소득 조사에 의한 지원을 신청할 만한 자격이 있을 정도의 낮은 소득을 버는 기간들이 있다.

더욱 중요한 사실은 소득세와 달리 편익과 세액공제는 가계의 소득과 여러 가지 다른 특성들에 달려 있다는 점이다. 어느 누구도 조세를 지불하고 동시에 편익을 수령하지 못하도록 하기 위해서는 조세를 납부하는 소득수준이 최소한 편익 수령이 끝나는 소득수준만큼 높아야만 한다. 그러나 편익 수령이 끝나는 점은 가계의 사정에 따라 크게 다를 것이다. 예를 들면, 영국의 경우(2010~2011년) 25세 미만이고 부양할 자식이 없으며 주택비를 내지 않는 독신자에 대해 연간 3,000파운드 미만의 소득수준에서 편익 수령이 끝난다. 반면에 4명의 자식들을 돌보는 데 1주일에 300파운드를 지출하는 근로 가계는 연간 소득이 7만 파운드 이상이 되더라도 여전히 세액공제를 신청할 자격이 있다. 세액공제가 개인의 사정에 따라 변하지 않는다면 모든 중복을 제거하기 위해 세액공제금액은 편익 수령이 끝나는 최고 소득과 적어도 같아야만 한다. 이를 달성하기 위해 세액공제금액을 증가시킬 수 있지만, 이는 커다란 비용을 수반할 것이다. 또한 편익과 세액공제를 삭감할 수 있지만, 이는 실행하기 어려울 것이다.

조세가 편익과 다른 기반으로 산정되는 한 필연적으로 조세는 별개의 실체로 남아 있으며, 일부 사람들은 조세 납부와 편익 축소를 함께 직면하게 될 것이다. 그러한 처지에 직면할 사람들의 수는 (i) 세금을 지불하는 사람들의 수를 감소시키거나, (ii) 편익을 신청할 수 있는 사람들의 수를 감소시킴으로써 줄일 수 있다. 그러나 이러한 옵션들은 여러 단점들을 가지고 있다. 예를 들면, 영국의 경우 2009~2010년에 소득세 공제와 국민보험기여금의 출발점(적용한도)을 1만 파운드로 인상(2009~2010년 당시 영국의 소득세 공제의 출발점은 6,475파운드였고, 국민보험기여금의 출발점은 5,720파운드였다.-역주)함으로써 약 400억 파운드(물론 개혁조치에 따른 사람들의 행위의 변화를 무시한 것이다.-역주)의 추가적 비용이 발생하였다. 이러한 개혁조치의 결과 조세를 납부하면서 가계 자산소득 조사에 의한 편익과 세액공제를 신청할 수 있는 사람들의 수가 약 180만 정도 줄어들었다. 이 수치는 총 인원의 1/5에 해당하는 수치이다. 다른 장점들이 무엇이든지 간에 개인 공제액을 증가시키는 것은 조세와 편익 간의 중복을 줄이기 위한 방법으로 매우 값비싼 방법이다.

이러한 배경하에서 최고 실효한계세율(EMTR)을 피할 수 있는 한 가지 유용한 가이드라인은 소득 산정을 동시적으로 하기보다는 순차적으로 하는 방법이다.[29] 예를 들어, 만약 하나의 조세와 하나의 가계 자산소득 조사에 의한 편익이 있다면 순차적 소득 산정 방식은 (i) 세후소득(after-tax income)을 기반으로 가계 자산소득 조사에 의해 편익을 지급하거나(즉 선(先) 조세부과, 후(後) 편익제공), (ii) 제공되는 편익에 대해 조세를 부과하는(즉 선(先) 편익제공, 후(後) 조세부과) 방식을 의미한다. 그 결과, 결합 실효한계세율이 각각의 합보다 더 적어지게 된다.

〈표 5.1〉은 추가적으로 100파운드를 버는 어떤 사람에 대해 두 소득 산정 방식이 어떻게 다른지를 보여 주고 있다. 이를 위해 세율이 31%(즉 현재의 소득세 기본세율+종업원 부담 국민보험기여금)이고, 편익 축소율은 39%(즉 현재의 세액공제 축소율)라고 가정하자. 만약 조세와 편익이 동시에 산정된다면(이때 양자는 총소득을 기반으로 산정됨) 조세와 편익 축소에 직면하는 어떤 사람은 70%의 실효한계세율을 가질 것이다.[30] 그 결과, 이 사람은 100파운드의 추가 소득으로부터 30파운드만 가지게 된다. 그러나 만약 조세와 편익이 순차적으로 산정된다면 당해 개인은 58%의 실효한계세율을 가지게 되며[31], 그 결과 100파운드의 추가 소득으로부터 42파운드를 가지

---

29) 또는 소득 산정을 더하는 방식보다 곱하는 방식을 의미한다.
30) 0.31(즉 31%의 세율)+0.39(즉 39%의 편익 축소율)=0.70(즉 70%의 실효한계세율).
31) 1-((1-0.31)×(1-0.39))=0.58(즉 58%의 실효한계세율).

| **표 5.1** | 순차 대 동시 소득 산정 (단위 : 파운드)

	동시 산정	선(先) 조세 산정 (후後) 편익 제공 : 즉 세후소득을 기반으로 가계 자산소득 조사에 의해 편익 제공)	선(先) 편익 산정 (후後) 조세부과 : 즉 제공된 편익에 대해 조세부과)
추가로 버는 소득	**100**	**100**	**100**
추가로 내는 조세	**31**($=100\times31\%$)	**31**($=100\times31\%$)	**19**($=(100-39)\times31\%$)
편익 축소	**39**($=100\times39\%$)	**27**($=(100-31)\times39\%$)	**39**($=100\times39\%$)
추가 순 소득	$100-31-39=$**30**	$100-31-27=$**42**	$100-19-39=$**42**

게 된다.

순차적 산정(sequential assessment)은 때때로 동시 산정(simultaneous assessment) 보다 이해하기 더 어렵고, 또한 관리하기도 더 복잡할 수 있다. 그러나 순차적 산정 방식은 최고 실효한계세율(EMTR)을 낮추어 준다는 장점을 가지고 있다. 이는 현재의 사례(즉 표 5.1)로부터 분명히 알 수 있다. 한 가지 이상의 조세 및/또는 한 가지 이 상의 가계 자산소득 조사(편익)가 있는 경우 동시 소득 산정보다는 순차적 소득 산정 이 훨씬 더 중요해진다. 위의 사례에서 만약 기존의 편익 축소율(=39%)에 '65%의 주택수당 축소율'을 추가한다면 동시 산정하에서는 결합 실효한계세율이 70%에서 135%(즉 0.31(즉 31%의 세율)+0.39(즉 39%의 편익 축소율)+0.65(즉 65%의 편익 축 소율)=1.35(즉 135%의 실효한계세율).−역주)로 크게 증가하지만, 순차적 산정하에 서는 58%에서 85%(즉 $1-[(1-0.31)\times(1-0.39)\times(1-0.65)]=0.85$(즉 85%의 실효한계 세율).−역주)로 약간 증가할 것이다.

따라서 순차적 산정방식에 따르면 만약 개별 편익 축소율이 100% 미만이면 총(즉 결합)실효한계세율은 100%를 초과할 수 없다. 영국의 경우 1988년 이전에는 총실효 한계세율이 100%를 초과하였다. 1988년 당시 소득세, 종업원 국민보험기여금, 그리 고 여러 가지 가계 자산소득 조사들이 모두 동시적으로 운영되고 있었다. 그 결과, 총 실효한계세율이 100%를 초과하게 되었다. 다행히도 현재 영국의 많은 조세 및 편익 제도는 '순차적으로' 운영되고 있다. 순차상 고용주 국민보험기여금이 가장 먼저이 다. 즉 고용주 국민보험기여금을 제외한 다른 모든 조세들과 편익들은 소득에서 고 용주 국민보험기여금을 제외한(즉 공제한 후) 소득을 기준으로 산정한다. 다음으로, 주요 가계 자산소득 조사에 의한 편익들은 소득에서 소득세와 국민보험기여금을 공

제한 후 여기에 세액공제액을 더한 소득을 기준으로 산정한다. (부가가치세는 순차
상 마지막이다. 왜냐하면 사람들은 총소득에서 모든 조세와 편익들을 각각 공제하고
더한 후의 소득인 '가처분소득'으로 지출하기 때문이다.)

현재 영국에서 관찰되는 동시 산정의 가장 중요한 경우는 '세액공제(tax credits)'이
다. 영국의 세액공제제도는 세전(稅前)소득을 기초로 산정된다. 이 제도는 2003년에
개정되었으나 잘못된 방향의 개정으로 여겨지고 있다.[32] 동시 산정을 순차적 산정방
식으로 바꾸면 최고 실효한계세율을 낮출 수 있다. 이는 단순히 개별 세율이나 편익
축소율을 낮추는 것보다 훨씬 더 나은 방법일 것이다. 왜냐하면 순차적 산정방식은
여러 가지 조세들, 세액공제들, 그리고 편익들 간의 상호관계를 다루기 때문이다. 동
시 산정에서 순차적 산정방식으로의 전환 효과는 〈표 5.1〉에 잘 나타나 있다. 즉 〈표
5.1〉에 따르면 순차적 산정방식은 소득세와 국민보험기여금을 납부하고, 동시에 세
액공제 축소 혜택을 가지고 있는 어떤 사람에 대한 결합 실효한계세율을 70%에서
58%로 낮출 수 있다.[33] 따라서 동시 산정에서 순차적 산정으로의 전환은 개선을 가
져다줄 것이다.

동시 산정과 순차적 산정 간의 선택은 한 가지 이상의 산정을 해야 하는 사람들의
실효한계세율에 영향을 미칠 뿐만 아니라 다른 데에도 영향을 미친다. 예를 들면, 조
세를 지불하고 동시에 편익을 수령하는 사람들을 대상으로 (i) 편익에 대해 조세를
부과하는 것은 '관대함의 감소'를 의미하고, 반면에 (ii) 세후소득을 기초로 편익을 산
정하는 것은 '관대함의 증가'를 의미한다. 단순히 세율이나 편익률을 조정함으로써
양자를 상쇄시키는 것은 양 당사자들뿐만 아니라 모든 납세자들이나 모든 편익 수령

---

32) 사실상 당시 정부는 세액공제 축소율을 55%에서 37%로 인하시켰으며, 동시에 '동시 산정' 방식을 도입하
였다. 이는 세액공제 축소자들에 대해 '통합 실효한계세율(EMTR)'을 70%로 부과하기 위함이었다. 그러나
소득세를 납부하지 않는 사람들 또는 소득세율이 10%인 사람들에 대해서 이러한 조치는 실효한계세율의
실질적인 인하를 가져다주었고, 사실상 무상 원조나 다름없었다. 다시 말하면, 이 개혁안은 '최고' 실효한
계세율을 적용받는 사람들을 제외하고는 모든 사람들에게 실효한계세율을 인하하는 데 자금을 지출한 것이
나 다름없었다. 그러나 이러한 자금이 순 소득(net income)을 기초로 세액공제 축소율을 55%에서 더 낮은
수준으로 인하하는 데 사용되었다면 더욱 효율적으로 사용될 수 있었을 것이다. 그 결과 '세액공제가 축소
되는 모든 사람들'에 대해 실효한계세율을 인하시킬 수 있었을 것이다.

33) 이러한 개혁은 또한 '편익이 축소되는 사람들'에 대한 실효한계세율(EMTR)을 인하시킬 수 있다. 개혁안에
따라 편익이 축소되는 사람들에 대한 실효한계세율의 인하는 다음과 같다. 첫째, 주택 수당을 철회하는
사람들에 대해서는 실효한계세율을 90%에서 85%로 인하시킬 수 있다. 둘째, 지방세 공제가 축소되는 사람
들에 대해서는 실효한계세율을 76%에서 66%로 인하시킬 수 있다. 마지막으로, 소득세, NIC, 그리고 세액
공제 축소뿐만 아니라 주택 수당과 지방세 공제를 동시에 철회하는 사람들에 대해서는 96%에서 94%로
실효한계세율을 인하시킬 수 있다. 〈표 5.1〉에서 보여 준 단순한 예시와 일치시키기 위하여 이러한 수치들
에서 고용주 NIC과 간접세는 제외하였다.

자들에게 영향을 미칠 것이다. 따라서 여러 조세들과 편익들에 대해 그 비율(rates, 세율이나 편익률)과 적용수준을 적절히 조정함으로써, 이들 효과를 작게 유지할 수 있음에도 불구하고 광범위한 분배 효과와 유인 효과가 필연적으로 수반될 것이다.

영국은 이미 대부분의 경우에 '순차적' 산정을 사용하고 있다. 또한 세액공제가 산정되는 소득의 측정치를 변화시키는 방법을 고려해 볼 수 있다. 그러나 이는 주요 개혁방안이 아니며, 또한 커다란 개선을 가져다줄 것으로 기대되지 않는다. (i) 세율 스케줄을 합리화하고, (ii) 최고 실효한계세율을 피하기 위해 개혁의 우선순위를 본 5.2절에서 논의한 바와 같이 여러 가지 편익들과 세액공제들을 통합하는 데 두어야만 한다.

5.4 결론

'선택된 세율 스케줄을 어떻게 실시하느냐'는 매우 중요한 문제이다. 이는 또한 복잡한 편익제도를 매일 직면하지만 그것을 다룰 능력이 거의 없는 저소득계층들에 특히 중요하다. 2003년 이후 영국에서 세액공제의 실시와 관련된 '대혼란'(이는 그렇게 지나친 표현이 아니다.)은 특정 정책이 잘못 실시됨으로써 발생하는 여러 비용들을 보여 주는 단적인(중요한) 사례들 중 하나에 불과하다.

영국에서는 소득에 대해 두 가지 별개의 조세들(즉 소득세와 국민보험기여금)이 부과되고 있다. 이러한 분리는 진정한 실효한계세율(EMTR)이 얼마인지를 불분명하게 하고, 고용주들의 행정적 부담을 증가시키는 기능 이외에 어떤 다른 목적도 수행하지 못하고 있다. 또한 영국은 동일한 목적을 달성하기 위하여 여러 개의 편익들을 가지고 있다. 즉 현재 노동시장에서 정상적으로 활동할 수 없는(즉 실업상태에 있는) 사람들에게 소득을 제공하기 위하여 여러 가지 편익들이 제공되고 있다. 편익제도, 조세제도, 세액공제제도 등이 고안되어 있지만 서로 간에 독립적으로 운영되고 있다. 또한 편익제도의 여러 부분들도 서로 간에 별개로 운영되고 있고, 통합적으로 운영되지 못하고 있다. 이러한 각 제도가 서로 따로 노는 방식(piecemeal approach)은 각종 편익들에 의존하여 살고 있는 사람들에게 불편을 가져다줄 뿐만 아니라 고용주들에게도 비용을 가져다주며, 또한 근로유인을 개선하려는 의도로 고안된 '세율 스케줄에 대한 개혁'의 효과를 위축시키는 기능까지도 한다.

이제까지 본 장에서 영국의 조세 및 편익제도에 대한 '여러 개혁 방안들'에 관해 자세히 논의해 왔다. 그 주요 내용들을 다음과 같이 요약할 수 있다.

- 소득세와 종업원 부담 국민보험기여금(또는 고용주 부담 국민보험기여금)은 '단일세'로 통합되어야 한다.
- 가능한 한 많은 편익들과 특히 주요 가계 자산소득 조사에 의한 편익들, 그리고 세액공제들은 하나로 통합되어야 한다. 그러나 이러한 편익들은 서로 통합되어야 하지만 소득세와는 '별개로' 유지되어야 한다.
- 조세제도와 편익제도가 별개로 유지되어야 하지만, 하나의 통합된 조세와 하나의 통합된 편익 체계를 구축하는 것이 단기적으로는 어려울 것이다. 무엇보다도 다수의 편익들이 서로 간에 중복되거나 편익제도와 조세제도가 중복될 때 발생하는 매우 높은 실효한계세율(EMTR)을 피하도록 해야 한다. 이를 위해 우리는 가능하면 개별 조세들과 편익들을 동시적이 아니라 순차적으로 산정할 것을 권고하는 바이다. 이를 실천하기 위한 가장 즉각적인 개혁방안으로 세액공제를 세금 부과 후 소득 기초로 산정할 것을 권고한다(또한 필요하다고 생각되면 세액공제의 적용 세율과 수준에 대해 적절한 조정이 병행되어야 한다).

마지막으로 투명한 제도를 실시하는 데 있어서 정책결정자들의 역할에 대해 언급하고자 한다. 예를 들면, 제도의 투명성과 구조적 통합을 통해 정책결정자들이 '소득세율을 인상시키지 않겠다고 약속한 후 즉각적으로 국민보험기여금률을 인상했던 잘못된 경험'을 방지할 수 있다. 그러나 통합이 아무리 많이 이루어지더라도 일관성 없는 세율 스케줄은 여전히 가능할 것이다. 예를 들면, 제4장에서 언급한 바 있는, 점차적으로 축소되는 공제금액으로부터 일관성 없는 세율 스케줄이 발생할 수 있다. 또한 아무리 많은 행정적 단순화와 통합이 이루어지더라도 정부가 불투명한 방법으로 조세를 조달하기 위하여 재정견인(fiscal drag)이나 다른 숨은 수단들을 사용하지 못하게 할 수는 없다. 영국에서 고(高)세율을 적용받는 소득세 납세자들의 수는 1978~1979년에 76만 3,000명에서 2010~2011년에는 무려 330만 명으로 4배 이상 크게 증가하였다.[34] 이는 주로 정부가 교묘히 소득 증가에 따라 과세점을 물가와 연동시키지(index) 않았기 때문이다. 또한 고액 납세자들의 수는 미래에 더욱 빠르게 증가

---

34) 출처 : HMRC Statistics, Table 2.1,
(http://www.hmrc.gov.uk/stats/income_tax/table2-1.pdf)과 *Inland Revenue Statistics*, 1994 참조.

할 전망이다. 왜냐하면 고세율은 소득분포상 밀집 부분, 즉 많은 사람들이 모여 있는 부분에 점점 더 큰 영향을 미치기 때문이다.[35]

결국, 만약 정부가 투명성과 일관성에 우선하여 모호성과 복잡성을 선택한다면 그 피해는 우리(납세자) 모두가 지게 될 것이다. 그동안 영국을 비롯한 각국 정부는 너무 자주 잘못된 경로(즉 모호성과 복잡성)를 선택해 왔다.

---

35) Browne & Phillips(2010)의 전망치에 따르면 2015~2016년에 영국의 고세율 적용 납세자 수가 540만 명에 달할 것이라고 예측하고 있다. 고액 납세자 수의 이러한 증가는 '명목적' 재정견인뿐만 아니라 고세율 면세점(threshold)에 대한 (사전에 예고한) 실질적인 삭감을 의미한다. 이러한 전망치하에서 영국은 2010년 6월에 '비상 예산안'을 통해 고세율 면세점에 대한 삭감을 발표하였다.

재화와 용역에 대한 과세 : 간접세

재화와 용역에 대하여 과세하는 세금인 소비세, 인지세, 그리고 가장 중요한 세목인 부가가치세는 영국 세수의 30% 가까이를 차지하고 있고, 현대의 조세시스템에서 중요한 부분을 차지한다. 특히 부가가치세는 영국 등 다른 나라에서 점점 더 중요한 세금이 되고 있다. 미국을 제외한 모든 OECD 국가를 포함하여 전 세계 150여개 국가에서 부가가치세제도를 채택하고 있다.

물론 재화와 용역에 대하여 단일세율로 부과되는 소비세는 단일세율 지출세와 경제적 효과 면에서 동일하다. 지출세에 관하여 제2장에서 설명하였으며, 제13상과 제14장에서 더 자세히 살펴볼 것이다.

간접세는 네 장에 걸쳐 논의할 것이다. 다음 장(제7장)에서는 부가가치세제의 구조를 살펴보면서 부가가치세가 왜 잘 설계된 소비세제인지를 설명할 것이다. 제8장에서는 금융서비스 과세에 대하여 설명하고, 제9장에서는 특별히 영국의 부가가치세제 개혁안에 대하여 살펴볼 것이다. 이 장에서는 간접세의 세원과 구조를 어떻게 설계할 것인지에 대한 내용을 다루겠다.

첫 번째로 고려해야 할 사항은 무엇을 과세할지에 대한 것이다. 재화와 용역은 다른 재화와 용역의 생산을 위한 투입에 의해 구입될 때 과세되는 것이 아니라, 최종 소비를 위하여 구입될 때 과세되어야 한다고 본다. 우리는 또한 자산의 판매나 구입 시 부과되는 인지세와 같은 거래세 운용에 반대하는 입장이다.

간접세의 구조에 있어 중요한 쟁점은 모든 재화나 용역에 대하여 동일한 세율을 적용해야 하는지에 관한 내용이다. 현재 영국의 부가가치세는 다양한 세율을 적용하고 있다. 효율성 측면이나 형평성 측면에서 단일세율이 좋은 것인지 다양한 세율이 좋은 것인지 살펴보고자 한다. 이와 관련하여 미묘하고 복잡한 논쟁이 있긴 하지만, 사실상 다양한 세율을 적용하자는 주장은 근거가 약하다. 더 넓은 세원에 대하여 단일세율을 적용하자는 주장이 강한 근거를 가지고 있다. 단일세율을 부과하는 것은 서로 다른 재화 간 선택의 왜곡을 발생시키지 않는다. 또한 빈곤층이 비교적 많이 소비하는 재화와 용역에 대하여 낮은 부가가치세율을 적용하는 것은 현대 조세제도와 부합하지 않는다. 재분배는 소득세제와 복지급여를 통해 더 효율적으로 달성할 수 있기 때문이다.

담배, 술, 자동차 연료와 같은 소수 품목의 경우, 부가가치세에 소비세를 추가적으로 부과함으로써 세율이 달라진다. 이러한 품목에 대한 과세 근거는 이 품목의 소비가 다른 사람의 복지에 긍정적이거나 부정적인 영향을 미치는 '외부성'을 발생시키기 때문이다. 그러나 높은 주류세나 담배세를 찬성하는 주장의 많은 부분은 소비자 자신에게 미치는 부정적인 영향, 즉 '내부성' 효과를 이유로 삼고 있다는 것을 알 수 있다.

6.1 무엇을 과세할 것인가

재화와 용역의 소비가 과세기반이 되는 것이 적절하다는 것에서부터 우리의 분석을 시작하고자 한다. 이것은 제2장에서 다룬 내용과 부합한다. 집과 같은 경우에는 소비가 오랜 시간에 걸쳐 일어나기 때문에 집을 지었거나 팔 때 과세하는 것보다, 소비하는 시점에 과세하는 것이 더 바람직할 것이다. 하지만 일반적인 경우 소비자 입장에서 소비와 지출은 동시에 일어난다.

부가가치세는 궁극적으로 소비자가 내도록 설계되었다. 사업자는 보통 생산과정에 투입되는 중간재를 살 때 부가가치세를 납부하지 않는다. 부가가치세는 거래가 아니라 소비에 대하여 부과하도록 설계되었다. 이러한 점은 다음 장에서 부가가치세의 구조를 살펴보면서 이해될 수 있을 것이다. 여기서는 생산단계의 투입이나 거래에 대하여 부과하는 세금이 왜 바람직하지 않은지에 대하여 살펴보겠다.

6.1.1 생산 효율성 측면에서 본 중간투입재에 대한 과세 반대의견

생산의 효율성은 다른 재화의 생산을 줄이지 않고는 당해 재화의 생산을 늘릴 수 없을 때 일어난다. 세금이 없는 이상적인 시장경제에서는 개별 기업이 생산의 효율성을 달성하는 선택을 하도록 투입재의 가격이 신호 역할을 한다.

세금은 최종 소비재에 부과될 수도 있고 매입제품[1]에 부과될 수도 있다. 그러나 매입제품에 대한 과세는 중간단계 투입재 선택에 대한 왜곡을 유발하여 생산의 효율성을 훼손시킨다. Diamond와 Mirrlees[2]는 조세시스템이 생산 효율성을 확보할 수 있도록 설계되어야 함을 보여 주었다. 이를 위해서는 부가가치세를 투입재에 부과하지 않고 최종 소비재에 부과해야 한다.

그 이유는 간단하다. 개별 경제의 복지수준을 결정하는 것은 개별 소비자가 향유하는 소비량이다. 소비의 선택은 임금수준보다는 최종 소비재의 가격에 의하여 결정된다. 중간단계의 투입물과 최종 소비재에 각각 세금을 부과하는 방식으로 산출한 최종 소비재의 가격을, 최종 소비재에 대해서만 세금을 부과하는 방식으로도 동일하게 도출시킬 수 있다. 그러므로 소비 선택에 미치는 효과에 있어 중간단계 투입물에 대한 세금은 불필요하다. 더구나 중간단계 투입물에 대한 세금은 생산방식에 영향을 주어 생산의 비효율을 낳는다. 조세시스템으로 인해 생산의 비효율이 발생하면 복지수준은 쉽게 개선될 수 있다. 이는 추가적인 노동 없이도 소비자가 효용을 누릴 수 있는 제품이 더 많이 생산 및 소비될 수 있다는 의미이다. 이와 같이 의도되지 않은 이윤이 존재하는 경제상황을 유발하는 조세시스템은 효율적이라고 할 수 없다.

외부성이 있거나 시장의 실패가 있는 경우에는 이러한 결과에 필요한 엄격한 요건들이 종종 충족되지 않는다. 환경에 피해를 주는 중간단계의 투입물에 대해서는 세금을 부과해야 할 수도 있다. 하지만 이러한 경우를 제외하면 생산의 효율성은 꼭 달성되어야 하는 중요한 것이다. 그러므로 중간거래에 조세부담을 주는 세제보다는 부가가치세제를 선호하는 것이다.

---

1) 매입제품이란 생산과정에서의 투입물로서 그 자체가 이전 생산단계의 결과물이다. 이는 중간투입재라 칭하기도 한다.
2) Diamond & Mirrlees(1981)가 주장한 이러한 논쟁은 시장실패가 없는 경제를 전제로 한 것이다.

영국은 다른 나라들과 마찬가지로 중간투입재에 대하여 과세하는 것을 최대한 피하려 하고 있다.[3] 그러나 최종소비가 아닌 거래에 세금을 부과하는 경우가 있는데, 인지세의 경우가 그러하다. 이 부분에 대하여 간단히 살펴보겠다.

6.1.2 거래에 세금을 부과해야 하는가?

주식거래, 주택구입과 토지매각에 대한 세금은 영국에서 중요한 부분을 차지한다. 이러한 '인지세'는 오랜 역사를 가지고 있는데, 이렇게 오랫동안 인지세를 사용하게 된 이유는 거래 후 소유권을 등록해야 하는 사람들에게 인지세를 부과하는 것이 용이하기 때문이다. 그러나 경제적 관점에서 보면 좋은 조세가 아니다.

그 이유는 거래에 세금을 부과함으로써 상호 간 유익한 거래가 이루어지는 것을 저해하여 달성될 수 있었던 복지가 감소하기 때문이다. 자산에 가장 높은 가치를 부여하는 사람이 그 자산을 소유해야 복지가 극대화될 수 있다. 거래에 대하여 세금을 부과하면 누가 자산을 소유하느냐에 영향을 미치게 되어 효율적인 소유 패턴을 방해하게 된다.

재화나 용역의 가치는 그것을 소유함으로써 얼마나 많은 혜택이 창출되느냐에 따라 결정된다. 따라서 재화나 용역의 최초 판매 시점의 구입가 또는 시간에 따라 창출되는 혜택에 소비세를 부과할 수 있다. 거래세는 이러한 역할을 하지 못하므로 혜택에 대하여 직접 과세하는 것이 바람직하다. 예를 들어, 주식배당과 같이 자산을 소유함에 따른 혜택이 소득으로 나타나면 소득에 대하여 과세하면 된다. 만약 혜택이 지속적인 용역의 소비형태이면, 제16장 주택과세에 관하여 논의하는 바와 같이 과세하면 된다. 어떤 경우이든 거래세를 찬성하는 근거를 찾아볼 수 없다.

물론 재화가 최종 소비 전까지 오직 한 번만 팔린다면 거래세(거래가치에 과세)와 부가가치세의 경제적 효과는 동일하다. 두 가지 세금 모두 세율만큼 가격을 인상시킨다. 두 가지 세금의 차이는 소비 전에 재화가 두 번 이상 팔리는 경우에 발생한다. 주택과 같은 내구재는 주택의 수명이 다할 때까지 여러 번 팔릴 수 있다. 금융자산은 수명이 무제한적이고, 수도 없이 많이 거래될 수도 있어 거래세도 많이 부과될 것이다. 거래세는 상대적으로 자주 거래되는 자산의 가격을 떨어뜨리고 상호 간 유익한 거래량도 감소시킨다. 거래세는 거래를 많이 하는 사람에게 자의적으로 많이 부과될

---

3) 한 가지 주요한 예외가 있는데, 사업용 자산에 재산세를 부과하는 제도가 그것이다(제16장 참조).

것이다.

주택거래에 대한 인지세는 주택의 수명 동안 소유자가 바뀌는 수만큼 부과된다. 주택에 따라서 거래되는 횟수가 다르다. 더 많이 거래되는 주택을 더 많이 과세해야 한다는 것을 뒷받침할 경제적 근거가 없다. 부정적인 것은 거래세가 주택거래를 저해하여 주택재고에 대한 비효율적 사용을 유발한다는 것이다. 주택의 사용가치에 상응하게 과세하는 것은 합리적이지만(제16장에서 설명), 거래에 대한 인지세는 그렇지 않다.

그러나 거래가 항상 효율을 높이는 것이 아닌 경우, 거래세도 필요할 때가 있다. 금융시장에서 거래가 과도하거나 시장을 불안하게 하는 경우가 특히 그러하다. 거래 자체가 부정적인 외부성을 초래하는 경우이다. 이때에는 거래세가 과도한 투기행태와 가격 불안정성을 줄여 줄 것이다. 이것이 금융거래에 대한 초기 '토빈세' 부과(외환시장 거래에서 아주 낮은 세율로 과세)를 정당화시킨 논리이다.[4]

피상적으로는 그럴듯해 보이지만, 이러한 논리의 전제에 의문을 제기할 수 있다. 투기는 불안정성을 줄여줄 때에만 이득이 된다고 하는데, 실증연구의 결과가 투기와 불안정성 사이의 뚜렷한 상관관계를 보이지 못하고 있다.[5] 반대로, 잦은 금융 거래세 부과가 거래하고자 하는 의욕에 영향을 준다는 증거도 있다. 자주 거래되는 주식일수록 가격변동이 영국의 인지세 개정 발표에 민감하게 반응한다.[6] 따라서 좋건 나쁘건 거래세는 순수금융자산에 부과되는 경우라도 영향을 준다.

토빈세가 금융위기를 초래한 자산시장의 인플레이션을 억제한다는 결정적인 근거가 없음에도 불구하고, 최근 금융위기로 인하여 토빈세를 찬성하는 새로운 지지대가 형성되었다.[7] 현재 토빈세는 금융 분야로부터의 추가 세수 확보를 위해 운용되고 있는 양상이다. 그러나 토빈세를 누가 부담하는지를 명확히 하는 것이 중요하다. 금융회사의 주인이 외환거래에 대한 세금을 부담한다고 볼 이유는 없다. 이는 결국 매입가격을 높게 책정하는 형태로 소비자에게 전가될 것이다. 금융 분야에 대한 더 일반적인 거래세 부과는 저수익의 형태로 저축자에게 전가될 것이다.

금융서비스에 대한 과세를 재검토해야 한다는 것을 부정하는 것은 아니다. 금융서

---

4) Tobin, 1978.
5) 이 주제에 대한 최근 연구는 Radalj & McAleer(2005)이 있다.
6) Bond, Hawkins, and Klemm, 2004.
7) 사실 이전에도 Stiblitz(1998)가 이러한 주장을 하였다.

비스 분야는 현재 부가가치세 면세로 인해 과소하게 과세되고 있기 때문이다. 더구나 부가가치세 세율이 올라감에 따라 금융서비스 분야가 과소하게 과세되는 정도도 올라가고 있다. 이러한 점은 제8장에서 다시 고려해 볼 것이다. 그러나 일반적으로 소유권이 바뀌는 자산이나 재화의 소비 또는 그러한 자산이나 재화로부터 발생하는 소득이 아닌, 거래 자체를 과세대상으로 삼는 것은 경제적으로 논거가 약하다. 현재 금융 분야에 대한 분노는 이해가 가지만, 기본적인 규제로 해결해야 할 문제를 거래세로 해결하는 것은 바람직하지 않다. 금융서비스 분야에 대한 부가가치세 면세 특혜부터 없애야 할 것이다.

마지막으로, 주택과 주식거래에 부과하는 현행 거래세도 경제적 합리성이 부족하다.

6.2 효율성과 형평성, 그리고 일관성

앞의 논의를 정리하면, 세금은 재화와 용역의 소비에만 부과되어야 한다. 하지만 모두에게 동일한 세율을 적용해야 할까? 아니면 다른 재화와 용역에 다른 세율을 적용하여야 할까?

술, 담배, 석유의 경우, 소비가 다른 사람에게 미치는 유해한 영향 때문에 높은 세율을 매겨야 한다. 특히 담배의 경우에는 장기간 동안 소비자 자신에 미치는 유해성 때문에 높은 세율을 부과한다. 이러한 이슈에 관해서는 6.3절에서 간략히 다룰 것이다. 여기서는 이러한 부작용이 없는 경우라면, 단일세율이 타당한지에 대하여 살펴보겠다.

물론 일반적으로 소비선택의 왜곡을 피하기 위해서는 단일세율이 더 좋다고 하는 원론적인 전제가 있다. 만약 단일세율이었으면 재화를 임의대로 구입하였을 텐데, 세율이 다르다는 이유로 다른 재화들을 선택해야 한다면 복지 측면에서 비용을 발생시키는 셈이다. 다양한 세율을 적용하는 제도에서는 복잡성과 정치적 로비의 문제를 피할 수 없지만, 단일세율에서는 이러한 문제가 발생하지 않는다. 단일세율은 행정과 납세협력비용도 감소시킨다. 현재 기업들은 자신의 상품이나 구매가 어느 세율에 속하는지 알아내야 한다. 세율이 다양해질수록, 세금계산이나 서류작업도 복잡해진다. 이러한 문제가 단일세율 체계에서는 발생하지 않기 때문에 기업들에게도 실질적인 유익을 제공한다. 어떠한 재화가 어떠한 세율로 과세되어야 하는지를 분명히 하는 과정은 때론 웃음거리가 되곤 하는데, 단일세율은 이러한 문제를 제거할 수 있다. 자파 케이크가 비스킷인지 케이크인지를 법원이 결정해 주어야 하는 일도 없어진다.[8]

단일세율을 적용하면 정치적 의사결정을 단순화할 수 있고, 조세정책이 로비 압력과 단기적인 정치 이슈의 영향에 취약하지 않게 된다. 다양한 세율의 적용은 이익집단으로 하여금 자신들의 물품에 적용되는 세율을 낮추기 위하여, 혹은 특례를 적용받는 다른 물품만큼이라도 세율을 낮추기 위해 로비활동을 하도록 유도한다.[9] 이러한 점은 매우 중요하며, 과거 내수용 에너지에 대하여 낮은 세율을 적용하기로 결정함으로써 부가가치세 세원이 희생되기도 했다.

단일세율이 바람직하다는 논거는 상당히 설득력이 있다. 하지만 다음과 같은 이유로 반대하는 논리도 있다.

첫째, 효율성 문제만 고려해 보자. 정부가 일정 세수를 거둬들이는 과정에서 조세제도로 인한 총복지손실만 관리하고, 납세자 간의 분배문제는 고려하지 않는다고 가정하자. 제2장에서 보았듯이, 모든 사람이 일정 금액만 내면 되는 인두세가 효율적일 것이다. 그러나 이것은 일반적으로 실현 가능성이 없다. 이번엔 상품의 구입에 대하여 과세할 수 있다고 가정하자. 간접세를 과세하는 경우, 세금이 그만큼 높은 가격으로 소비자에게 귀착된다. 이러한 상품세로 발생하는 효율성의 손실은 상품세로 인한 가격인상이 해당 재화나 용역의 수요를 얼마나 감소시켰는가에 의해 결정된다.

사람들의 구매행태에 대한 영향이 클수록 그 세금의 사중손실 또는 '복지손실'이 크다. 높은 세율에도 불구하고, 소비자의 수요감소가 비탄력적인 재화(즉 가격인상이 구매 여부 결정에 상대적으로 영향을 미치지 못하는)의 경우 탄력적인 재화보다 높은 간접세율에 의한 복지손실이 적다. 이러한 역탄력성 규칙(inverse elasticity rule)[10]에 따르면 재화마다 가격에 대한 탄력성이 다르므로[11] 각 상품별로 최적세율이 다다를 수 있다.[12] 이러한 역탄력성 규칙을 제대로 실행하려면 모든 재화에 대한 가격

---

8) 초콜릿 비스킷은 부가가치세가 과세대상이지만, 초콜릿 케이크는 과세되지 않는다. McVitie는 거대한 자파 케이크를 만들어 보이면서, 비스킷은 오래되면 부드러워지지만 케이크는 오래되면 딱딱해진다는 이유를 들어, 그가 만드는 자파 케이크가 케이크를 작게 만든 것이지 비스킷은 아니라고 하였다. 이에 대하여 법원은 제조사의 편을 들어 주었다. United Biscuits (UK) Ltd (VTD 6344).

9) 이러한 논지는 Buchnan & Musgrave(1999)의 연구에서 Buchanan이 강하게 주장한다.

10) 이러한 결과를 공식적으로 증명한 연구로는 Atkinson & Stigliz(1980) 또는 Myles(1995)가 있다. 역탄력성 규칙은 상품 간 대체 가능성이나 보완성이 없을 때 유효하다. 대체 가능성이나 보완성이 있는 경우의 효율적인 조세제도는 램지의 조세원칙(Ramsey rule)을 따르게 된다. 이 규칙은 보다 일반적이지만 역탄력성 규칙과 전반적으로 같은 결과를 나타낸다.

11) Blundell, Pashardes, and Weber, 1993.

탄력성을 잘 알고 있어야 한다. 또한 서로 다른 재화와 용역을 분류하여 세분화하는 수준에 대한 결정도 필요하다. 시장상황의 변화에 따라 세율을 얼마나 자주 바꾸어 줄 것인지에 대해서도 결정해야 한다. 과세당국이 장기간에 걸쳐 가장 효율적인 세율의 조합을 실현하려고 할수록 관리비용과 납세협력비용이 증가할 것이다. 그러나 일반적으로 이 규칙은 '필수품'인 기초 식료품과 같이 다른 재화에 비하여 가격 탄력성이 낮은 물품에 높은 세율을 부과하도록 한다.

이와 같은 논리가 효율성 측면에서 다양한 세율을 지지하는 논거이다.[13] 그러나 영국이나 다른 나라가 단일세율에서 벗어난 실제 이유는 형평성에 대한 고려 때문이었다. 식료품이나 내수연료와 같이 빈곤층의 예산에서 많은 부분을 차지하는 재화에 대해서는 '형평성' 추진을 위해 영세율이나 저세율로 과세해 왔다. 이러한 형평성에 대한 고려가 부가가치세 단일세율을 반대하는 가장 큰 이유이다.

다양한 부가가치세율을 적용을 지지하는 평등주의자의 세 가지 이유를 살펴볼 필요가 있다. 첫 번째 이유는 빈곤층이 소득의 대부분을 특정 재화에 소비한다는 사실에 주목한다. 두 번째 이유는 첫 번째와 약간 다르다. 일부 재화는 '생활 필수재'이기 때문에 낮은 세율을 적용해야 한다는 것이다. 세 번째는 완전히 다른 이유로, 소득과는 별도로 소비패턴이 사람의 필요에 관한 특징을 나타낸다는 것이다. 두 번째와 세 번째 논거는 다음에 논의하고 여기서는 첫 번째 논거에만 집중하겠다.

간접세만 따로 떼어놓고 형평성 문제를 고려해 보면, 저소득층이 많이 소비하는 재화에 대하여 낮은 세율을 부과하는 것이 옳다고 생각할 수 있다. 그러나 간접세를 다른 세목 및 복지제도와 분리하여 생각하는 것은 옳지 않다. 정부가 누진적인 소득세제를 운영하고, 사람의 필요나 특성에 따라 다양한 복지혜택을 지불하는 것이 형평성의 목적에 더 부합하는 수단이 된다.

그러나 정부가 누진적인 소득세를 효과적으로 운영할 수 없는 경우가 있다. 소득세제나 복지제도가 행정상의 이유로 비교적 단순하게 운영되도록 제한되는 경우이다. 개발도상국에서는 운영 가능한 직접세나 복지제도가 적다. 이러한 경우, 정부가

---

12) 총지출에 대한 근로소득 관련 예산제약이 있으므로 수요탄력성의 조건은 일반적으로 일과 여가 사이의 선택과 관계가 있다. 모든 재화가 '동일'하게 여가를 '대신'할 수 있으면 단일세율이 효율적일 것이다. 그렇지 않다면 여가에 대해 보완성이 높은 재화가 더 높은 세금을 부담할 것이다.

13) 회사가 효율적인 가격을 초과하여 가격책정을 할 수 있는 상황에서는 시장 장악력이 낮은 세율로 인한 효과를 상쇄할 수 있다는 의견(Boadway & Pestieau, 2003)도 있다. 그러나 여기서는 이러한 제안을 따르지 않겠다.

분배에 신경을 쓰게 되면 재분배 목적을 달성할 수 있는 수단은 간접세뿐이다. 따라서 빈곤층 지출의 많은 부분을 차지하는 필수품에 대하여 낮은 세율을 부과하거나 심지어는 가격보조를 해 줄 수도 있다. 기초 식료품과 같은 필수품은 가격에 탄력적이지 않으므로 정부는 효율성과 재분배가 서로 상충되는 문제에 직면하게 될 것이다. 이런 경우 효율성만 본다면, 높은 세율로 과세해야 함에도 불구하고 식료품과 같이 가격 탄력성이 낮은 재화에 비교적 낮은 세율을 적용하게 될 것이다.

영국이나 다른 선진국은 정밀하게 설계된 직접세나 복지제도를 운영하고 있다. 제9장에서 보겠지만, 직접세와 복지제도를 개혁하면서 부가가치세 단일세율을 적용하면, 광범위한 영세율 적용을 통해 성취되는 것과 유사한 수준의 분배(근무의욕) 기능을 달성할 수 있을 것이다.

그러나 정밀하게 설계된 직접세나 복지제도로는 '최상의 결과'를 도출할 수 없다는 사실에 근거하여 간접세를 차별화해야 한다는 주장도 있다. 사람들에게 잠재된 능력이나 요구수준을 정확하게 측정할 수는 없다. 능력이 많은 사람이 적게 일하면 능력이 적은 사람이 열심히 일한 것과 같은 수준의 소득을 벌게 된다. 두 사람의 소득이 같으면, 능력이 많은 사람이 적게 일했음에도 불구하고 같은 금액을 세금으로 납부하게 될 것이다. 이와 같은 정보의 제약 때문에 소득세로 달성할 수 있는 재분배의 기능에는 한계가 있다.

이러한 경우, 특정 상품에 대한 선호가 일과 여가 사이의 선택 또는 소득능력과 관련된 것이라면 상품 간 선택을 왜곡시킬 필요가 있다는 주장이 있다.[14] 이 주장을 더 발전시키자면, 정부가 능력이 많은 자로부터 능력이 적은 자에게로 재분배하려고 하지만 고임금을 받는 사람이 일을 덜 함으로써 재분배 혜택을 받을 수 있기 때문에 이러한 재분배 정책에는 한계가 있다. 이러한 근로의욕과 관련한 제약문제는 조세설계에 관한 현재 논쟁에서 항상 논의된다. 더 많이 번 사람에게 더 높은 세율로 과세할수록 고임금을 받는 사람은 적게 일하려고 할 것이라는 점이다.

이러한 사실을 통해 고임금을 받는 사람이 너무 많은 여가를 취하지 않도록 여가에 '보완적인' 재화를 과세하자는 간단한 규칙이 도출된다. 물론 이와 같은 조세왜곡은 복지손실을 초래한다. 따라서 이러한 보완적인 재화에 대한 과세에도 한계가 있다. 그러나 적정 수준에서 여가에 '보완적인' 재화는 더 높게 과세하고, 근로에 '보완

---

14) 기술적으로 말하면 '일과 분리할 수 없는 것'이라고 한다. Atkinson & Stiglitz(1976) 참조.

적인' 재화는 더 낮게 과세하는 것이 타당할 것이다.

이와 같은 논리는 간단하다. 음식점에서 식사를 하는 것이나 극장 공연을 보는 것처럼 소비하는 데 시간이 더 소요되는 재화는 여가가 있어야 소비할 수 있다. 그러므로 이러한 재화에 높은 세율을 적용하는 것은 여가세의 일종으로서, 이를 소비하는 자들로 하여금 더 많이 일하고, 여가를 적게 사용하도록 장려한다. 일반적으로, 여가와 관련된 재화와 용역에 대한 조세부담을 늘림으로써(동시에 근로와 관련된 재화와 용역에 대한 조세부담을 줄임으로써), 재분배적인 조세제도가 필연적으로 발생시키는 근로의욕 저하 문제를 부분적으로 해결할 수 있다. 근로시간을 더 늘려 주는 것과 관련된 재화에 낮은 세율을 적용함으로써 이와 유사한 효과를 얻을 수 있다.

이러한 주장을 지지하는 사례가 있음에도 불구하고 현실적 효과를 평가하는 것은 쉽지 않다. 예를 들어, 근무시간 중에 사용하는 양육서비스에 대한 조세부담을 다른 재화나 용역보다 낮추면 조세제도의 다른 부분으로 인해 저해된 근로의욕을 보완할 수 있다. 이러한 논리는 일부 대중교통(특히 성수기)에도 적용될 수 있다. 일하는 시간이나 일의 효율성을 높이는 약품과 같은 재화에 대한 보조금도 이런 논리로 정당화될 수 있다. 여가 선용을 위한 재화와 용역(낚싯대나 선크림, 요리재료)은 높은 세율 적용대상이 될 것이다. 반대로, 포장음식, 접시 닦는 기계, 수선서비스와 같은 재화나 용역은 이러한 일에 시간을 쓰는 대신에 근로를 더 할 수 있도록 하므로 낮은 세율로 과세하는 것이 적합할 수 있다.

6.2.1 평등주의와 수평적 형평성

세율 차별화에 대해 개념적으로 다른 논리를 주장한 James Tobin은 **특정 평등주의**[15] (specific egalitarianism, 불평등을 제한하는 것 자체가 궁극적인 목적인 특별한 영역이 있다는 개념)에 대하여 설명하고 있다. 예를 들어, 생필품에 대한 과세를 피하기 위하여 세율 차등화를 정당화할 수 있다. 부유한 가구에 비하여 빈곤층 가구는 담배를 더 많이 소비하지만, 담배와 같은 제품에 특혜를 주자는 의견은 찾아볼 수 없다. '연료부족'에 대한 배려가 '담배부족'에 대한 배려보다 반응이 크다. 어떠한 기준에서 음식이나 내수연료(상하수도 서비스나 매장 및 화장도 이에 포함된다)와 같은 품목을 빈곤층 예산의 대부분을 차지하는 품목이 아닌 생활필수품으로 분류하는 것일까?

---

15) 특정 평등주의란 개념은 Tobin(1970)에서 논의되었다.

담배와는 달리, 사람들은 필수불가결적으로 이러한 재화를 어느 정도 구입해야 하기 때문이다.

교육이나 보건과 같이 이러한 평등주의적 감성이 적용되는 재화는 다수 국가가 제공한다. 하지만 많은 재화들이 시장작용에 의해서 분배된다. 일반적인 재분배 정책을 위한 주장에서 특정 평등주의를 구분하기 위해서는, 돈이 충분하더라도 이러한 재화는 사람들이 '아주 소량'만 살 것이라는 가정이 필요하다. 따라서 사람들에게 일반적으로 충분한 돈을 주는 것보다 이러한 특정 물건을 사도록 장려하는 것이 목적이 된다. 이는 일반적인 형평성보다는 다양한 세율을 적용하자는 주장에 대한 보다 설득력 있는 논거이다. 현재 적용 중인 차별과세방법이 아니고서는 이러한 결과를 도출할 다른 효율적인 수단이 없기 때문이다. 한편으로 이는 사람들이 스스로를 위해 적합한 의사결정을 할 수 있을 것이라는 가정과도 부합하지 않는다.

부가가치세율을 차별화해야 하는 세 번째 이유는 일부 소비패턴이 소비자의 능력이나 필요에 관한 정보를 추가적으로 제공한다는 점이다. 따라서 조세제도가 특정 재분배 목적을 달성할 수 있도록 하는 데 유용할 '표식'이 될 수 있다는 점이다. 영국의 조세제도 내의 좋은 예시로, 장애인을 위한 차량의 경우, 개조비용에 대하여 부가가치세와 연간 차량소비세가 면세되는 제도가 있다. 더 광범위한 재분배 목적을 위해 간접세 세율의 차등적용이 합리적이라고 주장하려면 이를 위한 더 효율적인 대안이 없어야 한다. 즉 다른 재분배 수단이 바람직하지 않은 저해 효과를 유발한다거나, 해당 재화를 사용하는 특정 집단을 겨냥하기가 어려워야 이러한 주장이 성립된다.

예외가 있을 수 있겠지만 일반적으로 더 직접적인 수단이 존재한다면, 간접세 차별과세를 통하여 재분배 목적을 달성하는 것이 상대적으로 고비용과 비효율의 문제를 낳을 수 있다.

지금까지의 논의를 마무리하면서, 단일세율의 중요성을 강조하는 다른 종류의 형평성이 있다는 점을 상기시키고자 한다. 이것은 제2장에서 설명한 **수평적 형평**, 즉 비슷한 사람에게는 비슷하게 과세해야 한다는 개념이다. 개개인의 소득이나 재산이 동일하다고 해도 돈을 지출하는 방법은 각각 다를 수 있다. 만약 재화별로 다양한 세율을 적용하면, 임의적인 방식으로 어떤 사람에게는 이익을, 다른 사람들에게는 손해를 끼칠 수 있다. 현재 영국에서는 디자이너가 만든 아동복을 구입하는 사람에게 보조금을 주면서, 같은 돈을 장난감에 지출하면 — 차라리 그 장난감이 아동복보다는 교육적일 수 있음에도 불구하고 — 과세를 한다. 음악에 취미가 있는 사람은 세금을 내야 하지만, 잡지에 취미가 있으면 면세이다. 중요하지 않은 차이가 나는 것(예 : 초콜릿 비스킷과 자파 케이크 사이의 기호 차이)에 대하여 다른 세율이 적용되는 것은 분명히 피해야 한다.16)

사회적으로 연령이나 성별에서 비롯한 차별을 금지하고 있는 가운데 특정 재화나 용역에 대한 기호나 필요의 차이가 연령, 성별로 인한 것이라면 극단적으로 이는 차별적인 과세로 비춰질 수 있다.

6.2.2 각 주장들 간의 조화

효율성 측면에서 보면, 소비재 가격은 한계비용에 맞추어 책정되는 것이 항상 바람직하다. 경쟁시장 구조하에서 단일세율이 아니면 가격과 비용이 서로 분리되게 된다. 이것은 언제나 바람직하지 않으며, 이를 상쇄할 수 있는 다른 고려요인이 있는 경우에만 정당화될 수 있다.

정부가 세수를 늘리려 하고 서로 다른 재화의 수요에 대한 가격 탄력성이 다양하다면, 가격 탄력성이 낮은 재화에 대하여 높은 세금을 부과해야 효율성이 달성될 수 있다. 이는 일반적으로 필수품목에 대한 조세부담을 높이는 것이다. 다른 한편으로, 정부가 형평성을 제고하고자 하나, 재분배 목적을 이룰 수 있는 효과적인 직접세나 복지제도가 없다면, 빈곤층 지출의 많은 부분을 차지하는 재화에 낮은 세율을 부과하는 것이 타당할 수 있다. 그러나 누진적 직접세제나 복지제도가 효과적으로 운용될 수 있다면, 이것을 사용하여 재분배 목적을 달성하는 것이 더 적합하다. 이 경우, 상품에 대한 차등과세는 해당 상품 구입이 노력과 관련이 있는 경우에만 재분배에 도움이 될 것이다. 즉 근로와 상호 보완적인 재화에 대하여 낮은 세율을 적용하면 효과적인 재분배에 도움이 될 수 있다.

하지만 일반적으로 이러한 구분을 하기는 어렵다. 자녀양육이라는 예외적인 경우를 제외하고는, 세율을 다양화하는 것은 복잡성 상승요인으로 인해 긍정적인 평가를 받지 못하고 있다. 소득세와 간접세 차등과세를 동시에 적용하는 방법보다 소득세

---

16) 이 접근방법의 이러한 결과는 Atkinson & Stiglitz(1976)도 보여 주고 있다. 두 소비자가 있다고 가정하자. 한 소비자는 초콜릿 아이스크림보다 바닐라 아이스크림을 좋아하지만, 레드 와인과 화이트 와인에 대해서는 선호도가 없다. 다른 소비자는 레드 와인을 화이트 와인에 비해 좋아하지만 아이스크림에 대하여는 선호도가 없다. 이러한 경우, (역탄력성의 규칙을 적용하면) 바닐라 아이스크림과 레드 와인을 초콜릿 아이스크림이나 화이트 와인보다 높은 세율로 과세하는 것이 효율적이다. 이로 인해 세금은 차별화되지만 두 소비자는 동일한 수준의 만족감을 얻을 것이다.

누진율 증가와 간접세 단일과세를 적용하는 방법이 재분배와 세수 목적을 달성하는데 더 효과적일 것이다. 소득세의 누진성은 재분배 목적을 달성하고, 간접세의 차등과세 방지는 상품의 선택 왜곡을 피할 수 있으며, 이 두 가지는 모두 세수 증대에 기여한다.[17] 이것은 놀랄 일이 아니다. 소득세와 복지제도는 분배목적을 달성하기 위하여 상호 밀접하게 설계될 수 있다. 간접세는 이러한 목적을 달성하는 수단으로서 매우 효율적이지 못하다. 저소득가구에 대한 재분배 목적에 소용이 전혀 없다는 것은 아니지만, 상품에 다양한 세율을 적용하는 것은 앞서 언급한 이유 때문에 효과적이지 않다.

상품에 다양한 세율을 적용하는 방법을 통한 재분배는 특정 상품에 대한 수요를 근거로 한다. 그러나 돈을 가장 많이 낼 수 있는 사람에서 가장 돈을 내기 어려운 사람으로 재분배되기를 바란다면, 총지출이나 소득, 부의 수준을 기준으로 하는 것이 더 정확할 것이다.[18] 특정 항목에 대한 지출이 사람의 총지출이나 소득이 나타낼 수 없는 부분을 알려 주지 않는 이상 간접세에 차등세율을 적용한다고 하여 우리가 원하는 재분배 목적을 달성할 수는 없다. 따라서 재분배 목적을 달성하기 위하여 상품에 다른 세율을 적용하는 것은 소득세와 같이 다른 수단이 있는 이상 합리적이지 않다.

제9장에서 부가가치세 세원을 넓히는 것이 의미하는 바를 살펴보면서, 세원이 넓어짐에 따라 피해를 보는 가구에 대하여 보상하는 방법을 살펴보겠다. 모든 가구를 일일이 보상할 수는 없지만 분배 목적을 위하여 더 좋은 방법이 있다는 점은 실무상 증명되었다. 이러한 결과는 좀 복잡하지만 누진적인 소득세가 근로의욕을 저해할 수 있다는 우려에 의해 바뀌지는 않을 것이다.

종합하자면, 다양한 세율을 통하여 효율성을 높일 수 있다는 주장은 중요하지만, 실제 그것을 운영하기는 매우 어렵다. 이에 대한 유일한 예외가 자녀양육 비용에 대하여 부가가치세를 면세하는 것인데, 이는 자녀양육을 위한 지출이 근로시간에 대한 선택과 밀접한 관련이 있기 때문이다. 형평성도 재분배 목적을 더 효율적으로 달성할 수 있는 다른 세금이나 복지제도가 없다면, 다양한 세율을 적용하자는 주장의 강력한 논거가 될 수 있다. 그러나 효율적인 다른 방안은 분명히 있으며, 부가가치세에 대하여 복수세율을 적용할 경우 발생하는 왜곡 없이 재분배 목적을 더 효율적으로

---

17) 이러한 주장은 Laroque(2005a)와 Kaplow(2008)에서 정당화된다.
18) 제13장에서 이러한 것 중 어떤 것(또는 어떤 것의 조합)이 가장 적절한 세수 기반인지를 논의한다.

달성할 수 있다. 더구나 비슷한 사람을 비슷하게 취급해야 한다는 수평적 형평 측면에서 보면 단일세율이 더 적합하다.

6.3 파급효과와 행태적 변화

이제까지 우리는 단일세율로부터 벗어난 가장 중요한 형태에 대한 논의를 피해 왔다. 영국 및 많은 다른 나라에서 술, 담배 및 자동차 연료(휘발유 및 경유)에는 부가가치세 외에도 추가적인 세금을 부과한다. 이들은 보통 소비세 형태, 즉 상품가치에 비례하여 과세하는 종가세보다는 판매 단위별 과세로 부과된다(영국에서 담배상품에는 종가세적 요소가 추가적으로 있다). 이런 세금은 영국 세수에서 상당한 부분을 차지한다. 2010~2011년도 기준 연료세는 270억 파운드, 담배세는 90억 파운드, 주류세는 95억 파운드에 달한다.[19] 이보다 규모는 작지만 환경과 관련된 세금, 보험료 세금, 도박에 부과되는 세금도 있다.

특정 재화나 용역의 소비가 해당 소비자 외의 사람들에게 손해를 입히거나 혜택을 주는 경우라면 다양한 세율을 적용하는 것에 설득력이 생긴다. 환경에 유해한 휘발유 상품에 대하여 높은 세율을 부과하는 것이 대표적인 예가 될 수 있다. 제10~12장에서 별도로 환경세에 대하여 자세히 다룰 것이다.

다른 사람에게 미치는 영향을 과세하는 원칙은 간단명료하다. 일반적으로 어떤 재화에 추가 조세부담 혹은 조세혜택을 부여할 때 해당 소비의 증가가 발생시키는 피해나 혜택을 반영하여야 한다. 이렇게 함으로써 소비자가 얼마나 소비할지를 결정할 때 다른 사람에게 미치는 영향도 고려하게 되는 것이다. 그러나 현실에선 한계가 존재하는데, 어떤 재화를 소비할 때 다른 사람에게 발생하는 손해나 혜택 및 그에 따른 적합한 세율 차이를 측정하기가 어렵기 때문이다. 사실 소비의 외부 영향력은 어디서, 언제, 누가 소비하느냐에 따라 차이가 크다. 대부분의 일반 음주자는 사회에 나쁜 영향을 미치지 않는다. 그러나 소수의 경우 사고나 범죄와 연관되면서 관련 해악이 매우 클 수 있다.

중요한 점은 세금이 사회적으로 비용을 발생시키거나 혜택을 가져오는 소비의 양

---

19) HM Treasury, 2010b, table C11.

을 결정함에 있어 영향을 미치는 효과적인 수단이 될 수는 있더라도, 가장 최적의 수단이 되는 것은 아니라는 점이다. 해악이 충분히 크면, 법으로 금지하는 것이 가장 좋다. 그 예로 술에는 세금이 부과되지만, 마약은 해악이 더 커서 아예 금지된다. 마찬가지로 강제의무를 부과하는 것이 이로운 영향력을 달성하는 최선의 방법이 될 수 있다. 예를 들어, 차량 소유자에게 보험 가입을 의무화하는 것이 단순히 보험 가입에 낮은 세율을 적용하는 것보다 나을 것이다.

그러나 담배나 술에 대한 세금이 온전히 또는 많은 부분 타인에 대한 부정적인 영향을 줄이기 위한 것이라고 생각하면 오산이다. 술, 특히 담배의 소비는 소비자 스스로를 해친다는 주장에 의하여 이에 대한 과세가 사실상 어느 정도 정당화되고 있다. 이러한 재화의 소비가 외부성(타인에게 끼치는 영향)을 발생시킨다기보다 내부성[20] (소비자 자신에 끼치는 영향) 또는 '자기 자신의 미래에 대한 외부성[21]'을 발생시킨다. 세금이 자신에게 피해를 줄 수 있는 행동을 하지 않도록 작용한다는 것이다. 사람은 자신에게 해로운 행동을 할 수 있으므로 그렇게 되지 않도록 하는 조치가 필요할 수 있다. 소비로 인한 비용을 알지 못하거나, 재화가 중독성이 있거나(특히 제대로 예상할 수 없는 중독성), 의사결정이 어떤 측면에서 합리적이지 않은 경우가 여기에 해당한다.

이 모든 경우에, 정부가 가부장적으로 행동하고 세금을 통해 가격을 바꾸어 사람들의 행동을 바꾸도록 유도할 수 있다. 일반적인 원칙은 타인에게 영향을 미치는 경우와 비슷하다. 세율은 자신에게 미치는 해악을 반영하여 결정되어야 한다. 즉 자신에게 미치는 해악이 클수록 세금도 많이 과세해야 한다. 이러한 주장은 술과 담배에 대한 과세에 있어서 확실히 영향력이 있지만, 해당 개인이 스스로에게 초래하는 비용에 비례하여 과세하려면, 어느 정도 수준으로 과세해야 적절한지 알기 어렵다. 특정한 재화의 소비에 따른 비용도 그룹마다 다를 것이다. 예를 들어, 어린이나 젊은 성년은 음주나 흡연의 결과에 대하여 민감할 것이다. 이러한 그룹이 세금에 가장 민감하게 반응한다는 증거도 있다.[22]

이러한 주장의 밑바닥에는 개인이 일생의 각 시점에 따라 일관되지 않은 선택을 한다는 관찰 결과가 있다. 이것은 흡연이 시작되는 시점에 특히 그렇다. 흡연자의

---

20) Gruber, 2003a.
21) Viscusi, 1995.
22) 예를 들어 Chaloupka & Wechsler(1997) 참조.

대다수는 젊었을 때 흡연을 시작한다. 미래에 관한 명확한 가치관을 가지고 선택하는 것은 아닐 것이다. 이러한 현상은 미국에서 하루에 한 갑 이상을 피우는 학교 상급생 그룹을 상대로 한 조사에서 볼 수 있다. 5년 후에도 계속 담배를 피울 것이라고 응답한 자 중에서 72%가 여전히 담배를 피우고 있었고, 5년 후에는 담배를 끊었을 것이라고 응답한 자 중에서도 74%가 여전히 담배를 피우고 있었다.[23]

흡연에 대한 단기적인 욕구를 통제하는 것이 장기적으로 유익하다는 것을 알면서도 이를 통제할 수 없다면, 단기적 통제능력이 부족한 것을 보완하기 위하여 높은 세율로 과세하는 것을 사실상 선호할 수도 있다. 이것이 심리학적 관점에서 본 그럴듯한 해석이다(뒷받침할 만한 실험에 의한 증거도 있다[24]). 그러나 정책에 미치는 영향력은 명료하지 않다. 사람의 자기통제능력 부족을 보완하기 위해 필요한 세율은 사람마다 다를 것이다. 완전히 이성적이어서 흡연과 음주에 관한 (현재와 미래의) 혜택과 해악을 정확하게 인지하고 있는 사람에게는 세금이 벌금과 같이 여겨질 것이다.

지방이 많은 식품에 대해서도 비슷한 주장이 있어 왔다. 이 문제는 술이나 담배에 대한 과세보다 훨씬 더 복잡하다. 그 이유 중 하나는, 대부분의 경우 식품은 적당히 먹으면 사람에게 이롭기 때문이다. 그러나 더 큰 이유는, 비만을 유도하거나, 해로운 음식의 종류를 다른 음식과 구분하여 정의하기가 매우 어렵기 때문이다. 영국에서는 이미 다른 식품에는 영세율을 적용하는 데 반해, 건강에 좋지 않은 특정 식품에는 표준세율을 적용하여 과세하고 있다. 아이스크림, 비스킷 및 감자 튀김은 표준세율로 과세하고 있고, 제과점에서 산 케이크, 토르티아 칩 및 초콜릿 쿠키는 영세율로 과세하고 있다. 이러한 사례를 통해 건강에 좋지 않은 식품의 소비를 억제하기 위하여 세금을 부과하는 것, 그리고 건강에 좋은 식품과 좋지 않은 식품을 구분하는 것, 두 가지 모두 어렵다는 점을 분명하게 알 수 있다.

6.4 결론

이 장에서의 결론은, 간접세는 넓은 세원에 대하여 과세하여야 하고 되도록 단일세율로 과세하여야 한다는 것이다. 단일세율에서 벗어나도 되는 명백한 경우가 몇 개

---

23) Gruber, 2003b.
24) Gruber and Koszegi, 2001.

있다. 환경에 해를 끼치는 경우에 대한 세금, 술이나 담배와 같이 소비자 자신이나 타인에게 손해를 끼치는 재화에 대한 세금이 여기에 해당한다. 그러나 현재 영국의 간접세 분야에서 넓게 퍼진 차등세율체계의 논거는 그 타당성이 약하다. 특히 형평성을 위해서라면 재분배를 성취하기 위한 다양한 세율의 간접세 체계보다 직접세와 복지제도를 이용하는 편이 더 낫다. 제9장에서 어떻게 할 수 있는지에 대하여 자세히 살펴보겠다.

복수세율을 지지하는 이유에는 형평성 말고도 다른 이유가 있다. 근로와 관련된 재화에 대하여 더 가볍게 과세하려는 것이 다른 이유 중 하나이다. 자녀 양육비에 대하여 낮은 세율(영세율)을 부과해야 하는 이유가 바로 그것이다. 그 밖에 이러한 범주에 속하는 다른 재화나 용역에 대한 차별과세의 타당성을 제시할 수는 있을 것이다. 그러나 강력한 반증이 없다면 단일세율의 간편함이 주는 장점이 복수세율로 얻을 수 있는 다른 어떠한 장점보다도 효율성 측면에서 우수하다고 할 수 있다.

이러한 결론에 이르기 전에 중간투입제품이나 거래 자체에 대한 과세보다 소비에 과세하는 것이 경제적으로 가장 효율적이라는 결론이 있었다. 제16장에서 이 원칙과 관련한 몇 가지 이슈를 논의하면서 인지세(거래세)와 사업용 자산에 대한 재산세(중간투입제품에 대한 과세)를 검토해 볼 것이다. 이러한 맥락에서 금융서비스에 대한 과세문제도 제8장에서 간단히 다룰 것이다.

마지막으로 간접세는 국제적 맥락에서 봐야 한다. 최근 경제환경의 중요한 변화로 인하여 국제조세 이슈가 주목을 받고 있다. 예를 들어 EU 회원국의 경우, 1993년 단일 유럽시장 완성이라는 중요한 사건으로 인해 부가가치세 체계가 직접적인 영향을 받았다. 국제적 맥락에서 어디서 부가가치세가 과세되어야 하는지에 대한 원칙적인 문제가 있다. 현재 실무적으로 간접세는 생산이 이루어진 국가(원천지국 과세원칙에서는 생산지에서 과세)가 아니라 소비가 이루어진 국가에서 과세된다. 이러한 현상이 계속될 것이지만, 이 때문에 국외소비의 비효율이나 행정상의 문제가 많이 발생하고 있다. 이에 대해서는 다음 장에서 다루겠다.

부가가치세의 실행

앞 장에서는 간접세의 원칙에 대하여 논의했다. 이번 장에서는 간접세제의 집행, 특히 부가가치세제의 설계와 운영에 관한 실무상 쟁점에 주안점을 두고 살펴보려 한다. 이러한 실무상 쟁점은 정책설계, 특히 부가가치세 개혁안을 고안할 때 중요하다. 이번 장에서는 중요한 설계상의 쟁점에 대하여 살펴보고, 다음 두 장에서는 부가가치세제를 위한 두 가지 개혁안에 대하여 논의할 것이다. 개혁안의 첫 번째는 부가가치세제 및 금융서비스에 관한 구체적인 쟁점에 대한 것이고, 그다음으로 부가가치세의 적용 범위를 다른 일반적인 재화와 용역으로까지 확대하는 방안에 대하여 살펴보겠다.

세수 규모 측면에서 보면, 영국 및 다른 대부분의 OECD 국가에서 부가가치세는 가장 중요한 간접세이다. 1954년 프랑스에서 처음 도입된 이래 이례적으로 크게 성공한 세금으로 인정받았고, 미국을 제외한 모든 OECD 국가를 비롯해 많은 국가에서 도입하였다. Bird(2010, 363)는 부가가치세를 '지난 반세기 동안 가장 성공적인 재정혁신 사례이자, 국가가 상당한 세수를 거둘 수 있는 가장 경제적이고 효율적인 방법'일 것이라고 평가했다.

이 장에서는 우선 부가가치세가 어떻게 작동하며, 왜 선호되는지를 살펴본 후, 문제가 되는 측면에 대하여 논의할 것이다. 즉 세율 차별화, 면세, 불이행의 범위 및 국제무역에서의 부가가치세 적용에 대한 어려움에 대하여 살펴보겠다.

7.1 부가가치세 작동원리

부가가치세는 도매나 소매를 가리지 않고 모든 거래에 대하여 과세되지만, 등록된 사업자가 매입 시 납부한 부가가치세는 공제받을 수 있도록 하고 있다. 따라서 각 생산단계에서 부가된 가치에 대해서만 과세된다. 최종 생산품의 가치는 각 생산단계에서 부가된 가치의 합이므로, 세원(tax base, 여기서는 각 생산단계에서 부가된 가치의 합계)은 최종 판매 시 가치와 동일하다. 결과적으로 세금은 최종 생산물의 가치에 대하여 부과되는 것과 같은 효과이지만, 실제 과세는 공급 체인의 각 생산단계에서 부가가치만큼 조금씩 이루어진다. 등록된 사업자가 매입한 상품을 그대로 팔거나 생산과정에서 투입한 경우, 매입 시 납부한 부가가치세에 대하여 환급을 요청할 수 있다. 다만 최종 소비자는 환급을 요구할 수 없다. 따라서 부가가치세는 최종 생산품에만 과세되는 셈이고, 생산 관련 의사결정에는 왜곡을 발생시키지 않는다.

간단한 예를 통해 작동 원리를 설명하고자 한다. A회사가 B회사에게 100파운드 상당의 매출을 발생시키면서 20%의 부가가치세까지 포함하여 총 120파운드를 받았고, 부가가치세에 해당하는 금액을 과세관청에 납부하였다고 하자.[1] B회사가 A회사로부터 산 물건을 사용하여 300파운드 상당의 제품을 만들어 C회사에 팔면, 60파운드의 부가가치세를 과세당국에 납부해야 한다. 그러나 B회사는 매입 시 납부한 부가가치세 20파운드에 대한 환급을 요청할 수 있어 40파운드만 내면 된다. C회사는 소매상으로서 최종 생산품을 최종 소비자에게 500파운드에 팔면서 부가가치세 100파운드도 같이 받게 된다. 그리고 매입 시 납부한 부가가치세 60파운드를 환급받기 때문에 40파운드만 과세관청에 내면 된다.

〈표 7.1〉은 이 간단한 공급 체인의 부가가치세 납부를 두 가지 측면에서 보여 주

---

1) 부가가치세는 세전 기준으로 표시된다. 즉 부가가치세율 20%는 부가가치세를 제외한 가격에 대한 세금이 20%라는 의미이다(100파운드의 20%＝20파운드). 이것은 세금을 포함해서 표시되는 소득세와는 다른데, 소득세율 20%라는 말은 소득세를 포함한 소득에서 세금이 20%라는 말이다. 세금을 제외한 세율 20%는 세금을 포함한 세율 16.7%와 같다(120파운드의 16.7%＝20파운드).

| **표 7.1** | 부가가치세 20%인 경우의 간단한 공급 체인 사례

	매출 시 과세된 부가가치세	매입에 대한 부가세 환급	부가세 순 부담
거래별 분석			
A회사에서 B회사로 100파운드에 판매[a]	20파운드	20파운드	0파운드
B회사에서 C회사로 300파운드에 판매[a]	60파운드	60파운드	0파운드
C회사에서 최종 소비자에 500파운드에 판매[a]	100파운드	0파운드	100파운드
회사별 분석			
A회사	20파운드	0파운드	20파운드
B회사	60파운드	20파운드	40파운드
C회사	100파운드	60파운드	40파운드

[a] 부가가치세가 제외된 가격은 다음 칼럼에 별도로 표시됨.

면서, 부가가치세제의 두 가지 특징을 보여 준다. 첫 번째 줄은 부가가치세 부담을 거래별로 분석한 것이다. A회사가 B회사에 물건을 100파운드에 팔 때 부가가치세 20파운드도 같이 부과하나, B회사가 같은 20파운드를 환급받으므로 이 거래에서 부가가치세 세수는 없다. 마찬가지로 B회사가 C회사에 물건을 팔 때 부과하는 부가가치세 60파운드는 C회사가 환급받는다. 오로지 최종 소비자에게 파는 거래에서만 부가가치세 부담이 있고, 그 부담은 최종 생산품 가치의 20%이다. 중간단계에서 세부담은 없고, 최종 생산품을 생산하기 위한 공급 체인상의 행동변화가 세부담과는 무관하므로 생산과정을 왜곡시키지 않는다.

〈표 7.1〉의 두 번째 줄은 회사별 세부담을 분석한 것이다. A회사는 이 사례에서 매입한 물건이 없으므로 B회사로부터 징수한 20파운드만 과세관청에 납부한다. B회사와 C회사는 생산과정에서 각각 200파운드씩 부가가치를 창출하므로 이에 대해 20%인 40파운드의 부가가치세 순 부담을 지게 된다. B회사는 100파운드 상당을 매입하여 300파운드의 매출을 발생시키므로, C회사로부터 징수한 부가가치세 60파운드(300파운드의 20%)에서 매입 시 납부한 부가가치세 20파운드(100파운드의 20%)를 제외한 40파운드를 과세관청에 납부한다. C회사는 최종 생산품을 500파운드에 팔아 부가가치세 100파운드를 징수하고, 이미 납부한 부가가치세 60파운드를 제외하고 40파운드를 납부한다. 정리하면, 각 회사들은 자신이 창출한 부가가치에 대하여 20%의 세금을 납부하면 된다. 최종 생산품의 가치에 부과된 100파운드의 세금납부 의무는

생산 체인 각 단계에서 비율에 따라 나누어 부담하게 된다.

대안으로 위와 같이 생산 중간단계에서 세부담을 나누지 않고, 최종 생산품의 가치에만 과세하도록 하는 방안이 있을 수 있는데, 그것은 도매와 소매를 법적으로 구분한 후 소매에만 과세하는 방안이다. 이것이 미국 대부분의 주에서 시행하고 있는 소매세(Retail Sales Tax)이다. 이 방법이 더 간단해 보일 수 있다. 최종 소비자에게 판매하는 소매상(위 사례에서는 C회사)만 납세협력비용을 부담하는 것 같기 때문이다. 그러나 소매세에는 중대한 단점이 있다.

첫째, 실무에서 도매와 소매를 구분하기가 어렵다. 소매세가 시행되려면 판매자는 매입자가 소비하기 위하여 사는 것인지 사업 목적으로 사는 것인지를 구분해야 한다. 그러나 판매자가 이를 제대로 구분하도록 할 인센티브가 없으므로, 잘못된 구분에 따른 상당한 세수손실이 있을 수 있다. 반대로 부가가치세제하에서는 매입자가 매입상품을 소비가 아닌 사업용으로 쓸 것인지 여부를 입증하여야 한다. 즉 등록된 사업자만이 부가가치세 환급을 요청할 수 있으므로, 소비하기 위하여 산 것이 아니라 사업 목적으로 산 것이라고 주장하려면, 위해 사업자로 등록을 해서 의도적으로 조세포탈 행위를 범해야만 한다. 최종 소비에만 부과하는 목적을 가진 세금으로서 부가가치세는 소매세보다 덜 직접적인 방법일 수 있겠으나 이 목적을 달성하기 위해서는 부가가치세가 더 탁월한 방법일 수 있다.[2]

더 중요한 점은, 부가가치세 부담을 각 생산단계로 나눔으로써 한 사업자가 세금을 탈루하면 그 부분만 세수일실이 생기고, 그 생산품에 대한 부가가치세 전체의 세수일실은 막을 수 있다는 점이다. 이와 같은 시스템은 사업자들이 부가가치세를 탈루하고자 하는 인센티브를 감소시킨다. 사업자가 이미 납부한 매입세액을 공제받으려면 매출자로부터 (매출세액) 세금계산서를 받아야 한다. 따라서 매입자는 매출자가 온전히 세금계산서를 발행하는지 확인하고자 하는 인센티브가 있다(과세당국에 납부하지 않으려고 할 경우). 만약 매출자가 세금계산서를 제대로 발행하지 않으면, 매입자는 부가가치세액을 양쪽에 다 납부하는 셈이 되기 때문이다. 그러나 매입자가

---

2) 부가가치세 목적으로 사업용 지출과 소비용 지출을 구분하는 것이 항상 간단한 것은 아니다. 예를 들어, 회사가 종업원을 위해 헬스장 회원권을 사거나, 자영업자가 사업 및 개인 용도로 쓰려고 컴퓨터를 사는 경우를 꼽을 수 있다. 이와 같이 이 애매한 경계는 (본문에서 언급된, 보다 일상적인 감시문제와는 다르게) 부가가치세와 소매세의 두 경우에서 동일한 어려움을 야기하는데, 이는 다른 세금에서도 마찬가지이다. 3.2.3절에서 소득세 목적으로 근로와 관련된 비용을 구분하는 것의 어려움에 대하여 논의한 바 있는데, 부가가치세제에서도 이렇게 애매한 경계와 관련된 문제 및 그 어려움은 매우 유사하다.

이를 원하지 않을 것이며, 정부는 최소한 세수를 확보할 수 있다. 이렇게 사업자 간 상호 대칭이 되는 세금계산서는 (매입세액을 매출자의 매출세액 기록으로 확인할 수 있어서) 정부에게 유용한 세무조사를 위한 과세자료가 되기도 한다.

이러한 이유 때문에 부가가치세는 정부가 세금을 거둬들이는 데 아주 매력적인 방법이 된다. 그러나 실무에서 항상 원활하게 작동하는 것은 아니다. 앞으로 영국 부가가치세제의 설계상 문제점에 대하여 살펴보면서, 특별히 두 가지 사안에 주목하고자 한다. 첫 번째는 광범위하게 쓰이고 있는 영세율과 면세 적용에 관한 것이다. 특히 면세는 앞서 설명한 '이상'에서 크게 벗어나는 심각한 문제를 발생시킨다. 두 번째는 불이행 범위와 이와 밀접하게 연관되어 있는 국제거래에서의 부가가치세 적용 방법에 관하여 알아보기로 하겠다.

7.2 영세율과 감면세율, 그리고 면세

실제로 영국에서는 많은 재화와 용역이 표준세율(2011년 현재 20%)로 과세되고 있지 않다. 일부에는 영세율이, 일부에는 5%의 저세율이, 그리고 일부에는 면세가 적용된다. 영세율과 면세는 다른 것인데, 영세율의 경우, 등록된 사업자가 생산과정에서 사용한 모든 투입물에 대하여 납부한 매입세액을 환급받을 수 있다는 점에서 차이가 있다. 결과적으로 영세율이 적용된 물품의 최종 가격에는 세금이 포함되어 있지 않다. 면세가 적용되는 재화와 용역도 판매 시 부가가치세 적용을 받지 않는다. 그러나 생산자가 생산과정에 투입한 물품에 대해 납부한 매입세액을 환급받을 수 없다. 매입세액이 존재한다는 것은 물품의 최종 가격에 부가가치세가 포함되어 있다는 것을 의미하므로, 영세율의 경우보다 가격이 높다. 재화나 용역이 영세율 대상이면 부가가치세의 적용을 받지만, 세율이 0%이고 면세 대상이면 생산과정에서 부가가치세의 효력이 전혀 미치지 않는다. 즉 매출 시 부가가치세 징수도 없고, 매입 시 부가가치세 공제도 없다.

〈표 7.2〉는 부가가치세 영세율과 저세율(5%), 면세가 적용되는 주요 재화 및 용역을 간략하게 나타낸 것이다. 이와 함께 표준세율로 과세되지 않는 데 따른 정부의 세수일실(해당 과세연도에 따라 세율이 다르므로 마지막 3개월은 표준세율이 20%이지만 나머지 표준세율은 17.5%을 기준으로 표기) 추정치도 나타내고 있다. 표는 비

| 표 7.2 | 2010~2011년도 영세율, 감면세율, 면세에 따른 예상 세수일실

	예상 비용(백만 파운드)
영세율 :	
식품	14,250
주택건축[a]	5,400
국내여객운송	3,250
국제여객운송[a]	150
책, 신문, 잡지	1,600
아동의류	1,300
상수, 하수처리	1,700
의약품 및 처방약	1,850
기부단체 공급[a]	200
특정 배, 항공기	550
장애인에 대한 차량 및 기타 공급	450
감면세율 :	
내수용 연료	4,250
여성용 위생용품	50
에너지 절약 재료	50
주택 개조	200
면세 :	
국내 주택 임대[a]	4,850
상업용 자산의 공급[a]	350
교육[a]	1,150
건강서비스[a]	1,500
우편서비스	200
장례	150
금융과 보험[a]	9,050
도박, 게임, 복권[a]	1,150
등록기준에 미달하는 사업자[a]	1,650

[a] 각 분류별 수치에는 큰 오차범위가 있을 수 있다.

주의 : 이러한 수치는 2010~2011년도의 수치이며, 이때 부가가치세는 대부분 17.5%로 과세되었으나, 마지막 3개월에 20%로 인상되었다. 당해 연도 전체에 20%를 적용하면 비용이 10~15% 더 높게 나타날 것이다. 일부 영세율 적용 품목(예 : 사이클 헬멧)과 저세율 적용 품목(예 : 피임제, 금연제, 아동용 자동차 시트), 면세 품목(예 : 문화공연 입장권)의 경우, 비용을 알 수 없거나 매우 낮기 때문에 표에서 제외하였다.

출처 : 영국 국세청 통계, 표 1.5(http://www.hmrc.gov.uk/stats/tax_expenditures/table1-5.pdf).

교적 간단해 보이지만, 실무에서는 예를 들어 어떠한 품목이 면세대상인 금융서비스인지, 영세율을 적용하는 식품인지를 구분하는 규정이 매우 자세하고 복잡하다.[3]

단일세율로부터 벗어난 정도 및 불이행의 범위(뒤의 7.3절에서 논의하는)는 모든 개인적 소비에 표준세율을 적용하고, 성공적으로 부가가치세를 징수하였을 경우의 세수를 기준으로 하여 실제 부가가치세 세수의 비율을 측정하는 방법으로 나타낼 수 있다. OECD에서는 영국의 이 비율을 2008년 기준 46%로 추정하였으며, 이는 OECD 국가 평균인 58%(비가중치)보다 상당히 낮은 수치이다.[4]

영세율 및 저세율이 적용되는 재화의 목록은 방대하다. 이와 같이 방대해진 것은 분배 정책과 특정 재화의 소비를 촉진하기 위한 정책이 복합적으로 작용한 결과이다.[5] 내수용 연료에 저세율을 적용하는 것은 이 두 가지 목적이 상충하는 예이다. 내수용 연료 소비는 환경을 생각하면 촉진시키기보다는 억제해야 하지만, 분배 목적 때문에 저세율을 적용받는 것이다.[6] 지난 장에서, 단일세율에서 크게 벗어남으로써 발생하는 실무상 부작용에 대하여 설명한 바 있다. 따라서 부가가치세 영세율이나 저세율을 사용하기보다는 소득세나 복지제도를 활용하는 것이 분배목적을 달성하는 데 더 정확하고 효율적이라고 논의하였다. 이에 대한 자세한 설명은 제9장에서 할 것이다. 아동용 의류에는 영세율이, 아동용 자동차 시트에는 5%가, 교육용 장난감(과 어른용 의류를 입는 큰 아이)에는 20%의 표준세율이 적용되고 있다는 사례만 보아도 현재 이렇게 다른 세율이 적용되는 리스트를 합리적으로 설명하기 어렵다는 것을 알 수 있다.

영세율이 어떻게 작동하는지 알아보기 위하여 바로 전에 들었던 예시를 다시 살펴보자. C회사의 최종 생산품에 영세율을 적용하면, 물건을 500파운드에 팔 때 부가가치세 100파운드를 징수하지 않아도 된다. 그러나 B회사로부터 물품을 살 때 지불한 매입세액 60파운드에 대하여는 환급을 요청할 수 있다. 따라서 C회사는 공급 체인 전 단계에서 지불한 부가가치세(B회사가 지불한 40파운드, A회사가 지불한 20파운드)를 모두 환급받는 셈이고, 자신이 판매하는 최종 생산품에는 부가가치세를 부과하

[3] 〈표 7.2〉에서 공공분야는 제외하였는데, 공공분야에는 부가가치세가 적용되지 않아 면세와 같은 효과가 있다. 공공분야에 대해서는 다음에 논의할 것인데, 공공 부문에 대한 부가가치세 적용은 정부의 한쪽에서 다른 쪽으로 세수가 이전되는 것이므로 순 세수에 미치는 영향이 미미하다.
[4] OECD, 2011.
[5] 주택건축에 영세율이 적용되는 것에는 이러한 설명이 딱 들어맞지 않는다. 이 부분은 제16장에서 자세히 살펴본다.
[6] 이 부분은 제11장에서 자세히 살펴본다.

지 않는다. 이 경우, 생산과정 전체가 부가가치세 적용을 받지 않으며, 최종 소비자는 부가가치세가 전혀 없는 가격을 지불하게 된다. 그러나 뒤 7.4절에서 설명하겠지만, 국제거래에서는 영세율로 인해 C회사가 과세관청으로부터 상당한 금액을 환급받을 수 있는 점을 이용한 조세포탈 위험을 발생시키게 된다.

면세의 경우는 다르다. 물건을 팔 때는 부가가치세를 납부하지 않지만, 영세율과 다르게 이미 납부한 매입세액을 환급받을 수 없다. 앞의 예에서 C회사가 판매하는 최종 생산품에 부가가치세 면세가 적용된다면 매출 시 부가가치세를 징수하지 않지만, B회사로부터 매입 시 지불한 부가가치세 60파운드는 환급받지 못한다. C회사가 파는 최종 생산품에 부가가치세 부담이 없음에도 불구하고, 생산원가가 60파운드 높아지게 된다. 아마도 최종 소비자 가격 인상으로 이어져, 결국 소비자가 부담하게 될 것이다. 500파운드 상당의 물건을 팔 경우, 환급받지 못하는 매입세액 60파운드를 반영하면 실효세율 12%로 부가가치세를 과세하는 것과 같다. 최종 생산품에 적용되는 부가가치세 유효세율은 공급 체인에서 면제가 적용되기 이전까지 발생한 부가가치 총액의 비율에 따라 결정된다.[7] 이 유효세율은 표준세율보다는 항상 낮지만, 공급 체인의 구조에 따라 다양하게 나타난다.

면세되는 재화나 용역에는 표준세율보다 낮은 세부담이 부과되지만, 면세는 저세율과는 매우 다르다. 우선, 면세가 부가가치세를 과세하는 것보다 세부담이 항상 적은 것은 아니다. 면세되는 재화나 용역이 최종 소비자에게 직접 판매될 경우에는 표준세율 대신에 낮은 유효세율로 매출세액을 부담하게 된다. 그러나 면세제품을 부가가치세 등록사업자에게 판매할 경우에는 환급받지 못하는 매입세액이 매출세액에 추가되어 최종 소비자에게 과세되는 셈이 되며, 이 매입세액 부분은 공급 체인 아래쪽 사업자가 부과하는 것이다.

앞의 예를 다시 살펴보면, B회사의 생산품에 부가가치세 면세가 적용되면, B회사가 A회사로부터 상품 매입 시 지불한 매입세액 20파운드는 환급받을 수 없게 된다. 결정적으로, B회사가 C회사에게 판매할 때 60파운드의 매출세액이 발생하지 않는다는 사실은 중요하지 않다. C회사는 이 매입세액을 환급받을 수 있기 때문이다. 그리고, C회사가 최종 소비자에게 판매할 때는 부가가치세를 징수한다. 따라서 이 생산

---

[7] 구체적으로 부가가치세 표준세율 대비 실효세율은 명목세율의 비율이 면세 직전까지 발생한 부가가치의 비율과 동일하다. 위의 예에서 C회사가 매입할 때 재화의 가치는 300파운드였고, 최종 생산물의 가치는 500파운드이므로, 부가가치세 실효세율은 표준세율인 20%의 60%(300÷500)인 12%이다.

체인의 총부가가치세 부담액은 환급이 불가한 매입세액 20파운드만큼 증가한다. 이는 C회사가 최종 소비자에게 징수한 매출세액인 100파운드에 더해지게 된다. 이는 최종상품에 과세되는 부가가치세가 표준세율보다 높다는 것을 의미한다.[8]

면세 적용으로 인한 세부담이 표준세율보다 낮은지, 높은지의 여부는 면세상품이 최종 소비자에게 판매되었는지, 아니면 다른 사업자에게 판매되었는지에 따라 다르다. 최종 소비자에게 판매되면 최종 생산물에 대한 면세액이 환급 불가능한 매입세액보다 크다. 반면, 다른 사업자에게 판매되면 매출세액은 항상 환급 가능했던 금액이므로 결국 환급 불가한 매입세액만큼 순수 추가비용이 발생한다.

면세는 부가가치세 논리에 전혀 맞지 않는다. 면세는 매입세액을 환급하지 않음으로써 부가가치세의 연결고리와 환급세액을 단절시켜 생산패턴을 왜곡한다. 6.1.1절에서 우리는 생산의 효율성을 강조했었고, 생산의 중간투입물에 대하여 과세하면 안 된다고 강조하였다. 호주는 면세를 '중간투입재에 대한 과세'라고 표현하고 있는데, 제도의 비효율성을 잘 설명하고 있는 셈이다.

면세로 인한 유효세율은, 공급 체인에서 면세 직전까지 발생한 부가가치가 총상품 가치에서 차지하는 비율과 관계가 있다고 앞서 언급하였다. 그러나 이 비율은 고정적이지 않기 때문에 이를 최소화하고자 하는 인센티브가 발생하게 된다. 면세는 '자기공급(self-supply)'을 하도록 유도한다. 즉 부가가치세 면세 상품을 생산하는 회사는 공급 체인상 가능한 많은 거래를 스스로에게 성사시켜 중간단계에서 발생한 부가가치가 과세되지 않도록 만들게 되는 것이다. 예를 들면, 매출 시 면세되는 재품을 파는 회사의 경우, 스스로에게 경비서비스, 기술지원, 청소서비스 등을 제공하고자 하는 강한 인센티브를 갖게 된다. 다른 사업자에게 하청을 주면 해당 매입세액 환급을 받을 수 없게 되기 때문이다.

면세로 인해 면세 대상 회사가 면세되지 않는 회사와 경쟁할 때 왜곡이 발생한다. 최종 소비자에게 팔 경우에는 면세 대상 회사가 유리하고, 중간 사업자에게 팔 경우에는 면세되지 않는 회사가 유리하다. EU 회원국의 면세 대상 회사들이 서로 경쟁할 때도 매입에 서로 다른 세율이 적용되기 때문에 부담하는 비용이 서로 다르다.

---

8) 이 공급 체인에서 면세 직전까지 발생한 부가가치의 비율은 20%(B가 투입한 부가가치 100파운드가 최종상품의 가치인 500파운드에서 차지하는 비율이 20%)이다. 따라서 환급이 불가한 매입세액으로 인한 실효세율은 표준세율 20%의 20%인 4%이다. 이를 최종 소비자에게 판매 시 부과하는 표준세율 20%에 더하면 총유효세율인 24%가 나온다. 최종상품의 세전가치 500파운드에 24%의 유효세율을 곱하여 산출한 100파운드의 매출세액에, 환급 불가능한 20파운드의 매입세액을 더한 120파운드가 총부가가치세 부담액이다.

마지막으로, 면세제도로 인해 관리비용과 납세협력비용(조세회피의 기회)이 추가적으로 발생한다. 과세상품과 면세상품을 동시에 같이 파는 생산자의 경우, 매입세액을 과세매출과 면세매출에 각각 배분(과세매출분에 대해서만 매입세액 공제)해야 하기 때문에 생기는 문제이다.

이와 같은 복잡성과 왜곡에서 발생하는 총비용을 정확하게 측정하기는 어렵지만, 상당히 큰 것만은 분명하다. 1954년 프랑스에 부가가치세를 처음으로 도입하여 '부가가치세의 아버지'로도 불리는 Maurice Laure는 면세제도를 부가가치세 제도의 암적인 존재라고 불렀다.[9] 이와 같은 점을 고려하면, 왜 면세제도를 사용하는가에 대한 의문이 자연스럽게 생긴다. 별로 도움은 안 되겠지만 간단한 답변을 제공하자면, 영국 대부분의 면세제도(금융서비스, 건강, 교육에 대한 면세제도를 포함)는 EU 규정으로부터 위임된 것이다. 영국 정부는 '많은 재화나 용역에 면세가 적용되는 이유는 이와 같은 품목(건강, 교육이나 복지와 같은 공공서비스)에 과세를 하는 것이 적절하지 못하다고 여겨지거나, 기술적으로 너무 어렵기 때문(금융서비스)'이라고 설명하고 있다.[10]

금융서비스는 그 규모뿐 아니라 부가가치세 측면에서 봐야 할 독특한 쟁점 때문에 중요한 이슈인데, 이에 대해서는 다음 장에서 살펴볼 것이다. 다른 면세 항목의 경우, 위 참조문의 '부적절'이라는 표현은 분배 목적과 공공서비스에 대한 과세가 분명히 부적절하다는 의미가 복합적으로 작용한 것으로 보인다. 만약 면세가 분배 목적을 반영한 것이라면, 면세로 인해 발생하는 왜곡을 고려해 봤을 때, 소득세나 복지정책과 같은 다른 세목을 사용하는 것이 더 적합하다고 할 수 있다. 이러한 제도가 영세율을 운용하는 것보다 더 효과적으로 분배 목적을 달성할 수 있다. 공공서비스에 대한 차별적 혜택이 필요하다는 의견이 있을지라도 왜 면세의 형태로 혜택을 부여해야 하는지가 불명확하다. 앞서 보았듯이, 면세는 영세율이나 저세율을 적용하는 것보다 부작용이 많기 때문이다.

건강, 교육, 우편 및 문화서비스와 같이 공공의 이익을 위한 서비스에 대한 면세는 많은 공공기관이 면세를 적용받는 것과 밀접하게 연관되어 있다. 그러나 이 두 가지는 같은 것이 아니며, 이 둘의 관계는 더 중요해지고 복잡해졌다. 민영화, 자율화,

---

9) European Commission(2010c, 28)에서 인용.
10) HM Treasury and HM Revenue and Customs, 2010, para. 4.2.

아웃소싱 및 민관 파트너십으로 민간의 공공서비스에 대한 참여가 늘어남에 따라 경계가 모호하게 되었기 때문이다. 어떤 면에서 현재의 부가가치세제는 이와 같은 경제상황에 잘 적응하지 못하고 있다. 공공과 민간 부문의 모호한 경계로 인하여 비슷한 일을 하는 비슷한 기관에 대한 과세방법에 임의적 차별이 발생하였다. 공공과 민간 부문이 경쟁하고 있다면, 공평하게 경쟁하지 않는 셈이다. 공공기관은 매출세액이 없기 때문에 최종 소비자나 다른 면세기관에 용역 제공 시 유리한 반면, 매입세액 공제가 가능한 민간기업은 다른 과세기업에게 용역 제공 시 유리하다.

공공기관이 매출을 발생시킬 때, 민간 부문과의 경쟁과는 무관하게 부가가치세를 과세하는 것은 단순한 가격조정으로 여겨질 수 있을 것이다. 궁극적으로 부가가치세는 재무성으로 이전될 것이고, 이는 정부기관 사이의 이전에 불과하다. (적어도 원칙적으로 생각해 보면) 해당 정부기관에 대한 정부지원자금을 조정함으로써 상쇄될 수도 있는 것이다. 그러나 이 원칙이 항상 성립되는 것은 아니다. 공공 부문의 매출이 (예 : 주차 공간) 소비자와 사업자 모두를 대상으로 할 경우, 부가가치세를 징수하는 것과 단순한 가격조정이 같은 효과를 발생시키지 않는다. 공공 부문으로부터 매입한 사업자는 매입세액 공제를 받을 수 있으나, 최종 소비자는 받을 수 없기 때문이다. 최종 소비에만 과세되기 때문에 사업자보다 최종 소비자에게 더 높은 가격이 부과되어야 한다. 부가가치세제는 이를 달성시키지만 단순한 가격조정은 달성시키지 못한다.

마지막으로, 매출의 유료 또는 무료 여부와는 상관없이 부가가치세 면세를 적용받은 공공기관은 민간 부문의 공급자로부터 과세상품(재화나 용역)을 매입하기보다는 자기공급을 선호하게 된다.

이러한 모든 경우를 고려해 봤을 때, 공공 부문에도 부가가치세를 적용하면 왜곡을 피할 수 있다.[11] 어떻게 이를 실행할 수 있는지, 어떠한 유익이 있는지에 관한 연구가 많이 있으며[12], 호주나 뉴질랜드는 좋은 실례이다.

정당화될 수 있는 면세로서 중요한 것이 한 가지 있다. 회사(개인 자영업자 포함)의 매출이 부가가치세 등록기준(2010~2011년도 기준 연 70,000파운드)을 미달하는

---

11) EU와 영국에서는 특정한 경우 공공분야에 대하여 면세가 적용되지 않도록 함으로써 이러한 왜곡을 완화시키는 규정을 두고 있다. 예컨대 공공분야의 특정활동은 '사업활동'으로 분류되어 과세된다. 경쟁을 상당히 왜곡한다고 판단되는 분야에 대하여 면세가 적용되지 않도록 하는 것이다. 공공분야(특히 지방정부)에 대하여 매입세액 공제를 허용하는 특례도 있다. 그러나 이러한 법 조항이 완전하지 않아 실무상 많은 왜곡이 현존한다.

12) Aujean, Jenkins, and Poddar, 1999; Gendron, 2005; Copenhagen Economics and KPMG, 2011.

경우이다. 이 한도액보다 매출이 적으면 등록은 선택사항이다. 등록을 하지 않은 사업자는 매출에 대한 부가가치세를 납부하지 않아도 되지만, 매입세액 환급도 요청할 수 없어 결국 부가가치세가 면세되는 것과 같다. 사실상 대부분의 영국 사업자들이 이 경우에 속해 있다. 총 1,950만의 등록사업자와 비교할 때 등록하지 않은 소규모 사업자가 2,900만에 달한다.13) 소기업으로 정의되는 이 미등록사업자는 매출이나 세수 면에서 차지하는 비중이 작다. 그러나 등록기준을 미달한 경우라도 등록하는 사업자는 많다. 등록을 하지 않으면 매입세액 공제를 받을 수 없기 때문이다. 대부분의 매출이 등록사업자를 대상으로 발생하는 경우, 매출세액은 상대방이 환급받을 수 있으므로 크게 중요하지 않다. 반면, 매입세액을 환급받지 못하는 것은 상당한 원가부담이 된다. 이러한 경우 자발적 등록이 더 이로울 수 있으나, 부가가치세 등록으로 인한 납세협력비용도 함께 고려해 보아야 한다.

등록기준을 미달하면 등록을 강제하지 않는 것은 납세자의 납세협력비용이나 과세관청의 관리비용을 고려했기 때문이다. 부가가치세 납세금액을 확정하고, 장부를 정리하는 등의 비용은 상당하고, 이러한 비용은 매출에 비례한다기보다 고정적으로 발생하므로 특히 소규모 사업자에게는 큰 부담이 될 수 있다. 부가가치세를 부과할 경우에 소규모 사업자에게 발생하는 행정 및 납세협력비용과 한도액 미달 회사에게 면세를 적용할 경우에 발생하는 세수손실 및 생산활동의 왜곡, 이 두 가지 경우의 균형을 고려해야 한다. 소규모 사업자 면세는 앞서 설명한 면세의 일반적인 부작용을 야기한다. 또한 등록기준을 둘러싼 왜곡 문제도 추가로 발생할 것이다. 사업자들은 등록기준 미달자격을 유지하려고 노력할 것이다. 등록기준에 미달하는 소매 사업자는 다른 과세 대상 소매 사업자와 경쟁 시 유리하게 되는데, 이는 공평하지 못한 것이다.

이러한 비용과 편익을 측정하기는 어렵다. Crawford, Keen과 Smith(2010)는 일실되는 세수(왜곡 문제는 제외) 대비 행정 및 납세협력비용의 비중을 계산한 바 있다. 결론은 측정하기 어려운 여러 변수들에 매우 민감한 것으로 나타났다. 하지만 전체적으로 보면 '영국의 비교적 높은 등록기준이 합리적'이라는 것에 동의하였다.

행정 및 납세협력비용을 최소화하기 위하여 여러 국가에서 사용하는 제도가 있다. 소규모 사업자에게 단순화된 방법(간이과세)을 적용하는 것이다. 영국에도 2002년부

---

13) HM Treasury and HM Revenue and Customs, 2010, para. 4.9.

터 소규모 사업자(2010~2011년도 기준, 부가가치세를 제외한 과세매출이 150,000파운드 이하인 경우)가 단순화된 단일세율을 적용받는 간이과세를 선택할 수 있도록 하였다.

단일세율을 선택하면 총매출에 단일세율을 적용하여 과세되지만 매입세액은 환급받을 수 없다. 단일세율은 산업에 따라 4%에서부터 14.5%까지 다양하다.[14] 이는 산업별 매입세액 공제 후 순 부가가치율과 특정매출에 대한 영세율 또는 저세율 적용 등을 반영한 세율이다. 그러나 이러한 간이과세에는 문제점이 있다. 매입세액 공제를 허용하지 않으므로 면세와 같은 문제를 발생시키는 것이다. 또한 55개의 산업에 서로 다른 세율을 적용하기 때문에 산업 간 경계로 인한 왜곡 및 정책적 문제도 초래하였다. 이런 점에서 상대적으로 소규모인 사업자의 납세협력비용을 줄이고자 했던 당초 목적을 달성했는지도 의문이다.

간이과세제도의 단일세율을 적용하는 것이 표준세율을 적용하는 것보다 더 쉬운 것인지 확실하지 않다. 더욱 중요한 것은, 이러한 선택적 제도가 납세자로 하여금 조세부담이 더 적은 제도를 찾기 위해 양 제도의 납세의무를 모두 (대략적으로나마) 계산하도록 유도한다는 점이다. 특히 세무사는 양 제도의 조세부담을 다 계산해 볼 것을 고집한다. 고객이 잘못된 선택을 하면 세무사의 부주의를 탓할 위험이 크기 때문이다. 이는 납세협력비용을 증가시킨다. 따라서 납세협력비용 감소라는 정확한 제도 목적과는 다른 결과를 낳게 되며 동시에 정부의 세수손실도 극대화시키게 된다.

단일세율의 선택적 적용의 장점에는 의문점이 있지만 등록기준 적용은 합리적일 수 있다. 그러나 다른 분야에는 개혁이 필요하다. 'EU 회원국이 세율을 광범위하게 차별화하고 있는 점은 점점 더 이상하게 보인다'고 평가한 Crawford, Keen과 Smith (2010, 301)의 분석에 우리는 대체로 동의한다. 이는 종전의 오래된 관점에서 부가가치세제의 개혁 가능성을 바라보고 있는 형상이며, 호주나 뉴질랜드의 부가가치세제로부터의 시사점을 반영하지 않고 있다는 것을 보여 준다. 최근 부가가치세제를 도입한 호주와 뉴질랜드는 영국이나 다른 유럽국가와는 달리 면세나 세율차별화를 대폭 줄인 형태이다.

면세나 영세율 대상품목이 많은 영국의 제도는 정당화하기 매우 어렵다. 상당부분 개선이 필요하고 복잡하다. 여기에서 이 모든 내용을 다루지는 않겠다. 제9장에서

---

14) 이것은 부가가치세 표준세율이 20%로 올라가는 2011년 1월부터 적용되는 간이과세 세율범위이다.

영세율이나 저세율을 감소시키면서 재분배나 근로의욕에 악영향을 미치지 않을 수 있는 방법에 대하여 살펴보겠다. 주요한 이슈인 금융서비스 면세에 대하여 제8장에서 더 자세히 논의하고자 한다. 주거에 대한 과세는 제16장에서 살펴볼 것이다. 다음으로는 먼저, 부가가치세제 구조로 인한 일반적인 납세협력 문제점에 집중한 후, 국제거래와 특별히 수출에 관한 납세협력 문제점을 살펴보겠다.

7.3 불이행

조세회피 및 세금탈루는 부가가치세 행정에 있어 중요한 이슈이다. 방대한 양의 세금계산서를 추적하는 것은 엄청난 작업이다. 영국 국세청은 '부가가치세 세수탈루'가 2009~2010년 기준 115억 파운드에 달할 것으로 추산하고 있다.[15] 이것은 국세청의 유권해석과 법을 제정한 의회의 의도에 따라 모든 개인과 법인이 납부했어야 할 부가가치세액과 실제 징수액의 차이를 의미한다. 예상 세수의 14%라는 수치는 다른 세목보다 높은 것이며, 관심의 대상이 될 수밖에 없다.

부가가치세 세수탈루분이 모두 탈루에서 기인한 것은 아니다. 상당분은 예컨대 단순 실수나 합법적 조세회피로 인한 것이다. 그러나 불법탈세로 인한 것도 상당하다. 일반적으로 탈세는 다음 두 가지로 구분된다.

- 매출 과소신고 및 매입세액 과다신고
- 부가가치세를 납부하지 않고 사라지는 경우

첫 번째 부류에 속하는 행태는 다양하다. 현금을 대가로 받고 과세매출을 누락하는 행위, 부가가치세 등록의무 불이행 등이 여기에 속한다. 매입 세금계산서 위조, 영세율 적용 대상이 아님에도 매출에 대해 영세율을 적용(예 : 가짜 수출세금계산서 발행)하는 사례도 있다. 또한 거래의 형태별로 다른 세율이 적용된다는 점을 악용한 탈루도 있다. 이는 서로 다른 행위(예 : 개인적 소비와 사업지출, 면세사업 및 과세사업에 대한 매입, 등록사업자 및 미등록 사업자로부터의 매입, 과세매입과 영세율이 적용된 매입) 사이의 정책적 구분이 어려운 경우, 이익을 챙기는 것이다. 이러한 문

15) HM Revenue and Customs, 2010d, para. 1.19.

제 중 일부는 부가가치세제 자체가 내재하고 있는 것이다. 그러나 단일세율을 채택하지 않음에 따른 복잡성 증가의 결과로 발생한 문제도 많다. 부가가치세제 운영방식은 탈세 범위를 제한하는 효과가 있다. 매입자가 매입세액 공제를 위해 세금계산서를 요구할 경우, 매출을 과소신고하기가 어렵기 때문이다. 동시에 매출자로부터 세금계산서를 요청하는 입장에서 중간투입재 매입을 과다신고하는 것도 어렵다.

부가가치세 과세 범위를 넓히는 것은 상당히 도움이 될 것이다. 모호한 경계의 수를 줄임으로써 잘못된 분류를 야기할 기회도 감소될 것이고, 단순 착오, 회피, 탈세를 모두 줄일 수 있을 것이기 때문이다. 마찬가지로 영세율 품목이 줄면, 영세율 매출임을 주장하는 것도 어려워지게 된다. 등록기준금액 결정, 부가가치세 납부시한이나 환급시한, 과세관청의 집행인력 투입 정도 등에 대한 부가가치세 정책도 탈세에 영향을 줄 수 있다. 물론 이러한 결정을 위해서는 다른 사항도 고려해야 한다.

두 번째 탈세유형은 개인 사업자의 순 부가가치세 납세 의무가 클 경우 주로 발생한다. 부가가치세제의 단편적 특징 중 하나는 이러한 문제를 해결·겨냥하여 정밀하게 고안되었다. 최종소비단계의 매출세액을 생산단계에 걸쳐 분산시키는 것이다. 이렇게 하여 한 개인 사업자가 도피함으로써 얻는 탈세액을 줄일 수 있다.

물론 한 사업자가 순수하게 창출한 부가가치가 크면 도피하고자 하는 인센티브가 클 수 있다. 그러나 소매세제에서보다는 위험이 적을 것이다. 또한 사업자가 창출한 부가가치가 진정성이 있는 것이라면, 탈루로 인한 단기적 이익을 위해 사업활동 유지를 통한 장기적 이익을 희생하진 않을 것이다.

부가가치세를 탈루하고자 하는 의욕이 가장 큰 사업자는 매출에 비해 납세의무가 큰 경우이다. 일반적으로 부가가치세가 과세되지 않는 중간투입재를 매입하여 과세대상 재화를 생산하는 회사가 여기에 해당할 것이다. 순수 국내거래에서는 이러한 경우가 많지 않다. 영세율은 대부분 최종 소비 재화에 적용되기 때문이다. 그러나 국제거래에서 영세율 수출은 상당한 세금탈루 기회를 제공하고 있다.

7.4 국제거래

이제까지 부가가치세 적용의 순수 국내거래 측면을 살펴보았다. 그러나 국제거래 측면(특히 EU 차원)이 부가가치세제 운영의 핵심이다.

우선, EU는 부가가치세 정책에 있어 주요한 역할을 하고 있다. 사실 영국이 1973 년에 부가가치세를 도입한 이유도 이것이 당시 유럽경제공동체(European Economic Community, EEC)에 가입하기 위한 전제조건이었기 때문이었다. EU는 표준화된 정의와 규칙을 정할 뿐만 아니라 표준세율을 최저 15%로 정하고 있고, 저세율의 사용을 제한하고 있으며, 새로운 품목에 대한 영세율 사용 금지 및 다양한 면세규정을 지속하고 있다. 최근 경제환경의 중요한 변화로 국제조세 이슈가 예전보다 중요해지고 있다. EU 회원국으로 가장 중요한 변화는 1993년 1월 단일 유럽시장의 완성이다. 이로 인해 부가가치세제가 직접적인 영향을 받았다. 단일시장 형성은 무역량 증가 및 세계화에 더 크게 기여하였다. 특히 주목해야 하는 것은 서비스에 대한 국제교역 증가와 전자상거래의 급격한 확산이다. 이러한 거래에 대해 실물 재화거래에 적용하던 전통적인 과세방법으로 과세하기는 어렵다. 이와 같은 변화로 현행 조세시스템의 약점이 부각되었고 대안을 찾게 되었다.

국제적 맥락에서, 소비지(소비지 과세원칙)와 생산지(생산지 과세원칙) 중 어디서 과세되어야 하느냐는 기본적인 의문이 있다.

소비지나 생산지의 '국가에서' 과세한다는 것의 의미를 분명히 하는 것이 중요하다. 첫 번째로 소비는 일반적으로 단일 장소에서 일어나지만, 재화나 용역의 생산은 여러 국가에 분산되어 있는 경우가 종종 있다. 생산지에서 과세할 경우, 최종 소비자가 부담하는 최종 가격은 부가가치가 창출된 장소의 비율에 따라 각 국가별 세율을 적용한 부가가치세를 포함하고 있을 것이다. 그러나 문제는 어디에서 부가가치가 실제로 창출되었는지를 판정하는 것이 어렵다는 것이다.

두 번째로 상품의 최종 세부담을 결정하는 세율의 국가가 해당 세수를 최초로 징수하는 국가가 아니거나, 해당 세수를 궁극적으로 받는 국가가 아닐 수 있다. 이와 관련 된 경제학적 논문을 보면(최근 EU의 정책논의와는 다르다), 생산지국 과세와 소비지국 과세는 결국 이 셋 중 첫 번째(세부담을 결정하는 세율의 국가)를 결정하는 사안이다. 이러한 모든 맥락에서 현 부가가치세 국제실무는 소비지국 과세를 적용하고 있다. 그러나 개혁안 중 일부는 이러한 다양한 관점을 각각 별도로 구분하고 있으며, 용어의 사용조차 혼란스러운 경우가 종종 있다.

소비지국에서 단일세율을 적용하는 것은 총소비의 가치에 대한 과세이다. 반면 생산지국에서 단일세율을 적용하는 것은 총생산의 가치에 대한 과세이다. 원칙적으로 이 둘 사이에는 극명한 차이가 없다. 거래가 균형적일 경우(궁극적으로 그래야 한다), 이 둘은 동일하다. 소비지국 과세에서 생산지국 과세로 전환하더라도 거래 양식과 경제적 혜택은 변하지 않는다. 각 국가의 환율 및 가격조정이 (다른 국가의 구매자가 지불할) 각국의 상품가격이 받는 영향을 상쇄할 것이기 때문이다.

그러나 현실은 그렇게 간단하지 않다.[16] 실무적으로 부가가치세제가 모두 동일하지 않다. 따라서 환율이나 총가격 수준에 대한 전반적인 조정으로는 모든 재화에 대한 완벽한 상쇄가 불가능하다.[17] 중립적이려면 생산지국 과세로의 전환은 모든 나라에 대하여 동일하게 (필요하다면 일방적으로) 시행해야 하는데, 이는 정치적 지원을 받지 못할 것이다. 생산지국 과세가 국제시장에서의 수출 경쟁력 저하를 초래하는 것처럼 보이기 (사실상 착각) 때문이다. 또한 이는 아마도 세계무역기구(WTO) 협정과도 일치하지 않을 것이다. 따라서 실무에서는 생산지국 과세와 소비지국 과세가 완전히 일치하지 않는다. 이러한 논쟁이 우리에게 시사하는 바는 소지지국 과세와 생산지국 과세 사이의 선택에 대한 문제가 처음 생각했던 것보다는 쉽지 않다는 점이다.

소비지국 과세원칙을 국제기준으로 사용하는 방안은 사업자와 소비자가 수입재화와 국산재화 간 차이, 그리고 세율이 각각 다른 다양한 국가로부터의 수입재화 간 차이를 인식하지 않는다는 점이 장점이다. 이 두 상황에서 납세 의무는 오직 소비지국에서만 발생한다. 이는 상품을 어디에서 생산할지와 관련된 결정에 대해 왜곡을 발생시키지 않는다.

소비지국 과세의 가장 큰 문제점은 내부 국경에 대한 통제가 없는 EU에서 이 제도를 어떻게 실행시킬 수 있는가이다. 이 문제는 사업자 간 매매와 개인 소비자가 국외 소비를 하는 경우에서 모두 발생한다.

현재 재화의 경우, 수출에 대하여 영세율을 적용함으로써(이전 공급 체인에서 부과된 모든 부가가치세를 면제) 소비지국에서만 과세되고, 모든 수입은 과세 대상이 된다. 1993년 이전 EU에서는 국경에서의 수출과 수입을 통제하였다. 1993년부터는 EU 내 국경통제를 폐지하여 자유무역을 활성화시키고, 회원국을 넘나들면서 활동하는 기업에게 보다 공정한 기회를 제공하고자 하였다. 그러나 국경 통제가 없어짐에 따라 소비지 과세원칙을 운영하는 데 꼭 필요한, 국경에서의 세무조정이 불가능하게 되었

---

16) 같아지게 되는 조건은 Lockwood, de Meza & Myles(1994)에서 설명하고 있다.
17) 같아지게 되는 정확한 조건은 사실 완전한 일치보다 약하다. 그러나 여전히 충족되기 어렵다.

다. 앞으로 이와 관련하여 발생하는 문제와 가능한 대처방안에 대하여 살펴보겠다.

개인 소비자의 국외소비와 관련하여, 만약 특정 상품에 대한 두 국가의 부가가치세율이 다르고, 국경이 없으면(따라서 개인이 외국세율로만 과세된 상품을 모국으로 들여오는 것을 통제할 수 없다), 소비자는 세율이 낮은 국가에서 상품을 구입하여 집으로 보낼 수 있게 된다. 이와 같은 국외소비 행태는 분명히 비효율적이다.

생산지국 과세원칙에서는 이러한 약점이 없다. 납부세액이 재화의 소비지국이 아닌 생산지국에 따라 결정되기 때문에 소비자 가격은 어느 국가에서든지 동일할 것이며 재화를 어디에서 소비할지에 대한 왜곡이 없을 것이다. 어디서 구입하더라도 세율이 같다면, 더 저렴하게 재화를 구입하기 위하여 해외로 나갈 필요가 없어질 것이다.

그러나 생산지국 과세는 생산방식에 영향을 줄 것이다. 생산방식에 대한 왜곡 방지가 중요한지, 소비방식에 대한 왜곡 방지가 중요한지에 대한 부분은 논란의 대상이 되고 있다.[18] 생산지국 과세의 치명적인 약점은 생산자로 하여금 이전가격세제(한 국가에 위치한 회사의 일부분이 다른 국가에 위치한 동일 회사의 다른 부분으로 '매출'을 발생시킬 때 거래기준이 되는 가격)와 같은 제도를 이용하여 인위적으로 조세부담을 줄이도록 장려한다는 점이다.

위에서 언급한 바와 같이, 순수 생산지국 과세는 각국에서 부여한 부가가치에 대하여 각국의 세율을 적용해 과세한다는 것을 의미한다. 회사는 이전가격세제를 사용하여 이미 측정된 부가가치를, 세율이 낮은 다른 국가로 이전할 수 있다. 이는 이전가격세제를 통해 법인세율이 낮은 국가에서 소득이 발생한 것처럼 보이게 하려는 인센티브와 동일한 것이다. 법인세의 이전가격세제와 관련된 문제들은 이러한 약점이 매우 중대한 결함임을 시사한다.

법인세는 기본적으로 생산지국 과세원칙(법인세제에서 사용하는 통상적인 용어는 '원천지국 과세원칙'이며, 이는 약간 다른 개념이다)에 따라 과세되므로, 생산지국 과세원칙과 소비지국 과세원칙의 장단점은 부가가치세제 설계에만 관련이 있는 것이 아니라, 정부가 직접세와 간접세에 의존하는 정도를 결정할 때도 유효하다. 현재 EU에서 순수 생산지국 과세원칙으로 부가가치세제를 전환하거나, 소비지국 과세원칙으로 법인세제를 전환할 가능성은 희박하다(영국만 일방적이다).[19]

---

18) 이러한 논쟁에 관한 주요 연구는 다음과 같다. Lockwood(1993), Keen & Lahiri(1998), Haufler & Pfluger (2004), Keen & Wildasin(2004), Haufler, Schjelderup & Stahler(2005), Hashimzade, Khodavaisi & Myles (2005). Crawford, Keen, & Smith(2010)에서 이러한 논쟁 내용을 요약했다.

2011년 기준 영국 및 다른 유럽의 관점에서 볼 때, 부가가치세제 적용과 관련하여 가장 중요한 국제문제는 국경통제가 없는 상황에서 소비지국 과세원칙을 잘 관리하는 방법에 관한 것이다. 이와 관련하여, EU의 부가가치세 운영에 내포된 심각한 문제들이 있다. 특히 수출에 대한 영세율 적용이 세금포탈에 악용되는 문제에 대하여 자세히 설명해 보겠다.

7.4.1 수출에 대한 영세율 적용과 그 집행

영세율 적용이 세금탈루의 기회를 제공한다는 점은 이미 보았다. 재화의 수출에 영세율을 적용하면, 과세관청은 수출기업에게 큰 금액을 환급하게 된다. 매출에는 세금이 없지만, 매입세액 공제는 가능하기 때문이다. 이 환급이 세금사기나 공급 체인의 다음 단계에서 세금납부 불이행으로 연결되면, 의도했던 금액보다 적게 징수할 뿐 아니라 징수세액보다 환급세액이 더 많아지게 될 수도 있다.

2000년대 초·중반에 EU 전반에서 성행하던, 회전목마 사기(carousel fraud)를 포함한 지역 내 행방불명 사업자(missing trader intracommunity, MTIC) 사기는 이러한 허점을 이용한 것으로 큰 문제가 되었다. 2004년 유럽위원회(European Commission)의 보고에 따르면, 일부 회원국에서 회전목마 사기(가장 잘 알려진 사례이나 유일한 기법은 아니다)로 인한 세수손실이 부가가치세 세수의 10%에 달한다고 보고했다. 영국에서는 2000년대 중반, 재무부의 세수전망에 따른 부가가치세 세수가 실제 징수실적보다 몇십억 파운드 많았으며, 그 차액은 세금사기 때문이었다. 영국의 국세청은 2005~2006년도 MTIC 사기로 인한 비용이 25억~35억 파운드 사이가 될 것으로 추정했다.[20] 이 수치는 무역통계를 왜곡시키기에 충분했다.

영국의 통계청은 2006년 상반기에만 207억 파운드 상당의 충격적인 규모의 무역거래가 MTIC 사기와 연관되어 있다고 추정하였다.[21] 이때의 수치가 가장 높았다. 조세제도의 난해한 부분인 이 문제는 언론에도 많이 소개되었는데[22], 총합계의 규모가 워낙 클 뿐만 아니라 일부 극적인 사례의 경우, 특정 개인을 단기간에 아주 부자로

---

19) 그러나 Auerbach, Devereux & Simpson(2010)에서는 법인세를 소비지국 과세원칙으로 전환하는 것을 지지하고 있다. 법인세의 국제적인 문제에 대해서는 제18장에서 다룬다.

20) HM Revenue and Customs, 2010d, table 2.4.

21) http://www.statistics.gov.uk/pdfdir/trd1007.pdf의 8페이지.

22) 예를 들면, *The Guardian*, 2006. 5. 9. 'Revealed : the £5bn-a-year tax fraud.' BBC *Panorama* programme, 2006. 7. 16. 'Do you want to be a millionaire?'에서도 회전목마 사기를 조사했다. 자세한 내용은 http://news.bbc.co.uk/1/hi/programmes/panorama/5366914.stm 참조.

만들어 주었기 때문이기도 하다.

사기의 규모가 최근 크게 감소하여, 2009~2010년도에는 5억~15억 파운드 사이 수준까지 하락하였다.[23] 그러나 부가가치세제의 일부 약점을 분명하게 보여 주는 사례이므로 어떻게 이러한 사기가 가능한지 자세히 설명하는 것은 의미가 있을 것이다. 특히 수출에 적용할 적절한 부가가치세 과세방안에 많은 이목이 집중되는 이유를 잘 나타내고 있다.

회전목마 사기는 수입업자에 의한 것으로서, 영세율로 상품을 매입한 후 다른 사업자에게 부가가치세를 붙여 판매하는 과정에서 발생한다. 매입자는 매입세액 공제를 신청하지만, 판매자는 부가가치세를 납부하지 않고 사라져 버린다. 〈그림 7.1〉이 이 사기 방법을 나타내고 있다. 수입업자인 B회사는 수입에 대한 영세율로 인해 매입 시 부가가치세를 내지 않는다. B회사는 이 수입상품을 C회사에 팔면서 합법적으로 부가가치세를 징수한다. 이 부가가치세 징수액을 과세관청에 납부해야 한다. 여기서 C회사는 사기에 연루된 죄가 없는 '버퍼(buffer)'일 수도 있다. 가장 간단한 방식으로, C회사는 이를 D회사에 팔면서 부가가치세를 징수한다. D회사는 최초 회사인 A회사에게 물건을 다시 수출하면서 — 수출품에는 영세율이 적용되므로 부가가치세를 징수하지 않지만 — 해당 수출품의 매입세액 환급을 신청한다.

이와 같은 거래는 최초 수입업자인 B회사가 부가가치세를 과세관청에 납부하기 전에 사라지지만 않는다면 아무 문제가 없다. 그러나 B회사가 사라지면 D회사는 사실상 납부된 적이 없는 부가가치세를 환급받는 셈이다. 만약 수출에 대하여 영세율이 적용되지 않는다면, 최초 수출업자인 A회사는 수입업자인 B회사에게 부가가치세를 징수하였을 것이고, B회사가 매출세액 납부 없이 매입세액만 환급받고 사라지는 것은 불가능했을 것이다. 그리고 최종 수출업자인 D회사도 매출에 영세율이 적용되지 않았다면 환급받을 금액이 없었을 것이다. 따라서 이러한 세금사기가 발생할 여지가 없었을 것이다.

7.4.2 수출 시 부가가치세 고리가 끊어지는 것에 대한 대책

기본적으로 수출에 대하여 영세율을 적용하면 부가가치세 고리가 끊어지기 때문에 이와 같은 종류의 사기가 일어날 수 있게 되는 것이다. 이것은 특히 과세관청 입장에

---

23) HM Revenue and Customs, 2010d, 표 2.4.

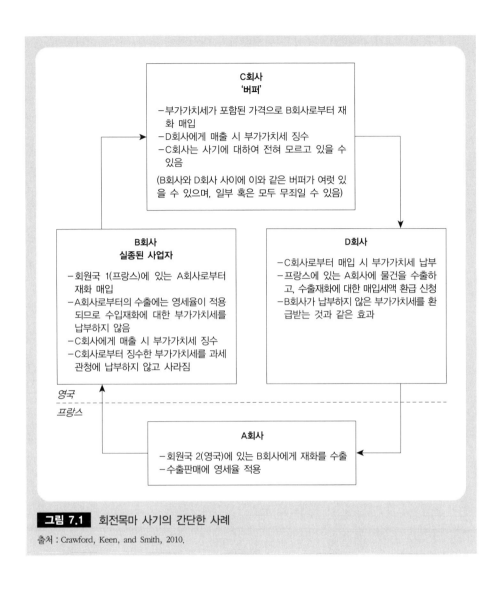

C회사
'버퍼'

−부가가치세가 포함된 가격으로 B회사로부터 재화 매입
−D회사에게 매출 시 부가가치세 징수
−C회사는 사기에 대하여 전혀 모르고 있을 수 있음

(B회사와 D회사 사이에 이와 같은 버퍼가 여럿 있을 수 있으며, 일부 혹은 모두 무죄일 수 있음)

B회사
실종된 사업자

−회원국 1(프랑스)에 있는 A회사로부터 재화 매입
−A회사로부터의 수출에는 영세율이 적용되므로 수입재화에 대한 부가가치세를 납부하지 않음
−C회사에게 매출 시 부가가치세 징수
−C회사로부터 징수한 부가가치세를 과세관청에 납부하지 않고 사라짐

D회사

−C회사로부터 매입 시 부가가치세 납부
−프랑스에 있는 A회사에 물건을 수출하고, 수출재화에 대한 매입세액 환급 신청
−B회사가 납부하지 않은 부가가치세를 환급받는 것과 같은 효과

영국
프랑스

A회사

−회원국 2(영국)에 있는 B회사에게 재화를 수출
−수출판매에 영세율 적용

그림 7.1 회전목마 사기의 간단한 사례

출처 : Crawford, Keen, and Smith, 2010.

서 문제가 된다. 단순한 세수 감소가 아닌 환급 형태로 유출되므로, 세수가 마이너스가 되는 것이다. 이것은 1993년 1월 단일 유럽시장이 완성됨에 따라 특히 문제가 되었다. 1993년 전에는 국가 간의 국경통제를 통해 소비지국 과세를 시행시킬 수 있었다. 수출국가에서는 과세하지 않는 대신 수입국가에서 과세하는 방식을 사용했다. 이는 수출에 영세율을 적용하고, 국경에서 모든 수입을 과세함으로써 가능하였다. 1993년부터 EU 내 국경통제가 폐지되어 국경에서 수입품에 대하여 과세하는 것이 불가능해졌다. 그리고 제도는 세금계산서로 이루어진 증빙서류에 의존하게 되었다.

기존의 국경통제가 수행했던 역할을 회계감사가 대신하게 된 것이다. 이리하여 소비지 과세원칙 운영에 차질이 생기고, 조세포탈의 기회를 열어 주게 되었다. 물론 EU 밖의 국가로부터의 수입에 대해서는 여전히 국경에서 과세한다.

MTIC에 대처하기 위한 방법으로서 정부가 선호하는 것은 **매입자 납부제도**(reverse charging)이다. 이것은 사업자 간 거래에서의 납세의무자를 매출자가 아닌 매입자로 전환하는 것이다. 이렇게 하면 앞서 설명한 회전목마 사기 문제를 효과적으로 해결하게 될 것이다. B회사(행방불명 회사)가 납부해야 할 매출세액을 C회사가 납부하게 될 것이기 때문이다. C회사에서 D회사로 판매 시 매출세액도 D가 납부해야 한다. 그다음 수출에 대한 영세율 적용은 C로부터의 매입 시 생긴 납세의무와 상쇄될 것이다. D의 납부세액이 감소하겠으나 환급세액은 발생하지 않을 것이다. 사실상 납부한 적이 없는 부가가치세액을 부당하게 환급받는 일은 가능하지 못하게 될 것이다.

따라서 매입자 납부제도는 매입자가 실제 납부하지도 않은 세금에 대하여 환급을 요구할 수 있는 기회를 막아 버림으로써 사기의 가능성을 줄여 준다. 그러나 이 제도는 부가가치세제의 단편적인 본질을 훼손시키는데, 이는 우리가 지금까지 부가가치세제의 가장 중요한 장점으로 꼽은 것이다. 가장 아래 단계까지 매입자 납부제도를 적용하게 되면 최종거래에 이르기 전까지 부가가치세가 징수되지 않으며, 이는 소매세와 동일한 효과를 나타낸다. 그럼에도 불구하고 영국은 휴대전화와 컴퓨터 칩 및 그 외 이동이 용이한 고가의 재화로서, 특히 회전목마 사기에 연루되기 쉬웠던 재화를 대상으로 매입자 납부제도를 도입하였다. 다른 회원국(예 : 오스트리아와 독일)은 보다 포괄적으로 매입자 납부제도를 도입하고자 신청하였으나, 유럽위원회가 이를 기각하였다.

매입자 납부제도는 단기적으로나마 MTIC 사기 감소 측면에서 어느 정도의 성과가 있었다. 그러나 부가가치세제의 단편적 본질을 훼손하고, 매입자 납부제도 적용 재화·용역과 비적용 재화·용역 간의 차별을 초래함으로써, 또 다른 세금탈루의 기회를 만들어 주고 말았다. 또한 회전목마 사기 자체가 매입자 납부제도 비적용 재화로 옮겨 갈 수도 있는 것이다. 이것은 중간 미봉책일 따름이며, 근본적이고 안정적인 해결책은 아니다.

보다 더 근본적인 개선안에 대한 이해를 돕기 위해 수출에 대한 영세율 적용의 특징을 살펴보자. 수출이 발생하면 수출국가에서의 모든 부가가치세는 수출자에게 환급함으로써 해당 재화로부터 '빠져나간다.' 그런 다음 재화는 수입국의 부가가치세제의 적용을 받는다. 최종 상품의 모든 부가가치세는 소비가 일어난 국가의 세율로 과세되며, 모든 세수도 소비가 일어난 국가에서 징수되고 사용된다. 이것이 순수 소비지국 과세원칙이다.

가장 진보적인 개혁안은 순수 **생산지국 과세원칙**으로의 전환인데, 그 장점과 단점은 이미 언급한 바 있다. 이렇게 되면, 실무적으로 수출자는 수출국의 부가가치세율(영세율이 아닌)로 매출세액을 납부하고, 수입자는 수출국에 납부한 부가가치세와는 무관하게 소비지국의 세율로 수입국의 과세관청에게 매입세액 환급을 요구하게 된다. 이것은 최종 상품에 적용되는 부가가치세 부담액이 생산지국의 세율에 의해 결정된다는 것을 의미할 뿐만 아니라, 세수도 생산지국이 보유하게 된다는 것을 의미하기도 한다. 그러므로 수출국은 세수가 증가하고 수입국은 세수가 감소함에 따라 국가 간 세수 재분배가 발생한다.

이를 변형시킨 형태가 수출품에 수출국의 세율을 적용하여 과세하는 제도 수출세율(exporter rating)이다. 이 제도에 따르면, 수출품에는 생산지국의 세율이 적용된 부가가치세가 포함될 것이고, 이 부가가치세액을 수입국에서 환급받게 된다. 기존 생산지국의 세율을 적용한 부가가치세가 환급되므로, 최종 소비자에게 징수하는 부가가치세는 소비지국의 세율을 따른 금액이 된다. 그러므로 이 방법은 소비지국 과세원칙에 따른 경제적 특징을 그대로 유지하게 된다. 즉 생산지국 과세원칙에서 발생할 수 있는 이전가격 세제로 인한 문제를 방지할 수 있는 것이다.[24]

그리고 영세율과는 다르게, 수출 시 부가가치세의 고리가 결렬되는 것을 막을 수 있다. 그러나 이 방법도 나름의 문제가 있는데, 가장 중요한 문제는 수출국 입장에서 주요 수출재화에 높은 부가가치세율을 적용하고자 하는 인센티브가 생긴다는 점이다. 생산지국은 부가가치세를 징수할 것이다. 수입자 입장에서는 수출국의 세율이 높아도 모두 환급받을 수 있으므로 큰 문제가 되지 않을 것이다. 그러나 수입국의 정부 입장에서는 세수가 감소하는 문제가 분명히 발생한다. 이 문제도 현행 체제를 기준으로 세수를 재분배해 주는 '정산기관(clearing house)'을 활용하면 방지할 수 있다.

그러나 이렇게 되면 각국의 집행의욕이 저해될 것이다. 수출국 입장에서 징수세액

---

24) 그러나 혼동스럽게도 EU에서의 수출세율(exporter rating) 논의에 따르면, 이 제도에 의해 세수가 생산지국에서 징수되므로 이를 '생산지국 과세(taxation at origin)'라고 칭한다.

을 결국 수입국에 반환해야 한다면, 자원을 투입하여 세수를 확보할 의욕이 없어지게 되기 때문이다. 이 문제를 해소하기 위해 수출국에서 실제 징수한 세수를 기준으로 하지 않고, 무역통계에 근거하여 합의한 일정 수준만큼만 정산기관을 통해 수입국에 반환하기로 결정할 수 있다. 그에 반해 수출국 입장에서는 징수한 세수를 수입국에 다 주지 않아도 되므로, 수출에 대한 세율을 인상시키고자 하는 의욕이 다시 발생할 수 있다. EU가 오랜 기간 동안 수출세율(exporter rating) 제도를 추진하였음에도[25] 이러한 인센티브 및 행정적 어려움으로 인해 아직 채택되지 못하였다.

부가가치세 고리를 결렬시키지 않는 또 다른 대안으로서, EU 전체에 적용하는 단일세율('중간(intermediate)'세율로서 어느 국가의 부가가치세율보다 높아서는 안 됨)을 책정하여, 이를 모든 사업자 간 거래 혹은 EU 내 국외거래에 적용하도록 하는 방법이 있다. 각 국가는 국내 최종 소비자에 대하여 이 단일세율보다 높은 세율로 과세할 수 있다. 이러한 단일세율 방법은 여러 변형으로 제안된 바 있으며, 각각 나름의 단점이 있다.[26] 이 방법은 수출품에만 적용할 수도 있고, 사업자 간 모든 거래에 적용할 수도 있다. 전자(CVAT 제안[27])의 경우, 판매자가 국내거래와 국제거래에 각각 다른 절차를 적용해야 하고, 후자(VIVAT 제안[28])의 경우, 사업자 간 거래와 사업자-소비자 간의 거래를 구분해야 한다.

이 방법은 EU가 별도의 제도를 만들어 운영할 수 있으며(CVAT의 제안), 이때 EU 차원의 행정조직이 필요할 것이다. 또한 각 회원국의 현 부가가치세 행정에 결합시켜 운영할 수도 있다(VIVAT의 제안이면서 CVAT의 변형으로서, EC가 2008년 검토한 방법이다).

후자의 경우, '정산기관'을 통해 수출국이 징수한 세수를 수입국에 반환하는 과정이 필요하다. 앞에서 본 수출세율제도와 유사하나, 중간세율을 사용하여 공식을 기준으로 한 세수 배분이 이루어지기 때문에 세율조작 문제가 발생하지 않는다. 이 모든

---

25) 1987년 EC는 수출세율이 국경통제 폐지 후 도입될 것을 제안하였다. 후속 제안(EC 1996)에서는 수출세율이 재화의 이동 장소보다는 판매자 소재지를 기초로 할 것을 제안한다. 그러나 두 제안은 모두 성공하지 못했다. 하지만 EC는 현재의 시스템은 임시적이라고 하면서 보다 확정적인 시스템으로 대체할 것을 선언하고 있다(VAT Directive-Council Directive 2006/112/EC of 28 November 2006 on the Common System of Value Added Tax).

26) 여기에 언급된 변형뿐만 아니라 DVAT와 같은 변형도 Crawford, Keen, & Smith(2010)에서 제안되었으며, 이 방법을 본서에서 자세히 다룰 것이다.

27) 'compensating VAT'라고 하는데, 브라질을 위한 Varsano(2000)와 일반에 통용되는 McLure(1999, 2000)에 의해 제안되었다.

28) 'viable integrated VAT'라고 하는데, Keen & Smith(1996, 2000)에 의해 제안되었다.

변형은 소비지국 과세원칙의 경제적 특성을 유지하고 있다. 즉 부가가치세 고리 결렬 문제를 해결하면서(EU의 중간세율의 수준에 따라), 집행의욕도 유지시킬 수 있다. 또한 현행처럼 각 회원국이 국내 최종 소비자로의 매출에 대한 세율을 결정할 수 있고, 세수 규모도 임의로 결정할 수 있다.

7.4.3 앞으로의 방향

부가가치세는 많은 면에서 성공적인 조세이지만, 이를 정확하고 효과적으로 징수하기 위해 필요한 서면감사가 복잡하다. 앞에서 보았듯이, 세금탈루 및 사기의 범위가 크다. 특히 EU 내 교역의 경우, 수출에 대한 영세율 제도, 국경 통제의 부재, 종이 세금계산서에 의존하는 제도로 인해 세금탈루 규모가 상당하다. 쉬운 해결책은 없다. 매입자 납부제도가 단기적으로는 효과가 있었다. 세무조사 강화도 도움이 되었다. 보다 근본적인 개혁안은 각각의 문제를 수반하고 있다. 인센티브 문제가 발생하거나, 현 수준의 각국 부가가치세 세수를 유지하기 위해 요구되는 추가적인 행정체계를 필요로 하게 된다. 개혁안 중 EU 내 단일세율을 적용하는 형태가 가장 긍정적이다. 그러나 이 또한 시행이 간단하지는 않을 것이다.

새로운 기술을 활용하여 집행시스템의 효과를 높인다면, 장기적인 개혁안도 가능하다. 현재 시스템은 종이 세금계산서에 과도하게 의존하고 있다. 공급 체인을 따라 부가가치세 흐름을 추적하는 것은 매우 어려운 작업이다. 사업자가 소비자로부터 부가가치세를 징수하는 시점에 비교하여 이를 과세관청에 납부하는 시점이 상당히 지연된다는 점도 문제이다. (위 7.1절에서 살펴본 회전목마 사기의 경우도 수입업자가 부가가치세를 과세관청에 납부하기 전에 '사라져 버린' 것이 문제였다.)

앞에서 말한 문제점들을 해결할 수 있는 긍정적인 방법 중 하나가 부가가치세 전자 납부시스템을 개발하는 것이다. 전자 납부시스템을 통하면, 거래 시 과세관청에 직접 납부하는 것이 가능(과세관청이 지지하는 부분)해진다. 생산 체인의 각기 다른 지점에 있는 회사들의 납부세액을 자동으로 정산할 수도 있게 된다. 물론 신기술에 희망을 거는 것은 실망스러운 결과를 초래할 수도 있다. 그러나 현존하는 문제점과 수출을 둘러싼 관료주의를 고려할 때 긍정적인 해결방안이 될 수 있다. 만약 이 방법이 가능한 것으로 판명되면, 지금까지 검토한 다양한 부가가치세제 방안의 장점에 대한 평가가 뒤바뀔 것이다. 현재의 수출에 대한 영세율 제도도 보다 순조롭게 운영될 것이다. 전자적 감시 및 납부제도가 없어진 국경통제 역할을 대신할 수 있기 때문이다.

　앞으로 몇 년간은 현행 시스템을 유지하면서, 특정 재화에 매입자 납부제도를 적용하는 임기응변식 처방이 최선일 것이다. 이와 동시에 장기적으로 안정적인 기반 마련을 위해 기술적 점검도 함께 강구해야 할 것이다. 그러나 전자납부와 같은 기술적 대안이 실현 가능하다고 판단하기 어려운 입장이다. 기술적 해결책이 실제로 착수되고, 이에 걸맞는 계획이 시작되지 않는다면, 정책자들은 영세율 제도 대신에 단일세율 제도로 전환하는 것을 검토해야 할 것이다. 현 상태가 계속되어서는 안 된다.

7.5   결론

부가가치세는 세수를 확보하는 데 아주 좋은 방법이다. 순수하게 시행한다면 최종 소비에만 과세한다. 공급 체인의 각 단계에서 징수하기 때문에 세금탈루의 범위가 제한적이다(소매세의 경우, 최종 소비자로의 매출단계에서만 세금을 징수하기 때문에 세수 전체가 탈루될 수 있는 위험이 있다). 그러나 효과적인 실무를 저해하는 많은 어려움이 있다. 부가가치세는 행정이 복잡하여 세심한 세무조사나 집행에 의존해서 운영된다. 세금탈루 문제도 있다. 다양한 세율 및 면세 적용에 있어 복잡할 뿐만 아니라 사회복지를 저해하는 왜곡도 발생시킨다.

　이러한 어려움 중 일부는 대체로 불가피한 것이다. 부가가치세 적용 범위에 포함시켜야 할 사업 규모에 대해 적정성 검토가 필요하다. 영국과 같이 부가가치세 등록 기준을 비교적 높이 설정하는 것도, 소규모 사업자의 납세협력비용을 최소화한다는 점에서 추천할 만하다. 국경통제가 안 되는 상황에서 EU 내 수출에 대한 적절한 세무처리방안 결정을 위해 다양한 제도의 장단점을 검토해야 한다. 현재의 수출에 대한 영세율 적용은 임시적인 것으로 간주되어 왔으나 이제는 점점 갈수록 영구적인 것처럼 보이고 있다.

　그러나 부가가치세 제도 개선을 위한 개혁의 방향은 분명하다. 우선, 재화나 서비스에 대한 면세, 영세율 및 감면세율 적용을 대대적으로 폐지하는 것이 가장 중요하다. 이는 복잡성만 가중시키고, 현 제도에 왜곡을 유발할 뿐이다. 다음 두 개의 장에서는 금융서비스의 부가가치세 적용이라는 구체적 이슈에 대하여 다루도록 하겠다. 그리고 형평성과 근로의욕을 유지하면서, 영세율이나 저세율 적용 범위를 축소시킬 수 있는 방법에 관한 보다 일반적인 이슈에 대해서도 살펴보겠다. 공공서비스와 같이 전통적으로 부가가치세 범위 밖에 있던 활동들도 이와 같은 방향으로 개선되는 것이 바람직하며, 또한 가능할 것이다.

EU 내 교역에 대해서는 현재와 같이 임기응변식 매입자 납부제도를 선택적으로 시행하는 방편을 선택할 수 있다. 또는 전자납부제도를 통하여 행정 및 집행을 개선하도록 적극적인 계획을 할 수도 있다. 혹은 우리가 앞에서 설명한 단일세율 제도와 같은 방안을 통해 EU 제도를 근본적으로 개정하는 것도 시도해 볼 수 있을 것이다.

부가가치세와 금융서비스

은행에 계좌를 여는 이유 중 하나는 개인이 스스로 돈을 보관하는 것보다 은행이 돈을 더 안전하게 보관해 주기 때문이다. 또한 은행은 수표장, 직불카드를 제공하여 현금을 지니고 다닐 필요 없이 돈을 뽑거나 쓸 수 있게 해 주며, 저축을 한 개인이 돈을 필요로 하기 전까지 그 돈이 더 효율적으로 쓰일 곳을 대신 찾아 준다. 종종 은행은 차 수리비용, 기차티켓 할인 혜택 등을 제공해 주기도 한다. 이러한 서비스의 소비는 모두 과세대상에 포함되어야 한다.[1]

이러한 서비스에 대해 명시적으로 요금을 부과한다면 간단하다. 즉 명시적으로 은행이 돈을 보관해 주는 금고시설, 직불카드를 판매하거나 차용자를 찾아 주는 서비스나 차 수리비용을 대 주는 서비스를 제공한다면 이러한 서비스에 대해 부가가치세가 부과될 수 있다. 하지만 실제는 그렇지 않다. 서비스에 대한 요금을 따로 받지 않는 대신 은행은 내 계좌에 아주 낮은 이자를 지급한다. 만약 현금을 즉시 찾을 수 없고 각종 혜택이 없는 저축계좌를 연다면 은행은 좀 더 높은 이자를 지급할 것이다.

---

1) 어떤 사람들은 금융중개서비스가 과세되지 말아야 한다고 주장한다(예 : Grubert and Mackie, 1999; Lockwood, 2010). 하지만 본 저자들의 견해로는 금융서비스와 다른 서비스 사이에 근본적인 차이가 있다고는 생각되지 않는다.

반면에 내가 은행으로부터 돈을 빌릴 경우에 은행은 나에게 더 높은 이자를 부과하게 된다. 이는 내가 은행에 돈을 저축하는 경우처럼 내가 가지고 있지만 당장 필요 없는 돈을 은행이 대신 보관하고 사용하는 서비스를 해 주는 것이 아니라 나에게 지금 필요하지만 당장 가지고 있지 않은 돈을 은행이 찾아서 제공하는 서비스를 해 주기 때문이다. 이 '이자율' 간의 차이, 즉 돈을 은행에 저축할 때의 이자율과 은행으로부터 돈을 빌릴 경우의 이자율의 차이로 인해 은행은 고객들에게 각종 서비스를 제공해 주고 이윤도 남기게 되는 것이다.

전통적인 부가가치세로는 이러한 상황에 대처할 수 없다. 은행에 돈을 저축하거나 은행으로부터 돈을 빌리는 사람들이 금융서비스를 명시적으로 매수하는 것은 아니기 때문에 부가가치세가 부과될 거래가 없는 것이다. 현재까지 유럽연합을 비롯한 대부분의 각국 정부가 금융서비스에 부가가치세를 면세하고 있다.[2] 이러한 면세는 과세할 수 있는 대상에 대해서만 과세한다는 것을 보여 준다. 즉 은행이 금융서비스 제공을 위해 등록된 사업자로부터 구입하는 중간투입물에 대하여 부가가치세를 부담하게 되는데 은행이 이 부가가치세에 대하여 환급을 신청할 수는 없어, 정부는 세수를 거두게 되지만 은행은 이러한 부가가치세 비용을 고객에게 이자율 형태로 전가시키게 된다.

금융서비스에 대하여 면세하기 때문에 은행이 구입하는 중간투입물에 대해서만 과세되며 은행이 은행원들의 노동과 창의력으로 직접 창출하는 가치에 대해서는 과세가 되지 않는다. 그리고 제7장에서 은행이 중간투입물에 대하여 납부한 부가가치세를 환급받을 수 없음으로 인해 발생하는 여러 가지 문제점들이 있음을 논의하였다.

- 사업자들은 부가가치세를 부담하지 않아야 함에도 불구하고 금융서비스를 이용하는 사업자에게 금융서비스 가격에 부가가치세가 전가된 높은 가격이 책정됨
- 부가가치세율이 낮은 국가 또는 생산과정에서 환급되지 않는 중간투입물의 범위에 대하여 좁게 해석하는(즉 넓게 환급 가능하도록 하는) 나라에 금융서비스를 위탁[3]

---

2) 모든 나라가 금융서비스를 면세해 주지는 않는다. Zee(2006)와 Bird & Gendron(2007)는 세계 곳곳에서 쓰이고 있는 다른 방법을 설명하고 있지만, 그 어떤 제도도 이 단원에서 설명하는 표준 부가가치세와 동등하지 않다. 남아프리카공화국은 은행이 명시적으로 요금을 부과하는 서비스에 과세하고 있지만 물론 이 경우 명시적이지 않게 요금을 부과할 수 있는 방법으로 전환할 동기를 제공한다.

3) 금융서비스의 수출에 대해 영세율을 적용하는 국가로부터 금융서비스를 위탁받을 수도 있다. 하지만 EU 내에서 국경을 넘어 제공되는 서비스의 경우 영세율을 적용받지 않는다.

- 금융기관들이 과세 사업과 면세 사업을 겸영하여 진행하는 경우 어떤 구입이 면세 사업에 귀속하는지를 구별하는 어려움
- 은행이 중간투입물을 구입하면서 부담한 부가가치세를 환급받을 수 없으므로 부가가치세 부담을 줄이기 위하여 구입을 최소화하고 수직적인 합병을 통해 청소, 보안 등의 서비스를 구입하지 않고 자체적으로 해결하려고 함

이러한 문제들의 심각성을 고려할 때 금융서비스에 대하여 면세하는 것보다 영세율을 적용하여 은행들이 금융서비스 제공을 위해 구입하는 중간투입물에 대하여 과세되는 세수를 포기하더라도 소비자들에게 저가의 금융서비스를 제공하도록 하는 것이 더 바람직할 수도 있다.

하지만 실제로도 금융서비스를 부가가치세 제도 내로 끌어들일 수 있는 논리적이고 명확한 방법이 있다.

8.1 현금흐름 과세

정부는 내가 은행에 예금하는 것을 은행으로부터 금융서비스를 구입하는 것으로 취급할 수 있고, 은행이 나에게 금융서비스를 판매한 것에 대하여 부가가치세를 부과할 수 있다. 내가 은행에서 돈을 찾을 때는 그 금액만큼 은행에 되파는 것이 되고, 은행은 그 금액만큼 서비스 생산과정에서의 중간투입물을 구입[4]한 것으로 보아 부가가치세를 환급받을 수 있다. 금융서비스에 대한 대가 때문에 내가 돌려받는 금액의 현재가치가 처음에 저축한 금액의 현재가치보다 적게 되는데, 이 경우 내 예금에 대한 부가가치세가 현금인출에 대한 부가가치세 환급보다 더 크게 된다. 이와 같이 부가가치세 납부액과 환급액이 차이가 나는 방식으로 금융서비스에 대하여 부가가치세를 과세할 수 있다.[5]

돈을 빌리는 사람의 경우도 마찬가지로 취급될 수 있다. 그들에게 대출을 해 주는

---

4) 다른 보통의 중간투입물 구매의 경우와 달리 은행은 예금자가 등록된 사업자가 아닌 경우에도 중간투입물 구입 시 납부한 부가가치세를 환급받을 수 있어야 한다. 이 점을 설명하는 다른 비유로는, 마음에 들지 않는 옷을 가게에 돌려주고 환불받는 것처럼 내 계좌를 은행에 돌려주는 것이며 이와 같이 돌려받는 과정에 부가가치세 환급도 포함된다는 것이다.

5) Hoffman, Poddar, & Whalley(1987), Merrill & Edwards(1996), Poddar & English(1997)은 이 방법을 나타내고 있지만, 아이디어 자체는 최소한 Meade(1978)로 거슬러 올라간다.

| 표 8.1 | 20% 세율의 현금흐름 부가가치세

	예금 (5% 이자율)		대출 (15% 이자율)		합계	
	(1) 현금 유입	(2) 부가가치세	(4) 현금 유입	(5) 부가가치세	(7) 현금 유입	(8) 부가가치세
연도 1	1,000파운드	200파운드	(1,000파운드)	(200파운드)	0파운드	0파운드
연도 2	(1,050파운드)	(210파운드)	1,150파운드	230파운드	100파운드	20파운드

참고 : 괄호 안의 숫자는 음수를 나타냄.

은행의 입장에서는 서비스 생산과정에서의 중간투입물을 구입하는 것이고, 대출자들이 이자와 함께 원금을 상환하는 경우는 은행으로부터 구입하는 것이 된다. 그들에게 제공되는 서비스를 반영해서 돈을 빌리는 사람들은 높은 이자를 지불하게 되고 저축하는 사람들은 낮은 이자를 받게 된다면, 이 경우 저축하는 사람들의 예금 시 또는 대출자들의 대출상환 시 납부하는 부가가치세는 저축한 사람들의 현금인출 시 또는 대출자들의 대출 시 환급되는 부가가치세보다 더 크게 된다. 따라서 부가가치세는 이러한 이자율의 차이, 즉 금융서비스의 대가에 과세된다.

전통적인 부가가치세는 상품이나 서비스를 판매하여 받은 금액에서 생산과정에서 들어가는 중간투입물의 구입 금액을 뺀 금액에 대해 부과된다. 여기서 제시하는 아이디어는 예금하거나 이자 및 원금을 상환하는 등 은행으로 흘러들어 가는 금액을 은행이 판매한 것으로 간주하여 과세하고, 대출해 주거나 예금에 대한 이자 지급, 원금 인출 등 은행으로부터 빠져나간 금액은 은행이 생산과정에서 중간투입물을 구매한 것으로 간주하여 부가가치세가 환급되게 하는 것이다.

이 개념을 설명하기 위해 예를 들어, 첫해에 한 가정은 1,000파운드를 저축하고 다른 가정은 같은 금액을 대출받았다고 하자. 다음 해에 두 번째 가정은 원금과 15%의 이자를 상환했고, 첫 번째 가정은 원금과 5%의 이자를 돌려받았다. 은행이 받거나 지불한 금액과 부가가치세 부과액은 〈표 8.1〉에 나타나 있다.

첫해에는 예금에 대한 200파운드(1,000파운드의 20%)의 부가가치세와 대출로 인한 200파운드의 부가가치세 환급이 서로 상쇄되어 부가가치세가 징수되지 않는다. 두 번째 해에는 대출 상환으로 인해 230파운드(원금과 이자의 합인 1,150파운드의 20%)[6]의 부가가치세가 과세되고, 예금 인출로 인해 210파운드(1,050파운드의 20%)

---

6) 만약 대출이 완전히 갚아지지 않았다면, 대신하여 청구되는 자산의 가치는 현금유입으로 취급되어야 한다.

가 부가가치세에서 환급되므로 20파운드의 부가가치세가 징수된다. 이는 예금 인출과 대출 상환의 차액인 100파운드에 20%의 세율을 적용한 금액과 같으며, 이 차액은 은행의 순이익인지 또는 은행 직원의 임금으로 쓰이는지 여부에 상관없이 일정하다.

⟨표 8.1⟩에서는 최종 소비자에 의한 저축과 대출의 예를 살펴보았다. 회사가 다른 회사에 제공하는 금융서비스의 경우에도 세금은 자동적으로 빠지게 되어 있다. 즉 이 경우 일반적인 부가가치세와 마찬가지로 생산과정에서의 중간생산에 대해서는 과세가 되지 않는다. 등록된 사업자들 간 현금흐름의 경우 한 거래자의 매출은 다른 거래자에게는 중간투입물의 구입이 되기 때문에 사실상 부가가치세 부담이 없고, 최종 소비자로부터의 또는 최종 소비자에게로 흘러들어 가는 금액만이 실질적으로 부가가치세를 부담하게 된다. 위 예에서 대출받은 사람이 등록된 사업자일 경우 첫해에 은행이 환급받는 부가가치세 200파운드는 그 사업자에게 부과될 것이고, 다음 해에 사업자가 대출을 상환하면서 230파운드의 부가가치세를 환급받게 되는데 이는 은행에게 부과된 부가가치세와 같다. 즉 부가가치세의 과세와 환급 금액이 두 해 다 서로 상쇄되고, 남은 순 세입은 예금자에게 첫해에 부과된 200파운드와 두 번째 해에 환급된 210파운드가 된다.

이러한 현금흐름에 대한 취급은 원칙적으로 은행 예금과 대출뿐만 아니라 보험을 비롯한 더 정교한 금융상품에 적용될 수 있다. 무엇이 금융서비스 면세에 포함되는지에 대한 정의는 매우 길고 복잡하다. (이는 부가가치세가 모든 상품과 서비스에 대해 적용되지 않음으로써 발생하는 문제점 중 좋은 예가 된다.) 금융서비스가 다른 상품들처럼 과세된다면 금융서비스를 이와 같이 길고 복잡하게 정의할 필요가 없을 것이다.

모든 현금흐름이 부가가치세의 적용 범위 내에 있는 것은 아니다. 예를 들어 임금은 환급 가능한 중간투입물의 구입이 아니다. 배당금 지불과 주식의 매매 같은 자본거래(equity transaction)는 부가가치세 적용 범위에서 제외되어야 한다. 왜냐하면 주주들에게 지불한 돈은 금융서비스 자체가 아니라, 금융서비스를 제공함으로 인해 창출된 이익을 나타내기 때문이다. 만약 주주들과의 거래를 부가가치세 적용 범위에 포함시킨다면, 은행의 고객들에 의해 지불된 모든 금액에 부과된 부가가치세는 그 금액이 은행주주들에게 전달될 때 환급되어야 한다. 자본거래는 일반적으로 부가가치세 대상에 속하지 않는다. 따라서 금융서비스에 대하여 부가가치세를 과세한다고 하더라도 자본거래는 제외되어야 할 것이다.

현금흐름 부가가치세를 금융서비스에 적용시키는 것은 논리적이고 간단명료하다. 실제로 이 접근방법은 단점이 있다. 하지만 다른 과세기반 간에도 서로 대응되는 점들을 이용하여 동일한 결과를 얻어 내는 방법을 고안할 수 있다. 여기서 중요한 것은 이 접근방법을 통해 얻을 수 있는 것의 논리와 원칙에 집중하는 것이다. 실제로 그것을 달성할 수 있는 방법은 현실적인 측면을 고려해서 조정될 수 있다. 우리가 무엇을 달성하고자 하는지, 서로 다른 조세들이 어떻게 연관되는지를 명확히 이해하면 같은 결과를 행정적으로 더 쉽게 이룰 수 있는 가능성이 높아진다.

위에서 언급된 방법이 가진 문제 중의 하나는 현대 경제, 특히 영국의 경우 금융거래의 복잡성과 규모가 엄청나기에 행정적인 어려움을 겪을 수 있다는 것이다. 또 다른 문제로는 위에서 언급된 제도는 금융회사뿐만 아니라 모든 사업자들에게 새롭고 익숙하지 않은 개념과 방법들을 도입한다는 것이다. 그리고 새로운 시스템으로 전환하는 과정에서 이미 행해진 예금과 대출, 보험 계약 등을 어떻게 다룰 것인가 하는 문제이다. 이런 점들은 심각한 문제이긴 하지만 근본적인 아이디어에 치명적 문제가 되지는 않을 것이다.[7] 수정을 통해 현실적으로 적용 가능하면서도 동일한 경제적 효과를 얻을 수 있는 몇 가지 방안이 제안되었기에 다음에서 살펴보겠다.

---

7) 때때로 제기되는 또 다른 문제점(예 : Poddar & English, 1997, 98; Kerrigan, 2010에서 언급)은 조세가 현금흐름의 차이를 만든다는 것이다. 만약에 어떤 기업이 100파운드를 빌리기를 원한다면 현금을 필요로 하는 시점에서 20파운드의 부가가치세가 과세되며, 나중에 대출을 상환할 때가 되어서야 환급을 받게 된다. 하지만 이게 얼마나 큰 문제인지는 분명하지 않다. 빌려 준 사람은 대출에 대해 20파운드의 환급을 받을 것이므로, 부가가치세가 없다면 100파운드를 빌려 주는 것처럼 120파운드를 빌려 줄 의사가 있을 것이다. 부가가치세가 없는 경우 빌려 주는 사람은 빌리는 사람에게 100파운드를 빌려 줄 것이다. 부가가치세가 있다면 120파운드를 빌려 줄 것이다. 즉 빌리는 사람은 이 금액 중 20파운드를 영국 국세청에 넘겨주고, 빌려 주는 사람은 즉시 20파운드를 환급 신청할 수 있다. 유일한 변화는 돈을 빌려 주는 사람과 빌리는 사람 간의 순지급액에서 짧은 시간 차이가 생긴다는 것과 국세청을 통한 과세와 환급의 정산이며, 이 경우에 있어 돈을 빌린 사람은 추가로 받은 20파운드를 국세청에 납부할 때까지 보유하게 되므로 약간의 현금흐름상 혜택이 있다. 대출과 상환의 훨씬 더 긴 시간 차이는 모든 현금흐름이 부가가치세 부담을 반영하여 커지게 될 경우 아무런 상관이 없게 된다. 물론 국세청을 통해 20파운드를 전달하고, 후에 이를 되찾는 원형 순환은 불필요한 행정절차일 수 있기에 아래에 언급될 기업 간 거래의 영세율 또는 조세계산회계(TCA) 방법으로 없앨 수 있다. 하지만 이 순환 흐름은 한 명의 거래자가 판매에 대해 부가가치세를 내고 다른 거래자가 중간투입물의 구입에 대해 환급을 신청하는 것과 다르지 않으며, 금융서비스에 현금흐름 부가가치세를 적용하는 것이 (소매세 대신) 기업 간 거래에 부가가치세를 도입하는 것 이상으로 큰 현금흐름 문제를 야기하는지는 분명하지 않다.

8.2 금융서비스 과세의 분리

위에서 언급한 현금흐름 방식은 기존의 부가가치세를 '실물' 재화와 서비스의 판매뿐만 아니라 금융서비스로 확대하는 것이다. 하지만 부가가치세를 확대하는 대신 금융서비스에 대한 과세를 따로 도입할 수도 있다. 따라서 기존의 익숙한 부가가치세는 변하지 않고, 이미 부가가치세가 과세되는 '실물' 판매나 중간투입물의 구입이 아닌 금융 흐름에 대하여 별도의 조세가 도입되는 것이다.[8]

금융서비스에 대한 과세를 부가가치세로부터 분리시키는 것은 세금을 다른 방식으로 계산하고 관리해야 한다는 것이다. 관리 차원에서는 현금의 유입을 과세하고 유출을 공제하기 위해 모든 거래의 청구서를 요구하는 대신 간단히 1년간의 모든 현금흐름을 합한 금액에 과세할 수 있다. 〈표 8.1〉의 예에서 보면, 기존의 부가가치세는 세금(〈표 8.1〉의 8열)을 부과하기 전에 예금에 대한 과세(또는 환급)와 대출에 대한 과세(또는 환급)(〈표 8.1〉의 2열과 5열)를 매년 계산해야 한다. 그 대신 은행은 간단히 순 현금흐름(〈표 8.1〉의 7열)만 보고 계산을 할 수도 있다.[9] 수백만 명의 고객을 가진 은행 입장에서 이렇게 단순한 통합계산법의 장점은 명확하다. 반면에 매 계좌마다 따로 계산하는 방법은 회계 감사와 추적에 유리하다. 제7장에서 언급했듯이 중간투입물 구입에 관한 부가가치세 환급에 대하여 매번 세금계산서를 요구하는 경우, 이 물건을 판매한 사업자의 매출 부가가치세와 비교해 봄으로써 매출을 누락시키는 것을 견제할 수 있다는 장점이 있다(하지만 회사가 법인세를 산출할 때 이런 엄격한 절차에 따라야만 비용을 공제받을 수 있는 것은 아니다).

기존의 부가가치세를 확대하는 대신 금융서비스에 대한 새로운 조세를 도입하는 방안에 있어서 가장 큰 어려움은, 바로 기존의 부가가치세와 새로운 조세가 적절하게 상호 작용하도록 하는 것이다. 하지만 이런 어려움은 극복할 수 없을 정도는 아니다. 예를 들어 어떤 현금흐름이 실물활동이고 어떤 현금흐름이 금융활동인지에 대한 경계가 명확하지 않을 수 있다. 하지만 두 조세의 세율이 같다면 이런 경계를 명확히 해서 어떤 현금흐름을 어떤 조세에 적용시킬지의 문제는 중요하지 않게 된다. 오히

---

8) 『미드 보고서』(Meade, 1978)의 표현에 따르면 현재의 R기반 부가가치세를 R+F기반 부가가치세로 바꾸는 대신, 부가가치세는 계속해서 R기반 형태로 유지하면서 별도의 F기반 조세를 도입할 수 있다.

9) 이 방법들은 각각 '전단계 세액공제' 방법(invoice-credit method), '공제' 방법(subtraction method)이라고 불린다. 좀 더 자세한 설명은 Ebill et al.(2001)에 나와 있다.

려 현재 부가가치세가 가지고 있는 어려움, 예를 들어 어떤 서비스는 면세되고, 어떤 중간투입물은 금융서비스 생산에 쓰여 그 물건 구입 시 납부한 부가가치세가 환급이 안 되는지를 구분하는 문제들이 저절로 해결될 수 있다. 중요한 점은 어떠한 현금흐름이든지 두 가지 조세 중 하나만 적용받도록 하는 것이다. 금융서비스 과세의 적용 대상을 기존 부가가치세가 적용되지 않는 모든 현금흐름이라고 정의할 수도 있다.[10]

다음 절에서는 지금까지 언급된 순수 현금흐름 부가가치세에 대한 대안을 살펴볼 것이다. 대안들에 따를 경우 세금의 관리방식(통합적 또는 거래별 접근방식과 함께) 뿐만 아니라 기업이 내야 하는 세금도 바뀌게 된다. 하지만 대안들은 현금흐름 부가가치세와 경제적으로 동일하며 과세당국이 위에서 언급한 바와 같이 어려운 구별을 해야 하는 문제를 완화시킬 수 있다는 공통된 특성이 있다.

분리는 두 조세를 근본적으로 다르게 할 수 있다. 예를 들어 금융서비스에 대해서는 생산지 과세를 하고, 그 외의 부가가치세에 대해서는 소비지 과세를 할 수도 있다. 여기에서는 이런 가능성에 대한 논의는 생략하지만 이런 차이점들이 금융서비스의 정의와 관련된 질문을 다시 일으킬 수 있다는 점은 알아 둘 필요가 있다.

8.3　기업 간 거래에 대한 영세율 적용

순수 현금흐름 과세하에서 기업 간 거래는 자동적으로 과세 대상에서 제외된다. 왜냐하면 한 기업의 현금 유입(판매)은 다른 기업에게 현금 유출(중간투입물의 구매)이 되어 서로 상쇄되기 때문이다. 일반 소비자와의 거래에서만 이런 상쇄작용이 나타나지 않아 부가가치세 순 부과가 이루어진다.

기업 간 거래를 과세에서 제외시키는 또 다른 방법은 등록된 사업자에게 제공되는

---

10) 부가가치세를 금융서비스로 확대하는 것은 현행제도와 연관된 많은 문제점들을 제거해 주긴 하지만 금융유출은 중간투입물의 구매와는 달리, 받는 사람이 등록된 사업자가 아니더라도 환급 대상이 된다는 점에서 한 가지 이상한 구분의 문제를 발생시킨다. 금융상품과 연관된 가계로의 금융유출은 환급대상이지만 등록되지 않은 사업자로부터의 중간투입물 구입은 환급 대상이 아니다. 이것은 조세회피 문제를 발생시킬 수 있다. 만약에 등록되지 않은 사업자가 은행에 어떤 제품을 제공하고 은행은 사업자에게 아주 적은 가격을 주는 대신 무이자 대출을 해 주거나 거래자의 은행계좌에 많은 이자를 줄 경우, 이 제품의 공급은 금융거래에 대한 마이너스 부가가치세 때문에 과세에서 제외될 것이다. 하지만 이는 큰 문제가 되지는 않는다. 은행이 이 제품을 등록된 사업자로부터 구입할 경우, 등록된 사업자에게 지불하는 금액에 대하여 부가가치세가 환급되지 않거나, 또는 사업자의 대칭적인 부가가치세 납부가 부가가치세 환급을 상쇄하기 때문에 그러한 어려움이 발생하지는 않는다.

금융서비스에 영세율을 적용하는 것이다.[11] 금융서비스에 관해서는 기업이 아닌 고객에게 판매함으로써 유입되는 현금만 과세 대상이 되고, 또한 기업이 아닌 고객에게 유출되는 금액만 중간투입물을 구매하는 것으로 취급하는 것이다. 결과적으로 이런 제도는 금융서비스 과세를 부가가치세에서 소매세로 전환시키는 것이다.

이러한 제도의 장점은 새로운 조세체계가 소매 금융회사에게만 적용된다는 것이다. 금융회사가 아닌 사업자들은 새로운 제도의 영향을 받지 않는다. 회사가 은행으로부터 빌리는 대출, 도매 펀딩, 은행 간 대출, 그리고 예를 들어 런던에서 매일 거래되는 엄청난 양의 파생상품 등 회사 간 대부분의 금융거래는 새로운 조세제도와 관련이 없다.

8.1절의 예에서 대출은 기업이 은행에 판매한 것으로 간주되어, 첫해에 사업자에게는 200파운드의 부가가치세와 은행에게는 200파운드의 부가가치세 환급이 적용되며, 다음 해에 원금과 이자의 상환으로 사업자에게 230파운드의 부가가치세가 환급되고 은행에게는 230파운드의 부가가치세가 과세된다. 매해 과세금액과 환급금액은 상쇄된다. 하지만 만약에 이런 기업 간 거래에 영세율이 적용된다면 은행 또는 사업자에 부가가치세 과세와 환급이 모두 없어지는 단순한 형태가 된다. 일반 소비자의 예금과 관련된 현금흐름에 대해서만 과세되는 것이다.

제7장에서 언급한 바와 같이 소매세는 판매자(이 경우 금융기관)가 사업자에게 공급했는지, 최종 소비자에 공급했는지를 구별하도록 요구한다는 점, 그리고 세금 징수를 공급 체인의 마지막 단계에서 집중하기 때문에, 부가가치세와 같이 매출과 매입이 꼬리를 물고 상호 견제하지 못하여 마지막 단계를 놓치면 세수손실이 클 수 있다는 점에서 부가가치세와 비교되는 단점이 있다. 하지만 금융서비스의 경우 이런 장단점의 균형이 다르게 나타날 수 있다.

8.4 조세 계산 회계

원금의 상환으로 인한 현금 유입에 대해 즉시 과세(또는 현금 유출에 대해 즉시 환급)하는 대신, 적절한 이자율로 과세를 미래 시점으로 이월하여 현재가치와 같은 금

---

11) Huizinga, 2002; Poddar, 2003. 부가가치세가 보통 그러하듯 등록 기준 이하의 사업자들은 일반 소비자처럼 취급되어야 한다.

액을 향후에 과세(또는 환급)하는 것이 가능하다. 이월된 원금의 예금(또는 대출)이 향후에 인출(또는 상환)되는 원금을 상쇄시키고, 예금에 지출된(또는 대출로 인해 받은) 실제 이자를 이월된 금액과 연관된 이자로 상쇄시키는 것이다. 이것이 바로 Poddar 와 English(1997)가 제안한 '조세 계산 회계(tax calculation account, TCA)'를 통해 부가 가치세를 실행하는 방법의 핵심이다.

이 방법이 실현되기 위해서는, 즉 변화된 세금 납부 패턴이 현금흐름 부가가치세 와 동일하기 위해서는 원금의 이월과 관련된 이자율이 현재 돈의 가치와 미래 돈의 가치의 차이를 정확히 반영해야 한다. 이는 순수한 돈의 시간가치이며 은행이 고객 에게 돈을 빌리거나 빌려 줄 때 적용하는 이자율은 서비스에 대한 요금이 포함되어 있을 수 있기 때문에 이것과는 다를 수 있다.

이러한 시스템을 실행하기 위해서는 금융서비스에 대하여 요금을 부과하지 않을 경우의 '정상' 또는 '순수' 이자율이 얼마인지 정부가 알고 있어야 한다. 국채 이자율 은 정부가 돈을 빌릴 때의 이자율이므로 일반적인 상황에서 적절한 가이드가 될 수 있다.

원금의 지불과 인출이 서로 상쇄되는 경우, 정부는 실제 이자율과 바로 이 정상이 자율의 차이에 대해 과세하게 된다. 즉 대출이자에 대해서는 정상이자율보다 초과된 만큼 과세하게 되고, 예금에 대한 이자에 대해서는 이 정상이자율보다 낮은 만큼을 과세하게 된다.

어떤 의미에서는 이러한 제도가 이 장 시작할 때 제기되었던 질문, 즉 금융서비스 에 대한 요금이 이자율 차이 속에 숨겨져 있을 때 어떻게 식별할지에 대한 좀 더 직 접적인 대답을 줄 수도 있다. 실질적으로 정부는 이자율 중 얼마만큼이 금융서비스 에 대한 부분인지를 측정하여 과세하게 된다. 정부가 정상이자율을 8%로 정했다고 가정하자. 그 경우 대출이자는 8%가 초과되는 부분, 예금이자는 8%에 미만이 되는 부분이 금융서비스에 대한 요금으로 간주되어 과세하게 된다.

은행이 대출로 내보낸 금액과 예금으로 받아들인 금액이 같다면, 정부가 정한 정 상이자율에 관계없이 예금과 대출의 이자율 차이만큼 과세하게 된다. 이자율의 차이 가 금융서비스에 대한 요금을 간접적으로 나타내어 그만큼 과세가 된다. 만약에 대 출 금액이 예금 금액보다 많거나 또는 반대의 경우 잔고에 대한 귀속가치를 추정하 기 위한 조정이 필요하다.

현금흐름 부가가치세와 마찬가지로 기업 간 거래는 중간생산과정이 과세되지 않

| **표 8.2** | 현금흐름 부가가치세(VAT)와 조세계산회계(TCA)(20% 세율과 8% 순수 이자율)

(단위 : 파운드)

	예금(5% 이자율)			대출(15% 이자율)			합계		
	(1) 현금 유입	(2) VAT	(3) TCA	(4) 현금 유입	(5) VAT	(6) TCA	(7) 현금 유입	(8) VAT	(9) TCA
연도 1	1,000	200	—	(500)	(100)	—	500	100	—
연도 2	(50)	(10)	6	75	15	7	25	5	13
연도 3	(1,050)	(210)	6	575	115	7	(475)	(95)	13
현재가치	53.50	10.70	10.70	62.41	12.48	12.48	115.91	23.18	23.18

참고 : 괄호 안의 숫자는 음수를 나타낸다. 현재가치=연도 1의 가치+(연도 2의 가치/1.08)+(연도 3의 가치/1.08²).

도록 하기 위하여 과세 대상에서 제외된다. 그리고 이것은 다음의 두 가지 방식으로 가능하다. 즉 조세계산회계(TCA)를 모든 사업자에게 적용하여 대출에 대해 지불한 초과 이자율과 예금에 대해 받은 실제 이자율이 정상이자율과 차이 나는 '부족분'에 대하여 지불한 부가가치세를 사업자가 환급받게 하거나, 기업 간 거래에 '영세율'을 적용하여 최종 소비자인 가계와의 거래에 대해서만 과세대상이 되게 함으로써 최종 소비자인 가계와 금융거래를 한 회사들만 과세되도록 하는 방법으로 실행할 수 있다.

〈표 8.2〉는 〈표 8.1〉의 예를 이용하여 현금흐름 부가가치세와 조세계산회계(TCA)를 비교하고 있다.

우선 첫해에 1,000파운드를 예금하는 사람의 경우를 살펴보자. 이 예금계좌의 이자율은 5%이기 때문에 은행은 두 번째 해에 예금주에게 50파운드의 이자를 지불하게 된다. 세 번째 해에 예금주는 50파운드의 이자와 1,000파운드의 합인 1,050파운드를 받고 계좌를 닫는다. 은행과 예금주와의 이 거래는 표의 1열에 나타나 있다.

현금흐름 부가가치세하에서(2열) 1,000파운드의 예금은 은행의 과세대상 판매로 취급된다. 따라서 200파운드의 세액이 발생한다. 예금주에게 지불된 50파운드와 1,050파운드는 환급되는 중간투입물의 구입으로 취급되기 때문에 20% 세율로 부가가치세 환급을 받게 된다. 이것의 조세 계산은 현금흐름의 20%로 매우 간단하다.

3열에서는 정상이자율이 8%라는 가정하에 조세계산회계(TCA)에 따른 세액을 보여 준다. 원금의 예금과 인출은 조세에 아무 영향을 미치지 않는다. 하지만 이자가 8%에 미달되는 부분에 대해서는 과세가 된다. 1,000파운드의 8%는 80파운드이다. 하지만 실제로 50파운드의 이자가 지급되었기 때문에 나머지 30파운드는 금융서비스로 간주되어 20%의 세금이 적용된다. 따라서 매년 6파운드의 세액이 부과된다.

얼핏 보기에 부가가치세와 조세계산회계(TCA)는 완전히 다른 세금처럼 보인다. 2열과 3열의 세액은 서로 관계가 없어 보인다. 하지만 마지막 행을 보면 1년 전에 받은 금액이 현재 8%의 추가가치를 가진다는 가정하에 두 경우의 현재가치가 같다.

8%의 할인율로 계산하면 예금자에게 돌려준 이자와 원금은 첫해의 가치로는 946.50파운드이며 은행이 간접적으로 서비스에 대해 53.50파운드의 요금을 부과하고 있다. 현금흐름 부가가치세는 모든 현금흐름이 발생할 때 과세되기 때문에 현금흐름의 20%에 대한 현재가치인 10.70파운드가 부과되는데, 이는 조세계산회계(TCA)하에서 세액의 현재가치와 같다. 얼핏 보기에 상관이 없어 보이는 2열과 3열의 세액이 실제로 같은 현재가치를 가지는 것이다.

2열과 3열의 관계는 다음과 같이 생각해 볼 수 있다. 첫해에 200파운드를 내는 대신 은행은 그 금액을 간직하여 세 번째 해에 예금자가 돈을 찾아갈 때 발생하는 200파운드의 공제액을 상쇄시킬 수 있다. 하지만 이런 지연행위의 시간가치를 반영하여 은행은 매년 8%(16파운드)의 이자를 지급해야 한다. 이 16파운드로부터 실제 이자 지급액인 10파운드를 빼면 은행은 매년 6파운드의 세금을 부담하게 되는 것이다.

〈표 8.2〉의 두 번째 부분은 500파운드의 대출에 15%의 이자율이 적용되는 경우를 보여 준다.[12] 이 경우 현금흐름 부가가치세에서 대출은 은행의 중간투입물 구입으로 취급하기 때문에 첫해에는 세금을 환급받고, 두 번째 해와 세 번째 해의 이자와 원금 상환은 은행의 판매에 대한 소득으로 취급하기 때문에 은행은 세금을 내게 된다. 15%처럼 높은 이자율의 경우 이자와 원금상환에 대한 부가가치세는 500파운드 대출에 대한 부가가치세 환급보다 더 크게 된다. 조세계산회계(TCA)하에서는 15%의 이자율(75파운드)이 8%의 정상이자율(40파운드)을 넘는 부분에 대해서만 과세를 한다. 이 경우에도 세액의 현재가치는 서로 같게 된다.

예금과 대출을 동시에 고려하면 부가가치세와 조세계산회계(TCA)의 총합(8열과 9열)은 예금과 대출에 대한 금액을 더하거나 또는 7열에서 보여 주는 은행과 고객 사이의 순 현금흐름에 부가가치세·조세계산회계(TCA) 방식을 적용시켜서 구할 수

---

12) 500파운드 대출은 1,000파운드 예금보다 적다. 나머지 500파운드는 보유고로 저장되거나 (기업 간 거래에 영세율이 적용된다면) 등록된 사업자에게 대출될 수 있다. 대출이 예금을 능가하는 경우는 은행자본으로 조달되거나, 또는 (기업 간 거래에 영세율이 적용되면) 도매 금융 펀딩으로 조달될 수 있다. 이 예는 대출과 예금이 일치하지 않을 때 현금흐름 부가가치세와 조세계산회계(TCA)가 어떻게 작용하는지 설명하기 위해 사용되었다.

있다. 다시 말해서 현금흐름 부가가치세처럼 조세계산회계(TCA)의 경우에도 각각의 고객에 대한 예금과 대출을 따로 계산하거나 또는 하나의 통합된 계산으로 구할 수 있다. 은행의 순 금융자산(대출에서 예금을 뺀 금액)의 가치가 매해 시작하는 시점에서 기록되고, 은행의 순 이자소득(대출자로부터 받은 이자에서 예금자에게 지급한 이자를 뺀 금액)은 순 자산(순 대출)의 8%를 넘는 범위에 대해 과세를 할 수 있다. (위 사례의 경우에는 반대로 예금이 대출보다 많아서 순 예금의 8%가 순 이자소득에 합산되어 과세표준을 형성한다.)

조세계산회계(TCA)는 단순히 현금흐름을 과세하는 것보다는 좀 더 계산하기 어렵다. 〈표 8.2〉의 6열보다 5열의 계산법이 더 쉽다. 그리고 이 방법의 중립성 역시 정상이자율을 정확히 선택한다는 가정하에 성립된다. 너무 높은 정상이자율을 적용하면 저축에 대해 과도하게 과세하게 되고, 대출에 대해 너무 적게 과세하게 되어서(너무 낮은 정상이자율은 그 반대의 경우를 야기) 경제에서 금융활동의 패턴을 왜곡시키게 된다.

반면 조세계산회계(TCA)는 중요한 장점이 있다. 〈표 8.2〉에서 부가가치세와 조세계산회계(TCA)를 비교해 보면 조세계산회계(TCA)는 훨씬 적은 총납부세액과 훨씬 적은 횟수의 환급으로 똑같은 현재가치를 달성하게 된다. 이것은 두 가지 중요한 시사점이 있다.

첫째, 모든 현금 유입을 과세하고 현금 유출을 공제해 주는 경우 세수일실 위험이 존재한다. 예를 들어, 저축을 하거나 돈을 빌려 준 사람이 저축 또는 대출해 준 원금에 대해 부가가치세 환급을 요구하고, 이후에 돈을 돌려받을 시기에 이민을 가는 방식 등으로 조세 시스템에서 사라져 부가가치세를 내지 않을 수 있다(또는 국제적으로 어떻게 과세하느냐에 따라서 이민을 갈 수도 있다). 이에 비해 조세계산회계(TCA)는 이런 위험성에 훨씬 적게 노출된다.

둘째, 큰 금액의 과세 또는 환급을 피함으로써, 조세계산회계(TCA)는 세율의 변화, 예를 들어 처음 도입되면 0에서 20%로 세율이 인상되는 것인데, 이 경우에 좀 더 순조롭게 대처할 수 있다. 현금흐름 부가가치세를 도입할 경우 이미 행해진 예금과 대출 같은 기존의 상황을 어떻게 취급해야 할지에 관한 과도기적인 문제가 발생한다. 예금했을 당시에 과세가 되지 않았다면 예금자가 원금을 인출하는 경우에도 환급하지 않고, 모기지 대출이 행해질 때 환급을 해 주지 않았다면 모기지 이자가 은행에 지급될 때에도 과세를 하지 않는 것이 더 나을 수 있다. 시행 전에 저축을 해 놓은 가정에는 갑작스러운 혜택을 주고, 시행 전에 빚을 가지고 있는 가정에는 갑작스러운 불이익을 주는 것은 바람직하지 않다.

조세계산회계(TCA)는 새로운 제도 도입 당일(A-day라고 부르자)의 대출 또는 예금 잔고를 간단히 확인하고 거기서부터 제도를 작동함으로써 도입될 수 있다. A-day 이후에 받은 대출에 대한 이자는 A-day의 잔고에 대한 정상이자율을 넘는 범위에 대해 과세가 되고, 예금이자의 경우 A-day의 잔고에 대한 정상이자율에 모자라는 범위에 대해 과세가 된다.

원칙적으로 이 같은 과도기적 과세방법은 현금흐름을 이용하더라도 적용할 수 있다. 현금흐름 방식하에서 동일한 효과를 얻는 방식은 A-day에 예금 잔고에 대해 한꺼번에 과세를 하고, 대출 잔고에 대해 한꺼번에 환급을 해 주는 것이다. 이것은 미래에 이루어질 현금흐름 과세에 대해 균형을 맞추기 위해 이미 이루어진 현금흐름에 대해 소급 적용하여 과세·환급을 하는 것이다. 이는 모든 대출과 예금이 A-day에 이루어진 것으로 취급하는 것과 같다. 이러한 과세·환급은 현재가치로 따졌을 때 조세계산회계(TCA)하에서 잔고를 정상이자율을 이용해 과세·환급해 주는 것과 같다. 원론적으로 은행의 대출에서 예금을 뺀 값에 한꺼번에 과세·환급을 하는 것에 장애물은 없다. 하지만 현실적으로 정부가 이것을 시행하는 데 부담스러워할 것이라는 점은 이해할 수 있다.

이 문제에 대해서는 제17장에서 ACE 제도와 현금흐름 법인과세를 비교할 때, 그리고 제13장에서 RRA 제도와 저축에 대한 현금흐름 지출조세를 비교할 때 다시 살펴보도록 하겠다. 이 제도들은 유사점들이 있기에 같은 이슈가 되풀이된다.

8.5 금융활동조세

앞서 언급했듯이 현금흐름 접근법 또는 조세계산회계(TCA) 접근법은 모든 고객과의 개별 거래마다 적용될 수도 있고, 또는 회사의 통합계정을 살펴봄으로써 적용될 수도 있다. 실제로 매 거래를 살펴보는 대신 통합계정을 살펴보는 경우 과세표준은 근본적으로 다른 방식, 즉 이익과 임금의 합으로 계산될 수 있다. 얼핏 보기에 이익과 임금은 부가가치세와 아무 상관이 없어 보일 수 있다. 기업이 중간투입물의 구입가를 초과한 가격으로 제품을 판매하게 되면 초과 부분, 즉 부가가치는 고용인들에게

임금으로 지급되거나 회사의 이익이 된다. 이익은 중간투입물을 구매하고 임금을 지불한 후에 남는 소득이다.[13]

우리는 여기에 대한 힌트를 이미 언급했다. 8.1절에서 현금흐름 부가가치세를 설명할 때, 모든 현금흐름은 과세된다는 규칙에 두 가지 예외사항이 있다고 말했다. 그것은 자본과 노동이다. 이것들의 흐름은 우리가 과세하고자 하는 이익과 임금을 나타낸다. 모든 현금 유입을 과세하고, 주주와 고용인에게 전해진 금액을 제외한 모든 현금 유출을 공제해 주는 대신, 간단하게 주주와 고용인에게 전해진 순 현금흐름을 과세할 수 있다.

부가가치세와 이익과 임금에 대한 과세의 관계는 이익 계산과 부가가치 계산의 출발점에 공통점이 많다는 것을 고려해 보면 쉽게 알 수 있다. 두 경우 모두의 기본적인 계산법은 판매를 통한 소득에서 중간투입물에 대한 지출을 빼는 것이다. 가장 큰 차이는 임금은 법인세에서 공제가 가능한 지출로 취급되지만 부가가치세에서는 공제가 가능한 중간투입물로 취급되지 않는다는 것이다. 따라서 부가가치세와 같은 효과를 가지려면 임금에 대한 과세가 이익에 대한 과세에 보충되어야 한다.

무엇이 과세대상 소득이며 무엇이 공제대상 비용인지, 특히 구입비용, 감가상각, 자본자산의 재판매가격 등을 세밀하게 관찰해 보면 부가가치세는 이익을 특정 방식으로 정의했을 때, 즉 현금흐름 방식으로 정의했을 때 이익과 임금에 대한 조세와 같아진다는 것을 알 수 있다. 현금흐름 법인세에 관해서는 제17장에서 좀 더 자세히 다루겠다. 법인의 '자기자본에 대한 공제제도(allowance for corporate equity, ACE)에 의한 또 다른 이익의 정의에 기반을 둔 새로운 법인세도 소개하고 지지할 것인데, 이때의 이익은 이익을 현금흐름 방식으로 정의한 것의 현재가치와 실질적으로 동일하다. 이익에 관한 이 두 가지 정의 중 하나와 임금 비용을 합한 금액에 대한 과세는 부가가치에 대한 과세와 같게 된다.

실제로 법인의 자기자본에 대한 공제제도(ACE)를 통한 법인세 제도는 임금비용에 대한 공제를 제외하고 부가가치세 제도에서 조세계산회계(TCA)와 밀접하게 관련되어 있다. 조세계산회계(TCA) 부가가치세와 현금흐름 부가가치세의 관계가 법인의 자기자본에 대한 공제제도(ACE) 법인세와 현금흐름 법인세의 관계와 같다.

---

13) 실제로 임금과 이익을 합하여 부가가치를 계산하는 법은 Ebrill et al.(2001)에서 언급한 세 가지 방법, 즉 가산 방법(addition method), 공제 방법(subtraction method), 그리고 각주 9에서 설명한 전단계 세액공제 방법(invoice-credit method) 중 하나이다.

금융 부문 조세에 관한 최근의 IMF 보고서는 금융활동조세라고 이름 지은 제도에 의하여 이익과 임금의 합에 대한 과세의 필요성을 강조하며 그것이 금융서비스에 대한 부가가치세를 대체할 수 있다고 하였다.[14]

원론적으로는 이익과 임금에 대한 과세가 현재의 부가가치세를 완전히 대체할 수 있다. 하지만 그러한 대변동을 야기할 필요는 없다. 부가가치세는 지금 있는 그대로도 꽤 괜찮은 제도이다. 하지만 금융서비스에 관한 새로운 조세를 도입한다면 어떤 방식으로 계산하는 것이 가장 현실적인지를 따져야 할 것이며, 이익과 임금을 과세하는 것은 과세당국과 납세자들이 금융 부문에서 지금의 법인세와 소득세에 익숙해져 있다는 점에서 장점이 있다. 위에서 언급한 현금흐름 부가가치세와 조세계산회계(TCA)는 익숙하지 않고 더 큰 변화를 야기할 수도 있다.

하지만 금융서비스에 대한 부가가치세와 동일한 효과를 가지기 위해서, 그리고 불필요한 왜곡을 피하기 위해서 금융활동조세는 이익을 계산할 때 흔치 않은 두 가지 특징을 가져야 한다.[15]

- 첫째, 금융회사의 총이익과 임금에 과세하는 방안이 도입되면 투자자문 제공이나 대여금고 제공처럼 현재 부가가치세 과세대상인 활동에 대해서 이중과세를 하게 된다. 중립적이 되기 위해서는 부가가치세가 면세되는 금융활동에 대한 이익과 보수에만 과세되어야 한다.[16] (이 경우 금융활동을 정의하는 데 있어 발생하는 문제는 줄어든다. 왜냐하면 어떤 특정 활동은 부가가치세와 금융활동조세 둘 중 정확히 하나의 대상이 되며, 두 조세의 세율이 같다면 어디에 속하는지는 상관이 없다.)

- 둘째, 기업 간 거래를 과세에서 제외하기 위한 방안이 필요하다. 금융활동조세에서 이익을 계산할 때 기업과의 거래는 제외하거나 기업이 은행과 거래하면서 생긴 손실에 대해 금융활동조세 환급을 허용해야 한다.

금융활동을 분리하고 기업 간의 거래를 다른 이익으로부터 분리시키는 것은 기업

---

14) IMF, 2010. 여기서 언급된 방안은 IMF 리포트의 Appendix 6에서 'FAT1'이라 불린 방안이다. 금융활동조세는 Keen, Krelove, & Norregaard(2010)에서 좀 더 구체적으로 논의된다.

15) 이러한 문제들은 IMF 보고서에서 언급되었다(IMF 2010; Keen, Krelove, and Norregaard, 2010). 하지만 IMF는 그들의 추정치의 기반인 FAT1 기준 모형에서 기존의 이익 계산법을 따르는 것으로 보인다.

16) 이것이 의미하는 또 한 가지는 부가가치세 환급을 위해 신청된 중간투입물은 금융활동조세 목적의 이익을 정의할 때는 공제비용으로 처리되어서 안 된다는 것이다.

들이 어차피 해야 하는 기업이익 계산방법과 동떨어져 있다. 하지만 이익을 분리하여 계산하는 것은 어렵지도, 민감하지도 않고, 이렇게 하거나 이와는 다르더라도 실질적으로 동일한 효과를 이룰 수 있다면 현 제도하에서의 애매한 경계를 오히려 완화시켜줄 것이다.

8.6 결론

금융서비스 부문에 여러 가지 조세가 성공적으로 적용되고 있다. 런던을 비롯한 다른 금융 중심지에서 행해지는 금융거래의 양과 복잡성을 고려해 볼 때 법인세 목적의 이익 계산과 소득세 및 국가보험기여금 목적의 임금 계산은 꽤 잘 진행되고 있으며 많은 세금을 거두고 있다.

금융서비스에 부가가치세를 부과하는 것은 더 어려운 문제이긴 하다. 금융서비스를 부가가치세 목적으로 다른 상품처럼 취급하는 것은 실질적인 어려움이 있다. 하지만 동등한 효과를 얻을 가능성이 있는 방법들이 있다. 부가가치세를 확대하여 적용할지 아니면 별도의 조세를 도입할지, 기업 간 거래에 대해 영세율을 부과하여 부가가치세 부담을 면제할지 아니면 비금융회사들이 세금을 환급받을 수 있도록 할지, 부가가치세 계산을 매 거래별로 계산할지 아니면 통합된 계좌를 기반으로 계산할지, 현금 유출에서 현금 유입을 뺄지 아니면 이익과 임금을 합산할지, 현금흐름 방식을 택할지 아니면 조세계산회계·금융활동조세를 택할지 등 각각의 문제들이 가지는 실질적인 영향에 대해 여기에서 자세하게 분석했다고는 할 수 없다. 그리고 어떤 하나의 방안을 선호하는 것도 아니다. 금융서비스 산업의 복잡성과 생소함으로 인해 어떤 하나의 방안을 선택하기 전에 신중한 조사를 해 보아야 한다. 우리는 세부사항을 살펴보는 대신 개념을 정리했다. 예를 들어 국제적 맥락에서 어떻게 적용해야 할지와 같은 실무적으로 중요한 문제에 대해서는 거의 언급하지 않았다. 하지만 실질적인 해결책을 찾을 수 있을 것이라고 생각한다.

금융활동조세는 IMF에 의해 제안된 이후 가장 많은 관심을 끈 옵션이다. 2010년 여름에 만들어진 영국 연립정부의 첫 번째 예산안은 그러한 조세를 검토하겠다고 했고[17], 유럽연합 집행위원회도 금융활동조세는 EU에서 살펴볼 가치가 있는 옵션이라고 했다.[18] 하지만 주목할 만한 점은 금융활동조세를 분석한 IMF도 스스로 금융활동

조세를 해결책으로 사용하는 것보다는 금융서비스에 대한 부가가치세를 개편하는 것
이 낫다고 강조한 것이다.[19]

현금흐름 부가가치세와 조세계산회계(TCA)는 모두 다 1990년대 유럽에서 스스로
자원한 은행들을 대상으로 한 실험을 통해 개념적으로 견고하고 행정적으로 실용적
이라는 것이 밝혀졌다.[20] 이러한 제안들에 대한 반감과 이 제안들이 현재 유럽연합
집행위원회의 아젠다가 아니라는 점은 익숙하지 않은 개념에 대한 생소함과 납세순
응비용에 대한 우려 때문이다. 하지만 개념은 명확하며 설명하기도 좋고, 시간이 지
날수록 익숙해질 것이다. 그리고 위에서 언급한 방안들이 적절히 결합한다면 납세순
응비용도 결코 크지 않을 것이다. 경제적 효율성과 세수 증가의 혜택을 고려해 보면
행정 및 납세순응 비용은 견딜 만하고, 현재 제도하에서 발생하는 행정 및 납세순응
비용이 이러한 제도가 도입되면 없어진다는 장점도 잊지 말아야 한다.

정부의 잠정적인 추정으로는 금융서비스를 면세함으로 인해 (20% 부가가치세율하
에서) 100억 파운드의 세수손실이 발생한다.[21] 물론 이 중 1/3은 부가가치세의 대용
으로 사용되는 보험료에 대한 조세로 만회가 된다. 현금흐름 부가가치세(또는 이와
동일한 기능을 하는 조세)의 적용을 받는다면 보험료 조세도 폐지될 수 있다. 이 100억
파운드의 금액이 현행 면세제도의 문제를 대표한다고는 할 수 없다. 문제는 바로 가
계에 제공하는 금융서비스를 지나치게 적게 과세하고, 기업에 제공하는 금융서비스
를 지나치게 높게 과세하여 발생하는 것이다. 이 두 가지의 세입 효과는 서로 상쇄되
지만, 각각의 영역에서 왜곡을 발생시킨다. 두 가지 흔한 불만은 가계가 돈을 빌리는
것은 너무 싸고 쉽지만 기업이 돈을 빌리는 것은 너무 비싸고 어렵다는 것이다. 면세
제도에서 현금흐름 부가가치세(또는 이와 동일한 기능을 하는 조세)로 바뀐다면 이

---

17) HM Treasury, 2010b, para. 1.99.
18) European Commission, 2010a, p. 7, 그리고 European Commission(2010b).
19) Keen, Krelove, and Norregaard, 2010, p. 138.
20) Poddar(2007) 참조.
21) 출처 : HMRC statistics, table 1.5(http://www.hmrc.gov.uk/stats/tax_expenditures/table1-5.pdf)를 2010~
    2011년도의 일정 기간 동안은 부가가치세가 17.5%였고 나머지 기간은 20%였다는 점을 반영하기 위해
    조절한 저자의 계산. IMF 리포트(IMF 2010)는 영국에서 금융활동조세의 과세대상은 GDP의 6.1% 정도여
    서 20% 세율의 금융활동조세는 GDP의 1.2% 정도의 세입, 즉 180억 파운드의 세입을 2010~2011 회계연
    도 동안 거둘 것으로 예상했다. 하지만 이러한 추정치는 위에서 언급한 바와 같이 우리가 과세 대상에서
    제외되어야 한다고 주장하는 금융회사의 비면세 활동과 등록된 사업자에게 제공하는 서비스를 과세했을
    때의 수치이다. 영국 국세청과 IMF의 추정치는 금융서비스의 면세에서 좀 더 표준화된 부가가치세로 전환
    할 경우 큰 세수입을 거둘 수 있을 것이라고 예측하는 점에서 기존 연구(Genser and Winker, 1997; Huizinga,
    2002)의 주장과 일치한다.

두 문제를 모두 완화시킬 수 있다. 그 밖에 면세제도에는 왜곡된 수직합병 유도, 국제무역 왜곡, 각 회사들이 과세되지 않는 상품과 환급받을 수 없는 중간투입물을 구별하는 문제 등 다른 문제점들도 있다.

다른 부가가치세 면세처럼 금융서비스의 면세도 EU법의 권한이다. 따라서 개혁은 EU 전체적으로 추구되어야 한다. 물론 같은 기능을 하는 다른 조세(예 : 금융활동조세)는 독립적으로 실행될 수 있다. 어찌됐건 조세회피 목적으로 금융서비스가 다른 곳으로 이전하는 위험을 줄이기 위해 국제적인 공조가 필요하다.

최근의 금융위기 이후 많은 논평가들과 몇몇 정부에서는 금융서비스, 특히 은행에 대해 새로운 조세를 도입하라고 촉구하고 있다.

몇몇 제안들은 금융기관의 행위를 변화시키고 특정 시장실패를 교정하는 것을 목적으로 한다. 영국은 (핵심 자본과 다른 저위험성 펀드를 제외한) 은행의 채무에 대한 과세를 최근에 채택하였거나 채택을 제안한 여러 국가(미국, 독일, 프랑스, 스웨덴 포함) 중 하나이다. 이것은 '금융 안정성 기여금(financial stability contribution)'이라고 불리는데, 위에서 언급된 금융활동조세와 더불어 이것은 IMF가 지지한 두 번째 조세이다.[22] 영국 연립정부는 그들이 제안한 조세가 은행들이 위험성이 낮은 펀딩을 하도록 유도할 것이라고 했다.[23] 영국과 프랑스는 또한 특정 은행 보너스에 대한 임시 조세를 부과했는데, 영국의 경우 그 목적은 과도한 위험을 감수하도록 하는 은행 산업의 보수급여 관행에 제동을 걸고, 보너스 지급수준을 결정할 때 은행들이 자본 상황을 고려하고 적절하게 위험성을 조절하도록 하는 데 있다.[24] 여기에 대한 자세한 언급은 하지 않겠다. 금융서비스 부문의 시장실패에 관한 복잡한 문제는 이 책이 다루는 범위 밖이며, 재정수단은 금융시스템에 적절한 보호장치를 제공하는 주요 수단인 규제정책과 맞물려 있다.

다른 제안들은 최근의 사건들에 대해 은행을 징벌하고, 구제비용을 회수하고, 미래의 위기에 대비한 펀드를 쌓고, 너무 커져 버린 부문을 줄이는 등 금융 부문으로부터 세입을 늘리는 좀 더 일반적인 목적을 가지고 있다. 물론 목적이 이렇게 일반적이라면 어떤 추가적인 조세도 역할을 할 수 있지만, 이런 주장들은 보다 일관성이 있도록 완전한 형태로 발전되어야 한다. 이런 주장들이 받아들여진다고 하더라도 새로운 문

---

22) IMF, 2010.
23) HM Treasury, 2010b, para. 1.63.
24) HM Treasury, 2009, box 3.2.

제들이 발생하지 않도록 추가적인 조세를 설계할 때 심각하게 고려해 보아야 한다. 예를 들어 제6장에서 좀 더 인기 있는 제안 중의 하나인 금융거래세가 왜 바람직하지 않은지를 살펴보았다. 금융서비스에 부가가치세(또는 이와 동일한 기능을 하는 조세)를 도입하면 이미 존재하는 왜곡들을 제거함으로써 이런 문제들을 어느 정도 해결할 수 있다. 금융서비스 부문이 과소하게 과세된다는 우려가 있다면 새로운 조세를 추가하기 전에 적어도 은행 역시 다른 기업과 같은 정도로 과세되도록 해야 한다.

부가가치세 과세기반 확대

부가가치세는 중요하고 전체적으로 잘 설계된 조세이다. 하지만 영국에서는 비정상적으로 많은 범위의 재화와 서비스에 대하여 영세율이 적용되고 있다. 부가가치세를 단일세율로 일관되게 과세하지 않는 것에 대하여 몇 가지 품목은 정당성을 인정받을 수 있겠지만 대부분의 경우는 그렇지 않다. 제7장과 제8장에서 언급한 이유로 우리는 더 넓은 범위의 재화에 대해 표준세율을 적용하여 부가가치세 범위를 넓히는 것이 바람직하다고 본다.

이것은 단지 교과서적인 정연함을 추구하기 때문은 아니다. 좀 더 단일화된 세율로 개편하는 것은 소비자들의 소비결정 왜곡을 줄여서 소비자의 복지를 증가시켜 줄 것이다. 소비자들은 물건을 고를 때 세율의 차이 대신 그 물건을 생산하는 데 필요한 비용의 차이를 반영한 가격에 의해 결정을 할 것이다. 우리의 계산에 의하면 영국에서 영세율 또는 감면세율을 제거하면 정부는 원칙적으로 모든 가정의 복지수준을 최소한 이전 수준만큼 유지시키면서도 여전히 30억 파운드의 세입을 더 남길 수 있다.[1]

---

1) 17.5%의 표준세율을 가정한 저자의 계산. 새 표준세율인 20%를 적용하면 복지 증대는 더 커지게 된다. 단일세율이 가장 이상적이라는 가정하에 추정하였다. 즉 제6장에서 언급한 바와 같이 근로의욕 저하를 방지하기 위해 시간을 절약하는 상품은 좀 더 가볍게 과세하고 많은 여가시간을 요구하는 상품은 좀 더 높게

다른 조치 없이 영세율 또는 감면세율을 제거하면 많은 세입을 거둘 수 있으나, 고소득층보다는 저소득층에게 더 큰 손해를 끼칠 것이다. 따라서 추가 세입을 분배적으로 중립적이고 근로동기를 악화시키지 않는 방향으로 직접세 감세 및 복지혜택을 증가하는 데 사용하는 것이 중요하다. 이 장에서는 이런 목표를 어떻게 달성할지 살펴보겠다. 돈을 나눠 주지 않고도 소비자에게 개혁 이후 구매하는 상품과 재화가 개혁 이전보다 더 가치 있게 느껴져서 복지가 증대되는 점을 주목할 필요가 있다.

또 과세기반 확대를 통해 거둬들인 세입으로 국고수입을 늘리고 부유한 가계로부터 그렇지 못한 가계로 재분배하는 2차 개혁도 생각해 볼 수 있다. 하지만 이 경우 근로동기를 약화시킬 수 있고 단일세율 부가가치세를 통해 이룬 복지증가의 일부분 또는 전체를 다시 잃어버릴 수 있기에 추천할 만하지 않다. 이 점이 이전의 연구에서 간과된 부분이다. 근로의욕을 저하시키지 않고, 복지를 증가시키는 개혁을 고안하는 것은 쉬운 일이 아니다.

우리는 완전히 단일화된 간접세 제도를 제안하거나 모형화하는 것이 아니다. 제6장에서 살펴보았듯이 술, 담배, 휘발유에 대해 다른 상품보다 더 높게 과세할 이유가 있으며, 여기서도 그것들에 적용되는 소비세는 변하지 않는다고 가정한다. 그리고 다른 조세로 인해 야기된 근로의욕 저하를 상쇄시키기 위해 보육에 대한 현행의 조세 혜택도 유지한다. 이 장의 목적상 앞선 장에서 논의된 금융서비스를 포함해 부가가치세가 면세되는 재화와 서비스도 변화되지 않는다고 가정한다.[2] 주택에 관련해서는 제16장에서 따로 언급될 것이다.

9.1 개혁에 따른 수익을 직접세 감세와 복지급여 증대를 위해 지출

우리가 살펴보는 두 가지 개혁방안의 중요 구성요소는 부가가치세 과세기반을 확대하여 음식, 수송, 책과 다른 독서상품, 약품 처방, 어린이 옷, 국내산 연료와 전력 등 현재 영세율 또는 감면세율을 적용받는 재화와 서비스들이 개혁 이후 표준세율을 적

과세하는 방안이 좀 더 효율적일 수 있다는 점은 무시하였다. 이 점을 고려한다면 과세기반 확대로 인한 복지 증대는 높아질 수도, 낮아질 수도 있다.

2) 이것은 한편으로는 모델화하는 것과 그러한 변화를 도입하는 데 있어서의 복잡성, 또 다른 한편으로는 많은 면세 재화의 경우 정부가 가격을 관리한다는 점을 반영한다.

용받도록 하는 것이다. 이 책의 계산에서는 2011년 1월까지 거의 20년간 적용된 17.5%의 표준세율을 가정한다. (20% 세율의 도입으로 단일세율에 대한 주장이 더 강화되었다.) 표준세율을 적용받도록 개혁되더라도 이전과 같은 재화와 서비스를 구입한다면 240억 파운드의 부가가치세[3]를 추가로 거둬들일 것이며, 물가는 단 한 번 3.4% 인상[4]될 것이다.

첫 번째 개혁방안에서는 그 240억 파운드를 감세와 복지혜택 증가에 사용하여 근로의욕 저하를 최소화하고 서로 다른 소득과 지출을 가진 가계들의 혜택과 손실이 평균적으로 크지 않도록 하여 분배효과가 대략 중립적으로 나타나도록 하는 것이다. 구체적으로 2009~2010년에 다음과 같은 조세와 복지혜택 제도의 변화를 고안한다.

- 모든 세금공제, 소득기준선, 모든 복지급여율과 세액공제율의 3.4% 인상(공제금액, 소득기준선, 각종 세율은 물가상승률에 연동되어 있기 때문에 이것은 부가가치세 변화에 따른 물가상승률과 연동되어 자동적으로 발생할 것이다.)
- 자산소득 조사결과에 따라 지급하는 복지급여(세액공제 제외)의 3.4% 추가 인상, 기초 국가연금의 2% 인상, 아동 복지급여의 10% 인상(각각 총 6.9%, 5.4%, 13.4% 인상)
- 소득세 인적공제 1,000파운드 인상(150만 명에게 소득세 부담이 없게 하는 효과)
- 소득세 기본세율구간과 국가보험기여금에 대한 상위소득 구간을 적용하는 소득기준 금액을 4,530파운드 인하(위의 변화들과 함께 이루어질 경우 현행 명목수준보다 2,000파운드 인하)
- 소득세 기본세율의 2%p 감세와 고세율의 1.5%p 감세

부가가치세 과세기반 확대로 인한 세수 증가액을 이 방법으로 지출하면 부가가치세 과세 확대로 발생하는 역진적인 영향을 상쇄할 수 있으며 동시에 근로의욕 저하를 피할 수 있다. 부가가치세 과세기반 확대는 그 자체로 소득세 인상의 경우와 같이 일의 대가로 받은 금액을 가지고 구입할 수 있는 양을 축소하기 때문에 근로의욕을 저하시킨다.[5] 예를 들어 수입(자산) 조사결과에 따라 지급하는 복지급여를 증가시키

---

3) 출처 : HM Revenue and Customs statistics.
4) 출처 : 저자가 IFS 조세 및 혜택 마이크로시뮬레이션 모델인 TAXBEN으로 2007 지출 및 음식 설문조사를 분석한 결과이다.
5) 부가가치세 증가로 인한 소득효과도 있지만, 여기서 말하는 보상방안으로 그 효과를 완전히 상쇄시킨다.

는 방법으로 세입을 사용하여 개혁을 좀 더 누진적으로 만든다면 근로의욕 저하 문제를 더 악화시키게 된다(9.2절 참조). 위에서 언급한 개혁방안은 세금 공제 인상과 세율인하를 통해 이런 문제들을 경감시키는 목적이다.

이처럼 직접세에서 간접세로 전환하는 경우의 분배 효과는 측정하기 쉽지 않다. 특정한 한 해에는 평균적으로 이 개혁으로 인해 저소비층이 혜택을 보고 고소비층은 손해를 보게 되어 누진적으로 보일 수 있다. 하지만 다른 한편으로 보면 평균적으로 저소득층은 손해를 보고 고소득층은 혜택을 보게 되어 역진적으로 보일 수도 있다.

지출이 많은 사람들에게 부담이 큰 것은 간접세의 본질적인 특징이다. 지출과 소득수준 간에 상관관계가 있는 것은 사실이지만 절대 완벽하지는 않다. 직접세에서 간접세로 전환할 경우 한 해 동안 소득에 비해 소비를 많이 하는 사람들은 손해를 보고 소득에 비해 소비를 적게 하는 사람들은 이익을 본다. 중요한 점은 많은 사람들의 경우 어떤 한 해의 소비량이 그해 소득보다 그 사람의 평생 생활수준을 더 잘 나타내 준다는 것이다. 물론 어떤 사람들은 계속해서 가난하긴 하지만, 대부분의 많은 사람들은 변동이 심한 소득을 가지고 있다. 그래서 일시적으로 실업상태가 되기도 하고 공부를 할 수도 있으며 자녀양육을 위해 고용시장에서 빠져나와 휴가를 가질 수도 있고 은퇴를 했지만 엄청난 저축을 가지고 있을 수도 있다. 이런 상황에서는 미래의 더 높은 소득에 대한 기대(예 : 학생) 또는 과거 소득으로 인한 저축(예 : 연금소득자)으로 현재의 소득에 비해 많은 소비를 할 수 있다.

물론 일생 동안에(유산이나 채무를 남기고 죽는 경우, 상속을 받는 경우를 제외하면[6]) 한 개인의 소득과 지출은 같아야 한다. 소득 이상의 지출을 계속할 수는 없다. 올해 소득에 비해 지출을 많이 해서 손해를 보는 사람은 미래에 언젠가 지출에 비해 소득이 높아서 이익을 볼 것인데, 사람들은 저축을 통해 이런 변동을 평탄하게 한다.

특히 주목할 만한 점은 소득분배의 최하위에 있는 사람들의 소득은 그들의 복지수준을 잘 나타내지 못한다는 것이다. 소득분배 하위 10%에 속하는 가계 중 많은 경우는 다른 저소득층보다 중간계층에 가까운 소비패턴(그리고 다른 특징들)을 나타내고 있다.[7] 물론 소득은 적고 상대적으로 지출이 많아서 실제로 가난한 사람들(예 : 상환

---

6) 제15장에서 부에 대한 과세에 대해 언급할 때, 현행의 상속세보다는 더 공정한 부의 무상이전세를 유지해야 한다고 주장한다.

7) 소득 대신 지출을 이용하여 분배적인 결과를 연구한 논문으로는 Goodman, Johnson, & Webb(1997), Blundell & Preston(1998), Meyer & Sullivan(2003 and 2004), Goodman & Oldfield(2004), Brewer, Goodman, & Leicester(2006), 그리고 Brewer et al.(2009)가 있다.

불가능한 채무를 질 위기에 빠진 사람들, 미래에 소득이 높아질 희망이 없는 사람들) 이 있긴 하다.

특정 한 해 동안의 소득과 지출의 차이를 고려하여, 첫 번째 개혁방안은 특히 저소 득층에게 보상조치를 통한 소득상승률이 최소한 부가가치세 인상의 결과로 야기되는 지출상승률만큼 될 수 있도록 보장하는 것이다. 이것은 이 문제를 생각하는 자연스 러운 방법이며, 구매력 유지를 위해 경제 전체의 물가상승률만큼 혜택을 증가시키는 표준화된 방법과 비슷하다. 생활비가 5%만큼 증가한다면 복지혜택으로 늘어나는 소 득도 5% 증가한다. 혜택을 받는 사람들은 생활비 상승과 같은 비율로 복지혜택을 더 받게 된다. 그러나 지출이 소득보다 크다면 소득증가액은 지출증가액보다 적게 된 다. 실제로 우리의 방안이 표준적인 RPI 복지혜택 연동 방식보다 가계 상황을 더 잘 반영한다. 이것은 소득분배 각 구간에서 소득증가율을 전체 인구의 평균 물가상승률 이 아닌 해당 그룹의 실제 물가상승률과 직접 연관시키고, 관련 물가상승에 맞춰 복 지급여만 상승시키는 것이 아니라 전체 소득을 상승시키려고 하기 때문이다.

보상방안이 지출인상을 만회해 주지 못한다면 저축과 대출을 조절하여 변화를 평 활하게 할 수 있다. 하지만 여기에 해당되지 않는 두 부류가 있다. 첫째는 신용이 제약되어 있는 사람들의 경우 미래소득이 덜 과세될 것이라는 기대가 있지 않는 한 신용을 얻기 어려워서 지금 당장의 증가된 비용을 지불하기 위해 대출을 하기 어려 울 것이다. 둘째는 전환기적인 문제로 고소득과 저소비 시기를 지나 버려 현재 저소 득, 고소비를 나타내는 사람들은 비용은 증가했지만 미래 소득 인상에 대한 기대를 하기는 어렵다.

소득세에서 소비세로 전환하는 것은 이미 존재하고 있는 자산의 구매력을 감소시 킨다는 점에서 '오래된 자본'에 대한 갑작스런 조세와 같다. 자산은 미리 존재하고 있기에 이 방법은 새로운 활동을 저해하지 않는다는 면에서 매우 효율적이지만 손실 을 보는 사람들에게 불공정할 수 있다. 이런 오래된 자본에 대한 갑작스런 손실(또는 이익)은 조세 개혁에서 자주 직면하는 문제이다. 우리의 개혁방안은 연금수령자들을 평균적으로 더 나빠지게 하지는 않도록 고안하였음에도 연금을 받을 나이가 넘은 사 람들이 불리한 위치에 있게 된다.

소비와 소득이 복지수준을 측정하는 지표로서 나타내는 차이점에 대하여 어떻게 생각해야 하는가에 관한 논의는 우리가 제안하는 개혁의 영향을 이해하는 데 중요하 다. 〈그림 9.1〉과 〈그림 9.2〉에서 이러한 논의에 대해 나타내고 있다.

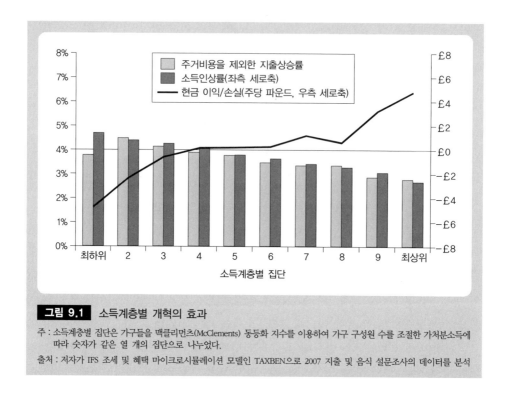

그림 9.1 소득계층별 개혁의 효과

주 : 소득계층별 집단은 가구들을 맥클리먼츠(McClements) 동등화 지수를 이용하여 가구 구성원 수를 조절한 가처분소득에 따라 숫자가 같은 열 개의 집단으로 나누었다.

출처 : 저자가 IFS 조세 및 혜택 마이크로시뮬레이션 모델인 TAXBEN으로 2007 지출 및 음식 설문조사의 데이터를 분석

〈그림 9.1〉은 소득 최하위 10분위부터 최상위 10분위까지의 인구를 구분한 그래프이다. 막대는 왼쪽 축을 단위로 사용하며 왼쪽의 연한 막대는 부가가치세 상승의 결과로 인해 상승하는 지출의 증가율이고, 오른쪽의 진한 막대는 보상방안으로 인해 상승하는 소득의 증가율이다. 선은 오른쪽 축을 단위로 사용하며 개혁으로 인한 일주일간의 평균 이익 또는 손실을 나타낸 것이다.

우선 선을 살펴보면 간접세 상승과 비슷한 효과를 관찰할 수 있다. 보상대책을 감안하더라도 하위 두 그룹은 큰 현금 손실을 겪게 되며 최상위층은 현금 이익을 보게된다. 따라서 개혁은 역진적으로 보인다. 하지만 막대는 다른 상황을 나타낸다. 각분위의 그룹별로 비교했을 때 소득이 지출보다 다소 더 증가한 최하위 계층을 제외하면 소득과 지출의 상승률이 거의 같게 나타난다. 따라서 소득상승률이 지출상승률을 능가하는지 여부로 살펴보면 개혁은 약간 누진적 효과를 나타내는 것으로 보인다.

최하위 계층(소득 제1분위)은 그 위의 제2분위, 제3분위, 그리고 제4분위 계층에비해 지출상승률이 낮게 나타난다. 이 계층은 인접한 상기 3개 분위에 속한 계층보다영세율이거나 감면세율이 적용되는 재화에 대한 소비 비율이 낮기 때문이다. 가장

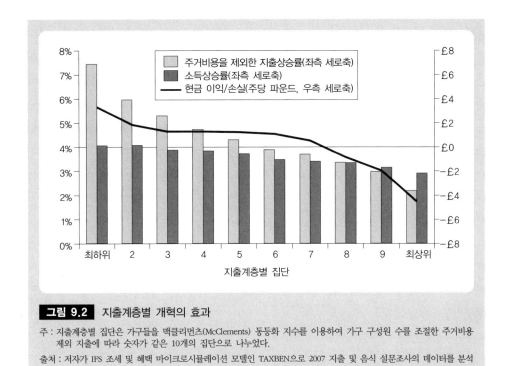

그림 9.2 지출계층별 개혁의 효과

주 : 지출계층별 집단은 가구들을 맥클리먼츠(McClements) 동등화 지수를 이용하여 가구 구성원 수를 조정한 주거비용 제외 지출에 따라 숫자가 같은 10개의 집단으로 나누었다.

출처 : 저자가 IFS 조세 및 혜택 마이크로시뮬레이션 모델인 TAXBEN으로 2007 지출 및 음식 설문조사의 데이터를 분석

낮은 생활수준을 가진 사람들이 영세율이거나 감면세율이 적용되는 재화, 즉 필요재의 소비 비율이 높을 것이라는 일반적인 예측과 달리 이런 사실은 소득 최하위 계층이 생활수준이 가장 낮은 계층이 아니라는 것을 보여 준다.

〈그림 9.2〉에서는 인구를 소득이 아닌 지출순으로 분류하였다. 제일 왼쪽 그룹은 지출이 가장 적은 그룹이고 제일 오른쪽 그룹은 지출이 가장 많은 그룹이나. 〈그림 9.1〉과는 완전히 다른 패턴을 보여 준다. 이번에는 최하위 계층이 가장 큰 현금 이익을 보며, 최상위 계층이 가장 큰 현금 손실을 본다. 최하위층의 경우 지출이 소득보다 훨씬 큰 비율로 증가한다. (이 점은 지출 최하위 그룹에 속한 사람들이 소득에 비해서 적게 소비하고 있고, 저소득층을 대상으로 한 복지급여 증가에 의하여 혜택을 많이 보지 못한다는 점을 나타낸다.) 따라서 이 그룹은 현금기준 측면에서는 더 좋아지지만, 생활비용이 소득보다 더 빠르게 상승한다는 점에서는 이전보다 더 나빠지게 된다.

복잡하긴 하지만, 생애 전체의 자원으로서 소득과 지출을 동시에 고려하면 이러한 패턴은 전체적으로 분배적인 중립성을 가지는 것으로 보인다. 또한 서로 다른 종류

의 가계들 간에서도 전체적으로 중립적이다. 주요 인구통계학적 집단들 간 큰 재분배는 없기 때문에 — 예를 들어 홀로 지내는 부모, 연금수령자들이 평균적으로 크게 이익을 보지도 않고 손실을 보지도 않으며 — 각 인국통계학적 집단 내의 분배 패턴도 〈그림 9.1〉과 〈그림 9.2〉의 그래프와 대체로 일치한다.

소득계층, 지출계층, 가족유형별 평균적인 영향에 관계없이 개별적으로 분류해 보면, 이 개혁방안은 언제나 개별 가계에 큰 영향이 있다. 실제로 10가구 중 겨우 1가구 정도가 일주일당 1파운드보다 작은 이익 또는 손실의 영향을 받으며, 절반 정도의 가계는 일주일에 5파운드 이상의 이익이나 손실을 겪게 된다. 모든 인구통계학적 집단 내에 승자와 패자가 존재하지만 1,000만 가구 정도가 일주일에 1파운드 이상을 잃게 되고 600만 가구가 일주일에 5파운드 이상을 잃게 된다. 이러한 개혁의 정치적인 어려움은 명백히 알 수 있다.

이런 이익과 손실 중 일부분은 우리가 고안한 보상방안이 완벽하게 설계되지 않았기 때문이다. 하지만 이렇게 이익과 손실이 크고 넓게 퍼져 나타나는 데에는 두 가지 근본적인 이유가 있다.

- 첫째, 현재 소득에 비해 많은 지출을 하는 가계는 손실을 볼 확률이 크고, 그 반대의 경우는 이익을 볼 확률이 크다. 하지만 위에서 언급했듯이 이러한 상황은 계속 지속되지 않는다. 현재 소득에 비해 많은 지출을 하는 가계는 언젠가 소득에 비해 소비를 적게 해야만 할 것이기 때문에 전체적으로 보면 생애주기 동안의 분배 효과는 균형을 이룬다. 이익과 손실을 따지는 것은 부분적으로는 인구 전체의 현재 모습만을 관찰하여 나타나는 문제이다.

- 둘째, 어떤 특정한 소득과 지출 수준에서 어떤 가계는 영세율이거나 감면세율을 적용받는 재화를 다른 가계보다 많이 구입할 것이다. 그런 물건들을 선호하는 가계는 한 해뿐만 아니라 생애주기적으로 손해를 볼 것이며, 표준세율을 적용받는 재화를 선호하는 사람들은 이익을 볼 것이다. 어떤 의미에서는 이런 이익과 손해를 발생시키는 것이 개혁의 목적이기도 하다. 왜 조세제도가 음악을 듣는 것보다 잡지 읽는 것을 좋아하는 사람들에게 더 혜택을 주거나, 자녀들에게 더 비싼 옷과 더 값싼 장난감을 사 주는 사람들에게 혜택을 주어야 하는가? 정부가 소득과 지출의 전체적인 수준을 고려하여 그런 선호도를 지키고 싶어 하지 않는다면, 이런 불평등을 제거함으로 인해 생기는 이익과 손실은 환영할 만한 것이다.

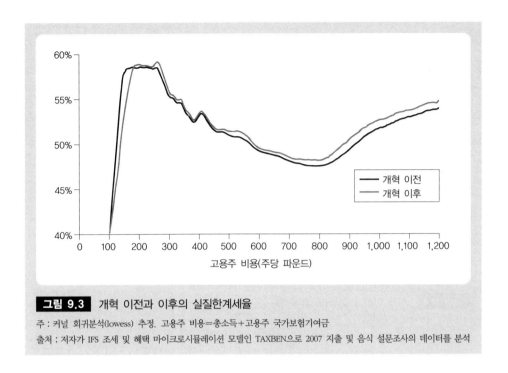

그림 9.3 개혁 이전과 이후의 실질한계세율

주 : 커널 회귀분석(lowess) 추정. 고용주 비용=총소득+고용주 국가보험기여금
출처 : 저자가 IFS 조세 및 혜택 마이크로시뮬레이션 모델인 TAXBEN으로 2007 지출 및 음식 설문조사의 데이터를 분석

분배적으로 중립성을 유지하는 것이 보상방안의 목표 중 하나이긴 하지만 또 다른 목표는 근로의욕 저하를 방지하는 것이다.

〈그림 9.3〉과 〈그림 9.4〉는 개혁이 근로동기에 끼치는 영향이 미미하다는 것을 보여 준다.[8] 〈그림 9.3〉에서는 어떤 수준의 고용주 비용(즉 총소득에 국가보험기여금을 더한 금액)에서도 개혁은 근로자들의 실질한계세율을 거의 변화시키지 않는다. 다만 최상위 소득자들의 경우에만 아주 약간 증가하고, 최하위 소득자들의 경우에만 아주 약간 감소하는 것을 보여 준다. 〈그림 9.4〉에서는 참가세율(보수가 지급되는 일에 참가하게 되는 인센티브를 측정)이 개혁 전후를 비교할 때 거의 일치하는 것을 보여 준다. 평균적으로 참가세율은 0.5%p 증가하였고, 실질한계세율은 0.25%p 이하로 증가하였다.

실제로 이 개혁방안은 전체적으로뿐만 아니라 미혼, 1명이 일하는 가계, 2명이 일하는 가계, 자녀가 있는 가계, 자녀가 없는 가계 등 각 유형별 근로자들의 근로동기도 거의 변화시키지 않는다.

---

8) 근로의욕을 측정하는 방법은 제3장과 제4장에서 논의된 방법을 사용하였다.

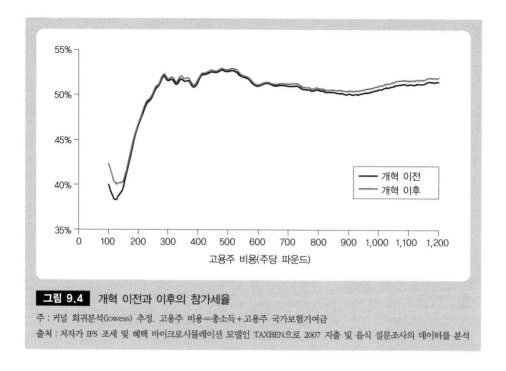

그림 9.4 개혁 이전과 이후의 참가세율

주 : 커널 회귀분석(lowess) 추정. 고용주 비용=총소득+고용주 국가보험기여금
출처 : 저자가 IFS 조세 및 혜택 마이크로시뮬레이션 모델인 TAXBEN으로 2007 지출 및 음식 설문조사의 데이터를 분석

　부가가치세 과세기반 확대를 통해 거둬들인 돈을 더 가난한 사람들의 생활비용이 증가한 것을 보상하거나 근로의욕 저하를 방지하기 위하여 쓰면서 중요한 점은 출발선으로 돌아가 이 문제의 핵심이 무엇인지 다시 생각해 보는 것이다. 정부가 직접 현금을 주진 않지만 사람들이 개혁 이전에 구매한 재화와 서비스보다 개혁 이후 구입한 재화와 서비스가 그들에게 더 큰 가치를 지니어 그들의 물질적 행복 수준이 더 높아져야 한다. 이것은 정부가 더 이상 사람들이 원하는 정도 이상으로 특정 재화와 서비스를 구입하도록 유도하지 않기 때문이다.

9.2　세금을 더 걷고 재분배를 확대

정부가 더 많은 세입을 거두고 싶지만 9.1절에서 묘사한 개혁이 세입 확대를 상쇄하는 복지 증가를 가져오더라도 정치적으로 실행하기 어렵다고 믿는다면, 명시적으로 세수 확보에 초점을 둔 개혁방안을 고안할 수 있다. 또한 정부는 더 큰 재분배 효과를 기져올 수 있는 개혁방안을 고안할 수도 있다.

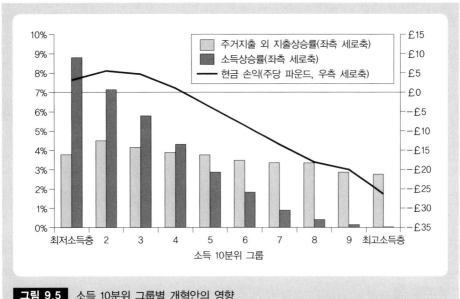

그림 9.5 소득 10분위 그룹별 개혁안의 영향

주 : 소득 10분위 그룹은 맥클리먼츠(McClements) 동등화 지수를 이용하여 가구 구성원 수에 따라 조정된 가처분소득을 10개의 동일한 그룹으로 분류하였다.
출처 : 저자가 조세 및 혜택 마이크로시뮬레이션 모델인 TAXBEN으로 2007 지출 및 음식 설문조사의 데이터를 분석

하나의 간단한 방법은 부가가치세 과세기반 확대와 함께 모든 자산소득 조사결과에 따라 지급하는 복지급여와 세액공제를 15%씩 인상하는 것이다.[9] 이것은 130억 파운드의 비용이 발생하지만, 부가가치세 과세기반 확대는 240억 파운드의 세입을 거두게 되어서 이 개혁방안은 100억 파운드 정도의 순 세입 또는 한 해 각 가구당 400파운드에 가까운 세입을 거두게 된다.

당연히 세입을 늘리는 개혁은 많은 사람들에게 손실을 야기한다. 앞서 언급한 개혁방안에는 패자보다 승자가 많았지만, 지금 이 경우 1/3의 가구만이 이익을 보고, 2%는 일주일당 1파운드 이상의 영향이 없으며, 2/3에 가까운 가구가 손해를 보게 된다. 5가구 중 거의 3가구는 일주일에 5파운드 이상 부담하게 된다. (9.1절의 개혁의 경우에는 600만 가구이지만 이 경우 1,500만 가구이다.)

소득과 지출계층별 이익과 손실 패턴의 경우도 앞선 경우와 완전히 다르게 된다. 이 점은 〈그림 9.5〉와 〈그림 9.6〉에서 나타나며, 〈그림 9.1〉과 〈그림 9.2〉와 비교가

---

9) 이것은 Crawford, Keen, & Smith(2010)에서 설명된 방안이다.

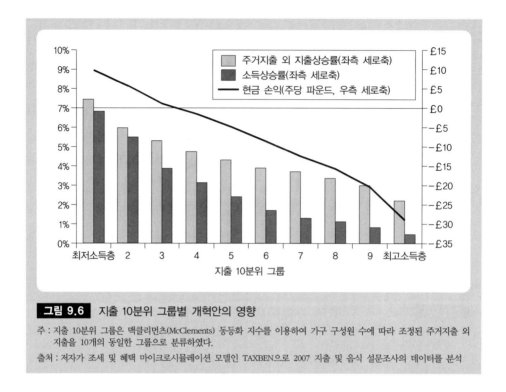

그림 9.6 지출 10분위 그룹별 개혁안의 영향

주 : 지출 10분위 그룹은 맥클리먼츠(McClements) 동등화 지수를 이용하여 가구 구성원 수에 따라 조정된 주거지출 외 지출을 10개의 동일한 그룹으로 분류하였다.

출처 : 저자가 조세 및 혜택 마이크로시뮬레이션 모델인 TAXBEN으로 2007 지출 및 음식 설문조사의 데이터를 분석

된다. 이 두 번째 개혁방안은 훨씬 더 재분배적이어서 하위 세 계층에 현금 이익을 제공하고, 상위 계층들에 큰 현금 손실을 야기한다.

이 개혁방안도 첫 번째 개혁방안과 마찬가지로 부가가치세 과세기반을 확대시킨다. 하지만 첫 번째 개혁방안과는 달리 이 경우 상위층으로부터 돈을 거두어서 하위층으로 재분배를 하며 정부는 100억 파운드를 더 거둬들이게 된다. 하지만 그 대가는 근로의욕을 저하시킨다는 것인데 이는 부가가치세 확대로 인한 근로의욕 저하가 자산소득 조사에 기반한 복지급여 확대로 인해 더욱더 악화되기 때문이다. 따라서 우리는 이 개혁방안이 전체적으로 효율성을 높인다고 할 수는 없다.

이 개혁의 결과로 실질한계세율은 평균 2.8%p, 참가세율은 평균 3.3%p 상승하게 되며 가장 큰 상승은 저소득층에게 나타난다. 시뮬레이션 결과 근로의욕 저하로 인해 고용이 몇십만 명 감소하게 된다.

위 그림은 효율적인 조세 개혁을 설계하는 것이 얼마나 어려운지를 잘 나타내고 있다. 부가가치세 과세기반 확대는 경제적 효율성과 소비자 복지를 높여 준다. 그리고 저소득층에게 보상해 주고 정부 세입도 남기는 직접세와 복지혜택 개혁방안을 만

드는 것은 어렵지 않다. 하지만 신중하게 설계되지 못하면 개혁방안은 근로의욕 저하로 인해 새로운 형태의 비효율성과 복지 손실을 야기할 수 있다. 우선적인 개혁방안은 우리가 지금 현재 가지고 있는 정도의 재분배와 근로의욕 향상 효과를 가지면서 현재의 부가가치세 제도로 인해 야기되는 소비 선택의 왜곡을 제거할 수 있다. 하지만 부가가치세 과세기반 확대가 그 자체로 근로유인, 재분배, 세입 조달 사이에 존재하는 근본적인 상충관계를 해결하지는 못한다. 부가가치세 과세기반 확대는 이 책에서 언급된 다른 개혁방안들처럼 효율성을 증가시켜 정부가 전반적인 복지를 감소시키지 않고 더 많은 세입을 거둘 수 있게 하지만, 세입을 늘리는 과정에서 가난한 사람들에게 손해를 끼치거나 근로의욕을 저하시키는 문제(혹은 두 가지 문제 모두를 야기할 수도 있다)를 피할 수는 없다.

9.3 결론

부가가치세 과세기반을 넓히고 단일세율 과세를 향해 나아가야 할 분명한 이유가 있다. 이는 소비 선택에 있어 왜곡을 줄여 줌으로써 소비자의 복지를 증대시킨다. 우리는 부가가치세가 영세율이거나 감면세율인 재화에 표준세율을 적용시켜 부가가치세 과세기반을 넓히는 방안을 살펴보았다. 이것은 분명히 생계비를 증가시키지만 직접세와 복지혜택의 변화를 통해 보상방안을 마련하여 전체적인 개혁방안이 근로의욕 저하를 방지하고 분배적으로 중립성을 가지게 할 수 있다. 서로 다른 소득과 지출수준을 가진 가구들의 이익 또는 손실이 평균적으로 크지 않도록 하여 분배적 중립성을 달성할 수 있다.

하지만 이런 의미에서의 분배적 중립성 달성은 개별 가구 단위에서 이익을 보는 가구와 손해를 보는 가구가 많이 발생하는 것을 피할 수는 없다. 어떤 가구는 정부가 소비를 권장하는 영세율 또는 감면세율 적용 대상 재화들을 선호하기 때문에 영향을 받을 수 있다. 우리의 제안은 영세율 또는 감면세율을 적용받는 재화들을 선호하는 가구에게 혜택을 주고 표준세율을 적용받는 재화를 선호하는 가구에게 손실을 주는 현재의 이런 모순을 없앨 수 있다.

단일세율이 적용되는 부가가치세 제도로의 전환은 가능하며 동시에 바람직하다는 점 외에도 이 장의 분석을 통해 두 가지 중요한 결론을 도출할 수 있다.

첫째, 근로의욕 저하로 인한 단일세율 적용에 따른 효율성 증대효과를 그와 동시에 악화된 근로유인 효과로 인해 상실하지 않도록 개혁방안을 매우 신중하게 생각하고 만들어야 한다. 우리는 이러한 문제가 발생하지 않도록 매우 신중하게 개혁방안을 고안했으며 이런 점을 무시했을 경우 어떤 위험이 있는지도 설명하였다.

둘째, 누진성과 재분배가 무엇을 의미하는지 신중하게 그리고 분명하게 생각하는 것이 중요하다. 이 개혁방안은 조세제도를 직접세에서 간접세 방향으로 전환한다. 이 점은 특정 연도에 소득에 비해 소비가 많은 가구가 손실을 본다는 것을 의미한다. 따라서 소득계층으로 볼 때와 소비계층으로 볼 때 이익과 손실을 보는 사람들의 패턴이 다르게 나타난다. 소득수준에 의해 가구를 분류했을 때 이 개혁은 역진적이지만, 지출수준에 의해 가구를 분류했을 때 이 개혁은 누진적이다. 물론 생애주기 동안에는 유산이나 채무를 남기고 죽는 경우와 상속을 받는 경우를 제외하면 소득과 지출은 일치하게 된다. 따라서 소득에 비해 높은 지출수준은 지속될 수 없다. 현재 소득에 비해 소비가 많아서 적자를 보는 사람들은 미래에 소비에 비해 소득이 많게 될 때 흑자를 볼 수도 있다. 이러한 변동을 줄이기 위해 저축패턴을 조절할 수도 있다.

요점은 영국의 현재 부가가치세를 신중하게 개혁할 경우 소비자의 복지를 증대시킬 수 있는 좋은 기회가 된다는 것이다. 불행하게도 이런 개혁을 도모하는 정부는 유권자들의 지지를 받을 만한데도 극소수의 가구가 금전적으로 손해를 본다는 점과 복지 증대의 실체를 느끼기 어렵기 때문에 그러한 지지를 받지 못하는 것을 두려워할 수 있다.

환경과세

본 서의 많은 부분은 '사람들이 얼마나, 그리고 어떤 방식으로 일하고, 소비하고, 저축하고, 투자하는 결정을 내리는 데 있어서 의도하지 않거나 바람직하지 않은 영향을 미치는 것을 피하기 위해 어떻게 조세체계를 설계할 것인가?'에 대해 논의하고 있다. 본 장과 다음 두 장(제11장과 제12장)에서는 기후 변화와 자동차 운행에 초점을 맞추어 조세를 다소 다른 시각에서 고려하고자 한다. 즉 정책결정자들이 바람직하다고 생각하는 방식으로 사람들의 행동을 변화시키기 위해 특별히 설계된 수단으로 조세체계를 살펴보고자 한다. 조세는 오염 문제를 효율적으로 다룰 수 있어 환경보호를 위한 가장 중요한 경제적 수단들 중의 하나이다. 또한 일부[1]에서는 환경세 징수를 통해 세수를 늘리고 대신 다른 조세들을 줄이는 방식으로 조세체계를 개편할 수 있는 가능성이 있다고 믿고 있다.

환경세의 기본적인 이론적 근거는 분명하다. 오염은 오염자(오염원인자)가 부담하지 않는 비용을 사회에 부과한다. 조세(환경세)[2]를 부과하는 것은 오염자가 얼마만

---

1) 예를 들어, 녹색재정위원회(Green Fiscal Commission)(http://www.greenfiscalcommission.org.uk/)와 같이.
2) Pigou(1920)의 이름을 따라서 흔히 '피구세(Pigouvian tax)'라고도 알려져 있다.

큰 오염량을 배출할 것인가를 결정하는 데 있어서 이러한 포괄적인 비용을 감안(즉 사회적 비용을 '내부화(internalize)')한다는 것을 내포하고 있다. 이를 기반으로 합리적인 목표는 오염행위의 비용과 편익을 모두 충분히 고려한 수준으로 오염을 감소시키는 것이다. 이러한 목표를 달성하기 위한 방법으로서 조세는 규제보다 더 효율적이다.

본 장에서는 환경세의 설계에 있어서 주요 경제적 이슈들을 다루고자 한다. 환경세가 조세체계의 구성을 변화시킬 정도까지는 아니지만, 환경세의 보다 중요한 역할에 대해 살펴보고자 한다. 또한 조세(환경세)만으로는 (오염 문제를 해결하는 데) 충분하지 않을 것이다. 따라서 바람직한 결과를 도출하기 위해 다른 정책들도 함께 시행되어야 할 것이다.

10.1   환경세의 원칙과 실제

환경을 개선시키기 위한 규제의 사용은 매우 오랜 역사를 가지고 있다. 런던 사람들은 12세기부터 일찍이 석탄(sea coal, 회분이 극히 적으며 휘발분이 많은 미분(微粉) 석탄으로, 본시 영국 뉴캐슬 지역에서 바닷길로 수송되었기 때문에 붙여진 이름) 연소(燃燒)가 미치는 유해한 영향에 대해 불만을 가지고 있었다.[3] 영국에서 최초의 환경 관련 입법 사례는 1853년의 「매연공해감소(도시)법(Smoke Nuisance Abatement (Metropolis) Act)」이었으며, 뒤이어 1956년과 1968년에 획기적인 「청정대기법(Clean Air Acts)」이 제정되었다. 이들은 건강에 미치는 유해한 영향을 감소시키는 데 매우 효과적이었다. 미국에서는 1955년에 「대기오염규제법(Air Pollution Control Act)」이 통과되었다. 이와 유사한 규제수단들이 오염 문제를 해결하기 위해 전 세계에서 사용되어 왔다.

좀 더 최근에는 가격을 변화시키는 방식으로 작동하는 조세 및 다른 수단들이 환경과 관련된 외부성 문제를 다루는 데 훨씬 더 중요해졌다. 2006년 OECD 국가들은 약 375개의 환경 관련 조세를 가지고 있으며, 이 외에도 250여 개의 환경 관련 사용료 및 부담금 등이 있다.[4] 영국에서는 최근 몇 년간에 걸쳐 3개의 새로운 환경세가

---

3) Newbery(2003).
4) OECD(2006).

| **표 10.1** | 환경세 조세수입 : 2009~2010년

조세 유형	예상 세수 (단위 : 10억 파운드)
연료세	26.2
자동차세	5.6
기후변화세	0.7
매립세	0.8
골재채취세	0.3
항공여객세	1.9
총세수	35.5

출처 : H.M. Treasury, 2010b, table C11.
http://budgetresponsibility.independent.gov.uk/wordpress/docs/hmrc_receipts_300610.pdf

도입되었는데, 매립(1996년에 도입된 '매립세(landfill tax)'), 산업용 에너지 사용(2001년에 도입된 '기후변화세(climate change levy)'), 그리고 골재 채취(2002년에 도입된 '골재채취세(aggregates levy)')에 대한 것이었다. 뿐만 아니라 항공 여행에 대한 새로운 조세('항공여객세(air passenger duty)')가 1993년에 도입되었으며, 최근에 이에 대한 세금이 증가하고 개편되었다. 회사 차량에 대한 조세와 매년의 자동차세('자동차개별소비세(annual vehicle excise duty)')도 자동차에 따라 다른 환경적 특성을 반영하여 차등화된 세율을 적용하는 체계로 개편되었다. 2003년에 런던에서는 도심지역의 자동차 사용에 대한 '혼잡 통행료(congestion charge)'가 도입되었다.

〈표 10.1〉은 2009~2010년간 영국에서의 환경 관련 주요 조세들로부터 징수된 세수(稅收)를 보여 주고 있다. 환경세 수입의 대부분은 (본래 '환경세'라고 인식되지 않았던) 자동차 운행 관련 조세가 차지한다. 비록 영국에서의 세율이 평균보다 높지만, 이는 OECD 국가들의 전형적인 현상이다. 적은 액수의 기타 환경세 수입은 대부분 에너지 생산과 소비로부터 거두어들이고 있다.

오염원인자들이 사회적 비용은 무시하고 그들 행위(경제활동)의 사적(私的) 비용만 고려한다면, 사회적으로 보았을 때 효율적이라고 할 수 있는 수준보다 많은 오염이 배출될 것이다. 조세는 오염원인자들이 지불하는 가격을 변화시키고, 이에 대응하여 그들의 행위를 변화시킨다. 기업들의 생산과정에서 배출된 오염에 조세를 부과하면 이에 대해 서로 다른 사업모델과 적응(조정)비용을 가진 기업들은 각자 다르게 반응할 것이다. 결정적으로 조세는 기업들이 가장 쉽거나 가장 적은 비용이 드는 방법으로 적응(조정)하도록 유도할 것이다. 적응(조정)비용이 적게 드는 기업은 적응

(조정)비용이 많이 드는 기업보다 더 많은 오염을 감소시킬 것이다. 이는 모든 기업들에게 똑같이 행동하도록 요구하는 것보다 더욱 효율적이다.

원칙적으로, 우리는 기업의 오염배출로 인한 한계비용(MC)이 조세부과로 인해 오염을 감소시킴으로써 얻는 환경적 한계편익(MB)과 같아질 때까지 조세(환경세)를 증가시키기를 원한다. (어떤 오염행위는 가치 있는 일일 수도 있기 때문에, 오염저감(또는 오염을 감소시킴)에 따른 한계비용이 한계편익보다 더 커짐에 따라 환경세는 일반적으로 오염을 0의 수준으로까지 감소시키지는 않을 것이다.) 실제로 우리는 최적의 해법을 정확하게 구할 수 있는 정보가 부족하다. 조세는 아주 높거나 또는 아주 낮게 부과될 수 있다. 잘못 설계되거나 지나친 조세는 오히려 해로울 수 있다. Fullerton, Leicester와 Smith(2010, p. 439-440)는 이에 대해 다음과 같이 언급하고 있다.

> "환경세로부터 잠재적 이득을 성취할 수 있는 핵심은 환경적 명분으로 모호하게 정의된 환경세의 무분별한 도입에 있지 않다. 그 대신 정책이 영향을 미칠 수 있기를 바라는 오염이나 기타 환경 문제에 대해 인센티브 목표를 효과적으로 설정하는 데에 있다. 어설픈 환경세는 이로부터 얻을 수 있는 환경적 이득은 적은 반면에, 세금부과에 따른 경제적 비용을 증가시킬 수 있다."

이는 다양한 형태의 도입 가능한 환경세를 통해 설명될 수 있다. 측정된 오염배출(량)에 따라 부과하는 조세는 원칙적으로 환경적 목표를 달성하는 데 매우 가깝게 설정되었다고 볼 수 있다. 스웨덴의 질소산화물 배출에 대한 조세와 네덜란드의 수질오염에 대한 부과금 등이 좋은 예이다. 그러나 그러한 조세를 부과하기 위해서는 정확한 정보가 엄격하게 요구되기 때문에 일반적으로 적용하기에는 한계가 있다. 일반적으로 오염배출이 정확히 측정되거나 거래되지 않기 때문에, 오염배출에 대한 과세가 이루어지기 위해서는 비용이 많이 드는 특별한 메커니즘 설치가 필요하다. 이에 대한 대안은 오염과 관련되어 있으며, 또한 관찰이 가능한 시장거래에 대한 과세이다. 예를 들면, 배터리 또는 비료에 대한 조세가 이러한 범주에 속한다고 볼 수 있다. 행정적으로 그러한 조세는 비용이 훨씬 적게 들 수 있지만, 목표와 직접적인 연관성이 부족하고 오염자들로부터 의도되지 않거나 비효율적인 반응을 유발할 수도 있다.[5]

---

5) Sandmo(1976).

이러한 우려는 다중 수단(multi-part instrument)을 선호하도록 유도할 수 있다. 즉 조세 또는 보조금의 조합이 오염배출에 대한 직접세보다 실행하기 쉬운 반면, 시장거래에 대한 단순한 조세가 가져오는 일부 부정적인 결과를 피할 수도 있다. 예를 들어, 어떤 상품 판매에 대한 개별소비세와 동시에 청정기술에 대한 보조금은 어느 한 가지보다 더 나을 수 있다. 이와 유사하게, 자동차 오염배출에 대한 직접적인 과세는 가능하지 않지만, 휘발유(유류)에 대한 조세, 신차 구입 보조금(또는 오래된 중고차에 대한 조세), 그리고 연비가 낮거나 오염배출이 많은 자동차에 대한 조세 등의 '조합'은 효과적이면서도 보편적일 수 있다.[6)]

환경세를 설계하는 데 있어서 이러한 실제적인 수단들은 매우 중요한데, 이들은 자주 간과되고 있다. 정확한 조세구조는 상황에 따라 달라질 것이다. 예를 들어, 황 함유량을 근거로 발전소에서 연소되는 석탄에 과세하는 것은 잘못일 수 있다. 왜냐 하면 배연탈황(排煙脫黃, 매연이나 배기가스 속에 함유된 황산화물(주로 이산화황)을 제거하는 방법(설비 또는 기술)을 말함)을 통해 배출가스로부터 황 성분을 제거하는 것이 가능하며, 무엇보다도 더욱 효과적인 방법일 수 있기 때문이다. 배출물(황)이 아니라 투입물(석탄)에 대해 과세한다면 배출가스로부터 황 성분을 제거할 유인이 없어진다. 그러나 탄소 함유량에 기초하여 연료에 과세하는 것이 더 좋은 방법인 것 처럼 보인다(이는 아직까지 연소 후 이산화탄소를 제거하는 기술이 이용 가능하지 않기 때문이다). 이러한 입장은 기술진보에 따라 변할 수 있고, 따라서 조세구조는 역동적이고 기술과 상황 변화에 대해 반응할 수 있어야 한다.

또한 '저량(stock, 貯量)' 오염물질과 '유량(flow, 流量)' 오염물질의 차이에 대해 주목해야 한다. 유량 오염물질은 생산 과정에서 발생하고, 생산이 멈추면 오염으로 인한 피해도 끝난다. 질소산화물과 이산화황 배출이 좋은 예인데, 이들의 배출은 건강 피해를 야기하지만 배출이 멈추면 피해도 급속히 감소한다. 반면에, 이산화탄소(CO_2)는 대표적인 저량 오염물질이다. 지구온난화를 야기하는 것은 이산화탄소(그리고 기타 온실가스)의 저량(축적량)이다. 유량 오염물질은 그들이 즉각적으로 주는 피해만 알면 되기 때문에 가격(피해비용)을 정하기 쉽다. 반면 저량 오염물질에 의한 피해는 축적되어 더 커지고 오랜 기간 동안 지속될 수 있다. 제11장에서 논의할 예정이지만, 온실가스의 경우에 수많은 가정들(assumptions), 예를 들어, 미래의 오염배

---

6) Fullerton & West(2002).

출, 그러한 배출의 결과들, 그리고 미래 세대의 후생 가치를 어떻게 평가할 것인가 등이 적절한 가격을 정하기 위해 필요할 것이다.

10.2 조세 및 배출량 거래제

모든 편익과 비용을 확실히 알고 있는 세상에서는 오염배출량을 제한하거나, 또는 그 가격을 올림으로써 오염을 감소시킬 수 있다. 전자는 오염자에게 직접적으로 배출량을 제한하거나, 또는 제한된 수량의 배출권을 배분하는 것을 포함한다. 후자는 각 오염 단위당 가격을 정하거나, 또는 오염행위에 대해 과세하는 것을 포함한다. 어떤 방식을 취하든, 목표는 오염량을 오염의 사회적 비용과 편익이 비슷하거나 일치하도록 효율적인 수준으로 줄이는 것이다.

오염량 제한(quantity restriction)을 통해 어떻게 이러한 목표를 달성할 수 있는가? 정부가 비용과 편익의 지식(정보)을 이용하여 오염량을 효율적인 수준으로 맞추도록 기업에게 직접적으로 명령하거나, 또는 적정 총배출량에 해당되는 배출권을 발행하여 각 기업들 간에 거래할 수 있도록 허용하는 것이다. 이러한 거래는 궁극적으로 배출권의 가치를 가장 높이 평가하는 기업에 의해 사용되는 것을 보장하고, 이는 가장 효율적인 결과를 가져오는 것이라고 할 수 있다.

'총량 제한 및 거래제(cap-and-trade)'에서는 거래할 수 있는 배출권이 오염배출 기업들에게 할당된다. 각 배출권은 기업에게 일정량의 오염배출을 허용한다. 배출권 거래제가 직접 규제와 다른 점은 기업이 이러한 배출권을 거래할 수 있도록 허용한다는 것이다. 오염 감소비용이 적게 드는 기업은 감소비용이 더 높은 기업에게 배출권을 판매할 것이다. 배출권을 구입해야 할 필요성은 조세와 똑같은 방식으로 오염 비용을 높이고, 효율적인 배출권 거래제는 조세를 부과하는 경우와 똑같은 결과를 얻을 것이다. 오염배출의 감소는 감소비용이 가장 적게 들고, 그렇게 하는 것이 가장 효율적인 곳에서 이루어질 것이다. 요점을 말하자면, 이것이 바로 가격기능의 장점이라고 할 수 있다.

정치가들과 환경주의자들은 경제의 모든 부문이 (예를 들어) 탄소 배출을 줄이는 데 '정당한 몫을 감당해야 한다'고 때때로 주장한다. 더욱 증가하는 비행기, 자동차, 화물차 등은 환경에 대한 관심과 보순된다고 주장한다. 그러나 정부의 역할은 오염

배출의 비용이 얼마이고, 따라서 오염의 전반적인 수준을 얼마나 줄여야 하는가를 결정하는 것이다. 조세 및 배출권 거래제는 오염배출량 감축의 몫을 효율적으로 배분할 수 있다. 만약 경제 전체에 걸쳐 오염배출을 감소시키는 가장 효율적인 방법으로 비행기로부터의 오염배출은 증가시키고, 자동차로부터의 오염배출을 0으로 줄이는 것이라면(또는 그 반대라면) 이렇게 하는 수밖에 없을 것이다.

오염행위에 조세를 부과하는 것이나 또는 배출권을 보유한 경우에만 오염배출을 허용하는 것은, 새로운 기술을 도입하는 동시에 이용 가능한 기술을 보다 효과적으로 사용하는 방법을 찾으면서 계속 혁신하려는 유인을 제공한다. 만약 직물 공장이 강물에 화학물질 등의 폐수를 방출하는 비용이 증가하게 된다면 화학물질을 처리하는 새로운 방법을 찾거나, 또는 부산물로 그렇게 많은 화학물질을 배출하지 않는 새로운 직물 생산방법을 찾으려 할 것이다. 시간이 흐르면서 양적(오염량) 제한이 점점 더 부담스러워질 것이라는 사실을 공표함으로써 보다 강력한 효과를 얻을 수도 있다. 그러한 전략은 특히 자동차 산업에서 혁신을 부추기는 데 효과적이었다. 예를 들어, 캘리포니아에서 1966년부터 시작한 자동차 오염배출에 대한 규제는 1975년 촉매 변환기 도입에 적어도 일부 역할을 담당하였다.

또한 규제와는 달리 환경세는 세수를 증가시킨다. '총량 제한 및 배출 거래제'의 경우에도 초기 할당량을 유상으로 판매 — 일반적으로 공매를 통해 — 함으로써 똑같은 수준의 조세수입을 올릴 수 있다. 오염을 감소시키는 대부분의 정책들이 사람들의 후생을 증가시키는 반면, 생산 규제나 조세부과로 인해 재화의 가격을 상승시킴으로써 소비자에게 비용을 전가한다. 만약 정부가 (다시 재순환시킬 수 있는) 세수의 증가 없이 오염을 규제한다면, 소비자에게 부과(전가)된 다른 비용들을 통해 환경개선과 관련된 후생 이득의 많은 부분을 상실할 수 있는 위험을 안는다.

'무상할당방식(grandfathering)'의 배출권 — 기업들에게 초기에 무상으로 제공하고 난 후 기업들 간 거래를 허용하는 배출권 — 은 오염의 전체 수준이나 오염배출 행위의 분배에 있어서 '유상할당방식'인 공매와 똑같은 영향을 미칠 것이다. 배출권의 도입은 기업이 그에 대한 대가를 지불해야 하거나 또는 배출권을 판매할 수 있기 때문에, 기업이 생산을 줄이도록 유도한다. 실제로 배출권의 무상할당방식은 유상할당방식(즉 공매)과 동일하지만, 차이점은 유상할당방식과 달리 배출권 수입을 기업들에게 정액 보조금 형식으로 환급해 주는 것이라고 할 수 있다. 이 경우 기업은 생산량에 제한이 요구되지만 예상치 못한 '초과이윤'이 발생하는 것이다. 만약 배출권이 유상할당방식으로 공매된다면 정부는 이러한 경제적 지대를 수취할 수 있으며, 이는 더 높은 비용을 감당해야 하는 소비자들을 보상하거나 기타 왜곡된 조세들을 감면하는 데 사용할 수 있다. 무상할당방식 배출권의 경우에는 이러한 경제적 지대가 생산자들에게 귀속된다. 이러한 현상은 EU의 배출권 거래제(Emission Trading Scheme)가 도입되었을 때 실제로 발생했던 일이다(이러한 결과에 대해 몇몇 정부는 분명히 놀랐을 것이다).

우리는 지금까지 조세와 총량 제한 및 거래제가 동일한 효과를 가져온다는 점을 강조하였다. 그러나 오염 감소비용에 대한 불확실성이 존재할 때 이들은 더 이상 동일하지 않다. 가장 큰 차이점은 총량 제한 및 거래제에서는 배출해야 할 오염량에 대해 확실성을 제공하는 반면, 조세제도는 오염자에게 그들이 부담해야 할 비용이 얼마인지에 대해 확실성을 제공한다는 것이다.

원칙적으로, 오염 수준에 따라 오염 감소로 발생하는 편익이 오염 감소비용보다 작게 증가한다면 조세가 더 나을 것이다. 반대로 오염을 더 감소시킴으로써 발생하는 편익이 오염 감소비용보다 더 크게 증가한다면 양(총량)을 제한하는 제도가 선호될 것이다.[7] 만약 특정 양의 오염을 감소시키기 위한 비용에 대해 심각한 불확실성이 존재한다면, 총량 제한 및 거래제는 의도한 것보다 더 많은 비용이 들지도 모른다. 그러나 우리가 의도한 것보다 더 많은 오염배출로부터 받게 되는 후생 피해에 대해 관심이 있다면, 총량 제한제가 오염배출을 원하는 수준으로 감소시키는 것을 보장할 수 있기 때문에 조세보다 더 좋을 수 있다. 현실적으로 상대적 비용은 결정하기 어렵고, 대부분의 상황에서 가격과 총량 제한 간의 선택은, 상대적 위험(비용)에 대한 분명한 이해에 의해 결정되는 것 못지않게, 실제적이고 정치적인 고려에 의해 결정되는 경향이 있다.

사실상 가격과 양적 제한의 조합이 어느 하나에만 의존하는 경우보다 불확실성하에서 더 나은 기능을 수행할 수 있다.[8] 이는 상한과 하한 '안전판(safety valve)'의 개념이 가미된 배출권 거래제를 포함한다. 배출권이 높은 가격에서 당국은 추가적인 배출권을 발행할 것이고, 낮은 가격에서는 배출권을 다시 사들일 것이다. 그 대신에 오염배출에 대한 환경세를 사용하여 한계감소유인에 대한 하한을 정할 수 있다.

---

7) Weitzman, 1974.
8) Roberts & Spence, 1976.

그러한 고려는 실제로 중요하다. 왜냐하면 총량 제한 및 거래제가 현재 보편적인 정책수단으로 사용되고 있기 때문이다. 이는 교토 기후 변화 프로그램의 핵심 내용이었을 뿐만 아니라, 어업 관리에 공통적으로 사용되고 있으며, 다른 형태의 대기오염을 통제하는 데 점점 더 많이 사용되고 있다. 이 중 가장 주목할 만한 것은 미국에서의 황(sulphur) 배출에 대한 것이다.

조세와 총량 제한 및 거래제는 많은 장점을 갖고 있지만, 여전히 '전통적인 방식'의 규제가 적절한 상황들이 존재한다. 조세는 오염 피해가 그 오염원에 따라 달라지는 경우 실행하기 어렵거나 효과적이지 않을 수 있다. 만약 어떤 가스의 배출이 인구가 밀집된 중심지역 부근에서 치명적인 피해를 입히거나, 또는 폐수의 방출이 광활한 수역(水域) 부근에서 훨씬 더 큰 피해를 입힌다면, 매우 복잡하고 정교한 조세 및 배출권 거래제를 설계할 수 있더라도 '직접 규제'가 보다 효율적이고 효과적이기 쉽다. 또한 우리는 국제적으로 경쟁하고 있는 산업들에 과세하거나 부과금을 징수하는 경우에 이들의 일부가 해외로 이전하는 것을 부추길 수 있다는 점에 대해 우려하고 있다. 그러한 경우에는 국제적인 협약이 필요할 것으로 보인다. 이러한 위험은 현실적일 수 있지만, 과대평가 되어서는 안 될 것이다. 예를 들어, 기후 변화 문제를 다루는 데 있어서 에너지 가격의 대폭적인 상승은 단지 일부 산업 부문들(예 : 시멘트 제조업, 정유업 등)의 경우에만 공장부지 선정에 중대한 영향을 미칠 것이다.

마지막으로, 그리고 결정적으로 가격신호가 모든 상황에서 작동하는 것은 아니다. 개인이나 기업들이 특정 기술에 '고착된' 경우에 조세부과는 단순히 그들의 후생만 악화시킬 뿐이다. 인센티브가 행동 변화의 효과를 가져오지 못하는 것을 의미하는 다른 유형의 시장실패가 존재할 수도 있다. 예를 들어, 난방비를 부담하는 사람이 실제 거주하고 있는 임차인이라면, 보다 좋은 단열재 설치를 위해 투자하는 것은 임대인인 집주인의 관심사항이 아니므로 이러한 임대시장에서 시장실패가 일어날 수 있다. 집주인이 직접 거주하는 경우에는 투자(예 : 견고한 벽 단열재 설치)의 보상기간이 예상 거주기간보다 길 수 있고, 매도할 때 받을 수 있는 부동산 가격에 그러한 투자액이 반영되지 않을 것이라고 믿을 수 있다. 또한 조세가 부과된 가격이나 거래제가 계속 유지될 것이라고 기업을 설득하기 어렵다. 예를 들어, 에너지 생산업자의 투자는 매우 오랜 기간 지속되는데, 미래 가격에 대한 확실성 부족은 가격신호의 효과성을 현저하게 감소시킬 수 있다.

정책결정자들은 정책수단의 선택에 있어서 매우 신중해야 하는데, 조세 및 거래제와 함께 또는 이를 대신하여 규제, 보조금, 또는 다른 정부개입들이 최적인 부분이 있다는 것은 분명한 사실이다. 환경세가 유익한 기능을 하는 대부분의 분야에서 다른 형태의 정부개입도 또한 효과적일 수 있다.

10.3 조세수입 및 이중배당

환경세의 옹호자들은 오염배출에 대한 과세로부터 조세수입을 증가시킴으로써 '이중배당(double dividend)'을 얻을 수 있다는 주장을 자주 제기하고 있다. 그 기본 개념은 간단하고 매력적이다. 즉 환경세는 사회적으로 피해를 주는 행위를 감소시키는 동시에, 확보된 세수를 통해, 후생 감소를 초래하는 여타 방식으로 세수를 거두어들일 필요성도 감소시킴으로써 후생을 증가시킨다는 것이다. 예를 들어, 환경세 수입은 노동 인센티브에 해를 끼치는 근로소득세를 감면하는 데 사용될 수 있다는 것이다.

사실 이러한 이중배당의 견해를 받아들일 수 없는 데 대해서 많은 논리들이 존재한다. 그러나 그들에 대해 논의하기 이전에 오염에 대한 과세가 후생을 증가시키는 데 있어서 이중배당이 필요한 것은 아니라는 점을 명심해야 한다. 단일 배당 — 즉 사회적으로 최적인 수준으로의 오염수준 감소 — 만으로도 후생 향상을 위해 충분하다.

직관적으로 이중배당의 존재는 호소력이 있어 보이는데, 그러면 무엇이 문제인가? 그 문제는 근로소득세가 노동 인센티브를 감소시키는 반면, 소비세는 그렇지 않다는 잘못된 주장과 유사하다. 소비세 역시 임금의 실질 구매력을 감소시키기 때문에 근로소득세와 유사한 인센티브 효과를 갖고 있다. 마찬가지로, 환경세도 경제의 어딘가에서 소비되는 재화의 가격을 상승시키는 경향이 있기 때문에 그 자체로 왜곡된 효과를 갖고 있다. 이러한 효과는 증가하는 환경세 수입을 통해 다른 조세를 인하함으로써 얻는 후생효과보다 클 수도 있고 또는 작을 수도 있다. 이런 의미에서 이중배당이 발생하기 위한 조건으로 기대했던 환경적 편익이 발생하지 않았더라도 (환경세로 인해) '후회가 있어서는 안 되는' 전제조건이 필요하다.

한편, 현재의 조세체계가 다른 방식으로 최적이 아닐 수 있다. 즉 (오염의 결과는 무시하더라도) 부정적인 파급효과를 가진 재화에는 충분히 높게 과세되지 않고 다른 조세들은 너무 높은 경우 최적이 아닐 수 있다. 그런 경우에 오염행위에 조세를 부과하면 이중배당을 제공할 것인데, 이는 단지 원래의 조세체계가 올바르게 설계되지 않았기 때문이다. 또한 그 반대의 경우도 가능하다. 현재 과도하게 과세되고 있는 재화나 행위에 대해 환경세를 부과하는 경우 후생을 감소시키는 경향이 있다. 즉 단일 배당의 일부마저 잃게 될 것이다.

예를 들어 영국의 관점에서 볼 때, 환경 문제를 무시하더라도 현재의 조세구조가 최적이 아니기 때문에, 단일 배당 이상을 얻을 수 있는 하나의 주요 환경세 제안이 있다. 현재 영국은 국내 에너지 사용에 대해 부가가치세 정상세율을 부과하지 않고 있다. 이는 심지어 탄소배출에 대한 영향은 무시하더라도 최적 조세체계에서는 부과해야 한다.[9] 따라서 국내 에너지에 대해 환경세를 부과하면 이중배당이 발생하는 것은 당연할 수 있다. 우리는 조세체계를 최적인 구조가 되도록 만들고, 또한 탄소배출을 최적인 수준으로 줄이려고 하고 있다(여기서는 EU의 배출권 거래제 영향에 대한 복잡한 이슈는 일단 무시하기로 한다). 그러나 여기서도 세금을 올리는 경우 이에 대한 일정한 형태의 보상안이 함께 수반될 것이다. 그러나 제9장에서 설명한 바와 같이 조세가 신중하게 설계되지 않는다면, 이 자체가 노동 인센티브를 악화시키고 전반적인 후생 이득을 축소시킬 수 있다.

이러한 논의는 새로운 조세의 영향과 적절한 설계를 고려할 때 조세체계를 전체적으로 보는 것이 얼마나 중요한가를 강조하고 있다. 환경세(또는 배출권 공매)로부터의 수입은 다른 조세를 감면하는 데 사용될 수 있는데, 이는 환경적 편익과 함께 추가적인 후생 이득을 가져다준다. 그러나 이중배당에 대한 주장은 환경세의 잠재적 후생비용을 간과함으로써 그 논거를 다소 과장하고 있다.

10.4 실제 정책

다음 두 장(제11장과 제12장)에서는 기후 변화와 자동차 운행에 대한 정책을 위해 우리가 논의한 원칙들의 시사점에 대해 고려하고자 한다. 자동차 운행에 대해 실제 부과되거나 잠재적으로 부과할 수 있는 조세와 에너지 사용에 대한 잠재적인 조세는, 이미 존재하거나 또는 현재 이용 가능한 다른 어떤 환경세보다 훨씬 더 중요성이 크다. 영국의 기타 관련 조세(환경세)로는 '항공여객세(air passenger duty)', '매립세

---

9) 제6, 7, 9장 참조.

(landfill tax)', '골재채취세(aggregates levy)' 등이 있다. 이러한 소규모의 조세들은 이름 자체만큼이나 흥미로운 조세들이다. 이제 이들에 관해 자세히 살펴보기로 한다.

첫째, '항공여객세(APD)'는 1993년 11월 예산안에 처음 도입되었다. 그 이후 항공 여객세가 부과되는 세율은 증가하고, 감소하고, 다시 증가하고, 그리고 재정비되었다. 2010~2011년 회계연도 현재 23억 파운드의 세수를 예상하고 있으며[10], 항공여 객세는 승객당 그리고 비행편당 부과되는데, 부과금은 좌석 등급에 따라, 그리고 목적지 거리가 런던으로부터 2,000마일을 초과하는가, 아닌가 여부에 따라 달라진다. 항공여객세의 몇 가지 특징들은 다음과 같다.

- 비교적 최근에 도입되었음에도 불구하고 항공여객세는 명시적인 환경세로서 도 입되지는 않았다. 오히려 항공여객세의 도입은 부가가치세의 영세율 덕분에, 다 른 부문에 비해 상대적으로 항공여행이 저과세되는 것으로 보였기 때문이다. 영 국 재무부 관료들은 항공여객세가 본질적으로 환경세가 아니라는 주장을 종종 해 오고 있다.[11]
- 비행과 연관되어 있는 대부분의 외부성, 즉 소음 및 온실가스 배출 등은 비행기 탑승객의 수보다는 비행 횟수나 비행기의 특징과 더 큰 관련이 있다. 따라서 항 공여객세는 연관된 외부성을 아주 개략적으로 대표하는 대리변수를 기반으로 부 과되고 있다.
- 환경적 영향에 대한 관심에도 불구하고 계속해서 국내 항공에 부가가치세 영세 율을 적용한다는 것은 매우 뜻밖의 일로 여겨지고 있다.

둘째, 훨씬 작은 규모의 매립세도 정책이 실제로 어떻게 도입·발전될 수 있는가를 볼 수 있는 관점에서 역시 흥미롭다. 폐기물 매립처리의 외부비용에 대한 연구[12]는, 1996년 10월부터 '표준' 폐기물에 대해 톤당 7파운드의 세율을, 그리고 비활성 폐기 물에 대해 톤당 2파운드의 감면세율을 적용하고 이를 정당화하는 데 사용되었다. 그 러나 그 이후 표준세율은 시간이 지남에 따라 증가하여 2009년에 톤당 40파운드에

---

10) 출처 : HM Treasury, 2010b, table C11 참조.
11) 2006년 당시 영국 재무부 장관이었던 John Healey는 '항공여객세(APD)는 환경세가 전혀 아니다. … 그러 나 다음과 같은 인식 제고에 기여하고 있다. … 항공 산업은 원한다면 사회와 환경에 부과하고 있는 외부 성의 비용을 지불해야 한다'라고 주장하였다(House of Commons Environmental Audit Committee(영국 하원 환경 감사위원회), 2006, Q185 on Ev 73).
12) CSERGE, 1993.

달하였고, 2014년까지 톤당 80파운드로 증가할 예정이다. 이는 매립과 관련된 외부비용의 합리적인 어떤 추정량보다도 5~6배 큰 액수이다. 매립세는 본래 외부성을 내부화하기 위해 의도된 조세로, 외부비용의 최적 추정량에 가까운 세율로 도입되었으나, 1999년 유럽 매립처리 지침(European Landfill Directive)에서 정해 부과된 목표량 수준을 맞추기 위한 시도로 계속 올라, 경제적으로 정당화하기 어려운 수준으로까지 올랐다. 또한 그러한 목표량을 맞추는 데 도움이 될 수 있도록 매립 할당량 거래제도(Landfill Allowance Trading Scheme, LATS)도 도입되었다. 이에 따라 생물 분해성이 있는 도시 폐기물의 경우 매립량(톤)을 2020년까지 영국의 각 지방정부에 배분할 수 있다.

이러한 예로부터 많은 문제들이 나타날 수 있다. 정확하고 효과적인 목표설정은 어렵고, 피해를 기피하는 행동이 가능하다. 영국 정부는 '매립지를 포함해 합법적인 매립처리비용의 증가가 불법적인 무단투기의 증가로 이어질 수 있는 증거가 있다'는 것을 인정한다.[13] 더구나 이 경우에는 가격신호가 행동을 변화시키는 데 오히려 비효율적일 수 있다. 가장 큰 비용을 지불하는 당사자는 가정 쓰레기를 처리해야 하는 지방정부 당국이지만, 일반 가구들에게 그 비용을 부과할 수는 없다. 따라서 지방 의회는 쓰레기를 처리하기 위한 다른 수단을 찾으려는 인센티브가 있는 반면, 가구의 행동 변화를 유도하는 가격신호는 없는 실정이다. 이렇게 두 가지 수단(조세 및 할당량 거래제)을 모두 사용한다는 것은 사실상 어느 하나가 불필요하다는 것을 의미한다. 매립 할당량 거래제도(LATS)가 매립 폐기물(또는 생물 분해성이 있는 도시 폐기물) 총량을 의무적으로 제한한다는 점을 고려하면, 조세는 매립 폐기물을 감소시키는 데 아무런 역할도 하지 못하고 있다. 더구나 세율이 폐기물 매립과 관련된 환경피해비용에 의해 경제적으로 정당화되었기 때문이라기보다는, 주어진 목표량을 달성하기 위해 높은 수준의 세금이 총량 제한과 함께 부과되고 있는 것이다.

마지막으로, 골재의 상업적 채취와 관련된 환경적 외부성을 다루기 위해 2002년에 명시적으로 도입된 '골재채취세'에 대해서 살펴보기로 하자. 골재채취세 납부의무를 지게 된 회사들에게는 회사가 부담하는 국가보험기여금을 감면해 주면서 세수중립적으로 제도를 운영하였다. 골재채취세는 어느 정도 성공적이었다. 재활용 골재 사용의 추정 수준이 1990년 1,000만 톤에서 2003년에 3,600만 톤으로 증가하였다.[14] 반면

---

13) http://archive.defra.gov.uk/environment/quality/local/flytipping/flycapture-qa.htm.

부정적인 면을 들자면 불법 채취가 증가하였다.

국제적으로 환경세 부과로부터 얻는 일반적인 교훈은 서로 다른 수준의 조세가 어떤 영향을 미칠 것인가에 대해 미리 사전적으로 알기가 매우 어렵다는 것이다. 따라서 이에 대한 평가와 실험은 추가적 연구가 필요하다.

새로운 환경세나 배출권 제도로서 가능한 정책들은 무엇이 있는가? 이들 중 영국에서 선도적으로 가능한 정책은, 수자원 채취와 폐수 방출 관련 면허증에 대한 개혁을 들 수 있다. 현재의 면허증은 행정비용을 보상하지만, 희소가치 또는 환경비용을 반영하지 못하고 있으며, 업자 간에 거래를 할 수 있는 배출권 방식으로 발급되지 않고 있다. 의사결정이 경제적이고 환경적인 비용을 반영할 수 있는 방법으로 이루어지도록 가격신호제와 거래제를 도입할 여지가 있다.[15]

아일랜드에서 도입한 '비닐봉지세(plastic bags tax)'는 또 다른 정책의 예이다. 봉지당 0.15유로로 부과되는 비닐봉지세를 도입한 아일랜드의 경험에 따르면, 비닐봉지세가 소비자 행동에 영향을 미치는 데 효과적일 수 있다는 사실을 보여 준다. 비닐봉지세는 비닐봉지 사용을 90% 이상 감소시킨 것으로 추정되며, 결과적으로 최소한의 세수 증가를 가져왔다. 또한 일부 의도되지 않은 결과들(예 : 바구니와 손수레 절도의 증가)을 초래하였고, 전반적인 환경적 영향은 미미했던 것으로 평가된다.[16] 그러나 이는 분명히 가격신호를 통해 소비자 행동을 획기적인 방식으로 변화시킬 가능성이 있다는 사실을 보여 주고 있다.

이들 또는 기타 가능한 수많은 조세들에 대해 보다 상세히 고려하는 것은 본서의 범위를 벗어난다. 국제적으로 서로 다른 경험들이 존재하고 있다. 에너지와 교통 부문을 제외하고 대규모 세수를 거둘 수 있는 여지는 분명 적은 것 같다. 어떤 제도들은 긍정적인 효과를 보았지만 대부분의 정책들은 운영에 있어서 비용이 너무 많이 들었다. 또한 어떤 정책들은 경제적인 고려보다 정치적인 고려에 의해서 추진되었다.

---

14) British Aggregates Association(영국골재협회), 2005.

15) Cave Review(Cave, 2009) 참조.

16) Convery, McDonnell, & Ferreira, 2007.

10.5 결론

환경적인 외부성에 대응하기 위한 수단으로 '조세' 또는 '총량 제한 및 거래제' 사용에 대한 지지가 강하게 존재한다. 이런 방식으로 가격기구를 사용하는 것은 기업과 소비자가 다른 사람들에게 부과한 비용을 내부화하도록 유도할 수 있고, 규제방식보다 더 효율적인 결과를 가져올 수 있다. 정부는 이로부터 발생한 조세수입을 다른 조세들의 왜곡효과를 감소시키는 데 사용할 수 있다. 이러한 접근이 반드시 '이중배당'을 발생시킬 필요는 없으며, 외부성의 효율적인 감소에 따른 후생이득이 조세부과를 정당화할 수 있다.

조세와 총량 제한 및 거래제 간에 어떤 것을 선택할 것인지는 간단하지 않다. 원칙적으로, 총량 제한 및 거래제하에서 배출권이 공매에 의해 배분되고 그 지대(수입)를 정부가 가져간다면, 그들(조세와 총량 제한 및 거래제)은 똑같은 결과를 달성할 수 있다. 오염 감소비용에 대해 불확실성이 존재할 때, 특정 수준의 오염 감소량을 달성시키기 위한 비용이 너무 높을 위험이 있다면 조세의 경우가 보다 효과적일 수 있다. 반면에 특정 수준의 오염 감소량을 달성하지 못함으로써 부담하는 비용이 너무 높으면 총량 제한 및 거래제가 보다 효과적이다. 총량 제한 및 거래제와 가격상한과 가격하한, 또는 어느 하나와 결합한 혼합체제가 이러한 상황에서 특별한 장점을 가질 수 있다.

조세나 거래 제도의 정확한 설계, 그리고 기타 환경정책과 어떻게 조화를 이루는가가 중요하다. 가격이나 양을 '정확하게' 결정하는 것은 어려워 보이고, 어느 정도의 실험(시행착오)이 요구된다. 다른 형태의 시장실패가 존재할 때 조세 이외에 다른 정책수단을 사용할 수도 있을 것이다.

보다 많은 환경세의 역할이 존재한다는 것은 의심의 여지가 없지만, 환경세가 조세체계를 개편하거나, 또는 그 자체로 모든 환경 문제를 해결할 수 있는 마법의 해결책은 아니다. 다른 주제의 결론에서도 사용되던 원칙들이 여기서도 분명히 유효하다. 환경 분야에서는 조세체계를 복잡하게 만들기가 쉽다. 이러한 복잡성으로부터 얻는 이득이 분명히 있지만, 또한 여러 가지 비용들(예 : 현재의 즉각적인 순응 및 행정비용뿐만 아니라 로비활동과 특별한 변호를 위해 들어가는 장기비용)이 발생한다. 이 분야에서 영국 정부가 의욕을 갖고 원칙을 세우는 데에는 잘해 왔지만, 잠재적 대안들에 대해 진지하고, 포괄적이고, 공개적인 검토와 분석이 이루어지지 않았다는 것은 유감으로 생각된다.

이제 다음 두 장(제11장과 제12장)에서는 환경세가 과세되고 있는 두 가지 가장 큰 분야인 기후 변화와 자동차 운행에 대해 검토해 보고자 한다.

조세와 기후 변화

최근 환경세(environmental taxation) 경제학에 대한 관심을 새로 일깨우는 주요 이유는 '기후 변화'에 대한 관심 때문이다. 인공적인 이산화탄소 및 온실가스 배출은 환경적으로 유해한 부정적 영향을 미친다. 앞 장(제10장)에서의 분석은 정책 결정자들이 조세나 배출권 거래제를 통해 탄소의 일관성 있는 가격(탄소를 실제보다 조금 더 배출하는 경우의 사회적 비용과 일치하는 가격) 설정을 목표로 해야 한다는 제안을 하고 있다.

실제로 상황은 그보다 훨씬 더 복잡하다. 본 장은 정책 결정을 요구하는 기후 변화의 가장 중요한 국면에 대해 간략히 언급함으로써 그 논의를 시작하고자 한다. 우리는 계속해서 가격의 역할, 조세와 배출권 거래제 간의 선택, 그리고 어떻게 가격이 정해져야 하는가 등에 대해 고찰하고자 한다. 다음으로, 다른 여러 수단들의 역할에 대해 간략히 살펴보고, 마지막으로 영국에서 앞으로 나아가야 할 정책 방향에 관해 제시할 예정이다.

11.1 기후 변화 – 이슈들

본 절에서 기후 변화와 관련된 과학적 측면과 모든 경제학 분야에 대해서 상세히 논의하지는 않을 예정이다.[1] 그러나 정책 대응을 요구하는 주요 문제들의 성격에 대해 이해하는 것은 중요하다.

첫째, 기후 변화는 그 문제의 잠재적 규모와 진행 상황에 대한 현재의 불확실성 정도로 다른 환경 문제들과 구분된다. 기후 변화가 대기에 이산화탄소와 여러 가지 다른 온실가스들이 축적된 결과로 나타난다는 것은 과학적으로 널리 합의된 사실이다. 온실가스의 축적이 지구 온도에 미치는 영향, 아무런 교정조치를 취하지 않을 경우 온실가스가 최종적으로 안정되는 수준, 그리고 결과로 초래되는 경제적·사회적 피해 등은 모두 불확실한 것이다. 이러한 불확실성을 당면한 상태에서 적절한 정책이 결정되어야 한다.

일반적으로 온실가스의 양은 CO_2e(carbon dioxide equivalent, 이산화탄소로 환산한 온실가스 농도)[2]의 백만분율(parts per million, ppm) 단위로 측정된다. 19세기 중반 이후 대기 중 CO_2e의 농도가 285ppm에서 약 430ppm으로 크게 증가하였다. 지난 10년간 이 농도가 매년 약 2.5ppm씩 증가하였다. 이에 대해 아무런 조치도 취하지 않는다면 (특히 개발도상국에서) 경제성장이 이 농도를 금세기 전반기에 걸쳐 매년 3~4ppm씩 증가시킬 것으로 예상된다. 이러한 추세가 계속되면 대기 중 농도를 금세기 중반에 580~630ppm, 그리고 금세기 말에는 800~900ppm으로 증가시킬 것이다.[3] 다음 〈표 11.1〉은 CO_2e의 농도에 따라 상승하는 지구 온도의 확률 추정치를 보여 주고 있다.[4]

둘째, 기후 변화는 다음 두 가지 측면에서 글로벌 이슈이다. 기후 변화는, 비록 어

---

1) 과학 분야에 대한 개관은 기후변화위원회 보고서(Committee on Climate Change, 2008)와 기후 변화에 대한 정부 간 합의체(Intergovernmental Panel on Climate Change, 2007)에서 제공하고 있다. 경제학 분야에서의 설명은 스턴 보고서(Stern Review, 2006)에서 볼 수 있다.

2) 이산화탄소와 비교하여 다른 온실가스들은 지구온난화에 다른 영향을 미친다. 예를 들어, 메탄(methane) 한 분자는 이산화탄소 한 분자에 비해 (100년에 걸쳐) 지구온난화에 25배의 영향을 미치는 반면, 아산화질소(nitro oxide)는 이산화탄소의 298배, 그리고 매우 드문 HFCs, PFCs, SF_6 등은 수천 배의 영향을 미친다 (Intergovernmental Panel on Climate Change, 2007, table 2.14). 이러한 모든 온실가스의 전체 농도는 일반적으로 CO_2e로 나타낸다.

3) 이 수치들은 Stern(2009, p. 25-26)으로부터 인용하였다.

4) 이 추정치들은 과학이 진보함에 따라 변한다. 최근 추정치에 의하면 더 큰 온도차의 기온 상승 가능성이 높아지는 것을 볼 수 있다.

| **표 11.1** | 1850년 대비 기온 상승 확률(%) : CO_2e 안정화 수준별

안정화 수준	기온 상승					
(ppm CO_2e)	2℃	3℃	4℃	5℃	6℃	7℃
450	78	18	3	1	0	0
500	96	44	11	3	1	0
550	99	69	24	7	2	1
650	100	94	58	24	9	4
750	100	99	82	47	22	9

출처 : Stern, 2009, p. 26.

떤 지역 — 특히 아프리카의 최극빈 국가들과 아시아의 개발도상국가들 — 이 다른 지역보다 더 많은 고통을 받을지라도, 전 세계에 영향을 미칠 것이다. 또한 중요한 점은 온실가스가 어느 곳에서 배출되었는가가 아니라 세계 전체의 온실가스 배출량이라는 점에서 기후 변화 문제는 글로벌 문제이다.

세계의 어떤 한 국가(아마 미국과 중국을 제외하고)가 자국의 온실가스 배출량을 줄임으로써 이러한 글로벌 문제 해결에 중대한 영향을 미칠 수는 없을 것이다. 분명히 지구 전체 배출량의 약 2%를 차지하고 있는 영국은 해결할 수 없는 일이다.[5] 따라서 글로벌 해결책이 요구된다. 그러한 해결책을 강구하는 일은 본서의 범위를 크게 벗어난다. 우리는 영국 국내의 적절한 대응책과 그 안에서 조세와 가격의 역할에 대해 초점을 맞추고자 한다. 그러나 조세와 거래제의 상대적 장점은 국제적인 맥락에서 평가되어야 할 것이다.

셋째, 앞 장에서 언급한 오염의 차이점 중 하나로 돌아간다면 온실가스의 문제는 유량(流量, flow) 문제가 아니라 저량(貯量, stock) 문제라는 것이다. 대부분의 온실가스, 특히 이산화탄소는 오랜 기간 동안 대기에 남아 있다. 또한 과학적 증거에 의하면 기후 변화에 영향을 미치는 데 중요한 것은, 예를 들어 어떤 한 해의 온실가스 배출량이라기보다는 대기 중에 머물고 있는 온실가스의 총량이라는 사실을 보여 주고 있다. 이는 시간 척도와 불확실성뿐만 아니라 오염배출에 대해 적절한 가격을 설정하는 것을 매우 어렵게 만드는 요인이 된다.

---

5) 출처 : 미국 에너지 정보 관리청(US Energy Information Administration),
   http://tonto.eia.doe.gov/cfapps/ipdbproject/IEDIndex3.cfm?tid=90&pid=44&aid=8

또 하나 명심할 필요가 있는 마지막 이슈는 어느 한 국가의 오염배출을 고려할 때 두 가지 다른 방법으로 생각할 수 있다는 것이다. 하나는 단지 국내에서 발생한 오염배출(예 : 영국 내에서 연소된 석탄 또는 소비된 석유에 기인한 오염배출)만을 고려하는 것이다. 다른 하나는 영국에서 소비되는 제품에 내재된 탄소 함유량까지 고려하는 것이다. 즉 영국에서 소비되지만 중국에서 생산된 것으로, 제조과정에서 연소된 석탄까지 감안한다는 것이다. 거의 모든 정책분석 토론이 전자의 맥락 속에서 이루어지고 있으며, 영국에서 설정한 목표는 영국 내에서 실제로 발생한 오염배출에 적용되고 있다. 그러나 이상적으로는 후자에 초점을 맞추기를 원할지도 모른다.[6] 고탄소(high-carbon) 배출 제조업을 해외에 이전함으로써 영국 내에서 배출을 감소시킬 수 있다. 그러나 이는 글로벌 문제를 언급하지 않고 있다.

이는 여기서 논의의 초점이 되는 이슈가 아니다. 세계 무역협정들이 서로 얽혀 있는 복잡한 그물망으로 인해, 높은 수준의 탄소가 내재된 수입품에 추가적인 조세를 부과하는 것은 매우 어려운 일이다. 이러한 어려움은 내재된 탄소를 어떻게 측정하는가가 매우 복잡하기 때문에 더욱 증가하고 있다. 이런 상황에서 '상류(upstream)'에 과세하는 것, 즉 오염배출이 발생한 지점에서 조세를 부과하는 '근원지 과세체계'를 이용하는 것은 큰 장점이 있다. 이는 그렇게 되기 위해서 세계적 협정이 필요하다는 점을 다시 지적하고 있다.

11.2 가격 기능

온실가스 통제 정책의 핵심은 오염배출에 대해 일관성 있는 가격을 부과하는 것이다. 이는 어떻게, 언제, 그리고 어디에서 온실가스 감축이 이루어지는가에 대해 효율적인 결정을 내리게 하고, 어디서 오염이 감소되어야 하는가에 대해 정치인들이 의사결정을 내릴 필요성을 없애 주는 역할을 한다.

완전 정보와 완전경쟁시장으로 이루어진 이상적인 세계에서는 가격이 온실가스 축적을 통제하기 위해 필요한 전부다. 그러나 실제 세계에서는 다른 정책들 역시 필요할 것이다. 하지만 정책수단이 가격 기구에서 동떨어질수록 높은 정책비용, 특정

---

6) 이는 우리가 부가가치세 및 법인세와 관련해서도 논의하고 있는 '생산지(근원지)'와 '소비지(목적지)' 논쟁의 견해라고 할 수 있다.

선거구만을 이롭게 하는 정치행위, 그리고 온실가스 감축의무의 비효율적인 배분 등의 문제가 더욱 커질 것이다. Helm(2008, p. 233)의 주장에 의하면 "기후 변화 정책에 있어서 경제적 효율성과 정치적 편의주의는 서로 상충하기 쉽다. … 시장에 기초한 수단들의 경우에 있어서 특히 그 위험이 크다."라고 하였다.

11.2.1 조세 또는 '총량 제한 및 거래제'

앞에서 살펴보았듯이 가격은 '조세' 또는 '총량 제한 및 거래제'를 통해 정할 수 있다. 국제적인 맥락에서 볼 때, 두 가지 실용적인 요인에 의해서 조세부과보다는 총량 제한 및 거래제가 선호된다. 첫째는 총량 제한 및 거래제가 이미 존재한다는 것이다. 사실상 교토의정서(Kyoto Protocol)가 배출권 거래를 독립된 국가 간에 적용하려는 시도였다면, EU의 배출권 거래제(EU's Emissions Trading Scheme, EU ETS)는 유럽 내에서 기초가 안정적이고 활발한 탄소 거래 시장을 탄생시켰다. 거래제를 선호하는 두 번째 이유는, 전 세계적인 적용은 고사하고 국가 간 어떤 종류의 기반에서도 조세를 적용하는 것이 개별 국가들에게 지지를 받을 것 같지 않기 때문이다.

또한 총량 제한 및 거래제는 상당한 양의 민간 자금을 모을 수 있다. 이를 통해 빈곤한 국가의 오염배출 감소를 도울 수 있다면 바람직할 것이다. 현재의 방식하에서 교토의정서의 교토메커니즘 중 하나인 '청정개발제(Clean Development Mechanism, CDM)'는 부유한 국가(선진국)로 하여금 빈곤한 국가(개발도상국)의 오염감축 비용을 효과적으로 지불하는 것을 허용하고 있다.[7] 청정개발제는 선진국이 개발도상국의 발전소에 청정기술을 제공하여 발생한 오염감축 실적을 선진국의 실적으로 인정하는 방식을 말한다.

게다가 '지나치게 많은' 오염배출의 결과는 아주 심각할 수 있기 때문에, 앞에서 조세와 총량 제한 및 거래제를 비교분석한 내용에 따르면 전 세계 측면에서 총량 제한 및 거래제를 선호하고 있다. 그러나 EU의 배출권 거래제(EU ETS)의 경험에 의하면, 조세체계를 통해 배출권 거래제에 가격하한이 필요하다는 것을 제안하고 있다. 가격과 양에 기초한 메커니즘들 간의 혼합이 이론적으로나 실제적으로 모두 매력적인 장점을 가질 수 있을 것이다.

---

7) 현재의 청정개발제(CDM)는 일부 옹호에도 불구하고 매우 불완전한 것으로 많은 비난을 받아 왔다. 단지 어떤 형태의 효과적인 메커니즘이 중요하다는 것을 언급하기 위해 청정개발제를 예시로 들었다. 그러나 이를 검토하는 것이 우리의 목적은 아니다.

마지막으로, 오염배출이 고갈될 수 있는 자원 ─ 석유와 석탄 ─ 의 연소로부터 발생한다는 점을 고려할 때, 오염배출에 대해 신뢰할 수 있는 글로벌 차원의 총량 제한이 필요할 것이다. 앞으로 세금이 인상될 것이라는 예상은, 세금이 너무 높아지기 전에 화석연료를 더 많이 채취하여 판매하고자 하는 유인을 증가시키기 때문이다.

이러한 기후 변화 문제의 글로벌 특성으로 인해 합리적인 탄소 가격을 정하기 위한 주요 방법으로 우리는 '글로벌(또는 전 세계적인) 총량 제한 및 거래제(global cap-and-trade system)'를 추진하는 방향으로 나아가야 할 것이다. 그러나 가격을 통해 보완하는 혼합체계가 필요한 경우도 당연히 존재할 것이다. 결국 조세와 총량 제한 및 거래제의 상대적인 역할은 실용적인 기반에 근거하여 결정될 것이다. 특정 상황, 국가, 또는 지역에서는 조세가 보다 쉽게 실행될 수 있을 것이다. 중요한 점은 '탄소 가격(carbon price)'을 매기는 것이 필수적이라는 것이다.

11.2.2 영국의 현황

현재 영국의 정책은 탄소에 대한 일관성 있는 가격책정과는 거리가 먼 실정이다. 실제로 영국의 정책과 온실가스 배출원의 범위가 너무 복잡해서 효과적인 탄소 가격이 얼마인지 말하기조차 어렵다. 먼저, 영국에서 온실가스 배출이 물리적으로 어디(예 : 발전소)에서 발생하고, 어떤 목적(예 : 가정용 또는 사업용)으로 발생되는지에 대해 논의해 보고자 한다. 〈표 11.2〉는 배출원과 용도별 두 가지 방법으로 분류하여 2006

| 표 11.2 | 배출원 및 용도별 온실가스 배출량 : 2006년

배출원	배출량(MtCO$_2$e)	용도별	배출량(MtCO$_2$e)
발전소	185	사업	211
수송	153	수송	158
산업	122	주거	156
주거	85	농업	52
농업	45	공공	22
서비스	28	폐기물처리	22
폐기물처리	22	산업가공	18
정제산업	16	수출	16
토지용도변경	−2	토지용도변경	−2

주 : MtCO$_2$e=CO$_2$e 백만 톤.
출처 : Committee on Climate Change, 2008, p. xxiii.

년의 온실가스 배출량 수치를 보여 주고 있다. 1990년 이후 배출원 측정에 있어서 에너지 공급에서의 연료 배합이 변화하고 사업 및 농업활동의 관행이 변화한 결과, 에너지 공급, 사업, 그리고 농업 부문으로부터의 배출량은 상당히 급격하게 감소하였다. 반면 교통과 가정용 난방 부문으로부터의 배출량은 증가했다.

그러나 이러한 온실가스 배출에 대해 부문별로 매우 다른 가격들이 부과되고 있다. 전기 공급으로부터의 배출에 대해서는 EU의 배출권 거래제(EU ETS)를 통해 가격이 부과된다. 사업 부문에서의 배출에 대해서는 직접적으로 부과되거나, 규모가 매우 큰 경우에 배출권 거래제(ETS)에 의해 포착된다. 또한 기후변화세(Climate Change Levy, CCL)를 통해 가격이 낮은 수준에서 부과되거나, 기후변화협정(Climate Change Agreements)에 의해 적용을 받거나, 또는 가격이 전혀 부과되지 않을 수 있다. 사업 부문에서 사용되는 전기는 배출권거래제(ETS)와 기후변화세(CCL) 모두를 통해 가격이 부과될 수 있다. 에너지 사용량이 많지만 기후변화세(CCL)의 적용을 받지 않는 몇몇 사업 및 공공 부문은, 탄소감축 실천계획(Carbon Reduction Commitment, CRC)이라고 알려진 거래제의 적용을 받고 있다. 그들의 전기 사용에 대해서는 EU의 배출권 거래제와 탄소감축 실천계획 모두를 통해 가격이 부과될 것이다. 농업 부문으로부터 배출되는 온실가스 — 대부분 비(非)이산화탄소 가스(non-CO_2 gases)이며, 주로 메탄과 아산화질소 등 — 는 현재 어떤 가격도 부과되지 않고 있다.

도로교통 부문에서의 배출은 연료에 대한 개별소비세(excise duty)를 통해 매우 높은 가격이 부과되고 있다. 그러나 연료세가 교통 혼잡, 대기오염 수준, 교통사고 등에 미치는 영향과는 대조적으로, 연료세가 어느 정도 온실가스 배출 비용을 반영하는지는 분명하지 않다(이에 대해서는 다음 제12장에서 다시 논의할 예정). 항공교통 부문에도 배출권 거래제(ETS)가 적용되고 있으며, 이와 별도로 항공여객세(air passenger duty)도 부과되고 있다. 가정에서 소비되는 전기로부터의 배출은 배출권 거래제(ETS)를 통해 가격이 정해지는 반면, 주로 가정용 난방에 사용되는 가스로부터의 배출에는 아무 가격도 부과되지 않는다. 가정용 가스와 전기 사용은 부가가치세가 정상 세율로 부과되지 않기 때문에 보조금을 받고 있는 실정이다.

다른 정책들 역시 전기 가격에 영향을 미친다. 영국의 재생가능 에너지 사용 의무(Renewables Obligation, RO)는 에너지 공급자가 전기의 일정 부분을 재생가능 발전을 통해 공급할 것을 요구하고 있다. 이는 기존 발전방식보다 더 많은 비용이 든다. 2009년에 영국 정부는 몇 가지 주요 가정하에서 정부의 전체 재생가능 에너지 전략

(Renewable Energy Strategy)으로 인하여, 2020년까지 가정용 전기요금은 15%, 그리고 가스요금은 23% 인상될 것으로 추정하였다.[8]

암묵적 조세(implicit taxes)의 차이를 계량화하는 한 가지 방법이 다음 〈표 11.3〉에 제시되어 있다. 〈표 11.3〉은 2009~2010년을 기준으로 가스, 전기, 그리고 수송용 연

| 표 11.3 | 암묵적 탄소세 : 2009~2010년[a]

연료 유형	CO_2 배출 (g/kWh)	재생 에너지 사용 의무 (RO) (p/kWh)	기후변화세 (CCL) (p/kWh)	배출권 거래제 (ETS) (p/kWh)	암묵적 조세 (p/kWh)	암묵적 조세 (£/CO_2 톤)
전기(사업용)						
석탄	910	0.36	0.47	2.00	2.83	31.13
가스	393	0.36	0.47	0.86	1.70	43.14
원자력	0	0.36	0.47	0.00	0.83	∞
재생가능 에너지	0	0.00	0.00	0.00	0.00	—
가스(난방, 사업용)	184	0.00	0.16	0.00	0.16	8.91
전기(가정용)						
석탄	910	0.36	0.00	2.00	2.36	25.96
가스	393	0.36	0.00	0.86	1.22	31.18
원자력	0	0.36	0.00	0.00	0.36	∞
재생가능 에너지	0	0.00	0.00	0.00	0.00	—
가스(난방, 가정용)	184	0.00	0.00	0.00	0.00	0.00

수송 연료	CO_2 배출 (g/kWh)	CO_2 배출 (g/리터)	연료세 (p/리터)	재생 수송연료 사용 의무 (RTFO) (p/리터)	암묵적 조세 (£/CO_2 톤)
휘발유	240	2,303	56.19	0.54	246.33
경유(디젤)	250	2,639	56.19	0.54	214.96
항공 가솔린	238	2,226	34.57	0.00	155.30
항공 터빈 연료	245	2,528	0.00	0.00	0.00

[a] 이 표는 주의해서 해석되어야 한다. 예를 들어, 전기 소비자는 단 하나의 연료만 사용하지 않고 혼합 연료를 사용하는 발전소로부터 전력을 구입한다. 전기의 경우에 있어서, 이 표는 '전기가 모두 똑같은 연료(석탄, 가스, 원자력, 기타)를 사용하여 생산된다고 가정할 때, 다양한 정책이 연료 가격에 미치는 영향과 이산화탄소 배출량에 따라 그 연료의 암묵적 탄소세가 얼마인가?'를 보여 주는 것으로 해석되어야 한다.

출처 : Johnson, Leicester & Levell, 2010.

8) Department of Energy and Climate Change(에너지기후변화부), 2009a.

료들 간뿐만 아니라, 전기 생산 시 사용하는 발전용 연료에 따라, 그리고 사용 용도
가 사업용인지 또는 가정용인지에 따라 이산화탄소 톤당 암묵적 조세가 얼마나 다른
지를 보여 주고 있다. 이러한 암묵적 조세의 계산에 부가가치세 — 추가적인 조세로
서, 또는 감면된 세율로 부과되기 때문에 보조금으로서 취급하든 간에 — 는 포함되
지 않았다.

〈표 11.3〉의 첫 번째 열(列)은 킬로와트시(kWh, 즉 1시간 1킬로와트의 전력)의 에
너지 생산당 이산화탄소 배출량의 추정치를 보여 주고 있다.[9] 두 번째 열은 재생가
능 에너지 사용 의무(RO)가 kWh당 전기 가격에 미치는 영향의 추정치를 나타내고
있다.[10] 세 번째 열은 단순히 2009~2010년 기후변화세(CCL)에 대한 세율을 보여 주
고 있다. EU의 배출권 거래제(EU ETS)의 경우, 정부의 추정치[11]인 이산화탄소 톤당
22파운드의 값을 사용하여 전기의 kWh당 배출권 거래제(ETS) 비용을 추정했다.[12]

자동차 연료세는 단순히 2009~2010년의 회계연도 말에 적용된 소비세율에, 전기
공급에서의 재생가능 에너지 사용 의무(RO)와 유사한 제도인 재생가능 수송연료 사
용 의무(Renewable Transport Fuels Obligation, RTFO)에 해당하는 금액을 더한 것이
다. RTFO는 연료 공급자에게 수송용 연료에 일정 비율(2009~2010년에 3.6%)의 바
이오 연료를 포함하도록 요구하는 제도이다.[13]

그 결과, 에너지원별로 암묵적 탄소세가 매우 큰 차이를 보이고 있다. 가정 소비자
들이 직접적으로 사용하는 가스에는 암묵적 탄소세가 부과되지 않는 반면, 사업용으
로 사용되면서 가스로 발전되는 전기에는 이산화탄소 톤당 43파운드의 탄소세가 부
과되고 있다. 전기의 경우, 재생가능 에너지 사용 의무(RO)나 기후변화세(CCL)는 서
로 다른 종류의 화석연료를 구분하지 않고 있으나, 배출권 거래제(ETS)는 화석연료
를 구분하여 부과하는 방식이므로 에너지원에 따라 암묵적 탄소세가 서로 다르다.

---

9) 출처 : Annex A of *Digest of United Kingdom Energy Statistics, 2010.*
10) 2009~2010년의 판매자 제시 가격(buyout price)은 메가와트시(MWh)당 37.19파운드였다. 재생가능 에너
    지 사용 의무(RO)는 전기의 9.7%였고, 모든 전기 공급자는 그에 해당하는 양을 구입했다. 따라서 추가적인
    MWh당 전기의 실효'세율'은 MWh당 37.19파운드의 9.7%로서, 이는 kWh당 0.36페니에 해당한다.
11) Department of Energy and Climate Change, 2009b 참조.
12) 예를 들어, 석탄 발전의 경우 kWh당 이산화탄소 910g을 배출한다. 이는 이산화탄소 0.00091톤에 해당되
    고, 이산화탄소 톤당 가격이 22파운드이므로 석탄 발전의 ETS 비용은 kWh당 2.00페니에 해당된다.
13) 〈표 11.3〉에서의 수치는 3.6%의 의무(RTFO)와 리터당 15페니의 판매자 제시 가격에 근거를 둔 것이다.
    사실 2008~2009년에는 바이오 연료 구입이 이루어지지 않았고, 2009~2010년에는 단지 두 가지 연료(휘
    발유(petrol)와 경유(diesel))에서만 구입이 이루어졌다. 따라서 표의 수치(리터당 0.54페니)는 상한치
    (upper-bound estimate)를 나타낸다고 볼 수 있다.

　　부가가치세의 경감세율 적용으로 인한 암묵적 보조금은, 암묵적 탄소세와 똑같은 방식으로 산출하기 어렵지만, 이에 대한 상대적 중요성은 2009년 평균 소비량을 소모하는 소비자의 전기요금이 461파운드였다는 사실을 보면 알 수 있다.[14] 만약 부가가치세 정상세율을 적용했다면, 그 요금은 515.88파운드였을 것이다. 54.88파운드만큼의 차액이, 가구들이 부가가치세의 경감세율로 받는 보조금의 추정치이다. 영국의 Ofgem은 앞의 예에서와 똑같은 소비자의 경우, 재생가능 에너지 사용 의무(RO)와 배출권 거래제(ETS)의 비용은 36파운드였을 것이라고 추정하고 있다.[15] 따라서 부가가치세 보조금이 암묵적 탄소세의 총액보다 더 크다. 이는 전기 소비의 경우에 해당된다. 가스의 경우에는 부가가치세 보조금을 상쇄할 암묵적 탄소세가 존재하지 않는다.

　　마지막으로, 휘발유와 경유의 암묵적 탄소세를 산출한 결과로 나온 매우 큰 수치에 대해 과장해서 받아들이면 안 된다는 점에 주의해야 한다. 왜냐하면 자동차 운행과 관련된 주요 외부성이 실제로는 교통혼잡이기 때문이다. 따라서 이 조세의 상당 부분은 탄소세라기보다는 '혼잡에 대한 조세(congestion tax)'로 보아야 한다.

　　이제까지의 논의를 요약하면, 온실가스 배출에 대한 가격정책은 일관성이 매우 부족하며, 배출원이 다른 경우에 가격을 달리 적용하고, 심지어 일부의 경우에는 실질적으로 보조금을 주고 있는 실정이다. 따라서 이에 대해 개선의 여지가 상당히 크다고 할 수 있다. 이제 일부 주요 가격수단들에 대해 하나씩 차례로 논의해 보고자 한다.

(1) EU의 배출권 거래제

EU의 배출권 거래제(EU Emissions Trading Scheme, 이하 ETS)는 영국에서 발생하는 총배출량의 약 1/2, 그리고 산업 부문 배출량 ― 주로 전기 발전소와 기타 에너지 집약 기업들로부터 비롯되는 배출량 ― 의 3/4에 해당되는 부분에 적용되고 있다. 〈그림 11.1〉은 영국에서 ETS가 적용되는 부문을 보여 주고 있다.

　　이 제도는 2005년에 설립되었으며, 첫 번째 단계가 2005년부터 2007년까지, 두 번째 단계가 2008년부터 2012년까지 적용되었고, 그리고 예정된 세 번째 단계가 2013년부터 2020년까지 적용될 예정이다. 2007년에는 허용된 배출량이 실제 연간 배출량

---

14) Department of Energy and Climate Change(에너지기후변화부), 2010.
15) Ofgem, 2009.

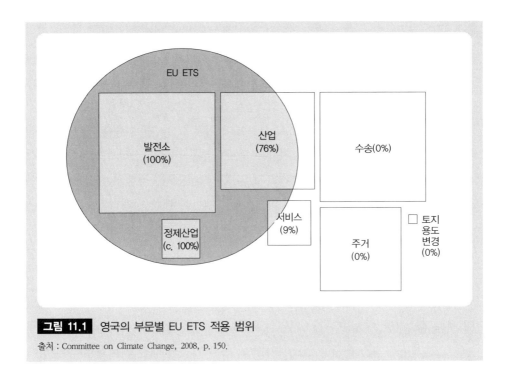

그림 11.1 영국의 부문별 EU ETS 적용 범위

출처 : Committee on Climate Change, 2008, p. 150.

보다 많다는 것이 분명해짐에 따라, EU에서 거래할 수 있는 배출 할당량(EU allowances, 이하 EUA)의 가격이 0까지 떨어졌다. 두 번째 단계에서 이 제도가 일부 엄격해졌지만, 상당한 배출량 감축을 달성하기 위해서는 세 번째 단계에서 더 엄격한 총량 제한이 실시되어야 할 필요가 있다.

EU ETS는 (EU 지역 내에서 프로젝트 신용을 통해 다른 국가들로부터 배출권의 구입을 허용하는 것 이외에) EU 전체에 걸쳐 배출 총량을 제한하기 때문에, 똑같은 온실가스 배출에 적용되는 다른 정책 수단들의 역할을 제한한다. 예를 들어, 탄소 배출을 감소시키기 위해 전기 소비에 부과되는 국내 조세의 역할에 대해 살펴보기로 하자. 이는 영국 내의 전기 가격을 인상시킬 것이고, 이로 인해 수요는 감소할 것이다. 그러나 영국의 전기 발전소는 ETS의 회원이다. 따라서 그들이 생산하는 전기에 대한 수요가 감소하면, EUA에 대한 수요가 감소하고, 이는 EU의 다른 회원국에서 EUA의 추가구입이 가능해지므로 EU 전체에 걸친 전반적인 배출량에는 아무 효과가 없을 것이다. 그러므로 영국 내의 전기 가격을 인상시키는 어떤 추가적인 정책이 미래의 배출 총량 감소를 보다 용이하게 해 주는 의미에서 동태적인 효과가 있다면, 이 경우에 단지 환경적인 면에서 긍정적인 결과를 가져올 수 있을 것이다.

영국 정부의 수많은 정책들이 이러한 맥락에서 정책효과를 충분히 고려하여 실시하고 있는 것인지 분명하지 않다. 탄소감축 실천계획(Carbon Reduction Commitment)이 하나의 예이다. 이 계획은 에너지 집약산업은 아니지만 대형 전기 사용자들(예 : 대형 소매업과 서비스 산업)의 에너지 사용에 있어서, 그들 간에 총량 제한 및 거래 기능이 창출되는 것을 목표로 하고 있다. 이는 이 부문 내에서의 전기 사용을 감소시킬지 몰라도, ETS의 총량 제한이 엄격하지 않거나(이 경우는 정책의 핵심 항목이 실패했다고 할 수 있다), 또는 실제로 미래의 총량 제한에 대한 동태적인 효과가 있는(이 경우에는 확고한 증거가 없으며, 비용이 많이 드는 새로운 정책을 도입하기에는 불확실한 근거처럼 보인다) 경우가 아니라면 EU 전체의 온실가스 배출은 감소시킬 수 없다.

보다 일반적으로 말하면, ETS가 정책의 핵심 항목으로 유지되는 한, 특정 국가의 탄소세는 전반적인 배출량을 감소시키는 데 효과적이지 않을 것이다. 따라서 탄소세는 한 국가의 온실가스 배출을 감소시키지만, 다른 지역의 배출을 보조해 주는 셈이다. 이는 그러한 조세가 국내(domestic) 목표를 달성하는 데 비효율적이거나, 또는 불필요하다는 것이 아니다. 나중에 우리가 다시 논의하게 될 문제 ― 국제적인 거래제도의 맥락에서 개별 국가의 목표가 갖는 역할을 어떻게 평가하는가의 문제 ― 에 대해 예를 들어 설명하려는 것이다.

본서가 총량 제한 및 배출권 거래제의 설계에 관한 책은 아니지만, ETS는 탄소 배출의 가격설정에 매우 중요하기 때문에 이에 대해 어느 정도 관심을 가져야 할 필요가 있다. ETS의 적용 범위가 완전하지 않은 만큼, 이 제도가 다른 가격 정책들과 상호 작용을 하는 방식은 특히 중요하다. 총량 한도의 설정과 배출권의 배분도 역시 중요하다.

ETS의 처음 두 단계에서는 개별 국가들이 평상시와 같이 정상적으로 경제활동을 한다고 가정한 후, 산출한 배출량 수준에 기초하여 국가별 총량 제한 목표치를 EU에 제시하였다. 이 제도하에서는 분명히 회원국들 간에 서로 배출 할당량을 많이 받으려는 '게임'을 할 유인이 있다. 첫 번째 단계에서는, (영국을 포함한) 일부 소수 국가들에서만 할당량이 부족하였다. 두 번째 단계에서는 대부분의 회원국들이 처음에 제시한 총량 제한 목표량에 있어서 충분한 감축량을 제시하지 않았기 때문에 유럽위원회(European Commission)가 그들의 제안을 거절하였다. 세 번째 단계에서는 보다 중앙집권화된 배분 메커니즘이 제안되었다.[16] 이러한 문제점들에도 불구하고, 총량 제한을 설정하는 데 있어서의 어려움과 이 제도가 정치적 로비활동에 노출되어 있는 정도는 그 심각성이 아주 중요하다.[17]

일단 배출 총량이 설정되면 배출권이 기업들에게 배분되어야 한다. 이것은 '무상할당방식(grandfathering, 배출권 거래제 초기에 기득권을 인정해 배출권을 무상으로 할당하여 배분하는 방식)'에 의해 이루어졌다. 오염원인자는 과거의 배출량 수준을 반영한 배출권을 부여받았다. 무상할당방식은 배출권 거래제 초기 산업별로 부여받은 배출 할당량에 대한 동의를 받기 위해 중요하였지만, 계속 이렇게 진행되는 것은 분명히 바람직하지 않다. 두 번째 단계의 기간 동안 영국의 전력 부문에서 무상할당량이 연간 16억 파운드의 초과이윤을 발생시킨 것으로 추산된다.[18]

유상할당방식인 '공매'가 상대적으로 더 선호된다. 이는 정부의 수입을 증가시키고, 기존의 할당 기업들에게 경쟁우위를 허용하지 않는다. 현재의 계획은 전력 부문에서 2013년에 전체 할당량의 반(半)을 공매를 통해 유상으로 할당하고, 2020년까지 전체 할당량을 전부 공매할 예정이다.

또한 전체 배출량 중 더 많은 부분에 적용되는 제도가 선호된다. 현재 우리는 이중가격제도(dual pricing system)를 갖고 있다. 전체 배출량의 반은 ETS의 적용을 받고, 나머지 반은 ETS의 적용을 받지 않는다. 항공 부문이 2012년에 이 제도에 포함될 예정이다. 결과적으로 실질적인 탄소 가격의 범위가 다양하다. 11.2.3절에서 논의하겠지만 이중가격제도는 현재 기후정책의 핵심인 '구속력 있는 배출량 목표'라는 맥락에서 특별한 문제들을 야기할 수 있다.

향후 가격의 안정성과 확실성을 증가시키는 방법을 구하는 것도 역시 중요할 것이다. 불확실하고 변동적인 가격은 가격신호를 너무 약하게 만들어 에너지 기업과 다른 기업들이 중대한 투자결정을 내리는 것을 어렵게 할 수 있다. 〈그림 11.2〉는 ETS의 첫 번째 단계의 기간 동안 가격이 0까지 내려간 것을 포함해서, 2005~2008년의 기간 동안 가격이 어떻게 변동했는지를 보여 주고 있다.

두 가지 전략이 안정성의 정도를 증가시킬 수 있다. 그중 하나는 시장의 폭을 넓히

---

16) http://europa.eu/rapid/pressReleaseAction.do?reference=MEMO/08/796.
17) 이 이슈는 매우 복잡하며, 다른 국가들로부터 감축량을 구입할 수 있는 것을 허용하는 프로젝트 신용(project credits)의 역할도 포함되는데, 여기서는 무시(생략)하기로 한다.
18) Committee on Climate Change, 2008, p. 149.

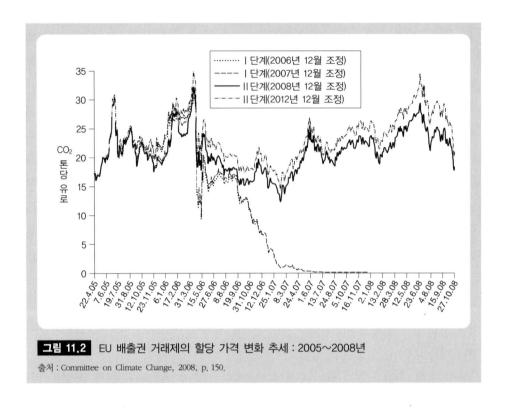

그림 11.2 EU 배출권 거래제의 할당 가격 변화 추세 : 2005~2008년

출처 : Committee on Climate Change, 2008, p. 150.

고 정보 유통과 유동성을 증가시키기 위해 배출 행위, 시간, 그리고 지역에 걸쳐 탄소 시장을 확대하는 것이다. 보다 넓고, 보다 유동적인 시장이 더 안정적인 경향이 있다. 앞 장에서 논의한, 보다 더 이론적인 논리에 따라 가격하한(그리고 아마도 상한)을 두는 것도, 적어도 단기적으로는 가치가 있을 것으로 여겨진다.[19]

(2) 가정용 에너지 소비에 대한 조세

앞에서 논의한 바와 같이, ETS가 존재하는 상황에서 단지 조세가 합리적인 가격 안정성을 유지하기 위한 유일한 방법이 아니라면 추가적인 조세부과의 논거가 비교적 약하다.

그러나 가정 난방에서 사용하는 가스를 포함해서 현재 경제의 중요한 부문들에 대해 ETS가 적용되지 않고 있다. 조세 유인이 더 많은 행동 변화의 동기를 유발할 수 있는, 예를 들어, 에너지 효율적인 재화를 더 많이 구입하도록 하는 특정 분야들이

---

19) 또한 Committee on Climate Change, 2008, p. 156에 의해서도 제안되었다.

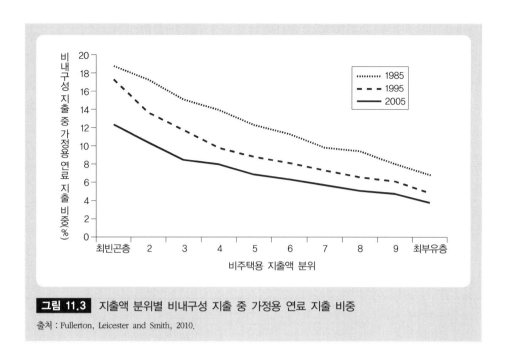

그림 11.3 지출액 분위별 비내구성 지출 중 가정용 연료 지출 비중

출처 : Fullerton, Leicester and Smith, 2010.

있을 것이다. 그렇다면 우리는 가정용 에너지(가스와 전기)에 부가가치세가 단지 5%의 경감세율로 부과됨으로써, 다른 형태의 소비에 비해 실제적으로는 에너지 사용을 보조해 주고 있다는 사실을 인식해야만 한다.

이러한 관점에서 영국은 EU 대부분의 다른 국가들과 다르다. 부가가치세가 가정용 연료에 그렇게 낮은 세율로 부과되고 있는 주된 이유 때문에 조세가 영국 가정용 전기 비용의 5% 이하를 차지하고 있으며, 이는 EU 기준에서 볼 때 매우 낮은 수준이다.[20] 결과적으로 영국의 세전 전기 가격은 EU 27개국의 평균보다 약간 더 높지만 세후 가격은 평균보다 더 낮다.

가정용 에너지 소비에 대해 세금을 감면해 주는 주요 이유는 항상 '분배적인 측면'을 고려했기 때문이었다. 평균적으로 빈곤한 가구가 부유한 가구보다 전체 지출 중에서 더 많은 비중을 에너지에 지출한다. 이러한 현상이 〈그림 11.3〉에 나타나 있다. 가정용 연료는 시간이 흐름에 따라 전체 지출 중에서 훨씬 덜 중요한 비중을 차지하고 있다. 이러한 현상은 빈곤한 가구에게 있어서 특히 더하지만, 아직도 여전히 소득

---

20) 출처 : Eurostat, *Data in Focus 23/2008 : Environment and Energy* (http://epp.eurostat.ec.europa.eu/cache/ITY_OFFPUB/KS-QA-08-023/EN/KS-QA-08-023-EN.PDF).

최하위 계층의 연료 지출 비중이 최상위 계층보다 3배나 더 많다. 지난 정부는 빈곤한 가구의 연료 지출비용에 대해 매우 우려하여 '연료 빈곤(fuel poverty)'[21]의 상황에 처한 가구의 수를 줄이겠다는 구체적인 목표를 세웠다. 그러나 1970년 이후 가구의 실내 평균 온도가 12℃에서 18℃로 무려 6℃만큼 올랐다는 사실을 유념해야 할 것이다.[22]

경제적인 관점에서 볼 때 (i) 단순히 에너지를 더 많이 소비하는 선호를 가진 사람들(예 : 집 안을 더 따뜻하게 유지하거나 또는 더 많은 전기 제품을 사용하기 위한 경우)과 (ii) 주택 단열과 보온이 잘 되지 않아 에너지를 더 많이 사용할 필요가 있는 사람들, 그리고 (iii) 연로하거나 아프기 때문에 보다 많은 에너지 사용이 필요한 사람들 등을 구분할 필요가 있을 것이다. 분명히 첫 번째 그룹의 사람들은 보조해 줄 타당한 이유가 없다. 두 번째 그룹은 그들의 주택을 보다 에너지 효율적으로 만들기 위해 보조가 필요할 수 있다. 만약 그들의 주택을 연료 절약형으로 만들 수 없는 상황이라면, 마지막 세 번째 그룹의 경우와 마찬가지로 단순히 재정적 지원이 필요할 것이다.

가정용 에너지 사용에 조세를 부과하여 거둔 수입의 일부는, 빈곤한 가구에게 보조금을 올려 주고 다른 조세를 감면해 주는 방식으로 사용될 수 있다. 문제는 이를 통해 평균적으로는 어려운 사람들을 보상해 주겠지만 여전히 많은 취약 계층의 가구들(즉 평균보다 상당히 더 많은 에너지를 사용하는 가구들)의 복지를 다소 더 악화시킬 수 있다는 것이다. 제9장에서 논의했듯이 이러한 개혁으로부터 근로유인에 미치는 잠재적 영향에 대해서도 매우 신중해야 할 필요가 있다.

이러한 문제가 〈그림 11.4〉에 나타나 있다. 이 그림은 만약 연료에 대한 부가가치세가 5%에서 17.5%로 인상된다고 가정할 경우, 소득분포에서 서로 다른 지점에 있는 가구들이 보게 될 손실을 주당(週當) 파운드 단위로 보여 주고 있다. 전체 소득분포를 10분위수로 나누었을 때 각 소득 분위별 막대 그래프는 평균 손실을 보여 주고 있으며, 실선은 각 소득 분위별 손실을 다시 100분위수로 나누었을 때 25번째, 50번째, 그리고 75번째 백분위수에 해당하는 손실의 크기를 보여 주고 있다. 소득 최하위 계층의 경우에 중간 손실은 주당 2파운드를 조금 넘지만, 이 계층의 1/4에 해당하는

---

21) 연료 빈곤이란 집 안에 적당한 온기를 유지하기 위해 지출되는 연료의 난방비용이 가구소득의 10%를 넘는 경우를 의미한다.

22) Committee on Climate Change, 2008, p. 217.

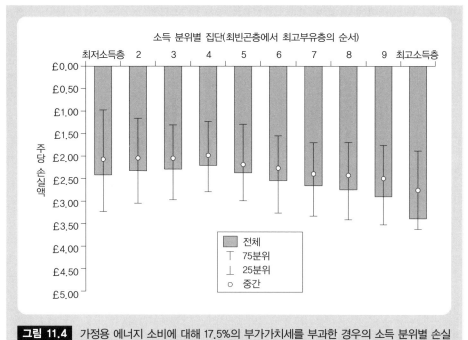

소득 분위별 집단(최빈곤층에서 최고부유층의 순서)

그림 11.4 가정용 에너지 소비에 대해 17.5%의 부가가치세를 부과한 경우의 소득 분위별 손실

주 : 소득 분위별 집단은 전체 가구를 맥클리먼츠(McClements) 동등화 지수를 사용해 가구원 수에 맞게 조정한 가처분소득
에 따라 똑같은 규모의 10개 집단으로 구분한 것이다.

출처 : TAXBEN 모형과 2007 Expenditure and Food Survey 자료를 이용해 저자 산출.

가구들은 주당 3파운드를 훌쩍 넘는다.[23]

탄소세의 오랜 옹호자들인 Simon Dresner와 Paul Ekins가 보여 주었듯이[24] 탄소세
와 같은 조세수입을 사용하여 보조금 제도를 통해 모든 저소득층 가구들에게 효과적
인 보상을 제공해 주는 것은 불가능하다. 그들은 상당한 세율 인상을 위해서 그러한
가구들의 에너지 효율성을 개선하는 장기 프로그램이 선행되어야 할 필요조건이라는
결론을 내렸다. 그러한 접근방식은 1990년대 초 가정용 연료에 부가가치세 정상세율
을 부과하려는 시도를 좌절시켰던 반대를 일부 누그러뜨리는 데 도움이 될 것이다.

그러나 다른 많은 국가들이 고통을 감내하면서 에너지 소비에 대해 부가가치세를
부과한 사실을 상기할 가치가 있다. 부가가치세를 20%인 정상세율로 올리면 실질적
인 에너지 가격은 14% 조금 넘게 인상될 것이다. 2006년 이후 시장가격의 변동과

---

23) 이러한 유형의 수치들을 어떻게 해석하는가에 대한 논의는 제9장 참조.
24) Dresner & Ekins, 2006.

에너지 가격의 명백한 장기 상승은 그보다 훨씬 더 주목할 만하다. 2008년에는 3개의 기존 정책 — 즉 EU ETS, 재생 에너지 사용 의무(RO), 그리고 탄소배출 감축목표[25) — 이 이미 전기요금을 8% 정도 인상한 것으로 추정되는데[26)], 일반 대중의 눈에 덜 띄고, 그 결과 (전기요금 인상에 대한 명시적인 보상이 없었는데도 불구하고) 반대를 더 적게 불러일으켰다. 또한 앞에서 살펴보았듯이 재생가능 에너지원의 사용을 증가 시키자는 제안은 시간이 흐를수록 비용 상승으로 이어질 것이다.

종합적으로 볼 때 부가가치세 정상세율을 가정용 연료 소비에 확대하자는 데 대해 — 일반적으로 부가가치세의 단일 세율을 보다 널리 적용하자는 데 대한 강력한 논 거가 있는 것처럼 — 강력한 논거가 있다. 제 기능을 발휘하고 있는 ETS가 있는데 전기 소비에 대해 추가적인 조세를 부과하는 것은 확실한 논거가 없다. 그러나 가스 가 ETS의 적용을 받지 않는 상태로 남아 있다면 가스 소비에 대해서는 추가적인 조 세를 부과하는 것이 설득력 있다. 2009년의 ETS 효과를 대략 일치시키기 위해서는 가스 가격의 10% 범위 이내에서 그러한 조세를 부과할 필요가 있다. 이로 인한 조세 수입의 일부는 보상과 단열 및 에너지 효율성을 향상시키기 위한 수단에 사용되어야 할 것이다.

(3) 기후변화세

영국에서 단지 그 명칭 때문이라면 여기서 간략히 논의할 만한 가치가 있는 특별한 조세가 하나 있다. 2001년 4월에 도입된 '기후변화세(Climate Change Levy)'는 사업 장에 공급되는 에너지에 부과되고 사용자가 납부한다. 가스, 석탄, 또는 원자력에 의 해 발전되는 전기는 매우 다른 탄소 배출량에도 불구하고 똑같은 세율로 과세되고 있다. 가스, 고체 연료, 또는 액화석유가스(LPG)의 직접적인 사용에는 경감세율로 부 과되고, 재생 에너지원으로 발전된 전기는 일부 면제가 가능하다. 기후변화세는 2010 ~2011년에 약 7억 파운드의 세수가 거두어질 것으로 예측되었다.[27)]

기후변화세는 여러 가지 흥미로운 특징을 가지고 있다. 첫째, 기후변화세는 온실 가스 배출에 대한 조세라기보다는 에너지 소비에 대한 조세에 가깝다. 둘째, 기후변

---

25) 탄소배출 감축목표에 대한 자세한 설명은 아래의 인터넷 주소에서 찾아볼 수 있다.
   http://www.decc.gov.uk/en/content/cms/what_we_do/consumers/saving_energy/cert/cert.aspx.
26) Ofgem, 2009.
27) http://budgetresponsibility.independent.gov.uk/wordpress/docs/hmrc_receipts_300610.pdf.

화세의 도입과 함께 사업자의 전체 조세부담을 증가시키지 않도록 고용주가 부담하는 국가보험기여금이 0.3% 인하되었다. 사실상 기후변화세로 인한 수입보다 국가보험기여금의 인하가 더 가치 있는 일이었다. 셋째, 에너지 집약적인 기업들이 에너지 효율성 목표를 달성하겠다는 동의를 하면, 그 대가로 기후변화세의 80%까지 감면을 허용하는 기후변화협정(Climate Change Agreements, CCAs)이 기후변화세와 함께 운영되었다. 넷째, 기후변화세로 인한 수입의 일부는 (이미 국가보험기여금 삭감에 소진된 것 이상으로) 에너지 절약에 대한 자문과 지원을 기업에 제공하기 위해 정부가 설립한 기관인 탄소신탁(Carbon Trust)의 재원을 조달하기 위한 보증에 사용되었다.[28] 다섯째, 기후변화세는 기업에만 적용된다. 마지막으로, 기후변화세를 운용하는 처음 5년 동안에는 물가상승에 연동시키지 않았고, 따라서 이의 실질 가치는 (그리고 아마도 그 영향은) 매년 감소하였다.

이러한 관점에서 기후변화세는 여타 현재 운영 중이거나 제안 중인 '녹색 조세(green taxes)'와 흥미로운 유사점들을 갖고 있다. 녹색 조세 도입의 정치·경제적 배경에는, 다른 조세를 감면해 주고, 세수를 담보로 제공하고, 사업 부문에 중점을 두는 것 등이 녹색 조세 설계의 중요한 요소인 것처럼 보인다. 그리고 매년 세율 인상 조정이 필요한 조세는 물가에 연동하여 자동적으로 인상되는 — 부가가치세와 같은 — 비례세보다 실질 가치를 유지하기 쉽지 않을 것이다. 기후변화세와 더불어 기후변화협정을 함께 사용하는 것은, 에너지 집약적인 산업의 국제경쟁력에 대한 관심뿐만 아니라 기업이 에너지 사용을 감소시키는 데 있어서 정보 제공과 자문이 필요하다는 견해를 반영하고 있다. 환경 분야에서 조세정책의 많은 다른 측면과 같이 — 배출권 거래 할당량의 무상 배분을 포함하여 — 기후변화협정의 범위와 구조, 그리고 이에 수반되는 주요 세율의 인하폭 등은 활발한 로비활동을 초래할 것이다.

기후변화세는 결함이 많은 조세다. 일반 가정은 기후변화세를 전액 면제해 주고, 에너지 집약적인 산업에는 80%까지 감면해 주며, 기후변화세를 부과하는 대신 다른 조세들을 감면해 주고, 아직 징수하지 못한 세수입을 담보로 다른 사업의 재원을 조달하고, 로비활동의 기회를 제공하는 것 등은 기후변화세 부과로 인해 발생하는 부담을 덜어 주기 위한 중요한 타협안들이다. 이는 정부가 많은 환경세들의 부과에 필

---

28) 또 다른 조세의 삭감으로 사용되어 줄어든 금액 이상의 세수를 보증으로 사용함으로써 야기되는, 논리적으로 풀기 어려운 문제는 세수로 담보계약을 하려는 노력과 함께 발생하는 불합리한 문제들 중 하나에 불과하다.

요하다고 간주되는 타협안을 반영시킨 것이다. 그러나 이와 같이 복잡한 부분이 전반적으로 일관성 있는 조세체계를 만들지 못하는 요인이 되고 있다.

11.2.3 탄소 가격

우리는 지금까지 탄소 가격의 적정 수준에 대해 논의하는 것을 피해 왔다. 많은 사람들은 이것이 비교적 단순한 이슈라고 생각할지도 모른다.

1톤의 추가적인 탄소 배출량과 관련한 미래 비용의 현재가치로 정의된, 소위 '탄소의 사회적 비용(social cost of carbon, SCC)'을 산출하는 데 많은 노력을 쏟아 왔다. 불행하게도 탄소의 사회적 비용은, 특히 이를 산출한 추정치의 다양한 범위 때문에 정책 결정 과정에서 제한적으로만 이용되어 왔다. Watkiss와 Downing(2008, p. 101)은 탄소의 사회적 비용 추정치가 "기후 영향의 불확실성, 영향 지역과 양 끝의 범위, 그리고 특히 할인율, 형평성 비중, 기후 민감도에 대한 결정변수들의 선택을 반영하여, 0파운드(또는 그 이하)에서부터 탄소 톤당 1,000파운드 이상까지 적어도 세 자릿수(1,000배)에 걸쳐 있다"고 결론을 내렸다. 실로 이 모든 것들에 있어 다양한 다른 견해를 가질 수 있다는 이유 때문에 기후 변화에 대한 적절한 대응에 대해 경제학자들 간에 상당한 불일치가 존재하는 것이다. 특히 미래와 비교하여 지금 현시점에서 배출 감축을 위해 얼마만큼 노력을 기울일 가치가 있는가, 그리고 실제로 탄소에 얼마의 가격을 설정해야 하는가에 대해서도 경제학자들 간에 상당한 불일치가 있어 왔다.

상황을 더 복잡하게 만들자면, 탄소의 사회적 비용 추정치는 또한 미래의 배출 추정량에도 의존한다. 추가적인 탄소 배출에 따른 피해는 대기 중의 온실가스가 어느 수준에서 안정될 것인가에 달려 있다. 예를 들어, 온실가스 농도가 450ppm CO_2e 수준에서 안정된다면, 추가적인 온실가스 배출의 톤당 피해는 650ppm 수준에서 안정되는 경우에 발생하는 피해보다 적을 것이다. 피해는 대기 중 온실가스 농도의 증가에 비례하는 것보다 더 크게 증가한다.

문제는 위험과 불확실성, 그리고 어떻게 그들을 계산에 넣는가와 관련되어 있다. 『스턴 보고서(Stern Review)』에서 택한 한 가지 명시적인 방법은 대기 중 온실가스 농도의 목표치를 선택하는 것인데, 이는 다양한 수준의 농도에서 가능한 기후 변화 시나리오의 비용과 목표치를 달성하기 위한 비용에 대해 알고 있는 것을 근거로 하여 징한다. 450ppm과 550ppm CO_2e의 넓은 구간 사이의 목표치가 적절할 것이라는 스턴의 제안을 따른다면, 탄소의 적정 가격은 오염 감소를 달성하기 위해 요구되는 가장 값비싼 기술의 한계감소비용이 될 것이다.

온실가스 농도 안정화 목표 수준은 실제로 많은 국가들의 기후 정책에 대한 접근 방식의 기초가 되고 있다. 특히 영국에서는 정부가 2020년까지 온실가스 배출을 1990년 수준의 34% 이하로 감축시키겠다는 '구속력 있는' 공약을 선언하였다. 이러한 목표는 정책에 대한 논의의 틀이 되고, 목표를 달성하는 데 있어서 가격과 다른 정책수단들의 역할에 대한 기초 골격을 구성하였다. 이러한 맥락에서 영국 정부는 탄소의 사회적 비용의 측정에 의거하여 적절한 탄소 가격을 정하는 것을 고려하는 방식에서 벗어나, 배출감축 목표치를 달성하기 위해 필요한 가격(비용)에 의거, 탄소 가격에 대한 정의를 내리는 방식으로 전환하였다. 이 입장에 대해서는 내부적으로 일관성을 유지해 왔는데, 당연히 이는 목표 그 자체가 어떤 의미에서 '올바른' 것이라는 신념에 따른 것이다. 그리고 탄소의 사회적 비용을 산출하는 것을 매우 어렵게 만들고 물의를 일으키는 대부분의 불확실성과 판단은 정확한 배출량 목표의 결정을 어렵게 만들고 논란을 일으키게 한다. 그러나 일단 감축 목표를 갖고 있다면 그 감축을 달성하기 위해 탄소 가격을 정하는 것은 합리적이다.

EU도 역시 2020년까지 20%(또는 만약 전 세계적 협약이 이루어진다면 30%) 배출을 감축하겠다는 자체 목표를 설정했고, 이러한 목표를 달성하는 데 있어서 ETS 부문의 적절한 역할을 보장하기 위해 ETS 자체에 총량 제한도 설정될 필요가 있을 것이다. 영국과 같이 국내적으로 그 자체의 엄격한 목표를 설정한 국가들의 경우에 있어서 한 가지 중요한 이슈는, ETS가 적용되지 않는 부문에서 탄소 배출에 설정되는 실제 가격이 ETS가 적용되는 부문보다 높을 필요가 있다는 것이다. 실제로 이 주제[29]에 대한 가장 최근의 정부 지침은 EU ETS에서 거래되는 탄소 가격이 이산화탄소 톤당 25파운드인 반면, 거래되지 않는 부문에서 적용될 적정한 가격은 영국의 감축 목표를 달성하기 위해 이산화탄소 톤당 60파운드가 되어야 한다는 것을 제안하고 있다. 더 나아가 보다 엄격해진 목표를 달성하기 위해 요구되는 기술 비용이 상승함에 따라 적정 탄소 가격도 인상되어야 할 것이다.

이 격차는 영국에서 탄소 배출의 반이 EU 전체에서 거래되는 반면, 나머지 반은 영국의 목표가 독립적으로 설정하고 있는 국내 정책에만 적용된다는 사실에 기인하

---

29) Department of Energy and Climate Change, 2009a.

고 있다. 이러한 현상은 분명히 '비효율성'을 초래한다. 탄소가 거래되지 않는 부문에서는 너무 많은 감축이 이루어지고, 거래되는 부문에서는 감축이 충분하지 않을 것이기 때문이다. 더욱이 탄소가 거래되지 않는 부문에서는 조세나 다른 어떤 기능을 통해 일관성 있는 탄소 가격을 부과하려는 계획이 없다. 보다 많은 배출을 ETS 안으로 끌어들이고, ETS 밖에 남겨진 부문에는 적절한 가격을 적용하면서, EU 정책과 가능한 한 일관성 있는 영국의 목표를 설정하는 것이 중요하다.

11.2.4 기타 정책

본서는 조세에 관한 책이므로 우리는 기후 변화 정책에 있어서 조세와 기타 가격 기능들에 대해 초점을 두었다. 완전한 세상에서는 가격책정 기능만으로 충분할지도 모른다. 그러나 이 세상은 완전하지 않고 의사결정에 있어서의 위험, 긴급함, 타성이 존재한다. 국제적인 체제에서 분명하고 신뢰할 수 있는 미래 가격신호를 보내는 것이 어렵고, 시장은 불완전하다. 소비자들이 배제된 상황이며 형평성에 대한 심각한 우려가 존재한다. 이러한 제반상황을 감안할 때, 가격정책만이 국가적으로나 또는 국제적으로 필요한 유일한 정책은 아니라는 사실에 주목할 필요가 있다.[30]

국제적으로 정책은 기술변화를 지원하고 가속화시키는 데 초점을 맞추고, 시장실패와 정보의 문제, 거래비용 등을 감안할 필요가 있다. 또한 중국과 같은 국가들은 석탄이 풍부하고 저렴하므로, 특히 전기 생산에서 배출되는 이산화탄소를 줄일 수 있는 수단 개발 등을 포함한 기술적 해결책이 필요할 것이다. 실제로 그러한 기술에 대한 지원은 기후 변화 정책에 절대적으로 중요하다.

에너지 소비가 많지 않은 부문에서 조세체계를 통해 가격을 책정하는 것은 행동을 변화시키는 데 충분하지 않은 것 같다. 가정 부문과 에너지 소비가 많지 않은 사업 부문에서는, 에너지 가격 상승에 대응하는 과정에서 정보 부족과 에너지 효율성 향상에 관련된, 예를 들어 단열재 설치를 통한 '수고비용(hassle costs)'을 포함해 다수의 장애물이 존재한다. 개개의 배출량이 적지만, 그렇게 많은 수를 대상으로 거래 제도를 운영하는 데 수반되는 비용도 만만치는 않을 것이다.[31] 또한 가격 설정도 농업 부문과 같이, 다수의 배출원이 존재하고 매우 특별한 행동양식이 상당히 문제가 되는 일부 부문들에서는 실행하기 어려울 것이다. 예를 들어, 아산화질소의 배출량을

---

30) Stern, 2008, p. 23.
31) Department for Environment, Food and Rural Affairs(2008) 참조.

결정하는 데 있어서 얼마나 많은 화학비료를 사용하는지, 그뿐만 아니라 언제 사용하는지도 역시 문제가 된다. 이러한 사례들의 많은 경우에는 아마도 규제가 적절한 경제적 수단일 것이다.

정부는 여러 가지 '비(非)가격 정책'을 활용하고 있다. 영국의 이러한 정책에는 기술(특히 시범 탄소 포집 프로젝트)에 대한 지원, 에너지 공급자들에게는 그들이 에너지를 공급하는 많은 가구들의 에너지 효율성을 향상시키도록 하는 의무, 휘발유에는 바이오 연료를 사용케 하는 의무, 점점 더 엄격해지는 건축 규제, 그리고 전기 발전에 사용되는 재생 에너지원에 대한 직접적인 지원 등이 포함된다. 이러한 영역에서 에너지 효율성 투자를 위한 다양한 감세와 보조금 등의 여러 가지 사소한 조세정책들도 또한 존재한다. 예를 들어, 제로 탄소 가정에는 부동산 취득세를 면제해 주고 있다.

여기서 우리가 '비(非)조세 정책'의 정확한 조합에 대해 판단할 것은 아니지만, 두 가지 점은 중요하다. 첫째, 정책의 범위가 일관성이 있어야 하고, 각 경우에 특정한 시장실패와 관련되어 있어야 한다. 일관성 있는 가격신호 이외의 정책을 사용할 경우 이에 관한 정당한 논거가 항상 있어야 한다. 둘째, 보다 중요한 것은, 결정적으로 다른 정책들이 가격 설정에 방해가 되어서는 안 된다는 것이다. EU 차원에서 이러한 일이 발생할 수 있는 실제 위험이 존재한다. 우리는 배출권 거래제(ETS)를 갖고 있을 뿐만 아니라, 20%의 배출감축 목표, 에너지 공급에서 20%의 재생 에너지원을 사용하는 목표, 그리고 20%의 에너지 효율성 목표를 가지고 있다. 이러한 모든 목표들은 2020년을 목표로 수립되어 있다. 이는 '2020년까지 20-20-20'이라는 멋진 슬로건을 내걸고 있다(또한 2020년까지 10%의 바이오 연료를 사용하는 목표도 있다). 불행하게도 이는 멋진 슬로건일지 몰라도 훌륭한 정책이 될 수는 없다. 만약 정책이 실제로 이러한 목표들을 달성하기 위해 설계된다면, 재생 에너지원 목표로 인해 ETS 자체의 기반이 약화될 수 있고, 온실가스 감축목표는 ETS가 주요 수단으로 사용되는 경우보다 훨씬 더 높은 고비용을 치르면서 실시될 가능성이 충분히 있다.

11.3 결론

대부분의 국가들과 마찬가지로 영국도 온실 가스의 가격 설정을 위해 일관성 있게 접근하는 것과는 거리가 멀다. 많은 부문에서 배출에 대한 가격이 전혀 설정되지 않았다. 가정용 가스 사용에서의 배출이 가장 대표적이며, 농업 부문에서의 배출도 역시 마찬가지이다. 사실상 가스와 전기 소비에 부과되는 부가가치세의 경감세율은 상당한 보조금을 의미한다. 실질적으로 가격을 부과하는 것과 같은 효과를 가져오는 다양한 가격장치가 여타 배출 부문에 적용되고 있다. 그리고 수입품에 '내재된' 배출은 완전히 무시하고 있다. 반면에 유럽 차원에서 운영 중인 거래제도는 더 많은 부문들을 수용하고, 공매를 통해 더 많은 할당량을 유상으로 배분하는 방향으로 바뀌고 있다. 유상으로 배분되는 할당량, 효과적으로 설정된 총량 제한 등과 함께 다른 부문들에 확대되고 있는 ETS는 국제적인 맥락에서 배출을 효과적이고 일관성 있게 처리하는 데 매우 중요한 수단이 될 것으로 보인다. 가격 설정과 배출권 거래에 대해 보다 광범위한 국제 협약도 역시 필요할 것이다.

지금까지 줄곧 강조해 왔듯이 일관성 있는 가격 설정은 기후 변화 문제를 다루는 데 있어서 필요하지만, 그 자체만으로 충분하지는 않다. 영국에서 마련되어 있는 다른 정책들의 목록은 많고 복잡하다. 수많은 미숙한 규제와 보조금이 조금씩, 예산별로, 장관 발표에 따라 생겨났다. 이는 부분적으로는 정치적 실패이며, 연구 및 기술 개발을 위한 시장의 실패와 소비자에게 전달하는 정보 제공의 실패도 반영한다. 또한 가격 설정이 빈곤층의 소득과 경쟁력에 미치는 영향에 대한 우려들도 함께 반영하고 있다.

그러나 가격 설정에 대해 분명하고 정확하게 이해해야만, 정책결정자들이 어느 부문에서 기후 변화 문제를 다루기 위해 필요하다고 생각하는 특정 몫의 탄소 감축 의무를 감당할 수 있고, 그렇게 감당해야 하는가에 대해 올바른 선택을 할 것이라는 확신을 가질 수 있다. 그것이 중요한 이유는 그 외의 다른 방법들은 훨씬 비싼 비용의 탄소 감축으로 이어지고 정치적 지원을 잃게 될 가능성을 초래하기 때문이다. 따라서 경제학에 대한 정확한 이해가 필요한 주제이다.

구체적으로 조세와 탄소의 가격 설정과 관련하여서는, 우선 에너지 효율성에 대한 상당한 투자 및 적절한 보상 패키지와 함께, 또는 이들이 선행된 다음, 가정용 에너지 소비에 대해 부가가치세를 정상 세율로 과세하는 방안을 도입하는 것부터 시작해야 할 것이다.

EU의 배출권 거래제(ETS)는 개선될 필요가 있으며, 가능하다면 가정용 가스 공급도 이 제도 안으로 수용해야 할 것이다. 만약 그것이 가능하다는 것이 입증되지 않으면, 가스 소비에 대해 예상되는 ETS 가격과 동등한 조세를 추가적으로 부과해야 한다. ETS 할당은 가능한 한 빨리 공매를 통해 전부 유상으로 배분할 필요가 있다. 이 전략에서 중요한 부분은, 필요하다면 가격하한을 설정함으로써 ETS 가격에 훨씬 더 큰 안정성을 가져다줘야 한다는 것이다. ETS가 적용되지 않는 배출에 대해서는 더욱 단순한 단일 가격체계가 요구된다.

이러한 정책들은 보다 합리적인 탄소 가격 설정이 이루어져야 하며 또한 상당한 수입을 가져다줘야 한다. 기후변화위원회(Committee on Climate Change)는 EU 배출권 거래제의 유상할당이, 영국에서 2020년까지 연당 80억 파운드까지의 수입을 올릴 수 있을 것이라고 추정하였다.[32] 이 수입은 탄소 가격(계산상의 목적으로 이산화탄소 톤당 40파운드라고 가정)과 유상할당 배분비율에 달려 있다. 100% 미만 비율의 유상할당과 더 낮은 수준의 탄소 가격은 이 수입을 상당히 감소시킬 것이다. 탄소 가격이 이산화탄소 톤당 21파운드 수준으로 대폭 받는 부문이 있는 경우, 수입이 30억 파운드까지 감소할 것이다. 단기적으로 2013년 이전에는 연간 10억 파운드보다 훨씬 적은 수입이 가능할 것이다. 정부 정책은 수입이 가능한 범위 중에서 분명히 최고액을 목표로 겨냥해야 할 것이다. 우리가 계산한 바에 의하면 가스의 직접적인 소비에 이산화탄소 톤당 40파운드의 조세를 부과하는 경우, 추가적으로 30억 파운드의 수입이 발생할 것이라는 결과를 제시하고 있다.

더욱이 가정용 연료에 대해 부가가치세를 정상 세율(20%)로 부과한다면 빈곤 가구들에게 제공하는 보상 패키지 비용을 지불하기 전에 약 50억 파운드[33]에 이르는 수입을 확보할 것이다.

---

32) Committee on Climate Change, 2008, box 11.3.

33) 출처 : 영국 국세청의 통계자료(HMRC statistics, table 1.5)(http://www.hmrc.gov.uk/stats/tax_expenditures/ table1-5.pdf)를 이용한 저자의 계산결과에 근거를 두고 있다. 2010~2011년 회계연도의 일부에는 부가가 치세 세율이 17.5%가 적용되었고, 나머지에 대해서는 20%가 적용되었다는 사실을 반영하여 조정한 추정치이다.

자동차 관련 조세

영국의(그리고 실제로 다른 모든 국가들에서도 마찬가지) 세입 측면에 있어서 단연 가장 중요한 '환경세(environmental taxes)'는 자동차에 관한 조세이다. 이는 특히 휘발유와 경유에 대한 조세뿐만 아니라 자동차 소유에 대한 조세를 포괄하고 있다. 2010~2011년에 영국의 연료세는 270억 파운드의 조세수입이 예상되고, 자동차 개별소비세(vehicle excise duty, 이하 자동차세)는 60억 파운드를 거둘 것으로 예상되고 있다. 이는 전체 세수(稅收)의 약 6%에 해당한다.[1]

도로운송은 환경과 다른 부문들에 있어서 많은 부작용을 일으키는 원인이 되고 있으며, 그중 가장 많은 비용을 초래하는 것이 교통 혼잡이다. 기타 부작용들에는 교통사고(도로에서의 연간 사망자 수가 영국에서 약 2,600명이고[2], 미국에서는 3만 명을 넘고 있다[3]), 지역적인 대기오염(일산화탄소, 질소산화물, 미세먼지 등), 소음 공해,

---

1) HM Treasury, 2010b, table C11 참조.

2) 이는 2008년도 수치이다. http://www.roadsafetycouncil.com/stats.htm와 http://webarchive.nationalarchives.gov.uk/+/http://www.dft.gov.uk/pgr/statistics/datatablespublications/accidents/casualtiesmr/rcgbmainresults 2008/ 참조.

3) National Highway Traffic Safety Administration, http://www-nrd.nhtsa.dot.gov/Pubs/811291.PDF.

자연경관의 훼손과 생태 파괴, 그리고 온실가스 배출(영국 내 이산화탄소(CO_2) 배출의 13%가 승용차에 기인하고, 추가적인 9%가 다른 형태의 도로운송 차량에 의해 배출되고 있다[4]) 등이 포함된다.

그러나 기존의 자동차 관련 조세들 중 '환경적인 목적'으로 도입된 것은 아무것도 없다. 영국의 도로운송 연료에 조세가 1909년에 처음으로 부과되었고, 도로기금 납부증명서(Road Fund License, 현행 자동차세의 전신)가 도로 보수 및 건설 재원을 조달하기 위한 담보 역할의 부과금으로서 1921년에 처음으로 도입되었다. 그러나 자동차 관련 조세는 이제 자동차 운행으로 야기되는 여러 가지 부작용 문제를 다루는 데 있어서 실효성 측면을 고려해야 할 것이다. 이러한 관점에서 자동차 관련 조세에 대한 설계, 특히 혼잡통행료 부과(congestion charging)와 이러한 통행료가 없는 경우 강구할 수 있는 차선(second-best)의 선택에 대해 살펴보고자 한다.

12.1 자동차 관련 조세에 대한 설계

두 가지 문제가 자동차 관련 조세에 대한 최적 설계를 유난히 어렵게 만드는 요인이다. 첫째, 자동차 운행은 여러 가지 다양한 부작용을 일으키므로, 이렇게 다양한 문제들에 대해 별도의 수단들을 다양하게 사용하는 것이 적절해 보인다. 둘째, 자동차 운행이 야기하는 수많은 외부성들에 있어서, 연료 소비량 또는 주행 거리와 사회가 부담해야 하는 비용 간에 명확한 연관성이 존재하지 않는다. 온실가스는 연료 소비량에 거의 정확하게 비례해서 배출되므로, 휘발유와 경유에 부과되는 조세는 이러한 효과를 직접적으로 반영할 것이다. 반면에 혼잡비용은 자동차 운행이 언제 그리고 어디에서 일어나는지에 따라 다르다. 지역적인 대기오염에 추가되는 비용은 지역에 따라, 그리고 자동차의 특징에 따라 달라진다. 교통사고와 자동차 운행량 간의 상관관계는 명확하지 않다.

다음 〈표 12.1〉은 자동차를 1킬로미터 추가적으로 운행할 경우에 발생하는 부정적 외부효과 비용에 대한 (다소 오래된) 추정치를 나타내고 있다. 이 표는 다음 세 가지를 보여 주고 있다. 첫째, 자동차 운행에 의해 여러 종류의 다른 비용들이 발생한다.

---

4) King(2007)에서 인용.

| 표 12.1 | 자동차 운행이 초래하는 한계외부비용 추정치

외부성 초래 요인	낮은 추정치	높은 추정치
운영비	0.42	0.54
사고	0.82	1.40
대기오염	0.34	1.70
소음	0.02	0.05
기후 변화	0.15	0.62
교통 혼잡	9.71	11.16

출처 : Sansom et al., 2001.

둘째, 최고와 최저 추정치 간의 차이가 보여 주듯이, 이 비용들에 대해서 상당한 불확실성이 존재한다. 셋째, 비용 면에서 혼잡비용이 다른 외부비용에 비해 상당한 격차를 두고 있는 데서 보듯이 가장 중요하다. (기후 변화 비용은 기후 민감도에 대한 최근의 상향 수정이 이루어지기 전에 계산되었다는 사실을 주목할 필요가 있으며, 최신의 수치들은 여전히 혼잡비용이 외부효과에 있어서 훨씬 더 크다는 것을 보여 주고 있다.)

항상 그렇듯이 활용 가능한 정책수단들을 감안해서 조세수단을 고려하는 것이 중요하다. EU, 일본, 그리고 미국 등에서 자동차 배출 수준의 목표는 다양한 규제에 의해서, 그리고 제조사와의 자발적 협정에 의해서 관리되고 있다. 이들은 특히 소비자들이 자동차 구매결정의 장기비용에 대해 충분한 정보를 알지 못하는 경우(또는 이에 대해 충분히 고려하지 않을 경우), 환경적인 목표를 달성하는 데 상대적으로 효과적인 방법일지도 모른다. 실제로 그러한 규제가 조세체계와 함께 중요한 지위를 차지하고 있으며, 규제비용이 종종 예상보다 훨씬 더 석게 든다는 사실을 보여 주는 증거가 있다.[5]

규제의 한 가지 흥미로운 사례는 신차(新車)에 촉매 변환기를 장착하도록 하는 필요조건이었다.[6] 이는 분진 배기가스 배출을 감소시키고, 모든 신차가 무연 연료를 사용하도록 만들고, 연료분사와 전자식 엔진 제어 장치의 도입 ― 두 가지 모두 배기가스를 더욱 감소시키는 기술진보에 해당 ― 을 촉진시켰다. 동시에 조세 유인은 기존의 자동차 소유자들이 유연 휘발유에서 무연 휘발유로 전환하도록 조장하였다. 만

---

5) Harrington, Morgenstern, & Nelson(1999), King(2008) 참조.
6) EU에서 1993년부터 시행되었다.

약 모든 자동차에 무연 휘발유를 사용하도록 규제했다면, 무연 휘발유로 주행하는 엔진으로 개조할 수 없는 상당수의 자동차를 비경제적으로 조기 폐차할 수밖에 없었을 것이다. 반면에 무연 휘발유에 유리하게 조세를 차등화한 것은 많은 비용을 치르면서 모든 중고차를 조기에 폐차하도록 강요하지 않고 엔진을 개조하게 하거나, 또는 무연 휘발유로 주행할 수 있는 신차를 구입하도록 하는 유인을 제공하였다. 그러한 의미에서, 자동차 관련 규제와 동시에 연료세를 차등화한 것은 잘 설계된 환경세의 좋은 사례였다고 할 수 있다.

현재 영국에는 자동차 운행에 관해 두 가지 주요 조세들만 존재한다(이와 함께 업무용 차량 세제(company car tax regime)가 있으며, 이에 대해서는 12.3.2절에서 논의할 예정이다). 첫째, 연료세(fuel duty)는 거리당 주행비용 또는 연비가 낮은 자동차의 구입 비용을 증가시킨다. 둘째, 자동차세(vehicle excise duty, VED)는 자동차의 이산화탄소 배출량 ― 따라서 연비(연료 효율성) ― 에 따라 매년 정기적으로 부과된다. 이러한 차이는 보다 더 효율적인 자동차의 구입과 더불어 비효율적인 자동차의 조기 폐차를 조장하는 유인으로 볼 수 있다. 연료세와 자동차세는 둘 중 무엇이든 간에 온실가스 배출에 영향을 미치는 데 효과적일 수 있지만, 혼잡, 지역적 대기오염, 소음공해, 또는 교통사고 등을 감소시키고자 하는 목표에 대해서는 모두 효과적이지 않다. 휘발유나 경유를 아주 적게 소비하는 자동차도 연료 소모가 많은 자동차만큼 혼잡을 야기한다. 도로 상에 오염을 배출하지 않는 완전히 새로운 형태의 자동차들 (예 : 전기 자동차)이 기존의 차량을 대체하더라도 교통 혼잡에 대해서는 똑같은 문제를 일으킨다. 전기 자동차는 연료세가 부과되지 않고 자동차세의 적용도 받지 않으므로, 현재의 조세체계는 전기 자동차가 자동차 운행의 가장 큰 외부비용인 교통 혼잡을 가중시키더라도 이를 막을 방법이 없다.

자동차 운행의 여러 가지 다른 부작용들을 고려한다면, 적어도 원칙적으로 다음과 같은 조세가 부과되기를 원할지도 모른다는 점을 시사한다.

- 유해한 오염배출량에 따라 연료세를 차등 부과한다.
- 자동차 운행의 시간과 장소에 따라 혼잡통행료를 차등 부과한다.
- 자동차 운행의 시간과 장소에 따라 소음부과금을 차등 부과한다.

또한 이에 더하여

● 보험료의 교통사고 관련 요소에 대한 종가세(ad valorem tax)를 부과한다.

이 모든 이슈들을 여기서 다루기보다는 가장 큰 이슈인 혼잡통행료의 경우에 관해 초점을 맞추고자 한다.

12.2 혼잡통행료 부과

아무리 조세가 배출량과 엔진 규모에 따라 차별적으로 부과되더라도 단지 연료 소비와 자동차 소유권에 대해 과세하는 것은 어느 조세이든 자동차 사용이 혼잡에 미치는 영향을 반영하는 좋은 수단이 아니다. 그 결과, 최적 조세에 근접하는 어떤 결과도 가져다주지 못할 것이다. 많은 여행이 비교적 한산한 도로 상에서 이루어진다. 이러한 여행의 경우, 도로 상의 다른 이용자들에게 야기하는 혼잡비용은 최소인 반면 조세는 과도하게 부과받고 있다. 이러한 의미에서 정기적으로 바쁜 시간에 시내를 운전하는 사람들에 비해 지방 도로를 이용하는 사람들은 상대적으로 과도한 조세를 부과받는 것이다. 그 결과, 한산한 지역에서의 교통량에 비해 시내에서는 너무 많은 교통량이 발생하고 있는 것이다.

혼잡의 경제적 비용은 매우 크다. 영국 정부를 위해 산출한 추정치에 의하면, 실제의 혼잡 수준과 비용을 정확하게 반영하기 위해 장소와 시간대에 따라 금액이 다르게 설정된 통행료 제도(road pricing scheme)가 시행된다면, 2025년에 연간 후생편익이 280억 파운드(또는 국민소득의 약 1%)에 이를 것으로 나타났다.[7] 이러한 수치는 매우 정교한 체계를 가정하고 있으며, 그 수치 자체가 상당한 불확실성 조건하에 있지만 가능한 편익의 크기가 매우 크다는 것을 보여 주고 있다.

혼잡통행료 부과와 이로 인해 정부의 지지율이 낮아지는 위험을 감수하도록 종용하는 일을 선호하는 또 다른 이유는, 시간이 흐름에 따라 연료세가 자동차 운행과 관련된 외부성을 내부화하는 역할을 제대로 하지 못할 것이기 때문이다. 현재의 세율을 유지한다면 시간이 지남에 따라 세입도 줄어들 것이다. 기후변화위원회(Committee

---

7) 추정된 편익은 2002년도 가격이다. 이 계획(도로가격계획)의 모델은 킬로미터당 최고 80페니이며, 시간대, 지역, 그리고 도로 형태에 따라 75개 다른 수준의 혼잡통행료를 부과하였다. 추정된 후생편익 280억 파운드 중에서 약 150억 파운드는 더 높은 국민소득에 기인한 것으로 추정되었다(출처 : Department for Transport, 2006).

on Climate Change, 2008)는 자동차가 더욱 효율적으로 변함에 따라 예상되는 세입의 감소 이외에, 자동차 연료 효율성을 향상시키기 위한 추가적인 조치로 인해 연료세의 세입이 2020년까지 연간 25억 파운드 정도 감소될 것이라고 추정하였다. 또한 기후변화위원회는 기술 발전이 휘발유와 경유 자동차를 도로 상에서 거의 완전히 몰아낸 다음의 미래를 예상하고 있다. 그러한 세상에서는 자동차 운행에 어떤 조세도 부과되지 않지만, 주요 외부성 ― 혼잡 ― 은 여전히 남아 있고, 실제로는 더 증가할 것으로 예상된다. 게다가 연료세로부터 징수되는 세입 270억 파운드의 손실을 정부가 태연하게 관망하지만은 않을 것이다. 다른 형태의 조세를 부과하는 것, 특히 혼잡통행료를 부과하는 것은 단지 경제적 효율성만의 문제가 아니다. 이는 또한 재정적 필요성의 문제로 판단해야 할 것이다.

연료세의 역할이 감소함에 따라 당연히 혼잡통행료 부과를 뒷받침하는 경제적 효율성의 논거를 더욱 강하게 주장할 수 있다. 만약 연료세를 통해 자동차 사용에 대해 실질적으로 과세할 수 없는 ― 그리고 연료세를 대체할 수 없는 ― 상황에서 혼잡통행료가 존재하지 않는다면, 가격 기능을 통해 자동차 운행에 의해 야기되는 어떤 부정적 외부효과도 거의 상쇄시키지 못할 것이다.

국가적으로 도로 사용에 가격을 매기는 일은 크고 복잡한 일이다. 이는 상당한 정치적 위험을 감수해야만 할 것이다. 그러나 이로 인해 얻을 수 있는 이득의 크기가 크기 때문에 우리는 '통행료 징수제(road pricing)'를 우선적으로 도입해야만 할 것이다.[8] 언제 그리고 어디에서 여행하는가에 따라 크게 달라지는 혼잡비용을 고려해 볼 때, 현재 유형의 조세는 운전자들이 타인에게 부과하는 비용을 전혀 반영하지 못하고 있다. 또한 도로 사용에 대해 부과금 체계로 전환하게 되면 이는 고속도로망의 소유와 재원조달 방식을 근본적으로 바꿀 가능성이 있다. 도로의 소유, 규제, 부과금 체계에 있어서 여러 공공사업 시설들에 현재 부과하고 있는 방식과 동일한 사용료 체계로 전환하자는 제안은 진지하게 고려해 볼 만한 가치가 있다.[9]

유럽의 많은 국가들에서 오래전부터 시행된 고속도로 통행료에서부터, 싱가포르에서 시간과 장소에 따라 달라지는 통행세와 네덜란드의 급진적 제안에 이르기까지, 이런저런 형태의 통행료 징수에 대한 경험은 국제적으로 널리 퍼져 있다. 지금까지

---

8) 이는 정부의 교통정책을 검토한 바 있는 Rod Eddington 경(Eddington, 2006)을 비롯해서 다른 많은 사람들로부터 큰 호응을 얻었다.

9) Newbery & Santos(1999)와 Newbery(2005) 참조.

영국 도시지역의 통행료 징수와 관련된 중요한 경험이 하나 존재한다. '런던 혼잡통행료(London Congestion Charge)'가 바로 그것이다. 이는 월요일부터 금요일까지, 오전 7시부터 오후 6시 사이에 자동차가 도심지역을 진입할 때 일시불로 통행료를 부과하게 하는 매우 미숙한 제도이다. 이 제한시간과 경계지역을 벗어나면, 사람들이 언제, 어디를, 얼마나 멀리 운전하는가에 따라 통행료는 달라지지 않는다. 그럼에도 불구하고 이는 '경제학의 승리'라고까지 묘사되고 있다. Leape(2006)은 "런던 혼잡통행료는 교통 혼잡이 외부성을 초래하며 통행료 징수는 이에 대한 적절한 정책적 대응수단이라는 인식에 대해 공적으로, 정치적으로 선명한 입장을 표명한 것"이라고 주장하였다.[10] 또한 Leape은 "런던 혼잡통행료로 인해 도심지역 내의 교통정체가 감소하였고, 통행시간 신뢰도가 향상되었다"는 사실도 제시하고 있다.

영국 런던과 국제적인 경험에 비추어 볼 때, 비록 국가 전체적으로 시행할 수 있는 제도는 아니지만 런던 제도를 교통상황에 따라 보다 탄력적으로 대응하도록 수정하고, 이러한 제도를 다른 혼잡한 도시지역에도 도입하고, 일부 주요 간선도로에 혼잡통행료를 징수한다면 상당한 편익이 발생할 수 있다는 사실을 시사하고 있다.[11]

정치인들은 그러한 개혁에 신중할 것으로 보인다. 2008년 12월에 맨체스터 시민들은 혼잡통행료 도입과 함께 대중교통 투자를 크게 증대시키겠다는 공약에도 불구하고 혼잡통행료 부과를 4대 1의 현저한 득표 차이로 거부하였다. 불가피하게 그러한 제도로부터 손실을 볼 것이라고 예상하는 잠재적 피해자는 이 제도의 도입을 반대할 것이고, 자동차 운행에 대한 세금 수준, 변화로 인한 분배적 효과, 사생활에 미치는 영향 등에 관한 우려 및 오해는 널리 퍼져 있는 것으로 보인다.

연료세가 교통 혼잡의 외부성 교정을 목표로 삼고 있지 않으며 자동차의 오염 배출비용에 비해서 과도하다는 사실은, 곧 일관성 있는 별도의 혼잡통행료 정책이 도입된다면 연료세는 인하되어야 한다는 사실을 암시한다. 혼잡통행료 도입과 더불어 연료세 인하를 연계시키는 것은 정치적인 수용 가능성을 증가시킨다. 개별적으로 그리고 도시별로 접근하는 방식에 있어서의 한 가지 문제점은, 혼잡통행료를 도입하면서 이를 상쇄해 주도록 그 지역의 연료세를 인하하는 적절한 정책이 수반되어야 한다는 것이다. 그러나 연료세는 대부분의 경우 전국에 걸쳐 동일하게 적용되어야 한

---

10) Leape, 2006, p. 158.
11) M6 유료도로의 사례 — 기존 도로에 평행하게 유료도로를 건설하는 것 — 는 공간 부족으로 인해 널리 보급되기 어려울 것이다.

다. 단지 혼잡통행료를 도입하는 지역에서만 연료세를 인하한다면 운전자들이 특별히 그 지역에 가서 연료를 가득 채우고자 하는 동기를 유발할 것이다.

어떤 식으로 이루어지든 국가적으로 통행료 징수제를 시행하는 데 있어서의 정치적 난관을 과소평가해서는 안 될 것이다. 그러나 통행료 징수제 시행을 위한 변화가 쉽지 않고 오랜 시간이 걸린다는 점을 감안하더라도, 만약 영국과 다른 국가들이 온실가스 배출의 감축목표를 달성하고자 한다면 자동차의 휘발유 및 경유 사용은 감소할 수밖에 없을 것이며, 새로운 대체기술이 개발됨으로써 이러한 연료의 사용은 점차 끝날 것이라는 사실을 반드시 깨달아야 할 필요가 있다. 이렇게 된다면, 영국에서 운전자들이 매우 높은 비용의 혼잡 외부성을 야기하더라도 아무런 조세를 부과하지 못하게 될 것이다. 따라서 만약 우리가 모두 전기 자동차를 운전하게 된다면 도로 사용에 대해 조세를 부과하는 수밖에 없다. 그러한 조세(통행료)를 새로 도입하는 것은 연료세의 인하 방식으로 보상을 제공해 줄 수 있을 때 훨씬 더 수월할 것이다.

12.3 차선의 선택

혼잡통행료 부과는 설사 정부와 유권자들이 이에 대해 지금 당장 수용할 용기가 있더라도 향후 몇 년간 실질적으로 대폭 시행되지는 않을 것이다. 그동안 우리는 자동차 관련 조세의 수준과 구조에 대해 보다 즉각적인 선택을 해야만 하는 문제에 직면하게 된다. 현재의 조세 수준이 너무 높은 것인가? 또는 너무 낮은 것인가? 아니면 적당한 것인가? 또한 연료 종류에 따라 조세가 어떻게 달라져야 하는가? 마지막으로 다른 조세 항목들이 어떤 역할을 수행할 수 있는가?

12.3.1 조세 수준

조세의 정확한 수준을 결정하는 것은 간단하지 않다. 이에 대한 부분적인 이유는 야기된 피해 비용을 조세가 대변하기에는 매우 빈약한 수단이기 때문이다. 런던 중심 지역에서 운전하는 대부분의 사람들이 소비하는 연료에 부과해야 할 적정 조세 수준은, 요크셔 지방에서 운전하는 대부분의 사람들이 소비하는 연료에 부과해야 할 조세보다 여러 배 더 높을 것이다. 그러나 Sansom 외(2001)의 연구로부터 인용된 〈표 12.1〉에서 제시된 수치나 도로의 가격 설정에 대한 정부의 타당성 조사의 기초가 되

| 표 12.2 | 한계외부비용과 도로 사용자 납부 조세 (단위 : 킬로미터당 페니)

	교통 혼잡의 한계외부비용	환경 및 안전 비용	연료세 및 부가가치세	내부화되지 않은 외부성
2000년	7.3	2.2	5.2	4.3
2010년	12.3	1.6	3.9	10.1

출처 : Department for Transport, 2004, figure B1.

는 〈표 12.2〉에 나타나 있는 수치를 볼 때, 현재의 연료세 수준은 평균적으로 최적 수준보다 다소 낮다.[12] 〈표 12.2〉의 마지막 열에서 연료세 등에 포함되지 않은 외부 비용은 ─ 즉 내부화되지 않은 외부성은 ─ 킬로미터당 부과되어야 할 최적 조세와 실제로 부과된 조세 간의 차이에 대한 정부 추정치를 보여 준다. 특히 시간이 흐름에 따라 교통량이 증가하고, 따라서 혼잡 수준도 증가하는 동시에, 자동차의 연비가 높아져 1킬로미터 주행거리당 연료세가 감소함에 따라 이 차이가 얼마만큼 증가하는지에 대해 주목할 필요가 있다. 이 차이는 더 먼 장래를 내다볼수록 증가할 것이다. 예를 들어, 영국 정부가 실시한 『에딩톤 보고서(Eddington Review)』에 의하면 2003년과 2025년 간에 킬로미터로 환산한 자동차 여행의 총주행거리는 31% 증가하는 반면, 자동차 효율성 향상의 결과로 연료비는 26% 정도 감소할 수 있다는 사실을 제시해 주고 있다.[13]

　이러한 분석에 대한 대응책으로서 혼잡통행료 도입이 이루어지지 않는다면 (국제적인 기준에서 영국의 연료세가 높다는 사실에도 불구하고) 영국의 연료세를 인상해야만 한다. 그러한 경우 해를 거듭할수록 연료 효율성의 향상이 자동차 운행에 대한 실효 세율을 낮추고, 더욱 증가한 자동차 운행은 더 높은 혼잡비용을 야기할 가능성이 높아질 것이다. 유해한 미세먼지(PM_{10})와 질소산화물이 계속 감소할 것으로 예상되지만[14] 이러한 효과가 혼잡으로 인한 효과를 상쇄하기에 충분하지 못하다. 반대로 비

---

12) 이와 대조적으로 Parry & Small(2005)은 영국의 연료세가 과도하다는 사실을 밝히고 있다. 이러한 결과의 차이를 설명해 주는 한 가지 요인은, Parry & Small의 연구에 있어서 혼잡의 한계외부비용에 대해 킬로미터당 2.9페니의 추정값을 사용한다는 것이다. 이 값은 〈표 12.2〉에 나타나 있는 수치보다 훨씬 적은 값이다.

13) Department for Transport, 2006, table 2.1과 p. 24 참조. 혼잡의 정도는 정상적인 속도에 비해 정체되는 경우 자동차 1킬로미터 주행거리당 시간 손실을 초(seconds)로 환산하였다.

14) Department for Transport(2006, table 2.1)에 의하면, 2003년과 2025년 사이에 미세먼지와 질소산화물이 각각 53%와 60% 감소할 것으로 예상된다.

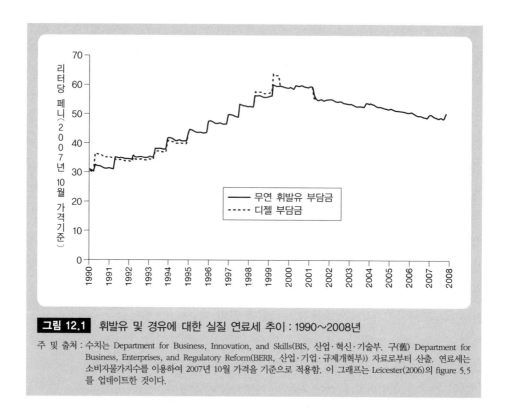

그림 12.1 휘발유 및 경유에 대한 실질 연료세 추이 : 1990~2008년

주 및 출처 : 수치는 Department for Business, Innovation, and Skills(BIS, 산업·혁신·기술부. 구(舊) Department for Business, Enterprises, and Regulatory Reform(BERR, 산업·기업·규제개혁부)) 자료로부터 산출. 연료세는 소비자물가지수를 이용하여 2007년 10월 가격을 기준으로 적용함. 이 그래프는 Leicester(2006)의 figure 5.5 를 업데이트한 것이다.

혼잡 도로의 사용자에게는 연료세의 혼잡비용 요소가 감소한다. 이러한 경우 연료세 인상은 그들에게 불필요하고 불공정한 불이익을 주게 될 것이다. 연료세는 이러한 의미에서 외부성에 대해 적절하게 대응하는 정교한 수단이 되지 못한다. 이는 다시 장기적 입장에서 혼잡통행료 부과의 필요성을 고려하게 한다.

이러한 의견들은 연료세(그리고 자동차 운행의 일부 다른 비용)가 1990년대 급격히 증가한 이후 최근 들어 감소한 결과에 상반되는 것이다. 이는 〈그림 12.1〉에 나타나 있다. 연료세 변화 양상은 물가상승을 미리 반영하여 연료세를 계속 인상하는 것이 어렵다는 것을 보여 주고 있다. 2000년부터 실제 연료세 수준이 하향한 것은 연료 가격과 연료세 수준에 대한 전국적인 항의에 따른 것이었다. 이러한 항의가 그 이후 7~8년 동안 정책결정에 영향을 미쳤다는 것을 분명히 알 수 있다.

추정 결과에 의하면 일단 사람들이 소형 또는 보다 더 연료 효율적인 자동차로 바꾸는 기회를 갖게 되었을 경우, 휘발유 가격의 10% 상승은 휘발유 소비량을 단기에 2.5%, 그리고 장기에 6% 감소시킨다는 사실을 제시해 주고 있다.[15] 이는 만약 연료세가 실질가격으로 1999년 정점 수준에 머물러 있었다면, 휘발유 소비량이 현재 수준보다 약 10% 낮았을 것이라는 사실을 시사한다. 소형 또는 연비가 더 좋은 자동차의 구입을 장려하는 것은 장기적으로 휘발유 소비량에 미치는 영향이 주행거리에 미치는 영향보다 크다는 것을 의미하는데, 이는 연료세가 자동차 운행이나 혼잡을 감소시키는 것보다 이산화탄소 배출을 감소시키는 데 더 효과적이라는 사실을 강조한다.

연료세가 자동차 운행으로 야기되는 외부성을 내부화하는 데 불완전한 수단이라는 사실은 연료세를 인상해야 한다는 결론에 반대하는 한 가지 근거이다. 그러나 지난 10년간 세전 연료 가격이 상당히 상승했다는 사실은 무엇을 말하는가? 추정 결과에 의하면, 연료 가격의 10% 상승은 단기에 자동차 여행의 주행거리를 약 1% 감소시키는 것으로 나타나고 있다.[16] 만약 더 높은 연료 가격이 교통량 수준을 감소시킨다면, 가격이 인상함에 따라 (똑같은 만큼은 아니더라도) 최적 연료세 수준은 감소해야 할 것이다. 이는 연료 가격에 연동해서 연료세 수준이 변해야 한다는 경제적 주장이 있을 수 있다는 것을 제시한다. 똑같은 논리로 소득 증가와 더불어 자동차 운행량과 혼잡 수준도 증가하기 때문에 시간이 흐름에 따라 연료세도 증가해야 한다는 것을 제안할 수 있다.

다른 환경세들과 마찬가지로 또 다른 고려사항은 연료세의 증가가 바람직하지 않은 분배적 효과를 초래할 수 있다는 것이다. 평균적으로 이는 아주 심각하지 않을지도 모른다. 적어도 영국에서, 자동차 소유는 가구의 지출 수준과 밀접하게 관련되어 있다. 지출 수준에서 상위 10%에 속하는 가구의 90% 이상이 자동차를 소유하고 있다. 실제로 이들의 반은 자동차를 2대 이상 소유하고 있다. 이에 반하여 지출 수준이 하위 10%에 속하는 가구의 30% 미만이 자동차를 소유하고 있으며, 이 그룹의 극소수 (5% 미만)만이 자동차를 2대 이상 소유하고 있다.[17] 그러나 이러한 수치들로부터 결론을 도출하기 이전에 신중해야 할 필요가 있다. 가장 빈곤한 그룹에 속하는 가구들은 가장 오래된 중고차를 소유하는 경향이 있다. 이러한 중고차는 동일한 차종의 신차보다 비효율적이고, 더 많은 오염을 배출한다. 게다가 주행거리당 더 많은 연료를 소비함으로써 더 많은 연료세를 부담하는 결과를 초래하고, 가장 높은 세율의 자동

---

15) Hanly, Dargay, & Goodwin, 2002.
16) Hanly, Dargay, & Goodwin, 2002.
17) Fullerton, Leicester, & Smith, 2010.

차세(VED)를 적용받는다. 더욱이 최근에 자동차세의 부과가 더욱 세분화되고 있으며, 이는 저소득 가구가 소유하고 있는 많은 중고차들의 시장가치를 떨어뜨리는 요인이 된다. 일부 경우에 있어서, 이는 재산의 심각한 감소를 나타낸다 — 선의로 정한 입법이 의도하지 않은 결과를 초래한 것이다.

지금까지 우리는 자동차에 사용되는 연료가 다르다는 사실을 고려하지 않았다. 주로 무연 휘발유와 경유를 사용하지만, 바이오 연료도 사용한다. 많은 국가들이 무연 휘발유보다 경유에 더 낮은 세율의 조세를 부과한다. 영국은 이러한 관행을 따르지 않는다는 점에서 이례적이다.[18] 바이오 연료의 경우, 비록 지금까지 매우 제한된 시장 진입이 이루어졌지만, 바이오 연료에도 또한 상당히 낮은 세율의 조세가 부과되고 있다.

경유 1리터당 탄소 배출량이 휘발유보다 적은데, 이로 인해 경유에 더 낮은 세율의 조세를 부과해야 한다는 것을 제안할지도 모른다. 반면에 경유는 더 많은 미세먼지를 배출하기 때문에 지역적으로 건강에 미치는 영향이 더 크다. Newbery(2005)는 이러한 상반된 효과를 모두 감안하여 추정한 결과, 경유에 부과되는 조세가 휘발유보다 리터당 4페니 높아야 한다고 주장하고 있다. 탄소의 사회적 비용에 대해 최근의 더 높은 추정치는 그 차이를 좁힐지도 모르지만, 경유에 더 낮은 세율의 조세를 부과해야 한다는 환경적 근거는 타당하지 않은 것으로 보인다.

실제로 상업용 자동차가 사용하는 주 연료가 경유이기 때문에 많은 국가들이 경유에 더 낮은 세율의 조세를 부과하는 것이 사실일지도 모른다. 상업용 차량은 흔히 국경을 넘어 운행하는데 이는 연료를 어디에서 구입할 것인지에 대해 선택권을 부여한다. 영국에서 북아일랜드 지역이 이와 관련된 사례 연구를 제공한다. 영국 국세청 (2010d)에 의하면, 영국에서 사용되는 경유의 25~32% 사이가 영국의 조세가 부과되지 않은 것이고, 국경을 넘어 아일랜드에서 구입한 것이라고 한다. 그 결과 2008~2009년 세입 손실이 1억 4,000만 파운드에서 1억 8,000만 파운드 사이에 달한다고 추정하고 있다. 연료의 '국경 간 구매행위'는 영국의 연료세 정책에 있어서 이웃 국가들보다 연료세를 높게 책정하는 정도를 제약한다. 내륙 국경선이 길수록 국경 간 구매행위의 기회가 더 많이 존재하기 때문에, 그러한 국가들에서 경유에 상대적으로

---

18) 재정적 유인이 없는데도 불구하고 엔진 기술 향상이 경유 자동차를 더 매력적으로 만들게 함에 따라 영국 연료시장에서 경유가 차지하는 매출 점유율이 1997년 38%에서 2008년에 53%로 증가하였다. (수치는 http://www.ukpia.com/files/pdf/ukpia-statistical-review-2010.pdf에 있는 table 3.3과 table 3.4에서 도출)

더 낮은 세율의 조세를 부과한다는 사실을 설명할 수도 있다.

바이오 연료에 대해 더 낮은 조세를 부과하는 환경적 근거는 아직 미해결된 상태로 남아 있다. 바이오 연료가 실제로 환경적 편익을 제공하는지, 아니면 유해한지에 대해 최근에 큰 논란이 되고 있다. 이러한 문제가 해결될 때까지 발생 가능한 효과에 대해 충분히 이해하지 못하고 더 낮은 세율을 통해 유인을 제공하는 것은 잠재적인 위험이 내포되어 있다.[19]

12.3.2 자동차 소유에 대한 조세

외부성을 야기하는 것은 자동차의 사용이다. 그러나 대부분의 국가들이 휘발유뿐만 아니라 자동차의 소유에 대해서도 조세를 부과하고 있다. 영국에서 자동차세가 그러한 조세이며, 이는 연 단위로 부과되고, 이산화탄소를 더 많이 배출하는 자동차에 더 높은 세율이 적용된다.

자동차세와 같이 연 단위로 부과하는 조세의 입장은 분명하지 않다. 자동차 구입에 대한 조세는 자동차 크기와 이산화탄소 배출량에 따라 차별화되어 있으며, 가시적이고 시간적인 특성 때문에 연 단위로 부과하는 자동차세보다 한층 더 영향을 미칠 수 있다. 소비자들이 미래의 연료나 기타 비용들보다 자동차 구입 비용에 훨씬 더 큰 비중을 둔다는 증거[20]가 있다. 이것이 사실이라면 이는 영국이 2010년부터 더 많은 오염을 배출하는 자동차에 대해 첫해에 높은 세율의 자동차세를 부과한다는 것을 정당화한다. 이는 또한 프랑스에서 2008년 1월부터 배출이 가장 적은 자동차를 구입하는 경우에 1,000유로까지 환급을 받는 반면, 배출이 가장 많은 자동차를 구입하는 경우에는 2,000유로까지 자동차 취득세를 부과하게 하는 입법을 도입한 배경을 분명히 설명해 주고 있다.

환경적인 관점에서 볼 때 자동차세는 그 목표가 부정확하게 설정되었으며, 자동차 운행(그리고 이에 의해서 야기되는 부정적 파급효과)에 따른 한계비용을 증가시키지 않는다. 서로 다른 자동차세 범주에 있는 신차의 비율이 변해 온 것을 확인할 수 있다. 1997년에는 45%의 신차가 오염을 가장 많이 배출하는 상위 2개 그룹에 속하였다. 이 비중이 2007년에는 10%로 떨어졌다. 또한 상위 3개 그룹에 속하는 신차의 비중이 77%에서 21%로 떨어졌다. 이 기간에 걸쳐 신차의 평균적인 이산화탄소 배출량

---

19) 이에 대한 포괄적인 검토를 위해 Gallagher(2008) 참조.
20) King(2007, 2008)에서 인용.

이 190g/km에서 149.5g/km로 감소했다.[21] 그러나 이러한 변화에 있어서 휘발유세 및 가격 인상과 외생적인 엔진 효율성 향상의 역할에 비해 자동차세의 차별화된 세율이 더 큰 역할을 했다는 증거는 없다.

연료 효율성을 변화시키는 역할을 수행하는 조세체계의 마지막 부문은 업무용 회사 차의 과세에 있어서 어떤 조세를 적용하는가에 대한 것이다.[22] 2006년 영국에서 사적인 용도로 신차를 구매한 것은 전체 매출의 44%만을 차지하였다. 일괄적으로 판매되는 영업용 차량과 사업용으로 판매되는 자동차가 나머지 56%를 차지하였다.[23] 회사 차에 적용되는 조세 규정은 회사의 일괄 차종 구성을 결정하는 데 있어서 중요한데, 그러한 규정은 시간이 흐름에 따라 이산화탄소를 더 많이 배출하는 자동차에 더 높은 세율의 조세를 부과하는 방향으로 변해 왔다. 그럼에도 불구하고 휘발유 자동차보다 경유 자동차에 더 높은 세율의 조세를 부과해 왔는데, 이는 지역적으로 환경에 미치는 영향을 반영한 것이다. 그러나 여기서도 우리는 이러한 조세 규정이 어떤 영향을 미쳐 왔는지에 대해서는 정확한 평가를 내릴 수 없다.

12.4 결론

자동차 운행은 도로를 사용하는 다른 사람들과 지역 주민들, 그리고 지역적이고 전 세계적인 환경에 다양한 외부비용을 발생시킨다. 조세구조와 수준을 정확하게 결정하기 위해서는 그러한 비용들의 각 구성요소를 정확하게 이해하고 측정하는 것이 필요하며, 조세와 부과금이 비용과 일치하도록 조세구조를 설계해야 한다. 특히 영국과 같이 사람들이 붐비는 국가에서 자동차 운행에 의해 야기되는 가장 큰 외부비용은, 교통 혼잡을 통해 도로를 사용하는 다른 사람들에게 발생시키는 비용, 즉 시간의 낭비이다.

연료 사용과 자동차 소유에 기반한 조세는 자동차 여행의 시간과 장소에 따라 달라지는 교통 혼잡의 외부비용을 내부화하는 데 있어 잘 설계되어 있지는 않다. 그럼

---

21) Society of Motor Manufacturers and Traders, 2010.
22) 영국 국세청은 회사 차(company car)를 다음과 같이 기술하고 있다. "고용관계 때문에 회사의 사장이나 연간 소득이 8,500파운드 이상의 회사원, 또는 그들 가족이나 가구의 구성원에게 사용이 가능하게 만들어진 자동차의 경우에 조세를 부과한다."
23) 출처 : Society of Motor Manufacturers and Traders가 제공한 자료.

에도 불구하고 대부분 국가들이 거의 전적으로 그러한 조세에 의존하고 있다. 만약 우리가 계속 그러한 조세에 의존한다면, 세율이 매년 물가상승률보다 훨씬 넘게 인상되어야만 할 것이다. 교통 혼잡의 수준과 비용이 증가하고, 자동차의 연료 효율성도 높아질 것이다. 게다가 연료세는 십중팔구 최적 수준보다 낮을 것이다.

혼잡통행료 부과를 향해 실질적인 진전을 이루는 편이 훨씬 나을 것이다. 이는 복잡하고 비용이 많이 들지만, 잠재적인 후생 편익이 매우 크다. 아무튼 자동차 관련 조세의 현행 체계는 중기적으로 지속 가능하지 못할 것이다. 자동차 주행거리당 연료 소비량은 감소하고 있으며, 앞으로도 아마 큰 비율로 계속 감소할 것이고, 새로운 기술이 휘발유와 경유 엔진을 대체함에 따라 점차 0에 가까운 수준으로 떨어질 것이다. 연료 소비에 기초한 조세체계는 자동차 운행으로 야기되는 외부비용을 내부화할 수 있는 능력을 상실하게 될 것이다. 이는 본서에서 제기한 여러 난제들 중에서 명백히 피할 수 없는 문제로 보인다. 변화가 절실해지기 전까지 또 다른 10년이 걸릴지도 모르지만, 이는 분명히 긴급한 문제이다. 따라서 조세 부과의 기준을 '교통 혼잡에 기초한 체계'로 전환하기 위해 중대한 진전이 빨리 이루어질수록 좋다.

가계저축에 대한 과세

저축에 대한 과세는 경제학자들이 조세체계를 평가할 때 중요한 역할을 한다. 여기에는 다섯 가지 이유가 있다.

첫째, 저축이 과세되는 방식은 세원(tax base)의 주요한 특징을 보여 준다. 세원을 근로소득과 저축에서 발생하는 소득을 모두 포함한다고 정의하고 세원의 모든 요소들을 균등하게 과세한다면, 이것은 소위 '포괄적 소득세(comprehensive income tax)'에 해당된다. 이런 방식과 달리 저축되는 소득과 저축으로부터 발생하는 수익이 소비로 사용되기 전까지는 과세하지 않는다면 이것은 결국 지출세(expenditure tax) 혹은 소비세(consumption tax)가 될 것이다. 조세가 저축을 어떻게 취급하는가의 방식 차이는 바로 이렇게 서로 다른 세원들 간의 본질적 차이를 나타낸다.

둘째, 조세가 저축을 취급하는 방식은 조세체계가 개인들 간의 연소득이 아닌 **평생소득**(lifetime income)의 차이를 어느 정도로 인식하는지 결정하는 중요한 요인이다. 저축의 취급방식을 잘 설계하면 비슷한 정도의 평생소득을 가지지만 생애에 걸친 소득유형이 다른 납세자들이 동일한 조세부담을 하도록 할 수 있다.

셋째, 저축과세는 개인소득에 대한 과세와 기업이윤에 대한 과세 사이의 경계선에 위치한다. 저축에 어떻게 과세하는지는 자영업자와 소기업의 행동에 영향을 미칠 수 있을 뿐만 아니라 대기업으로 배분되는 자본에 대해서도 영향을 미친다.

넷째, 저축과세는 경제의 총저축, 그리고 (아마도 더욱 중요하게) 저축이 다양한 자산에 어떻게 배분되는지에 영향을 미칠 수 있다. 이것은 투자자본의 양과 자본이 얼마나 효율적으로 투자되는지에 직접 영향을 주는 것이다.

마지막으로, 저축과세는 사람들이 저축할 때 결정하는 저축 수준에 대해 영향을 미치고, 저축을 여러 가지 자산의 형태로 분배할 때 위험(risk)을 얼마나 부담할지에 대한 결정에 영향을 미친다. 따라서 이것은 사람들의 복지에 직접 영향을 미치고, 그 중에서도 특히 축적된 저축에 의존하는 시기인 은퇴 후 혹은 실업 기간 동안의 복지에 영향을 미친다.

이 장에서 저축과세의 여러 가지 유형에 대한 경제적 논의를 검토하고자 한다. 그리고 다음 장에서는 영국에서 진행 중인 몇 가지 구체적 개혁방향들에 초점을 맞출 것이다.

먼저, 사람들의 실제 저축행위와 관련된 몇 가지 증거들에 대한 논의로부터 시작해 보자. 이것은 과세를 통해 이루고자 하는 것이 무엇인지를 이해하는 데 중요하다. 일단 저축의 정상적 수익에 대해 과세를 면제하는 사례들을 보자. 저축의 정상적 수익이 면세되는 경우는 다른 요인들보다 사람들이 저축하려는 첫 번째 이유들에 의존한다. 많은 사람들은 생애의 다른 기간이 아니라 어떤 특정한 기간에 소비하기 위하여 저축한다. 저축은 오늘의 소비를 희생하면서 미래의 소득을 발생시키는 방법이며, 다른 유형의 투자와 마찬가지로 저축의 정상적 수익이 면세되는 경우가 있다. 저축의 정상적 수익에 대한 과세는 생애의 소비 및 노동공급의 타이밍을 왜곡시킨다. 타이밍 중립적인 조세체계는 이러한 왜곡을 발생시키지 않을 것이고, 실제로 그런 중립성을 달성한 조세체계는 다수 존재한다.

소비세는 소비의 타이밍을 왜곡시키지 않지만, 포괄적 소득세는 이를 왜곡시킨다. 이유는 포괄적 소득세가 세전 수익에 비교해서 세후 수익을 감소시키고, 소비자가 수취하는 수익률이 현재 소비에 대한 미래 소비의 효율적 가격을 결정하기 때문이다. 우리가 목적하는 것 중 하나는 가능한 많은 사람들이 시점 간 선택(intertemporal choices)에 대한 왜곡을 하지 않도록 하는 것이므로, 우리는 사람들이 소비할 때마다 중립성이 유지되는 과세를 세 가지 방향에서 개발하고자 한다. 우리는 이것들을 분석하면서 포괄적 소득세가 가진 본질적인 어려움과 필연적으로 발생하는 추가적인 왜곡들 ─ 예를 들면, 저축의 수익이 소득 혹은 자본이득 중 어느 것으로 되는지에 따른 왜곡 ─ 을 대조해 볼 것이다.

적절한 저축과세에 대한 연구가 많음에도 불구하고 경제이론은 최적조세의 설계에 대해 명확하게 제안하지 않는다. 따라서 우리는 분석의 틀을 짜면서 조세중립성과 같이 광범위하게 받아들여지는 개념에 부분적으로 의존할 것이다. 우리는 중립성을 저축과세의 설계를 둘러싸고 있는 이슈들을 이해하는 기본적인 비교 기준으로 삼을 것이다. 사람들이 자신의 선호와 기회에 근거해서 하는 저축행위의 방식은 서로 다를 것이며 매우 다양할 것이다. 정확하게 어떤 방식이 있을지 잘 모르는 상태에서는 중립성이라는 비교 기준을 시작점으로 하여 중립성이 무너질 경우 그 정당성을 찾는 방법이 그럴듯하다고 여겨진다.

중립적 과세의 다양한 경로들 중 서로 다른 시점에 과세함으로써 상이한 경로가 되는 경우도 있다. 예를 들어, 저축에 과세하고 이후 발생하는 저축의 수익에는 과세하지 않는 경로가 있을 수 있다. 이와 다른 경로로 저축되는 어떤 소득에도 과세하지 않고, 저축이 인출될 때 과세하는 것도 있다(영국의 연금에 대한 과세가 여기에 해당된다). 이 둘과 다른 세 번째 경로는 저축의 '정상(normal)' 수익은 면세이지만 '초과' 수익(또는 '정상 이상(supernormal)'의 수익)에 대해 과세하는 것이다. 이것들은 분명히 정부의 입장에서는 상이한 현금흐름의 결과가 생길 것이다.

개인들의 관점에서 이런 경로들의 더욱 중요한 차이점은 소득세가 누진적일 때, 혹은 일반적으로 표현해서 사람들이 자신의 생애에서 다른 시기에 다른 한계세율을 만날 것을 예상할 때 발생한다. 조세체계가 달라지면 사람들의 시간 경로상 소득과 소비의 유형에 따라 저축유인은 상이하게 영향을 받을 것이다. 우리가 하려고 하는 것은 사람들로 하여금 다른 체계를 선택하도록 하고, 그래서 그들의 과세 가능 소득을 기간에 걸쳐 평준화(smooth)할 수 있도록 허용하는 것이다. 이렇게 하면 어떤 환경에서는 생애소득에 대한 이상적 과세에 근접하는 상태가 될 수 있다.

저축과세를 고려할 때 차입(부의 저축)에 대한 과세와 '인적 자본'에 대한 과세도 고려하는 것이 중요하다. 금융투자와 교육을 통한 미래투자가 서로 다르게 취급된다면 이 경계에서 선택은 왜곡될 수 있다.

조세중립을 달성하는 조세구조를 논의한 다음 이 장의 마무리를 조세중립에 대한 경제적 사례를 검토하는 것으로 결론지을 것이다. 시점 중립적인 조세기준이 지켜지지 않을 잠재적인 정당성들이 다수 있음을 지적하며 자본소득에 대한 최적과세는 현재 진행되고 있는 연구[1]에서 매우 활동적인 영역임을 밝힌다. 최근의 연구들에서는 정상수익에 대한 과세를 지지하는 경제적 사례는 많은 분석가들이 제안한 것보다 애매하다고 나타난다. 따라서 결과적으로 이런 이슈에 대해 완전 명백한 결론을 내리기 어렵다. 우리는 중립성을 유용한 비교 기준으로 유지하면서 많은 실질적인 이유에서 중립적 체계로 가정할 것을 제안한다.

　다음 장에서는 이런 통찰들을 영국의 현행 정책 기조에 적용할 것이다. 즉 이런 생각을 특별한 자산유형들에 적용하면서 조세체계를 변경시켜야 한다고 권고한다. 이 두 장에서 우리는 단지 생애주기 저축(life-cycle savings), 즉 개인 생애의 한 시점에서 다른 시점의 소비를 증가시키기 위하여 축적된 저축에 대해 초점을 맞출 것이다. 분석은 저축이 증여나 유산으로부터 나오거나 증여나 유산을 제공하는 상황으로까지 필연적으로 확대되지 않을 것이다. 상속의 동기와 엄청난 부(富)를 추구하기 위하여 개인들이 저축하는 정도는 별로 이해되지 않고 있다. 제15장에서 부(富)의 이전에 대한 과세를 별도로 살펴볼 것이다.

13.1　저축행위

먼저, 사람들의 실제 저축행위에 대한 일반적 증거들을 살펴보기로 하자. 사람들이 자신들의 생애에 걸쳐 소비를 평준화하려는 시도를 하지 않는다거나, 다양한 자산들에 대한 다양한 과세에 직면해서 자신들의 행동을 변경시키지 않는 것이 발견된다면 저축이 어떻게 과세되어야 하는지는 별로 중요하지 않다고 결론 내릴 수 있을 것이다. 그러나 여기에서 우리가 실제로 관찰한 바는 사람들이 모두 그들의 행동을 바꾼다는 것이다. 즉 과세는 문제가 된다. 그리고 여기에 제시된 인상적인 증거들을 확인하는 광범위한 논문들이 있다.[2]

13.1.1 생애주기의 저축

대체적으로 사람들은 소득이 낮고 필요한 것이 많을 때 적게 저축하고(예 : 자녀를 가져서 육아휴직을 할 때) 소득이 많고 필요한 것이 적을 때(예 : 자녀들이 성장해서 출가한 후 은퇴까지의 기간)는 저축을 많이 한다. 전체적으로 많은 사람들이 근로기

---

1) Banks & Diamond(2010) 참조.
2) Poterba(2002), Attanasio & Wakefield(2010), Attanasio & Weber(2010) 참조.

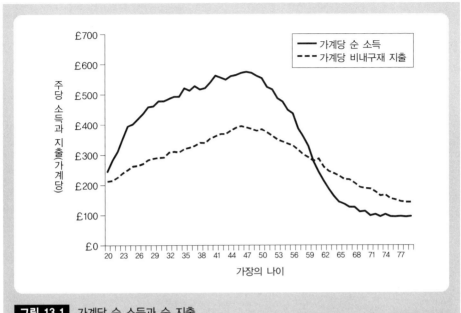

그림 13.1 가계당 순 소득과 순 지출

주 : 주당 평균 순 소득은 조세 및 국가보험금 납부 후 수취 소득에 각종 편익 및 다른 소득을 합산한 것이다. 주당 평균
　　지출은 비내구재와 서비스에 대한 지출이다.

출처 : IPS 조세 및 편익 미시시뮬레이션 모형인 TAXBEN을 사용해서 저자가 계산하였다. 사용한 자료는 1974~2008년의
　　UK 가족 지출 조사/지출 및 식품 조사의 통계를 보완한 자료이다.

간 및 은퇴 후 기간까지 소비 수준을 안정적으로 잘 유지하고 있다. 물론 이것은 모
든 사람들에게 해당되지 않는다. 정부정책, 특히 조세정책은 개인들이 항상 최적의
저축결정을 한다는 전제하에 이루어지기 어렵다. 그래서 저축행위에 대한 왜곡을 회
피하는 것과 미래에 대한 대비를 하지 않는 사람들에 대한 안전망을 제공하는 것 간
에 서로 균형이 맞아야 한다는 주장도 나타난다.

　개인들은 특정한 기간에 소비하고자 하는 금액이 소득액과 차이가 난다면 저축(혹
은 부채를 상환)하거나 차입 혹은 기존의 부를 사용한다. 〈그림 13.1〉에서 볼 수 있
듯이 사람들의 생애에 걸쳐 평균적으로 소득은 증가하였다가 감소하는 경향이 있다.
비록 이런 경향은 소비에도 나타나지만(여기에서 소비는 비내구재와 서비스에 대한
지출로 측정), 그 변화는 소득보다 훨씬 작다. 비내구재와 서비스에 대한 소비는 생
애주기 동안 소득보다 더 평평함을 볼 수 있다.

　물론 가족은 소비를 정확히 평준화하기보다 가족 크기에 맞추어 소비를 변경시키
길 원할 것이다. 〈그림 13.2〉는 전형적인 가계에서 '성인등량(equivalent adults)'의

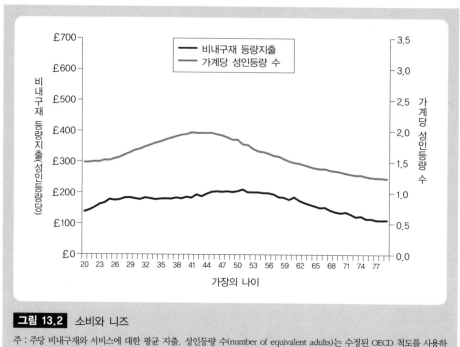

그림 13.2 소비와 니즈

주 : 주당 비내구재와 서비스에 대한 평균 지출. 성인등량 수(number of equivalent adults)는 수정된 OECD 척도를 사용하여 계산.
출처 : IFS 조세 및 편익 미시시뮬레이션 모형인 TAXBEN을 사용해서 저자가 계산하였다. 사용한 자료는 1974~2008년의 UK 가족 지출 조사/지출 및 식품 조사의 통계를 보완한 자료이다.

수가 생애주기 동안 어떻게 변하는지를 보여 주고 있다. 이것은 자녀 한 명에 드는 비용이 성인 한 명보다 작다는 사실을 반영한 가계 규모의 측정방식이다.[3] 그림에서 성인등량당 지출이 가족 규모보다 훨씬 적게 변화하고, 가구주의 나이에 상관없이 지출이 상당히 일정함을 볼 수 있다. 이것은 소비가 시간의 흐름에 따라 변화하는 니즈(needs)에 적응하는 방식으로 평준화되었다는 것에 대한 직접 증거이다.

순 효과는 일반적으로 생애주기가 진행되면서 각 단계별로 차입, 저축, 그리고 저축의 인출로 바뀌는 수요가 있다는 것이다. 가족 규모의 변화에 따른 니즈의 변화를 적절히 조정하면 〈그림 13.1〉과 〈그림 13.2〉에서와 같이 사람들이 평균적으로 '소비평준화(consumption-smoothing)'를 잘하고 있음이 나타난다. 그러나 당연히 사람들

---

[3] 등량척도는 상이한 구성의 가계에 가중치를 부여한다. 동일한 생활수준에 도달하는 데 필요한 상이한 자원을 반영하기 위함이다. 우리는 수정된 OECD 척도를 사용했는데, 가계의 첫째 성인은 가중치가 1, 둘째 성인과 그다음의 성인들은 가중치가 각각 0.5이다. 14세 이상의 자녀들은 0.5, 13세 이하는 0.3의 가중치를 적용한다.

의 행동은 이런 그림들처럼 그렇게 단순하지 않다.

표준적 경제모형은 소비자들이 미래의 경제사건에 대한 정확한 기대와 신념을 바탕으로 현명한 결정을 내린다고 가정한다. 현실은 그렇지 않아서 사람들이 자신 앞에 있는 긴 기간에 걸친 결정에 대하여 아무리 숙고하더라도, 결국 그들은 단지 제한된 정보에 근거해서 결정을 내릴 가능성이 높다.

대출이 용이하지 않은 경우(나이 많고 부유한 가계보다 젊고 가난한 가계일수록 더욱)에 해당되는 일부 개인과 가족들은 소비 평준화를 달성하기 어렵다. 다른 유형으로, 근시안적 사람들이 미래에 대비하여 매우 적게 저축했을 때 은퇴 후 매우 적게 소비하든지 은퇴를 연기하여야만 한다. 구체적으로 표현하자면, 사람들이 의사결정을 할 때 전통적인 모형의 가정과는 달리 장기에 대한 고려는 적게 하고 눈앞의 만족에 대한 욕망에 더 많이 집착할 수 있다.[4]

근시안적 행동이 상대적으로 교육수준이 낮고 부유하지 않은 개인과 가족들에게 가장 많이 나타나는 듯이 보이는 것은 놀라운 일이 아니다. 최근의 실험적 연구에서는 능력(그리고 잠재적 소득)이 상대적으로 높은 개인들이 복잡한 결정을 할 때에 보다 인내성 있고 능력이 뛰어난 경향이 있다고 언급한다.[5] 지적 능력과 수리능력은 모두 주식과 사적연금을 소유할 가능성이 높다는 것과 연관되어 있는 것이지, 능력 있고 수량적인 사람들이 더 많은 재산을 가지는 경향이 있기 때문은 아니다.[6]

사람들이 은퇴 뒤에 혼자서 살아갈 수 있고 자신의 생활수준을 유지할 수 있을 만큼 충분히 저축하는지는 특별한 정책적 관심의 대상이다. 사실 은퇴하면 소비가 감소한다는 자료는 충분하다.[7] 이런 감소의 2/3는 생애주기 소비계획(예 : 업무와 관련된 지출을 줄이거나, 사람들이 시간이 많아지면서 값비싼 가공식품에 대한 지출을 줄임)의 맥락 속에서 설명될 수 있지만, 나머지 1/3은 일부 사람들이 은퇴에 대비해서 충분히 저축하지 않은 것을 가리키는 것으로 보인다. 영국 정부는 은퇴에 대비한 저축을 적게 하는 것을 염려해서 사람들을 저축하도록 '유인할' 목적으로 모든 사람들이 고용주가 비용을 지원하는 연금에 자동적으로 가입하도록 하였다. 그 결과, 사람들은 능동적으로 저축하길 결정하기보다 능동적으로 저축하지 않기 위한 결정을

---

4) Ainslie(1975)와 Thaler & Shefrin(1981) 참조.
5) 그 예로 Parker & Fischhoff(2005) 참조. Kirby, Winston, & Santiesteban(2005), 그리고 Bettinger & Slonim (2006) 참조.
6) Banks & Oldfield, 2006.
7) Banks, Blundell, & Tanner, 1998.

할 수밖에 없게 되었다.

저축에 대한 과세를 설계하면서 우리는 사람들의 인내, 자기통제, 장기적 의사결정을 분별 있게 할 수 있는 능력이 서로 다르다는 점을 인식하여야만 한다. 우리는 모든 개인이 자신의 의사결정을 통해 장기적으로 필요한 것들을 잘 준비해서 만족시킬 수 있다고 믿으면 안 된다.

일부 사람들에게 나타나는 이런 명백한 합리성 부족 때문에 저축, 연금, 그리고 사회보험에 대한 정부정책이 생긴다. 극단적인 유형으로 정부는 단순히 일하는 모든 사람들에 대하여 과세하고 은퇴 후 소득을 납세와 무관하게 제공할 수 있다. 이때 편익을 기여와 연결시키면 조세체계의 효율성은 높아진다.[8] 한편 다른 방향의 극단적인 유형으로 미래의 소비가 전적으로 사적 저축과 사적 보험 기여금으로 이루어진다면 그러한 저축과 기여금으로 발생하는 소비의 타이밍에 대한 왜곡은 전혀 없을 것이다. 그러나 개인과 가족들은 생애주기의 소비를 자발적인 보험 기여와 사적 저축을 통해 만족시킬 능력이 제한적이다. 소득세와 사회보장체계를 통해 생활수준의 최저선을 제공하라는 요구는 지속될 것이다.

13.1.2 자산들 간의 저축배분

우리는 사람들이 얼마나 저축할지에 대한 이슈와 저축금액을 투자하는 자산 또는 금융상품의 다양성에 관한 이슈를 분리할 필요가 있다. 영국통계청(ONS)[9]의 최근 추계치에 의하면 영국의 가계는 2006년에서 2008년간 9조 파운드의 부(富)를 소유하고 있는데, 그중 39%는 사적연금으로, 그리고 비슷한 규모의 부를 부동산으로 가지고 있다. 여기서 재산의 대부분은 소유자 거주의 주택이다. 물론 연금과 주택은 부의 소유에 있어 상대적으로 조세친화적인 방법이다.

영국고령화연구패널(English Longitudinal Study of Aging, ELSA)은 저축의 분포와 구성에 대하여, 특히 50세 이상의 개인들에 대한 자세한 증거를 제공한다.[10] 〈표 13.1〉은 사람들이 소유하는 주택 형태가 아닌 부(富)를 저축과 관련하여 생애의 가장 중요한 기간인 52~64세의 기간을 대상으로 하여 보여 준다. 총금융자산을 적게 가지고 있는 사람들은 자산의 대부분을 기타 자산(사적연금, ISA, PEP, TESSA 등이 아

---

8) Bovenberg & Sørensen(2004), 그리고 Bovenberg, Hansen, & Sørensen(2008) 참조.
9) Office for National Statistics, 2009.
10) Banks, Emmerson, & Tetlow, 2007.

| 표 13.1 | 잉글랜드의 금융자산 자산유형별 점유율(52~64세), 2004년

총금융자산의 10분위 분포	총금융자산의 범위 (단위 : 파운드)	사적연금 점유율 (%)	ISA+PEP+TESSA 점유율 (%)	기타 자산 점유율 (%)
제1분위(최빈곤층)	1,700 미만	12.6	9.1	78.3
제2분위	1,700~16,600	54.8	13.8	31.5
제3분위	16,600~39,100	65.2	11.0	23.8
제4분위	39,100~75,900	68.2	10.8	21.0
제5분위	75,900~122,300	69.7	7.9	22.3
제6분위	122,300~177,200	74.7	6.8	18.5
제7분위	177,200~245,400	78.1	6.2	15.7
제8분위	245,400~350,300	81.8	4.6	13.6
제9분위	350,300~511,200	79.0	5.7	15.3
제10분위(최부유층)	511,200 이상	68.4	4.4	27.3
총합	—	73.6	5.5	20.9

주 : 2004년 ELSA에서 52~64세의 구성원이 최소 1인이 포함된 급여단위. 사적연금부(富)는 확정기여형(defined contribution) 연금의 현재 펀드가치와 사적확정급여(private defined benefit) 연금에서 현재까지 발생한 권리(더 이상의 실질수입의 증가가 없다는 가정하에)의 가치로 구성된다. 백분율은 각 분위집단의 평균이며 개인비율의 집단평균이 아니다. 반올림으로 수치의 합은 일치하지 않을 수 있다.

출처 : Wakefield, 2009.

닌 여타 유형의 자산), 즉 대부분 이자를 발생시키는 계좌, 따라서 이자가 발생할 때 과세되고 저축할 때 아무런 조세혜택이 없는 형태로 가지고 있다. 이것들은 가장 무겁게 과세되는 저축자산이며 특히 인플레이션이 있을 때는 더욱 심하다.

조세체계가 변하면 사람들은 반응한다. 세금우대계좌인 개인종합자산관리계좌(Individual Savings Accounts, ISA; ISA 이전에는 TESSA와 PEP가 세금우대계좌였으며 따라서 세금우대계좌는 ISA, TESSA, PEP 세 가지 형태가 있다)가 도입될 때 수십억 파운드가 급속히 투입되었다.[11] 1980년대 후반 정부는 젊은 사람들이 소득연계국가연금(State-Earnings-Related Pension Scheme, SERPS)을 '계약 해지'하고 개인연금으로 이동할 매우 강한 유인을 주는 개혁을 시행하였다. 젊은이들은 그대로 행동하였으며 20대의 40%는 개인연금(Personal Accounts)으로 이동하였다. 16~19세까지의 젊은이들도 상당수가 그러하였다. 나중에 유인이 중지되면서 우대 범위도 축소되었다. 2000년대 초반 이해관계자연금(stakeholder pension scheme, 이해관계자연금

11) Attanasio & Wakefield(2010)와 이 논문에 포함된 참고문헌 참조.

은 영국에서 2001년에 시행된 은퇴를 대비한 장기저축이다. 중간 이하의 저소득계층을 위한 것이었다. 5명 이상을 고용하는 고용주들은 고용인들이 이 연금을 들게 하거나 적절한 다른 연금을 제공하여야 한다. 2006년에 개인연금으로 대체되었다.—역주)을 시행하면서 생긴 과세제한의 변화에 대해서도 상당한 반응이 있었다.[12]

요점은 모두가 항상 합리적으로 조세유인에 반응하는 것은 아니지만, 그런 유인이 개인들의 의사결정과 경제 전반적 자원배분에 중요한 요인이 된다는 설득력 있는 증거들이 있다는 것이다. 저축조세체계가 크게 바뀌면 사람들의 행동도 변화한다.

13.2 중립성 원칙

실제 저축행위에 대한 논의를 시작할 때 저축과세와 관련하여 두 가지 서로 다른 중립성 개념이 문제된다. 첫째는 저축의 수준과 타이밍에 대한 중립성이다. 만일 조세체계가 이런 의미에서 중립적이라면 사람들이 자신의 소득을 언제 소비할지에 대한 선택을 왜곡시키지 않는다. 둘째는 상이한 형태의 저축방식 혹은 자산 사이의 중립성이다. 이런 의미에서 중립적 조세는 사람들이 저축할 때 어떤 형태의 자산을 선택할지에 대해 왜곡이 발생하지 않는다.

'저축으로부터 발생하는 정상수익(normal return to savings)' — 소비를 연기하는 것에 대한 보상일 뿐인 수익(예를 들면, 위험부담과 관련된 추가적인 수익이 없는 수익을 말함) — 에 대하여 과세하는 세제는 첫 번째 중립성 기준을 만족시킬 수 없다. 이것은 생애에서 나중에 소비하길 선택하는 사람들에게 생애에서 일찍 소비하길 선택하는 사람들보다 더 많이 과세하는 것이다.

저축의 정상수익에 대해 과세한다는 것은 오늘의 소비보다 미래의 소비에 더 많이 과세한다는 것을 의미한다. 어떻게 보면 소비의 발생 시점에 따라 세율이 달라진다는 것은 개념적으로 소비의 형태가 달라지면 다른 세율이 적용된다는 것과 같다. 그런 상이한 세율의 장점에 대한 주장은 제6장에서 논의한 어떤 소비재를 다른 소비재보다 중하게 과세해야 하는지에 대한 주장과 일치한다.[13]

이상적인 세상에서 우리는 사람들의 평생소득능력에 따라 과세하기를 원한다는

---

12) Chung et al., 2008.
13) Atkinson & Stiglitz(1976) 참조.

것을 상기하자. 이것은 사람들의 잠재적 소비와 대체적으로 일치한다. 정책결정자들이 사람들의 평생소득능력을 직접 관찰할 수 없기에 우리는 실제 소득 혹은 실제 지출을 불완전한 근사치로 사용한다. 그런데 이렇게 되면 불행히도 사람들로 하여금 소득(혹은 지출) 관련 활동을 그렇지 않을 경우보다 적게 하도록 유인하는 결과를 가져온다. 우리는 사람들의 행동을 왜곡시켜 더 많은 여가시간을 가지도록 한다. 저축의 정상적인 수익에 대한 과세는 능력이 뛰어난 사람들을 더 정확하게 선별할 수 있거나, 노동공급에 대한 왜곡이 적은 방식으로 부과할 경우에만 개선된다.

저축에 대한 과세는 재분배의 효율적인 수단이 될 수 있다. 무엇보다 저축이 많은 사람들은 정의에 따라 부유하지 않은가? 그러나 저축을 가진 사람들이 저축이 없는 사람들보다 생애에 걸쳐 필연적으로 더 좋다고 할 수 없다. 이 둘은 생애 동안 비슷한 규모를 벌고 지출할 수 있다. 한 사람은 젊었을 때 돈을 벌어서 늙었을 때 쓰기 위하여 저축한다. 다른 한 사람은 소득과 소비의 시점이 거의 일치한다. 우리는 사람들의 소득이 발생할 때 과세(소득에 대한 과세)함으로써 혹은 자원이 최종적으로 소비로 사용될 때 과세(지출에 대한 과세)함으로써 사람들의 총자원에 대하여 과세할 수 있다.[14] 소득 혹은 지출에 적용되는 세율을 누진적으로 만들면 더 부유한 사람들을 더 많이 과세할 수 있다. 사람들의 실제 소득과 지출로부터 우리가 이미 알고 있는 것이 주어진 상태에서, 사람들의 저축 결정이 오늘보다 내일 소비에 대한 그들의 선호만을 알려 주고 그 아래 깔려 있는 소득능력은 알려 주지 않는다면 저축에 과세한다고 해서 소득 혹은 지출에 과세하는 경우보다 능력이 뛰어난 사람들을 더 정확하게 과세한다고 할 수 없다. 저축의 정상수익에 대해 과세함으로써 우리는 더 나은 사람들을 과세하는 것이 아니다. 오늘보다 내일 돈을 지출하는 사람들을 과세하는 것이다. 사람들이 자신의 논을 언제 지출할지를 선택하는 것과 근본적인 소득능력처럼 과세의 근거가 될 수 있는 다른 속성들 간에 관계가 없다면 저축에 과세하는 것은 불공정하고 비효율적으로 여겨진다.

세원을 저축까지 확대하면 소득에 대한 세율을 낮추게 되고 일하지 않을 유인을 감소시키는 것처럼 보인다. 그러나 일에 대한 결정은 여가와 소비 사이의 상충관계를 포함한다. 만일 어떤 사람이 미래 소비의 비용을 마련하기 위하여 일한다면 저축

---

14) 사람들이 돈을 벌기보다 상속받거나, 지출하기보다 상속한다면 분석이 달라진다(비록 종국적으로 그 돈은 누군가가 벌어야만 하는 것이고 누군가가 써 버려야만 하는 것이라 하더라도). 이것은 제15장의 주제이다.

에 대한 과세는 — 소득으로 구입할 수 있는 미래 소비를 감소시켜 — 소득에 직접 과세하는 것과 마찬가지로 일할 의욕을 감소시킨다. 왜 소득을 나중에 소비하고자 하는 사람들의 일할 의욕을 더 많이 감소시켜야 하는가?

오늘의 소비와 내일의 소비에 대한 논의는 저축의 정상수익 — 소비를 내일로 연기시키는 데 대한 보상에 해당되는 수익 — 에 대한 과세에만 적용된다. 13.2.2절에서 우리는 정상수익을 초과하는 수익에 대한 과세를 강하게 지지하는 주장을 검토할 것이다. 13.3절에서는 정상수익은 면세하여야 한다는 논리도 무너지는 사례 — 예를 들면, 사람들의 저축결정이 사람들의 소득능력에 대해 알려 주는 경우, 혹은 미래 소비에 대한 과세가 현재 소비에 대한 과세와 같은 방식으로 이루어짐에 따라 노동공급을 감소시키지 않을 경우 등 — 에 대한 논의를 할 것이며, 그런 경우가 실제로 중립성으로부터의 이탈을 정당화할 수 있는지에 대하여 설명할 것이다. 그러나 소비의 타이밍에 대한 중립성은 아무리 양보해도 조세설계의 중요한 출발점이다.

둘째 유형의 중립성 — 즉 상이한 자산 간의 중립성 — 은 상이한 자산들(주택, 연금, 그리고 다른 금융자산)에 대하여 다르게 과세되면 훼손된다. 아마도 일반적으로 이런 유형의 중립성 — 조세정책은 사람들이 금, 주식 혹은 저축예금 중 어떤 형태로 저축해야 하는지에 아무런 영향을 주지 말아야 한다는 입장 — 에서 이탈하려면 상당히 강한 이유가 필요할 것이다. 있을 수 있는 심각한 예외로서 장기적인 계획을 잘 수립하지 못하는 사람들이 은퇴 후에 정기적 소득을 받는 형태로 저축하도록 장려하기 위하여 연금을 다른 유형의 저축보다 더 관대하게 취급하는 경우가 있을 수 있다.

두 개의 중립성 개념 모두, 그중에도 특히 첫째의 중립성을 지지하는 표준적 주장에는 한계가 있지만, 어떤 형태의 조세체계가 중립성을 달성할 것인지를 이해하는 것이 개혁 논의에서 자연스럽게 비교 기준이 될 것이다.

이제 우리는 포괄적 소득세가 이런 유형의 중립성 모두를 달성시킬 수 없는 이유를 검토하고, 그다음 중립성을 달성시키기 위한 세 가지 상이한 접근방법을 간략히 소개할 것이다. 마지막으로, 세율이 하나 이상인 소득세제에서 추가되는 복잡한 문제들에 관해서 살펴볼 것이다.

13.2.1 표준적 소득세가 중립성을 달성하지 못하는 이유

표준적인 소득세하의 저축과세에서는 기간에 걸친 중립성과 자산의 종류에 걸친 중립성이 모두 달성되지 않는다. 소득세는 미래 소비를 현재 소비보다 비싸게 만들면서 저축을 방해한다. 소득세는 소득이 발생할 때 과세할 뿐만 아니라 저축의 수익에 대해서도 과세하기 때문에 소득이 미래 소비에 사용될 때와 비교해서 현재 소비에 사용될 때 소득의 현재가치가 더 크다. 더군다나 이런 차이의 정도는 과세대상이 실질수익이 아니라 명목수익이므로 인플레이션에 대한 지수화(indexation)가 완전하지 않으면 인플레이션율의 변동에 따라 달라질 것이다. 만일 인플레이션율이 높으면 원금의 실질가치가 하락할 것이라는 사실을 보전하기 위하여 명목이자율은 높아질 것이다. 이렇게 인플레이션율이 반영되어 높아진 명목수익을 과세하면 이자발생 자산의 실질수익에 대한 유효세율이 높아진다. 인플레이션율이 높아짐에 따라 유효세율이 높아지는 경향이 있다.[15]

복리이자(compound interest)의 특징에 의하면 저축의 유효수익률을 감소시키는 조세는 기간이 길어질수록 말기에 형성되는 부를 점점 더 감소시킨다. 생애주기에서 훨씬 나중을 위하여 저축하는 젊은 사람들에게 이런 현상의 유무는 동일한 저축액수가 만들어 내는 부의 가치를 매우 크게 차이 나도록 만들 수 있다. 심지어 인플레이션을 무시하더라도 은행계좌의 순 이자율(세후 이자율)을 5%에서 4%로 감소시키는 조세는 1년 후에 그 계좌의 가치를 1% 감소시킬 것이지만(105파운드에서 104파운드), 10년 후에는 9%를, 50년 뒤에는 38%를 감소시킬 것이다. 사람의 생애에 걸쳐 가능한 규모의 저축에 인플레이션과 복리이자가 결합된다면 표준적 소득세가 오늘의 소비를 포기하여 구입할 수 있는 미래의 소비를 사람들이 단순히 세법상의 세율을 보면서 추측할 수 있는 정도보다 훨씬 더 감소시킨다는 것을 의미한다.

특히 자본이득이 실현되는 시점에 과세를 하면서 발생주의 과세와 동등하게 만드는 어떤 조정도 없다면 여러 형태의 자산들에 대해 중립적인 소득세를 설계하는 것은 어렵다. 자본이득도 이자소득이나 배당과 마찬가지로 저축에서 생기는 이득이다. 포괄적 소득세에서 자본소득(자본이득을 포함)은 발생 시에 과세되거나 혹은 발생과세와 동등한 방식으로 과세되어야 한다. 따라서 자본이득은 다른 소득요소들과 같은 세율로 과세되어야만 하며 이것은 분명히 가능하다(그러나 영국은 그렇지 않다). 포괄적 소득세의 표준적 형태에서 자본이득은 저축에서 발생하는 다른 소득과 마찬가

---

15) 실현된 회계에 근거하면서 단일한 자본조세(uniform capital tax)인 세제를 설계할 수 있다. 실제로 Auerbach & Bradford(2004)는 일반화된 현금흐름에 대한 조세를 개발하였다. 이것은 자본소득을 측정할 필요가 없으며 동시에 모든 자본소득에 대하여 일정한 세율로 소득세를 실효적으로 부과하는 것이다.

지로 동시에 과세된다. 이것은 실현시점(그 자산을 처분하는 시점)이 아니라 발생시점(가치가 증가하는 순간)에 과세한다는 의미이다. 가치가 증가하였지만 매각되기까지 수년 동안 보유되는 자산의 경우 실현시점에서 과세하면 발생한 자본이득에 대한 과세를 그 기간 동안 이연하는 효과가 있다. 발생 시에 과세하는 것과 동일한 유인을 투자자들에게 제공하는 실현기준의 자본이득과세를 설계하는 것은 가능하지만 그런 조세는 그 자산의 과세가액 자산이 구입된 이후 수익률에 따라 수정하는 것이 요구된다.

이연 또는 지연된 납세는 납세자에게 유리하다. 즉 납세자에게 이것은 자산의 가치가 증가한 시점으로부터 매각될 때까지 정부로부터 무이자의 대출을 받는 것과 동일하다. 이런 연기는 오랫동안 보유했던 자본이라면 더욱 두드러지게 자본이득에 대한 유효세율을 감소시킨다. 이렇듯이 동등하지 않은 취급 때문에 수익을 현금소득의 형태로 발생시키는 자산보다 자본이득의 형태로 발생시키는 자산이 유리해진다. 이것은 현금소득을 자본이득으로 변경시킬 유인도 만든다. 이것은 특히 사업용 자산의 측면에서 중요할 수 있으며 그 결과 어떤 사람들에게 유리하게 작용한다. 자본이득을 '발생과 동등한' 조정 없이 실현 시에 과세하면 '동결효과(lock-in effect)'가 발생하는데, 이것은 일단 자산의 가치가 오르면 발생한 이득을 더 오랫동안 조세로부터 방어하기 위하여 그것을 계속 보유할 유인이 있는 것을 의미한다. 그러나 발생에 근거해서 과세하기란 두 가지 이유에서 무척 어렵다. 먼저, 모든 자산이 '시가 평가'되거나 혹은 거래되지 않더라도 주기적으로 가치가 매겨져야만 한다. 둘째, 사람들이 이런 지불을 할 유동성 자원이 부족한 때라도 발생된 이득에 대한 세금을 납부하도록 요구된다는 것이다.

실제로 표준적 소득세제하에서 저축의 수익에 대한 과세는 기간에 대한, 그리고 자산의 종류별 저축방식에 대한 자의적인 왜곡을 허용하는 것을 의미한다. 우리가 앞으로 볼 것이지만 지출세는 현금소득을 만드는 자산과 자본이득을 만드는 자산 간의 선택에 대한 왜곡을 피하고, 또한 수익이 실현되어 소비될 때만 과세됨에도 불구하고 보유기간에 대한 왜곡을 발생시키지 않는다.

13.2.2 저축 중립적 과세에 대한 대안적 경로

포괄적 소득세는 저축 중립적 조세체계가 될 수 없다. 그러나 사실 저축 중립적 조세체계로 가는 경로들은 여러 가지가 있다. 여기에서는 세 가지 경로를 고려해 보자.

편의상 간단한 부호를 사용해서 자산의 생애 각 단계에서 저축은 과세되거나(T) 혹은 면세된다(E)고 하자.

자산의 생애를 세 단계로 생각해 볼 수 있다. 첫째, 소득을 받을 때(즉 소득을 저축계좌에 입금하거나 또는 자산을 구입하기 직전 혹은 그 시점)이다. 둘째, 수익(이자, 자본이득, 혹은 배당가능한 이윤)이 발생할 때이다. 셋째, 자금이 계좌로부터 인출되거나 자산이 매각될 때이다.

부호를 사용하면 (현금흐름의) 지출세는 EET로 정의된다. 조세는 단지 소득이 지출되면서 소비될 때 납부된다. 이것은 납세 연기된 계좌에 있는 저축과 동등하고, 대부분의 연금저축은 이런 방식으로 운영된다. 대조적으로 포괄적 소득세는 TTE이다. 즉 과세된 소득에서 저축이 이루어진다. 그리고 저축의 정상수익까지 포함해서 모든 수익은 과세된다. 그러나 저축이 인출될 때 조세는 부과되지 않는다.

이런 개념을 바탕으로 잠재적으로 대안이 되는 세 가지 **저축 중립적 과세유형**은 다음과 같다.

- 현금흐름 지출세(cash-flow expenditure tax) : 이것은 지출되는 소득이 소비로 사용될 때에만 과세한다. 이를 'EET'라 부른다.
- 근로소득세(labour earnings tax) : 이것은 모든 저축소득을 면세하지만 처음 소득이 만들어져 저축될 때(근로소득)는 면세하지 않는다. 이를 'TEE'라 부른다.
- 수익률 공제 소득세(income tax with a rate-of-return allowance, RRA) : 이것은 근로소득과 저축의 정상초과수익에 과세한다. 이를 'TtE'라 부른다. TtE에서 소문자 't'는 정상수익이 공제된다는 뜻이다.

이 세 가지 저축 중립적 접근방식은 정상 이상의 초과수익이 없다면 대략적으로 동일한 효과를 가져온다. 세 가지 모두 정상적인 무위험 수익을 비과세로 하므로 결과적으로 현재 소비와 미래 소비 사이의 선택이 왜곡되지 않게 한다.[16]

그러나 세 가지 접근방식은 정상수익을 초과하는 수익에 대한 과세 취급과 정부 세수입의 시간 경로가 다름을 의미한다. 정상수익은 여기에서 중심적 개념이다. 그것은 저축을 안전한 이자부 자산의 형태로 소유할 때 얻어지는 수익으로 생각할 수

---

16) 적어도 정상수익을 지불하면서 대출할 수 있고, 시간이 흘러도 세율이 변하지 않는 경우의 소비자들에 대하여(이것은 13.2.3절에서 다룬다).

있다. 이런 이유로 때때로 이것은 '정상적 무위험 수익'이라고 부른다.[17] 소비의 타이밍에 대한 결정이 왜곡되지 않도록 하기 위하여 과세를 하지 않고자 하는 수익이 바로 이것이다. 소득세가 이런 결정을 왜곡하는 이유는 이러한 정상수익에 과세하기 때문이다.

정상수익 이상의 수익은 다양한 투자가 갖는 상이한 위험을 반영하든지 혹은 투자자가 획득한 어떤 형태의 지대(rent)를 반영할 수 있다. 초과수익의 원천이 무엇이냐에 따라 중립성을 달성하려는 세 가지 다른 접근방식의 경제적 결과는 크게 달라질 수 있다. 소득세(TEE)는 초과수익을 과세하지 않는다. 내 투자가 얼마나 잘되었는지는 문제되지 않고 나는 더 이상의 세금을 내지 않는다. 지출세(EET)와 수익률 공제 소득세(TtE)는 초과수익을 세원(두 가지 모두 지대에 과세함으로써 조세수입을 증가시킴)에 포함시킨다. 이것이 결정적인 차이점이다. TEE 제도를 광범위하게 적용하면 성공적인 투자자들이 세금 없이 무제한의 수익을 얻게 될 것이다. 이것은 사업자산 및 다른 위험한 투자에 대한 일반적 제도로서 사용하기에 상당히 부적절하다. TEE 제도는 근로소득과 투자소득을 매우 분명하게 분리하길 요구하는데 전자는 과세대상이고 후자는 비과세이기 때문이다.

소득세(TEE)와 지출세(EET)의 저축취급방식은 확실성 자산에 대하여 광범위하게 사용된다. 영국에서 사적연금제도(private pensin plan)는 EET 취급과 유사하다. 또 인적 자본에 대한 투자에도 적용되는데, 교육에 대한 시간투자는 과세되지 않지만 교육의 수익은 과세된다. 미국의 Roth 401(k)와 영국의 ISA는 TEE 조세취급을 받는 자산의 사례들이다. 영국에서 소유자 거주의 주택과 대부분의 내구소비재들은 TEE 취급을 받는다. 왜냐하면 그것들은 세후소득으로 구입되지만 수익은 물론 '초과'수익조차도 과세되지 않기 때문이다.

표준 소득세(TTE)는 정상수익을 포함한 자본투자의 모든 수익에 대하여 과세한다.

EET 방식은 저축을 권장하기 위하여 세금을 경감시켜 주는 것으로 생각할 수 있다. 수익률 공제는 저축에 대한 즉각적인 조세감면이 아니라 조세감면이 이연된 지출세로 볼 수 있다. 이들의 공통된 특징은 포괄적 소득세(TTE)와 달리 저축에서 발생하는 정상수익에 대하여 과세하지 않는다는 점이다. 사실 RRA와 EET는 보다 일반적

---

17) 대부분의 선진국에서 그리고 대부분의 기간에서 이것은 중기 상환의 정부채권에 붙는 이자율로 추정될 수 있다(Sørensen, 2007).

|글|상|자| 13.1   차입에 대한 세제

차입은 '부(負)의 저축(negative saving)'으로 생각될 수 있으며, 저축에 대한 네 가지 세제가 원칙적으로 동일하게 적용될 수 있다.

- **TEE : 근로소득세**는 저축을 무시하는 것과 마찬가지로 차입도 무시한다. 대출을 하거나 이자 혹은 원금을 상환하는 것은 납세의무에 아무런 영향을 주지 않는다.
- **EET : 현금흐름 지출세**는 모든 현금 유입에 대한 과세와 모든 현금 유출에 대한 공제를 포함하므로 차입한 해당 연도의 과세소득에 차입액을 추가한 후 원금과 이자에 대한 모든 상환액을 공제한다.
- **TTE :** 차입에 대한 **포괄적 소득세**적 취급은 과세소득에서 이자 지불을 완전히 공제(그러나 차입액을 과세소득에 더하거나 원금상환을 공제하지 않음)하는 것을 허용한다. 이것은 저축의 이자소득을 완전히 과세하는 것과 다름없다. 포괄적 소득세는 저축에 과세하고 차입에 보조한다.
- **TtE : 수익률 공제 제도**는 TTE와 마찬가지로 이자 지불을 공제해 주지만 원금잔고에 대한 '정상'이자 초과 부분만 해당된다(TTE와는 달리 이자 지불과 원금상환이 현재가치상으로 동일하다. 만일 지급이 이자로 표시되면 공제 가능하다. 만일 지급이 원금으로 표시되면 공제 가능하지 않지만 부채 잔고의 가치를 감소시킴으로써 미래 이자공제를 상쇄시키기 위한 '정상'이자 공제의 흐름을 감소시킨다).

인 저축 중립적 세원의 두 특별한 사례로 볼 수 있다.[18][19] RRA는 경제학 논문들에서 많이 연구되었으며 노르웨이에서 적용되었다.[20] 우리는 저축세의 개혁에 대한 토론에서 이것을 중요하게 다루어야 한다고 믿는다. RRA는 전통적인 소비세보다 실행상의 어려움이 적을 가능성이 높으며, 정부수입을 높게 유지한다. 또한 근로소득에 적용되는 세율과 동일한 세율을 저축의 (정상 초과)수익에 대하여 적용한다.[21]

이런 상이한 저축세제들은 차입에 대해서도 적용될 수 있다. 자세한 내용은 〈글상자 13.1〉에 설명되어 있다.

이런 상이한 제도들에 대한 이해를 돕기 위해 표준 소득세(TTE)와 세 가지 대안적인 저축 중립적 세제들을 비교하는 간난한 사례를 만들어 보았다. 이 사례에는 연 5% 수익을 내는 자산에 저축하려는 사람이 있다. 올해 10만 파운드를 저축하면 내년에는 이자소득 5,000파운드와 원금 10만 파운드를 더해서 총 10만 5,000파운드가 된다.

---

18) 기업의 현금흐름에 대한 과세와 ACE 유형의 과세가 보다 일반적인 투자 중립적 기업 세원의 두 특별한 사례(제17장 참조)인 것과 거의 동일한 방식으로.
19) 중간적 경우는 개인의 순 저축의 일부에 대하여 즉각적인 세금감면을 해 주고, 나머지에 대하여는 세금감면(동일한 현재가치로)을 연기해 준다고 할 수 있다.
20) Sørensen, 2009.
21) 이런 상이한 저축 중립적 세제 사이를 이동할 때 발생하는 완전한 '일반균형' 효과는 여전히 완전하게 연구되지 않았다는 점이 추가되어야만 한다.

| 표 13.2 | 정상수익(5% 가정)하의 저축세제 비교 (단위 : 파운드)

	TTE	TEE	EET	TtE
구입가격	100,000	100,000	100,000	100,000
첫해 조세감면	0	0	20,000	0
세후 저축액	100,000	100,000	80,000	100,000
둘째 해 자산가치	104,000	105,000	105,000	105,000
세후 인출액	104,000	105,000	84,000	105,000
둘째 해 납세액	1,000	0	21,000	0
첫해 조세감면의 현재가치	0	0	21,000	0
납세액의 현재가치	1,000	0	0	0

표준 소득세의 세율이 20%이면 이자소득에 대한 세금이 1,000파운드, 세후 이자소득은 4,000파운드이며 수익률은 단지 4%이다. 이것은 저축유인을 저해한다. TTE 경우는 〈표 13.2〉의 첫째 행에 표시되어 있다. 나머지 행에서는 저축 중립적인 세제의 비교를 보여 주고 있다.

소득세(TEE)에서 자산 구입의 비용은 포기한 소비로 환산해서 10만 파운드이지만 수익에 대하여 과세되지 않기 때문에 10만 5,000파운드를 인출할 수 있다. 지출세(EET)는 자산 구입가격에 20%의 조세감면이 제공되는 것으로 생각할 수 있다. 따라서 포기한 소비로 환산한 자산의 구입에 들어간 비용은 8만 파운드이다. 즉 지출세는 첫해에 10만 파운드의 저축에 대하여 2만 파운드의 조세감면을 해 준다. 둘째 해에는 10만 5,000파운드의 인출에 대하여 과세하고 세부담은 2만 1,000파운드가 된다. 세후 저축자는 올해 8만 파운드를 포기하고 다음 해에 8만 4,000파운드를 받아 수익률은 5%이다. 다른 방법으로 나타내면 첫해 조세감면의 현재가치는 둘째 해 조세지불액의 현재가치와 동일하다. 소비의 시점 간 배분에 아무런 왜곡이 발생하지 않는다.

이제 올해 2만 파운드의 조세감면을 해 주는 대신 이자율 5% 수준 할증으로 계속 이전시켜 다음 해 2만 1,000파운드의 조세감면을 해 준다고 하자. 저축자는 10만 파운드를 올해 포기하고 TEE 사례와 마찬가지로 수익률 5%로 10만 5,000파운드를 다음 해에 받는다. 이것은 〈표 13.2〉의 마지막 행에 나타나 있다. 개인들이 첫해의 2만 파운드 조세감면과 둘째 해의 2만 1,000파운드 조세감면에 대해 무차별하다면 EET와 TtE 접근방식은 동일하다. 여기에서 우리는 수익률 공제를 계산하면 보다 일반적 형태로 이것을 보여 줄 수 있다. 수익률 공제는 전년도의 말에 무위험(정상적) 이자율

| 표 13.3 | 초과수익(5%의 정상수익과 10%의 초과수익 가정)하의 저축세제 비교　(단위 : 파운드)

	TTE	TEE	EET	TtE
구입가격	100,000	100,000	100,000	100,000
첫해 조세감면	0	0	20,000	0
세후 저축액	100,000	100,000	80,000	100,000
둘째 해 자산가치	108,000	110,000	110,000	110,000
세후 인출액	108,000	110,000	88,000	109,000
둘째 해 납세액	2,000	0	22,000	1,000
첫해 조세감면의 현재가치	0	0	21,000	0
납세액의 현재가치	2,000	0	1,000	1,000

을 저축액(역사적 비용으로 표시)에 곱해서 구해지는데, 사례에서 10만 파운드의 5%로 5,000파운드이다.

　정상수익률 이상의 수익률이 있다면 상황은 달라진다. 정상수익률이 5%이지만 구입한 자산이 10%의 수익을 올린다는 가정 아래 설명해 보자. 이 경우에 초과수익은 투자자가 버는 지대라고 가정하자. 이런 상황에서 고려 대상인 각각의 제도 비교는 〈표 13.3〉에 있다. 우리는 TtE와 EET는 동등하지만 TEE는 다르다고 본다. TtE에서는 둘째 해에 1만 파운드의 수익에 대하여 단지 5,000파운드만 공제해 주기 때문이다. 이런 정상 초과수익의 경우에 5,000파운드를 초과하는 수익은 20% 세율로 과세된다.

　물론 제도들 간에 중요한 다른 차이점들이 있지만 이런 정형화된 사례들은 기본원리를 이해하는 데 도움이 된다. 예를 들면 위험한 자산의 경우 조세수입 수취의 타이밍과 위험성이 체제 간에 상이하다. TEE에서는 모든 조세수입이 확실하고 첫해에 수취된다. 반면에 지출세의 세수입은 둘째 해에 이루어지고 실제 수익수준에 의존한다. RRA는 정부가 세수입의 일부를 즉시 수취할 뿐만 아니라, 초과수익의 일부를 세수로 수취할 것을 보장한다.

　RRA는 투자액을 정상적 무위험 수익률로 곱한 가치와 동일한 소득공제를 실질적으로 해 준다. 운영 시에는 정상적 무위험 수익의 선택, 기록 의무의 추가, '손실'의 취급 등과 같은 복잡한 업무가 추가적으로 발생한다.

　위에서 언급한 바와 같이 정상수익은 일반적으로 중기 만기 정부채권의 이자율로 접근한다. 이런 이자율은 변동하기 때문에 자산 간, 기간 간의 중립성을 유지하려면 세법에 의하여 허용된 무위험률도 함께 밀접히 변동하는 것이 보장되어야 할 것이다. 그러나 이것은 분명 행정업무를 복잡하게 할 것이며, 무위험 이자율을 자주 변동시키는 것과 완전한 중립성을 유지하는 것 사이에 상충관계가 존재할 것이다.

RRA 체제에서 필요한 기록 보존은 다른 제도에서 요구되는 것보다 훨씬 부담스러운 수준이지만 표준적 자본이득세에서 요구하는 것보다는 심하지 않을 것이다. 그리고 정상 이하의 수익률을 어떻게 취급해야 하는지의 문제도 있다. 정상수익률에 대해 공제를 허용한다는 것은 어떤 연도에 정상수익률 이하의 수익률이 실현된다면 조세손실이 발생한다는 뜻이다. 그러면 RRA 공제는 실현된 수익률 아래에서 공제되는 금액보다 더 높아질 것이고, '미사용된' RRA 공제가 생기게 된다.[22]

미사용된 RRA 공제는 표준 소득세에서 발생할 수 있는 손실과 유사하지만 정상수익률에 미달하는 상대적인 '손실'은 표준적 소득세와 자본이득세에서 발생하는 절대적 기준의 손실보다 훨씬 자주 생길 것이다. 명목수익은 0 이하의 음수인 경우보다 양의 공제수익률 이하일 경우가 더 많다. 손실상쇄는 RRA가 위험한 수익을 취급하는 방식의 핵심적 특징이다. 이것은 손실과 이득에 대한 비대칭적 과세취급을 방지해서 위험 투자를 할 유인을 감소시키는 효과가 있다.[23]

마지막으로, 근로소득세, 지출세, 그리고 RRA 접근방식은 모두 자본이득과 현금소득을 동일하게 취급하는 데 성공했으며 인플레이션에 대한 지수화를 요구하지 않는다는 점을 주목할 만하다. 그렇게 해서 그들은 저축의 형태와 타이밍에 대한 왜곡을 피한다. 이것은 EET 제도를 보면 바로 명확하게 나타난다. 나는 저축을 인출할 때 저축의 가치에 대하여 세금을 낸다. 누적된 이자 혹은 자본이득, 어느 것으로 인해서 저축의 가치가 높아졌는지는 아무런 차이가 없다. RRA에서도 동일하다. 예를 들어, 초기 투자의 5% 공제는 다음 기로 이월된다. 다음 기에 이자 혹은 자본이득이 실현된다면 이월된 공제금액을 공제한 후 납부세액이 결정된다. 만일 자본이득이 미래의 어떤 기까지 실현되지 않았다면, 사용하지 않은 공제는 정상수익률로 할증되면서 여전히 이월된다. 결과적으로 정상수익이 이자로 발생하든지 또는 자본이득으로 발생하든지에 상관없이 과세되지 않는다. 정상수익률 이상의 수익은 과세되고 지불한 조세의 순 현재가치는 수익의 형태나 타이밍에 따라 달라지지 않는다.

---

22) 우리는 '미사용된 RRA 공제'라는 표준용어를 여기에 적용하지만 '미사용된 RRA 공제'는 사실 명목손실이 있을 때 전액 RRA 공제보다 더 많을 것임이 인식되어야만 한다.

23) Cullen & Gordon(2007) 참조.

| **표 13.4** | 누진과세의 영향 : 저축 시 40%, 인출 시 20%의 누진세율 (단위 : 파운드)

	5%의 정상수익 가정		10%의 초과수익 가정	
	EET	TtE	EET	TtE
구입가격	100,000	100,000	100,000	100,000
첫해 조세감면	40,000	0	40,000	0
세후 저축액	60,000	100,000	60,000	100,000
둘째 해 자산가치	105,000	105,000	110,000	110,000
세후 인출액	84,000	105,000	88,000	109,000
둘째 해 납세액	21,000	0	22,000	1,000
첫해 조세감면의 현재가치	42,000	0	42,000	0
납세액의 현재가치	−21,000	0	−20,000	1,000

13.2.3 조세 평준화와 상이한 한계세율

다양한 저축 중립적 세제들에 대해 자세히 설명하면서 우리는 세율이 일정 — 즉 단일세(flat tax) 체계 — 하다는 가정으로 토론을 매우 단순화시켰다. 그러나 실제로 모든 현대적 조세체계는 한계세율이 일정하지 않은 세율 체계를 가지고 있다.

먼저, 영국의 제도처럼 기본세율과 하나 이상의 높은 세율로 구성되어 소득이 높으면 세율도 높아지는 제도를 고려해 보자. 앞의 〈표 13.2〉와 〈표 13.3〉의 사례처럼 저축자가 첫해에 높은 세율로 조세를 부담하고 둘째 해에 기본세율로 세부담을 한다고 가정해 보자. 그러면 EET와 TtE제도의 계산은 〈표 13.4〉에서 나타난 바와 같이 매우 다르다.

EET 제도는 사람들로 하여금 세율이 높을 때 저축하고, 세율이 낮을 때 수익 실현을 장려하는 방식으로 저축을 보조한다. 역으로, 일시적으로 낮은 세율에서는 저축을 하지 않도록 할 것이다. 이것은 조세체계가 누진적일 때 비중립성을 생기게 한다. 조세체계는 저축의 수준과 타이밍에 영향을 미친다.

원칙적으로 우리는 연소득이 2만 파운드에서 6만 파운드 사이에서 변동하면서 평균이 4만 파운드인 사람들을 매년 정확히 4만 파운드를 버는 사람들보다 더 많이 과세해서는 안 된다. 그러나 사실상 현재 영국에서는 그러하다. 이것을 다른 방식으로 보기 위해 4만 파운드를 경계로 더 높은 세율이 적용된다고 가정해 보자. 어떤 사람이 첫해에 8만 파운드를 벌고 4만 파운드를 저축한다. 둘째 해에는 아무런 소득이 없으며 단지 그 4만 파운드를 소비한다. 연소비는 더 높은 세율이 적용되는 경계를 결코 넘지 않는다. 매년 4만 파운드를 벌고 그 액수를 소비하는 경우와 동일하다. 그럼에도 불구하고 이런 경우 높은 세율이 적용되어야 하는 이유가 분명하지 않다.

〈표 13.4〉의 사례에 해당되는 사람은 둘째 해의 소득이 높은 세율이 적용되는 경계 수준 아래에 있기 때문에 낮은 세율의 소득세를 납부한다. 두 기에 모두 높은 세율이 적용되는 생애소득을 가진 사람들은 이런 사람들보다 더 많은 세금을 낼 것이다.

반면에 TtE의 제도에서 첫해에 높은 세율로 납세하고, 둘째 해에 세율이 낮아진다는 사실은 중요하지 않다(적어도 정상수익만 얻어진다면). 소득이 하락한다는 사실은 저축에 부과되는 총세액에 영향을 미치지 않는다.

이상의 설명을 통해 비선형적 조세체계에서는 지금까지 우리가 고려한 세 가지 세제를 지지하던 저축의 중립성이 보장되지 않음을 알 수 있다. 중립성은 지출에 대한 한계세율이 일정할 때만 성립한다.

우리의 사례에서 저축은 소비세에 의하여 보조받는다. 동등하게 지출이 증가함에 따라 한계세율이 증가한다면 소비가 적은 생애의 일부 기간 동안 저축에 대하여 암묵적 조세가 부과되게 된다. 소득의 일부를 지금 저축해서 미래에 지출하려는 사람을 고려해 보자. 아마도 이 사람은 미래에 어린 자녀들을 키워야 하므로 소비의 필요성이 높아질 것으로 생각하고 있을 수 있다. 고정된 소득하에서 이것은 오늘의 소비보다 내일의 소비가 더 커질 것이라는 의미이다. 만일 누진적인 순수한 (EET) 지출세가 있다면 이 사람에게는 오늘의 (낮은) 소비에 적용되는 세율보다 내일의 (높은) 소비에 적용되는 세율이 높을 수 있다. 내일의 소비는 비싸지는데 이것은 정확히 저축에 대한 세금의 영향이며 소비의 타이밍을 왜곡되지 않도록 하는 중립성 조건이 사라진 결과이다.

그러나 TtE (혹은 TEE) 제도에서는 반대로 나타난다. 이런 경우에는 소비가 낮은 기간 동안에 저축하고 소비가 높은 기간 동안에 저축 인출을 하면 전반적인 조세지출을 줄이게 된다.

만일 순수한 EET 제도와 순수한 TtE(혹은 TEE) 제도 중 하나만을 선택해서 실시한다면 둘 이상의 한계세율이 있는 세제에서는 저축자의 한 집단이 이익을 보지만 다른 집단은 손해를 볼 것이다. EET를 선택한다면, 현재 높은 소득에서 저축하는 사람들은 은퇴 시에 낮은 세율을 적용받게 될 것이며 따라서 저축을 할 중요한 유인을 제공받는다. 그러나 현재 소득이 낮은 사람들이 높은 소비 기간을 위해 저축하게 되면 소비 기간의 한계세율이 높기 때문에 손해를 볼 것이다. 다른 한편으로 TtE (혹은

TEE) 제도에서는 현재 높은 세율에 직면하고 한계세율이 낮은 은퇴 기간을 위해 저축하는 사람들이 불리하다. 이 사람들의 평균세율은 생애 관점에서 '너무 높을' 것이다.

이런 문제를 해결하는 전략으로 납세자에게 EET와 TtE 제도 중 어느 하나를 선택하도록 할 수 있다. 이것은 원칙적으로 완전한 '조세 평준화'를 허용하는 것으로서 경제학에서 특이한 역사를 가진 아이디어[24]이다. 위의 보기에서 지출이 증가하는 사람들이 TEE 과세 형태의 자산에 투자한다면 이것으로 그녀는 오늘의 소비와 내일의 소비에 걸쳐 세율을 '평준화'할 수 있게 된다. 조세 평준화는 한계세율을 생애에 걸쳐 동일하게 바꿀 수 있게 해 준다.

만일 사람들에게 생애에 걸쳐 상이한 소득 흐름과 지출 욕구가 있다면, '순수한' 소득세(TEE)는 소득이 변동하는 사람들을 처벌한다. 한편 '순수한' 지출세(EET)는 지출이 변동하는 사람들을 처벌한다. 사람들이 소득에 대하여 어떠한 불확실성도 없이 완전한 예측을 할 수 있고, 각 제도하에서 원하는 만큼 마음대로 저축(그리고 차입)이 가능하다면 사람들은 세원을 평준화할 수 있다. 생애소득이 동일한 사람들은 생애 조세부담(현재가치로 평가해서)도 동일하다는 의미이다. 실질적으로 이것은 생애 세원(lifetime tax base)을 발생시킨다. 이것은 우리가 본 장의 서두에서 이미 언급했듯이 매우 매력적인 특징이다.

그러나 완전한 신축성을 허락하기에는 불편함도 있다. 모든 사람이 예견력, 확실성, 금융적 능력 혹은 조세납부를 완전히 평준화할 수 있는 신용 능력을 가지고 있지 않다. 그렇다면 그런 능력이 있는 사람들의 편의를 봐주는 것이 공정하고 효율적인가? 더 나아가 우리는 노동공급과 소비의 타이밍에 대해 중립적이길 원하지 않을 수도 있다. 예를 들어 우리는 사람들이 은퇴를 고려할 시점 근처에 더 강한 근로유인을 주고자 할 수 있다. 이 질문에 대해서는 13.3절에서 다시 다룰 것이다.

구체적으로 특정 수준의 평준화 허용을 옹호하는 지배적인 주장은 아직까지 없다. 더군다나 분석적 측면에서 어려운 점은 가계 자산소득 조사에 의한 편익제도(means-tested benefits, 영국에서 소득과 자본이 특정 수준 이하임을 증명하는 사람들에게 지불되는 사회보장-역주) ― 그리고 세액공제 ― 가 저축유인에 끼치는 효과 및 조세 평준화로 얻을 수 있는 이득을 어떻게 허용할 것인지와 같은 질문들이다. 분석상

---

24) Meade(1978)과 Bradford(1982)의 시기까지 거슬러 올라간다.

의 문제는 가계 자산소득 조사에 의한 편익제도에서 저소득자들의 한계세율이 고소
득자들보다 높아진다는 것이다. 실제로 가계 자산소득 조사에 의한 복지급여제도는
소득세율의 누진성[25]보다 훨씬 더 강하게 저축유인에 영향을 미칠 가능성이 높다.
이것으로 상황은 더욱 복잡해지며, 단순한 분석적 해결책은 분명히 없다. 우리는 이
에 수반되는 정책 이슈에 대하여 다음 장에서 자세히 논의할 것이다.

13.3 저축 중립적 조세체계에 해당되는 경제적 사례

우리는 이 장을 시작할 때 중립성은 저축세제 개혁을 판단하는 유용한 출발점을 제
공한다고 지적하였지만 중립적 조세체계의 최적성에 대한 경제적 논거와 관련된 연
구는 여전히 활발히 이루어지고 있다. 저축 중립적 세법은 잠재적으로 소비의 타이
밍을 왜곡시키지 않으면서 조세수입을 높이는 세원을 제공한다. 그러나 소비의 타이
밍은 신성불가침이어야만 하는가? 아니면 저축 중립적 기준으로부터 이탈하더라도
최적조세체계의 일부가 될 수 있는가?

우리가 이미 보았듯이 누진적 세율구조는 어떤 경우에서든지 소비세의 중립성을
저해한다. 그리고 우리는 우리의 논리가 생애 저축에는 적용되지만 상속이나 유산에
적용되지 않음을 주장하였다. 또한 우리는 초과수익에 대해 과세하는 경우를 논의했
으며, 연금은 별도의 조세 취급을 받아야 한다고 제안할 것이다. 이것들은 시간에 걸
친 저축 중립성의 원칙으로부터의 이탈을 긍정적으로 고려하도록 하는 몇 가지 지적
인 주장들이다. 세제개혁의 방향을 고려함에 있어서 우리는 그런 이탈의 이익이 비
용을 초과하는지를 물어볼 필요가 있다. 특히 어떤 이탈이 정확하게 최적인지에 대
한 우리의 지식이 제한된 상태임을 감안할 때 이는 필요하다.

중립성으로부터의 이탈을 찬성하는 네 가지 주장이 있다.

첫째, 저축하는 사람들은 동일한 소득수준의 저축하지 않는 사람들과 비교해서 더
욱 인내적이거나 인식 능력이 뛰어날 수 있다. 인내 혹은 인식 능력이 '소득 능력'과
연관된다면 저축에 대한 과세는 높은 소득 능력을 가진 사람들을 과세하는 간접적
방법일 수 있다.

---

25) Blundell, Emmerson, & Wakefield(2006) 참조.

둘째, 사람들이 인적 자본과 금융자본 사이에서 투자를 선택한다면, 그리고 사람들이 자신의 인적 자본에 대한 투자에 필요한 신용거래에 접근하기 어려운 시장의 실패가 있다면, 저축에 대한 0의 세율은 인적 자본에 대한 투자와 비교해서 금융자본에 대한 투자를 더 하도록 결정을 왜곡시킬 수 있다.

셋째, 미래의 소득 능력에 대한 불확실성이 있다면 나쁜 결과를 헤지(hedge)하기 위하여 사람들은 저축할 수 있다. 세상이 좋아지게 되면 이런 사람들은 '너무 많이 저축한' 것이 되고, 그러면 이들이 노동공급을 줄일 수 있다. 저축에 대한 어떤 과세 유형은 이런 상황에서 효율성을 증가시킬 수 있다.

마지막으로, 미래의 소비(오늘의 저축)가 오늘의 여가에 보완적이라면 저축에 대한 과세를 지지할 경우가 있을 수 있다. 이것은 재화와 서비스의 소비가 여가에 대해 보완적이면 이 재화와 서비스에 대한 간접세를 높은 세율로 하는 것이 좋다는 논의 (제6장 참조)와 동일하다.

다음 절에서 이런 주장들을 보다 자세히 검토해 볼 것이다. 원칙적으로 각 주장은 저축 중립적 과세에 반대하는 일관성 있는 주장들이다. 이런 주장들이 실제 정책 수립에 얼마나 잘 연결될지는 아직 초기단계에 있는 경험적 증거에 의존할 가능성이 높다.

13.3.1 인내, 인식능력과 자기통제

사람들은 미래와 위험에 대한 입장이 서로 다르다. 또 사람들은 정보를 취급하는 능력도 서로 다르다. 결과적으로 저축행위는 달라진다. 어떤 사람들은 다른 사람들보다 인내심이 많아 미래를 위하여 더 많이 저축한다. 다른 사람들은 가능한 선택과 저축의 결과, 또는 저축하지 않았을 때의 결과를 더 잘 이해하므로 더 많이 저축한다. 어떤 사람들은 자신의 저축 포트폴리오를 구성할 때 더 많은 위험을 기꺼이 감수하려 할 것이다.

만일 인내심이 많거나 인식능력이 뛰어난 사람들이 저축을 많이 할 뿐만 아니라 소득을 높이 올릴 능력도 있다는 것이 사실이면 저축으로부터 발생하는 정상수익에 대하여 과세하는 경우가 생길 수 있다.

저축으로부터 발생하는 정상적인 수익에 대한 과세를 반대하는 표준적 주장은 저축에 대하여 과세하면 비효율이 생기고 재분배에 도움이 되지 않는다는 가정에 의존한다. 그러나 관찰된 저축 수준이 소득 능력과 매우 유사하다면 저축에 대한 과세는 재분배를 위한 좋은 방법이 될 수 있다. 한계적으로 저축 과세는 정부의 세수입을 높일 수 있어 노동의 공급 및 노력에 대한 세율을 낮추면서 소득 능력이 뛰어난 사람들로부터 재분배도 가능하다.

사실 인식능력과 인내 간에 유의성 있는 관계가 있다는 좋은 증거가 실험심리학 분야에 있다.[26] 능력이 뛰어난 사람들은 미래를 더 가치 있게 평가하며, 따라서 소득 수준과 독립적으로 더 많이 저축한다.

능력이 뛰어난(그리고 특히 계산을 잘하는) 사람들은 정보를 이용할 줄 알며 복잡한 의사결정을 보다 쉽게 내린다. 실험적 증거에 따르면 이런 사람들은 프레이밍 효과(framing effect, 예를 들면, '25% 지방'과 '75% 무지방'이 동일한 의미라는 것을 인식하지 못하는 것)에 덜 민감하고 일반적으로 수와 수적 비교로부터 더 강하거나 더욱 정확한 의미를 찾아낸다.[27] 그렇게 해서 이들은 저축에 대한 합리적 결정을 보다 쉽게 내릴 수 있으며, 이는 왜 금융자산과 소득의 전반적 수준을 관리할 때 인식능력이 주식과 사적연금의 높은 보유 가능성과 연관되는지를 부분적으로 설명할 수 있다.[28] 이런 증거는 역시 인식능력이 높은 사람들이 더욱 자기통제적임을 시사한다.

이런 종류의 증거로부터 우리는 저축의 정상수익을 초과하는 부분에 대하여 과세하는 것에 대한 확신을 지지할 수 있다. 기술 숙련도가 높은 사람들은 숙련도가 떨어지는 사람들보다 덜 위험회피적으로 보인다. 따라서 그들은 위험이 크지만 수익이 높은 자산에 투자할 수 있다. 정상을 초과하는 수익을 확실히 과세하면 효율적인 재분배에 도움이 될 수 있다.

이러한 행태론적 주장[29]은 또한 저축이 높은 소득 능력을 가졌다는 표시이기 때문에 저축에 과세해야 한다고 시사한다. 반대로 소득 능력이 낮은 사람들은 저축이 충분하지 못할 수 있으며, 그러면 이런 사람들이 저축하도록 보조하거나 강제 또는 장려할 수 있다. 사실 영국에서는 저축 부족 현상에 대하여 논의가 집중되어 왔으며 고용주가 비용을 지원하는 사적연금 저축에 자동적으로 가입하도록 하는 새로운 조치들이 시행[30]되었다. 즉 모든 고용인들은 자신이 적극적으로 반대하지 않는다면 자동적으로 연금에 저축하게 된다. 의사결정의 프레임은 변경되었으며 자동가입의 효

---

26) Banks & Diamond(2010)에서 자세한 증거와 주장 참조.
27) Bernheim & Rangel(2005)에서의 평론 참조.
28) Banks & Diamond(2010) 참조.
29) Bernheim(2002)와 Bernheim & Rangel(2005).
30) HM Treasury and Department for Education and Skills, 2007.

과성에 대한 증거에 따르면 수많은 사람들이 더 많이 연금저축에 가입할 것으로 기대된다.[31]

13.3.2 금융투자와 인적 자본에 대한 투자 간의 중립성

사람들은 금융자산에 투자하는 옵션만 가지고 있는 것은 아니다. 그들은 자신의 '인적 자본', 즉 교육과 기술에도 투자할 수 있다. 그런 투자는 저축이 수익을 얻는 것처럼 장기적으로 수익을 얻을 것이다. 우리는 사람들이 이런 두 가지 유형의 투자 사이의 선택을 왜곡할 이유를 찾기 어렵다.

경우에 따라 상당히 자연스럽게 인적 자본에 대한 투자를 저축 중립적으로 취급하게 된다. 내가 학습에 대한 투자를 이유로 일하는 시간을 줄이거나 혹은 취업전선에 늦게 진출하기로 했다고 가정하자. 투자가 발생할 당시에는 과세되지 않는다. 수익은 투자로 인한 소득이 발생했을 때만 과세된다. 이는 앞에서 설명한 EET 혹은 소비세 취급과 동일하다(그러나 소비세와 마찬가지로 시간이 흐름에 따라 한계세율이 증가하면 투자하지 않을 유인이 생길 수 있다. 만일 지금 20%의 세율이지만 인적 자본에 대한 투자의 결과로 나중에 세율이 40%로 오른다면 중립성은 사라진다).

만일 사람들이 신용을 얻는 게 제한적이라면 문제가 발생한다. 그런 경우에 교육 혹은 훈련 기간 동안 소비를 충당할 대출이 불가능하기 때문에 사람들이 원하는 수준보다 적게 투자할 수 있다. 금융투자는 대안적인 인적 자본에 대한 투자보다 투자의 보상을 일찍 회수해서 더 매력적으로 되기 때문에 금융투자에 대한 저축 중립적 과세는 사정을 악화시킬 수 있다. 이런 경우 사람들은 인적 자본에 대한 투자가 필요한 장기 경력에 대해 투자하기보다 당장 돈을 더 많이 벌 수 있는 직업을 선택할 것이다.

이것이 잠재적으로 심각한 왜곡인 것은 분명하다. 물론 이것은 저축과세제도에만 한정된 것이 아니다. 우리는 신용에 대한 접근이 부족함을 다루고자 하지만 자금 공여자들이 충분한 담보가 없는 사람들에게 대출해 주길 꺼린다는 점을 극복하기는 어렵다. 이것은 교육과 인적 자본에 대한 투자비용의 많은 부분이 왜 공적으로 부담되는지를 설명하는 데 도움이 된다. 다른 나라와 마찬가지로 영국에서 18세까지 공공교육은 무상이다. 이것은 교육으로 포기한 소득의 기회비용을 직접 다루지는 않지만

---

31) Choi et al.(2004)의 영향력 있는 연구 참조.

대출제약 때문에 발생하는 과소투자를 제거하고 있다.

그렇다고 하더라도 예상되는 소득 능력에 비해서 대출이 어렵다는 점은 실제 인적 자본과 금융자본 간에 완전한 중립성을 보장하기 어렵다는 것을 의미한다. 교육과 인적 자본에 대한 투자의 비용은 과세 측면에서 완전히 공제되어야 한다. 그러나 인적 자본에 대한 투자비용은 많은 경우 측정하기 어렵다. 인적 자본에 대한 투자와 금융자본에 대한 투자 간의 선택을 왜곡시키지 않는 저축에 대한 과세 취급이 불가능하다면 금융자본에 대한 투자로 생기는 무위험 정상수익에 대한 과세가 바람직할 수도 있다.[32]

13.3.3 소득 변동성

우리 중 누구도 미래에 얼마나 벌 수 있을지에 관해 확신할 수 없다. 우리는 예측 가능한 인생의 행사들 — 자녀를 가지거나 혹은 은퇴 — 에 대한 소비를 평준화하기 위하여 저축할 뿐만 아니라, 무슨 나쁜 일 — 해고되거나 아플 경우 — 이 생겼을 경우 우리를 보호하기 위하여 저축한다. 특히 보험시장에서 적절한 상품이 없을 경우 더욱 그러할 것이다.

우리들 중 고소득의 능력을 유지할 수 있는(병에 걸리지 않고, 불구가 되지 않고 혹은 해고되지 않는) 행복한 사람들은 계획했던 것보다 더 부유해졌을 수 있다. 이 사람들의 자연적인 반응은 더 적게(혹은 덜 열심히) 일하길 선택하고, 후에 이 예상치 않았던 부를 줄이게 될 것이다. 이런 행동은 직접 과세가 재분배적일수록 더욱 매력적이다. 저축에 과세하거나 자산조사(assets test, 자산을 조사해서 자산이 어떤 수준을 초과하면 복지급여를 감소시키는 제도)를 도입하면 한계적으로 이런 방식의 행위들을 할 욕망을 감소시키고 따라서 재분배적인 과세의 왜곡적인 효과도 감소 될 것이다.

저축에 대한 취급을 넘어서 이런 주장은 우리가 노년에 적용할 복지급여 또는 여타 복지급여들을 어떻게 만들어야 하는지에 직접 적용된다. 물론 이것들은 정부가 개인들의 진정한 능력을 정확히 측정할 능력이 없다는 점에 달려 있다. 자산조사를 강요하는 것은 실질적으로 저축에 대한 과세를 강요하는 것이다. 이것은 자산을 구축할 유인을 감소시키고 이로 인해 과다한 장애급여를 주장하게 한다.

---

32) Jacobs & Bovenberg, 2008.

비록 소득 변동성의 주장[33]이 상당히 설득력 있다고 하더라도 이 효과의 실제 중요성은 소득 능력의 변동 위험성이 얼마나 큰지 그리고 능력(혹은 무능함)의 식별가능성 정도에 의존할 것이다.[34]

13.3.4 일과 저축 간의 상호작용

마지막으로 저축에 과세하자는 주장을 하나 더 추가하고자 한다. 이 주장은 특정 지출이 직접적으로 노동공급과 연결된다면 이것은 다른 소비재와 다르게 과세되어야만 한다는 상대적으로 단순한 사고에서 출발한다. 우리는 제6장에서 단일 부가가치세의 장단점을 논의할 때 이것을 고려한 바 있다. 원칙적으로 여가시간과 보완적인 재화와 서비스의 소비는 중(重)과세되어 근로유인을 증가시켜야 한다.

그러나 유사한 주장이 오늘의 소비와 미래의 소비를 고려할 때도 성립할 것이다. 만일 주어진 소득 수준에서 사람들이 오늘의 소비와 미래의 소비 사이에 지출을 분할하고자 하는 방식이 얼마나 일하는지에 달려 있다면 저축에 불리하게(또는 저축에 유리하게) 차별하는 것이 효율적일 수 있다. 만일 내일의 소비가 오늘의 여가시간과 보완적이라면 미래의 소비에 과세하는 것처럼 해서 저축에 과세하면, 근로유인을 증가시킬 수 있다.

내일의 소비가 오늘의 여가시간과 보완적인 예를 들어 보자. 만일 내가 일할 수 있는 기간 동안 여가활동, 즉 미래에도 시간과 돈을 지출할 수 있을 활동들을 배우고 즐기는 데 투자하느라고 시간을 보냈다면 나는 은퇴 시기를 위하여 더 많은 소비를 연기하고자 할 수 있다. 만일 이런 경우라면 저축에 대한 과세는 노동공급을 증가시킬 수 있다. 다른 한편으로, 오늘 일을 아주 많이 했다면 아마도 오늘 소비할 시간이 부족하게 되고 이것이 미래의 더 많은 소비와 연관된다면 사정이 반대로 되어 저축에 대한 보조금을 지급하자는 주장이 생길 것이다. 이런 주장이 실제로 실행될지는 아직 확정되지 않은 실증 자료의 중요성에 달려 있다.

13.3.5 정책설계에의 적용

이 모든 주장들은 경제이론에 바탕을 둔 것이다. 비록 포괄적 소득세[35]에서 과세하

---

33) Golosov & Tsyvinski(2006) 참조.
34) Farhi & Werning(2007) 참조.
35) Banks & Diamond(2010)는 이런 경우를 다루었다.

는 정상 근로소득 세율과 동일한 정도는 아니지만, 그러한 주장들은 자본의 정상수익에 대한 과세가 정당하다고 생각한다. 그러나 이런 주장들을 정책에 즉시 적용하는 것에 대해서 주의해야 할 몇 가지 이유가 있다.

첫째, 모든 경우에서 가장 효율적인 결과를 달성하려면 측정하기 어렵지만 특정한 행위 파라미터에 따라 세율을 설정해야 한다. 즉 저축자가 비저축자와 실제 동일한 소득 수준에서 어느 정도로 소득 능력이 높은지, 내일의 소비가 오늘의 소비보다 어느 정도로 많이 혹은 적게 노동에 보완적인지 등이다. 어떤 경우에는(여가시간에 보완적인 경우처럼) 어느 방향인지조차도 분명하지 않으며 — 저축을 과세해야 하는지 혹은 보조해야 하는지 — 또한 어떤 주장들은 서로 상쇄될 가능성도 높다. 이해관계에 있는 파라미터들을 정확히 추정할 수 없다는 것은 그 자체만으로도 중립성을 주장하기에 좋은 논거가 아니다. 최선으로 추측하는 것이 아예 시도하지 않는 것보다 아마도 더 나을 것이다. 실증경제학과 심리학적 연구가 진행되면서 최적과세 취급에 점점 정확하게 접근할 것이다. 그러나 다음과 같이 겸손하게 정리하는 것이 적절할 것이다. 우리는 행위와 관련된 모든 특징들을 수량적으로 정확하고 탄탄하게 이해한다고 하기에는 아직도 다소 부족한 상태이며, 대략적인 근사치는 이론적 주장이 제안하는 효율성 개선의 일부만을 달성 가능하게 할 것임을 유념해야 한다.

이와 비슷하게, 정상수익에 대한 과세가 원칙적으로 긍정적이라고 확신할 수 있는 경우에서조차 그것을 달성시킬 최적의 정책은 이론적으로도 분명하지 않을 수 있다. 예를 들어, 저축의 순수익률을 감소시키는 조세(표준 소득세)는 우리가 13.2.1절에서 논의한 바와 같이 시간이 지남에 따라 복리효과가 있다. 저축 혹은 인출에 대하여 추가적으로 과세(혹은 보조금 감소)하는 대안은 역시 정상수익에 대한 순과세(13.2.3절에서 논의한 가변적 한계세율의 경우와 동일)이지만 이런 복리적 성격이 없는 순과세를 의미할 것이다. 시간적으로 어떤 방식이 옳은지를 판단하기는 어려울 수 있다. 저축자들은 비저축자들보다 더 능력이 뛰어날 수 있지만 장기간 저축하는 사람들이 단기간 저축하는 사람들보다 더 능력이 뛰어난 것인가? 최적과세의 방식은 이런 대안들보다 더욱 복잡할 수 있으며, 장애 급여 지급을 위한 자산조사 혹은 공공교육 제공에 대한 개입 등과 같이 완전히 다른 제도를 포함할 수 있다. 역시 중요한 점은 과세반응이 확인된 목적을 정확히 겨냥하도록 설계되지 않는다면 중립성으로부터 이탈이 효율성을 별로 개선시키지 못할 수 있다는 것이다. 다시 한 번 우리는 생애저축에 대한 중립적 과세를 연구하는 것이지, 세대 간 이전에 대한 중립적 과세를 연구하는 것이 아님을 밝힌다. 우리는 또한 정상수익을 초과하는 수익에 대한 과세를 찬성한다.

우리는 중립성으로부터 이탈하는 데 따른 잠재적인 이익이 실제로 어느 정도로 실현될 수 있을지에 대하여 매우 주의를 기울여야 할 뿐만 아니라, 그렇게 할 때 발생하는 비용에 대해서도 관심을 가져야만 한다. 자본에 대한 정상적 수익이 발생할 때마다 과세하면 필연적으로 표준 소득세를 괴롭혔던 인플레이션과 자본이득의 취급에 대한 어려움을 다시 불러오게 된다. 그리고 이 모든 주장은 우리의 첫 번째 종류의 중립성, 즉 소비의 타이밍에 대한 중립성으로부터 이탈해야 하는 이유일 뿐이다. 이들은 자산 간 중립성을 이탈해야 하는 이론적 근거는 거의 제시하지 않는다. 그러나 우리는 자본의 정상수익을 과세하는 데 주된 어려움이 바로 모든 자산에 대해 일관된 과세를 하기 어렵기 때문이라는 것을 이미 알고 있다. 정상수익에 대한 과세가 고정급여부 연금, 주택, 그리고 여타 내구재, 인적 자본, 파생상품, 기타 자산 등에 일관되게 적용되지 않는다면 자산들 간 중립성의 왜곡이라는 비용으로 나타날 것이다.

앞의 네 절에서 보여 준 바와 같이 이론적으로 보다 나은 방향으로 나가기 위한 움직임이 그로 인해 생기는 문제들을 정당화할 수 있다는 주장을 할 수 있을 것이다. 그러나 반대 논거들을 모두 감안하면 중립성을 저축 과세정책의 중심 목표로 삼는 것이 보다 바람직하다고 생각한다.

13.4 개혁의 방향

모든 사람들이 어떤 방법으로, 얼마나, 어떤 형태로 저축할지에 대한 결정에서 완전히 '합리적'이지 않지만 조세유인이 행위에 큰 영향을 줄 수 있다는 것은 분명하다. 저축에 과세를 바르게 한다는 것은 형평과 효율 모두의 관점에서 매우 중요한 문제이다.

'모든 소득은 동일하게 과세되어야 한다'는 근거하에서 저축에서 발생하는 소득에 과세하자는 주장은 옳지 않다. 저축은 단순히 소비와 다르기 때문에 저축에 과세함은 오늘 지출되는 소득보다 내일 지출되는 소득을 더 많이 과세하는 꼴이 된다. 표준 소득세는 소비가 언제 발생해야 하는지에 대한 선택에 대하여 중립성을 달성하지 못했을 뿐만 아니라 다른 저축 유형들 간 중립성을 달성하는 것도 매우 어렵게 만들었다.

조세제도를 저축에 대해 중립적으로 만들고자 하는 노력은 중요한 비교 기준이다. 중립성은 현금흐름의 지출세(우리 용어에서 EET), 근로소득세(TEE), 혹은 수익률 공제(TtE)를 통해 달성될 수 있다. 이런 제도들은 몇 가지 중요한 점에서 서로 다르다.

- 소비세와 수익률 공제는 정상수익을 초과하는 수익에 과세한다. 그러나 소득세는 그렇지 않다.
- 소비세는 소비가 발생할 때까지 조세지출(조세수입 수령)이 발생하지 않게 되므로 납세와 수입의 타이밍이 다르다.
- 둘 이상의 세율을 가진 세율구조하에서 소비세는 다양하게 소비하는 자들을 처벌하며 소득세와 수익률 공제는 다양한 소득을 가진 자들을 처벌한다.

우리는 순수한 소득세(TEE)가 정상수준을 초과할 수 있는 수익을 가진 자산에 부적합하다고 주장하였다. 그런 자산에 대해 소득세를 광범위하게 사용하면 조세회피에 기울이는 노력이 많아질 것이고, 예를 들어 증권 컨설턴트와 같은 직업을 가진 사람들의 소득은 비과세가 될 것이다.

상당한 초과수익이 있을 수 있는 자산들에 대해서는 '수익률 공제' 혹은 '현금흐름 지출세'를 사용해야만 할 경우가 있다. 어느 것이든 초과수익을 세원으로 할 것이며 자본소득과 자본이득을 일관되고 단일한 방식으로 취급한다.

실제로 이 세 가지 제도 각각의 일부 요소들을 조세체계에 포함시키자는 주장이 있다. 다음 장에서 보게 되겠지만, 순전히 실용적인 측면에서 이미 연금의 취급은 EET에 매우 접근해 있으며, 앞으로도 취급방식이 달라지기는 어려울 것이다. 한편 다른 자산들에 대한 RRA 취급은 단기 혹은 중기적으로, 특히 이행기의 어려움과 재무성으로 수입이 들어가는 타이밍 이상의 많은 이유를 감안할 때 완전한 소비세보다 손쉽게 도입될 수 있다. 그러나 어떤 경우에도 사람들이 취급방식을 선택하도록 해야 한다는 원론적인 주장이 있다. 사람들이 선택하도록 허용하면 '조세 평준화'하게 되어서 조세체계가 대략적으로 생애소득에 과세하도록 하는 것이 된다.

그러나 우리는 완전한 평준화를 허용하는 것, 그리고 저축에 대하여 완전히 중립적인 조세 취급에 반대하는 주장도 있음을 보았다. 완전한 평준화에 관한 주된 이슈는 형평과 연관된다. 일상직으로 정보를 잘 진달받는 사람들 그리고 상대적으로 잘

사는 사람들만이 완전한 혜택을 볼 가능성이 높아 보인다. 더 나아가 완전한 평준화를 허용한다면 나이에 따라 다른 세율, 즉 제4장에서 우리가 잠재적으로 매우 가치 있다고 주장한 신축성을 가질 수 없게 될 것이다.

완전한 중립성을 반대하는 주장은 오히려 매우 미묘하다. 아마도 소비를 연기하려는 결정은 어떤 사람의 소득 능력에 대하여 알려 주는 것이라고 할 수 있다. 인식능력이 뛰어난 자들은 저축할 가능성이 높다. 저축 중립적인 과세는 신용 제약이 있거나 인적 자본에 대한 투자의 모든 비용 측정이 어렵거나 비용을 상쇄하기 어렵다면 인적 자본에 대한 투자보다 금융저축을 더 좋아하는 결정을 하도록 왜곡시킬 수 있다. 저축에 과세하면 소득 능력을 상실할 가능성에 준비해서 저축했지만 **사후적으로** 그런 이유로 저축할 필요가 없었다는 것을 깨달은 사람들의 노동공급을 증가시킬 수 있다. 또는 미래의 소비가 현재 여가시간에 보완적일 수 있다.

이런 것들은 중요한 주장들이지만, 정책 관점에서 그런 주장들을 완전하게 운영하기가 어렵기 때문에 우리는 중립성을 유용한 비교 기준으로 유지한다. 특히 저축 중립적인 조세체계와는 거리가 먼 조세체계에서 우리가 출발했다면 중립성의 방향으로 움직이는 것이 타당하다고 여겨진다. 그러나 이런 주장은 사람들이 조세 중립적 저축에 접근할 수 있는 수준이 제한적이라는 제안이 되기 쉽다. 따라서 우리는 본서에서 대다수의 납세자들의 생애저축을 중립적으로 취급하는 조세제도를 제공할 수 있는 제안들을 개발하였다. 여기에서 자본소득에 대한 과세와 본질적인 자산 소유에 발생하는 정상수익률을 초과하는 수익에 대한 과세는 유지 — 사실상 증가 — 될 것이다.

강조하자면 지금까지 모든 분석의 초점은 생애저축이었다. 소비의 타이밍을 왜곡시키지 말자는 주장은 대부분 생애저축에 대한 것이고 세내 간 이전에 대한 것은 아니다. 부의 이전에 대해서는 다른 주장이 전개될 것이기에 우리는 제15장에서 상속세, 그리고 유산이 아닌 다른 형태의 부 이전에 어떻게 과세해야 하는지에 대한 이슈를 다룰 것이다.

다음 장에서 우리는 현행 조세 취급이 자산 간에 어떻게 다른지, 저축과세 개혁에서의 실행적 이슈들이 무엇인지에 대해서 좀 더 자세히 살펴볼 것이다. 우리는 또 제13장에서 거의 언급하지 않았지만 중요한 이슈들 — 가계 자산소득 조사에 의한 편익제도의 역할을 포함해서 — 과 지금까지 회피한 다른 이슈들, 특히 국민보험기여금(National Insurance Contribution, NIC)의 역할에 대하여 검토할 것이다.

저축과세의 개혁

현재(2010년 당시) 영국의 저축과세 체계(savings taxation system)는 '복잡성'과 '불공평한 취급'으로 가득 차 있다. 그 결과, 많은 종류의 저축들이 위축되고 있다. 특히 단순 이자발생 예금들(이를 '단순 이자부(利子附) 예금'이라고도 한다. – 역주)이 조세상 매우 불공평한 취급을 받고 있다. 다른 종류의 저축들은 다소 관대한 과세 취급을 받고 있다. 영국 저축과세의 이러한 복잡성과 불공평한 취급 때문에 사람들(잠재 저축자들)에게 그들의 저축을 어떻게 배분하는지(즉 어디에 저축할지)에 대해 전문적으로 조언해 주는 사업들(예 : 저축자문 또는 저축설계 사업)이 우후죽순처럼 생겨나고 있다. 이들은 저축에 관심이 있는 일반 사람들에게 최상의 투자 대상이 아닌 과세상의 취급을 기초로 해서 저축결정에 관해 자문(또는 조언)을 해 주고 있다(그 결과, 이들의 조언은 사람들로 하여금 '저축과 관련된 의사결정에 왜곡'을 초래한다. – 역주).

본 장에서는 저축과세 개혁에 관한 몇 가지 **실용적 방향들**(practical directions)을 제시하고자 한다. 이를 위해 우선 영국의 저축과세 현황에 대해 간단히 개관(概觀)하고자 한다. 특히 상이한 자산들에 대한 상이한 과세상의 취급이 어떻게 상이한 유효세율을 가져다주는지를 설명하는 데 초점을 맞출 것이다. 현행 저축과세 체계 내에서 각종 자본이득들에 대해 과세하기 어려운 점과 이러한 어려움이 야기하는 여러 문제점들은 우리가 생각하는 것보다 훨씬 더 크다. 또한 소득세의 누진구조와 특히 가계의 자산소득 조사에 기반을 둔 편익 및 세액공제제도는 여러 가지 복잡성을 야기한다.

다음으로 저축과세의 개혁방향들에 관해 살펴보고자 한다. 우선, 저축과세와 관련하여 한 가지 분명한 개혁방향은 단순 이자발생 예금에 대해 '근로소득세 부과(earning tax treatment, TEE)'로 전환할 것을 제안한다. 또한 우리는 제13장에서 설명한 '수익률 공제제도(rate-of-return allowance, RRA; 이를 영국에서는 TtE라고 부름)'가 주식과 같이 위험자산들을 많이 보유한 사람들에게도 똑같이 제공될 것을 제안한다. 이를 위해 위험자산들에 대한 'EET 지출세'를 부과하는 대신에 수익률 공제제도(RRA)의 적용을 찬성하는 몇 가지 주장을 제시할 예정이다. 그러나 본서의 개혁 방안들이 가지고 있는 기본 취지는 위험자산들에 대해 조세 중립적으로 취급하는 EET나 RRA 방식으로 충분히 달성될 수 있다.

셋째로, '연금과세(pension taxation)'에 대해서도 자세히 살펴보고자 한다. 현재 영국의 연금과세는 '지출세(EET) 체제'에 가깝다. 이를 바탕으로 현재의 연금과세가 어떻게 개정될 수 있는지에 대해 몇 가지 개혁 방안들을 제시하고자 한다. 특히 연금과 RRA의 경우에 소득세뿐만 아니라 국민보험기여금(NIC)도 함께 살펴보아야 한다. 정상수익을 초과하는 수익에 대해 세금을 부과할 때 소득에 적용되는 세율과 동일한 세율이 부과되기 위해서는 NIC를 포함한 세율이 적용되어야 한다. 또한 연금과세에서 국민보험기여금이 미치는 효과를 무시할 수 없다. 왜냐하면 현재 영국의 조세체계는 연금 중에서 고용주 기여분에 대해 대규모 보조금을 제공해 주고 있기 때문이다.

마지막으로, 조세를 평준화할 수 있는(이를 '조세 평준화(tax smoothing)'라고 부른다.—역주) 여러 기회들을 어떻게 극대화할지에 대해 살펴보고자 한다. 조세 평준화를 목적으로 사람들은 상이한 조세가 부과되는 각종 저축(또는 차입)들을 자유롭게 이용할 수 있어야만 한다.

본 장에서는 가능한 한 논의를 단순하게 전개하기 위해 다음 세 가지 유형의 자산들에만 초점을 맞추고자 한다. 즉 (i) 이자지급 예금과 같은 단순 무위험자산들, (ii) 주식, 채권, 단위형 투자신탁 등과 같은 위험자산들, 그리고 (iii) 연금 등에 관해서만 논의하고자 한다. 그럼에도 불구하고 생명보험과 같은 다른 자산들도 우리의 분석틀 속에 쉽게 포함시킬 수 있다. 물론 금융저축에 대한 과세는 주택과세, 소기업 과세, 상속과세 등과 밀접하게 관련되어 있다. 이 과세들에 관해서는 다른 장들에서 자세히 살펴볼 예정이다.

14.1　영국의 현황에 대한 개관

다양한 종류의 저축들이 어떻게 과세되는지에 대해 서술하려면 소득세뿐만 아니라 국민보험기여금(NIC)과 자본이득세(capital gains tax, CGT) 등도 고려해 보아야만 한다. 다시 말하면, 저축과세는 소득세뿐만 아니라 국민보험기여금과 자본이득세와도 밀접히 관련되어 있다는 것이다. 〈표 14.1〉은 몇 가지 종류의 자산들과 각 자산에 대한 과세 여부를 요약하고 있다. 설명의 편의를 위해 몇몇 비밀스러운 자산들과 특정 자산들에 대한 논의는 하지 않기로 한다. 왜냐하면 이들 자산은 오랫동안 복잡하고 변화하는 특성으로 인해 조세상의 여러 이점들을 누려 왔기 때문이다.

첫째, 영국의 경우 집주인이 거주하는 주택(즉 자가주택)이나 개인저축예금(Individual Savings Accounts, ISA)에 들어 있는 현금과 주식의 경우 저축은 과세소득으로 구성되고, 이들 자산으로부터의 수익에 대해서는 세금이 부과되지 않는다. 또한 인출 시에도 세금이 부과되지 않는다(주택의 경우 판매 수익에 대해서도 조세가 부과되지 않는다). 이들에 대해서는 'TEE'가 부과(적용)되고 있다. 그러나 ISA의 경우에 TEE 부과는 매우 제한적이다. 왜냐하면 저축자들은 매년 1만 파운드를 약간 초과하는 금액만 ISA에 예치(투자)할 수 있기 때문이다. 그러나 저축자들은 1만 파운드의 금액 전부를 '주식 ISA'에 투자할 수 있지만, 1만 파운드 중에서 최대 절반만큼만 '현금 ISA'에 투자할 수 있다. 이상하게도 이와 같이 TEE 부과제도는 현금저축보다 주식투자에 더 광범위하게 적용되고 있다.

둘째, 영국의 경우 각종 연금들에 대해 면세가 다른 방식으로 제공되고 있다. 즉 저축은 비과세소득으로 구성되고, 기금소득은 비과세되지만 연금 회수 시 과세되고 있다. 이들에 대해서 'EET'가 부과(적용)되고 있다. 영국의 각종 연금들에 대한 이러한 제도는 저축으로부터 발생하는 정상수익(normal return)에 대해 0(즉 면세)이라는 유효세율을 동일하게 적용하고 있다.[1](저축으로부터 발생하는 정상수익에 대해 소득세와 자본이득세가 부과되지만, 영국에서는 저축에 의해 발생하는 정상수익에 대해

---

1) 각 개인은 퇴직 시에 기여금 납부 때와 똑같은 한계세율이 적용된다고 가정한다. 이러한 가정을 완화함으로써 유도되는 의미는 아래에서 논의될 예정이다.

| 표 14.1 | 각종 자산들에 대한 조세 부과 여부 : 2010~2011년 현재

자산 유형	연금 기여금에 대한 소득세와 NIC 부과 여부	저축으로 발생하는 수익		연금 회수 시 소득세와 NIC 부과 여부
		이자 및 배당에 대한 소득세 부과 여부	자본이득세 부과 여부[a]	
연금 : 종업원 기여금	− 소득세 면제 − 고용주 및 종업원 부담 NIC는 면제되지 않음	면제	면제	− 과세(단 25% 정액지급금은 면제됨) − NIC는 부과되지 않음
연금 : 고용주 기여금	− 소득세 면제 − 고용주 및 종업원 부담 NIC는 면제됨	면제	면제	− 과세(단 25% 정액지급금은 면제됨) − NIC는 부과되지 않음
ISA	과세	면제	면제	면제
이자발생 예금	과세	과세 : 10%, 20%, 40%, 또는 50%	n/a	면제
직접 주식보유	과세	− 과세 : 10%, 32.5% 또는 42.5%(그러나 배당세액공제 상쇄로 유효세율은 0%, 25%, 36%가 됨)	과세	면제
주택 : 첫 번째 또는 단독주택	과세	면제[b]	면제	면제
주택 : 두 번째 또는 그 이상의 주택	과세	임대소득에 대해 과세됨	과세	면제

[a] 자본이득세(CGT)는 기초세율 적용 납세자들의 경우에 18%로 부과되었고, 고(高)세율 적용 납세자들의 경우에 28%로 부과되었다. 고세율은 1만 100파운드의 한도를 초과하는 이득에 대해 적용되었다. 기초세율에 해당하는 18%의 단일 세율은 2010년 6월 23일까지 부과되었다. 이에 대해서는 http://www.hmrc.gov.uk/cgt/intro/basics.htm#6 참조.

[b] 주택 배당금은 집주인의 거주로부터 발생하는 귀속 가치를 나타낸다. 주택 배당금에 대해서는 1963년까지 주택의 명목 임대가치를 기초로 해서 세금이 부과되었다. 소득세는 주택의 일부분을 임대함으로써 발생하는 소득에 대해 부과된다. 단 4,250파운드 미만에 대해서는 세금이 면제된다.

이들 조세가 면제되고 있다. 이들은 〈표 14.1〉의 제3열과 제4열에 나타나 있다. −역주) 그러나 (조세가 부과되지 않는) 연금 기금으로부터 회수 시 고정 금액(연금 기금 25%)을 제외하고 과세된다. 이는 영국에서 연금저축(pension saving)에 대해 사실상 보조금이 지급된다는 것을 의미한다. 또한 고용주들의 연금 기여금에 대해서도 조세상 특혜가 부여되고 있다. 왜냐하면 고용주들의 연금 기여금은 기여 시점에서나 회수 시점에서 고용주 NIC 또는 종업원 NIC가 부과되지 않기 때문이다.

어떤 종류의 저축이든 이로부터 발생하는 수익에 대해서는 국민보험기여금이 부과되지 않는다. 즉 〈표 14.1〉에서 보듯이 연금이 고용주 기여금에 의해서 부담되든, 종업원 기여금에 의해서 부담되든, 저축에 의해서 발생하는 수익에 대해서는 조세(소득세와 자본이득세)가 면제되고 있다. 또한 고용주가 부담하는 연금 기여금 이외의 어떤 종류의 저축이든 이에 대해서는 국민보험기여금이 면제되지 않는다. 바꾸어 말하면, 〈표 14.1〉의 제2열에서 보듯이 고용주 기여금에 의한 연금의 경우에만 국민보험기여금이 면제되고 있다. 따라서 고용주가 부담하는 연금 기여금 이외의 모든 저축에 대해서 국민보험기여금이 부과된다는 사실(〈표 14.1〉의 제2열 참조)은 영국의 현 제도가 사실상 'TEE'라는 것을 의미한다. 각종 저축들은 국민보험기여금이 부과된 소득으로부터 이루어지나 저축으로부터의 수익에 대해서는 국민보험기여금이 부과되지 않는다.

예상대로 영국 사람들이 소유한 대부분의 부(富)는 연금, 주택, 그리고 ISA가 주종을 이루고 있다. 그러나 이들을 제외한 다른 종류의 저축들은 영국의 조세체계에 의해 위축되고 있다. 통상적인 이자발생 예금에 들어 있는 현금은 과세소득으로 구성되고 명목 총수익에 대해 소득세가 부과된다. 이는 'TTE' 제도가 적용되고 있음을 의미한다. 또한 ISA 외에 소유한 주식들에 대해서도 'TTE' 제도가 적용되며, 이러한 주식들로부터 발생하는 자본이득에 대해서는 자본이득세(CGT)가 적용된다.

이러한 조세부과 제도와 일정한 가정하에서 우리는 각종 저축들에 대한 유효세율(effective tax rate, ETR)을 계산할 수 있다. 유효세율(ETR)이란 '조세부과로 인한 연간 실질수익률의 감소'(%로 표시)를 의미한다.[2] 〈표 14.2〉는 두 가지 가정(즉 모든 자산들에 대한 세전 실질수익률이 연간 3%이고, 인플레이션이 2%라고 가정함)하에서 기초세율과 고(高)세율이 적용되는 납세자들에 대한 유효세율(ETR)을 보여 주고 있다.

첫째, ISA 제도(이는 앞에서 본 표현방식으로는 'TEE'에 해당됨)는 0의 유효세율을

---

2) 여기서 유효세율(ETR) 계산은 IFS 자본세 계산방식(1989)을 따른다. 더 자세한 방법과 계산 결과를 보려면 Wakefield(2009) 참조.

| 표 14.2 | 각종 자산 내에서의 저축에 대한 유효세율(ETR)

자산 유형		유효세율(%) (참고 : 법정 소득세율은 20%임)	
		기초세율 적용 납세자들에 대한 유효세율	고(高)세율 적용 납세자들에 대한 유효세율
ISA		0	0
이자발생 예금		33	67
연금 : 종업원 기여금	10년간 투자	−21	−53
	25년간 투자	−8	−21
연금 : 고용주 기여금	10년간 투자	−115	−102
	25년간 투자	−45	−40
주택 : 자가 또는 단독주택		0	0
임대주택	10년간 투자	30	50
	25년간 투자	28	48
직접 주식보유	10년간 투자	10	35
	25년간 투자	7	33

주 : 연간 실질수익률은 3%이고 인플레이션은 2%라고 가정한다. 임대주택과 직접 주식보유에 대한 계산을 위해 실질수익은 임대소득이나 이자 또는 배당에 의해 발생하고, 자본이득은 가격 인플레이션과 일치하고 해당 기간 말에 그 이득이 실현된다고 가정한다. 임대주택은 즉시 소유되고, 미지불된 주택저당금은 없다고 가정한다. 고용주 연금 기여금의 계산을 위하여 종업원들은 국민연금에 가입되어 있다고 가정한다. 저축자는 해당 기간 동안 기초세율 적용 납세자 또는 고세율 적용 납세자로 분류된다고 가정한다. 또한 저축자는 자본이득세 비과세 금액에 해당되지 않으며, 가계 자산소득 조사에 의해 지급되는 편익이나 세액공제의 적용대상이 아니라고 가정한다.

출처 : Wakefield, 2009.

가지고 있으며, 따라서 이를 다른 자산 유형들과의 비교 시 기준으로 사용하고자 한다. 왜냐하면 ISA로부터 발생하는 실질수익에 대해 조세가 부과되지 않기 때문이다.

둘째, 이자발생 예금에 대한 유효세율(ETR)이 기초세율 적용 납세자들의 경우 법정 소득세율인 20%가 아니라 33%임을 주목하자. 이것은 조세가 실질수익이 아니라 명목수익에 대해 부과되기 때문이다. 3%의 실질수익률과 2%의 인플레이션을 가정하면 100파운드의 저축은 약 5파운드(=100×5%)의 명목이자를 가져다준다. 만약 5파운드의 명목이자에 대해 법정 세율인 20%의 조세가 부과되면 세액은 1파운드가 된다. 이는 예금으로부터 발생하는 실질 구매력의 증가(=3파운드)에서 33%나 차지한다. 그러나 인플레이션은 연금, ISA, 그리고 자가주택 등에 대한 유효세율에 아무런 영향도 미치지 않는다. 왜냐하면 이들로부터 수익에 대해서는 조세가 면제되기 때문이다. 〈표 14.2〉에서 보듯이 ISA와 자가주택의 경우 유효세율은 두 납세자 계층 모두에 대해 0이고, 두 유형의 연금에 대한 유효세율은 두 납세자 계층 모두에 대해 마이너스(−)이다.

셋째, 종업원 또는 고용주에 의한 **연금저축**(즉 연금 기여금)은 '순수 현금흐름 지출세(cash-flow expenditure tax)'보다 조세상 더 나은 대우를 받고 있으며, 그 결과 유효세율이 마이너스(−)를 보이고 있다. 이러한 결과는 고정금액에 대해 조세가 부과되지 않으며, 고용주 기여 연금에 대해서 국민보험기여금이 면제되고, 연금 회수 시 국민보험기여금이 부과되지 않기 때문에 발생한다. 〈표 14.2〉에 계산된 유효세율은 연금이 보유(투자)되는 기간에 달려 있다. 왜냐하면 유효세율이 실질수익에서 조세가 차지하는 비율(즉 실질수익 대비 조세 비율)로서 계산되기 때문이다. 연금보유 기간이 길수록 실질수익이 더 커지며, 그 결과 연금 기여금(NIC 부과 시)에 대한 조세보조금의 가치가 (총수익 비율 면에서) 더 낮아지게 된다.

마지막으로, 직접 주식보유에 대한 유효세율과 임대주택에 대한 유효세율은 소득세와 자본이득세의 결합 형태이다.[3) 이 자산들의 경우에도 보유기간이 길수록 유효세율이 더 낮음을 볼 수 있다. 왜냐하면 자산 가치가 상승할 때가 아니라 자산이 팔릴 때 자본이득세(CGT)가 부과되기 때문이다. 〈표 14.2〉는 직접 주식보유와 임대주택에 10년간 투자한 경우와 25년간 투자한 경우의 각각의 유효세율을 보여 주고 있다. 표에서 보여 주듯이 이들 자산에 10년간 투자한 경우보다 25년간 투자한 경우에 유효세율이 더 낮음을 볼 수 있다. 이들 자산의 경우 보유기간이 길수록 유효세율이 더 낮다는 것은 곧 '조세부담의 이연(deferral of tax liability)'을 의미한다. 이러한 무이자 조세부담의 이연은 자산의 보유기간이 길수록 더 가치가 있다. 따라서 조세부담의 이연은 시간이 경과할수록 유효세율을 낮추고, 사람들로 하여금 조세가 부과되지 않을 때보다 자산을 더 오래 보유하려는 유인을 제공해 준다. 이러한 유인을 제13장에서 설명한 '동결효과(lock-in effect)'라 부른다.

〈표 14.2〉에 나타나 있는 유효세율은 '조세가 연간 수익률에 미치는 효과'를 보여 주고 있다. 아마 유효세율을 생각하는 좀 더 직관적인 방식은 다음과 같은 하나의 질문을 던져 보는 것이다. 즉 ISA로부터 발생하는 순수익을 일치시키려면 얼마의 기여금이 필요한가? 다시 말해, 어떤 사람이 ISA에 100파운드를 기부했다면 이와 동일

---

3) 논의를 단순화하기 위해 자산 가격 인플레이션은 일반 인플레이션과 일치하고, 이 경우 실질수익은 이자나 배당 또는 임대소득의 형태로 발생한다고 가정한다.

| 표 14.3 | TEE 수익에 맞추는 데 필요한 자산 유형별 기여금

자산 유형		필요한 기여금(단위 : 페니)	
		기초세율 적용 납세자들에 대한 기여금	고(高)세율 적용 납세자들에 대한 기여금
ISA		100	100
이자발생 예금	1년간 투자	101	102
	10년간 투자	110	121
	25년간 투자	127	163
연금 : 종업원 기여금		94	86
연금 : 고용주 기여금		72	75
집주인 소유 주택		100	100
임대주택[a]	10년간 투자	109	116
	25년간 투자	122	142
증권 및 주식[b]	10년간 투자	103	111
	25년간 투자	105	127

[a] 앞에서 자본이득은 가격 인플레이션과 일치하며, 실질수익은 임대료에 의해 발생한다고 가정하였다. 또한 임대주택은 즉시 소유되고, 미지불된 주택저당금은 없다고 가정한다. 자본이득세 부담도 발생한다고 가정한다. 만약 자본이득세 부담이 없다면 표에서 기초세율 적용 납세자의 기여금은 106(투자 기간이 10년인 경우)과 116(투자 기간이 25년인 경우)이 되고, 고세율 적용 납세자의 기여금은 112(투자 기간이 10년인 경우)와 134(투자 기간이 25년인 경우)가 될 것이다. 그러나 가정에 의해 자본이득세 부담이 발생하고, 주택저당금 이자가 포함된다면 표에서 기초세율 적용 납세자의 기여금은 109(투자 기간이 10년인 경우)와 122(투자 기간이 25년인 경우) 대신에 106(투자 기간이 10년인 경우)과 113(투자 기간이 25년인 경우)이 되고, 고세율 적용 납세자의 기여금은 116(투자 기간이 10년인 경우)과 142(투자 기간이 25년인 경우) 대신에 109(투자 기간이 10년인 경우)와 122(투자 기간이 25년인 경우)가 될 것이다.

[b] 앞에서 자본이득은 가격 인플레이션과 일치하며, 실질수익은 이자나 배당에 의해 발생한다고 가정하였다. 또한 자본이득세 부담이 발생한다고 가정한다. 그러나 만약 자본이득세 부담이 없다면 표에서 기초세율 적용 납세자의 기여금은 100(투자 기간이 10년인 경우)과 100(투자 기간이 25년인 경우)이 되고, 고세율 적용 납세자의 기여금은 108(투자 기간이 10년인 경우)과 120(투자 기간이 25년인 경우)이 될 것이다.

출처 : Wakefield, 2009.

한 순 자산가치를 가지려면 이 사람은 이자발생 예금이나 연금에 얼마의 돈을 적립해 두어야 하는가? 이에 대한 대답이 〈표 14.3〉에 제시되어 있다. 〈표 14.3〉은 두 유형의 납세자들(즉 기초세율과 고세율 적용 납세자들)을 대상으로 필요한 기여금을 보여 주고 있다. 이 경우에 대답은 이자발생 예금의 보유기간에 달려 있다. 〈표 14.3〉에서는 이자발생 예금의 보유기간을 1년간, 10년간, 25년간으로 구분하고 있다. 저축으로부터 발생하는 수익에 대해 부과되는 조세들은 시간이 지날수록 더욱 커진다. 따라서 이자발생 예금이 보유되는 기간이 길수록 'ISA로부터의 수익'에 맞추려면 더 많은 금액이 투자(기여)되어야 한다. 예를 들면, 이자발생 예금에 25년간 보유하는 경우 ISA 수익에 맞추는 데 필요한 기여금은 127(기초세율 적용 납세자들)과 163

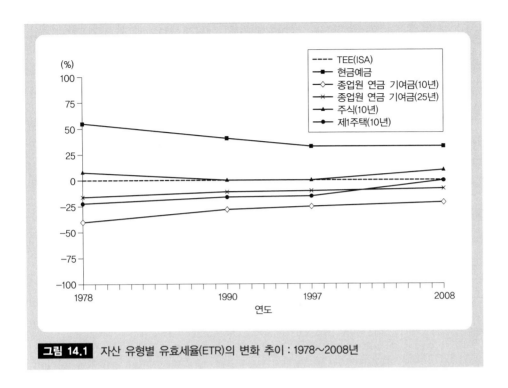

(%)

범례:
- TEE(ISA)
- 현금예금
- 종업원 연금 기여금(10년)
- 종업원 연금 기여금(25년)
- 주식(10년)
- 제1주택(10년)

연도

그림 14.1 자산 유형별 유효세율(ETR)의 변화 추이 : 1978~2008년

(고세율 적용 납세자들)임을 볼 수 있다. 이러한 필요 기여금은 이자발생 예금에 10년간 보유하는 경우(110과 121)보다 훨씬 더 많다는 것을 알 수 있다. 그러나 연금의 경우 초기 기여금이나 최종 회수금에 대해 부과되는 조세들은 이러한 특성을 가지고 있지 않다. 따라서 두 유형의 연금들에 대한 순 조세보조금(net tax subsidy)은 보유기간에 관계없이 일정하다. 임대주택과 증권 및 주식의 경우에도 필요 기여금은 보유기간에 따라 다르다. 즉 이들 자산의 경우 보유기간이 길수록 필요 기여금도 커진다는 것을 알 수 있다.

각종 자산들에 대한 유효세율의 이러한 차이에도 불구하고 실제로 지난 30여 년간 유효세율의 차이가 감소되어 왔다. 이러한 추세는 〈그림 14.1〉에 나타나 있다. 이러한 결과는 부분적으로 그동안 소득세율의 감소(지난 30년간 영국은 소득세율의 감소뿐만 아니라 그 분산도 줄어들었다. ─역주)와 인플레이션율의 감소에 기인하고 있다. 그러나 이 배경에는 일련의 특수한 개혁조치들이 있었기 때문이다. 무엇보다도 '개인연금'과 'ISA'(이전에는 PEP와 TESSA(Tax Exempt Special Savings Account는 '특별면세 저축계좌'로 일정액의 저축에 대해 이자과세를 면제해 주는 것을 말한다. ─역주)로 불림)의 도입이 있었으며, 이들은 비과세 저축수단들의 범위를 확대시켜 주었다. 그러나 제13장에서 보았듯이 대부분의 저축들은 이러한 비과세 형태로 이루어지고 있지만, 소수의 저축들은 여전히 조세상 불리한 대우를 받고 있다. 후자의 경우는 특히 자산보유가 작은 가계들에게서 더욱 그러하다.

이제 자본이득에 대한 과세(Capital Gains Tax, CGT)를 간단히 언급해 보기로 하자. 제13장에서 보았듯이 소득세 체계 내에서 자본이득 실현(realization) 시 자본이득에 대해 과세하는 일반적인 방법은 동결효과를 발생시킨다. 즉 사람들은 조세가 부과되지 않는 세계에서 자산을 더 오랫동안 보유하려고 할 것이다. 이러한 효과는 우선, 자본이득의 실현 시에만 조세가 부과되기 때문에 발생하며, 또한 자본이득의 발생(accrual) 시 부과되는 조세(이를 '자본이득의 발생에 기초한 조세체계(accrual-based tax system)'라 부른다. 즉 자본이득의 발생 시에 조세(자본이득세)가 부과되는 것을 말한다. ─역주)와 동일한 조세가 부과되도록 조정하는 '조세부담의 조정'이 이루어지지 않기 때문에 발생하기도 한다. 실제로 자본이득을 과세하는 방법의 차이로 인하여 다른 문제들이 발생하기도 한다. 또한 다른 저축과세 체계와 마찬가지로 자본이득세의 경우에도 인플레이션을 고려하지 않고 있다. 그 결과, 실질이득이 아니라 명목이득에 대해 자본이득세가 부과된다.

영국의 경우 2010~2011년에 자본이득세(CGT)는 당해 연도에 1만 100파운드 이상의 실현된 자본이득에 대해 부과되었고, 기본세율 적용 납세자들에게는 18%의 세율로, 고세율 적용 납세자들에게는 28%의 세율로 부과되었다.[4] 이러한 세율들의 유효가치(즉 유효세율)는 자산들 간에 서로 다르다. 왜냐하면 배당소득에 대한 소득세 부과 시에 법인세 부담액을 고려해 주는 것과 달리 자본이득세(CGT) 부과 시에는 이미 부담한 법인세를 공제하지 않기 때문이다.

자본이득세에 대해 추가적으로 높은 비과세를 허용함으로써 투자자들은 자본이득의 형태로 수익을 취하려 할 것이다. 자본이득세에 대한 비과세 허용은 상당한 자산을 보유한 많은 사람들에게 자본이득에 대해 사실상 아무런 조세가 부과되지 않는다는 것을 의미한다. 만약 어떤 해에 실현된 자본이득이 1만 100파운드 미만이면 자본이득세가 한 푼도 부과되지 않는다.

자본이득세의 비과세 대상 중 개인 사업 자산들의 가치 상승으로 발생하는 이득은

---

4) 이에 대해서는 〈표 14.1〉의 a 참조.

특히 매력적이다. 이들 이득 중에서 최초의 500만 파운드에 대해서는 '기업가 감면(entrepreneur's relief)' 항목을 통해 자본이득세가 완전히 면제된다. 물론 이러한 감면 조치는 '유효 조세체계(effective tax system)'의 원칙에 완전히 위배된다(이에 대해서는 이미 제13장에서 논의한 바 있다). 왜냐하면 그러한 감면으로 인하여 어느 소규모 집단의 경우 커다란 수익이 조세체계에 포착되지 않고, 자본이득의 형태로 수익을 취하려는 유인이 더욱 강해지기 때문이다. 이러한 문제들은 사망 시 자본이득세가 완전히 면제된다는 점에 의해 더욱 심화된다.

이러한 결과로 그동안 투자자들 사이에 자본이득을 둘러싸고 많은 절세계획(tax planning, 세무계획)이 추구되어 왔다. 특히 다수의 사모펀드(private equity fund) 관리자들을 포함하여 일부 매우 부유한 사람들은 자본이득의 형태로 수익을 취하려 해왔다. 이러한 시도는 조세체계 전체의 형평성에 대해 커다란 관심과 논쟁을 불러일으켜 왔다.[5] 이러한 문제들은 자본이득세를 매우 불만족스러운 조세로 만드는 데 기여하였다. 자본이득세는 비록 영국에서 총세수의 1% 미만을 차지하고 있지만[6], 그동안 다른 어떤 조세들보다 빈번하고, 극적인 변화들을 겪어 왔을 뿐만 아니라 사회적으로 종종 큰 논란을 불러일으켜 왔다. 이러한 사실은 현재의 조세체계 내에서 조세제도가 바라는 두 가지 요망사항들 간의 근본적인 긴장상태를 반영한다. 즉 조세체계적으로 '저축을 불리하지 않게 취급하여야 한다'는 바람과 '유사한 소득 수준을 유사하게 취급해야 한다'는 바람 간에 근본적인 상충관계가 존재한다. 그러나 우리는 이러한 상충관계가 '지출세(expenditure tax) 제도'나 '수익률 공제(rate-of return allowance) 제도'를 통해 충분히 극복될 수 있다고 생각한다.

14.1.1 누진세와 가계 자산소득조사

유효세율의 잠재적 차이들을 이제까지 설명한 것보다 훨씬 더 크게 만드는 다른 중요한 요인이 있다. 이제까지 우리는 소득세율이 '저축 시점'과 '인출 시점'에 서로 같다고 가정하였다. 그러나 제13장에서 살펴보았듯이 영국이 누진소득세 체계를 가지는 경우 실제로 이러한 가정은 사실이 아니다.

어떤 연금저축을 고려해 보자. 연금기금에 자금(소득)을 예치하는 것은 사실상 당해 기금으로부터 자금을 회수(인출)할 때까지 그러한 소득에 대해 조세를 연기하는

---

5) House of Commons Treasury Committee(2007) 참조.
6) 출처 : H.M. Treasury, 2010b, Table C11 참조.

것과 같다. 자금 회수(인출) 시 적용되는 세율이 소득 획득 시 적용되는 세율과 다르다면 조세의 연기는 실제로 납부된 조세액에 커다란 차이를 가져다줄 수 있다. 이를 근로활동 시의 세율과 퇴직 시의 세율을 통해 살펴보기로 하자. 예를 들어, 근로활동 시 40%의 한계세율을 적용받는 많은 사람들이 퇴직 시에는 20%의 기초세율을 적용받을 것이다. 따라서 이들이 연금에 저축하려는 유인은 매우 크다. 실제로 사람들이 차등적인 조세 유인을 최대한 이용하기 위하여 연금저축의 시기를 조정하려는 커다란 유인을 가지고 있다. 즉 사람들이 기본세율을 적용받을 때보다 고세율을 적용받을 때 저축하는 편이 훨씬 더 유리할 것이다.

상기 〈표 14.2〉는 납세자 유형별 종업원이 부담하는 연금 기여금에 대한 유효세율을 보여 주고 있다. 연금기금에 투자한 기간이 25년인 경우 기초세율 적용 납세자들과 고세율 적용 납세자들에 대한 유효세율이 각각 −8%와 −21%임을 보여 주고 있다. 이를 위해 각 납세자들은 근로활동 시와 퇴직 시에 동일한 세율이 적용된다고 가정하였다. 그러나 만약 각 납세자들이 유효세율이 40%일 때 연금에 기여(저축)하고, 20%일 때 회수한다면 이때의 연금저축에 대한 유효세율은 −48%가 된다. 근로활동 시에 비해 퇴직 시 더 낮은 세율이 적용된다는 사실은 평생 동안 고세율이 적용되어야 할 만큼 평생소득이 그렇게 높지 않다는 사실을 반영한다. 따라서 우리는 고세율 적용 납세자들이 연금에 저축하려는 이러한 유인에 대해서 크게 염려할 필요가 없다. 제13장에서 보았듯이 일반적인 누진세 체계하에서 원칙적으로 사람들은 EET 저축수단과 TEE 저축 수단 간에 자유롭게 선택할 수 있으며, 이는 사람들에게 자신의 소득획득 패턴과 관계없이 완전한 소비 평준화의 기회를 허용해 준다.

그러나 이러한 상황은 '가계 자산소득 조사에 의한 편익제도'와 '세액공제'에 의해 더욱 복잡해진다. 우선, 축적된 저축이 편익 수령액을 감소시킨다면 저축유인은 감소한다. 반면에 편익을 산정하는 데 저축 상품에 대한 기여금이 소득에서 공제된다면 저축할 유인은 오히려 증가된다. 이와 같이 영국의 편익제도가 저축을 고려하는 방법은 매우 복잡하고 모순되어 있음을 볼 수 있다. 주목해야 될 가장 중요한 점은 편익의 수혜자들에게 사적연금들로부터 발생한 소득이 있다면 가계 자산소득 조사에 의한 편익이 크게 감소한다는 점이다. 예를 들면, 영국의 노령연금(Pension Credit)은 연금소득 1파운드당 40페니가 감소하고, 주택수당(Housing Benefit)은 1파운드당 65페니가 감소한다. 이러한 사실은 영국에서 매우 중요하다. 왜냐하면 영국의 경우 연금수급자들의 절반 정도가 가계 자산소득 조사에 의한 각종 편익들을 받고 있기 때문이다.[7] 또한 일정 한도액 이상의 저축액을 가지고 있으면 가계 자산소득 조사에 의한 편익이 감소된다. 반면 집주인이 소유한 주택의 경우 모든 가계 자산소득 조사 대상에서 제외된다.

연금저축의 경우 편익이나 세액공제액을 계산할 때 기여금이 어떻게 취급되는지가 매우 중요하다. 먼저, 각종 연금 기여금들이 세액을 계산할 때 소득으로부터 제외되는 것과 마찬가지로 세액공제액을 계산할 때에도 사실상 소득의 일부분으로 포함되지 않는다. 이러한 사실은 잠재적으로 세액공제의 수혜자들에게 커다란 저축유인을 제공해 준다. 왜냐하면 세액공제의 수혜자들은 연금에 1파운드를 저축하기 위하여 단지 39페니의 소득만 잃으면 되기 때문이다.[8]

가계 자산소득 조사에 의한 편익과 세액공제에 대한 좀 더 자세한 내용은 〈글상자 14.1〉에 서술되어 있다.

이제까지 살펴보았듯이 상이한 소득세율이 연금저축유인에 영향을 미치는 것과 마찬가지로 세액공제와 노령연금도 연금저축유인에 영향을 미친다. 세액공제와 노령연금이 연금저축에 미치는 유인의 잠재적 영향은 〈표 14.4〉에 예시되어 있다. 〈표 14.4〉는 TEE 제도하에서 연금에 1파운드를 저축함으로써 발생하는 수익에 맞추기 위해 사람들이 얼마의 금액을 연금에 기여해야 하는지를 보여 주고 있다. 근로활동 시와 퇴직 시 필요 기여금의 차이가 매우 크다는 것을 볼 수 있다. 우선, 세액공제 축소율 대상자들이 연금 기여금을 납부할 유인은 매우 크다. 또한 노령연금 축소율 대상자들에 해당되는 기본세율 적용 납세자들이 연금에 저축하지 않으려는 유인도 크다. 그러나 그 규모 면에서는 큰 차이가 없다. 즉 노령연금 축소율 대상자들이 연금에 저축하지 않으려는 유인이 기본세율 적용 납세자들이 일반 이자발생 저축(10년짜리)에 저축하지 않으려는 유인보다 그렇게 크지 않다는 것을 볼 수 있다(이를 위해 〈표 14.4〉와 〈표 14.3〉을 비교해 보라. 기본세율 적용 납세자들에 대한 필요 기여금의 경우 〈표 14.4〉에서는 114페니이지만 〈표 14.3〉에서는 110페니임을 볼 수 있다.-역주).

〈글상자 14.1〉에서 설명하듯이 현재의 제도는 여러 다른 자산들을 다르게 취급하고 있으며, 그 결과 이상한 저축유인을 초래하고 있다. 이는 개혁안을 마련하기가 쉽지 않다는 것을 의미한다. 그러나 소득과세에 대해서 적용했던 방식들(즉 TEE, TtE, 또

---

7) Department of Work and Pensions, 2006, 제3장 참조.
8) 여기서의 통계자료는 2010~2011 Tax and Benefit System 참조.

|글|상|자| 14.1   가계수입조사에 의한 편익과 세액공제

현재 영국의 세액공제체계(tax credit system)와 가계수입조사에 의해 지급되는 편익체계(means-tested benefit system)는 다음과 같은 차이가 있다.

첫째, 각종 금융자산들은 가계수입조사에 의한 편익체계와 세액공제체계에 의해 서로 다르게 취급되고 있다. 세액공제는 소득세와 마찬가지로 '소득'에 대해 산정된다. 그래서 저축소득(savings income)의 대부분의 형태들은 가계수입조사에 포함된다(즉 대부분의 저축소득들은 편익 급부금을 계산하는 데 포함된다). 그러나 ISA에 들어 있는 저축은 편익 급부금에 아무런 영향을 미치지 않는다. 또한 가계수입조사에 의해 지급하는 다른 편익들(주로 주택수당, 소득지원, 노령연금, 지방세 면제 등)의 경우 사람들이 보유한 금융자산들로부터 발생하는 실제 소득은 편익 급부금을 계산할 때 포함되지 않는다. 그러나 6,000파운드를 초과하는 자산보유의 경우에는 소득으로 간주(인정)된다. 즉 6,000파운드를 초과하는 자산의 매 250파운드(60세 이상의 고령자들의 경우 매 500파운드)에 대해서 가계수입조사 목적으로 1주일에 1파운드의 소득을 지급한다. 1만 6,000파운드 이상의 자산을 보유한 사람들은 가계수입조사에 의한 편익 급부금을 한 푼도 받을 수 없다. 현재 영국의 이러한 규정들은 가계수입조사에 의해 지급되는 각종 편익 급부금에 의존하여 살고 있는 사람들(또는 미래에 편익 급부금을 받을 것으로 예상되는 사람들)이 6,000파운드 이상의 금융자산을 보유하지 않게 하려는 강한 유인을 제공한다.

둘째, 연금 기여금의 경우에도 두 체계 간에 차이가 있다. 세액공제 금액을 계산할 때 모든 연금 기여금들이 소득으로부터 제외된다. 그러나 가계수입조사에 의한 편익 급부금을 계산할 때에는 종업원 기여금의 절반만이 공제된다.

이제 각종 금융자산의 경우에 세액공제체계와 가계수입조사에 의한 편익체계 간의 차이를 요약해 보기로 하자. 그러한 상이한 두 체계를 요약하는 한 가지 방법은 조세체계에 적용했던 표기법(즉 TEE, EET, TET, TTE)을 가계수입조사에 의한 편익체계에 적용하는 것이다. 대략적으로 그 결과는 다음과 같다.

- 주택의 경우 세액공제체계와 가계수입조사에 의한 편익체계 모두에서 TEE 제도가 적용된다.
- 연금의 경우 세액공제체계에서는 EET 제도가 적용되고, 가계수입조사에 의한 편익체계에서는 1/2 TET 가 적용된다.
- ISA를 포함한 기타 저축들의 경우 가계수입조사에 의한 편익체계에서는 TEE 제도가 적용된다. 그러나 저축이 6,000파운드를 초과하면 급부금 지급이 급속히 감소한다.
- ISA의 경우 세액공제체계에서는 TEE 제도가 적용된다.
- 기타 저축들의 경우 세액공제체계에서는 TTE 제도가 적용된다.

금융자산의 유형	세액공제체계	가계수입조사에 의한 편익체계
주택	TEE 제도 적용	TEE 제도 적용
연금	EET 제도 적용	1/2 TET 제도 적용
기타 저축(ISA 포함)	—	TEE 제도 적용
ISA	TEE 제도 적용	—
기타 저축	TTE 제도 적용	—

주 : 역자가 만든 표임.

| 표 14.4 | 상이한 세율 적용하에서 TEE에 1파운드 기여 시 이에 상응하는 종업원 연금 기여금 : 투자
기간이 10년인 경우

근로활동 시 적용 세율(%)	퇴직 시 적용 세율(%)	필요 기여금(페니)
기초세율(20%)	기초세율(20%)	94
고세율(40%)	고세율(40%)	86
고세율(40%)	기초세율(20%)	71
기초세율(20%)	노령연금 축소율(40%)	114
세액공제 축소율(59%)	기초세율(20%)	48
세액공제 축소율(59%)	노령연금 축소율(40%)	59

주 : 여기서 연간 실질수익률은 3%이고, 인플레이션은 2%라고 가정한다.
출처 : Wakefield, 2009.

는 EET) 중에서 한 가지 또는 그 이상의 방식을 사용한다면 개혁안을 마련하는 데
도움을 받을 수 있을 것이다. 하지만 그러한 방식들은 소득과세의 경우보다 가계 자
산소득 조사의 경우에 훨씬 더 많은 문제들을 초래할 것이다. 여기에는 두 가지 이유
가 있다. 첫째, 저축할 때 특정 편익을 받는 것과 저축금을 회수(인출)할 때 특정 편
익을 받는 것 간에 상관관계가 거의 없다는 점이다. 둘째, 일반적인 누진세 제도와
달리 가계 자산소득 조사는 저소득 계층들에 대해 높은 유효세율을 부과한다는 점
이다.

이제 가계 자산소득 조사의 경우에 TEE 방식과 EET 방식을 적용해 보기로 하자.
첫째, 'TEE 유형의 제도'는 소득과세에서와 달리 가계 자산소득 조사의 경우에서는
거의 의미가 없다. 예를 들면, 만약 노령연금이 높은 사적연금 소득을 수령함에도 불
구하고 감소하지 않는다면 노령연금은 더 이상 가계 자산소득 조사에 의한 편익이 아
니다. 저축자들은 저축으로부터의 편익을 누리기 위하여 또는 미래의 노령연금으로
부터 혜택을 누리기 위하여 현재의 노령연금을 포기할 수 있다. 그러나 이러한 패턴
은 일반적인 행동패턴과 일치하지 않는다. 왜냐하면 거의 모든 사람들은 노령연금을
받으면서 동시에 연금에 저축하지 않기 때문이다.

둘째, 'EET 제도'는 거울상(mirror image) 문제를 가지는 단점이 있다. 가계 자산소
득 조사에 의한 편익 축소율 대상자들은 저축할 때(즉 근로활동 시)뿐만 아니라 저축
을 인출할 때(즉 연금을 받을 때)에도 기본세율을 적용받는다. 즉 이들은 'E'로부터
아무런 편익을 받지 않으면서도 'T'를 적용받는다. 또한 가계 자산소득 조사는 소득
이 낮을 때 높은 유효세율을 부과하기 때문에, 소비를 평준화하기 위한 저축은 저축

이 없는 경우에 비해 전체적으로 더 높은 조세를 지불하게 될 것이다. 이러한 결과는 한계세율이 증가하는 조세체계하에서 'EET 제도'와 정반대되는 효과이다. 따라서 이 경우에 소득이 많을 때(또는 세율이 높을 때) 저축하고, 소득이 적을 때(또는 세율이 낮을 때) 소비함으로써 전체 조세납부액은 평준화된다.

이제까지 살펴보았듯이 가계 자산소득 조사와 저축의 경우 쉬운 방법(개혁안)을 찾기가 어렵다. 한 가지 분명한 방법은 '가계 자산소득 조사에 덜 의존하는 것'이다. 그러나 가계 자산소득 조사에 덜 의존하려면 (i) 가계 자산소득 조사에 의한 편익 수준을 감소시키거나, (ii) 보편적 편익을 증가시켜야 할 것이다. 첫 번째 방법은 가난한 사람들을 더 나쁘게 한다. 두 번째 방법은 보편적 편익에 대한 재원을 마련하기 위해 조세를 인상시켜야 한다. 또 다른 방법은 '사람들로 하여금 일정 수준의 저축을 강제화(의무화)시키는 것'이다. 그러나 만약 강제 저축이 (가계 자산소득 조사로 인해) 궁극적으로 소득을 매우 적게 증가시킨다면 이는 (관련 당사자들에 대해 부과되는) 직접세 인상과 거의 동일한 효과를 가져다줄 것이다.

14.2 개혁방안들

영국에서 저축과세(savings taxation)에 대한 대규모 개혁론이 강한 지지를 얻고 있다. 대다수 납세자들의 저축에 대한 중립성을 촉진하려는 우리의 목표를 견지하면서 우리는 저축으로부터 발생하는 정상수익에 대해 조세를 면제하는 방식을 제안하고 이를 적극 지지한다. 이제까지 살펴보았듯이 각종 자산들에 대해 이 제안은 다음 두 가지 방식으로 달성될 수 있다. 첫째, 소비세(consumption tax, EET)를 실시할 수 있다. 이는 저축에 대한 기여금에 조세를 포함시키고, 회수(인출) 시에 조세를 부과하는 방법이다. 둘째, 수익률 공제(rate-of-return allowance, TtE)를 실시할 수 있다. 이는 저축이 세후소득으로 구성되어 있지만, 정상수익을 초과하는 수익에 대해서는 조세를 부과하는 방법이다. 그러나 이자발생 예금과 같이 초과수익이 발생하지 않는 무위험자산들의 경우 근로소득세(earnings tax, TEE)를 부과하는 것과 동일한 효과를 가져온다.

다음 절들에서 우리는 각종 자산들에 대해 이러한 방식들을 적용하는 데 따르는 몇 가지 쟁점들을 개괄적으로 설명한 후, 다음 세 가지 저축과세 개혁안을 주장하고자 한다. 첫째, 단순 이자발생 예금의 경우 'TEE'가 가장 적합한 방법이다. 둘째, 주식

보유(위험자산)의 경우 'RRA'가 적합하고, 마지막으로 연금의 경우 '소비세(consumption tax)'가 가장 적합하다.

자산 유형	적합한 과세 방식 : 개혁안
이자발생 예금	TEE
주식보유	RRA(TtE)
연금	소비세(EET)

주 : 역자가 만든 표임.

14.2.1 TEE와 현금저축(단순 이자발생 예금)

영국의 경우 일반(단순) 이자발생 예금들에 대해서는 현재 표준적인 소득세가 부과되고 있으며, 또한 인플레이션이 명목이자율에 미치는 효과를 고려하지 않고 있다. 저축액은 과세소득으로 구성되며, 조세는 저축으로부터 발생하는 모든 수익에 대해 부과된다. 이러한 제도(체계)는 제13장에서 논의한 '중립성 원칙'에 위배된다. 이러한 체계는 특히 인플레이션율이 높을 때 징벌적인 특징을 가지고 있다. 왜냐하면 대부분의 조세부담이 단순히 물가상승으로 인한 실질가치 하락을 보상하는 수익 요소(component of returns, 즉 수익)에 부과되기 때문이다.

영국의 현금 ISA(개인저축예금)는 이미 저축으로부터 발생하는 수익에 대해 일정 한도 내에서 비과세를 허용하고 있다. 2010~2011년 현재 연간 비과세 최고 한도액은 5,100파운드이다. 현금저축(예금)에 대해 좀 더 일반적인 'TEE 방식'을 적용해야 한다는 주장(제안)은 강한 설득력을 가지고 있다. 현금저축들은 정상수익을 초과하는 수익(supernormal returns, 정상 초과수익)을 거의 발생시키지 않으며, 또한 근로소득을 은행이자로 위장할 여지가 거의 없다. 그 결과, 현금저축들에 대해서는 TEE 방식이 가장 적합하다. 이러한 종류의 저축들은 부유하지 못한 사람들과 순수한 저축자들의 주요 관심사이다. 물론 절대금액 면에서 TEE 방식의 최대 수혜자들은 현재 큰 금액을 저축한 사람들일 것이다. 단순 이자발생 예금은 소득 및 자산보유 수준이 낮은 사람들의 경우에는 총금융자산에서 더 큰 비중을 차지할 것이다. 그러나 부유한 사람들은 절대금액 면에서 더 많은 금액을 저축하고 있다.

현재 방식(제도)에 대한 하나의 대안으로 현금 예금들에 대해서 소비세(EET)를 부과하거나 RRA(TtE)를 적용할 수 있다. 앞으로 주식이나 연금과 같은 자산들에 대해서 이러한 방식을 제안할 것이다. 그 전에 먼저 저축 예금들에 대해 왜 이자소득세를 부과하려 하는가를 살펴보기로 하자. 사실상 이에 대해서는 하나의 중요한 이유가 있다(이는 제8장에서 논의한 '각종 금융서비스에 대한 과세'와 깊은 관련이 있다). 이를 위해 현재 은행 예금들에 대해 RRA를 부과하고 있다고 가정해 보자. 그러면 은행들은 예금자들에게 낮은 수익이나 0의 수익을 보상하기 대해 일련의 다른 금융서 비스들을 제공해 주려고 할 것이다. RRA(TtE) 제도하에서 이러한 '손실'은 다른 곳에 서 발생하는 이득으로 상쇄시킬 수 있다. 또한 EET(소비세) 제도하에서는 은행으로 부터 제공받는 금융서비스들의 암묵적 가치에 대해 조세가 부과되지 않는다. 따라서 RRA와 EET 제도가 초래하는 이러한 왜곡들과 조세회피의 잠재적 기회들을 피하기 위하여 우리는 현금저축들에 대해 TEE 제도(방식)를 적용할 것을 제안한다.[9)]

14.2.2 RRA와 위험자산들(주식)에 대한 과세

TEE 제도는 여러 장점들에도 불구하고 다음과 같은 단점들이 있다. 우선, TEE 제도 의 보편적 적용은 정상수익을 초과하는 수익(supernormal returns, 초과수익)에 대해 과세를 불가능하게 한다. 둘째, TEE 제도하에서는 근로소득과 자본소득에 대해 매우 다른 한계세율이 적용된다. 셋째, 사업소득에 대해 TEE 제도를 적용함으로써 특히 많은 문제점들이 발생한다. 마지막으로, 자발적으로 신고한 근로소득에 대해서는 과 세를 하면서 거래이윤이나 배당금에 대해 조세를 면제함으로써 여러 조세회피의 기 회들을 발생시킨다.[10)] 따라서 이러한 조세회피의 기회 발생을 피하기 위하여 우리는 '일반적인 TEE 제도'(이는 'TEE 제도의 보편적 적용'을 말한다. −역주)에 대한 대안들 을 찾는 데 논의의 초점을 두고자 한다.

TEE 제도에 대한 대안으로서 '지출세(EET)'나 '수익률 공제 제도(TtE)'를 도입함으로써 정 상수익에 대해서는 비과세하면서 초과수익에 대해서는 조세를 부과할 수 있다. 제13장에서 살 펴보았듯이 이러한 조세부과 제도들(즉 지출세와 수익률 공제)은 소득과 자본이득 간의 중립적인 과세를 보장한다. 즉 이들 제도가 가진 중요한 매력은 투자로부터 발생 하는 소득(즉 자본이득)에 대해 근로소득과 같은 세율을 부과함으로써 '중립성'을 달

---

9) 또한 똑같은 이유들로 TEE 제도는 현금 차입(예 : 은행 차입)에도 적합하다. 즉 차입 원금에 대해서 과세하 지 않을 뿐만 아니라 이자나 원금의 상환에 대해서도 공제를 허용하지 않는다. 이러한 방식은 이미 일반적 인 관행이다. 예를 들면, 제16장의 〈글상자 16.1〉은 주택저당금 관련 조세에 대해 논의하고 있다.
10) 이러한 문제들은 제19장에서 다시 논의될 예정이다.

성할 수 있다는 점이다. 따라서 사람들이 소득을 한 가지 형태(즉 근로소득 또는 자본이득의 형태)로만 취하려는 유인이 발생하지 않는다. 이것은 중립성의 중요한 특징이며, 또한 제19장에서 논의할 소기업 과세에 대한 제안(개혁안)에 중심을 이룬다.

이러한 중립성은 초과수익('정상수익을 초과하는 수익'을 말함. —역주)에 적용되는 세율이 현재의 소득세율이 아니라 '소득세율＋총(종업원과 고용주)국민보험기여금률'로 결정될 때에만 달성된다. 그렇지 않으면 근로소득을 자본소득으로 전환하려는 커다란 유인이 발생한다. 물론 수익률 공제(RRA) 제도의 경우 이러한 세율 구조는 정상수익을 초과하는 수익(즉 초과수익)에 대해서만 적용될 것이다. 따라서 우리의 제안(개혁안)은 현재의 제도에 비해 징벌적인 '세율 증가'를 수반할지도 모른다. 그러나 사실 수익률 공제(RRA) 제도는 정상수익에 대한 과세를 없애면서 이러한 세율들을 일치시킨다. 즉 지출세(EET)와 수익률 공제(RRA) 제도는 자본이득과 소득을 완전히 똑같이 취급하는 장점이 있는 것이다. 이러한 특징은 현재의 상황과 완전히 반대된다.

원칙적으로, 수익률 공제(TtE) 제도와 지출세(EET)는 비슷한 장점들을 가지고 있다. 앞에서 우리는 이들 제도가 경제적인 효과 면에서 어떻게 같은지를 살펴보았다. 다음 절에서 살펴보겠지만 연금저축의 경우 현재의 EET 제도를 그대로 유지(또는 개선)해야 한다는 강한 주장이 있다. 그러나 다른 위험자산들(예 : 주식)에 대한 저축에 대해서는 수익률 공제(RRA) 제도를 적용하는 것이 합당할지 모른다. 여기에는 두 가지 부분적인 이유들이 있다. 첫째, 부분적으로 RRA 제도로의 이행이 전면적인 EET로의 이행보다 더 쉬울 것이기 때문이다. 둘째, 14.3절에서 논의할 예정이지만 부분적으로 각종 자산들에 대해 양 제도를 적용함으로써 사람들에게 약간의 선택권을 허용해 줄 수 있기 때문이다.

그러나 RRA 제도하에서는 실행 측면에서 잠재석으로 몇 가지 복잡한 문제들이 발생한다. 예를 들면, 기록 보관 관리의 필요성, 필요한 계산의 상대적 복잡성이나 생소함, '손실(즉 정상수익 이하의 수익)' 처리 문제 등이 발생한다. 다른 한편으로 RRA 제도의 한 가지 매력은 RRA로의 이행이 현금흐름 지출세 제도로의 이행보다 기술적으로뿐만 아니라 정치적으로도 더 쉽다는 점이다.

한 가지 실질적인 문제를 간단히 언급하면 다음과 같다. 즉 만약 자신이 보유한 자산들로부터 높은 초과수익을 얻는 사람들에 대해 조세를 부과한다면 동일한 논리로 손실(즉 정상수익 이하의 수익)을 보는 사람들에 대해서는 조세를 감면해 주어야 한다. 만약 그렇게 하지 못한다면 위험자산들에 대한 수익에 대해 양(＋)의 조세가 부과되기 때문에 또 다른 왜곡이 발생한다. 이는 소비 시점에 대한 중립성을 손상시킬 뿐만 아니라, 자산 선택(즉 더 위험한 자산들과 덜 위험한 자산들 간의 선택)에 대한 중립성도 훼손시키는 결과를 초래한다. 좀 더 일반적으로 말하면, 위험 투자들로부터 발생하는 수익에 대해 조세를 부과하는 방식이 위험자산에 투자하려는 유인에 미치는 효과는 투자자들의 자본시장의 기회 구조에 달려 있을 뿐만 아니라, 손실 상계(loss offset)에 적용되는 세법 규정에도 달려 있다. 이 문제는 현재 연구가 진행되고 있는 주제이다.

그러면 소비 시점과 자산 선택에 대한 중립성을 어떻게 달성하는가? 소비 시점과 자산 선택(즉 위험자산들과 무위험자산들 간의 선택)에 대한 중립성을 달성하려면 사람들의 보유 자산들로부터 발생하는 손실들(즉 RRA 이하의 순 수익)이 어떤 방식으로든 상계되어야만 한다. 원칙적으로 손실을 상계하는 데는 세 가지 방법이 있다. 첫째, 손실 상계는 직접적인 '조세환급(tax refunds)'의 형태로 이루어질 수 있다. 둘째, 어느 한 자산으로부터 발생한 손실과 다른 자산들(또는 주로 근로소득)로부터 발생한 이익을 상계할 수 있다. 마지막으로, 어느 한 해에 발생한 손실을 다른 해의 과세소득이나 이익으로 상계하기 위하여 손실을 다음 연도로 이월하거나 당해 연도에서 공제할 수 있다. 여기서 손실을 상계하는 여러 방법들을 둘러싼 경제적·실제적 문제들에 관해서 더 이상 자세히 논의하지 않을 것이다.[11] 그러나 다음 한 가지 점을 강조하고자 한다. 현재의 관행과 달리 다른 연도로의 손실 상계 시 이자가 지불되어야 하며, 그로 인해 조세 감면의 가치가 유지되어야 한다는 점이다.

RRA 제도는 자본 관련 조세체계를 전반적으로 단순화시킬 수 있다. 즉 조세회피의 기회들을 감소시키고, 조세회피를 최소화하기 위한 관련 법률들과 규정들의 과잉 제정을 감소시킴으로써 자본관련 조세체계 전체를 단순화시킬 수 있다. 그러나 RRA 제도에 대해 손실 처리나 손실 상계 문제 때문이 아니어도 일부 사람들은 현재 제도보다 더 복잡하다고 생각할 것이다. 왜냐하면 RRA 제도하에서 현재의 제도에 비해 더 많은 기록을 관리해야 하며(그러나 RRA 제도가 운영상 다소 복잡하다고 하더라도 자본이득세(CGT)보다는 덜 복잡하다.-역주), 또 관련 계산방법이 그들에게 생소하기 때문이다. 따라서 이러한 단점(즉 RRA 제도의 부분적 복잡성)이 RRA 실시의 장애가 되지 않도록 하기 위하여 우리는 다음 두 가지 개혁안을 제안하고자 한다.

---

11) 그러한 논의를 보려면 Devereux(1989)나 Altshuler & Auerbach(1990) 참조.

첫째, 우리는 제한된 TEE 제도(예 : 주식 ISA)를 계속 유지할 것을 제안한다. 제한의 정도는 현재와 같은 수준으로 제한하거나, 또는 현재보다 조금 더 낮출 수 있다. 왜 냐하면 제한된 TEE 제도하에서는 위험자산들에 투자함으로써 부유해질 수 있는 사 람들이 더 이상 비과세 수익을 무제한적으로 이용할 수 없기 때문이다. 또한 현재의 ISA와 같이 제한된 TEE 제도는 특수관계 없는 제3자와 거래하는(arm's length) 자산 들에 대해서만 적용될 수 있다. 따라서 사람(투자자)들은 그들의 근로소득을 비과세 되는 자본소득으로 전환하기 위한 방법으로 자신이 경영하는 사업체의 주식을 비과 세 수익으로 더 이상 감추지 못할 것이다. 그러나 단순히 주식에 투자하려는 대다수 의 사람들은 여전히 제한된 TEE 제도를 이용할 수 있다. 이것은 대부분의 납세자들 에게 저축의 중립성을 견지하려는 우리의 목표와 일치한다.

둘째, TEE 제도가 규정한 제한을 초과하는 주식보유의 경우 투자자들은 '수익률 공제 (RRA) 제도'를 이용(선택)할 수 있다. 그러나 투자자들이 RRA 제도를 이용하지 않는다 면 그들의 투자는 자동적으로 '포괄적 소득세 제도(comprehensive income tax regime)' 하에서 조세가 부과된다(포괄적 소득세 제도는 현재 실시 중인 제도와 유사하다). 따 라서 투자자들은 분명히 RRA 제도를 이용하려 할 것이다. 그러나 비교적 소규모 주 식을 보유한 사람들이나 추가적인 기록 관리 및 계산을 매우 싫어하는 사람들은 RRA 제도를 사용하려 하지 않을 것이다.

14.2.3 연금과 소비세(EET)

현재 영국 연금의 경우 EET 과세방식에 근접한 제도를 가지고 있다. 우리는 영국이 이 제도로부터 멀어져야 할 어떠한 이유도 가지고 있지 않다고 본다(다시 말하면, 연금의 경우 우리는 EET 방식에 근접해야 할 충분한 이유를 가지고 있다). 왜냐하면 EET 제도는 연금을 통해 저축하는 사람들에 대해 저축 중립적인 과세를 가능하게 해 주기 때문이다. 실제로 이 제도가 연금에 대해 과세하는 가장 좋은 방법이라는 사실 을 믿게 하는 여러 실제적 이유들이 있다. 우선, 연금이 주택을 제외한 자산의 대부 분을 차지하고 있기 때문이다. 다음으로, 연금은 퇴직 시 충분한 소득을 보장하는 정 부 정책의 핵심적인 역할을 담당하고 있기 때문이다. 이러한 이유로 '연금 과세' 문제 (즉 연금에 대해 올바르게(중립적으로) 과세하는 문제를 말함. ─역주)는 매우 중요하다.

먼저 본서에서 다루고 있는 주식, 주택, 이자 발생 예금 등과 같은 다른 모든 자산 들과 달리 연금은 자금이 투여되는 기본 자산에 의해 정의되지 않는 특징을 가지고 있다. 실제로 어느 한 '연금'에 저축되는 자금은 사실상 어떠한 기본 자산에도 투자될 수 있다. 연금의 주요 결정적인 특징은 연금에 포함되어 있는 저축에 접근할 수 있는 연령(영국의 경우 2010년부터 55세)이 정해져 있다는 점이다. 또한 종종 연금을 구입할 수 있는 조건들에 대한 추가 규칙들이 존재한다. 그러나 호주를 비롯한 일부 국가들에서는 그러한 제약조건이 불필요하다. 만약 사람들이 이러한 제약조건들을 가진 연금에 자발적으로 저축하려 한다면 반드시 유인책들이 필요할 것이다. 다시 말해, 그러한 연금에 대해 다른 자산들보다 더 낮은 조세를 부과하거나, 다른 유인책들을 제공해 주어야 할 것이다.

연금저축에 대한 공공정책은 조세부과 이외의 다른 여러 문제들을 수반한다. 예를 들면, 기초국민연금의 설계와 수준, 소득에 따른 국민연금의 역할, 퇴직 시 가계 자산 소득 조사에 의한 편익 제공 등은 모두 사적 연금저축(private pension savings)의 형태와 금액에 중요한 영향을 미친다. 또한 연금저축의 종류도 아주 다르다. 본서의 관점상 중요한 것은 '확정급부형 연금(defined-benefit pension)'과 '확정기여형 연금(defined-contribution pension)' 간의 차이이다. 확정기여형 연금이 더 직접적이다. 왜냐하면 확정기여형 연금은 개인들에게 직접적으로 귀속되는 저축 예금과 거의 흡사하기 때문이다. 그러나 확정기여형 연금 제도는 연령과 형태 면에서 엄격한 제약 조건들을 가진 저축 예금이다(여기서 연령은 확정기여형 연금의 적용 시기와 관련되어 있고, 형태는 소득이 인출되는 방식과 관련되어 있다). 반면에 확정급부형 연금 제도는 더 복잡하다. 확정급부형 연금 제도는 고용주가 자금을 부담하는 제도로서 궁극적으로 지불되는 연금은 개인의 기여와 직접적으로 관련이 없다. 그 대신, 확정급부형 연금 제도하에서 연금은 보통 최종 급료와 근무 연수에 따라서 규정된다. 예를 들면, 어떤 연금지급 방식은 근무한 총연수에 대하여 최종 급료의 $1/60(=0.0167)$을 연간 연금으로 지급한다. 그 결과, (이 제도하에서) 40년 근무한 사람들(이들의 연금액$=(1/60)\times40$년$=0.67$)은 최종 급료의 $2/3(=0.67)$를 연금으로 지급받게 될 것이다. 이 경우 연금에 대한 과세는 어떻게 이루어지는가? 확정급부형 방식에 대해 조세를 부과하는 경우 고용주 각 개인에 대한 기여 금액이 분명하지 않다는 사실을 고려해야 한다.

현재 영국의 경우 연금에 대한 조세제도는 '소비세(consumption tax)'와 가깝다. 즉 기여금에 대해서는 소득세가 부과되지 않으며, 투자수익은 비과세로 축적되지만 연금 지불에 대해서는 조세가 부과된다. 그러나 사실은 다음 세 가지 중요한 면에서 순수한 소비세와 다르다. 첫째, 특정 연도에 얼마까지 연금 기여금으로 납부할 수 있는지와 조세 벌금이 부과되기 전에 총 얼마를 연금에 축적할 수 있는지에 대해 제한이 있다. 둘째, 연금 저축에 대한 소득세 부과를 '소비세(EET)에 가깝다'고 말하는 것은 옳지만 연금 저축에 대한 NIC 납부 문제는 이와 아주 다르다. 실제로 연금 기여금이 공식적으로 고용주로부터 오는지 또는 종업원으로부터 오는지에 따라 그 결과가 다르다. 셋째, 확정기여형 연금의 경우 축적된 연금 잔액의 1/4은 비과세 정액지급금으로서 인출(회수)될 수 있다(또한 확정급부형 연금의 경우에도 대략 비슷한 규칙이 있다). 그 결과, 기여금의 1/4은 소득세 면에서 매우 관대한 EEE가 효과적으로 부과되고 있다. 이제 이들에 관해 차례대로 자세히 살펴보기로 한다.

(1) 연간 연금 기여액과 총연금 축적액에 대한 제한

먼저 요약해서 말한다면, 연금저축에 대한 조세감면의 이용 한도는 (1) 어느 한 해에 연금 기여금으로 납부할 수 있는 금액과 (2) 조세 벌금이 부과되기 전에 연금저축에 축적될 수 있는 총액에 대해 적용된다. 이러한 제한들은 영국에서 그동안 몇 차례 변경과 재검토가 이루어져 왔다. 2010년 후반에 나온 가장 최근의 결정은 다음과 같다. 첫째, 조세감면은 연간 최고 5만 파운드의 기여금까지 적용된다. 둘째, 연금의 축적 금액은 조세 벌금이 부과되기 전에 총 150만 파운드까지이다.[12] 특히 전자의 연간 기여금 한도는 이전의 연간 한도 금액이었던 25만 5,000파운드에 비해 훨씬 줄어들었다. 이러한 한도액 변경 이유는 무엇보다도 세수(稅收)를 원활히 조달하고자 하기 위함이었고, 다른 한편으로 이 개혁안은 소득세율에 대한 과세소득의 반응 정도를 제한하기 위한 시도였다. 그러한 개혁은 50%에 달하는 최고 소득세율의 도입에 따른 부수적인 조치였다.[13]

이러한 종류의 제한이 과연 바람직한가? 대개 일반적인 제한을 지지하는 데에는 세 가지 원칙론이 있다. 첫째, 조세 중립적인 환경에서 저축될 수 있는 금액에 대한 제한은 다음 경우에 바람직할 수 있다. 즉 만약 우리가 유산과 다른 재산의 이전에 대해 조세를 부과하려 하지만 법적으로 그렇게 할 수 없다면 연금저축액에 대한 제

---

12) 이에 대해서는 http://www.hm-treasury.gov.uk/consult_pensionsrelief.htm 참조.
13) 이러한 변화는 이전 정부의 제안을 전면 개정한 것이다. 이전 정부는 50%의 소득세율을 납부하는 사람들에 대해 조세감면율 적용을 축소하려 하였다. 조세감면율 축소는 복잡하고, 또한 합리적 조세부과와 거의 부합되지 않는다.

한은 바람직할 수 있다. 다음으로, 조세 중립적인 연금 축적액에 대한 제한(이 제한은 '생애저축'을 위해 법적으로 충분히 고려할 만하다. —역주)은 비록 차선책이지만 하나의 대응책이 될 수 있다. 물론 이러한 논의는 다른 유형의 저축보다 연금의 경우 그 중요성이 훨씬 더 적다. 두 번째 논의는 조세를 징수할 수 있을지(즉 조세의 징수 가능성)에 대한 염려와 관련되어 있다. 조세당국은 투자자들이 무제한적인 금액을 EET에 적립하고, 다른 나라에 거주함으로써 내국세를 회피하려 할지 모른다는 우려를 충분히 할 수 있다. 물론 이러한 관행은 부가가치세(VAT)를 포함한 지출세들로부터 나타나는 일반적인 문제이다. 셋째, 제13장에서 살펴보았듯이, 우리는 조세 중립적인 과세를 지지하는 일반적 논의에 대해 몇 가지 측면에서 반대 주장을 펼쳤다. 그러한 논의들에 대한 한 가지 타당한 대응책은 조세 중립적 저축 수단들의 이용에 대해 약간의 제한을 가하는 것이다. 그러나 모든 이러한 논의들은 연간 기여액에 대한 제한의 경우보다 저축될 수 있는 총금액에 대한 제한의 경우에 더 자연스럽게 적용될 수 있다.

저축과세를 좀 더 근본적으로 개혁하려 한다면 조세 중립적인 연금저축 수단들에 대한 제한과 다른 저축 수단들에 대한 제한이 적절히 연계되는 것이 중요하다. 만약 사람들이 RRA(또는 현금저축의 경우 TEE)를 무제한적으로 이용할 수 있다면 연금저축에만 적용되는 제한은 이러한 제한으로 영향을 받는 사람들에 의해 다른 형태의 저축 수단들에 더 많이 저축하게 만들 것이다.

그러나 이러한 제한 속에서도 연금에 대한 조세제도는 NIC 납부와 비과세 정액지급금의 측면에서 순수 소비세보다 더 관대하다. 이제 NIC 납부와 비과세 정액지급금에 대해 차례대로 살펴보기로 한다.

(2) NIC 보험료 납부 주체 : 고용주 부과(TEE) 대 종업원 부과(EEE)

이제까지 강조해 왔듯이 저축과세를 올바르게 하려면 저축과세와 밀접한 관계를 맺고 있는 소득세 부과를 올바르게 해야 할 뿐만 아니라, 국민보험기여금(NIC) 납부도 올바르게 해야 한다. 현재 영국의 경우 사적연금에 납부하는 종업원 기여금에 대해 NIC가 부과되지만, 연금 탈퇴 시에는 NIC가 부과되지 않는다. 이러한 관행을 'TEE 제도'라 부른다. 그러나 고용주 기여금의 경우에는 상황이 아주 다르다. 고용주 기여금의 경우 NIC가 전혀 부과되지 않는다. 즉 고용주 기여금에 대해서는 고용주 NIC뿐만 아니라 종업원 NIC도 부과되지 않는다. 또한 연금 지급 시에도 NIC가 전혀 부과되지 않는다. 이러한 관행을 'EEE 제도'라 부른다.

이와 같이 NIC 부과에 있어서 고용주와 종업원 기여금 간의 이러한 차이는 형식적으로 기여금이 고용주들로부터 납부되도록 하려는 커다란 유인을 발생시킨다. 영국의 2010~2011년 주 NIC율(main rates of NIC) 체계에 따르면 고용주들에 대해서는 12.8%가 부과되고, 종업원들에 대해서는 11%가 부과되었다. 예를 들어, 이러한 NIC율 체계하에서 100파운드짜리의 연금의 경우 고용주가 기여금을 납부한다면 고용주는 100파운드를 부담하지만, 종업원이 기여금을 납부한다면 종업원은 약 127파운드를 부담해야 한다.[14] 따라서 사람들은 형식적으로 기여금이 고용주들로부터 납부되도록 하려고 할 것이다. 이러한 사실은 고용주가 부담하는 연금 기여금이 조세 면에서 가장 혜택을 많이 받는 저축 형태'라는 것을 설명하는 데 유용하다(이러한 결과는 앞의 〈표 14.2〉와 〈표 14.3〉에서도 보여 준 바 있다). 또한 이러한 사실은 영국 국세청(HMRC)이 왜 종업원 기여금에 비해 고용주 기여금을 2.5배 더 크게 기록하는지를 설명해 주는 데에도 유용하다.[15] 일부 학자들은 직장 연금을 통해 저축을 장려하는 것이 개인 저축을 증가시키는 매우 효과적인 방법이라고 주장한다. 그러나 이 방법이 현재 조세법상 그러한 순저축유인을 보장하는지는 분명하지 않다.

그러면 우리는 소득세뿐만 아니라 NIC 측면까지 고려한 연금의 '완전 EET 방식'으로 옮겨 갈 수 있는가? 이를 위해 고용주 기여금뿐만 아니라 종업원 기여금에 대해서도 고용주 NIC와 종업원 NIC을 면제해야 한다. 이 경우에 지급되는 연금에 대해서는 추가적인 조세(즉 NIC)를 부과해야 한다. 만약 이것이 영국의 2010~2011년 당시 주 NIC율을 완전하게 반영한다면 지급되는 연금에 대해 약 21.1%의 추가적인 조세가 부과되어야 한다.[16]

그러나 만약 우리가 완전한 EET 방식으로 전환하기를 원한다면 현재 지급되는 연금에 대해 완전한 NIC율을 부과하는 것은 적절하지 못할 것이다. 왜냐하면 만약 그렇게 한다면 그것은 '이중과세(double taxation)'가 되기 때문이다. 즉 NIC가 이미 납부된 종업원 기여금에 대해 부과되기 때문이다. 이는 지금까지 저축해 온 사람들의 정당한 기대를 훼손시킬 것이다.

---

14) 즉 (100파운드×{1.128/(1−0.11)})＝126.74파운드.

15) 이에 대해서는 HMRC 통계의 Table 7.9 참조(http://www.hmrc.gov.uk/stats/pensions/table7-9.pdf).

16) 종업원 NIC율과 고용주 NIC율은 덧셈 방식이 아니라 곱셈 방식에 의해 계산됨을 유의하라. 즉 종업원 NIC는 고용주 NIC를 제외한 총소득에 대해 부과된다. 이러한 차이는 제5장 5.3.2절에서 이미 논의되었다.

완전한 EET 방식으로 전환하는 경우 우리가 해야 하는 일은 무엇인가? 우선 지금부터라도 종업원 기여금에 대해 조세감면을 허용해 주고, 다음으로 장기간에 걸쳐서 점차적으로 퇴직 시에 추가적인 지급을 해 주는 것이다. 이를 실행하는 한 가지 효과적인 방법은 출생일을 이용하는 것이다. 다시 말하면, 예를 들어 2015년 이전에 65세에 도달하는 사람들은 EET에 영향을 받지 않을 것이다(즉 2015년 현재의 경우 고용주 기여금에 대해서는 조세감면을 해 주기 때문이다. – 역주). 다음 해부터는 퇴직 시 발생하는 민간 연금 소득에 대해 NIC를 부과한다. 예를 들면, 2016년에 65세에 도달하는 사람들에 대해서는 0.5%의 NIC율이 부과되고, 2017년에 65세에 도달하는 사람들에 대해서는 1%의 NIC율이, 2018년에 65세에 도달하는 사람들에 대해서는 1.5%의 NIC율이 적용된다. 이와 같은 과정을 최종 목표율에 도달할 때까지 계속한다. 2045년에 도달하면 NIC율은 15%가 되고, 2055년에 이르면 NIC율은 20%가 된다. 20%의 NIC율에 도달하는 데 40년이 걸린다. 목표 NIC율에 더 빠르게 도달할 수 있다. 그러나 40년 미만에 걸쳐서 21.1%의 NIC율에 도달하면 이중과세의 위험이 있다(이때의 이중과세 규모는 비교적 작을 것이다). 원론적으로는 고용주 기여금에 대해 NIC를 면제(본문에서는 이를 '역사적 면제'라고 표현하고 있음. – 역주)하고 있고 있음을 감안할 때 이러한 개혁안을 더 빠르게 도입하는 것이 합리적이라고 생각할 수 있다. 그러나 자신의 기여금에 의존해야만 하는 사람들은 불가피하게 손해를 입게 될 것이다. 그리고 '소급적인(retrospective)' 조세 부과에 대해 염려의 목소리가 분명 있을 것이다.

EET 방식하에서의 NIC율

연도	NIC율	연도	NIC율
2015년(시작 연도)	0	…	…
2016년	0.5%	2045년	15%
2017년	1%	…	…
2018년	1.5%	2055년	20%
2019년	2%	…	…

주 : 역자가 만든 표임.

이러한 제안(개혁안)에 대해 다음 두 가지 점을 지적할 필요가 있다. 첫째, 종업원 기여금이 TEE 방식에서 EET 방식으로 전환되기 때문에 이 경우에 정부 자금이 소요

된다. 그러나 고용주 기여금에 대해 EEE 방식을 폐지함으로써 장기적으로는 자금을 조달할 수 있다. 둘째, 이와 같은 종류의 개혁은 확실히 미래의 조세들에 대해 불확실성을 야기하며, 또한 저축과세를 정치적으로 위험에 빠뜨릴 수 있다. 만약 어느 한 정부가 장기적으로 연금 소득에 대해 점차 세율을 증가시키는 하나의 경로를 설정한다면 다음 정부들은 분명히 이로부터 이탈해서 더 빠르게 세율을 증가시키거나 기존 경로를 아무렇게나 고치려는 유혹에 빠질 것이다. 그러나 이러한 상황에서 미래 정부들의 손을 묶어서 그들이 그러한 유혹에 굴복하지 않게 할 수 있는 확실한 방법은 없다.

소득세뿐만 아니라 NIC를 올바르게 하기 위해 연금에 대해 완전 EET 방식으로 과세하는 방법(즉 소득세뿐만 아니라 NIC를 올바르게 하기 위해 완전 EET 방식으로 연금에 대해 과세하는 방식, 또는 연금 과세를 완전 EET 방식으로 전환하는 방안을 말함.―역주)이 여전히 가장 적절한 방법인 것 같다. 이는 제5장에서의 제안들과 일맥상통한다. 제5장에서 우리는 소득세와 국민보험기여금(NIC)의 통합으로 전환할 것을 제안한 바 있다. 연금에 대해 완전 EET 방식으로 과세하는 방안은 다음 세 가지 장점을 가지고 있다. 완전 EET 과세 방식은 첫째, 지속 가능하고 투명한 세율 체계를 가져다주며, 둘째, 확정급부형 제도의 경우에 고용주 기여금에 대한 평가를 요구하지 않으며, 마지막으로 초과수익에 대해 조세가 부과되도록 하는 장점을 가지고 있다. 그러나 만약 완전 EET 과세 방식으로의 전환이 큰 고통을 수반한다면, 한 가지 불완전한 대안(즉 불완전 EET 방식)을 고려할 수 있다. 이러한 대안은 단기 비용에 대해 염려하는 정부들에게 더욱 매력적일 것이다. '불완전한 대안'이란 종업원 연금 기여금에 대해서는 현재의 TEE 제도를 그대로 유지하고, 고용주 연금 기여금에 대해서도 TEE 제도로 전환하는 것을 말한다. 고용주 NIC는 이미 사실상 일률(一律, flat rate)이고, 또한 고용주가 납부하는 기여금에 대해서도 쉽게 일률을 부과할 수 있다. 고용주의 관점에서 보면 연금 기여금은 종업원들에게 지급되는 일종의 보수(급료)와도 같을 것이다. 그러나 이러한 대안은 실시하기 더 어렵다는 단점을 가지고 있다. 왜냐하면 고용주 연금 기여금에 대해 종업원 NIC를 부과하는 것이 어렵기 때문이다. 또한 종업원 NIC의 비일률적인(non-flat rate) 구조 때문에 고용주 기여금은 개인들에게 배분되어야만 한다. 이러한 관행은 확정기여형 제도에서는 가능하지만 확정급부형 제도의 경우에는 불가능하다.

(3) 비과세되는 정액지급금

현재의 제도하에서 연금의 일부분은 '비과세 정액지급금(tax-free lump sum)'으로 받을 수 있다. 예를 들면, 확정기여형 제도의 경우 축적된 연금액의 1/4을 비과세 정액지급금으로 받을 수 있다(또한 확정급부형 제도의 경우에도 이와 비슷한 규칙이 있다). 정액지급금으로 받는 부분(금액)에 대해서는 사실상 EEE 소득세가 적용되며, 그 결과 모든 시점에서 세부담이 완전히 면제된다.

이러한 '보너스'는 보통 연금이 매우 비신축적인 형태(왜냐하면 연금은 가입 후 특정 연령을 지난 후에만 받을 수 있기 때문이다.)의 저축이라는 사실에 대한 하나의 보상으로서 정당화되곤 한다. 공공정책의 이유로 사람들이 그들의 자금을 장기간 연금에 가두어 두어야만 한다면 그들에게 그렇게 해야 하는 충분한 이유를 제시해야만 할 것이다. 지금까지 우리가 제안한 다른 개혁안들이 실시된다면 이러한 종류의 보너스는 더욱 큰 지지를 받을 것이다. 왜냐하면 그러한 개혁안들은 조세 중립적인 환경에서 더 많은 저축 기회를 제공해 주기 때문이다. 그러나 비과세 정액지급금을 통해 연금을 회수하도록 장려하는 것이 사람들에게 연금 축적을 권장하는 하나의 방법이 될 수는 있지만(왜냐하면 연금의 주요 목적들 중의 하나는 사람들에게 연간 정규소득을 제공해 주고, 가계 자산소득 조사에 의한 각종 편익에서 벗어나도록 하는 데 있기 때문이다.) 이는 잘못된 방법인 것 같다. 또한 현재의 제도는 기초세율 적용 납세자들보다 고세율 적용 납세자들에게 훨씬 더 큰 보너스를 제공해 준다. 마지막으로, 축적된 연금 금액의 1/4을 비과세로 받을 수 있는 현재의 제도는 가장 큰 연금액을 가진 사람들에게 더욱 유리할 것이다.

이러한 왜곡적인 효과(perverse effect)를 가지지 않은 연금 저축을 장려하는 데에는 많은 다른 방법들이 있다. 한 가지 손쉬운 방법은 단순히 지급되는 연금에 부과하는 세율을 1/4만큼 낮추면 되는 것이다. 물론 이 방법은 편익 회수율의 감소와 함께 이루어져야 한다. 그러나 이 방법은 정액지급금보다 덜 강력하며, 그 결과 사람들의 행동에 영향을 미치는 데 덜 효과적이다. 이보다 좀 더 강력한 방법은 정부가 연금지급 시에 연금 기금을 보충하는(top-up) 방법이다. 이 방법은 효과 면에서 정액지급금과 유사하다. 예를 들면, 어떤 기본세율 적용 납세자에 대해 정부가 5%(=25%의 20%) 보충하는 경우 이는 효과 면에서 비과세 정액지급금과 거의 동일할 것이다.

14.3 조세체계 전체에 대한 고려와 조세 평준화 기회

이제까지 우리는 (1) 현금예금으로부터 발생하는 이자소득에 대한 과세를 폐지하고 (즉 현금예금으로부터 발생하는 이자소득에 대해서는 TEE를 적용하고), (2) 주식 및 유사 위험자산들의 직접 보유에 대해서는 수익률 공제(RRA) 제도를 도입할 것을 제안해 왔다.[17] 또한 우리는 (3) 연금에 대해서는 EET(소비세) 제도를 유지 및 개선할 것을 권고해 왔다. 이러한 제안(개혁안)들은 저축 중립적인 조세체계를 달성하기 위한 중요한 조치들이며, 또한 영국의 저축세 체계를 크게 개선시킬 것이다.

자산 유형	개혁안	결과 및 효과
현금예금으로부터의 이자소득	TEE	– 저축 중립적인 조세체계 달성
주식	수익률 공제(RRA)	– 저축세 체계 크게 개선
연금	EET(소비세)	

주 : 역자가 만든 표임.

이러한 제안들이 가진 하나의 특징은 현금 및 주식에 대한 TEE 및 RRA 제도와 연금에 대한 EET 제도의 결합을 통해 일부 사람들에게 제13장에서 서술한 조세 평준화의 기회를 허용한다는 점이다. 다시 말하면, 일부 사람들은 미래의 기대 소비와 기대 소득의 경로에 따라 어느 제도를 사용할지를 선택할 수 있다. 예를 들면, 근로활동 기간보다 퇴직 시 더 낮은 세율을 적용받는 사람들은 '연금'을 선택할 것이다. 반면에 근로활동 기간보다 퇴직 시 더 높은 세율을 적용받는 사람들은 TEE와 RRA 제도를 통해 '저축'하는 것이 더 이로울 것이다. 이와 같이 일부 사람들은 TEE/RRA 제도와 EET 제도의 결합을 통해 조세를 평준화할 수 있는 기회를 가지게 된다.

그러나 평준화 기회는 근로활동 기간 동안 가변소득(variable income)을 가지는 사람들에게는 주어지지 않을 것이다. 이론적으로 볼 때, 올해 5만 파운드를 벌고 내년에 2만 파운드를 버는 사람은 매년 3만 5,000파운드를 버는 어떤 사람과 같은 세금을 지불해야만 한다. 그러나 TEE 제도나 TtE 제도하에서 전자의 사람들(즉 가변소득을 가진 사람들)은 더 많은 세금을 지불하게 된다. 반면에 만약 가변소득을 가진 사람들

---

17) 제16장에서 우리는 RRA 제도가 주택에 어떻게 적용될 수 있는지에 대해 간단히 설명할 것이다. 또한 제19장에서 우리는 개인과세와 기업과세의 연계가 얼마나 중요한지를 설명할 것이다.

이 EET 방식의 저축예금을 이용할 수 있으며, 그 결과 첫해에 같은 예금에 1만 5,000 파운드를 넣은 후 둘째 해에 그 금액을 인출한다면, 그들은 매년 일정한 소득을 가진 사람들과 같은 세금을 지불하게 될 것이다.

만약 우리가 이러한 제도를 도입하기를 원한다면(우리는 이미 제13장에서 사람들에게 '완전한 평준화' 기회 허용에 관한 찬반양론을 설명한 바 있다.) 다음 두 가지 경로를 따를 수 있다. 첫 번째 경로는 별도의 'EET 저축제도'를 도입하는 것이다. 이 제도는 납세자들에게 어떤 저축 계정에 일정 금액을 올해 예치하도록 허용하고(이때에는 조세가 감면), 나중에 그 금액을 인출할 수 있으며, 미래에 인출 시 조세를 부과하는 것을 말한다. 두 번째 경로는 현재의 연금 수단들에 대해 더 신축적인 접근을 허용하는 것이다. 예를 들면, 어떤 납세자가 어떤 연령에 있든지 현재의 연금저축들에 대해 자유로운 접근을 허용하는 것이다. 원칙적으로 이러한 접근은 납세자들이 최소한의 연금저축액을 가지는 경우에만 허용된다(이때 연금저축의 최소 금액은 나이에 따라 다르다). 이러한 조건은 '정책 목표'와 '추가적 신축성이 가지는 유용성'을 서로 조화시키는 데 필요하다. 여기서 정책 목표란 가능한 한 많은 사람들이 퇴직 시 충분한 소득(즉 최소한 가계 자산소득 조사에 의해 제공되는 각종 편익들로부터 벗어나는 데 필요한 소득을 의미함)을 가지도록 보장하는 것을 말한다.

이러한 두 경로는 무엇보다도 완전하게 실행할 수 있어야 한다. 또한 이러한 경로는 생애소득 과세 방향으로 더 가까이 다가가려 한다는 측면에서 매력적이기도 하다. 이러한 경로가 가지는 장점은 다음 세 가지 요소(정도)에 달려 있다. 첫째, 사람들이 연금저축에 대한 차별적인 조세부과를 지지하는 정도에 달려 있다(즉 사람들은 연금저축에 대한 차별적인 조세부과를 얼마나 지지하는가?). 둘째, 사람들이 형평성을 염려하는 정도에 달려 있다(즉 사람들은 형평성을 얼마나 염려하는가?). 소수의 부유하고 잘 교육받은 사람들만이 이러한 기회들을 이용할 수 있기 때문에 형평성 문제가 발생한다. 셋째, EET 저축에 대한 추가적 신축성이 세수의 영구적 손실(아마 해외로의 이동을 통해)을 초래하는 정도에 달려 있다(즉 EET 저축에 대한 추가적 신축성이 영구적으로 어느 정도의 세수손실을 가져오는가?).

마지막으로, 사람들에게 완전한 평준화를 허용하기 위하여 우리는 부채에 대한 조세부과 문제도 고려해야만 한다. 사람들은 이제까지 설명한 주요 저축과세 제도들의 결합을 통해 완전한 평준화를 이룰 수 있다. 영국의 경우 현재 부채에 대해서는 TEE 방식의 소득세가 부과된다. 즉 차입이나 차입금 상환은 조세 납부에 어떠한 영향을 미치지 않는다. 이러한 관행은 확실히 간편하다는 장점을 가지고 있다. 반면에 EET 제도는 모든 현금 유입에 대해 조세를 부과하지만, 모든 현금 유출에 대해서는 세금을 공제한다. 그 결과, 돈을 차입한 연도의 경우 당해 차입금은 과세소득에 가산되지만, 이자 지급 및 상환 시 원금지급은 과세소득에서 공제된다. 따라서 EET제도하에서는 조세 평준화가 허용된다. 예를 들면, 만약 내가 소득 수준이 낮을 때 차입한다면 내 차입에 대해 낮은 세율로 조세가 부과되거나, 아마 세금이 전혀 부과되지 않을 것이다. 반면에 내가 소득 수준이 높을 때 차입금을 상환한다면 이때에는 소득세로부터 공제된다. 이 경우 후자가 나에게 더 유리할 것이다. 앞에서 든 예로 되돌아가 보기로 하자. 즉 어떤 납세자가 자신의 소득이 5만 파운드에서 2만 파운드로 감소하는 경우(즉 이 납세자의 소득이 첫해에는 5만 파운드였으나, 둘째 해에는 2만 파운드임을 말한다. ─역주), 이를 완화하기 위하여 저축하는 대신에 자신의 소비를 평준화하기 위하여(이때의 소비 평준화는 자신의 소득이 2만 파운드에서 5만 파운드로 증가할 때의 소비 수준에서 평준화하는 것을 의미한다.) 차입한다고 가정해 보자. 먼저, TEE 제도하에서는 평준화가 발생하지 않으며, 이때 차입자는 매년 3만 5,000파운드의 소득을 버는 사람보다 더 많은 세금을 지불하게 된다. 그러나 EET 제도하에서는 평준화가 발생한다. 만약 이 납세자가 1만 5,000파운드를 차입하는 경우 당해 차입금은 첫해에 과세소득에 가산되지만, 둘째 해에 이를 상환하는 경우에는 과세소득으로부터 공제된다. 따라서 EET 제도하에서 차입자는 매년 3만 5,000파운드를 버는 사람과 똑같은 세금을 지불하게 된다.

만약 우리의 목표가 (EET 제도에서처럼) 조세를 평준화하는 것이라면 다음 방향으로 나아가야 한다. 즉 저축에 대해서는 EET 과세 방식을 더 폭넓게 허용해야 할 뿐만 아니라 '차입'에 대해서도 이러한 종류의 EET 방식을 허용해야 한다. 그러나 차입과세(borrowing taxation)의 이러한 변화는 다음 세 가지 단점을 가지고 있다. 첫째, 그러한 변화는 제도에 대한 상대적 복잡성이나 생소함을 가져다줄 수 있다. 둘째, 그러한 변화는 저축 수단의 자유로운 선택을 방해할 수 있다. 셋째, 가계 자산소득 조사가 있는 경우 완전한 평준화는 결코 실시할 수 없을 것이다. 따라서 이러한 단점들 때문에 완전한 평준화를 달성하려는 목표는 실행되지 못할 수도 있다. 그러나 완전한 평준화는 장기적인 조세 개혁의 목표는 될 수 있다.

14.4   결론

이제까지의 논의를 통해서 볼 때 영국의 저축과세는 왜곡되어 있고, 불공평하고, 복잡하다는 것을 알 수 있다.

최근 영국의 여러 개혁들은 뚜렷한 전략이나 방향에 의해 이루어지지 않아 왔다. 그 결과로, 각종 자산들에 대해 조세가 부과되는 방법들 간에 커다란 차이가 존재한다. 우선, 통상적인(보통) 이자 발생 예금들에 대해서 다소 가혹하게 조세가 부과되고 있다. 둘째, 이상하게도 주식에 비해 현금의 경우에 TEE 조세부과가 더 제한적으로 적용되고 있다. 셋째, 자본이득에 대한 과세는 계속 논쟁 중에 있으며, 무엇보다도 수익을 소득이 아니라 자본이득으로서 취하려는 커다란 유인을 제공하고 있다. 넷째, 연금과세는 아직도 불확실성에 포위되어 있다. 왜냐하면 정부가 연금과세 체계의 완전무결성을 유지하기보다는 세수에 대해 더 걱정하고 있기 때문이다. 마지막으로, 고용주 연금 기여금에 대한 과세의 경우 연금저축에 대해 상당한 조세보조금을 지급하고 있다.

이제 이러한 상황에서 통일성을 갖춘 개혁안들이 마련되어야 한다. 이를 달성하기 위해 저축 전체를 고려하면서 훨씬 더 중립적인 조세체계로 전환해야 한다. 즉 새로운 개혁안들이 현재 소비와 미래 소비 간의 중립성을 증대시키는 방향으로 나아가야 한다. 또한 개혁안들은 상이한 자산 유형들 간의 왜곡들을 제한하는 조세체계로 나아가야 한다. 이러한 목표를 달성하는 일은 결코 간단하지 않으며, 또한 이를 위해 모든 자산들을 똑같이 취급해서는 안 될 것이다.

조세회피의 기회들을 줄이기 위하여 근로소득에 대한 세율과 (정상수익률을 초과하는) 투자소득에 대한 세율을 일치시키는 것이 중요하다. 이것은 수많은 복잡성과 조세회피의 기회들을 제거해 줄 것이다. 이를 위해 근로소득에 대해 국민보험기여금(NIC)이 부과되는 것과 마찬가지로 저축으로부터 발생하는 수익에 대해서도 국민보험기여금(NIC)이 부과되어야 한다. 앞에서 우리는 연금에 대해 이것이 어떻게 이루어지는가를 자세히 살펴본 바 있다.

저축으로부터 발생하는 수익은 소득의 형태를 띨 수도 있고, 자본이득의 형태를 띨 수도 있다. 따라서 소득의 형태를 띤 저축수익에 대한 세금부과와 자본이득의 형태를 띤 저축수익에 대한 세금부과를 일치시키는 것이 또한 중요하다. 이것은 소득세

(TTE) 제도하에서는 달성하기 어렵다. 왜냐하면 자본이득세의 동결효과로부터 얻어지는 자연적 혜택이 있기 때문이다. 게다가 현재의 조세체계는 다음과 같은 여러 특징들을 가지고 있다. 현재의 조세체계는 (i) 자본이득을 인플레이션에 연동시키지 못하고 있고, (ii) 자본이득에 대해 추가적으로 커다란 비과세 공제를 허용해 주고 있고, (iii) 표준적인 소득세율 이하의 세율로 자본이득세를 부과하고 있고, (iv) 자신의 사업체를 가지고 있는 사람들에 대해 매우 관대한 조세감면(이를 '기업가 감면(entrepreneur's relief)'이라 함) 혜택을 베풀어 주고 있고, 마지막으로 (v) 사망 시 자본이득세를 완전히 감면해 주고 있다.

이제까지 우리는 보통 은행예금과 주택조합예금에 대해서는 간편한 TEE 과세체계를 적용하고, 연금에 대해서는 개정된 EET 제도를 적용하고, 주식과 기타 위험자산들의 보유에 대해서는 수익률 공제(RRA) 제도를 도입할 것을 제안하였다. 다시 말하면, 우리가 바라는 **중립적 조세체계**를 달성하기 위하여 (1) TEE 과세체계와 개정된 EET 제도를 결합하고, (2) 수익률 공제(RRA) 제도를 도입하는 방법을 제안하였다.

이러한 개혁안들은 영국 저축과세 체계를 더욱 합리적으로 운영하는 데 크게 기여할 것이다. 주식에 대해 적용되는 RRA 제도는 정상수익을 초과하는 수익들에 대해서만 조세가 부과되도록 한다. 그러한 초과수익들은 근로소득에 적용되는 총세율로 과세될 수 있다. 여기서 '총세율'이란 소득세율과 NIC율을 합친 것을 말한다. 그러나 사람들이 RRA 제도를 따르는 데 순응 부담이 발생한다. 그러한 순응 부담을 완화하기 위하여 우리는 비교적 소규모 주식을 보유한 대다수의 사람들을 위하여 주식 ISA(개인저축예금) 제도는 그대로 유지할 것을 제안한다. 그러나 RRA 제도를 이용하지 않는 사람들은 자동적으로 총수익에 대해 조세가 부과된다.

일반적인 은행예금과 주택조합예금에 대해서는 간편한 TEE 제도를 적용한다. 즉 소득에 대해 조세가 부과된 후 남은 금액(이를 '가처분 소득'이라 한다. ─역주)을 가지고 저축하며, 그 후에는 더 이상 조세가 부과되지 않는다. TEE 제도는 초과수익이 발생되지 않는 자산들에 대해 적합하다. 그러나 실제로 금융서비스에 대해 조세를 부과할 수 없기 때문에 그러한 자산들에 대해 EET 제도나 RRA 제도를 적용하는 것은 **부적합하다**.

연금에 대해 소비세(EET)를 부과하는 현재의 제도는 그대로 유지되어야 한다. 그러나 현재 지나치게 관대하고 왜곡적인 고용주 연금 기여금 제도의 폐지가 함께 이루어져야 한다. 또한 비과세 정액지급금은 연금저축에 대해 추가적인 유인을 제공하는 다소 이상한 방법이다. 따라서 비과세 정액지급금 제도를 연금에 대해 부과되는 세율의 감소나 정부가 연금 지급 시 연금기금을 보충하는 제도로 교체하여야 한다는 주장이 강하게 대두되고 있다.

이제까지 고려한 개혁안들의 '결합'은 대부분의 납세자들에게 저축 중립적인 조세체계를 가져다줄 것이다. 그러나 그러한 개혁안들은 다음과 같이 일부 사람들에 대해 조세부담을 '증가'시킬 것이다. 즉 (i) 관대한 자본이득세 부과로부터 이익을 보는 사람들, (ii) 고용주 연금 기여금으로부터 이익을 얻는 사람들, 마지막으로 (iii) 유망 주식을 고르는 데 매우 운이 좋거나 노련한 사람들 등의 경우에는 조세부담이 증가될 것이다. 반면에 그러한 개혁안들이 또 다른 사람들에 대해서는 조세부담을 오히려 '감소'시킬 것이다. 즉 (i) 주로 현금저축에 의존하는 사람들과 (ii) ISA 밖에서 대규모 주식이나 기타 위험자산들을 보유하고 있는 사람들 등의 경우에는 조세부담이 도리어 감소될 것이다.

우리는 조세체계가 허용하는 '조세 평준화'의 기회와 그 정도에 대해서 살펴보았고, 또한 가계 자산소득 조사에 의한 각종 편익들이 저축유인에 미치는 영향에 대해서도 살펴보았다. 소득 증가와 함께 세율도 증가하는 조세체계(즉 소득이 증가함에 따라 세율이 증가하는 조세체계를 말함. 이를 '누진적인 조세체계'라 함−역주)하에서 EET 제도와 RRA 제도는 소득 수령의 패턴에 따라 조세납부에 다른 영향을 미친다. 연금세 체계와 같은 EET 제도는 소득(또는 세율)이 낮을 때 소비하는 사람들보다 소득(또는 세율)이 높을 때 저축하는 사람들을 더 편애한다. 반면에 RRA(또는 TEE) 제도는 이와 정반대이다. 이러한 두 제도는 차입에 대한 지출세 부과 제도와 함께 사람들에게 '완전한 조세 평준화'의 기회를 제공해 준다. 즉 가변 소득을 가진 사람들은 생애에 걸쳐서 자신들의 조세를 평준화하려고 할 것이다. 따라서 완전한 조세 평준화는 생애소득을 기준으로 조세를 부과하도록 하는 기능을 한다.

이제까지 우리는 (i) 어떤 자산들의 경우에는 TEE 제도와 RRA 제도를 결합적으로 적용하고, (ii) 연금의 경우에는 EET 제도를 도입할 것을 제안하였다. 이러한 제안(개혁안)들은 사람들로 하여금 자신의 생애를 기초로 저축 및 소비 결정을 내리도록 하는 유인을 제공해 줄 것이다. 그러나 그러한 제안들은 (i) 퇴직 이전의 '저축'에 대해 EET 제도가 적용되는 경우에 이로부터 이익을 얻게 되는 사람들과 (ii) 조세 평준화를 달성하기 위하여 '차입'을 하는 경우에 차입에 대해 EET 제도가 적용되기를 바라는 사람들에게는 아무런 도움이 되지 못한다. 사람들에게 자신의 생애에 기초하여 저축 결정을 내리도록 도와주는 개혁안은 단기적으로는 그다지 중요하지 않을 수도 있다. 그러나 그러한 개혁안은 미래 개혁을 위한 하나의 비교 기준으로서 고려해 볼 만한 충분한 가치가 있다.

　그러나 저축 결정은 가계 자산소득 조사에 의해 제공되는 편익체계와 '상호작용'을 한다. 즉 저축유인이 편익 급부금에 의해 영향을 받는다. 이러한 상호작용은 다음과 같이 해결하기 어려운 문제들을 야기한다. 만약 적립된 저축액 때문에 편익 급부금이 감소된다면 사람들은 저축을 줄이려 할 것이다. 또한 저축을 하는 대부분의 사람들은 그들이 기여금을 납부하는 동안 편익 급부금을 받지 못한다. 그래서 사람들은 편익 급부금을 받을 목적으로 저축을 하지 않으려 할 것이다. 이 경우 우리가 추구하는 저축과세의 '중립성' 목표를 달성하지 못하게 된다. 이러한 상호작용의 결과로 비교적 낮은 생애소득을 가진 저축자들은 높은 유효세율에 직면할 수 있다. 따라서 저축과 가계 자산소득 조사에 의한 편익들 간의 이러한 상호작용으로 인해 발생하는 문제점들을 개선할 필요가 있다. 여기에는 여러 방법들이 있지만, 우리가 아는 한 어느 방법도 가계 자산소득 조사에 대해 저축 중립적인 체계를 가져다주지는 못하는 것 같다.

부의 이전에 대한 과세 : 상속·증여세

부에 대한 과세는 상당히 민감하고 자극적인 주제이다. 일부 학자들은 부에 대한 과세를, 소득 재분배에 영향을 주는 가장 직접적인 수단이며 기회의 평등을 달성하는 데 중요한 역할을 하는 것으로 본다. 반면, 다른 학자들은 부에 대한 과세를 정당성 없는 사유재산의 몰수로 간주한다. 이런 상반되는 두 관점을 감안할 때, 부에 대한 과세 형태가 국제적으로 서로 크게 다른 것은 당연한 일이다. 대부분의 OECD 국가들은 비슷한 정책목표를 가지고 소득, 지출, 기업의 이윤 등에 세금을 부과하고 있다. 하지만 나라별 부에 대한 과세 관행은 다양하다. 일부 국가들은 개인의 재산보유 자체를 대상으로 직접 과세를 하는 반면, 다른 국가들은 부의 이전에 대해서만 과세를 하고 있다. 또 다른 국가들은 부에 대해 전혀 과세를 하고 있지 않다.

본 장에서는 부의 이전에 대한 과세를 중점적으로 자세하게 다루고자 한다. 부의 저량, 즉 스톡(stock)에 과세하는 방안은 흥미로운 내용은 아니다. 조세회피와 재산보유 방식의 왜곡을 줄이기 위해서뿐만 아니라, 공정성을 감안해서라도 부의 이전세의 과세표준은 가능한 한 부의 총가치를 포괄적으로 잘 나타내야 한다. 하지만 개인물품이나 내구재를 비롯하여 — '인적 자원(human capital)'은 말할 것도 없고 — 미래 연금 수급권(future pension rights)에 이르기까지 많은 형태의 재산은 현실적으로 과세목적을 위해 평가하기 어렵거나 불가능하다. 실제로 프랑스, 그리스, 노르웨이, 스위스 등 일부 국가들이 현재의 부를 평가하여 과세하려는 시도가 계속되었지만, 기대만큼의 성과를 거두지 못하고 있다.

또한 부의 스톡에 대한 세금부과를 반대하는 설득력 있는 경제적 논거도 있다. 부유세는 상속받은 재산뿐만 아니라 자신이 벌어 놓은 개인 저축(스톡)에 대해서도 부과하는 세금이다. 축적된 저축에 대해 과세를 하는 것은 저축 수익에 대해 과세하는 것과 밀접한 관련이 있고 논란이 되는 쟁점들도 같다. 앞서 저축의 '정상' 수익에 대해서는 세금을 면제하고, '초과' 수익에 대해서만 과세를 하는 것이 바람직하다고 논의한 바 있다. 이러한 관점에서 축적된 저축(스톡)에 대해 과세를 하는 것은 이와 반대로 가는 것이다. 즉 저축에 과세를 하는 것은 저축의 '정상' 수익에 과세를 하고 '초과' 수익에 대해서는 과세를 하지 않는 것과 동일하다. 이것을 좀 더 자세히 살펴보기 위해, 한 개인이 100파운드를 저축하였으며 평균 수익률은 5%라고 가정해 보자. 정상수익에 20% 세율을 적용하여 과세하는 것은 부(스톡)에 1% 세율을 적용하여 과세하는 것과 동일하다. 즉 두 경우 모두 개인이 100파운드에서 실제로 벌은 이익과 상관없이 1파운드라는 동일한 세수입을 (5파운드의 20% 또는 100파운드의 1%) 발생시킨다. 하지만 이러한 조세정책은 개인의 저축을 위축시킬 뿐 아니라, 사람들이 저축에서 매우 높은 초과수익을 얻는 경우에는 과세를 더 이상 하지 않는 셈이 된다.[1] 이것은 바람직한 조세정책이라고 볼 수 없다.

하지만 부의 이전은 다르다. 평생 총저축(lifetime savings)에 대한 과세이론과 실무를 살펴볼 때 부의 이전은 명시적으로 제외하고 있다. 부의 이전세에 대한 찬반 주장은 평생의 총저축에 대한 과세 여부의 찬반 주장과 비슷하지만, 일부 상당히 다른 주장들도 있다. 중요한 점은 바람직한 부의 이전세는 평생 총저축에 대한 과세 제도를 보완하는 방향으로 고안되어야 한다는 것이다.

부의 이전은 크게 증여와 상속을 통해서 이루어지지만 일반적으로 상속이 더 보편화되어 있다. 피상속인(사망자)의 재산소유권은 상속세를 납부하여야 상속자에게 이전될 수 있기 때문에 상속세 과세는 상대적으로 관리하기 용이하다. 반면 생전 증여

---

1) 한 개인이 소득을 바로 지출하지 않고, 당해 연도에 저축을 하고 다음 연도에 납세의무를 가지는 경우(즉 저축은 당해 연도의 부의 스톡을 증가시키고 다음 연도에 증가한 부의 '정상' 이익에 대해 과세를 하는 경우)는 예외이다. 이러한 세금은 돈이 저축됨에서 기인하는 것이지, '초과' 수익을 버는 데서 기인하는 것이 아니기 때문이다. 한 개인이 얻은 '초과' 수익을 바로 지출한다면 '초과' 수익에 대한 세금은 부과되지 않는다.

의 경우는 증여자나 수증자가 증여 사실을 신고해야 하기 때문에 관리하기 어렵다. 또한 증여자가 재산을 직접 증여하지 않고도 그 재산이 다른 사람을 위해 효과적으로 소비됨으로써 사실상 증여의 효과를 나타낼 수 있는 다양한 방법들이 존재한다.

올바른 상속세에 대한 관점들은 극단적으로 양극화되어 있다. 상속세를 무조건 반대하는 사람들은 상속세를 피상속인(사망자)의 관점에서 바라본다. 상속세 반대론자들은 피상속인이 자신이 원하는 사람에게 자신의 자산을 조세부담 없이 상속할 수 있어야 한다고 주장한다. 상속재산이 이미 세금을 낸 소득이 축적되어 형성된 것이라면 상속세는 이중과세로 여겨질 수 있다. 상속세가 이중과세로 여겨진다면 피상속인은 다음과 같은 질문을 할 수 있다. '왜 나의 전 재산을 자식에게 물려주지 않고 내가 죽기 전에 다 소비하도록 조장되어야만 하는가?' 이런 관점을 반영하듯 미국에서는 상속세 폐지(no taxation without respiration)[2]를 주장하는 수많은 상속세 반대론자들이 생겨나고 있다.

반면, 상속세 찬성론자들은 종종 상속인의 관점에서 상속세를 바라보고, 상속인이 노력 없이 받은 상속에 대해 과세를 해야 한다고 주장한다. 이러한 주장은 사회 정의의 관점에서 기회의 평등을 강조하는, 전혀 다른 시각으로 상속세를 바라보고 있다. 게다가 거액의 상속은 삶에 대한 상속인의 노력을 줄일 수 있기 때문에 우리의 눈살을 찌푸리게 한다(자선가였던 앤드류 카네기는 "거액의 재산을 자식에게 세습한 부모는 일반적으로 자식의 재능과 에너지를 없애고, 자식이 덜 유용하고 덜 가치 있는 삶을 살도록 유도한다."라고 주장하였고, 그 이후 이와 같은 현상을 카네기 효과(Carnegie effect)라고 부르고 있다).

본 장에서는 부의 이전세에 대한 경제학적 원칙과 평등을 추구하는 부의 이전세 도입을 둘러싼 몇 가지 쟁점들을 면밀히 살펴보고자 한다. 그다음 상속세 제도가 효율적으로 운영되기 위해 고려해야 할 문제점들을 먼저 살펴보고 가능한 개선방안들에 대해서도 논의하고자 한다. 본격적인 논의에 앞서, 부의 이전세에 대한 통계 및 중요한 실증분석 증거를 살펴보자.

---

2) 스티브 포브스가 사용한 문구로 Gale & Slemrod(2001b)에 의해 인용되었다.

15.1   부의 재분배

영국에서는 부에 대한 과세의 정당성 논란이 진행될수록, 과세제도의 허점으로 인하여 잘 계획하면 회피할 기회가 많다는 지적과 함께 부에 대한 과세에 다소 소극적인 태도를 보이고 있다. 이러한 문제는 불공정을 유발하여, 원칙에 입각한 현행 상속세의 정당성 주장을 약화시킨다. 대부분의 나라에서는 부가 소득보다 훨씬 불공평하게 분배되어 있다. 〈그림 15.1〉은 영국 가계들 간의 부의 불평등 정도를 보여 주고 있다. 상위 10%는 평균적으로 400만 파운드의 부를 (모든 가계의 평균보다 무려 10배 이상 높은 금액) 보유하고 있다. 반면, 하위 10%는 평균적으로 순 채무자이다. 상위 10%는 하위 50%의 부의 총합계보다 거의 5배 이상 많은 부를 소유하고 있다. 또한 〈그림 15.1〉은 가계 대부분의 자산이 개인연금과 주택으로 구성되어 있음을 보여 준다. 이 두 자산이 가계 전체 부의 75% 이상을 차지한다.

가계들 사이에서 재산의 차이가 많이 나는 것은 그들의 삶의 시기가 각각 다르기

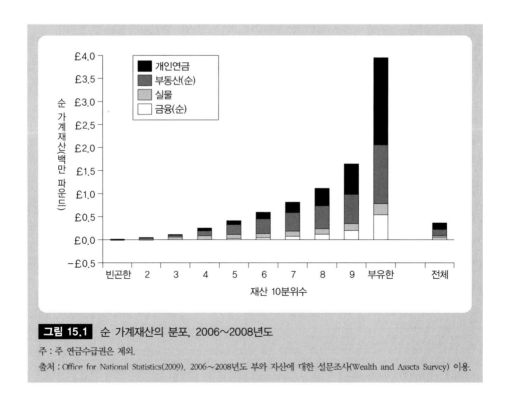

그림 15.1   순 가계재산의 분포, 2006~2008년도

주 : 주 연금수급권은 제외.

출처 : Office for National Statistics(2009), 2006~2008년도 부와 자산에 대한 설문조사(Wealth and Assets Survey) 이용.

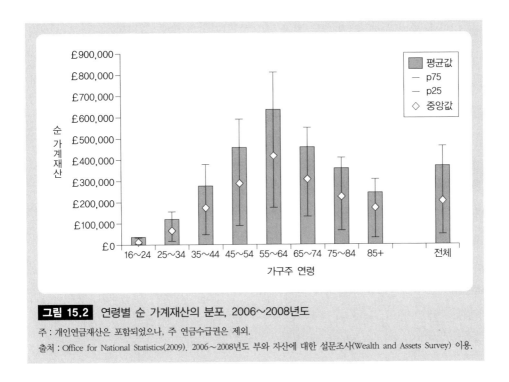

그림 15.2 연령별 순 가계재산의 분포, 2006~2008년도

주 : 개인연금재산은 포함되었으나, 주 연금수급권은 제외.
출처 : Office for National Statistics(2009). 2006~2008년도 부와 자산에 대한 설문조사(Wealth and Assets Survey) 이용.

때문이다. 제13장에서는 사람들이 노동시기에 받은 임금을 어떻게 저축하고, 그들이 은퇴했을 때 그들의 자산을 어떻게 사용하는지 살펴보았다. 그 결과 횡단면적인 측면에서 보면 상당한 부의 불평등이 존재하고 있음을 알 수 있었다. 부의 세습이 이루어지지 않거나 모든 사람이 같은 수입 궤도를 따라간다 할지라도 이런 사실은 변하지 않는다. 〈그림 15.2〉는 가계들의 부가 은퇴를 앞두고 정점에 이르고 있음을 보여준다.[3] 또한 〈그림 15.2〉는 같은 연령대 안에서조차 상당한 부의 불형평성이 있음을 보여 주고 있다. 예컨대 55~64세 연령대의 가계들 중 순 자산 상위 15%는 80만 파운드 이상의 순 자산을 보유하고 있고, 하위 15%는 17만 파운드 미만의 순 자산을 보유하고 있다. 이러한 부의 집중은 최근 빠른 속도로 심화되고 있다.[4]

증여 및 상속으로 인한 부의 이전은 부와 마찬가지로 불공평하게 분배되어 있다. 처음부터 재산을 많이 소유한 사람일수록 재산을 더 많이 상속받았을 가능성이 높

---

3) 비록 이러한 패턴들이 같은 연령대 사람들의 소득 금액과 상속액의 차이를 반영한다 하더라도, 이러한 차이를 보다 자세히 살펴보기 위해서는 각 개인별로 삶의 주기 안에서 재산이 어떻게 변화하는지를 추적하여 살펴보는 것이 요구된다.

4) Atkinson and Piketty, 2007a.

다. 예컨대 50대 중에서 5번째로 가장 부유한 사람은 5번째로 가장 가난한 사람보다 10만 파운드 또는 그 이상을 상속받은 가능성이 4배 이상 많다고 생각하였다.[5] 부의 이전세는 얼마나 많은 재산이 어떤 형태로 형성되는지에 대해 영향을 미치며, 이 때문에 과세 체계와 과세 수준이 중요한 의미를 가진다.

15.2   경제적 원칙과 목표

물론 부가 불평등하게 분배되어 있다고 해서 그 사실 자체가 부의 이전 과세를 어떻게 해야 하는지, 그리고 꼭 과세해야만 하는지 등의 여부를 알려 주지는 않는다. 부의 이전에 과세하는 것은 현실적으로 쉬운 일이 아니다. 영국의 경험이 보여 주는 것처럼, 부의 이전세로 인하여 상당한 자원이 절세하기 위하여 투입되고, 경제활동과 자산에 대해 세법상 서로 다른 해석으로 인하여 왜곡이 발생하고, 이는 결국 과세하려고 하는 것들을 효과적으로 과세하지 못하게 만든다. 이런 현실적인 쟁점들을 본 장에서 검토하고자 한다. 하지만 이런 쟁점들을 살펴보기 이전에 우리가 달성하고자 하는 목표를 주의 깊게 설정하는 것이 중요하다. 일관된 목표 없이 성공적으로 과세하는 것은 거의 불가능하다. 우선, 부의 이전 과세 제도의 도입 사례를 살펴보고, 부의 이전 동기에 따라 증여자와 수증인, 그리고 이들의 관계에 대한 정부의 관점에 따라 부의 이전 과세 효과가 어떻게 달라지는지 검토하고자 한다. 그런 다음, 부의 이전 과세가 갖는 정책목표에 대해 논의하고자 한다.

부의 이전에 대한 동기는 크게 네 가지가 있으며, 각 동기에 따라 부의 이전 과세의 결과가 다르게 나타난다.[6]

일부 유산 상속은 우발적이거나 의도하지 않게 일어난다. 아마도 일부 사람들은 만일의 사태를 대비하거나 노후를 위해 연금을 준비하기 때문에 자신의 축적된 부를 다 소비하지 못하고 죽는 경우가 발생한다. 죽는 시기에 대해서는 확실히 불확실성이 존재하기 때문에 적어도 의도하지 않게 유산을 물려주는 경우가 발생한다.

하지만 다른 극단적인 경우에는 부의 이전이 사실상 사전에 미리 계산되고 전략적으로 이루어질 가능성도 배제할 수 없다. 즉 부의 이전이 피상속인(사망자)이 살아

---

5) Banks, Karlsen, and Oldfield, 2003, 그림 3.11. 또한 Rowlingson & Mackay(2005) 참조.
6) 본 내용은 Cremer & Pestieau(2006)의 논문을 따른다.

있는 동안 공급받은 서비스에 대한 보상으로 이루어졌을 수 있다. 여기서 '전략적'으로 부의 이전이 일어난다는 것은, 자녀나 친척에게 상속될 수 있는 가능성을 보여 줌으로써 이들이 자신이 원하는 방향으로 행동하기를 유도하는 것을 의미한다.

일부 증여와 유산 상속이 물론 좀 더 의미 있는 이유를 가진 경우도 있다. 즉 피상속인은 순수한 이타심에 의해 동기 부여를 받을 수도 있다는 것이다. 예컨대 피상속인은 상속인의 행복을 중요하게 생각할 수 있다. 만약 피상속인이 전적으로 이타적이라면 자신의 미래 행복을 소중히 여기는 것처럼 자녀들의 행복 역시 소중하게 여길 것이다. 피상속인은 자신의 자녀들을 자기 자신의 연장선으로 생각한다고 간주할 수 있다. 그래서 가계는 하나의 '시대'로서 아주 오랜 기간 동안 살아가고 있는 한 개인처럼 여겨질 수 있다. 이 경우, 부의 이전과 생애주기 저축 간의 매우 긴밀한 관계가 형성되게 된다. 각 시대는 한 개인처럼 행동하는 것으로 여겨질 수 있기 때문에 부의 이전은 일반 가계의 저축으로 생각할 수 있다. 즉 재산을 자손에게 이전하는 것은 곧 재산을 미래의 자신에게 이전하는 것처럼 볼 수 있는 것이다.

순수한 이타주의는 앞서 살펴본 세 번째 동기인 '주는 기쁨'과 미묘한 차이를 가지고 있다. 순수한 이타주의는 증여자가 수증자의 행복과 상관없이 주는 것만으로도 기쁨과 만족을 느낄 수 있는 것을 말한다. 증여자는 자발적으로 재산을 이전함으로써 '훈훈함'을 느끼거나, 온정주의적으로 (수증인들이 이전받은 재산을 얼마나 가치 있게 여기는 것보다) 수증인의 재정적 안정감에 대해 관심을 가짐으로 더욱 만족감을 얻는다.

안타깝게도, 현재 이용 가능한 실증적인 증거들은 어떤 동기가 더 중요한지 등에 대한 명확한 지침서를 제공해 주고 있지 못하며[7], 모든 동기가 어느 정도 다 연관이 있어 보인다. 일부 유산 상속은 의도하지 않게 이루어질 것이고, 다른 일부 유산은 전략적으로 이루어질 것이다. 하지만 어떤 동기로 유산 상속이 이루어졌는지를 관측하는 것은 상당히 어렵다.

만약 모든 유산 상속이 우연히 이루어진 것이 아니라면, 상속된 재산에 과세를 하는 것은 의심할 여지 없이 개인의 저축과 소비결정에 영향을 주게 된다. 또한 그렇게 함으로써 저축의 이자소득에 과세하는 경우와 마찬가지로 왜곡이 발생하게 된다. 게

---

7) Gale & Slemrod(2001b)와 Kopczuk(2010)가 설문조사한 문헌을 살펴보면, 부의 이전에 대한 어떤 동기에 대해서도 긍정도 부정도 하고 있지 않다.

다가 상속세는 세후소득에 대해 다시 한 번 과세하는 '이중과세' 문제와 관련이 있고, 따라서 상속세는 사람들의 일할 의욕과 저축을 감소시킬 수 있다는 주장이 있다. 이러한 주장은 상속세가 확실히 대중의 인기가 없다는 연구결과를 뒷받침한다(이 연구는 포커스 그룹을 이용하여 연구하였다).[8] 물론 부의 이전으로 인한 수증인의 소득효과가 있다. 즉 많은 재산을 이전받은 수증인은 일할 의욕을 잃고 저축을 줄이게 된다. 만약 한 개인이 거액의 재산을 이전받는다고 기대된다면 왜 저축을 하려고 하겠는가?

실제로 제한적이지만 이런 효과를 보여 주는 실증적 증거가 있다. 미국의 일부 연구들은 상속세가 피상속인의 부 축적에 대해 작은 음(−)의 효과를 주고 있으며, 잠재적인 상속인이 기대하는 상속액도 어느 정도 음(−)의 효과를 주는 것으로 나타났다.[9] 한 연구는 35만 달러의 상속액이 노동 참여율을 약 12% 줄이고, 맞벌이 부부의 노동참여율은 14% 줄이고 있음을 보여 주고 있다.[10] 더 나아가 상속세는 상속인이 받을 상속액을 줄이기 때문에 상속세를 부과할 경우 상속인의 일할 의욕이 증가하게 된다.

이러한 부의 이전 동기는 부의 이전에 대해 어떻게 과세할지를 결정하는 중요한 요인이다. (하지만 서로 다른 동기에 대하여 정책적으로 어떻게 해석할지는 명확하지 않고, 일부 경우에는 정부가 어떻게 목표를 설정하느냐에 따라 결정된다.)

전적으로 의도하지 않은 유산 상속은 선택에 의해 전략적으로 이루어지는 것이 아니기 때문에, 유산 상속에 대해 과세를 한다 할지라도 이것이 피상속인의 행동에 영향을 미치지 못한다. 이때 과세로 인해 발생되는 경제적 효율성 손실이 없기 때문에, 세율을 100% 적용한다 할지라도 이론적으로 부의 이전에 대한 피상속인의 선택에 왜곡이 발생하지 않는다. 하지만 이러한 논리는 오직 사후에 일어나는 유산 상속에 대해서만 정당화될 수 있을 뿐 생전에 일어나는 증여에 대해서는 성립될 수 없다.

전략적으로 유산 상속이 이루어진 경우, 유산 상속과 시장거래(한 개인과 다른 개인 간의 서비스 판매) 사이에서의 유사점을 발견할 수 있으며, 이런 경우에는 반드시 유산 상속에 대해 세금이 부과되어야 한다. 어떤 이는 이런 유산 상속에 대해 이론적인 관점에서 부가가치세(VAT)를 부과해야 한다고 주장할 수 있을지 모른다.

---

8) Lewis and White(2006); Prabhakar(2008).
9) Weil, 1994; Kopczuk and Slemrod, 2001.
10) Holtz-Eakin, Joulfaian, and Rosen, 1993.

이타주의나 '주는 기쁨'에 의해 동기 부여된 부의 이전에 대해 분석하는 것이 가장 어렵다.[11] 이론적으로 보면 증여자의 동기 본질에 따라 결정되는 것이 맞다. 예컨대 만약 한 개인이 주는 것으로부터 '훈훈함'을 얻는 경우, 이 사람의 기쁨이 이전해 준 (세전) 증여액에 의해 결정되는가? 혹은 이전받은 (세후) 증여액에 의해 결정되는가? 부의 이전에 대한 수증자의 생각 역시 중요하다. 즉 수증자는 과연 부의 이전으로 인해 유발되는 증여자의 소비 감소를 걱정할 것인가? 아니면 증여자가 부의 이전을 통해 느끼는 기쁨에 대해 더 관심을 가질 것인가? 그리고 증여자와 수증자의 동기는 정부 정책의 의사결정에 어떻게 고려되어야 하는가?

만약 상속인과 피상속인이 같은 사람처럼 행동하여 유산 상속이 마치 현재의 개인이 미래의 자신에게 저축하는 것으로 간주된다면, 상속세는 저축에 대해 과세하는 것으로 이해할 수 있을 뿐 아니라 바람직한 저축 과세에 대한 제안들을 상속세에 적용할 수 있을 것이다. 즉 자본의 정상수익에 대해서는 과세를 해서는 안 되며, 근로소득이나 초과수익이 발생하거나 혹은 소비가 일어났을 때 세금이 부과되어야 한다.[12] 만약 지출에 대한 세금이 존재한다면, 자녀나 이후 세대가 상속받은 재산을 소비할 때 세금을 납부하게 될 것이다.[13] 이런 경우, 부의 이전에 대한 세금은 큰 의미를 가지지 못한다. 다시 말해, (같은 사람이 다른 시기에 소비하거나 다른 제품을 소비한다고 해서 다르게 과세해서는 안 되듯이) 다른 사람이 소비한다고 하여 다르게 과세해서는 안 된다.[14] 하지만 이러한 정책적 함의가 항상 명확한 것은 아니다. 즉 피상속인과 상속인이 마치 하나의 개인처럼 행동한다 할지라도 정책결정자가 그들을 반드시 하나의 개인처럼 생각하는 것은 아니다. 앞으로 보겠지만, 정부는 다음 세대에게 이루어진 부의 이전을 저축과 동일하게 취급하지 않을 다른 이유를 가질 수 있다.

---

11) 개인들의 부의 이전 동기, 정부의 정책 목표, 이론적인 관점에서 최적의 조세정책 사이의 관계에 대한 폭넓은 논의를 위해 다음 논문 참조 : Hammond, 1988; Kaplow, 1995, 1998; Cremer and Pestieau, 2006; Farhi and Werning, 2010; Boadway, Chamberlain, and Emmerson, 2010.

12) 이 결과는 Cremer & Pestieau(2006), Farhi & Werning(2010)의 연구에 의해 증명되었다. 후자의 연구는 사회복지 정의를 어떻게 정의하느냐에 따라 그 결과가 민감하게 변하고 있음을 보여 주고 있다.

13) Harshimzade & Myles(2007)는 지출세가 소득세보다 더 소득 재분배 효과가 있음을 보여 주고 있다. 이러한 결과는 궁극적으로 지출세가 (지출이 이루어질 때) 보유하고 있는 초기 재산(혹은 이전 자본)에 과세를 하는 것과 같음을 의미한다.

14) 물론 만약 일부 사람의 소비가 다른 사람의 소비보다 더 노동공급의 보완적인 성격을 갖는다면, 다른 시기에 (제6장 참조) 다른 제품에 과세하는 것에 대해 (제13장 참조) 신중을 기해야 한다. 같은 주의가 이 주장에 적용되어야 한다.

증여 및 유산 상속에 대한 증여자·피상속인과 수증자·상속인의 다양한 동기들이 내포하는 의미를 살펴보고, 올바른 조세정책을 확립하기 위한 쟁점들을 논의하면서 현실적인 정책 방안을 생각하지 않을 수 없다. 앞서 논의한 상속세의 고려사항만으로는 부의 이전 과세 폐지를 정당화할 수 없다. 대신, 상속세에 대한 개념적 배경지식을 바탕으로 정부가 어떤 정책 목표를 가지고 부의 이전 과세를 고안해야 하는지 살펴보고자 한다.

우선, 도덕적인 관점에서 상속세를 어떻게 바라보는지 살펴보자. 존 스튜어트 밀은 도덕적인 관점에서 상속세에 대해 다음과 같이 주장하였다.

"자신의 능력이 아닌 단순히 다른 사람의 호의로 얻어지는 재산은 제한되어야 하며, 한 개인이 추가적으로 더 재산을 얻고자 한다면 이 사람은 그 재산을 얻기 위해 일을 해야만 한다."[15]

미드 위원회(Meade Committee) 역시 상속세에 대해 비슷한 관점을 가지고 있다.

"상속된 재산은 형평성과 경제적 동기 유발을 이유로 높은 세금이 부과되어야 한다는 주장이 널리 고려되고 있으며 우리도 이것에 동의한다. 개인의 노력과 기업을 통해 재산을 일궈 낸 국민은, 단순히 재산을 상속받아 같은 재산을 소유한 국민보다 더 나은 조세 특혜를 받아야 한다. 또한 후자의 재산보다 전자의 재산에 세금을 덜 부과하는 것은 개인의 노력과 기업을 키우는 데 도움이 될 것이다."[16]

많은 사람들은 기회의 형평성을 중요한 정책 목표로 생각한다. 유산 상속의 불공평은 이런 정책 목표를 정면으로 부인하는 것이다. 능력이나 노력의 차이에서 오는 불공평은 어느 정도 용납될 수 있지만, 기회의 차이에서 발생하는 불공평은 상대적으로 용납되기 힘들다. 이러한 견해는 세대 간에 부의 이전에 대해 과세하는 것에 강한 근거를 제공하는 것으로 부유한 집안에서 태어난 사람들이 갖는 이점을 줄여야 한다는 것이다. 상속받은 재산의 소유권이 지나치게 집중되어 있다는 사실은 부의 이전 과세에 대한 이런 주장을 더욱 뒷받침할 것이다. 더 나아가, 부가 있으면 권력과 지위도 얻기 쉬워지는 사실도 우려되는 부분이다. (물론 이런 걱정은 상속된 유산

---

15) Reeves(2007, pp. 210)에서 인용.
16) Meade, 1978, pp. 318.

에 국한되지 않는다.)

만약 기회의 평등이 중요하다면, 조세체계를 고안할 때 다음 세 가지를 고려해야 한다. 첫째, 형평성의 관점에서 상속인이 받은 금액이 피상속인이 준 금액보다 더 중요하다. 과세기준을 피상속인이 준 유산 금액보다 상속을 받은 수혜자의 수령액으로 하는 것이 더 합리적이다. 피상속인이 상속인 10명에게 각각 10만 파운드씩 총 100만 파운드를 똑같이 물려주었을 때, 각 상속인이 적용받은 세율이 10만 파운드를 한 사람에게 물려준 경우보다 더 높아서는 안 된다. 그렇지 않을 경우, 10만 파운드를 받은 개개인 모두 그들이 내야 할 세금보다 더 많은 세금을 내게 된다. 그리고 만약 기회의 평등 관점에서 부의 이전세가 검토된다면, 유산 상속으로 인해 증가된 상속인의 부가 과세기준이 되어야 한다. 둘째, 상속인의 관점에서 상속세를 바라보는 것이 바람직하다. 그렇기 때문에 이상적으로 모든 출처로부터 상속받은 총상속액을 과세 대상으로 고려해야 한다. 만약 한 개인이 다섯 명의 부유한 삼촌으로부터 100만 파운드씩 받았다면, 이 사람은 한 명의 부유한 이모로부터 500만 파운드를 받은 동생과 반드시 동일한 방식으로 과세가 이루어져야 한다. 셋째, 만약 기회의 불공평이 중요한 쟁점이라면, 젊었을 때 받았는지 나이가 들어서 받았는지에 따라 구별해서 과세해야 할지도 모른다. 이런 입장을 확장하면, 증여자와 수증자 사이의 나이 차이에 따라 과세를 다르게 하는 것이 바람직할 수도 있다. 또한 동시대 사람에게 증여한 재산에 과세하는 것(나이 든 친척분들을 돌보기 위하여 증여한 재산에 과세하는 것은 물론)보다 다음 세대에게 상속한 재산에 대해 과세하는 것에 대해 더 강력한 논거가 존재한다. 그리고 두 단계를 거쳐 (조부모에게서 부모에게, 그리고 부모에게서 자녀에게) 이전된 재산보다 조부모에게서 손주에게 이전된 재산에 대해 덜 무겁게 과세해야 하는지는 명확하지 않다. 두 단계를 거쳐 재산이 이전되는 경우 각 단계에서 이전된 재산에 과세가 이루어질 것이다.

하지만 우리는 증여 및 상속세를 통해 달성 가능한 목표와 그렇지 않은 것을 명확히 구분해야 할 필요가 있다. 부의 직접적인 이전과 관련은 없지만 기회 불평등의 요인이 되는 것들이 많이 있다. 아이들과 함께 보내는 시간, 주택과 물적 재화, 교육 지출(특히 사교육) 등이 가족들마다 다르고, 이러한 요인들은 아이들의 삶의 기회에 영향을 끼친다. 이러한 관점에서 우리는 상속과 다른 식의 부의 이전이 과연 다른지, 그리고 과연 과세를 해야 하는지의 여부와 왜 다른지 그리고 왜 과세를 해야 하는지를 명확히 이해해야 할 필요가 있다. 이 질문의 대답은, 사실상 모든 부의 이전이 과세될 수 있지만, 이런 직접적인 부의 이전에 과세로 인해, 예컨대 교육 투자, 혹은 쉽게 드러나지 않거나, 조기에 이루어지는 부의 이전이(특히 어린 시절 받은 증여재산에 효과적으로 세금을 부과 한다는 것은 상상하기 힘들다.) 증가하는 방향으로 의사결정이 왜곡될 수 있다.

물론 복지 혜택, 사회복지 사업, 조기 교육, 학교 교육 등의 많은 공공지출이 있고, 이러한 지출은 다양한 형평성을 고려하여 이루어진다. 그렇기 때문에 어떤 이는 부의 이전 과세를 이런 정부의 활동들에 대한 보완재로 바라보길 원한다. 다시 말해, 출생 환경의 운이 좋거나 좋지 않을 것을 대비하는 보험의 수단으로, 부의 이전 과세 세수입으로 교육 등과 같은 공공 재화 및 서비스를 다음 세대에 공급하는 것이다.

여기서 중요한 점은 부의 이전 과세가 기회의 불평등을 줄이기 위한 정책 목표의 일환으로 사용될 수 있다는 것이다. 또한 본 장에서 살펴본 바와 같이, 부의 이전 과세에 대해 생애주기적 관점을 가지는 것이 중요함을 다시 한 번 강조하고자 한다. 한계는 있겠지만, 부의 이전 과세는 피상속인이 아닌 상속인을 근거로, 그리고 평생 동안 받은 총액을 근거로 세금이 부과되어야 한다. 그렇다면 이러한 제안이 현실적으로 실현 가능한지에 대한 의문이 생기게 된다.

15.3 부의 이전에 따른 세금 : 영국

현재 영국에서 시행되고 있는 주된 부의 이전세는 상속세이다. 하지만 현재 우리가 알기로 절반 가까운 사람들이 상속세가 철폐되어야 한다고 믿고 있다.[17] (나머지 대다수는 현저한 상속세 감세를 원하고 있다.) 하지만 세수입원으로서 상속세의 중요성을 감안한다면, 상속세로 인해 야기되고 있는 정치적 어려움과 논란은 지나치게 과열되어 있다고 볼 수 있다. 예컨대 주택자산이 10년 동안 빠른 성장을 한 이후조차 2009~2010년도 사망자 중 3%만이 상속세를 지불하였고, 이 상속세 세수입은 전체 조세 수입의 0.5%보다 적은 걸로 나타났다.[18] 이와 비슷한 현상이 미국에도 나타난

---

17) Hedges and Bromley, 2001.
18) 총사망자 555,000명 중에(Office for National Statistics, Monthly Digest of Statistics, table 2.4, http://www.statistics.gov.uk/statbase/TSDSeries1.asp), 일부 15,000명의 재산에 세금이 부과되었다. 또한 추가적으로 4,000명의 증여에 대해 세금이 부과되었다(HMRC statistics, table 1.4, http://www.hmrc.gov.uk/stats/tax_receipts/table1-4.pdf), 세수입에 대해서는 HM 재무부의 보고서(2001, table C.3) 참조.

다. 미국에서 2009년 사망자 중 2%만이 연방정부에 상속세를 납부하였다.[19] 이처럼 상속세의 제한된 범위와 효과에도 불구하고 정치적으로 주목을 많이 받는 것은 놀랍다.

상속세에 대한 이론과 실제가 사람들에게 새롭기 때문에 정치적으로 높은 주목을 받는 것은 아니다. 오히려 영국 및 다른 나라에서의 상속세는 다른 세목에 비해 긴 역사를 가지고 있다. 몇몇 유럽 국가들은 17세기에 상속세가 제정되었으며, 영국에서는 새로운 아이디어로서 소득세가 주목을 받기 시작한 시기보다 1세기나 빠른 1694년에 유산 상속세가 도입되었다. 피상속인(사망자) 재산의 소유권을 자손에게 이전하는 데 필요한 당시 법적 조치사항은 현재까지도 남아 있다. 이를 통해 피상속인의 재산을 평가할 수 있었을 뿐만 아니라, 상속인이 세금을 낸 경우에만 피상속인의 재산을 넘겨받을 수 있도록 하여 세금 징수가 가능하였다.

영국 상속세(inheritance tax, IHT)는 2010~2011년도에 상속공제액(tax free allowance)인 32만 5천 파운드를 초과하는 자산에 대해 40% 세율을 적용하여 과세하였다. 배우자 혹은 동성 배우자(civil partners) 사이에서 상속된 자산은 세금으로부터 전액 면제되었으며[20], 2007년 10월 이후에는 사용하지 않은 상속공제액을 배우자 간 양도가 가능하도록 하여, 결혼한 부부와 동성 배우자들은 총체적으로 기존 상속공제액의 두 배(예 : 2010~2011년도의 경우 65만 파운드)를 상속세 없이 물려줄 수 있었다. 이러한 이유로 먼저 사망한 피상속인이 배우자에게 전 자산을 남겨 준다 하더라도 그 배우자가 사망할 때 상속세를 납부하지 않아도 되는 경우가 있었다. 사망하기 전 7년 안에 증여가 이루어진 경우에는 세금이 일부 부과되는데, 증여 시점이 사망 시점부터 멀수록 세율은 낮아지게 된다. 하지만 생존해 있는 사람들 사이에서 증여가 이루어질 경우에는 세금이 부과되지 않는다.[21] 자선단체로의 기부, 기업이나 비상장 주식의 유증, 그리고 농업 재산의 유증의 경우에도 상속세가 면제된다. 2010~2011년도 면세로 인해 경감된 세액은 7억 7천만 파운드인데 상속세수가 총 27억 파운드라는 것을 감안해 볼 때 절대 적은 금액이 아니다.[22]

〈표 15.1〉은 2007~2008년(자료가 이용 가능한 최신 연도)에 자산이 어떻게 분포

---

19) Gale and Slemrod, 2001.
20) 이 면제제도는 영국에 거주하는 배우자 혹은 동성 배우자에게 한하여 시행되었다. 이는 거주하지 않은 사람에 의해 소유된 외국 자산은 과세 대상에서 제외되기 때문이다.
21) 신탁에 증여하는 경우 20%로 낮게 세금이 부과된다.
22) http://www.hmrc.gov.uk/stats/tax_expenditures/table1-5.pdf; HM Treasury, 2011, table C.3.

| 표 15.1 | 규모별 재산구성(피상속인 사망 시 상속된 재산, 2007~2008)

재산규모(백만 파운드)	부동산 수	주택용 건물	현금	유가증권	기타[a]
0.2 이하	162,954	61%	32%	5%	2%
0.2~0.3	54,795	63%	26%	5%	6%
0.3~0.5	32,786	56%	25%	11%	8%
0.5~1.0	14,615	44%	23%	20%	13%
1.0~2.0	4,045	35%	17%	30%	19%
2.0 이상	1,443	25%	12%	35%	29%
전체	270,639	52%	24%	14%	10%

a 기타에는 다른 건물과 땅, 그리고 보험증서가 포함된다.
주 : 이 표는 2008년 4월 5일 이후 사망한 피상속인이 2010년 7월 1일까지 (세제 감면/공제 축소가 되기 전) 유언공증을 한 재산을 포함하고 있다.
출처 : HMRC 통계자료를 바탕으로 저자가 계산함, 표 12.4.(http://www.hmrc.gov.uk/stats/ingeritance_tax/table12-4.pdf)

되어 있는지 보여 주고 있다. 이 표는 유언 공증을 위해 공식적으로 통지된 재산만을 대상으로 하고 있다. 따라서 일반적으로 5,000파운드 미만이거나 공동으로 소유하던 자산이 한 배우자가 사망 후 자동적으로 다른 배우자 또는 동성 배우자에게 이전된 자산(이러한 두 가지 경우 모두 상속인의 납세 의무가 존재하지 않는다)은 〈표 15.1〉에 반영되지 않았다. 즉 위에서 이런 경우를 배제한다 하더라도 대다수의 유산으로 남겨진 재산은 20만 파운드 미만의 작은 규모로 상속세 대상에 포함되지 않는다. 자가 주택이 전 재산의 대부분을 차지하고, 특히 총자산 규모 중 20만~50만 파운드 사이의 재산은 과세최저한(30만 파운드, 2007~2008년도)에 가깝거나 살짝 넘는 수준이다.

평범한 재산을 가진 사람들의 부가 주택에 집중되어 있기 때문에, 급격한 주택 가격 상승으로 인하여 1998~1999년도와 2006~2007년도 사이에 상속세가 부과된 유산 상속 숫자가 18,000에서 34,000으로 (전체 유산 상속의 3%에서 6%로) 증가하였다.[23] 또한 이런 현상을 보면, 사람들이 영국의 상속세에 불만족을 표시하는 것은 어느 정도 이해가 된다. 가장 부유한 사망자는 주식과 기타 자산을 가장 많이 가진 자이다. 상속세의 영향과 인식을 이해하기 위해서는, 주된 자산이 우리가 살고 있는 집일 때 상속세를 회피하기가 쉽지 않다는 것을 인지하는 것이 중요하다. 2006~

---

23) HMRC statistics, table 1.4, http://www.hmrc.gov.uk/stats/tax_receipts/table1-4.pdf and Office for National Statistics, *Monthly Digest of Statistics,* table 2.4, http://www.statistics.gov.uk/statbase/TSDSeries1.asp.

2007년도 이후 상속세를 지불해야 하는 유산 상속 숫자가 감소하고, 2009~2010년에는 15,000까지 감소된다. 이러한 감소의 주된 원인은 2007년 가을, 절정에 이르렀던 주택시장의 침체, 인플레이션보다 빠른 상속세 과세최저한의 증가, 배우자 사이에서 양도 가능한 상속공제액 정책의 도입이었다.

현재 유산 상속에 대한 영국의 과세체계는 상속세에 대한 어떠한 합리적인 일련의 원칙들을 근거로 확립되지 않았다. 우리는 앞서 언급한 바와 같이, 상속이 일어난 시점과 상관없이 상속세는 상속인에게 부과되어야 함을 제안하였다. 물론 상속세가 반드시 이런 기준들을 충족시키도록 고안되어야 하는 것은 아니지만, 상속세에 대한 영국의 과세체계는 적어도 논리적으로 허점이 많다. 상속세는 가능한 한 포괄적이어야 하며 (경제적인 비용을 발생시키는) 조세회피에 대한 기회를 최소화하고 형평성을 고려해야 한다. 또한 짐작컨대 상속세는 대중들이 수긍할 수 있도록 고안되어야 한다. 하지만 영국 과세체계는 이런 기준들을 만족시키지 못하고 있다. 이를 뒷받침하는 구체적이고 중요한 근거는 다음과 같다. 첫째, 유산 상속에 대한 감면조항이 존재한다는 것이다. 영국에서는 농업용지와 비상장 기업 자산의 유산 상속에 대해 감면 혜택이 주어지고 있다. 특히 영국은 기업 자산에 대해 이례적으로 100% 면제하고 있다. 프랑스, 독일, 또는 미국 모두 이런 정책을 사용하고 있지 않다. 이런 세제 혜택은 조세 중립적인 과세체계를 악화시키고, 농지 가격 및 영국의 AIM 시장의 특정 주식 가격을 올리고, 재정상의 이유로 문을 곧 닫아야 하는 상황 속에서도 기업이 영업활동을 계속하도록 동기 부여를 제공한다. 이것은 경제적 손실을 야기한다. 적어도 상속세에 대한 세제 혜택을 더 엄격히 제한하는 것이 필요하다. 예컨대 감면 혜택 대상을 실질적으로 농사를 짓고 있는 농부와 기업의 단독 소유자, 혹은 기업에 실질적인 영향력을 행사하는 소유사로 한정하는 것이다. 하지만 이런 경우조차 특정 직업군의 재산을 보호하기 위해 특별히 취급하는 것은 문제가 있다.[24]

둘째, 현재 상속세 제도는 조세 비중립성을 야기하는 또 다른 요인을 가지고 있다. 논쟁적으로 혼인관계(혹은 동성 간에 인정된 혼인관계)를 통해 과세체계 안에서 수평적 불공평이 야기된다. 만약 한 개인이 결혼하여 유산을 배우자에게 물려주었을 때 이 사람은 세금을 내지 않을 수 있다. 또한 배우자에게 상속공제액을 물려주면,

---

24) 본 장에서 고려하고 있지는 않지만, 증여나 상속받은 자산이 비유동적이거나 수증자가 보유할 때, 세금을 바로 내는 것이 아니라 오랜 시간에 걸쳐 납부할 수 있는 예외가 존재할 수 있다.

배우자는 결혼하지 않은 자의 두 배가 되는 상속공제액을 갖게 된다. 반면에, 만약 이 사람의 재산을 결혼하지 않은 배우자에게 물려준다면 이 유산 상속에 대해서는 세금이 부과된다. 이것은 현 과세체계 안에서 의심할 여지 없이 결혼이 가지는 가장 큰 장점이다.

셋째, 상속세에 대한 영국의 과세체계에는 과세최저한이 설정되어 있어 일정 수준의 유산 상속(상속공제액 이내의 유산 상속)에 대해서는 과세하지 않지만, 그보다 많은 상속에 대해서는 곧바로 40%의 세금이 부과된다. 이 세율은 현재 소득 기본세율보다 두 배 이상 높다. 높은 과세최저한과 한계세율은 상속세의 장점이 될 수 있지만, 초기 단계에서는 더 낮은 세율로 과세하는 것이 대중들로부터 더 높은 지지를 받을 수 있다.

또한 신탁재산(trusts)을 어떻게 다룰 것인가 하는 실질적 쟁점이 존재한다. 신탁재산은 신탁자와 다른 사람의 이익을 위해 재산을 맡아 관리하는 신탁 관리자 사이에서 형성된다. 신탁재산은 종종 전혀 다른 이유들로 형성되는 반면, 신탁을 통해 재산의 소유권을 이전하지 않고 재산에 따른 혜택을 이전할 수 있기 때문에(신탁은 신탁재산 자체에 대한 권리와 신탁재산에서 발생하는 소득에 대한 권리를 분리할 수 있기 때문이다.) 상속세 회피의 도구로 사용될 수 있다. 이러한 경우, 각각 이익에 어떻게 과세해야 할지를 결정하는 것이 필요하다. 게다가 더욱 중요한 것은 신탁재산으로 인한 이익의 발생 여부가 불확실할 수 있다는 점이다. 신탁재산의 이익은 장래의 특정 사건이 일어나는지 여부(예컨대 한 개인이 특정 나이까지 살면 혜택을 주기로 하는 경우)에 따라 달라지기도 한다. 혹은 신탁의 이익이 수탁자(또는 다른 사람)에게 부여된 재량권을 통해 특정인에게 유리하도록 사용하는지 여부에 따라 달라질 수도 있다. 신탁은 오랜 기간 동안 지속될 수 있으며, 신탁이 존속하는 동안 신탁재산으로부터 누가 혜택을 받을 것인지가 불명확하게 될 수도 있다. 심지어 어떤 경우에는 한 세대를 완전히 건너뛸 수 있다. 이런 이유로, 신탁재산을 이용해 상속세를 회피할 수 없도록 하는 특별조치가 필요하다.

전적으로 개인적 이유나 혹은 가족적 이유로 신탁재산이 형성된다. 예컨대 장애를 입은 개인을 위해, 돈을 헤프게 쓰는 사람으로부터 가족의 재산을 보호하기 위해, 혹은 상속인의 나이가 적정 수준에 이른 후 재산을 물려주기 위해 신탁재산을 사용한다. 신탁재산에 과세를 하는 것은 이러한 개인이나 가족의 의사결정에 영향을 줄 수 있지만, 그렇다고 해서 조세체계를 신탁재산의 사용을 억제하는 방향으로 고안하거나, 신탁재산의 특정 목적이나 합법성에 대해 도덕적 관점을 가지고 비판할 수는 없다. 이상적으로 신탁 및 신탁재산에 대한 조세제도는 일반 상속의 경우와 비교했을 때 그 실질에서 동일하게 취급되어야 한다.

안타깝게도 이런 주장은 현실적으로 실현되기 힘들다. 그간의 경험에 비추어 보면 일반적인 부의 이전보다 신탁재산을 통해 이루어진 부의 이전에 더 유리한 세금이 부과된다면, 사람들은 신탁재산을 통해 부를 이전하려고 할 것이다. 이런 이유로 정부는 신탁을 통해 재산을 평생에 걸쳐 이전하는 경우, 20%의 세율을 적용하여 세금을 부과하고 있다.

이 외에도 현 상속세의 과세체계가 가지는 또 다른 근본적인 쟁점은, 아주 부유한 대부분의 사람들이 오랜 시간에 걸쳐 상당한 금액의 재산을 이전함으로써 상속세 세부담을 쉽게 회피할 수 있다는 사실이다. 피상속인이 뜻하지 않는 죽음을 맞이하는 경우가 아니라면, 그들은 종종 상속세가 부과되기 전 세금 부담을 최소화하기 위해 조세 회피 계획을 세운다. 대부분의 재산이 주택, 연금, 보통의 자산 등인 대다수의 일반인은 이러한 계획을 세울 여력이 없다. 왜냐하면 기대수명과 의료비가 증가할수록 사람들은 이런 종류의 재산을 지속적으로 소유하는 것이 중요하기 때문이다. 이러한 이유로, 상속세 제도를 유지하면서 증여에 대해 과세를 하지 않는 것은 불합리해 보인다. 다시 말해, 부의 이전이 언제 일어나느냐에 따라 수평적 불공평(horizontal inequity)이 야기된다. 또한 부유한 사람들일수록 상속과 증여의 차이를 이용하여 조세회피를 할 수 있는 능력이 크기 때문에 증여세 없는 상속세는 수직적 불공평(vertical inequity)을 더욱 악화시킨다. 이런 경우, 부유한 사람은 상속세가 부과되기 전에 그들의 재산을 수증자에게 증여하려는 인센티브를 가진다.

따라서 상속세를 효율적으로 시행하기 위해 가장 주의해야 할 장애물은 사망 전 부의 이전이다. 만약 증여세 제도가 시행된다면 수증자가 받은 모든 증여액은 똑같이 취급하여 과세해야 한다. 증여자로부터 재산을 증여받은 경우와 피상속인(사망자)에게 유산을 물려받은 경우를 구별하여 다르게 취급할 이유는 없다. 증여액은 이론적으로 평생 받은 금액을 근거로 계산되며 세금은 누진적으로 부과된다. 게다가 이 증여액은 유산뿐만 아니라 수증자가 받은 모든 종류의 재산을 포함한다. 증여액에 과세를 하는 것은 앞에서 논의한 것처럼 바람직한 상속세의 논리에 부합한다. 같은 가치를 가진 재산을 상속인에게 물려주는 경우, 상속받는 상속인이 많을수록 세금을 적게 부과해야 한다.

하지만 재산의 모든 증여거래를 감시하는 것은 결코 쉬운 일이 아니다. 증여세를 효과적으로 과세하기 위해서는 수증자가 세무당국에게 모든 증여거래를 신고해야 한다. 이러한 과세정책(아일랜드와 같은 일부 나라들이 이런 과세체계를 채택하고 있지만)을 시행하는 것은 결코 쉬운 일이 아니다.[25] 또한 우리는 과세 가능한 부의 이전과 부모가 자식을 돌보는 것과 같이 과세할 수 없는 부의 이전 간의 차별이 있어 어느 정도의 수평적 불공평과 왜곡이 발생하는 것을 인정해야 한다.

피상속인이 사망한 시점에 상속 재산으로부터 원천징수할 수 있는 세금을 포기하는 것은 실제 쉽지 않다. 1975년에서 1986년까지 이 짧은 기간 동안 영국에서 증여 및 상속세가 자본 이전세로 알려졌는데, 평생 증여받고 상속받은 재산을 합산하여 과세하였다. 하지만 수증자를 기준으로 물려받은 재산을 합산하여 과세한 것이 아니라, 증여자 또는 피상속인을 기준으로 증여한 재산을 합산하여 과세하였다. 자본 이전세가 짧은 기간 동안에만 유지되었던 것은, 증여와 상속에 대하여 어떻게 과세해야 하는지에 대한 정치적 합의가 이루어지지 않은 상태에서 납세자들이 다음 정권에서 상속세제가 더 유리하게 바뀌기를 기대하였을 것이기 때문일 것이다.

논리적으로 만약 부의 이전에 과세를 한다면 수증자에게 세금을 부과하는 것이 바람직하다. 이상적으로는 수증자가 평생 동안 물려받은 재산에 세금을 부과해야 하지만, 그것이 현실적으로 불가능하다면 최소한 일정 기간 동안 물려받은 재산에 세금을 부과해야 한다. 이러한 과세체계는 수증자의 조세회피 기회를 최소화하는 데 도움이 될 것이다. 증여 및 상속세에 대한 이상적인 과세체계를 확립하는 것은 가능하기 힘들 정도로 상당히 어렵다. 오랜 기간 동안 부의 이전세를 철저하게 검토하지 못하고 있으며, 증여자(피상속인)가 아닌 수증자(상속인)에게 어떻게, 그리고 과연 과세될 수 있는지에 대한 연구가 부족하다. 따라서 지금이 바로 바람직한 부의 이전 과세에 대한 현실 가능성을 가늠하는 연구가 필요한 시점이다.

마지막으로 현재의 상속세는 사망 시 부의 이전에 과세함에 있어 미흡한 점이 있는 것에 추가하여, 영국이 사망 시 부의 이전에 대하여 보조금을 지급하는 문제를 지적하고 싶다. 이 보조금이란 사망 시까지 발생한 양도소득세(capital gain tax, CGT)의 비과세 혜택을 말한다. 피상속인이 소유하고 있던 자산을 사망 시점에 상속인에

---

25) 현재 25%의 세율이 적용되는 자본취득세는 증여 또는 상속의 합산금액이 과세최저한을 초과해야 하는데, 증여자와 수증자 간의 관계에 따라 적용 여부가 결정된다.

게 상속할 경우, 상속인은 마치 사망 시점 당시 시장가격으로 이 재산을 구매한 것과 같이 되며, 피상속인이 죽기 전 발생한 재산가치의 상승분에 대해서는 상속인이 어떠한 납세 의무도 가지지 않는다. 재무부에 따르면 이렇게 발생한 조세비용이 2010 ~2011년에 무려 6억 9,000만 파운드나 되며 이 비용은 상속세 조세수입의 1/4에 해당하는 수준이다.[26]

피상속인 사망 시점의 양도소득세 비과세 혜택은 상속세의 존재를 반영한다. 즉 정치인들은 40% 세율의 상속세에 추가적인 양도소득세(예 : 28% 세율)를 부과하는 것에 정치적으로 큰 부담을 느낄 수밖에 없다. 하지만 이와 같은 주장만으로는 양도소득세의 비과세 혜택을 정당화시킬 수 없다. 양도소득세의 비과세 혜택은 상속세의 효과를 상쇄하는 것이 아니고 상쇄해서도 안 된다.

실무적으로는 현재 과세체계는 이중과세 또는 비과세를 온전히 제거할 수 없다. 사망 전 7년 이내에 증여된 재산이 있을 경우, 상속세와 양도소득세가 모두 과세될 수 있다. 하지만 정반대로 상속세 과세최저한 이하의 재산에서 상속이 일어나면 상속세와 양도소득세가 모두 면제된다. 또한 이 두 세금은 각각 재산 형태에 따라 다르게 적용된다. 주택 상속 시 양도소득세는 면제되나, 농지나 비상장 기업의 주식에는 양도소득세가 과세(소유경영 사업의 경우 기업가 감면이 적용되어 감면세율이 적용된다)된다.

더욱 근본적으로, 이 두 세금은 다른 목적을 가지고 있다. 양도소득세는 자본 수익에 대한 세금일 뿐 부의 이전에 대한 세금은 아니다. Boadway, Chamberlain, Emmerson(2010, 801)은 이 문제에 대해 다음과 같이 서술하고 있다.

> "자본이득세의 목적은 자본이득이 배당소득, 이자소득과 같은 다른 종류의 소득과 같이 발생하면, 과세(부의 이전세의 과세대상이 되기도 한다)되도록 하기 위함이다. 하지만 부의 이전 과세는 다른 목적을 가지고 있다."

부의 이전 과세가 이미 과세된 소득(부)을 과세대상으로 하기 때문에 '이중과세'라는 것은 내재된 사실이다. 앞에서의 논의는 그러한 이중과세에 대한 논거가 있는지 여부를 다룬다. 양도소득세가 부의 이전세와 공존한다는 것은 앞에서 논의한 이러한

---

26) HMRC statistics, table 1.5, http://www.hmrc.gov.uk/stats/tax_expenditures/table1-5.pdf.

이중과세 문제를 더욱 뚜렷하게 한다.[27] 만약 정책결정자가 부의 이전세의 정당성을 인정하지 않는다면 부의 이전에 대해 과세를 해서는 안 된다. 즉 단순히 상속세와 증여세를 폐지하는 것이다. 하지만 만약 부의 이전세의 정당성을 인정한다면 자본수익에 대한 과세체계 외에 상속세와 증여세도 별도로 존재하여야 한다.

자본수익의 과세체계는 그 목적에 맞게 고안되어야 하고, 부의 이전세는 이전되는 부의 가치에 대하여 과세하여야 한다. 즉 특정 자산의 과거 수익을 기반으로 하여 과세를 해서는 안 된다. 사망 시의 양도소득세 비과세 혜택을 없애는 것은 쉽지 않다. 하지만 이런 세제 혜택은 사람들의 의사결정을 상당히 왜곡시킨다. 사망하기 전 가치가 올라 양도 차익이 많이 발생한 자산의 경우, 사망 전에 팔아서 그 수익금을 사용하는 것이 유익한 상황에서도 양도소득세 비과세 혜택 때문에 어떻게 해서든지 사망 시까지 보유하려고 하게 된다. 또한 유산을 물려주고 싶은 사람은, 자산의 수익이 양도소득 형태로 나타나는 자산을 사거나 자산의 소득을 양도소득 형태로 바꿔놓으려 하게 된다.

부의 이전세는 사람들의 저축 수준에 영향을 미칠 수 있으나, 불필요하게 자산 보유 형태를 왜곡해서는 안 된다. 부의 이전 과세를 찬성하든지 또는 반대하든지 간에 상관없이 어떤 경우라도 사망 시점에 양도소득세 비과세 혜택은 정당화될 수 없다.

15.4　결론

저축의 정상수익 과세에 반대하는 주장들을 증여세와 상속세에 똑같이 적용할 수 없다. 형평성 관점에서 상속세는 설득력이 있다. 그러나 현행 영국의 상속세 과세체계는 많은 문제점을 가지고 있으며, 문제점의 근본적인 이유는 가장 부유한 사람들에게 적절히 세금을 부과하고 있지 못하다는 것이다.

사망 직전 혹은 사망 시점에 상속세를 부과할 경우, 가장 부유한 사람들은 조세회피의 방법을 강구한다. 이것이 가능한 이유는 사망하기 수년 전, 대부분의 재산을 증

---

27) 피상속인 사망 시점의 양도소득세 비과세 혜택이 폐지된다 하더라도 이것이 상속세와 같은 시점에 양도소득세를 납부해야 하는 것은 아니다. 만약 수증자에 의해 자산이 보유된다면, 양도소득세 납세 의무가 자산의 거래가 이루어진 시점에 부여되도록 과세체계를 고안할 수 있다(취득가격을 상속 시점의 시장가격이 아닌 피상속인의 구매가격으로 하면 된다). 현재 배우자 사이 혹은 동성 배우자 사이에서 이루어지는 증여에 대해 이러한 방식으로 양도소득세가 과세된다.

여할 수 있는 재력이 그들에게 있기 때문이다. 또한 기업 자산이나 농지에 대해 상속세를 부과하지 않음으로 인해, 상속세는 경제적으로 정당화할 수 없는 왜곡을 발생시키고 사람들에게 조세회피의 기회를 제공한다. Kay와 King(1990)은 상속세는 '건강하고, 부유하고, 신중한 사람에게 호의적'이라고 말했는데[28], 이 주장이 제기된 이후 최근 20년 동안은 크게 변하지 않았다. 상속세를 피할 수 있을 정도의 부를 갖길 원하는 사람은 거의 없지만 많은 사람들은 상속세를 낼 정도의 부를 원한다. 따라서 현재 구조하에서는 상속세가 부의 대한 열망에 세금을 부과하는 것과 같다.

상속세가 인기가 없는 것은 놀랄 일이 아니다. 일부 나라는 증여세와 상속세를 폐지하였다. 이와 같은 상속세와 증여세 폐지로 인하여 상속세와 증여세를 유지하고 있는 나라(특히 영국에서 채택하고 있는 형태)에서 많은 논란을 야기한다. 왜냐하면 이런 종류의 세금을 피해 다른 지역으로 이동할 수 있는 사람들의 이동성을 증가시킬 수 있기 때문이다.

우리는 영국이 상속세를 폐지하기를 바라지는 않는다. 효율적인 면뿐만 아니라 점점 심각해지는 부의 불평등을 고려할 때 상속세의 폐지는 타당하지 않다. 하지만 현재 상속세 과세체계 그대로 유지하자는 주장은 설득력을 잃고 있다.

어떻게 결정이 되든지, 사망 시점에 야기되는 양도소득세 면제는 없어져야 한다. 양도소득세 면제는 상속세의 효과를 상쇄하여 과세 대상에게 제대로 세금을 부과할 수 없게 만든다. 이러한 과세체계는 사람들이 상속재산을 어떻게 구성하는지에 영향을 미치기 때문에 결코 정당화될 수 없다.

상속세 자체에 대한 최소한의 개혁은 현재의 제도를 약간 수정하는 방향으로 이루어질 수 있지만, 기업 재산과 농지는 상속세의 과세 대상으로 포함시켜야 한다. 이 경우 기업 재산과 농지에 대하여 40%보다 낮게 과세하는 것도 고려해 볼 만하다.

효율적으로 상속세를 부과하는 데 있어 가장 큰 문제점은, 현행 상속세가 피상속인의 사망 및 사망 인접 시점의 상속에만 과세를 한다는 점이다. 이것은 부유한 사람들에게 사망하기 전에 재산을 수증자에게 증여을 함으로써 상속세를 회피할 수 있는 기회를 제공한다. 상속세는 피상속인보다는 상속인(수증자)을 기준으로 부과해야 하며, 평생 동안 받은 상속 및 증여액을 과세 대상으로 하는 것이 바람직하지만, 실무적 측면에서 집행상 어려움도 고려해야 할 것이다. 이 경우 자진신고에 의존해서 세

---

28) Kay and King, 1990, p. 107.

금을 부과해야 할 것이다. 국제적인 이동성도 또 하나의 쟁점사항이다. 하지만 형평성과 경제적 효율성을 고려해 볼 때, 현행 과세체계보다 평생 동안 물려받은 상속 및 증여액에 세금을 부과하는 것이 타당하다. 현재의 애매한 상속세제는 상속세 폐지론자들에게 힘을 실어 주는 것밖에 안 된다.

토지세와 재산세

오늘날 대부분의 조세는 소득 혹은 소비과정에 부과된다. 그러나 토지 및 재산은 수 세기 동안에 걸쳐 과세되었으며, 소득세보다 분명히 더 예전부터 과세되어 왔다. 또한 대부분의 선진국들에서 여전히 중요한 세원을 구성하고 있다.

토지와 재산이 중요한 세원으로 유지되는 경제적 논거는 다음과 같다. 재산의 공급, 특히 토지의 공급은 가격에 매우 둔감하므로 사람들의 행위를 별로 왜곡시키지 않고 과세할 수 있다. 또한 일반적으로 토지소유권은 관찰 가능하고 설정이 용이하므로 세금을 납부해야 할 사람을 비교적 쉽게 식별할 수 있다. 토지와 재산의 식별이 용이하고, 그 지리적 위치를 변경할 수 없다는 사실 때문에 자연스럽게 지방정부의 재원조달을 위한 주요 세원이 되었다.

그러나 토지와 재산은 수많은 특성들로 이루어지는데 각 특성은 서로 다른 과세처분(tax treatment)을 필요로 하므로 **토지와 재산에 대한 과세방법을 결정하는 것**은 매우 복잡하다. 먼저, 주택을 사례로 들어 보자. 주택은 토지 위에 입지하는데, 토지는 특성상 공급이 고정되어 있어 토지에 대한 수익은 경제적 지대(economic rent)이므로 토지가치에 대해 과세할 수 있다. 그런데 주택이 사용자에게 서비스를 제공하는 것은 냉장고 혹은 자동차가 사용자에게 서비스를 제공하는 것과 마찬가지이다. 따라서 주택의 소비가치에 대해 부가가치세(VAT)를 과세해야 한다고 생각하는 것은 자연스럽다. 동시에 주택은 가치 있는 자산이며 그 가치는 주식의 가치처럼 변동한다. 따라서 주택소유권을 다른 저축과 마찬가지로 과세해야 할 저축의 형태로 볼 수 있다. 그 외에 소유자의 자가거주주택과 임대주택을 구분하는 것도 중요하다. 이상적으로는 이들을 동일하게 다루기를 원할 수 있지만, 영국에서는 현재 이들에 대해 매우 다르게 과세하며 자가거주를 우대한다.

다음으로, 사업용 부동산(business property)은 서로 다른 과세 처분을 요구하는 특성들로 이루어진다. 토지 위에 지어진 부동산에 대해서는 생산과정의 다른 생산요소와 동일하게 과세하면서 동시에 토지의 상업적인 이용은 토지의 다른 용도와 동일하게 과세하는 것을 이상적으로 생각할 수 있다.

토지와 재산에 대한 과세방법을 이해하기 위하여 유형에 따른 특성을 구별하는 것이 중요하며 이를 정리하면 다음과 같다.

- **토지**(land)는 사업용으로 이용되건 주거용으로 이용되건 관계없이 경제적 효율성 측면에서 상당히 높은 세율로 과세할 수 있다.
- **사업용 부동산**(business property)은 생산과정의 생산요소이며 효율성 측면에서는 과세하지 않는 것이 바람직하다.
- **소유자의 자가거주주택**(owner-occupied housing)은 소비재와 투자재의 특성이 결합되어 있으므로, 두 측면을 모두 고려하여 과세해야 한다.
- **임대주택**(rental housing)은 소유자의 관점에서는 투자재이며 임차인 관점에서는 소비재이다. 임대주택의 경우 자가거주주택과 유사한 수준에서 과세하는 것이 바람직하다는 것이 일반적인 추정이다.

이 장은 먼저 토지세(land value taxation, LVT)의 사례와 토지세의 실무적 어려움에 대한 논의로 시작한다. 우리는 토지가치에 과세할 것을 강력히 옹호하는 논거와 사업용 부동산 과세에 대한 강력한 반대논거를 대비시킨다. 다음으로 주택의 소비가치에 대한 과세를 살펴보고, 영국의 카운슬세(council tax)를 진정한 주택 소비가치에 대한 조세로 개혁해야 한다고 결론짓는다. 자산으로서 주택의 특성은 제13장에서 설명한 저축에 대한 과세체계에 주택이 포함되어야 함을 의미한다. 마지막으로 정당성 측면에서 논리를 찾기 어려운 세목인 인지세(stamp duty land tax), 즉 부동산거래세를 논의할 것이나.

그리고 본문에서 더 논의하지는 않지만 토지와 재산에 대한 과세에서 추가적으로 중요한 두 가지 과제를 인지하는 것이 중요하다.

첫째, 역사적으로 토지세 및 재산세를 당연히 지방세(local taxation)로 분류한다. 이는 부분적으로 재산세가 지방에서 제공하는 서비스에 대한 대가인 '편익조세'라는 견해를 광범위하게 수용하기 때문이다. 동시에 재산의 비(非)이동성을 반영하는데 이처럼 재산이 지역과 연계된다는 것은 분명하다. 영국의 지방정부는 수입의 대부분을 중앙정부로부터 직접 받지만 지방정부의 주요 세목인 카운슬세는 지역 내 재산가치를 불완전하게나마 반영한다. 영국은 매우 복잡한 형태의 '균등화'제도를 통해서 재산가치가 낮아서 세원이 부족한 지방정부들에게 더 많은 보조금을 지급한다. 이를 통해 만일 중앙정부 판단으로 모든 지방정부들이 적절한 수준을 지출하였다면, 동일한 재산가치에 대해 동일한 세율을 부과하기를 보장하도록 애쓴다. 우리는 이 주제를 더 이상 탐구하지 않을 것이다. 토지와 재산에 대한 과세방법의 질문은 대부분 과세권의 주체와 분리될 수 있다. 예를 들어, 카운슬세 개혁은 지방정부 지출능력 격차를 현재 수준에서 유지하도록 보조금의 조정과 동시에 이루어질 수 있다.

둘째, 토지와 재산은 사회적 그리고 경제적으로 매우 중요하다. 사회가 모든 인구를 편안하게 수용할 수 있는 충분한 주택을 보유하는 것은 중요하다. 토지를 사업용으로 개발할 것인가 혹은 주거용으로 개발할 것인가에 대한 결정은 경제구조에 영향을 미친다. 주택시장의 거시경제에 대한 영향은 매우 커서 영국이 유로화를 채택하지 않은 결정과 정기적인 이자율 결정 정책에도 영향을 미칠 정도이다. 주거용 토지와 사업용 토지의 이용 가능성을 증가시키려는 조세제도의 개편방안들이 제안되었으며 이러한 방안들은 주택시장의 변동성을 감소시킬 것이라고 주장되었다. 이런 과제들을 추후 관련된 절에서 언급하겠지만 우리 논의의 핵심은 아니다. 이런 내용의 범주를 크게 벗어나서 이제부터 바람직한 개혁에 관한 정책 선택을 더 중요하게 다룰 것이다.

16.1 토지가치에 대한 과세

16.1.1 경제적 논의

비록 많은 국가들이 재산과 그 재산이 소재한 토지의 **통합** 가치에 대해 조세를 부과하지만 토지와 재산을 별개의 세원으로 분리하여야 한다. 노벨경제학상 수상자인 윌리엄 비커리(William Vickrey) 교수는 '재산세는 경제학적으로 말하면 부동산 개량에 과세하는 최악의 조세와 토지가치에 과세하는 최선의 조세의 결합'이라고 주장하였다.[1] 이 장의 뒷부분에서 주택이 입지한 토지뿐만 아니라 주택에도 과세하는 것이 바람직하다는 논리를 주장할 것이다. 그러나 사업용 부동산에 대한 과세에 관해서는 비커리 교수의 주장이 지극히 올바른 것이었다.

토지 자체에 과세하는 토지세를 지지하는 경제적 논리는 매우 강하며 토지세에 우호적인 주장의 역사는 오래되었다. 토지소유권에 대한 과세는 그 과세가 어떤 바람직한 행위도 위축시키지 않는다는 의미에서 경제적 지대에 대한 과세와 동등하다. 토지는 생산된 요소가 아니다. 또한 토지 공급은 고정되어 있어서 조세 부과에 의해 영향 받지 않는다. 이용 가능한 토지의 양이 일정하므로 사람들은 조세 부과 후에도 토지에 대해 더 큰 금액을 지불하려고 하지 않을 것이다. 따라서 토지세(또는 토지세의 현재가치)는 1대 1로 토지 가격의 하락에 반영될 것이다. 이는 조세자본화(tax capitalization)의 고전적 사례이다. 조세를 부과하겠다고 발표한 날의 토지소유자는 소유 자산가치의 하락으로 예기치 않은 손실을 입을 것이다. 이 예기치 않은 손실이 토지세의 유일한 효과이다. 즉 토지를 구입하거나, 개발하거나, 혹은 사용할 유인은 변화하지 않을 것이다. 조세 부과 이전에 가치 있던 경제행위는 여전히 가치 있을 것이다. 더욱이 토지세는 토지소유자들의 노력이 아니라 외부 개발에 의해 토지소유자에게 발생한 편익을 포획할 것이다. 19세기 중반의 정치경제학자 헨리 조지(Henry George)는 토지가치는 개인의 노력이 아니라 지역의 노력에 의해 결정되므로 토지세는 공평한 것이라고 주장하였다.[2] 윈스턴 처칠(Winston Churchill)은 1909년의 영국 하원에서 이 주장을 호소력 있게 연설하였다.

"길이 만들어지고, 도로가 만들어지고, 서비스는 개선되며, 전깃불은 밤을 낮처럼 밝히고, 물은 수백 마일 떨어진 산속의 저수지로부터 공급되는데 지주들은 꼼짝 하지 않고 앉아 있다. 이러한 모든 개선은 노동자들과 다른 납세자들의 비용에 의해 이루어진 것이다. 토지 독점자는 이 개선의 어떤 것에도 기여한 바 없으나, 그의 토지가치는 이러한 모든 개선에 의해 상승한다. 그는 지역을 위해 어떤 서비스도 생산하지 않으며 공공복지를 위해 어떤 기여도 하지

---

1) William Vickery, 1999, p. 17.
2) Henry George, 1879.

않을 뿐만 아니라 그 자신에게 풍요를 가져다주는 과정에도 기여하지 않는다."

토지세(LVT)가 행동을 왜곡시키지 않을 것이라는 주장의 결점은 토지이용 규제를 감안할 때 사실상 토지 공급이 완전 비탄력적이지 않다는 것이다. 영국 및 대부분 국가의 정부는 토지를 특정 부분에 사용하도록 그 용도를 주거용, 사업용, 농업용 등으로 지정한다. 예를 들어, 농업용으로 지정된 토지는 주택 건설에 사용될 수 없다. 일반적으로 주거용으로 건축 허가를 받은 토지는 인접한 농업용 토지에 비해 훨씬 더 높은 가치를 갖는다. 2009년 1월에 영국 남동부에 위치한 경작 토지의 헥타르당 평균 가치는 2만 파운드였는데 산업용 토지는 헥타르당 130만 파운드였고, 거주용 토지는 250만 파운드였다.[3] 토지세는 용도 지정을 변경하기 위한 허가 신청의 유인을 한계적으로 감소시킬 수 있다. 그러나 용도 변경으로 획득할 수 있는 이득의 크기를 고려할 때 이것은 주요 이슈가 아닐 것 같다. 하지만 어떤 경우건 건축 허가는 시장 재화가 아니라 정책 변수이다. 토지세가 가치 있는 개발을 위축시킬 것으로 우려하는 정부는 건축 허가 신청서를 더 쉽게 수락하는 이용규제 완화로서 보상할 수 있다. 이를 직접 수행할 수 있지만, 일반적으로는 건축 계획을 결정하는 지방정부에게 신청서를 수락하도록 유인을 제공함으로써 달성할 수도 있다. 제공할 유인의 사례로는 규제 완화로 확대되는 세원에 의한 추가 수입의 일부를 지방정부에게 양도하는 것이다.[4]

'개발세(development taxes)' 혹은 '개량세(betterment taxes)'를 도입하여 용도 지정 변화에 의해 증가하는 임대료를 포획하려는 시도가 1947년, 1967년, 1973년, 그리고 1976년에 있었으나 성공하지 못했다는 사실은 언급할 만한 가치가 있다. 이러한 시도들이 실패한 것은 대체로 그 조세의 장기적인 지속 가능성에 대해 신뢰하지 않았기 때문이다.[5] 건축 허가를 신청하기 전에 정책의 전환을 기다릴 유인이 분명히 존재하였다. 용도 변경에 따른 지가 상승분을 과세하는 내용이 담긴 계획-이득에 관

---

3) Valuation Office Agency, 2009.
4) 이와 대조적으로 Bentick(1979)과 Oates & Schwab(1997)은 토지세가 매우 빠른 개발을 유도할 수 있다고 주장한다. 더 구체적으로 토지 이용 이득을 조기에 얻을 수 있도록 빠른 개발을 유도한다는 것인데, 이는 동일한 현재가치의 이득이 더 느리게 발생하더라도 여전히 토지가치에 즉각적으로 자본화될 것이어서 이득이 실현되기 전이어도 매년 과세될 것이기 때문이다. 이러한 왜곡은 토지의 시장가치 대신 '최적사용' 가치에 과세함으로써 회피될 수 있다(비록 '최적사용' 가치를 추정하기는 훨씬 더 어렵지만). 그러나 어떤 상황이건 이것이 토지세를 거부할 충분한 이유는 아닐 것 같다.
5) 이러한 역사는 Barker, 2004, box 4.2에 잘 정리되어 있다.

한 과세제도(Planning-Gain Supplement)를 도입하려는 최근의 제안[6]은 관심을 얻어서 구체적으로 논의되었으나 2007년 결국 폐기되었고 계획부담금이라는 덜 공식적인 제도가 확대되었다. 이는 용도 변경 허가로 증가한 가치의 일부를 포획하는 것이지만, 역사적으로 볼 때 계획-이득에 관한 과세제도 또는 토지세에 비하여 상대적으로 불투명하고 예측 불가능하였으며 일관되지 못하였다.

토지세는 건축 허가가 이루어진 시점에 한 번 부과되는 것이 아니라 매년 부과될 것이기 때문에 정책이 전환될 것이라는 기대로 인하여 개발을 지연하는 것과 동일한 유인을 발생시키지 않을 것이다. 비록 토지세가 다시 폐지된다고 하더라도 폐지를 기다리며 1년 동안 허가 신청을 지연하는 것은 기껏해야 건축 허가로 얻을 가치의 일부분(세율)을 그 추가적인 1년 동안 절약하는 것이다. 계획이득세(planning gains tax)와는 달리 토지세 폐지의 주요 이득은 미래 전체 기간 동안의 조세부담을 제거하는 것이므로 건축 허가가 토지세 폐지 이전에 이루어지건 혹은 이후에 이루어지건 관계없이 그 이득을 얻을 수 있다. 따라서 허가의 지연으로 얻을 수 있는 이득은 없다.

16.1.2 실무적 과제

토지세에 관한 경제학적 논리는 단순하고 거의 부정할 수 없다. 그런데도 토지세를 부과하지 않는 이유는 무엇일까? 왜 토지세 부과에 대한 주제는 주류 정치 토론에 거의 끼지 못하고 이에 대한 옹호자들은 미미하며 독특한 것으로 간주되는 걸까?

확실히 중요한 문제는 단순히 정치적 매력이 없다는 것이다. 토지세를 새로운 추가적 조세로 간주한다면 다른 새로운 조세만큼 인기가 없을 것이다. 따라서 토지세는 기존의 세목에 대한 대안으로서 추진되어야 하며, 추가적인 세수입을 징수하지 않아야 한다. 그럼에도 재산세에서 토지세로 전환하면 이득을 보는 사람과 손실을 입는 사람이 각각 많이 생길 것이다. 이는 정치적으로 어려운 일이다. 그러나 현재의 가정용 재산세(domestic property taxes)를 최근 가치로 전환하는 재평가 활동도 역시 승자와 패자를 만들어 낼 것인데 이는 정치가들이 이러한 재평가를 회피하는 이유이며 영국과 스코틀랜드에서 가정용 재산의 가치와 그에 비례하는 재산세 부담의 관계가 점차 약해지는 이유이기도 하다.

---

6) http://customs.hmrc.gov.uk/channelsPortalWebApp/channelsPortalWebApp.portal?_nfpb=true&_pageLabel=pageLibrary_ConsultationDocuments&propertyType=document&columns=1&id=HMCE_PROD1_024845.

토지세를 도입한다면 정치적 어려움뿐만 아니라 실무적인 문제가 제기될 것이다. 모든 토지에 대해 구성요소를 적절히 분해하여 가치를 평가하는 것은 엄청난 과제처럼 들린다. 하지만 그것이 불가능하다고 결론 내리지 말고 사업용 재산에 부과하는 재산세인 사업용 레이트(business rates)를 부과하기 위해 비가정용(즉 사업용) 재산의 가치를 평가하는 방법을 살펴볼 가치가 있다. 토지와 재산가치를 기록하기 위해 상세하게 고안된 장치가 이미 존재한다. 가치평가의 기준은 각 지방정부를 위한 '등급목록(rating list)'이며, 지방정부는 해당 지역에 연관된 모든 비가정용 재산을 인식하고 재산의 입지, 물리적 특성, 그리고 다른 경제적 조건에 입각하여 연간 임대가치를 추정한다.[7] 영국에는 대략 170만 개, 웨일즈에는 10만 개의 비가정용 재산이 있다. 등급목록은 감정평가원에 의해 편집되고 유지되는데, 이 기관은 2009~2010년 전임인력 기준으로 4,000명 이상을 고용하고 있다.[8] 등급목록은 특성 변화를 반영하여 재산의 수명기간 동안 개정되며 새로운 목록을 5년 단위로 편찬한다.

이처럼 사업용 재산을 평가할 엄청난 조직을 갖고 있으며 규칙적으로 그 가치들을 개정한다. 따라서 각 재산이 차지하고 있는 토지 면적의 가치를 이미 보유하고 있거나 혹은 과도한 비용의 지불 없이도 확보할 수 있다. 토지등록소는 각 재산의 경계에 대한 정보를 보유하며 면적 측정을 위해 이것을 활용할 수 있다. 할당된 면적의 크기에 대한 논쟁은 초기에 불가피하겠지만 이는 단 한 번의 이행문제일 뿐이다. 각 재산에 대한 측정에 동의하면 이는 곧 그 재산의 한 특성이 될 것이다. 에이커당 (혹은 헥타르당, 혹은 평방미터당) 토지가치를 제공할 수 있다면, 이를 재산 면적과 결합하여 암묵적으로 토지가치를 계산할 수 있다.

토지세를 부과하는 데 가장 큰 실무적인 장애는 토지가치를 토지 위에 세워진 구조물과 분리해야 한다는 것이다. 만일 토지시장의 거래가 매우 빈번하고 완전경쟁적이라면 토지가치를 직접 관찰할 수 있을 것이다. 그러나 대부분의 지역과 분야에서 (건물과 분리된) 토지거래는 드물다. 경쟁시장이 존재하지 않을 때 시장가격을 결정하는 것은 어렵다.

임대료에 과세할 것이기 때문에 토지세가 효율적이기 위하여 토지가치의 평가금액은 개략적으로조차 정확할 필요는 없음을 인식하는 것이 중요하다. 각 토지의 가

---

7) 시장 임대료 개념은 공공사업처럼 극도로 허약하므로 법률 공식을 사용하여 가치를 평가한다.
8) Valuation Office Agency, 2010.

격은 그것에 부과된 조세의 현재가치만큼 하락한다. 원칙상 조세의 효율성을 양보하지 않으면서 각 토지를 임의적인 다른 세율로 과세할 수 있다. 그러나 가치평가가 부정확한 만큼 납세자들 사이에 불평등이 발생할 것이다. 이 불평등은 현재의 재산세제하에서도 부정확한 가치평가에 의해 발생할 수 있으며 가치평가가 정확하지 못할수록 불평등은 악화될 것이다.

시장거래가 충분치 않음에도 토지의 에이커당 가격을 결정하는 것이 가능할까? 이에 대해 확실한 답을 할 수는 없지만 불가능하지 않다고 생각할 만한 이유들이 있다. 감정평가원(VOA)은 주거용 토지와 산업용 토지에 대해 지역별로 세분화하여 토지가치의 추정금액을 지금이라도 발표할 수 있을 정도로 참고할 수 있는 거래가 충분히 발생하고 있다. 시장거래가 드문 지역의 토지 가격을 결정하는 데 있어서 인정받은 방법들이 있다. 예를 들어, 유사한 건물들이 지역에 따라 가치가 다를 경우 총가치의 차이가 토지가치의 차이를 반영한 것임을 생각해 내는 것은 어렵지 않다. 또한 토지 가치평가에 대하여 덴마크와 미국 및 호주의 여러 주들에서 쌓아 온 국제적으로 상당한 경험을 활용할 수도 있다.[9]

케이트 바커(Kate Barker)는 포괄적인 검토를 통해 다음과 같이 결론지었다.[10]

"국가 차원에서 토지세를 부과하려면 전국적으로 토지소유권과 토지가치 기록부를 만들기 위한 추가적인 행정자원을 사용할 수 있다. 최근처럼 토지 가격 변동성이 존재할 때, 토지자산의 근본적인 가치에 대해 정확히 과세하기 위해서는 정기적인 가치평가가 필요할 것이다. 하지만 그런 체제를 상상하는 것은 불가능하지 않다. … 덴마크는 국가 차원의 토지세를 운영한다. 영국은 토지소유권과 토지가치에 대한 정보가 부족하므로 일단 더 포괄적인 토지기록부를 작성해야 한다."

최근의 미국 경험을 검토해 보면[11], 토지세를 성공적으로 실행하고 관리하는 것이 가능하다. 우리가 이를 영국에 적용하는 것에 대해 판단할 위치에 있지는 못하므로 정부가 토지세의 실행 가능성을 연구해야 한다고 제안한다. 앞으로 살펴보겠지만 비가정용 목적으로 사용되는 토지의 경우 토지가치를 분리하여 과세하는 것이 더욱 설득력 있기 때문에 실행 가능성에 대한 연구는 주택이 입지한 토지보다는 상업용과

---

9) 일본, 한국, 대만도 토지세의 경험을 갖고 있다. 국제적 경험에 대한 자세한 사항은 Andelson(2001) 참조.
10) Barker, 2004, 문단 4.14.
11) Dye & England, 2008.

농업용 토지에 대해 먼저 이루어져야 한다.

16.1.3 사업용 레이트를 대체하기

영국에서 사업용 재산은 국가의 비가정용 레이트(non-domestic rate 혹은 사업용 레이트)로 과세되며 이는 재산의 추정 임대가치에 일정 비율로 부과하고, 가치가 낮은 재산에 대해서는 세율을 인하한다. 2009~2010년 사업용 레이트로 240억 파운드를 징수하였는데 이는 총조세수입의 4% 이상을 차지하고 있다.[12] 관리는 지역적으로 이루어지지만 이는 국세이며 중앙정부가 세율을 결정하고 모든 재정수입은 국고로 들어간다.

사업용 레이트는 좋은 조세가 아니다. 사업용 레이트는 농업을 면제하는 등 사업의 종류에 따라 차별적으로 과세한다. 보다 근본적으로 경제학적 관점에서 볼 때 사업용 재산은 기업의 생산과정에 투입되는 생산요소이다. 더욱이 사업용 재산은 생산된 생산요소 혹은 중간재로서 다른 형태의 물적 자본과 경제적 성격이 동일하다. 제6장에서 논의했듯이 효율적인 조세체계는 생산요소에 대한 기업의 선택을 왜곡시키지 말아야 하며, 따라서 생산과정에 사용되는 중간재에 과세하지 말아야 한다. 이것은 조세에 대한 경제학의 중요한 원리이다. 사업용 레이트의 주요 효과는 영국에서 재산 집약적 생산을 저해하도록 경제행위를 인위적으로 왜곡한다는 것이다.

사업용 레이트의 다른 효과는 사용되지 않거나 개발되지 않은 토지를 다루는 실무적 측면에서 발생한다. 이들 토지에 대해 사업용 레이트는 저율의 세율을 적용하거나 세금을 아예 부과하지 않는데 이는 토지를 비효율적으로 사용하도록 명백히 왜곡된 유인을 제공한다. 실제로 재산소유자들이 사업용 레이트를 회피하기 위하여 재산을 철거한다는 헤드라인을 내세운 신문 기사들이 빈번하였다. 이는 쟁점을 상당히 냉혹한 관점으로 내몬다. 만일 토지 위의 재산은 과세 대상인데 그 토지는 과세 대상이 아니면서 그 재산이 사용되지 않고 있다면 조세에 의해 철거할 유인이 발생한다. 비어 있거나 사용되지 않는 재산을 낮은 세율로 과세한다면 재산을 사용하는 것에 대해 조세에 의한 불이익이 발생한다. 반면 토지세는 이러한 왜곡문제들을 발생시키지 않는다.

비가정용 재산에 과세하는 것은 비효율적이므로 조세를 부과하지 말아야 한다. 그

---

12) H.M. Treasury(2010b), Table C11.

러나 이미 존재하는 사업용 레이트를 지금 폐지하는 것은 사업용 토지 및 재산 소유
자들에게 예기치 않은 이득을 제공한다. 예기치 않은 이득을 나누어 주는 것은 납세
자 세금을 비효율적으로 사용하는 것이며 예기치 않은 이득의 분배는 불공정할 것이
다. 일반적으로 예기치 않은 이득을 얻을 사람들은 이전에 사업용 레이트에 의해 손
실을 입은 사람들과 동일하지 않을 것이다. 왜냐하면 사업용 레이트 폐지에 의해 이
득을 얻을 사람들은 (사업용 레이트가 재산의 구매가격에 자본화되었을 것이므로)
예상 세액이 반영되어 낮아진 가격에 그 재산을 구매한 사람일 것이기 때문이다.

하지만 사업용 레이트가 토지세로 대체된다면 사업용 레이트 폐지에 따른 예기치
않은 이득은 토지세 도입에 따른 예기치 않은 손실에 의해 상쇄될 것이다. 그 상쇄가
각 재산별로 정확히 이루어지지는 않을 것이다. 즉 개발이 많이 된 재산의 소유자들
은 이득을 얻을 것이지만, 미개발 토지의 소유자들은 손실을 입을 것이다. 그러나 재
산가치가 대체로 재산이 입지한 토지 가격에 의해 결정된다면 그 상쇄는 매우 근접
하게 이루어질 것이다. 조세 수입에 중립적인 개혁이 이루어진다면 적어도 평균적으로
는 예기치 않은 이득이나 손실이 발생하지 않을 것이다.

제도 전환에 따른 비용을 낮추기 위하여 개혁은 점진적으로 수행되어야 한다. 사
업용 레이트를 재평가할 때 발생한 것과 유사하게 전환 과정에서 가장 큰 영향을 받
는 사람들을 보호해야 한다. 그러한 개혁에서 ― 필수적인 것은 아니지만 ― 농업용
토지는 비록 대부분의 경우 가치가 충분히 낮아서 실제로는 세금이 적거나 전혀 없
겠지만 과세 대상에 포함되어야 한다.

현재 이용 가능한 자료로는 사업용 레이트를 세수 중립적으로 대체하기 위해 필요
한 상업용 토지에 대한 토지세 세율을 정확히 추정하기 어렵다. 단순 계산에 따르
면[13], 토지가치에 대해 연간 약 4%의 세율로 부과했을 때 동일규모의 세수를 징수할
수 있다. 사업용 레이트를 인하하면서 토지세를 점진적으로 도입할 수 있다. 예를
들어, 토지가치에 대해 0.5%의 세율로 시작하여 인상하는 방식을 취할 수 있다. 사업
용 재산에 대한 거래세도 토지세로 대체하는 것이 이상적일 것이다. 부동산거래세의
비효율성은 16.3절에서 논의할 것이다.

---

13) Muellbauer(2005)는 사업용 레이트를 현재 수준의 절반으로 유지하는 반면, 사업용 토지에 대해 2%의 세
　율로 토지세를 부과할 것을 권고하면서 이는 대체로 세수 중립적일 것으로 추정하였다. 그는 헥타르당 가격
　이 2만 파운드 미만의 토지에 대해서는 면세를 제안하는데 이는 대부분의 농업용 토지를 과세 대상에서
　배제시킬 것이다.

이제 토지세에 대해 더 이상 설명하지 않겠다. 토지세로의 개혁과정에서 발생하는 행정적 어려움을 합리적인 비용으로 해결할 수 있는지에 대해 확실히 말할 순 없지만, 토지세 개혁이 근본적인 문제를 초래하지는 않을 것이다. 이 개혁은 매우 강력한 아이디어이지만 정부에 의해 철저히 무시되어 왔으므로, 정부는 이제 정식으로 작동 가능한 체제를 빈틈없이 고안하는 일을 반드시 수행해야 할 것이다. 특히 비효율적이고 대단히 잘못된 사업용 레이트를 폐지하고 토지세로 대체할 수 있다면 조정 비용이 크더라도 지불할 가치가 있을 것이다.

그러나 토지세로의 전환이 정치적으로 혹은 실무적으로 불가능할 운명이라면 무엇을 해야 할까? 사업용 레이트는 법률에 의해 물가상승률보다 더 빨리 상승할 수 없도록 제한받고 있으므로 사업용 레이트의 중요성은 최근에 다른 세원에 비하여 점차 감소하고 있다. 사업용 레이트의 왜곡 효과를 고려할 때 그것의 종말이 당겨지는 것은 다행이지만, 토지세와 같은 괜찮은 대안이 없는 상황에서 그 종말을 권고하는 것은 두 가지 측면에서 조심스럽다.

첫째, 이미 설명한 것처럼 사업용 레이트를 폐지하기만 한다면 사업용 토지와 재산 소유자들에게 예기치 않은 이득을 발생시키는데 이는 바람직하지 않다. 둘째, 사업용 레이트는 바람직하지 못한 많은 성질을 갖고 있지만, 적어도 어느 정도는 토지 가치에 대한 과세의 성격을 띠고 있다. 비커리 교수의 문장을 달리 표현하면 사업용 레이트는 토지를 과세 대상으로 삼는다는 바람직한 요소와 건물을 과세 대상으로 삼는다는 바람직하지 못한 성격을 모두 지니고 있다. 이 두 가지 구성요소를 분리해서 다룰 수 없다면 그 조합에 대해 과세하는 것이 토지에 대해 전혀 과세하지 않는 것보다는 나을 수 있다.

16.2 주택

이제부터는 복잡하고 논쟁이 많이 벌어지는 과제인 주택에 대한 적절한 과세방법에 대해 논의하기로 한다. 사업용 재산에 대한 과세를 정당화하는 좋은 논리는 없는 반면, 주택에 대한 과세에 대해서는 좋은 논리가 존재한다. 주택은 과세방법을 설계할 때 고려해야 할 두 가지 주요 특성을 갖는다.

- 첫째, 주택에 산다는 것은 주택이 제공하는 서비스를 소비하는 것이다. VAT와 같은 소비세를 운용하고 있다면, 어떤 형태로든 주택도 소비세 부과 범위에 포함되어야 하는 것이 타당하다고 할 수 있다.
- 둘째, 주택 소유자는 가치 있는 자산을 소유한 것이다. 실제로 그들의 가장 가치 있는 자산이 주택이다. 주택의 가치는 오르거나 내릴 수 있다. 그런 의미에서 자가거주주택도 다른 자산과 동일하므로 제13장에서 다루었던 저축 과세에 관한 논의 내용을 적용하여야 한다.

이 두 특성의 차이는 민간 임대 재산의 경우에 분명하다. 주인은 자산에 투자하고 임차인은 서비스의 흐름을 소비하며 대가를 지불하는 것이다. 이 두 특성은 자가거주주택에서도 분명히 나타난다. 즉 자가거주자는 주인인 동시에 임차인이다. 현재의 조세제도는 임대 재산과 자가거주 재산을 다르게 취급하며 자가거주에 대해 우호적으로 왜곡한다. 이와 달리 모든 주택을 소비의 한 형태이며 동시에 자산의 한 형태로 일관되게 취급한다면 그런 왜곡은 제거할 수 있다. 앞으로 논의할 예정이지만 이러한 이상적인 과세는 실제로는 어려울 것이다. 하지만 우리가 목표로 삼고자 하는 것을 분명히 드러내는 것은 중요한 일이다.

우리는 먼저 첫 번째 특성인 주택의 소비 특성을 다룰 것이다. 다음으로, 자산으로서 주택에 대해 과세하는 방법을 고려하겠다.

사업용 재산에서처럼 토지에 대한 조세와 건물에 대한 조세는 원칙상 분리될 수 있다. 특히 소비재로서 혹은 자산으로서 주택에 대한 효율적 조세와 관계없이, 주택이 입지한 토지는 임의적인 높은 세율로도 효율적으로 과세될 수 있다. 주택에 대해서 하나의 세율로 주거용 건물에 과세하고 다른 (아마도 더 높은) 세율로 주거용 토지에 과세하는 '이중구조'의 조세를 부과할 수 있다. 일부 미국 도시가 그런 조세를 갖고 있다. 그러나 우리는 그런 조세를 제안하는 데 조심스럽다. 그 이유는 대체로 주택의 경우 사업용 재산과는 달리 토지뿐만 아니라 건물도 과세해야 한다는 강력한 논거가 있기 때문이다. 토지와 건물을 통합 과세하는 것은 주거용 토지와 주거용 건물을 분리하여 가치를 평가하고 과세하는 과정에서 추가적으로 필요한 복잡한 과정을 줄일 수 있다는 분명한 장점이 있다.

따라서 우리는 토지와 건물을 통합 과세하는 조세를 논의할 것이다. 그러나 만일 토지세가 먼저 비가정용 부문에서 성공적으로 집행될 수 있다면 향후에는 이를 가정용 재산에도 적용해 볼 수 있을 것이다.

16.2.1 주택의 소비가치에 대한 과세

주택을 매우 큰 냉장고 혹은 자동차처럼 대형 내구소비재로 생각할 수 있다. 대부분의 내구소비재에 대한 과세를 고려할 때 신제품일 때의 가격에 대해 VAT를 부과하는 것이 적절할 것이라고 추정하는 것에서 시작한다. 이는 내구재의 가격 자체가 그 내구재가 제공할 것으로 예상되는 서비스 흐름의 현재가치를 반영하기 때문이다. 새로 구입한 상품에 대해 지불한 VAT는 사실상 창출될 서비스 흐름에 대해 세금을 미리 지급하는 것이다. 자연스런 출발점은 동일한 접근방식을 주택에 적용하는 것이다. 그러나 현재 영국은 OECD 국가들 중 유일하게 주거용 재산의 건설과 판매에 대해 0%의 VAT를 적용한다.[14]

주택은 다른 내구소비재와 크기에서만 다른 것은 아니다. 주택은 많은 경우 수백 년에 이르기까지 매우 오랜 기간 지속된다. 이는 VAT를 부과하는 데 두 가지 어려움을 초래할 수 있다.

첫째, 주택은 매우 오래 유지되기 때문에 주택의 소비가치는 시간에 따라 크게 변화할 수 있다. 그러므로 초기에 지급한 가격이 주택이 궁극적으로 제공하는 소비서비스 가치에 대한 적절한 근사치가 아닐 수 있다. 이상적인 과세방법은 어떤 주택이 처음에 예상한 것보다 더(덜) 가치 있는 서비스를 제공했을 때 그 차이를 과세(보조)하는 것이다. 이는 원칙적으로 모든 내구재에 성립하지만 주택의 경우에는 훨씬 더 그렇다.

둘째, 신축 건물에 대해 VAT를 부과하기를 원한다고 하더라도 수십 년 동안 영국의 기존 주택 대부분에 대해서는 어떤 조세도 부과할 수 없을 것이다. 기존 주택이 지속적으로 제공하는 소비서비스의 흐름에 대해서는 과세하지 않으면서 신축 주택에만 과세하는 것은 문제가 많다. 이는 인위적으로 기존 재산의 과도한 사용을 유도할 것이며 기존 주택 물량으로부터 조세수입을 포기하게 되어 현재 주택 비소유자가 부담하는 비용으로 주택 소유자에게 예기치 않은 이득을 제공한다는 것을 의미한다. 하나의 대안[15]은 신축 재산과 현존 재산 모두에 대해 다음 번 팔릴 때 과세하는 것이

---

14) 일반적으로 VAT는 기존 재산의 재개발에는 부과되지만 신축 건물에는 부과되지 않으므로 현 조세체계는 개발업자가 버려진 부지를 재개발하기보다는 건물을 신축하도록 유인한다.

15) Crawford, Keen, & Smith(2010)가 제안한 것이다.

다. 이는 그 시점까지의 소비서비스에 대해서 소급하여 과세하지 않고 이후에 발생할 것으로 예상되는 소비서비스 흐름에 과세하는 것이다. 그러나 이 대안은 사람들이 세금부담을 늦추려고 노력함에 따라 거래 쌍방이 이득을 얻을 수 있는 거래를 막도록 작용할 것이다.[16) 또한 이 대안은 계획이득세의 사례처럼 거래가 이루어지기 전에 미래의 정부가 조세를 폐지하기를 기다리는 단순한 방법에 의해 완전히 회피될 가능성도 있다.

그러므로 만일 우리가 주택의 소비가치에 과세하길 원한다면 첫 구매 시점보다는 서비스가 소비되는 시점에 과세하는 것이 최선이다. 따라서 재산의 (소비)가치와 관련하여 매년 과세할 것을 제안한다.

이 경우 바로 주의해야 할 사항은 VAT가 이미 부과된 주택 개량으로 인해 상승한 재산가치에 대해서는 연간 단위의 조세를 부과해서는 안 된다는 것이다. 이를 부과하면 이중과세가 된다. 원칙적으로 증축비용 같은 지출에 대해 영세율로 과세하거나 혹은 '개량되지 않은' 재산의 소비가치에 대해서만 과세함으로써 이중과세를 피할 수 있다. 그런데 이 중 후자의 방법은 장기적으로 매우 비현실적인 것처럼 보인다. 예를 들어, 2010년의 가치에 근거해서 2050년에 재산세를 부과하는 것은 이상한 일이다. 따라서 개량에 대해 부가가치세를 부과하지 않는 첫 번째 방법이 선호된다. 원칙에 따르면 재산가치에 영향을 미칠 개량에 대해서만 영세율을 부과해야 한다는 것이다. (다른 말로 표현하면, 가치평가는 단지 VAT가 0%였던 개량만을 반영해야 한다.) 그럼에도 불구하고 현실에서 그 자격을 갖춘 개량을 정의하고 실행하는 것은 어려울 수 있다. 이것은 이러한 과세체제의 불완전성을 받아들여야 하는 영역일 수 있다.

(1) 카운슬세

재산의 소비가치와 연관된 조세는 이미 영국에서 실행하는 조세인 카운슬세와 다소 닮은 데가 있다. 주택 소비가치에 조세를 부과하길 원한다면 이미 시행 중인 것에 기반을 두는 것이 합리적이다.

카운슬세는 가정용 재산의 모든 점유자에게 부과된다.[17) 잉글랜드와 스코틀랜드에서 카운슬세를 부과하는 데 모든 주택을 (A에서 H까지의) 8개 구간 중 하나에 배

---

16) 이 효과에 대해 다른 방식으로 생각할 수 있다. 즉 다음 거래 이후에 소비될 주택서비스에 대해서만 과세하므로 거래를 가능한 지연시킴으로써 조세를 극소화할 것이다.
17) 엄격하게 말해서 모든 점유자는 아니다. 대부분의 학생과 일부 집단은 면제된다.

| 표 16.1 | 잉글랜드 카운슬세의 구간 및 세율

구간	주택가치 (1991년 4월 1일 현재)	각 구간 내 주택 수 (2010년 9월 현재)[a]	세율 (구간 D 대비 비율)	구간 D의 평균세율을 설정한 지방정부의 구간별 세액 (2009~2010년 기준)
A	40,000파운드 미만	5,700,000	6/9	959파운드
B	40,001~52,000파운드	4,500,000	7/9	1,119파운드
C	52,001~68,000파운드	5,000,000	8/9	1,279파운드
D	68,001~88,000파운드	3,500,000	9/9	1,439파운드
E	88,001~120,000파운드	2,200,000	11/9	1,759파운드
F	120,001~160,000파운드	1,100,000	13/9	2,079파운드
G	160,001~320,000파운드	800,000	15/9	2,398파운드
H	320,000파운드 이상	100,000	18/9	2,878파운드

[a] 출처 : http://www.communities.gov.uk/localgovernment/localgovernmentfinance/counciltax/
http://www.voa.gov.uk/publications/statistical_releases/council-tax-valuation-list-1993-england.html.

치한다. 구간이 높아질수록 높은 카운슬세를 부과한다(〈표 16.1〉 참조). 평가가치의 구간은 1991년 4월 1일 기준으로 추정된 각 주택의 시장가치에 근거한다. 이 조세가 도입된 이후 영국과 스코틀랜드에서 재산 재평가는 전혀 이루어지지 않았다.[18] 카운슬세의 각 구간별 세액 비율은 중앙정부가 설정하지만, 카운슬세의 전반적인 수준은 (중앙정부가 조세수입 상한선을 선택할 수 있다고 하더라도) 지방정부가 결정하며 조세수입도 지방정부가 보유한다.

1인 거주 주택에 대해 25%를 할인하며 제2의 주택과 빈 주택도 할인해 주는데 그 크기는 지방정부가 결정한다. 현재 소득이 낮은 자들의 조세부담을 경감하기 위해 사회보장급여인 카운슬세 급여(Council Tax Benefit)를 이용할 수 있다. 2009~2010년카운슬세 급여를 뺀 카운슬세 수입은 250억 파운드이며 잉글랜드의 재산당 연간 평균 세액은 1,175파운드이다.[19]

〈표 16.1〉은 세 가지 분명한 사실을 제시한다. 첫째, 재산은 낮은 구간에 집중되어 있다. 모든 재산의 2/3는 하위 세 구간에 속하는 반면, 상위 세 구간에 속하는 재산은 1/10 미만이다. 둘째, 조세는 재산가치보다 천천히 상승한다. 구간 H의 조세는 구간

---

18) 웨일즈에서는 (2003년 4월의 재산가치에 근거해서) 재평가가 이루어졌고 아홉 번째 구간(구간 I)이 도입되었으며, 이를 2005년 4월부터 적용하였다.

19) HM 재무성의 조세통계(2010b, table C11). 평균조세액은 지역사회·지방자치부(Communities and Local Government) 자료 참조, http://www.communities.gov.uk/documents/statistics/xls/1349754.xls.

D 조세의 2배인 반면, 구간 H의 가장 저렴한 주택은 구간 D의 가장 저렴한 주택에 비해 4배 이상 가치가 높다. 따라서 조세는 세원에 비해 역진적으로 고안된 것이다. 따라서 주택의 가치가 높을수록 그 가치에 대한 카운슬세의 비율은 낮아진다. 셋째, 최상위 구간은 1991년 기준 32만 파운드를 초과하는 모든 재산을 포함하므로 구간 내 재산들의 가치가 여러 배에 달할 만큼 서로 다르다. 반면에 최하위 구간은 1991년 4만 파운드 미만의 모든 재산을 포함한다. 최상위 구간의 넓은 범위와 최하위 구간에 집중된 재산의 수로 판단할 때, 카운슬세는 동일한 구간의 재산들 사이를 차별화하는 데 실패하였음을 보여 준다. 또한 그렇게 오래전의 가치평가에 기초하기 때문에 현재의 세액은 그 이후 가격의 상대적 변화를 반영하지 못하므로 당연히 이 조세의 원래 의도를 달성하지 못한다.

카운슬세는 인기 없는 조세이다. 그 이유는 여러 가지이다. 이 조세는 눈에 매우 잘 띈다. 기업들은 조세의 88%를 면제받는 반면[20], 거의 대다수의 사람들에게 카운슬세는 개인적으로 지불해야 하는 유일한 조세 중의 하나이다.[21] 이 때문에 사람들은 이 조세의 중요성을 과대평가한다. 이 조세는 신장성(buoyancy)도 부족하다. 따라서 GDP 증가율은 고사하고 물가상승률만큼이라도 따라잡기 위하여 매년 '세액인상'을 발표해야 한다. 카운슬세는 특히 '자산부유, 현금빈곤(asset-rich, cash-poor)' 계층의 사람들에게 부담스러울 수 있다. 왜냐하면 카운슬세는 특이하게도 현금흐름과 연계되지 않기 때문이다. 또한 사람들이 재산가치와 연계된 조세를 불공정하다고 생각한다는 증거가 있다.[22] 이것은 조세의 공정성을 조세와 부의 관계보다는 조세와 소득의 관계에 더 밀접하게 연계된 것으로 인식한다는 사실을 반영하는 것 같다. 그러나 주택서비스의 소비는 다른 소비처럼 적절한 세원이며 평생소득 혹은 평생지불 능력의 좋은 지표이다. 따라서 이상에서 논의한 이유들이 적어도 경제학적 시각에서는 반대 이유로 적절하지 않은 것으로 보인다.

카운슬세가 인기 없다는 것이 정부가 재산가치 재평가를 수행하지 않으려는 주요 이유이다. 다른 이유는 재평가라는 것이 불가피하게 이득을 얻는 자와 손실을 입는 자를 만들어 내며, 손실 보는 자들은 매우 강경하게 저항할 것이기 때문이다. 이는 바람직한 변화를 막는 '현상 유지의 폭정'이라는 가장 지독한 시위 중의 하나이다.

---

20) 2006~2007년도 수치. 출처 : Shaw, Slemrod, & Whiting(2010).
21) 그 외에 자동차물품세(vehicle excise duty)가 있다.
22) Lyons, 2007, p. 226.

이 경우 시간이 지날수록 상대적 재산가치가 1991년 상태로부터 점점 더 벌어지므로 문제는 더욱 악화된다. 벌써 상대적 조세납부액의 변화가 매우 커질 때까지 회피되어 왔다. 카운슬세 재평가를 20년 동안 미루어 오면서 현상의 모순은 점점 더 명백해졌다. 어떤 재산세건 규칙적인 재평가가 필요하며, 이 과정은 가능한 한 빨리 진행되어야 한다.

(2) 주택서비스세

카운슬세는 분명히 중요한 결함을 갖고 있으며 주택에 대해 당연히 부과하여야 할 VAT를 현재 부과하지 않고 있다. 따라서 이 문제들을 동시에 다룰 개혁 방안으로 '주택서비스세(housing services tax, HST)'라고 명명한 조세의 도입을 제안한다.

우리는 이미 제6장에서 VAT의 목적은 최종 소비에 과세하는 것이라고 언급하였다. 이는 일반적으로 신상품 구입에 대해 조세를 부과함으로써 달성되지만, 주택의 경우 연간 단위로 주택서비스의 흐름에 대해 과세하는 것이 더 바람직하다. 불확실성이 존재하지 않는 효율적인 시장에서 주택의 시장가치는 자본화된 주택서비스의 가치이므로 주택서비스 흐름에 대한 과세는 그 주택이 신축될 때의 시장가치에 대한 VAT와 동일하다. 서비스 흐름에 대한 과세는 (어떤 이유로든) 신규 주택 가격에 반영되지 않은 주택서비스를 포착할 수 있다는 이점이 있으며 기존 주택에도 적용될 수 있으므로 VAT로의 전환에 의해 초래될 이행 문제를 발생시키지도 않는다. 더욱이 주택서비스에 대한 연간 단위 조세는 운영에 있어서 카운슬세와 유사할 것이므로 이행 문제를 더욱 줄일 것이다.

주택서비스에 대한 조세는 카운슬세 도입 이전 제도인 가정용 레이트(domestic rates)와 훨씬 너 유사한데, 이는 재신의 추정 임대가치의 일정 비율을 과세하였다. 흥미롭게도 북아일랜드는 여전히 가정용 레이트를 개혁하여 실행 중인데, 대체로 재산들의 2005년 가치에 대한 비율로써 부과한다. 하지만 다양한 감면제도와 2005년 가치가 40만 파운드를 초과하는 재산에 대해서는 정확히 40만 파운드의 가치로 간주하는 상한선을 갖고 있다.

주택서비스세(HST)는 재산을 임대하건 혹은 자가 거주하건 관계없이 각 재산의 임대가치에 대해 단순한 평률로 부과되어야 한다. 지역사회 · 지방자치부에 따르면 잉글랜드의 2009년 평균 주택 가격은 약 20만 파운드였고 2009~2010년 평균 카운슬세 세액은 1,175파운드였다. 이는 재산가치의 약 0.6%를 과세하면 평균 세액을 변화시키지 않으므로 세수 중립성을 유지하게 된다.[23] 연간 임대가치가 자본가치의 약 5%라면 이는 연간 주택서비스 가치에 대해 약 12%의 주택서비스세를 부과하는 것과 동일할 것이다. 그러나 16.3절에서 논의할 주거용 재산 거래세의 폐지에 따른 세수 감소를 상쇄하려면 HST 세율을 더 인상할 수 있다. 부동산거래세 수입은 변동하므로 이를 폐지할 때 HST 세율을 얼마나 인상해야 세수 중립적일 것인지에 대해 신뢰할 수 있는 예측은 어렵다. 그럼에도 HST 세율은 현행 부가가치세 세율인 17.5%보다는 조금 낮게 유지될 것으로 추측된다. 장기적으로 HST 세율을 17.5%까지 추가 인상하는 것이 바람직할 수 있지만 그것이 수반하는 예기치 않은 손실과 주택과세제도 개혁에 대한 정치적 민감성을 고려하여 우리는 더 실용적인 중기 목표로 현재 제도와 세수 중립적인 세율 설정을 주장한다.

〈그림 16.1〉은 카운슬세만의 세수를 대체하도록 고안된 HST에서 세액의 변화를 예시하며 〈그림 16.2〉는 이러한 변화가 완전히 자본화된다면 주택 가격에 미칠 효과를 제시한다. 특성들의 대부분은 이 그림들의 왼쪽에 나타난다. 대부분의 주택들이 포함되는 시장가치 약 25만 파운드 미만인 주택들의 경우, 세액은 하락하고 주택 가격은 약간 상승할 것이다. 반대로 그 가격 이상인 주택들의 경우, 세액은 증가하고 주택 가격은 하락할 것이다. 비록 현재가치가 100만 파운드인 주택의 가치는 약 6% 하락할 것이라고 하더라도 이러한 주택 가치의 변화는 많은 특성들과 비교할 때 중요한 것은 아닐 것이다. 그러나 〈그림 16.1〉에 표시하지 못했지만 1인 가구의 경우 현재 카운슬세를 25% 할인받고 있으므로 재산 가격이 25만 파운드보다 상당히 낮더라도 세액이 증가할 것이다.

카운슬세와 HST는 명백하게 다음의 네 가지 주요 차이가 있다.

(a) 카운슬세는 1인 거주자와 두 번째 주택 및 빈 주택에 대해 할인을 제공한다. 이것은 (다른 왜곡과 함께) 주택량의 비효율적 사용을 유도한다. 그러나 HST는 이런 특성을 갖지 않을 것이다.

(b) 카운슬세의 구간별 세율은 구간 가치에 대해 비례적이지 않다. 이는 더 가치

---

23) 그러나 이 숫자는 매우 불확실하다. 다양한 출간 통계자료에 기초한 서로 다른 계산들은 조세수입 중립적인 세율을 다르게 제시한다. 일부는 0.6%보다 높고 일부는 이보다 낮다. 어떤 경우든 다음에 논의할 예정이지만 재산 가격들이 오르내리므로 카운슬세와 동일한 세수를 낳는 세수 중립적인 세율은 연도별로 상당히 다를 것임에 틀림없다. 예를 들어, 2009~2010년에 북아일랜드에서 부과된 세율은 지역에 따라 0.55%부터 0.74%의 범위에서 서로 다르다.

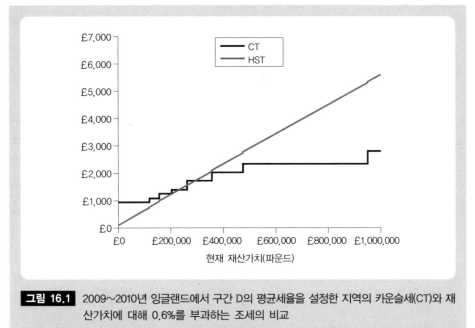

그림 16.1 2009~2010년 잉글랜드에서 구간 D의 평균세율을 설정한 지역의 카운슬세(CT)와 재산가치에 대해 0.6%를 부과하는 조세의 비교

주 : 카운슬세를 위한 그림은 1인 가구에 적용되는 할인을 받을 수 없으며 1991년 4월 이후 재산 가격이 185%로 균일하게 상승하였다고 가정한다.

출처 : 저자가 계산한 것이다.

있는 재산, 특히 가장 가치가 높은 재산에 대해 우호적이므로 불공정하고 비효율적이다.

(c) 카운슬세 세액은 구간 내에서는 변하지 않는다. 이는 다시 각 구간 내에서 더 가치 높은 재산에 우호적이다. 그러나 순수한 HST는 가치의 연속적인 측정에 기초하여 과세될 것이다.[24]

(d) 카운슬세는 현재가치가 아니라 1991년의 상대적인 재산가치에 대해서 부과한다. 이는 그 이후 평균 이상 상승한 재산에 대해 우호적이므로 불공정하고 비효율적이다.

우리는 주택 가격의 상대적인 변화에 대한 종합적인 자료를 갖고 있지 않기 때문에 〈그림 16.1〉과 〈그림 16.2〉에서 (d)를 설명하지 못한다. 또한 가구 특성에 대한

---

24) 행정적인 이유로 구간화하는 경우가 있을 수 있지만, 북아일랜드에서 혹은 개혁 이전의 가정용 레이트 제도에서 구간화가 필요하다고 생각하지는 않았다.

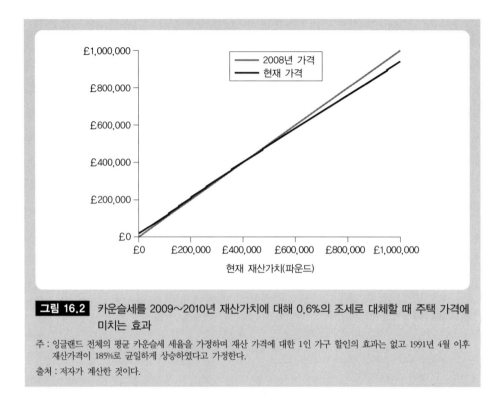

그림 16.2 카운슬세를 2009~2010년 재산가치에 대해 0.6%의 조세로 대체할 때 주택 가격에
미치는 효과

주 : 잉글랜드 전체의 평균 카운슬세 세율을 가정하며 재산 가격에 대한 1인 가구 할인의 효과는 없고 1991년 4월 이후
　　재산가격이 185%로 균일하게 상승하였다고 가정한다.

출처 : 저자가 계산한 것이다.

자료는 카운슬세 구간 내의 재산가치 분포에 대한 정보를 포함하지 않는다. 따라서
개혁에 의해 이득을 얻거나 손실을 입을 가구들의 종류를 더 자세히 살펴보기 위해
서 (c)를 무시하여야 한다. 우리는 〈그림 16.3〉처럼 근사치로 모형화하는데, 여기에
서는 각 카운슬세 구간의 현재 세율을 각 구간 중간점의 재산가치에 비례하는 세제
로 조정한다(또한 1인 가구 할인도 폐지한다). 재산가치로 조정한 세수 중립적인 세
율은 각 구간의 중간가치에 대한 0.6%이다.[25]

　대체로 이런 형태의 개혁은 누진적이다. 일반적으로 부유한 사람이 더 비싼 주택
에 산다. 〈그림 16.4〉에서 소득 2분위부터 8분위까지에 속한 가구는 평균적으로 이
득을 얻으며 9분위와 최고 소득 분위의 집단은 손실을 입는다는 것을 제시한다. 그러
나 최저 소득 분위 집단이 평균적으로 손실을 입는다는 것은 설명이 필요하다. 최저

---

25) 최고 구간인 구간 H는 중간점이 존재하지 않는다. 우리는 그 구간을 1991년 최저 가치보다 8만 파운드를
　　초과하는 40만 파운드로 가정한다. 이는 구간 G의 최저 가치부터 구간 G의 중간점까지의 거리와 동일
　　하다.

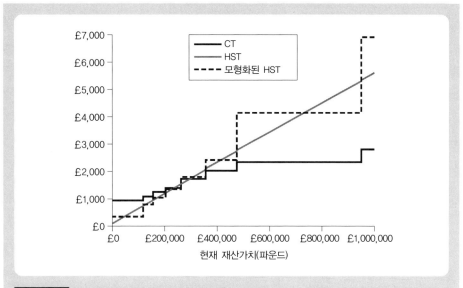

그림 16.3 모형화된 주택 조세의 세수 중립적 개혁

주 : 카운슬세를 위한 그림은 1인 가구에 적용되는 할인을 받을 수 없으며 1991년 4월 이후 재산 가격이 185%로 균일하게 상승하였다고 가정한다.

출처 : IFS 조세 및 급여의 미시시뮬레이션 모형인 TAXBEN을 사용하고, 2006~2007년 가구자원조사(Family Resources Survey)의 개량자료를 이용하여 저자가 계산한 것이다.

소득자들의 대부분은 카운슬세 부담을 상쇄하는 카운슬세 급여의 수혜 자격을 갖기 때문에(동시에 상응하는 HST 환급의 수혜 자격을 갖도록 가정하였기 때문에), 개혁에 의해 영향을 받지 않는다.[26] 카운슬세 급여의 수혜 자격이 없는 저소득자들은 너무 많은 금융자산을 갖고 있기 때문이다. 즉 1만 6,000파운드 이상의 비연금 형태의 금융자산을 갖고 있는 사람들은 카운슬세 급여에서 배제된다.[27] 최저 소득 집단이 손실을 입는 것은 현재 소득은 낮지만 상당한 금융자산을 보유한 사람들이 큰 주택을 보유하는 경향이 있음을 반영한다. 그들은 저소득이면서 손실을 입지만, 일반적으로 가난한 사람으로 간주되는 계층은 아닐 것이다.

그러나 이 개혁은 평균적으로 누진적인 반면, 〈표 16.2〉가 제시하는 바처럼 소득 분포의 모든 구간에서 손실을 입는 사람들과 이득을 얻는 사람들을 양산한다.

---

26) 우리는 이 급여 수령자의 완전한 전환을 가정한다. 이는 개혁의 누진성을 축소해서 평가하게 되는데 그 이유는 급여를 수혜받지 않는 사람들 대부분의 세액이 감소할 것이기 때문이다.

27) 이보다 적은 자산을 갖는 사람들에 대한 재정지원 혜택도 감소한다. 즉 자산조사의 목적을 위해서 6,000파운드 이상 자산의 각 250파운드(60세 이상의 경우 500파운드)는 주당 1파운드의 소득으로 간주한다.

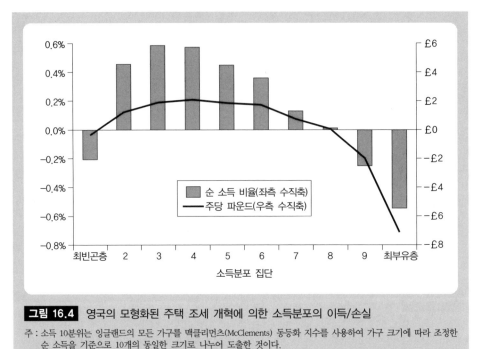

그림 16.4 영국의 모형화된 주택 조세 개혁에 의한 소득분포의 이득/손실

주 : 소득 10분위는 잉글랜드의 모든 가구를 맥클리먼츠(McClements) 동등화 지수를 사용하여 가구 크기에 따라 조정한 순 소득을 기준으로 10개의 동일한 크기로 나누어 도출한 것이다.

출처 : IFS 조세 및 급여의 미시시뮬레이션 모형인 TAXBEN을 사용하고, 2006~2007년 가구자원조사(Family Resources Survey)의 개량자료를 이용하여 저자가 계산한 것이다.

이 문제를 다른 방식으로 예시하기 위하여 〈표 16.3〉은 현재 각 카운슬세 구간에 속한 사람들의 특성을 자세히 제공하고 있다. 구간 A부터 D까지의 대다수 사람들은 소득분포의 중간 이하에 속한다. 더 높은 구간의 사람들 중에서는 매우 낮은 비율의 사람들이 소득분포의 중간 이하에 속한다. 그렇다고 하더라도 구간 G에 속하는 연금 수급자의 30%는 소득분포의 중간 이하에 속하며 약 20%는 가장 빈곤한 20%에 속한다.

이러한 개혁이 손실을 입는 사람들을 양산할 것은 분명하다. 그들은 비싼 집에서 살고 있는 저소득자들로 주로 노인계층이다. 확실히 그런 개혁은 정치적으로 어려울 것이다. 반면, 비싼 주택에 거주하는 사람들은 비싼 가치를 소비하는 것이고 다른 상품이었다면 그런 비싼 상품의 소비에 대해 가차 없이 과세했을 것이라는 측면에서 이런 개혁은 바람직한 것이다. 그 사람들은 평생 가난했던 사람은 아닐 것이며 그들이 보유한 재산의 총가치에 비례하여 과세한다면 기존 주택량을 더 합리적으로 사용하도록 유도할 것이다. 그러나 이러한 개혁은 정치적으로도 혹은 윤리적으로도 단순하지는 않다.

| 표 16.2 | 모형화된 주택 조세 개혁에 의한 평균 이익/손실 및 이익/손실 가구의 비율

	주당 평균 이익/손실	주당 5파운드 이상의 이익을 얻는 가구의 비율	주당 5파운드 이상의 손실을 입는 가구의 비율
전액연금수급가구	−1.41파운드	9%	13%
1분위 소득계층(최하위)	−0.35파운드	4%	5%
2분위 소득계층	+0.63파운드	9%	3%
3분위 소득계층	+0.31파운드	11%	6%
4분위 소득계층	−0.52파운드	11%	12%
5분위 소득계층(최상위)	−7.10파운드	9%	38%
생산연령가구	+0.49파운드	25%	12%
1분위 소득계층(최하위)	+0.88파운드	14%	4%
2분위 소득계층	+2.72파운드	34%	4%
3분위 소득계층	+2.45파운드	36%	8%
4분위 소득계층	+0.88파운드	28%	13%
5분위 소득계층(최상위)	−4.47파운드	14%	28%

주 : 소득 5분위는 잉글랜드의 모든 전액연금수급가구 혹은 모든 생산연령가구를 맥클리먼츠(McClements) 동등화 지수를 사용하여 가구 크기에 따라 조정한 순 소득 기준으로 5개의 동일한 크기로 나누어 도출한 것이다.

출처 : IFS 조세 및 급여의 미시시뮬레이션 모형인 TAXBEN을 사용하고, 2006~2007년 가구자원조사(Family Resources Survey)의 개량자료를 이용하여 저자가 계산한 것이다.

| 표 16.3 | 잉글랜드의 카운슬세 구간별 가구 특성 : 2009~2010년

	구간 A~D	구간 E	구간 F	구간 G	구간 H
전액연금수급가구 수	4,195,000	499,000	315,000	215,000	33,000
소득분포의 하위 50%	2,967,000	284,000	152,000	68,000	[a]
소득분포의 하위 20%	1,163,000	134,000	80,000	40,000	[a]
생산연령가구 수	13,200,000	1,514,000	811,000	558,000	82,000
소득분포의 하위 50%	6,459,000	400,000	228,000	95,000	[a]
소득분포의 하위 20%	2,553,000	148,000	97,000	46,000	[a]

[a] 표본 크기가 신뢰할 만한 추정치를 도출하기에 너무 작다.

주 : 〈표 16.1〉에 제시한 각 구간의 총 가구 수에 대한 공식 자료는 여기에 제시한 자료와 조금 다르지만 이들을 소득 혹은 인구 집단에 의해 분해할 수는 없다.

출처 : IFS 조세 및 급여의 미시시뮬레이션 모형인 TAXBEN을 사용하고, 2006~2007년 가구자원조사(Family Resources Survey)의 개량자료를 이용하여 저자가 계산한 것이다.

이 개혁에 의한 손실을 줄일 많은 방법들이 있다. 먼저, 현행 카운슬세 급여와 같은 복지급여를 유지하는 것이다. 이는 저소득이면서 다른 저축도 거의 없는 사람들의 보호를 보장할 것이다.[28] 둘째, 세액이 점진적으로 상승하도록 개혁의 이행 기간을 설정할 수 있다. 주택담보대출금의 이자에 대한 조세감면을 점진적으로 축소함으로써 잠재적으로 가격에 큰 영향을 미치는 개혁들을 적절한 기간에 걸쳐 성취할 수 있다. 마지막으로, 현금 유동성 문제를 완화하기 위하여 지정된 상황에서는 재산이 팔리거나 납세자가 죽을 때까지 이자와 함께 채무를 연기하는 것을 허용할 수 있다. 이러한 제도는 덴마크에서 실시하고 있다.

HST가 잘 작동하려면 가정용 재산에 대한 완전한 재평가를 필요로 하며, (적어도) 매 3년 혹은 5년 단위로 추가적인 재평가를 하겠다는 신뢰할 만한 약속이 필요하기 때문에 정치적으로 어려운 과제이다. 그러나 이러한 재평가는 카운슬세를 유지할 때조차 바람직한 일이다.

규칙적인 재평가를 수반하는 재산세는 — 그것이 카운슬세, HST, 사업용 레이트, 혹은 LVT 중 무엇이든 — 재산 가격이 상승하거나 하락함에 따라 세원의 크기가 증감하는 상황에 직면할 것이다. 만일 이에 따라 조세부담액이 증감한다면 부동산시장에서의 '자동조정장치(automatic stabilizer)'로 작동한다는 의미에서 긍정적으로 간주할 수 있다. 반면에 세액의 불안정성은 가계 부문에 바람직하지 않으며, 조세수입의 불안정성은 정부 부문에도 바람직하지 않다고 판단할 수 있다.

그러나 세원의 크기 변화에 따라 조세부담액이 반드시 변화하는 것은 아니다. 현재 카운슬세의 세율은 지방정부가 결정하며 HST도 그럴 것이다. 현행 지방정부 재정제도에서는 부동산 가격에 따라 세액이 증감하지 않을 것이다. 지방정부가 징수하는 수입, 즉 가계 부문이 지불하는 세액은 단순히 지방정부가 지출하려 하는 금액과 중앙정부로부터 받는 보조금의 차액이다. 따라서 부동산 가격이 증가한다면 지방의회는 주어진 부동산 가치에 대한 세율을 인하할 것이므로 가계의 세액과 지방정부가 징수한 세수는 변하지 않을 것이다. 중앙정부의 보조금은 부동산의 상대 가격이 변화한다면 지역들 사이에 재분배될 수 있지만, 한 지역이 얻는 이득은 다른 지역의 손실액과 동일하다. 즉 총보조금이 동일하게 유지되고 지방정부 총지출이 동일하게

---

28) 다른 변화 없이 그런 급여는 카운슬세 급여에 비해 작아질 것이다. 그 이유는 HST는 카운슬세보다 더 누진적이기 때문이다. 이 급여를 실제 세액에서 분리함으로써 급여를 따로 개혁할 수 있지만 이러한 개혁에 대한 논의는 이 책의 범위를 벗어난다.

유지된다면 지방정부가 징수해야 하는 재산세 총수입(그리고 평균 세액)은 동일하게 유지될 것이다.

중앙정부가 과세하는 재산세 수입은 부동산시장의 부침에 따라 증감할 수 있으며 이는 이미 부동산거래세 수입에서 경험한 것이다.[29] 이러한 변동성이 바람직하지 않다고 생각한다면 정부는 세수를 안정적으로 유지하기 위해 세율을 자동적으로 조정함으로써 세수의 변동을 방지할 수 있다. 예를 들어, 하나의 세수 안정화 메커니즘으로서 세액의 연간 증가율을 역사적으로 장기적인 추이를 갖는 주택 가격 증가율 등에 연계시키는 공식을 설정할 수 있다. 이는 현행 사업용 레이트 공식과 유사하다. 사업용 레이트는 재산가치의 상대적 변화에 대응한 세액의 상대적 변화를 허용하며 동시에 재산 가격이 상당히 증감하더라도 총세수는 소비자 물가상승률에 비례하여 상승하도록 제한한다.

요약하면 우리의 근본적인 제안은 단순하다. 현재 실행되는 형태의 카운슬세는 주택서비스세로 대체되어야 한다. 이는 궁극적으로 재산가치에 세율을 적용하여 과세될 것이다. 이는 소유 재산이 적은 대다수의 후생을 다소 개선할 것이며 소유 재산이 많은 사람들의 후생은 감소시킬 것이다. 우리는 주거용 토지가치를 주택과 분리하여 과세할 것을 제안하지는 않는다. 주택서비스세는 주택 소비에 대한 VAT의 대안으로 의도된 것이기 때문에 세율을 17.5%로 설정하는 것이 이상적이다. 하지만 보다 실용적인 중기 목표는 현행 카운슬세와 주거용 부동산에 대한 거래세를 세수 중립적으로 대체하는 것이며, 이는 부가가치세율보다 조금 낮은 세율의 부과를 의미한다.

16.2.2 자산으로서 주택에 대한 과세

2007년 영국의 주택자산 총가치는 3.5조 파운드이며[30], 이는 약 1.1조 파운드의 담보대출을 포함한다.[31] 2008년 총금융자산은 약 3.7조 파운드였다.[32] 다시 말하면, 주택은 모든 금융자산의 합계만큼 중요한 자산이다. 또한 이것은 저축액이 3,000억 파운드 미만인 비과세 개인저축계정(Individual Savings Accounts, ISA)을 왜소해 보이도

---

29) 지방정부가 조절하는 주요 세제를 지방재산세에서 지방소득세로 단순하게 대체한다면 지방재산세율에 대해 서술한 것처럼 세수가 바람직한 수준을 정확하게 유지하도록 지방소득세율을 인상 혹은 인하할 것이다. 그러므로 재산세 수입의 큰 변동성은 소득세 수입의 작은 변동성에 의해 상쇄될 것이다.

30) 공공지원주택(social housing)은 포함하지 않는다.

31) http://www.cml.org.uk/cml/publications/newsandviews/8/10.

32) *United Kingdom National Accounts : The Blue Book, 2009.* http://www.statistics.gov.uk/downloads/theme_economy/BB09.pdf. 가계 부문은 '가계 및 가계지원 비영리단체(hh&npish)'이다.

록 만든다.[33] 가계 부문의 72%가 자신들의 주택을 보유한다.[34] 순전히 주택가치의
규모만으로도 자산으로서 주택에 대한 조세제도는 중요하다. 이에 대한 논의를 시작
하면서 주택자산의 두 가지 다른 주요 특성을 정리하는 것은 의미 있는 일이다.

- 첫째, 사람들의 순 주택자산은 인생주기 동안 변화한다. 오늘날 30세 미만의 사
  람들은 소규모의 주택자산을 보유하는 경향이 있다. 40세부터 45세까지의 사람
  들조차 10%만이 담보대출 없는 주택을 보유하는데, 이는 70% 이상이 담보대출
  없는 주택을 보유하는 65세부터 69세까지의 사람들과 비교된다. 평균적으로 가
  장 큰 주택자산을 갖는 사람들은 50대들이다. 그들은 '더 큰 주택으로 바꾸면서
  도' 담보대출을 상환할 기회를 가졌다. 노령계층은 다소 작은 주택을 보유하는데
  그 이유는 부분적으로 공공지원주택에 사는 것에 비해 소유하는 것이 보편적이
  지 않던 세대이기 때문이며, 부분적으로는 '더 작은 자산으로 옮겼기' 때문일 수
  도 있다.[35]
- 둘째, 주택자산의 소유는 평생 소득 및 평생 자산과 밀접하게 연관되지만 현재
  소득과 반드시 연관된 것은 아니다. 60대의 사람들은 30대의 사람들에 비해 더
  큰 주택자산을 보유하지만 소득은 더 낮다. 그러나 은퇴자들 중에서 상당히 큰
  주택자산을 갖고 있는 사람들은 동년배 중 주택자산이 거의 없는 사람들에 비하
  여 평균적으로 더 큰 총자산과 더 큰 소득을 갖고 있다. 또한 60세 이상의 자가
  거주자들 중에서 최상위 10% 소득자들은 평균적으로 약 40만 파운드의 자산을
  보유하지만 최하위 20% 소득자들의 자산보유액은 그들의 1/3 수준이다.[36]

이 절은 주택자산의 변화에 대해 더 많은 것을 다룬다. 〈그림 16.5〉는 1975년 이후
지난 35년 동안의 주택 가격을 표시함으로써 이득의 크기를 제시한다. 추세선은 주
택에서 매년 2.9%의 실질자본이득이 발생했음을 나타낸다. 또한 그림은 가정용 부동
산은 금융 보상이 위험한 자산임을 분명히 보여 주고 있다. 자본손실이 발생한 기간
이 여러 번 있었으며 특히 1989년부터 1995년까지가 가장 두드러진다. 주택 가격은
2007년 가을 이후 다시 하락하고 있다. 그럼에도 불구하고 장기적으로는 예측 가능

---

33) HMRC 통계, Table 9.6, http://www.hmrc.gov.uk/stats/isa/table9-6-onwards.pdf.
34) 영국 국가통계청, *Social Trends*, NO. 39, 2009년판.
   http://www.statistics.gov.uk/downloads/theme_social/Social_Trends39/Social_Trends_39.pdf.
35) British Household Panel Survey(BHPS) 자료에 대한 저자의 분석에 기초한 숫자와 서술이다.
36) BHPS 자료에 대한 지자의 분석.

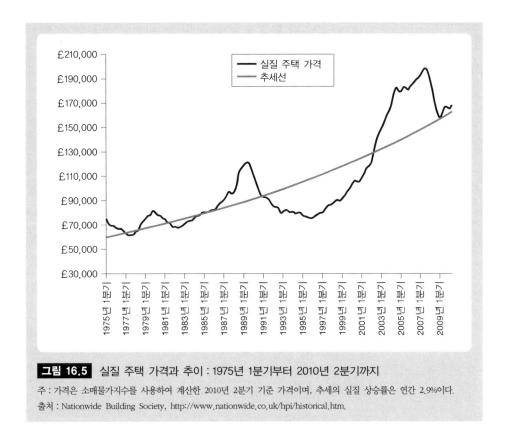

그림 16.5 실질 주택 가격과 추이 : 1975년 1분기부터 2010년 2분기까지

주 : 가격은 소매물가지수를 사용하여 계산한 2010년 2분기 기준 가격이며, 추세의 실질 상승률은 연간 2.9%이다.

출처 : Nationwide Building Society, http://www.nationwide.co.uk/hpi/historical.htm.

하다고 주장할 수 있을 정도로 상당한 이득이 발생한다. 이러한 이득은 주택에 대한 총수익 중 단지 일부에 불과하며 주택에 대한 수익은 주택서비스의 형태로 발생하는 수익을 포함함을 주목해야 한다. 이는 다음에 다시 논의할 중요한 논점이다.

많은 요인늘이 주택가격 변화에 영향을 미친다. 각 지역들에서는 예상하지 못한 공공서비스와 편의시설의 변화가 주택 가격에 영향을 미친다. 마찬가지로 가구 수, 주택 수, 그리고 금융시장의 대출 조건 등의 변화도 영향을 미친다. 주택 물량이 비교적 고정되어 있을 때 가구 수의 증가와 주택담보대출의 증가는 주택에 대한 수요를 증가시켜 주택 가격을 상승시킬 수 있다.

주택 가격 상승의 크기는 영국 내 지역들 간에 그리고 각 지역 내에서도 크게 달랐다. 부동산시장에서 운이 좋거나 혹은 특별히 능숙한 사람들은 다른 사람들에 비해 훨씬 크게 재산을 증식하여 왔다.

여기서 다룰 문제는 주택에 대한 조세체계가 다른 자산을 대상으로 제안한 조세체계와 보조를 맞출 수 있는지 여부와 어떻게 맞출 수 있는지의 방법에 관한 것이다.

(1) 주택에 대한 수익률 공제?

제13장에서 우리는 저축 원금, 저축 원금에서 창출된 수익, 그리고 인출된 저축 원금에 대한 과세를 통해서 저축에 대한 과세체계의 특징을 묘사하였다. 이러한 분류 방식을 주택의 경우에 적용하면 다음과 같다.

- 저축 원금은 주택을 구입하기 위해 사용된 소득을 의미한다(이는 구입비용과 동일하다).
- 저축 원금에서 창출된 수익은 두 가지 형태를 갖는다. 즉 주택이 제공한 소비서비스로부터의 소득(지주가 수령한 임대소득 혹은 자가거주에 의해 향유된 현물보상)과 자본이득(혹은 자본손실)을 말한다.
- 인출된 저축 원금은 소비서비스(본래의 특성으로 주택이 서비스를 창출함에 따라 동시에 '인출되고' 소비된다)와 주택 매각대금을 말한다.

자가거주주택은 앞에서 근로소득세 혹은 TEE 과세라고 묘사한 제도에 따라 과세된다. 주택은 세후소득으로 구입한 것이지만, 그로 인한 수익에 대해서 혹은 매각 시점에서 과세하지 않는다.[37] 대조적으로 임대용으로 구입한 주택에 대해 포괄적 소득세(TTE) 제도와 유사한 과세체계를 적용한다. 임대소득과 자본이득 형태의 수익이 과세 대상이다.

과세에서의 이런 차이는 자가 거주에 유리한 방향으로 주요한 왜곡을 초래한다. 자가거주자에 대한 담보대출이자액의 소득공제를 점진적으로 폐지하고 임대인에게 대해서는 이를 유지한 후 그런 왜곡은 크게 감소하였다(〈글상자 16.1〉 참조). 자가거주주택과 임대주택에 대한 조세제도는 균등해져야 한다.

자가거주주택에 현재 적용하는 TEE 방식과 지주에게 적용되는 TTE 방식 중 어느 것도 주택을 위해 적절한 것 같지 않다. 제13장에서 논의한 것처럼, TTE는 저축을 불리하게 취급한다. 즉 조세제도가 임대용 주택에 투자하는 것을 억제하는데 이를 정당화할 논리가 취약하다. TEE 방식은 이런 식으로 저축을 억제하지는 않는다. 그러나 TEE는 저축된 자본의 정상이자 수익만을 공제하는 것이 아니라 전체 수익을

---

37) 여기에서 그리고 다음에 우리는 '자가거주주택'을 주된 민간 주거의 의미로 사용한다. 두 번째 주택에서 얻는 자본이득은 과세하는데, 어느 주택을 주된 주택으로 지정할 것인가는 신축적이다.

|글|상|자| 16.1　　　　　**담보대출에 대한 과세**

주택담보대출에 대한 과세는 다른 대출 및 저축과 마찬가지로 3단계로 특징지을 수 있으며 또한 마찬가지로 이들 3단계를 조합하여 과세하는 것이 주요 선택 과제이다.

● **TEE－근로소득세**(earnings tax)는 모든 대출과 저축을 무시한다. 저당을 잡히거나 이자와 원금을 지급하는 것은 조세 납부 의무에 어떤 영향도 미치지 않는다.
● **TTE－담보대출에 대한 포괄적 소득세**(comprehensive income tax)의 과세는 저축이자를 모두 과세하는 것처럼 과세소득에서 대출이자를 완전 공제하도록 허용한다. (그러나 대출금액을 과세소득에 더하거나 원금상환을 공제하지는 않는다.)
● **EET－현금흐름 지출세**(cash-flow expenditure tax)는 현금의 모든 유입에 대해 과세하고 모든 유출을 공제하므로 대출금액을 인출하는 해의 과세소득에 합산하며 이자와 원금지급을 모두 공제한다.
● **TtE－수익률 공제제도**(rate-of-return allowance)는 TTE처럼 담보대출이자 지급의 공제를 허용하지만 미상환 대출금에 대한 '정상(normal)' 이자율을 초과하는 부분만 공제한다. (TTE와 달리, 이자를 지급하는 것과 원금을 상환하는 것 사이의 현재가치에 있어서 차이는 없다. 이자상환은 공제 가능하지만 원금상환은 공제하지 않는다. 그러나 원금상환은 미상환 담보대출금액의 크기를 감소시키므로 미래에 발생하게 될 '정상'이자공제 금액을 감소시킨다.)

영국에서 임대부동산의 담보대출은 TTE로 과세된다. 기업들이 법인세 목적을 위해 이자 지급을 이윤에서 공제할 수 있는 것처럼 대출이자 지급을 사업비용으로 처리하여 임대소득에서 공제한다. 이는 임대주택 자체의 TTE 과세에 대한 적절한 대응이다.

자가거주주택에 대한 담보대출도 이전에는 TTE로 다루었다. 이는 (1963년 이전에 그랬듯이) 자가거주주택으로부터의 귀속임대소득을 '스케줄 A' 소득세로 과세했을 때는 적절할 수 있다. 그러나 자가거주주택 자체를 TEE로 과세하는 것으로 바뀌게 되었음에도 불구하고 계속 대출이자 공제를 허용하는 것은 자가거주주택에 대해 커다란 순 보조금을 지급하는 것이었다. 그 후 여러 정부들이 연이어 자가거주자들에 대한 대출이자 공제라는 조세감면을 점진적으로 제한하였다. 1974년부터 이 조세감면을 단계적으로 줄여 2000년에는 완전히 중단되었다. 자가거주자의 담보대출에 대한 TEE 과세는 결과적으로 자가거주주택 자체에 대한 TEE 과세와 일치한다.

그러므로 담보대출에 대한 현행 과세제도는 자가거주주택 및 임대주택 전체에 대한 현행 과세제도에 맞춰 적절히 조정되어 있다. 하지만 이 장에서 우리는 임대주택(과 이상적으로는 자가거주주택)에 대해 현행 체제를 개혁하여 TtE 과세로 전환할 것을 주장한다. 담보대출에 대한 조세제도는 이러한 방향에 맞춰서 어떻게 조정되어야 하는가? 두 가지 접근 방식이 우리가 제안한 개혁 방향과 일치한다.

● 자가거주주택을 계속 TEE 형태로 과세한다면 소득세제도에서 담보대출을 완전히 무시하는 방법인 TEE 과세는 자가거주자들에게 적절하다. 그러나 이 방법은 또한 TtE로 과세하는 (임대 혹은 자가거주) 부동산 담보대출에 대한 단순하고 실행 가능한 선택일 것이다. 담보대출에 대한 현재의 과세방법과 비교할 때 이 방법은 단지 지주를 위한 담보대출이자공제를 폐지하는 것을 의미한다.
● TtE 방식으로 주택 투자를 과세하는 상황에서 대안은 그 재산을 담보로 한 대출에 대해 TtE 방식으로 과세하는 것이다. 그 재산에 대한 TtE 과세는 구매가격을 기준으로 산정한 정상 이윤의 공제액을 초과하는 (실제 혹은 귀속) 임대소득과 자본이득을 과세하는 것이다. 반면에 담보대출에 대한 TtE는 미상환 담보에 대한 '정상'이자의 공제액을 초과하는 대출이자를 공제하는 것이다. 재산과 담보대출을 함께 고려해 보면 이는 현재 지주에 대해 과세하는 것처럼 임대소득을 과세하고 담보대출이자 지급을 공제하는 것을 의미한다. 반면에 미지급 담보대출을 제외한 구매가격에 대하여 수익률 공제(rate-of-return allowance, RRA)를 허용한다.

> 담보대출에 대한 TtE 과세는 주택 자체에 대한 TtE 과세와 보다 명백하게 대응될 수 있다. 반면 TEE는 담보대출자(금융기관)에 의해 제공된 금융서비스에 과세하는 이점이 있다. 금융서비스에 대한 암묵적 요금으로서 대출자는 그들이 제공한 대출에 대해 정상이자율 이상의 이자율을 요구할 수 있다. TEE에서 금융서비스에 대한 과세는 다른 서비스 제공의 경우와 마찬가지로 차입자와 대출자 사이의 사적인 문제이다. 그러나 정상이윤 이상의 대출이자를 공제할 수 있는 TtE에서 영국 재무성은 차입자에게 금융서비스에 대한 소득공제를 제공한다. 소득공제가 가능한 금융서비스의 소비를 원하지 않는다면 그리고 금융서비스에 특혜를 줄 명백한 이유가 없다면, 이것이 담보대출에 대한 TEE 방식을 선호하는 이유일 것이다. 이것 이외에는 TtE 방식으로 과세하는 주택에 대하여 그 담보대출에 대한 과세방식을 TEE와 TtE 사이에서 선택함에 있어서 강력한 다른 근거가 없다. 정부가 두 방식 중 하나를 결정하거나 대출자와 차입자가 결정하도록 선택권을 줄 수도 있다.

공제하기 때문에 순전히 행운으로 인한 결과, 임대소득, 또는 저평가재산을 선택하여 개량하는 노력이나 기술로 얻을 수 있는 초과수익을 과세하지 못한다. 모든 주택에 대한 TEE 과세는 이 같은 초과수익을 추구하는 전문 재산 투자자를 전혀 과세하지 못한다는 점에서 이 방식의 결점을 가장 분명하게 드러낸다. 만일 구입한 주택을 이윤을 남겨 매각한 다음 다시 투자하고 파는 것을 반복하여 소득을 번 것이 명백해도 TEE 체제하에서는 결코 과세되지 않을 것이다.

우리는 EET 소비세 혹은 TtE 수익률 공제(RRA) 제도가 자본의 정상수익에 비과세함으로써 저축을 억제하지 않지만, 초과수익에 대해서는 과세한다는 것을 관찰하였다.

EET 소비세는 주택구입액을 세전소득에서 공제하고 주택으로부터 얻은 가치(실제 혹은 귀속 임대 소득과 판매 수익)에 과세하는데 이는 매력적이지 않다. 이 제도에 따르면 주택을 전액 자기부담으로 구입한 사람은 그해의 과세소득에서 전체 구입가격을 공제한다. 일반적으로 주택 가격은 당해 연도 소득보다 훨씬 더 비싸기 때문에 주택을 구입한 사람은 그해의 과세소득에 큰 손실이 나타난다. 따라서 정부로부터 환급을 받거나 혹은 과세제도에 의해 손실을 이월시켜서 향후 몇 년 동안 소득에서 공제한다.[38] 어떤 과세당국도 그러한 엄청난 규모의 손실을 초래하는 제도를 실무적으로 좋은 제안이라고 생각하지 않는다.

---

38) 모든 경우에 극단적인 결과를 낳는 것은 아닐 것이다. EET 체제가 일단 도입된다면, 한 주택을 팔고 다른 주택을 구입하는 경우 매각과 구입이 서로 상쇄될 것이다. 따라서 단지 두 재산의 가격 차이에 대해서만 과세될 것이다. EET 과세가 담보대출에 적용된다면(〈글상자 16.1〉 참조), 주택 구입을 위해 담보대출을 하는 경우 구입가격 중 담보대출하지 않은 부분만을 공제받을 것이다.

우리는 자산으로서 주택에 대한 조세제도를 개혁하는 데 TtE 수익률 공제가 가장 유망한 방안이라고 생각한다. RRA 체제에서는 자산을 세후소득으로 구입하며 '정상' 수익률 혹은 '무위험' 수익률 이상의 수익을 과세한다는 것을 상기하라.

임대재산에 대해 RRA를 도입하는 것은 매우 간단할 것이다. 임대소득과 자본이득에 대해서는 현행 제도에서도 과세할 수 있지만 RRA에서는 지주가 투자의 정상수익에 대한 공제를 청구할 수 있다. 이러한 공제는 다음의 두 가지 중 하나의 형태를 취할 수 있다.

(i) RRA의 가장 단순한 형태는 매년 임대소득에서 구매가격의 (예를 들어) 5%를 공제하는 것이다. 그러나 재산이 매각되었을 때 명목이득 전액에 대해 납세자별 한계세율로 자본이득세(CGT)가 과세될 것이다.

(ii) 다른 대안은 현재처럼 임대소득 전액에 대해 계속 과세하는 것이다. 그러나 재산이 매각되었을 때 CGT를 계산하는 기초가격을 매년 5%씩 복리로 상향 조정해야 한다.

이 방법들은 주어진 공제의 시점만이 다를 뿐이다. 정부는 이 대안들 중 하나를 선택하거나 혹은 각 개인이 스스로 선택하는 것을 허용할 수도 있다. 방법 (ii)는 방법 (i)에서 이용 가능하던 연간 공제를 청구하지 않고 대신에 이자를 이월시키며 판매 시점에서 공제를 청구하는 것이므로 결국 지주 입장에서는 동일한 것이다. 만일 재산이 정확히 정상수익을 창출한다면 방법 (ii)는 임대소득에 대해 지불한 조세의 흐름과 동일한 현재가치를 갖기 때문에, 재산이 매각되었을 때 자본이득세 환불(refund)을 초래할 것이다. 실제로 영국에서 주택은 정상수익 이상을 창출하는 경향이 있지만, 그럼에도 방법 (ii)는 많은 경우에 상당한 환급을 초래할 것이다. 과세당국은 이러한 광범위한 조세 수입의 손실 발생을 (비록 EET 과세 방식보다는 훨씬 규모가 작다고 하더라도) 좋아하지 않을 것이다. 반면에 방법 (ii)는 현재의 영국제도와 더 유사하여 제도 전환의 어려움이 적을 것이라는 이점이 있다.

RRA가 작동하는 방법을 예시하기 위하여 주택 구입비용이 20만 파운드이며 그 주택으로부터의 초기 임대소득은 연 1만 파운드라고 가정하자. 정상수익이 5%라면 방법 (i)에 의한 공제액은 구입비용의 5%인 1만 파운드인데 이는 임대소득과 상쇄되어 조세를 지불하지 않는다. 임대소득이 1만 1,000파운드로 상승한다면, 공제액은 여전히 1만 파운드이므로 1,000파운드의 주택서비스 가치에 대해 조세를 지불한다. 이 주택을 22만 파운드에 매각한다면 2만 파운드의 자본이득에 대해 조세를 지불한다. 동등한 대안인 방법 (ii)는 매년 1만 파운드 혹은 1만 1,000파운드의 전체 소득에 대해 조세를 지불하지만, 자본이득에 대한 조세는 이월된 공제액 이상에 대해서만 지불한다. 이 경우에는 10년 후 약 12만 6,000파운드[39] 이상의 자본이득에 대해서 조세를 지불할 것이며 이것보다 적다면 손실로 처리될 것이다.

임대주택에 과세할 때처럼 RRA 과세방법은 자가거주주택에 대해서도 두 가지로 실행될 수 있다. 위에서의 계산은 실제 임대소득 대신 귀속 임대소득이 있다는 것을 제외하고는 정확히 동일하게 작동한다. 이를 명확히 정리하면 다음과 같다.

(i) 귀속 임대소득에 대한 RRA는 구매가격의 5%를 초과할 때에만 과세될 수 있으며 CGT는 명목이득 전액에 대해 납세자의 한계세율로 부과될 것이다.

(ii) 귀속 임대소득에 대해 HST 세율에 주택 소유자의 한계소득세율을 더하여 RRA를 과세하며 CGT는 이자율로 인상된 기초 가격과 비교하여 차익에 대해서만 부과될 것이다.

물론 임대주택에 비하여 자가거주주택에 대해 RRA를 도입하는 것이 더 어려울 것이다. 가장 명백한 문제는 수익의 가장 큰 부분인 주택이 제공하는 소비서비스를 현금이 아닌 현물로 제공받기 때문에 가치 평가가 어렵다는 것이다. 이는 앞에서 제안한 HST 과세에서 가치를 평가하여 과세하는 방법과 정확히 동일하지만 여전히 어려운 과제이다. 정확한 가치 평가를 보장하는 데 추가적인 비용이 소요되겠지만 두 가지 목적 모두를 위해 동일한 가치평가를 사용할 수 있다.

이 RRA와 HST 과세방안 간의 관계를 언급하는 것은 중요하다. VAT와 마찬가지로 HST는 주택소비 자체에 과세하도록 고안된 것이다. RRA는 주택서비스 자체의 소비이건 혹은 그 주택을 임대하거나 매각하여 확보한 현금으로 구입할 수 있는 무엇이건 그 재산 구입 자금의 소비에 과세하도록 고안된 것이다. 하지만 그 주택 구입 자금의 조달을 위해 '정상적으로' 예상되는 비용의 소비를 초과할 때에만 과세한다. 즉 주택이 주택 구입 비용보다 더 큰 소비를 제공할 때에만 조세를 지불한다. 주택이 단지 정상수익만을 창출한다면 어떤 세금도 지불하지 않는다.

---

39) 이자율을 고려한 구입가격은 200,000파운드×1.05^{10}=325,779파운드로 증가하므로 조세는 125,779파운드 이상의 자본이득에 대해서 부과할 것이다.

영국의 현재 제도를 고려할 때 방법 (i)은 임대주택에 적용할 때보다 자가거주주택에 적용할 때 훨씬 매력적이지 않다. 임대재산에 대해서는 이미 CGT를 부과한다. 그러나 이를 자가거주주택에 대해서까지 완전히 도입하면 이 새로운 조세가 미래의 정부에 의해 폐기될 가능성이 상당히 높다고 사람들이 믿게 되어 재산 매각을 억제할 수 있다. 16.1.1절에서 논의한 것처럼 이것은 과거 개발세 도입 시도를 약화시킨 주요 요인이었다. 다른 모든 자산과 일관된 조세체계를 주택에 적용하도록 개혁 방안을 제시한다면 사람들이 제도의 지속성을 받아들이는 것을 도울 수 있다. 그러한 변화는 일종의 정치적 합의를 통해서만 이용 가능하다는 것에는 의심할 여지가 없다. 하지만 그런 합의는 현재로선 매우 어려워 보인다. 방법 (ii)는 예상 CGT 세금이 매우 적을 것이고 많은 경우 음(−)의 값일 것이기 때문에 이런 문제로 시달리지 않을 수 있다. 오히려 방법 (ii)의 단점은 주택의 연간 소비가치에 대해 단지 (평균적으로 카운슬세와 부동산거래세의 폐지 효과를 상쇄하는 수준의) HST 세율만 과세하는 것이 아니라 주택소유자의 한계소득세율과 함께 과세하는 것을 제안하는 것이므로 정치적으로 선호되지 않는다는 것이다. 우리가 공정하고 효율적인 조세체계로 전환하길 원한다면 이러한 선택 대안 중 하나에 합의를 이루는 것은 중요한 일이다. 그러나 내재한 도전들을 과소평가해서는 안 될 것이다.

다시 한 번, 개량에 대한 조세의 문제를 제기하고자 한다. 개량을 위한 지출은 그 재산에 대한 추가적인 투자이며 더 큰 (실제 혹은 귀속) 임대소득과 자본이득의 형태로 수익을 창출한다. 엄격히 말해서, 수익률 공제를 위한 기초액을 계산할 때 이 지출은 구매가격에 합산되어야 한다.[40] 이는 임대 재산의 개량에 대한 현행 과세제도와 유사하다. 일정 수준 이상의 개량비용은 기록되고 보고되며 CGT 납부액을 계산할 때 자본이득에서 제외된다. (물론 앞에서 설명한 RRA를 실행히는 방법 (ii)와 마찬가지로 그 비용은 이자와 함께 이월되어야 한다.) 그러나 이 제도를 비교적 적은 수의 임대재산으로부터 인구 대부분이 해당되는 자가거주주택으로 확대하는 것은 매우 크고 추가적인 행정적 복잡성을 초래할 것이다.[41]

---

40) 하나의 대안은 개량비용을 즉시 공제 가능한 비용으로 처리하는 것이다. 이는 사실상 개량에 대해 EET 과세방식을 따르는 것이다.

41) 특히 자가거주주택의 암묵적 임대소득은 모든 개량을 고려하지 못하는 상태에서 가치를 평가하여 (관찰되기보다는) 귀속시키는 것임을 상기하라. 개량에 대한 수익을 인상된 암묵적 임대소득으로 과세하지 않는다면 귀속소득을 과세할 때 개량비용을 공제해서는 안 된다. 이는 HST를 위한 가치 평가에 영향을 미치지 않은 개량은 VAT에서 영세율을 적용해서는 안 된다는 주장과 같은 것이다. 그러나 모든 개량은 아마도 그 재산의 실제 판매 가격에 영향을 미칠 것이므로 개량에 대한 수익은 매각 단계에서 CGT가 과세될

임대재산에 대해 RRA 체제를 도입하는 것은 실현 가능하고 합리적이며 비교적 비용이 적게 든다.[42] 자가거주주택에 대해 RRA 체제를 도입하는 것은 마찬가지로 이상적인 방안이다. 즉 2007년까지 지속된 길었던 재산가치 상승 기간 동안 주택 소유주들이 향유한 거대한 수익을 과세하지 않는 것은 매우 부적절하다. 그러나 이것에 과세하기는 훨씬 더 어렵고 정치적으로 불가능할 수 있음을 인지하여야 한다. 자가거주주택에 대해 계속 현재의 TEE 체제로 과세하더라도 임대재산에 대해 수익률 공제를 실시하고 다른 자산들과 마찬가지로 소득세율에 맞추어 CGT 세율을 조정한다면이는 중요한 개선을 이루는 것이다. 이는 임대주택과 자가거주주택에 대한 조세체계를 매우 유사하게 만들어서 정상수익을 창출하는 부동산의 자가거주에 우호적이던 편향성을 완전히 제거할 것이다. 더욱이 임대주택에 대한 과세를 다른 자산들에 대해 우리가 제안한 과세체계와 보조를 맞추는 것이다.

16.3 부동산거래세

이 장을 마치기 전에 현재 주거용 재산 및 상업용 재산의 거래에 인지세 형태로 부과되는 조세인 부동산거래세(stamp duty land tax)에 대해 간단히 논의할 필요가 있다. 2010~2011년 현재 거래액 125,000파운드까지에 대해서 0%, 12만 5,000파운드와 25만 파운드 사이에 1%, 그 후 50만 파운드까지에 3%, 50만 파운드와 100만 파운드 사이는 4%, 그리고 그 이상에 대해서는 5%를 부과한다.[43] 소득세와 달리 각 세율은 각 구간 이상의 금액부분에 적용되는 것이 아니라 총 판매 가격에 적용된다. 따라서

것이고 개량비용을 위한 공제가 보장될 것이다. 가치 평가에 영향을 미치는 개량을 (즉시 공제되거나 RRA의 기초액에 더해지거나 혹은 이자와 함께 이월되어 자본이득에서 제외되는 형태로) 즉시 등록하고, 가치평가에 영향을 미치지 않는 개량은 처음에는 무시되지만 재산의 매각 시점에 (이자를 보태지 않고) 자본이득에서는 제외하는 방식으로 비교적 복잡하지만 정확한 처리가 필요하다.

42) 정확한 비용을 추정하기는 어렵다. 2009~2010년 세율을 2006~2007년의 과세 가능 재산소득과 재산매각에 따른 이득에 적용한다면 총조세수입은 약 35억 파운드쯤 된다. RRA는 35억 파운드 중에서 정상수익을 반영하는 부분을 포기하는 것을 의미한다. 그러나 전체 정책 프로그램의 부분으로서 재산소득과 자본이득에 대한 세율 인상은 (현재 국민보험 기여분을 포함하는) 완전 근로소득의 세율에 맞추어 조정될 것이다. 이로 인하여 '초과'수익에 대해 더 큰 수입을 징수하지만 '정상'수익을 과세하지 않음으로써 더 큰 수입을 포기하게 된다.

43) 비주거용 재산과 특정 빈곤 지역의 주거용 재산에 대한 거래세 과세를 위한 최저 가치는 12만 5,000파운드가 아니라 15만 파운드이다. 2010년 3월, 예산청은 2012년 3월 24일까지 2년 동안 주거용 재산의 첫 구매자를 위한 최저 과세가격으로 25만 파운드를 적용할 것임을 발표하였다(2013년 현재 200만 파운드 이상의 구간을 추가하고 이 구간의 세율을 7%로 설정하고 있다 — 역주).

50만 파운드에 판매된 주택에 대해 (50만 파운드의 3%인) 1만 5,000파운드의 조세를 징수하며 50만 1파운드에 판매된 주택에 대해 (50만 1파운드의 4%인) 2만 파운드의 조세를 징수한다. 즉 판매 가격 1파운드 인상은 조세부담을 5,000파운드 증가시킨다. 이는 물론 어떤 조세에 관한 것이어도 터무니없는 구조이다.

부동산거래세는 1694년에 처음 도입되었을 만큼 영국 조세제도에서 오랜 역사를 갖는다. 직접 과세할 다른 잠재적인 세원들이 별로 없는 반면 거래를 인지하여 세금을 부과하기는 용이하던 시기에 부동산거래세가 도입되었다. 그러나 세원이 넓어진 현대에 이르러서는 부동산거래세를 유지할 근거가 매우 약화되었다. 제6장에서 논의한 바처럼 거래세는 비효율적이다. 부동산거래세는 상호 이득이 되는 거래를 억제함으로써 각 재산에 대해 가장 높은 가치를 부여하는 사람들이 그 재산을 보유하는 것을 보장하지 않는다. 부동산거래세는 사람들이 이주할 유인을 억제함으로써 노동시장의 잠재적 신축성을 낮추고 부동산거래세가 없었다면 사람들이 선택하지 않았을 규모와 위치의 재산에서 살도록 (그리고 사업을 운영하도록) 한다. 앞에서 설명한 '평판형' 세율체계는 매우 유사한 가치를 갖는 재산에 대해 전혀 다른 정도의 거래 억제효과를 가져오며, 연관된 과세 구간의 최저 가치 바로 아래에서 가격이 형성되도록 커다란 유인을 발생시킨다는 의미에서 특히 잘못된 것이다.

부동산거래세를 유지할 온전한 논리는 없으므로 우리는 부동산거래세가 폐기되어야 한다고 믿는다. 단순히 이를 폐기한다면 재산가치의 상당 부분이 자본화될 것이므로 기존 소유자들은 예기치 않은 이득을 얻을 것이다. 따라서 부동산거래세 폐기에 대한 합리적인 보전방안은 보다 합리적인 재산세에 의해 유사한 수준의 조세를 징수하는 것이다. 우리가 제안한 새로운 토지세와 주택서비스세를 도입하고 부동산거래세를 폐기한다면 그 새로운 도입으로 손실을 입는 사람들은 대체로 부동산거래세 폐기로 이득을 보는 사람들일 것이다. 조세 수입의 중립성을 유지하면 적어도 평균적으로는 예기치 않은 이득이나 손실이 발생하지 않도록 보장할 것이다.

16.4 결론

영국의 재산에 관한 현행 조세제도는 엉망이다. 이상적인 제도의 실현 가능성이 낮음을 고려할 때 이것은 어느 정도 이해할 수 있다. 그러나 엉망인 많은 부분을 제거하는 것은 여전히 바람직하며 실현가능하다. 그러므로 우리의 결론을 다음과 같이 요약할 수 있다.

- 토지세의 도입을 위한 강력한 논거가 있다. 이것은 가까운 장래에 경제적으로 해로운 사업용 레이트를 토지세로 대체하는 방법을 고안하는 데 집중할 것임을 의미한다.
- 카운슬세는 실제 재산가치와 더 밀접하게 연관되도록 개혁되어야 한다. 빈 주택 혹은 1인 거주주택에 대해 상한선 혹은 할인을 적용하지 말고 최신 가치에 비례하도록 카운슬세를 부과해야 한다. 우리는 이를 주택서비스세(HST)로 명명하였는데 이는 VAT를 대체하는 주택서비스에 대한 조세로서 경제적 논리를 갖추고 있다.
- 임대주택에 대한 조세는 임대자들에게 투자에 대한 정상수익의 공제를 허용하도록(그리고 제14장에서 논의한 것처럼 자본이득세율을 소득세율에 맞추어 조정하도록) 개혁되어야 한다. 원칙적으로 자가거주주택의 조세제도에서 수익률 공제 기초액을 조정하는 것은 합리적이지만 현실적으로 매우 어려운 것으로 드러났다.
- 마지막으로 부동산거래세는 폐기되어야 하며 그 수입은 (가정용 재산에 대한) 주택서비스세와 (사업용 재산에 대한) 토지세의 일부로 대체되어야 한다.

이상은 급진적인 제안들의 집합이며, 그 개편은 조심스럽게 이루어져야 할 필요가 있다. 그러나 현재 제도는 경제적으로 합리적이고 효율적인 제도와는 거리가 멀다. 부동산거래세와 사업용 레이트는 각각 거래와 생산된 투입요소에 과세함으로써 가장 기본적인 경제원칙에 위반되는 것이다. 소득세와 자본이득세는 자가거주를 유리하게 하고 임대시장을 위축시키는 심각한 왜곡을 초래한다. 반면에 카운슬세는 변명의 여지 없이 역진적이며, 가치의 재평가 수행을 줏대 없이 거부한 정부 때문에 세액이 여전히 1991년 재산의 상대가치에 근거해서 결정되는 불합리한 상황에 처해 있다. 시간이 지남에 따라 이러한 제도는 더욱더 방어할 수 없게 되어 갈 것이다. 따라서 정부는 적정한 시점에서 현명한 개혁 수행의 도전을 시도해야 할 것이다.

기업소득에 대한 과세

본 장과 다음 두 개의 장은 기업의 이윤으로부터 발생하는 소득에 대한 과세 문제를 다루고 있다. 기업의 활동은 거대한 다국적기업의 운영에서부터 소규모 자영업에 이르기까지 다양한 형태로 이루어진다. 이러한 다양성 때문에 기업과세 제도를 설계하는 것은 쉽지 않다. 대부분의 선진국은 법인체로 설립된 기업 형태에 대해 독립된 기업과세 제도를 유지하고 있다. 예를 들면, 영국에서는 법인세를 부과하고 있다. 기업이 주주에게 지급한 배당 및 기업의 주식을 거래하여 주주가 얻게 되는 자본이득은 개인단계에서 과세가 이루어지게 된다. 법인 형태가 아닌 조직이 사업을 영위하는 과정에서 발생한 소득과 자영업자의 소득은 개인소득세 형태로 과세된다. 이 과정에서 규모가 작은 기업이 법적인 조직을 선택하는 데 있어 불필요한 왜곡이 생기지 않는 과세 제도를 설계하는 것이 매우 중요하다. 또한 다국적기업에게는 많은 국가와 상호 관련되어 있는 거래가 많이 발생하게 되는데, 이 과정에서 과세소득을 여러 국가의 과세관할에 어떻게 배분하는지를 결정하는 것도 중요한 요소가 된다. 1978년에 발표된 『미드 보고서(Meade Report)』 이후 아마 기업과세 분야에 영향을 준 가장 중요한 발전은, 다국적기업의 성장과 기업의 소유 구조가 국제화되었다는 것일 것이다.

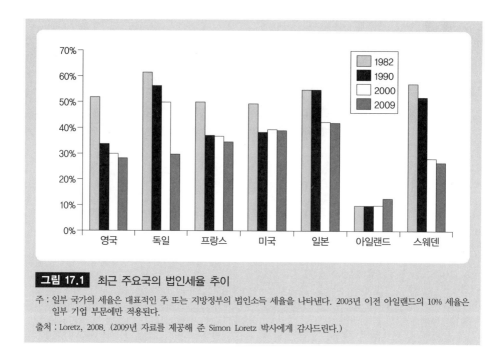

그림 17.1 최근 주요국의 법인세율 추이

주 : 일부 국가의 세율은 대표적인 주 또는 지방정부의 법인소득 세율을 나타낸다. 2003년 이전 아일랜드의 10% 세율은 일부 기업 부문에만 적용된다.

출처 : Loretz, 2008. (2009년 자료를 제공해 준 Simon Loretz 박사에게 감사드린다.)

이러한 발전으로 인해 기업과세 제도 내 국제조세 분야가 받는 압박은 점점 커지고 있다. 다국적기업은 더 유리한 법인세 제도를 운영하는 국가에 실제 행위와 과세소득을 이전할 수 있다. 이렇게 국제적으로 법인세 과세기반을 이동시키기가 용이해짐에 따라 높은 법인세율을 유지하던 국가는 복잡한 과세회피 방지 법령(anti-avoidance legislation)을 만들게 되었고, 법인세율 인하 경쟁도 본격적으로 시작되었다. 영국의 법인세율은 52%(1982~1983년)에서 28%(2010~2011년)로 낮아졌고, 2014~2015년 세율은 21%로 더 낮아질 계획이다. 〈그림 17.1〉을 보면 같은 기간에 다른 주요 국가의 법인세율도 인하되어 왔으며, 아일랜드는 상당히 낮은 세율(12.5%)을 유지하고 있다. 그러나 〈그림 17.2〉에 나타나 있듯이 법인세 세수입은 낮아지는 경향을 보이지 않고 있다. 한 가지 주된 이유는 법인세율을 인하하면서 1984년 영국 및 1986년 미국에서 시작된 조세 개혁 패턴인 '세율인하-과세기반 확대(rate-cutting, base-broadening)' 정책에 따라 비과세 및 감면 제도를 축소하고 과세기반 확대 제도 등을 함께 시행했기 때문이다.

본 장은 기업 이윤에 대해 별도의 과세체계를 가지게 되는 논리적 근거와 현행 제도의 대안이 될 수 있는 법인세 과세기반의 특징을 다루고자 한다. 제18장은 과세기

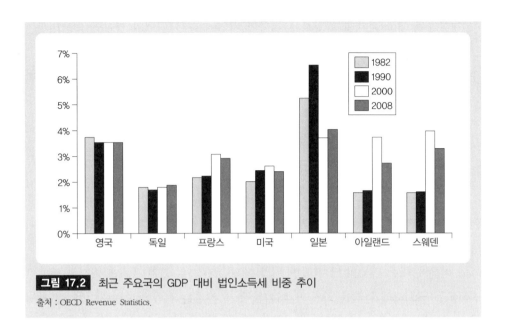

그림 17.2 최근 주요국의 GDP 대비 법인소득세 비중 추이

출처 : OECD Revenue Statistics.

반이 여러 국가들 간에 어떻게 배분되는지와 법인세 제도를 유지하는 국가들 간에 발생하는 '조세경쟁(tax competition)'의 영향을 다루게 되며, 제19장은 법인 조직이 아닌 기업에서 발생한 소득에 대해서는 어떻게 과세해야 하는지에 대해 초점을 두고자 한다. 기업이 부담하는 법인소득세와 자영업자와 법인이 아닌 조직의 소유주 또는 파트너가 부담하는 개인소득세 제도뿐만 아니라, 기업 지분 보유를 통해 발생하는 배당과세 및 자본이득과세 제도를 중심으로 설명하고자 한다.

17.1 왜 기업(법인)에 대해 과세하는가?

주주들은 계약적 합의를 통해 유한책임(limited liability)을 지는 별개의 법적 실체인 법인을 설립하여 자산을 소유할 수 있다. 그러나 별개의 법적 실체 또는 유한책임, 그 어느 것도 법인의 이윤에 대해 별도로 과세하는 것에 대한 논리적 근거가 되지 못한다. 왜냐하면 채권자가 기업에 자금을 대여할 때 설정하게 되는 조건 및 제약 등을 통해 기업에게 제공되는 법적 보호 장치에 조정을 가할 수 있기 때문이다.

 기업에 대한 과세를 고려할 때 유념해야 하는 중요한 점은, 기업과 관련된 주주

등 개인들에 대한 과세의 영향과 분리하여 기업에 대한 과세의 영향만을 고려하는 것은 의미가 없다는 것이다. 개인에 대한 과세 영향을 고려할 때, 기업을 소유하는 주주뿐만 아니라 기업의 근로자, 기업에 재화나 용역을 공급하거나 공급받는 개인까지 포함하여야 한다. 법인 부문이 성공적으로 운영되는 것이 많은 이해관계자들의 복리후생에 필수적이지만, 법인 그 자체의 복지 수준에 대해서는 직접적으로 관심을 가지지 않는다. 반면, 주주, 근로자, 공급자 또는 소비자로서의 생활수준에 영향을 주게 되는 기업과세 제도에 대해 관심을 갖게 된다.

우리는 기업에 대한 세금으로 인해 세후소득과 배당액이 낮아져 주주의 소득이 줄어들게 되는지, 실질임금이 낮아져 근로자의 소득이 줄어들게 되는지, 재화의 가격이 높아져 소비자의 실질소득이 줄어들게 되는지에 대해 관심을 가진다. 경제학자들은 기업 이윤에 대한 과세의 '실질적인 귀착'이 근로자 또는 소비자에게 어떠한 형태로 전가되는지에 대해 관심을 가진다. 이러한 조세 전가는 법인세의 형태, 법인세 과세 시 경제 상황, 그리고 법인세를 부담하는 해당 기업의 선택 등에 달려 있다. 기업과세의 적당한 형태와 수준에 대한 다양한 견해들은 많은 행위가 (특히) 다국적기업에 의해 수행되는 개방경제하에서 주주, 근로자, 소비자가 부담하는 조세부담 수준에 따라 좌우되는 경향이 있다. 주주, 근로자, 소비자 등 주요 이해관계자에 귀착되는 세부담 수준은 법인세가 이들 이해관계자의 행동에 영향을 미친 결과로 나타난다.

기업 이윤에 대해 별도의 과세를 하는 이유는 무엇인가? 두 가지 중요한 고려사항을 꼽는다면 행정적 편의성과 법인세가 수행하는 개인 소득세의 보완적 성격일 것이다.

그러나 우리는 과세 목적상 기업소득을 측정해야 하는데, 이론상으로는 과세소득의 일부를 지분 비율에 따라 각 주주에게 배분할 수 있으며, 이렇게 지분 비율에 따라 배분된 이익은 개인소득세의 형태로 과세된다. 정보기술이 발달한 현재 시점에서도, 특히 수천 명의 소액 주주가 있는 대기업의 경우에는 행정적으로 복잡한 과정을 거쳐야 개인의 소득세 부담이 결정되게 된다. 주주들은 특히 기업이 투자자본 조달을 위해 이러한 이익을 유보하거나 기업의 주식이 유통시장에서 쉽게 거래되지 않을 때(즉 유동성이 낮을 때), 기업 이익에 대해 귀속된 지분에 따라 세금을 납부해야 하는 제도는 매우 어렵게 느껴질 것이다. 외국인 지분이 중요한 영향력을 행사하는 영국 소재 법인과 영국 거주자가 중요한 영향력을 행사하는 외국 소재 법인의 경우에, 기업 이윤이 어디에서 과세되어야 하는지는 중요한 익미를 지니게 된다. 1차적으로 법인 단계에서 판단한 과세 관할권에 따라 기업 이윤을 과세하는 현행 절차보다는 국가 간 조세당국이 더욱 실질적으로 협력하고 정보를 교환해야만 할 것이다. 결국 보험회사나 연금펀드 — 예를 들면, 생명보험이나 미래 연금 수급권 같은 조건부 계약 상품 — 와 같은 금융기관이 기업의 주식을 보유하고 있는 경우에는 수혜 개인에게 기업 이익을 배분하는 것이 쉽지 않다.

기업 이윤에 대해 별도로 과세를 해야 하는 두 번째 이유는 법인과세 제도의 적절한 설계가 개인에 대한 직접적인 과세 제도를 효과적으로 집행하는 데 필수적인 역할을 할 것이기 때문이다. 이는 개인 저축에서 발생하는 소득에 대한 과세와 근로소득에 대한 과세라는 두 가지 측면에서 중요한 의미를 지니게 된다.

첫 번째 중요한 의미는, 기업을 소비되지 않은 개인의 저축을 저장해 놓은 곳으로 볼 수 있다는 것이다. 개인소득세 제도가 있기 때문에 법인소득세 제도도 반드시 존재해야 한다는 단순한 주장은, 영국을 포함한 많은 국가에서 개인저축들 — 예를 들면, 자가주택, 연금, 개인저축예금과 같은 비과세 상품 — 로부터 발생하는 수익에 대해 전혀 과세하지 않거나 부분적으로 과세하고 있다는 점에서 논리적 근거가 약해지게 된다. 기업 지분의 실질적이고도 직접적인 보유를 통해 발생하는 배당이나 자본이득 형태의 개인소득에 대해 과세하는 것을 선택할 수도 있다. 그러나 이 경우 기업소득에 대한 과세 제도를 운영하지 않는다면 개인소득세 기반은 약화될 수 있을 것이다. 예를 들면, 소기업의 실질적인 소유주는 기업 내부에 이익을 유보함으로써 오랜 기간 동안 세금 납부를 미룰 수 있다. 그러나 이는 왜 우리가 개인 저축에 대해 완전히 차별적인 방법으로 다르게 과세하는지에 대한 의문을 갖게 하는 요인이 된다. 좀 더 일반적으로 말하면, 법인세의 형태와 구조는 개인소득세의 형태 및 구조와 일치해야 하며, 특히 저축에 대해 과세하고 있는 정책 방향과 일치해야 한다. 하나의 조세체계는 개인의 부를 단지 법인 내에 유보함으로써 개인소득세 과세를 피할 수 있는 확실한 기회를 차단해야 하며, 반대로 기업 지분의 직접 보유를 통한 저축과 투자 행위를 하는 개인을 불리하게 취급해서도 안 된다.

소기업의 경영자의 경우 근로소득을 자본소득으로 위장하거나 기업 이윤, 배당, 자본이득의 형태로 전환하여 실현할 수 있다는 점을 고려해야 한다. 근로소득에 적용되는 개인소득세율과 기업 이윤에서 지급되는 배당소득에 적용되는 일반 세율 사이의 커다란 차이로 인해 조세회피 가능성이 존재할 수 있다. 이러한 점은 제19장에서 심도 있게 논의될 것이다. 그러나 이러한 점이 '이중(dual)' 소득 과세제도 — 즉 자본소득에는 단일세율을 적용하고, 근로소득에는 누진세율을 적용하는 제도 — 의 심각한 약점이 될 수 있다는 점을 기억해야 한다. 법인소득에 대한 과세 제도가 없는 경우에, 개인은 일반적으로 많은 행위를 법인 내에서 이루어진 행위로 위장하여 세금을 줄이려고 하는 강한 유혹을 받게 된다.

국제적인 맥락에서 보면, 법인세는 해당 법인의 외국인 주주도 세금을 부담하도록 한다. 개인소득세는 '거주국(residence country)' 기준으로 적용되는데, 거주자는 전 세계 소득에 대해 세금을 납부하되, 외국에서 벌어들인 소득에 대해 외국 정부에 납부한 세금에는 세액공제가 적용되기도 한다. 이와 반대로 법인세는 일반적으로 '원천국(source country)' 기준으로 과세되며, 소유권에 관계없이 국내에서 사업을 영위하는 모든 기업의 소득에 대해 과세한다.[1] 비거주자인 소유자까지 과세할 수 있는 원천국 과세제도는 일부 국내 투자금액이 줄어드는 위험요소가 있으나, 국내 정부기관과 거주자 모두에게 매력적일 수 있다.

또 다른 중요한 의미는 법인세는 익명의 기업들이 부담하거나, 또는 적어도 그러한 기업의 부유한 주주들이 부담하게 된다는 인식이다. 개방경제 환경에서 원천국 기준 법인세 부담의 일정분은 임금 하락의 형태로 국내 근로자에게 전가될 것이다. 그러므로 법인세 대신 근로자들의 임금이나 소비에 대해 직접 과세한다면 국민 복지 수준이 오히려 나아질 것이라고 생각할 충분한 이유가 있다. (우리는 이러한 내용을 제18장에서 자세히 논의할 것이다.) 그러나 이러한 상황은 국내 유권자에게 호응을 받기 어렵다. 정부는 기업 이윤에 대한 별도의 법인세 제도를 운영하는 것을 선호하는데, 고용주를 대상으로 별도의 사회보장기여금을 징수하는 것을 좋아하는 것과 같은 이유이다. 많은 유권자들은 별개로 운영되는 이러한 제도들을 자신이 아닌 다른 누군가가 부담하는 조세로 인식하기 때문이다.

모든 OECD 국가와 대부분의 개발도상국은 법인세 제도를 운영하고 있다. 법인세율이 지난 25년 동안 지속적으로 인하되어 왔지만, 대부분의 국가는 이러한 원천 기준 과세 성격의 법인세 제도를 유지하고 있다. 더구나 각국은 다른 나라들이 원천 기준 법인세 제도를 어떻게 개선하고 있는지에 대해 많은 관심을 가지고 있다. 이러한 경향이 지속되면 국내보다는 외국에 투자함으로써 자국 거주자가 누릴 수 있는

---

1) 법인소득에 대한 과세가 반드시 순수한 원천국 기준으로 운영되는 것은 아니다. 예를 들면, 세액공제제도하에 국외 원천 배당(foreign-source dividends)에 대한 과세와 피지배 외국 법인에 대한 과세는 법인 거주지 기준이 적용될 수 있다. 이러한 쟁점들은 제18장에서 논의될 예정이다.

조세상의 이점은 계속 줄어들게 된다.

이와 대조적으로 법인소득세와 개인소득세 간 관계는 국가마다 커다란 차이를 보이고 있다. 다시 말하면, 법인이 부담하는 기업소득에 대한 과세로 인해 주주가 받게 되는 배당에 대한 세금이 줄어들게 되는 범위와 관련된 내용이다. 아일랜드와 네덜란드 등 몇몇 국가들은 배당소득에 대해 주주의 가장 높은 한계소득세율로 과세하는 '고전적 과세체계'를 유지하고 있다. 호주를 포함한 나머지 국가들은 '법인세 주주 귀속방식 과세체계(imputation system)'를 가지고 있는데, 이는 법인단계에서 발생된 이윤에 대해 부담한 법인세액을 감안하여, 배당소득에 대한 개인소득세 납부 단계에서 명시적인 배당세액공제를 부여하는 제도이다. 이러한 배당세액공제 방식은 공통적으로 외국 법인으로부터 받은 배당과 국내 법인으로부터 받은 배당을 다르게 취급하거나, 또는 외국인 주주에게 지급된 배당과 내국인 주주에게 지급된 배당을 다르게 취급하게 된다. 그러나 유럽연합 사법재판소(European Court of Justice, ECJ)가 이러한 세액공제 방식이 EU 조약에 위반한다고 판결함에 따라 관련 내용들이 폐지되었다. 그 결과 영국과 독일을 포함한 많은 EU 국가들은 현재 배당소득에 대해 다른 소득보다 낮은 개인소득세율을 적용하고 있다. 그 결과 기업 배당에 대한 과세는 기업의 주식과 관련된 자본이득 과세제도와 유사하다. 주식 양도 차익에 대한 과세 시, 대부분의 국가들은 일반적인 기업이익으로 보지 않고, 별도의 우대 세율을 적용하고 있다.

17.2 표준적인 법인세 과세제도

법인세 과세표준은 거의 모든 OECD 국가에서 기업 이윤에 이자비용과 감가상각비 등을 공제하여 계산되는 구조이다. 두 가지 중요한 질문은 이러한 표준적인 법인세 과세표준 계산 방식이 기업의 투자 수준에 어떤 영향을 미치는지, 그리고 해당 투자 금액은 어떻게 조달되는지에 관한 것이다.

인플레이션이 없는 상황에서 자산의 가치 하락이 세법상 감가상각 흐름과 일치하는 경우, 이 표준적인 법인세 과세표준은 차입에 의해 조달된 투자금액의 '요구 수익률(required rate of return)' 또는 '자본비용(cost of capital)'에 아무런 영향을 미치지 않는다. 본질적으로 기업이 안전한 투자금액을 3% 실질이자율로 조달할 수 있다면,

| 표 17.1 | 법인세가 단순 투자에 미치는 효과 (단위 : 파운드, %)

	타인자본조달 (debt finance)		자기자본조달 (equity finance)	
	조세가 부과되지 않는 경우	조세가 부과되는 경우	조세가 부과되지 않는 경우	조세가 부과되는 경우
1차 연도 투자	−1,000	−1,000	−1,000	−1,000
1차 연도 차입	1,000	1,000	0	0
2차 연도 소득	30	30	30	30
2차 연도 이자 지급	−30	−30	0	0
2차 연도 자산 판매	1,000	1,000	1,000	1,000
2차 연도 부채 상환	−1,000	−1,000	0	0
2차 연도 세전 이익	0	0	1,030	1,030
세전 이익률	n/a	n/a	3%	3%
2차 연도 법인세 납부(세율=25%)	0	0	0	7.5
2차 연도 세후 이익	0	0	1,030	1,022.5
세후 이익률	n/a	n/a	3%	2.25%

해당 투자는 오직 3%의 순이익률을 이루면 된다. 반대로 투자금액이 유보이익(자기자본)을 통해 조달되거나, 새로운 주식을 발행(타인자본)하여 조달하는 경우, 표준적인 법인세 과세표준은 유사한 투자에 대한 요구 수익률을 더 높이게 되는 역할을 하게 된다. 주주는 기업이 자기자본으로 투자하는 경우, 해당 투자금액을 이자가 발생하는 자산에 투자했다면 벌 수 있었던 소득으로 보상받기 위해 양(+)의 이익률을 기대하게 된다. 그러나 기업의 장부에 명시적 비용으로 계상되는 타인자본에 대한 이자비용과 달리, 이 자기자본 투자에 대한 '기회비용(opportunity cost)'은 법인세 과세표준에서 공제되지 않는다. 그 결과 법인의 자기자본 투자가 성공적인 의미를 가지려면 관련 투자계획은 법인세 납부 후 3%의 순이익률이 나오도록 법인과 법인의 주주에게 더 높은 세전 이익률을 가져다주어야 한다. 이는 표준적인 법인세 제도가 자기자본을 활용한 투자보다는 타인자본을 통한 투자에 조세혜택을 주고 있으며, 자기자본에 의존하는 기업의 투자행위를 억제하는 경향이 있음을 시사한다.

　이러한 결과는 〈표 17.1〉에 잘 나타나 있다. 법인이 집행하려는 간단한 투자계획을 살펴보자. 2차 연도에 30파운드의 확정 소득을 창출하는 자산을 취득하기 위해 1차 연도에 1,000파운드의 비용이 소요되는 투자 계획이다.[2] 인플레이션이 없고, 취득 자산은 2차 연도에 1,000파운드에 팔 수 있으며, 감가상각 제도는 없다. 법인세는 존재하지 않으며, 무위험 이자율은 매년 3%라고 가정하자.[3]

만일 기업이 이 투자에 소요되는 자금 1,000파운드를 3% 이자율로 차입한다면 3% 이익률을 통해 2차 연도의 30파운드 이자비용을 회수할 수 있고, 자산 매각에서 발생하는 이익으로 차입 금액을 갚을 수 있는 상황이다. 주주 입장에서 보면 1차 연도에 아무런 손해가 없고, 2차 연도에는 어떠한 이윤도 발생하지 않게 된다. 회사가 투자를 결정하든 하지 않든 주주 입장에서는 아무런 차이가 없는 것이다. 이러한 맥락에서 오직 3%의 요구 수익률을 벌어들이는 투자를 '한계' 투자라 부른다. 기업이 2차 연도에 30파운드의 이자비용보다 더 많은 소득을 벌 수 있다면, 이러한 투자 계획을 선택할 때 주주들은 소득을 창출하게 된다. 요구 수익률을 초과하는 이러한 이익은 '정상 초과' 이윤 또는 '경제적 지대'라 불린다. 이러한 정상 초과 이윤을 창출하기 위해서 기업은 전형적으로 부존자원, 지식, 다른 기업이 쉽게 모방할 수 없는 능력을 보유하고 있어야 한다.

세법상 해당 종류의 자산은 가치가 하락하지 않는 점을 반영하여, 감가상각비 공제 제도가 적용되지 않는 표준적인 법인세 제도를 기업이 적용받게 되면, 이 사례에서 어떤 것도 변하지 않는다. 30파운드의 소득은 2차 연도에 과세되나 30파운드의 이자비용은 손금에 산입되어 법인세 과세표준은 0이 되고, 법인세 납부액도 0이 된다. 한계투자에 대해서는 어떤 세금도 매겨지지 않으며, 요구 수익률은 변하지 않게 된다. 법인세는 어떤 정상 초과 이윤에 대해 부과된다. 예를 들면, 기업이 2차 연도에 40파운드를 벌게 된다면 법인세 과세표준은 10파운드가 된다. 그러나 법인세율이 100%보다 낮다면, 해당 기업이 투자 계획을 채택하는 경우에 주주는 여전히 이윤을 창출하게 된다. 타인자본으로 투자하는 경우에 자산의 실제 가치 하락액과 동일하게 감가상각 공제가 허용되는 표준적인 법인세 제도하에서는, 이러한 경제적 지대를 법인세로 과세함으로써 정부는 조세 수입을 늘리게 된다.

이러한 상황은 자기자본으로 투자하는 경우에 완전히 달라지게 된다. 기업이 1차 연도에 이러한 지출을 하지 않으면 주주에게 추가적으로 1,000파운드를 배당할 수

---

2) 이 소득은 자산을 사용하여 추가적으로 생산되는 재화 또는 용역의 판매금액에서 생기는 발생 비용(급여, 광열비용, 원재료비용 등)을 뺀 것으로 볼 수 있다.

3) 3%는 1984년부터 발행되어 온 10년 만기 영국 국채 수익률에 연동되어 있는 장기 평균 실질이자율에 근접하는 비율이다. 이러한 사전적인 실질이자율 측정치가 최근에는 다소 낮아졌다. 자세한 내용은 Joyce, Sørensen, & Weeken(2008) 참조.

있다. 이는 2차 연도에 30파운드의 확정 이익을 창출하는 데 사용될 수 있으므로 주주에게 총 1,030파운드를 가져다준다. 법인세가 없는 경우, 기업이 주주의 자금을 자산 구입에 사용한다면 2차 연도에 해당 주주에게 1,030파운드를 돌려줄 수 있게 된다. 기업의 투자 계획 채택 여부와 관계없이 주주에게는 아무런 차이가 없어야 한다. 그러나 법인세 제도가 있는 경우에는 이 내용이 변하게 된다. 손금에 산입되는 이자 비용이 없는 경우, 기업은 2차 연도에 30파운드의 과세소득이 발생한다. 예를 들어, 법인세율이 25%라면 기업은 7.5파운드의 법인세를 부담하게 되고, 주주는 단지 2.25%의 세후 수익률을 얻게 된다. 주주가 기업 영역 외부에 있는 안전하고 과세되지 않는 무위험 자산에 투자하여 3%를 벌 수 있는 상황에서, 법인세를 납부하는 기업이 3%의 세전 이익률이 예상되는 투자 계획에 투자한다면 주주의 소득은 줄어들 수밖에 없다.[4)]

이 사례에서 주주들은 기업이 세전 40파운드의 확정 소득, 즉 세후 기준으로는 30파운드의 소득(3%의 세후 이익률)이 창출되는 투자에 대해서는 그 투자 여부에 아무런 차이가 없다고 받아들여야 한다. 25%의 법인세율은 자기자본을 활용하여 투자하는 기업의 자본비용을 3%에서 4%로 높이는 요인이 된다. 이러한 표준적인 법인과세 제도로 인해 타당성이 있는 투자 계획이 채택되지 않는 경우가 생기게 된다.

표준적인 법인세 제도의 이러한 특징으로부터 다음 두 가지 시사점이 도출된다. 첫째, 다른 모든 조건이 동일하다면 기업은 자기자본보다는 타인자본을 이용하여 투자할 유인이 생기게 된다. 현실적으로 어떤 투자계획에 대한 미래수익은 확정적이지 않으며, 채권자가 투자대금 전액을 상환받지 못하게 되는 위험은, 기업이 자산평가액보다 상대적으로 더 많은 부채를 보유하고 있을 때 증가하게 된다. 기업의 부채비율이 높아질수록 차입비용이 높아지게 되므로, 실제 기업은 자기자본과 타인자본을 적절히 조합하는 선택을 하게 된다. 그러나 법인세 제도가 없을 때의 재무상태표보다

---

4) 여기에서 주주가 안전하고 이자가 지급되지 않는 자산에 그들의 부를 보유하고 있다면, 개인단계에서는 과세되지 않는다고 가정하는 것이다. 우리는 또한 배당소득 및 자본이득에 대한 과세를 여기에서는 고려하지 않는다. 일반적으로 이러한 예는 주주가 연금펀드(더 정확한 표현으로는 조세가 면제되는 연금펀드에 저축하는 개인) 또는 영국 ISA 같은 세금면제 예금상품에 저축하는 개인일 경우에 적용된다고 보면 된다. 더 일반적으로 다른 한계세율이 적용되는 다양한 유형의 주주의 경우, 기업투자를 통해 발생하는 요구 수익률에 대한 개인소득세 과세의 영향을 찾아내는 것은 더욱 어려운 일이다. 우리 사례에서는 대체적으로 3%를 주주의 저축소득에 대한 개인소득세 과세 이후, 주주들이 기대하는 안전 수익률로 생각하게 된다. 각각의 사례는, 주주의 저축소득에 대해 개인소득세는 일정하다고 보았을 때 나타나는 법인세의 독립된 영향을 설명하고 있다.

기업이 더 취약한 재무 상황을 선택하게 유도하는 법인세 제도를 설계하여 집행하는 이유는 명확하지 않다.[5] 그 결과 법인세 제도가 없을 때보다 더 많은 기업이 경기 침체기에 파산할 가능성이 높아질 수 있다. 이는 특히 기업이 보유하는 자산이 다른 용도로 쉽게 전용될 수 없을 때에는 실질적인 부담으로 작용하게 된다.

두 번째 시사점은 법인세가 자본비용을 높이고, 법인이 투자 시 자기자본을 계속 이용한다면 기업 투자는 줄어들게 된다는 것이다.[6] 그 주된 이유는 자기자본으로 이루어진 기업 투자에서 발생한 정상이익까지 표준적인 법인세 제도에서 과세 대상이 되기 때문이다. 우리는 17.4절에서 이 방식의 장점에 대해서 논의할 것이며, 제18장에서는 개방경제체제로 확장하여 논의할 예정이다.

표준적인 법인세 제도에는 다른 문제점들이 있다. 기업은 내용 연수가 다르고 감가상각비율이 다른 다양한 자산들에 투자한다. 어느 정도의 확실성을 갖는다고 하더라도 모든 자산에 대해 정확하게 감가상각 일정을 특정화하는 것은 실무상 가능하지 않다.[7] 그 결과 법인세 관련 법령에서는 일반적인 자산 유형별로 표준화된 감가상각 일정을 구체화하고 있으며, 해당 자산 유형별로 최대 감가상각비율 정도만 정해 놓고 있다. 그 결과, 어떤 자산에 대한 투자는 세법상 상대적으로 우대 — 자산의 가치 하락 수준보다 더 빨리 감가상각비를 공제받는 — 를 받게 되고, 또 다른 자산에 대한 투자는 조세 목적상 감가상각이 천천히 진행되므로 불리하게 작용할 수 있다. 법인세법상 허용되는 감가상각과 경제적 감가상각 사이의 불일치는 투자 자산 구성을 왜곡시킨다. 모든 유형의 자산에서 창출되는 요구 수익률을 높일 수 있는 조세제도를 설계해야 하는 타당한 이유는 있겠지만, 특정 유형의 자산에 대한 투자행위가 줄어들지 않도록 앞서 설명했던 조세제도와는 다른 방식으로 제도를 설계하여 사회적 이익률을 상응하는 수준으로 높였다는 증거를 찾기는 어렵다.[8]

---

5) 역사적으로 볼 때, 법인세 제도에서 차입을 우대하는 조세편향은, 개인소득세에서 차입을 억제하려는 조세 정책에 의해 상쇄된다고 주장할지도 모른다. 적어도 개방경제하에서 대기업의 경우 이러한 논거는 적용되기 어렵다. 왜냐하면 법인세가 면제되는 기관과 외국인 주주가 보유하는 지분이 증가하면, 국내 개인소득세와 기업의 재무 의사결정 사이의 관련성이 약해지기 때문이다.
6) 실증연구 결과, 영향의 정도에 대한 다양한 추정을 보여 주지만, 자본비용은 이러한 영향이 기업의 투자행위에 중요한 영향을 미치는 것을 보여 준다. 이러한 결과의 검토를 위해서는 Hassett & Hubbard(2002), 최근 국가 간 실증연구에 대해서는 Bond & Xing(2010) 참조.
7) 후자의 사례는 일반적으로 세법이 기업회계 기준서에 따른 감가상각비를, 조세목적상 전액 공제되도록 허용할 때 적용된다. 기업들은 이때 더 빠른 속도로 감가상각함으로써 현재가치 관점에서 이득을 보게 되므로, 최고 상각비율 한도를 설정하는 방법으로 감가상각비 공제를 제한할 필요가 있다.
8) 어떤 투자 지출 유형은 외부불경제 또는 시장실패 치유 목적으로 정당화될 수 있는 조세정책으로 인해 세법상 더 우대를 받게 된다. 이러한 지출의 예로 연구개발비, 에너지 절약 기술비를 들 수 있으며, 이러한 지출

더구나 법인세법상 감가상각 금액표는 일반적으로 자산 구입 시점의 역사적 원가에 기초하여 만들어지는데, 법인세법상 감가상각 공제액의 실질 가치는 물가상승에 의해 줄어들게 된다. 심지어 아주 완만하게 물가 수준이 오르는 경우에도 기업이 부담하는 실제 감가상각 비용보다 세법상 감가상각액의 실질 가치가 작아지는 중대한 영향이 발생한다. 특히 긴 기간의 내용 연수를 가진 자산의 경우에 물가상승 영향은 더욱 커지게 된다.

앞서 설명한 내용을 자기자본 투자에 적용해 보면 물가상승이 자본비용을 높이는 데 상당한 영향을 미치고 있음을 알 수 있다. 타인자본 투자의 경우 명목가치에 기반을 둔 법인세 제도의 특성상, 실질 이자비용이 아닌 부채에 대한 명목이자비용(물가상승에 연동되어 있지 않음)이 과세소득에서 공제(비용계상)되므로 물가상승의 영향은 완화된다. 그 자체로 볼 때 이는 세후 실질 차입비용을 줄여 주게 된다. 높은 물가상승률은 다른 영향을 미치기도 하는데, 예를 들면 명목가액으로 평가되는 재고 자산의 유지비용이 올라가게 되고, 법인과 주주 측면 모두에서 자산 매각으로부터 발생하는 실질 자본이득에 대한 세금 납부액이 증가하게 된다. 이러한 내용들은 법인세 제도가 기업으로 하여금 부채를 사용하게 하고, 투자 행위를 억제하도록 작용하는지에 대한 좋은 설명이 될 수는 있지만, 물가상승에 따른 영향을 법인세 제도 내에서 조정하지 않고 그대로 받아들이는지를 설명하지 못하고 있다.

인플레이션의 이러한 영향은 원칙적으로 법인세 과세표준을 물가에 연동시킴으로써 피할 수 있다. 감가상각 공제액을 역사적 원가보다는 물가상승에 연동된 자산 평가 금액과 연계하여 측정할 수 있으며, 이자비용 손금산입액 또한 명목이자비용보다는 실질이자비용으로 제한할 수 있다.[9] 그러나 어떠한 OECD 국가도 아직 완전히 물가상승분을 조정·반영하는 법인세 제도를 채택하고 있지 않은데, 그 이유는 법인세 제도가 복잡해지기 때문일 것이다.

앞에서 본 문제들이 현행 표준적인 법인세 제도하에서 과세소득을 계산하는 데 있어 연관되는 유일한 문제점들은 아니다. 왜냐하면 법인세 과세표준 계산에 있어서는 어떠한 일관된 개념 정의가 없다. 이는 과세 목적상 '이윤'의 일반적인 정의가 없다는 점을 반영하고 있다. 결과적으로 구체화된 법인세 과세표준은 일반적으로 동일한

은 즉시 비용으로 처리되거나, 더 많은 세액공제 혜택을 받게 된다.

[9] 이와 유사하게 자산이 매각될 때 과세되는 자본이득은 물가에 연동되어 지수화된 과세표준에 준거하여 계산될 수 있으며, 재고 자산의 명목가액에 발생하는 물가상승의 영향 또한 조정이 가능하나.

대상에 대해 과세하려는 목적일지라도 국가마다 다른 형태를 보이고 있다. 다국적기업은 어떤 경우에 이러한 제도적 차이로부터 혜택을 볼 수도 있는데, 예를 들어 가장 관대한 세법상 공제 혜택을 제공받을 수도 있으며, 심지어 동일한 비용 항목들을 둘 이상의 국가로부터 중복해서 공제받을 수도 있다. 물론 정반대로 동일한 소득에 대해 최소 2개국 이상으로부터 과세될 수도 있다. 우리는 이러한 국제 조세 문제를 제18장에서 다루기로 한다.

요약하면, 표준적인 법인세 제도는 바람직하지 않은 방향으로 기업의 의사결정을 왜곡하게 된다. 투자를 위한 자본조달에 있어서 법인의 차입은 유보이익이나 자기자본을 사용하는 것보다, 법인세법상 유리한 대신 파산위험에 노출될 가능성을 더 높이게 된다. 차입행위를 우대하는 조세 편향성은 물가상승에 비례하여 더 커지게 된다. 세법상 감가상각 제도는 경제적으로 진정한 감가상각액과 비교하여, 상대적으로 많은 금액의 손금산입을 허용하는 특정한 자산에 대한 투자를 장려하고 있다. 전체적으로, 법인세는 자본비용을 증가시키고 투자를 줄어들게 한다. 이는 주로 표준적인 법인세 제도하에서 자기자본 투자를 통해 벌게 되는 정상이익이 과세 대상에 포함되기 때문이다.

17.3 표준적인 법인세 과세제도의 대안

우리가 앞에서 살펴본 바와 같이 기업의 의사결정 행위에 영향을 주는 왜곡을 줄이거나 없애기 위한 목적으로, 현행 표준적인 법인세 과세제도를 개혁하거나 대체하려는 여러 제안들이 제시되어 왔다.

17.3.1 현금흐름 조세

『미드 보고서(Meade Report)』에서 주장된 하나의 개혁적인 제안은, 기업 이윤에 기초하는 현행 과세 제도를 순 현금흐름에 기초한 과세 제도로 전환하자는 것이다. 'R-base'로 알려진 한 형태는 감가상각액과 이자지급액에 대한 손금산입(비용공제) 제도를 폐지하고, 투자 금액에 대한 손금산입 제도로 바꾸자는 것이다.[10) 이때 투자

---

10) 이러한 투자 금액에 대한 즉시 공제는 종종 첫해 100%를 공제하는 제도, 또는 '일시상각'이라 불린다. 영국 세법에서 연간 투자공제는 공장 설비와 기계 장치에 대해 투자 금액의 일정액만 공제를 허용하고 있다.

금액이 현행 원가로 간주되고, 자본자산(capital assets) 매각 금액은 또 다른 형태의 현금 유입으로 간주하게 된다.

우리가 〈표 17.1〉에서 살펴본 간단한 예에 따르면, 법인세율이 25%일 때 1차 연도 1,000파운드의 자산 구입을 위해서 기업은 단지 750파운드만 조달하면 된다.[11] 2차 연도에 30파운드의 소득과 자산 매각에서 발생하는 1,000파운드의 조세 수입은 25%의 법인세율로 과세되므로 기업은 순 현금흐름의 75%인 772.50파운드를 벌게 된다. 사실 이 현금흐름에 대한 과세는 수입 금액 25%의 교환 대가로, 투자 금액의 25%를 출자하는 것과 같아진다. 자기자본 또는 타인자본 조달 여부와 관계없이 최초의 투자는 투자자의 미래에 대한 전망에 따라 그 규모가 축소될 뿐이다. 자기자본 조달의 경우에, 주주는 750파운드의 투자에 대해 다른 투자 계획에서 벌어들일 수 있다고 가정한 3% 수익률을 적용해 볼 때 22.5파운드의 수익을 벌어들이게 된다. 타인자본 조달의 경우에는 단지 이자비용만 회수할 수 있으면 된다. 더구나 투자 계획의 세전 수익률이 3%를 초과하는 경우에는 세후 수익률을 고려했던 사례와 결과가 동일해진다.

'R-base 현금흐름 조세'는 자기자본 투자와 타인자본 투자를 동일하게 다룸으로써 차입행위를 우대하는 현행 법인세제도의 편향성을 제거하고 있다. 법인세가 없는 경우 단지 최저 요구 수익률을 가져오는 한계투자는, 이 현금흐름 조세가 있는 경우에도 여전히 한계투자로 남게 된다. 그 결과 법인세는 자본비용 및 세전 최저 요구 수익률에 어떠한 영향도 주지 않는다. 사실 이러한 접근 방법은 오직 경제적 지대에 대해서만 과세하며, 기업투자 행위에서 발생하는 정상이익에 대해서는 과세하지 않는 구조이다. 이는 자산의 내용 연수 또는 감가상각 모형에 관계없이 모든 유형의 자산에 대해 적용된다. 매 기간의 과세기반은 명목상의 현금흐름에만 의존하기 때문에 인플레이션은 이들 자산에 아무런 영향을 주지 않게 된다.

R-base로 불리는 현금흐름 조세는 기업의 '실질적인' 사업의 운영과 관련된 현금흐름(재화와 용역의 판매에서 생기는 수입, 노동비용 그리고 재화와 용역을 생산·창출하는 데 들어가는 다른 투입 비용)과 사업을 영위하기 위한 자금을 차입하는 것과 관련된 현금흐름(차입행위와 채권자에게 지불되는 원금과 이자, 그리고 지분 투자와

---

11) 이는 또한 기업이 적어도 1,000파운드의 다른 순 현금흐름을 가지고 있다고 가정한 것이다. 투자 공제를 받은 결과 1차 연도에 조세부담액이 250파운드가 줄어들거나 1,000파운드가 이월된 '결손금'이 있었다면 250파운드를 환급받게 된다. 이는 과세이익과 과세손실의 대칭적인 구조를 보여 주기 위한 예다. 결손금은 미래 연도에 순 현금흐름이 (+)로 바뀌는 시점까지 이월되어 공제가 가능하고, 적절한 이자를 가산하여 계산한다면 유사한 결과가 나타나게 된다.

주주에 대한 배당 지급)을 구별하고 있다. 자본조달과 관련된 이러한 현금흐름을 보면 자기자본 조달과 타인자본 조달 사이에 어떠한 차이점도 없다. 즉 돈을 빌려 준 사람에 대한 이자 지급액 및 주주에 대한 배당 지급액 어느 것에 대해서도 세금공제 제도를 두고 있지 않다. 현금흐름 조세는 자본조달 행위에 대해 과세하지 않는 부가가치세 제도와 밀접하게 관련되어 있다.[12) R-base 현금흐름 조세하에서는 과세되지 않는 이자율 스프레드(interest spread) — 돈을 맡기는 사람에게 지불하는 예금이자보다 돈을 빌려 가는 사람에게 더 많은 대출이자를 수취하는 것 — 를 통해 대부분의 이익을 벌고 있는 은행을 포함한 금융기관에 대한 과세 필요성 문제가 제기된다. 전 세계적으로 현행 법인세 제도를 운영함에 있어 타인자본과 자기자본 사이의 차이점은 중요한 역할을 하게 된다. 이 차이점 때문에 행정적으로 비용이 많이 들게 되고, '신종 자본증권(hybrid securities)'을 만들어 판매하는 금융기관에, 기업이 지급하는 금액이 법인세법상 비용 공제가 되는지 여부에 대한 법령 정비가 필요하게 된다. 반면, 이와 독립적으로 이자 지급액에 대한 손금산입 제도를 폐지하는 것은 R-base 현금흐름 조세를 도입하는 국가에 어려움을 제공하게 될 것이다.[13)

이 주제를 다루고 있는 다양한 현금흐름 조세 중 또 다른 유형으로 'R+F base'가 있다. 이 과세제도하에서는 새로운 차입은 과세되는 현금흐름의 유입으로 간주되고, 원금과 이자의 지급은 공제되는 현금흐름의 유출로 간주된다. 이는 자기자본 조달과 타인자본 조달에 관련된 현금흐름 사이에 차이점을 만들어 낸다. 명목적인 이자지급액을 법인세 제도 내에서 공제하는 제도는 유지되며, 이는 다른 나라 법인세 제도에서도 공통적으로 발견된다. 채무자로부터 받는 명목상의 이자금액은 계속 과세되며, 은행이 그들 자본을 통해 최저 요구 수익률보다 더 많이 벌게 되는 한 이자율 스프레드로부터 은행이 창출하는 이윤 또한 과세된다. 원칙적으로 새로운 차입에 대해 과세하고 원금상환액에 대해 손금산입하는 제도는 다소 복잡할지라도 가능할 것으로 보인다. 그러나 우리는 이렇게 실제로 제도를 운영한 경험을 가지고 있지 않다. 'R+

---

12) 부가가치세는 제6장부터 제9장까지 논의되었다. 부가가치는 '순 현금흐름＋노동비용'으로 표현된다는 점에서 연결고리를 찾을 수 있다.

13) 예를 들면, 이러한 유형의 법인세 제도 개혁 결과, 다국적기업의 자회사가 지출하는 비용에 대해서 국제적으로 이중과세 방지를 위한 공제제도로 세액공제제도를 시행해 왔던 국가가 자국의 법인세 과세제도와 배치되는 형태인 공제제도를 계속 유지할 것인지에 대해서는 확실하지 않다(다음 제18장의 18.2절 참조). 'R-base 현금흐름 조세'와 매우 유사한 조세를 도입한 사례는 주로 원유와 가스 등 천연자원과 같은 특정한 세목에 한정되어 왔는데, 그 이유는 해당 산업에서 높은 경제적 지대가 창출되며, 북해(North Sea)와 같은 특정한 사업 장소로 제한이 가능하기 때문이다.

F-base 현금흐름 조세'를 도입하는 것은 제8장에서 논의된 것과 같이 금융기관에 부가가치세를 도입하자는 제안과 유사한 쟁점이 야기될 수 있다.

17.3.2 기업 자기자본(지분)에 대한 공제

자기자본과 타인자본 투자에 대한 과세 취급을 동일하게 해야 한다는 또 다른 주장은, 영국의 대표적 재정 관련 연구기관인 IFS(Institute for Fiscal Studies)의 '자본과세 전문작업반(Capital Tax Group)'에 의해 1991년에 제안되었다. 기본적인 생각은 기업이 운영자금을 조달하기 위해 주주의 자금(자기자본)을 사용함으로써 발생하는, 내재된 기회비용에 대해 명시적인 공제제도를 도입하자는 것이다. 기업의 '자기자본에 대한 공제(Allowance for Corporate Equity, ACE)'는 두 가지 방법으로 생각해 볼 수 있다. 첫째, 현재 차입금액에 대한 이자비용이 손금산입되고 있으므로 이에 상응하는 제도가 필요하며, 둘째, 앞서 설명한 현금흐름 조세에서 허용되는 자기자본 투자금액에 대한 100% 공제제도에 대한 대안으로 '과세 이연 공제제도(deferred tax allowances)'를 도입하는 방법이다. 이 두 가지 방법은 미래 수익률에 대해 불확실성이 없는 경우라면 거의 동일한 효과를 가져온다. 게다가 두 번째 방안은 위험과 불확실성이 존재하는 상황에서 더 설득력이 있는 것으로 드러난다. 다시 한 번 말하자면, 기업의 자기자본 공제는 자기자본투자에서 발생하는 정상이익 부분을 법인세 과세표준에서 제외하는 효과를 가져온다.[14]

자기자본에 대한 기회비용을 단순히 공제하여도 (i) 세법상 감가상각 금액표 및 (ii) 인플레이션에 대한 쟁점을 여전히 해결하지 못하게 된다. 그러나 공제되는 금액을 계산하기 위해 사용되는 자기자본 금액의 측정을 과세 목적상 사용되는 감가상각 금액표와 명시적으로 연계함으로써 감가상각 금액표에 따라 세부담이 영향을 받는 민감한 문제를 피할 수 있다.

일반적으로 ACE 금액을 계산하기 위해 사용되는 주주의 자금 총액은 다음 식에 따르게 된다.

기말 주식 총액=기초 주식 총액+발행된 주식 총액−자기주식 취득(또는 재취득) 금액+세법상 계산된 유보이익

---

14) 이러한 과세제도 형태는 1994년과 2001년 사이에 크로아티아에서 시행된 바 있고, 2008년 벨기에가 도입하였다.

당기 ACE 금액은 전기 말 시점에 주주 자본(자기자본)의 기말 총액에서 발생하는 귀속 이익(즉 이 기말 총액을 특정 이자율로 곱한 금액)으로 계산된다. 여기서, 최초 취득 또는 추가 취득한 금액은 자기주식 구입금액뿐만 아니라 모회사가 취득한 자회사의 최초 지분 취득 또는 추가로 취득한 자회사 지분금액, 그리고 확대된 자회사 지분 금액 등을 포함한다. 세법상 계산된 유보이익은 ACE 금액이 차감된 과세소득에서 정부에 납부한 세금과 주주에게 지급한 배당액을 각각 차감한 금액과 일치한다.

이제 법인세법상 감가상각 금액일정표 세부 내용이 조세 목적상 허용되는 감가상각률이 '매우 낮은' 자산과 완전히 동등한 사례를 이용하여, 감가상각 공제와 ACE 공제의 적용 결과를 비교해 보자. 법인세법상 감가상각 금액일정표가 진정한 감가상각비를 과소평가하는 자산에 대한 것인 경우, 감가상각 공제 금액은 자산의 내용 연수 초기 단계에 '매우 낮을' 것이고, 그 결과 과세소득과 법인세 납부액은 초기에 '매우 높을' 것이다. 그러나 조세 목적상 계산된 유보이익은 정상적인 상황(세법상 감가상각 금액이 진정한 경제적 감가상각을 반영하는 경우)보다 더 높아지게 되고, 그 결과 미래 연도의 ACE 금액을 계산하기 위해 사용되는 주주 자본의 총액은 더 커지게 될 것이다. 결국 미래 ACE 금액은 높아지게 되고, 미래 세금 납부액은 낮아지게 될 것이다.[15] 이 두 가지 영향은 현재가치 측면에서 서로 정확하게 상쇄될 것이며, ACE 제도하에서 조세 납부액 흐름의 현재가치는 적용되는 감가상각 금액표의 세부 내용에 의존하지 않고 결정된다.[16]

ACE 제도를 물가상승에 연동시킬 수 있으나, 이는 필요하지 않다. 직관적으로 설명하면, 자기자본 조달 비용에 대한 공제 금액은 이전 연도 물가상승에 연동하여 자기자본 기준 금액을 지수화하거나, 실질이자율을 사용하여 기회비용을 계산할 수 있기 때문이다. 다시 말하면, 자기자본 기준 금액에 단지 물가상승률을 연동하는 방법 대신 명목이자율을 사용하고도 기회비용을 쉽게 계산할 수 있다는 것이다. ACE 공제 금액이 물가상승이 반영되지 않은 자기자본 기준 금액에 명목이자율을 곱하여 계산된다면, 자기자본에 대한 명목이자 납부액을 공제하는 이러한 방식은 물가상승이 존재하는 경제하에서 타인자본(부채) 조달 관련 이자비용이 공제되는 방식과 비교해

---

15) 반대 상황은 세법상 감가상각 금액일정표가 실제 경제적 감가상각 금액보다 과다한 감가상각을 허용하는 자산에 대해 적용된다.
16) 이러한 ACE 과세제도의 유용한 생각은 IFS 자본과세 그룹(1991)에서 사례가 제시되었고, 1984년 Boadway와 Bruce에 의해 기초 작업이 수행되었다.

볼 때 적절한 형태로 조세감면을 제공하는 것이다.[17]

ACE 제도의 이러한 특성은 ACE 공제액 계산을 위한 적절한 이자율 사용에 달려 있다. 미래 투자 이익률이 매우 불확실하고 주주들이 위험을 회피하는 성향을 가졌다고 가정하면, 이는 커다란 문제가 될 수도 있다. 일반적으로 주주는 투자를 통해 벌어들이는 예상 이익률이 안전 자산에 투자했을 때 벌게 되는 이익률보다 높지 않을 때에는 위험이 더 높은 투자계획을 좋아하지 않는다. 주주들이 요구하는 예상 이익률과 무위험 이자율의 차이는 요구 (예상) 수익률에 대한 위험 프리미엄(risk premium)으로 알려져 있다. 위험 프리미엄은 다양한 투자 계획마다 폭넓게 변하게 된다. 또, 많은 자산에 투자하는 기업에게 단일 수익률이 있다는 것은 적절하지 않다. 투자자들이 위험자산을 평가하는 방법에 대해 아주 일반적으로 가정을 하면, 다행히도 위험에 관한 정보는 ACE 제도를 도입하는 데 필요하지 않으며, ACE 공제액을 계산하는 적절한 이익률은 무위험 (명목) 이익률로 판명되게 된다.[18]

어떤 특별한 투자 계획에 대한 ACE 공제액의 흐름을 명시적으로 각 기간에 자기자본 투자자가 요구하는 최저 예상 수익률 계산에 필요한 조세 감면액과 연관시키지 않고, 앞서 설명한 R+F−base 현금흐름 조세하에서 자기자본 조달을 통한 투자금액 공제제도에 대한 대안으로 ACE 제도를 생각해 보면 이러한 결과가 직관적으로 이해된다. 기업이 영원히 존재하는 자산에 1,000파운드를 투자하면서 감가상각 제도가 적용되지 않는다고 가정해 보자. 현금흐름 조세제도는 첫 번째 기간에 1,000파운드의 공제를 제공하게 된다. 인플레이션이 없고, 무위험 (실질) 이익률(3%)이 일정하다고 가정하면, ACE 제도는 매년 1,000파운드를 3%로 할인하여 계산된 현재가치 금액 30파운드의 ACE 공제 흐름을 제공하게 된다. 투자자들이 1,000파운드를 받거나, 영원히 매년 30파운드를 받는 것을 무차별하다고 본다면, ACE 제도는 앞서 소개된 현금흐름 조세와 동일해지는 중립성을 갖게 된다.[19] 대신 ACE 공제액이 무위험 이익률

---

[17] 과세소득에서 명목이자납부액을 공제하는 것은 미래 ACE 금액을 결정하기 위해 사용되는 조세 목적상 유보이익(retained profits) 계산 시 다시 반영되는 것이다.

[18] 이 편리한 결과는 Fane(1987)에 의해 초기 연구가 이루어졌고, Bond & Devereux(2003)에 의해 제시되었다.

[19] 엄격히 말해서, 이는 투자자가 투자 계획이 실행되는 전체 기간에 걸쳐 미래에 발생되는 모든 ACE 금액으로부터 이득을 본다는 것이 확실하다는 전제가 요구된다. Bond & Devereau(2003)는 이러한 결과가 유효하도록 기업의 상장폐지 또는 파산 시에 필요한 조세규정을 분석에 고려하였다. 적어도 현재가치 관점에서 결손금을 동일하게 취급하는 규정도 필요하다. 이러한 조건들이 유효하지 않다면, ACE 금액을 계산하는 데 사용된 이자율의 위험 프리미엄 구성요소는 지분 투자자가 안게 되고 투자 계획의 기초가 되는 '미래 이익'에 대한 불확실성은 반영하지 못한 채 미래 ACE 금액이 전액 회수되지 않을 위험만을 반영하게 된다.

보다 더 높은 이자율을 사용하여 계산된다면, ACE 제도를 통해 계산되는 공제금액의 가치는 현금흐름 조세로부터 제공되는 평가 금액보다 커지게 된다. 그 결과 세전 최저 요구 수익률은 조세제도가 없을 때 요구되었던 이익률보다 낮은 수준으로 떨어지게 되고, 기업 투자 의사결정은 왜곡될 수 있다.

자기자본 조달에 대한 공제제도의 대안으로 제시되는 ACE 공제제도의 이러한 시각은, 제13장에서 소비에 근거한 개인 소득세를 도입하자는 대안적 접근 방법과 맞닿아 있다. 법인 단계에서의 ACE 접근 방법은 개인 단계에서 '수익률 공제(Rate of Return Allowance, RRA)' 제도와 공통점이 많으며, 현금흐름 조세의 제안은 개인 수준에서 'EET' 접근 방법(즉 불입단계 및 운용단계에서는 비과세하였다가 수령 시 과세하는 체계)과 밀접하게 관련되어 있다. 두 가지 사례에서 저축과 투자를 통한 명목이익률에 대한 공제 시기를 실질 이익률에 따른 조세납부 시기에 맞춰 조정하게 되면, 효과적으로 세법상 결손금 제도와 관련된 소급공제(rebates) 또는 이월공제(carry-forward) 조항에 대한 필요성이 줄어들게 되고 조세회피 가능성도 감소하게 된다. 법인 단계에서 볼 때, ACE 제도를 도입하자는 제안에는 현행 법인세 제도에 존재하는 많은 기본적인 제도가 여전히 유지되는 장점이 있다.

ACE 제도는 명목이자지급액이 법인세 과세표준에서 공제되도록 허용하고 있으며, 명목이자 수취금액에 대해 과세한다. 은행과 여타 금융기관이 이자율 차이를 통해 벌어들이는 이익은 과세된다. 타인자본과 자기자본에 대한 취급은 (i) 현재가치 측면에서 동일해지며, (ii) 법인세 납부 시기 측면에서도 세법상 감가상각 일정이 실제 경제적 감가상각을 대략적으로 잘 반영한다면 유사해진다. 원칙적으로 ACE 제도는 자본조달 선택 방식에 왜곡을 주지 않게 된다.

한계 투자는 자본조달 내용과 관계없이 현재가치 측면에서 전혀 세금을 납부하지 않는다. 정상이익을 초과하는 이익 또는 경제적 지대 — 투자를 정당화하기 위해 필요한 최저 예상 이익률을 초과하는 이익 — 를 벌어들이는 투자를 통해서 수입이 창출된다. 법인 단위와 개인 단위에서 경제적 지대에 대한 과세는 여전히 중요한 쟁점을 야기한다. 이러한 경제적 지대가 과거 또는 우연의 결과라면, 이에 대해 과세하는 것은 이익에 대해 어떠한 경제적 왜곡도 가져오지 않게 된다. 그러나 오늘날 경제적 지대라는 것이 부분적으로 기업의 자본조달 행위와 경영자의 노력을 통한 과거 투자 행위의 결과라고 본다면, 경제적 지대에 높게 과세하는 것은 여전히 명확한 경제적 지대를 창출했던 행위를 조세 측면에서 억제하는 결과를 가져온다. 국제적인 맥락에서 볼 때 일부 경제적 지대는 국경을 자유롭게 넘나들 정도로 이동성이 높다. 이는 제18장에서 논의할 예정이다.

ACE 제도를 도입하더라도 감가상각 제도, 이자비용 공제 제도 등 현행 법인세 제도의 구조적인 많은 부분이 유지될 수 있다. 이 제도 도입에 필요한 것은 ACE 금액을 계산하기 위한 자기자본 금액을 시간 흐름에 따라 어떻게 전개시켜 나갈 것이며, 공제금액을 계산하기 위해 어떤 특정한 무위험 수익률을 사용할 것인지를 결정하는 데 있다. 대부분의 경우에 무위험 수익률은 국채의 수익률과 거의 근사치를 가지는 것으로 연구되고 있다.

17.3.3 포괄적인 기업소득세

자기자본과 타인자본에 대한 동등한 취급은 타인자본 투자에서 발생하는 수익률 개념을 법인세 제도의 틀 안에 포함시킴으로써 달성될 수 있다. 이는 이자비용에 대한 공제를 허용하지 않겠다는 것을 의미하며, 감가상각 비용은 공제하되 이자비용을 고려하지 않는 기업소득을 기준으로 법인세를 과세하는 제도를 말한다.[20]

표준적인 법인세 제도하에서 자기자본 투자와 타인자본 투자에 대한 이자지급액에 대해 손금산입 제도가 달리 적용되고 있지만, 단지 이자비용 손금산입 제도를 철폐한다고 해서 표준적인 법인세 제도에 대한 여러 우려 사항들이 해결되는 것은 아니다. 이러한 법인세 제도를 운영한 결과, 자기자본과 타인자본 조달을 통한 투자의 요구 수익률이 모두 높아지게 되는데, 물가상승 효과와 감가상각에 대한 세부적인 방안들에 따라 요구 수익률의 인상폭이 다양하게 나타날 것이다. '포괄적인 기업소득세(Comprehensive Business Income Tax, CBIT)' 방식은 기업이 투자하는 다양한 종류의 자산에 대한 자의적인 과세 취급을 한다는 한계가 있을뿐더러 물가상승에 따른 영향도 피하기 어렵다는 한계도 있다.

단순하게 이자비용 공제제도를 없애면 은행을 포함한 금융기관에 대한 과세 시 실질적인 문제가 발생한다. 이자지급액에 대해 어떠한 공제제도도 허용하지 않으면서 이자소득에 대해서만 과세하게 되면, 차입과 대부를 통해 수익을 창출하는 은행과 여타 금융기관의 조세부담이 급격히 증가하게 된다. 반대로 이자소득과 이자지급액에 대한 대칭적인 취급은 이자소득을 과세하지 않게 됨을 의미한다. 이는 예금과 대

---

20) 이러한 형태의 CBIT에 대한 제안은 1992년 미국 재무부에 의해 이루어졌으나 지금까지 도입되지 않고 있다.

출 시 이자율 차이에서 발생하는 은행 수입의 구성요소에 대해 세금을 면제하는 것을 의미한다. 이러한 두 가지 제도 중 어느 것도 쉽지 않은 선택이다. 하나의 대안은 이자소득 범위 내에서 이자지급액에 대해 소득공제를 허용하는 것이다. 이는 이자소득이 이자지급액을 초과한다면 해당 초과되는 순 이자소득에 대해서는 과세되는 것이며, 이자지급액이 이자소득을 초과한다면 초과금액에 대한 공제는 적용하지 않는 것이다. 이러한 비대칭적인 접근 방법은 순 이자소득이 있는 은행들로 하여금 순차입자인(즉 이자지급자인) 기업을 인수하도록 하는 조세유인을 제공하면서, 여전히 법인세 과세표준의 상당한 부분이 잠식되는 문제점을 야기하고 있다.

어떤 주요 국가도 이자비용 공제제도를 철폐하지 못했지만, 국가 간 투자에 대한 이자비용 공제제도를 제한하는 국가는 점점 늘어나고 있다. 이는 근본적으로 다국적기업이 행하고 있는 조세회피 행위와 전쟁을 치르는 상황이다. 조세회피의 한 가지 유형은 법인세율이 높은 국가에 설립된 자회사를 통해 차입하고, 법인세율이 낮은 국가에 설립된 자회사를 통해 이자를 납부함으로써 표준적인 법인세 제도하에서 전 세계 조세 납부액을 줄이고자 하는 방법이다.[21] 더 근본적으로는 기업이 해외에서 벌어들이는 소득에 대해 여러 국가에서 효과적으로 과세하는 것이 점점 어려워지게 되고, 일부 국가에서 명시적으로 법인세 과세표준을 계산할 때 외국에서 벌어들인 소득을 제외하는 것으로 전환하게 되면서, 각 국가는 다국적기업이 차지하는 국내 과세기반만 줄어드는 부정적 효과가 생기지 않도록 (면세되는) 국외 투자 조달비용에 대한 조세감면 혜택을 지속적으로 줄여 나가는 것을 고려하고 있다.[22]

17.4 법인세 과세제도의 선택

법인의 이윤에 대해 과세하는 적절한 이유는 여전히 존재한다. 그러나 얼마나 저축하고 어떤 자산을 보유할 것인가에 대한 개인의 의사결정뿐만 아니라, 기업이 어디에 투자할지, 무엇에 대해 투자할 것인지, 그리고 자본을 어떻게 조달할 것인지에 대

---

21) 이는 기업이 두 개 사업장에서 모두 과세소득을 가지는 것으로 가정하고 있다.
22) 영국은 2009년 7월 외국 원천 배당에 대한 면제제도를 도입하였고, 2010년 1월 '전 세계 부채 한도 설정 제도(worldwide debt cap)'를 도입하였다. 이 차입한도는 전체로서의 다국적기업의 이자비용과 관련하여 다국적기업의 영국 자회사가 받게 되는 이자비용 공제금액을 제한하는 제도이다.

해 가능한 한 왜곡이 일어나지 않는 방향으로 법인세 제도를 설계하는 것이 중요하다. 법인세는 개인의 저축에 대해 과세하고 있는 소득세 정책 방향과 일치해야 한다.

표준적인 법인세 제도는 저축으로부터 발생하는 정상이익에 대해 과세하고 있는 정책 방향과 어느 정도 일치하고 있다. 영국에서 저축이 연금 불입, 개인종합저축계좌(Individual Savings Accounts, ISA), 주택 소유 형태로 보유되고 있는 경우를 제외하면 정상이익은 많은 경우에 과세되고 있다. 자기자본 조달을 통한 법인의 투자 행위와 타인자본 조달을 통한 법인의 투자 행위를 세법상 차별하여 취급하는 것은 일종의 비정상 현상(anomaly)으로 보인다. 역사적으로 볼 때, 폐쇄경제하에서의 이러한 견해는 차입을 통해 발생하는 소득은 오직 개인 단계에서만 과세되어야 하며, 자기자본 투자에서 발생하는 소득은 법인 단계에서 원천 과세되어야 한다는 생각과 일치한다. 포괄적인 기업소득세(CBIT) 제도는 법인 단계에서 자기자본과 타인자본 모두에서 발생하는 소득에 과세함으로써 이러한 비정상 현상을 해결하고 있다.

개인 저축 과세제도에 대해 다른 정책적 선택이 가능하듯이, 현재와 다른 대안적인 법인세 제도를 고려하는 것은 더 큰 의미를 갖게 된다. 원칙적으로 현금흐름 조세와 ACE 제도 모두 저축에서 발생하는 정상이익에 대해서는 과세하지 않고, 오직 정상이익을 초과하는 부분 또는 경제적 지대에 대해서만 과세하고 있는 개인소득세 제도와 맥락을 같이한다. 현금흐름 조세는 개인저축에 대해 지출세가 접근하는 방식과 유사하며, ACE 제도는 수익률 공제(RRA) 방식과 유사하다. ACE 제도는 타인자본 조달을 통해 발생하는 이자 지급에 대한 현행 소득공제 제도와 유사하게 자기자본을 이용하는 비용에 대해 명시적으로 공제하고 있다. 이는 자본조달에 있어 서로 다른 원천에 대해 공정한 경쟁의 기회를 제공하는 것이다. 제13장에서 설명된 RRA 제도처럼 ACE 제도는 모든 형태의 기업 투자에서 발생하는 요구 수익률에 대한 법인세 영향을 제거하도록 설계될 수 있다. 기업이 투자하는 다양한 자산들은 동일하게 취급되어야 하며, 물가상승에 의해 조세부담액이 민감하게 변화되어서도 안 된다는 것이다. 이러한 법인세 제도하에서 최저 요구 수익률 또는 정상이익률만을 가져다주는 투자 계획은 세금 부담으로부터 완전히 면제되고, 법인세는 정상이익률을 초과하거나 경제적 지대를 가져오는 그런 투자로부터 징수되는 구조이다.

어떠한 국제거래나 자본 이동이 없는 폐쇄경제하에서 CBIT나 ACE의 접근 방법 중 어떤 것을 선택할지는, 우리가 자본소득에 대해 더 광범위하게 과세되어야 한다는 맥락으로 제13장에서 논의했던 다양한 고려 사항에 따라 좌우된다. 다음 두 가지 주장이 ACE 제도 또는 현금흐름 조세를 지지하는 데 사용될 수 있다.

첫 번째, 최적 과세에 관한 이론들을 살펴보면 자본의 정상이익에 대해 과세하지 않으면서 소비 시기 선택에 왜곡을 적게 가져오는 것이 효율적임을 강조하고 있다. 보다 현실적인 사례로 저축과 투자에 대해 동일한 과세 취급을 하는 것이 바람직하다는 점을 강조하고 있다. 실질적으로 모든 자본의 정상이익에 대해서는 과세하지 않는 제도에 의해서만 일관성이 달성될 수 있다. 반대로, 표준적인 법인세 제도 또는 CBIT 접근 방법을 선호하는 두 번째 주장은, 결과적으로 투자 조합과 투자 시기에 왜곡을 가져오는 단점보다 더 큰 장점으로 평가되는 자본에 대한 정상이익 부분에 대해 과세하려는 바람직함에 기초를 두고 있다. 이 두 가지 법인세 제도 중 어느 것을 선택하느냐에 대해서는, 자기자본과 타인자본 조달에 대한 차별적인 과세제도가 실제로 바람직하다고 간주되지 않을 경우 이자를 포함하는 금융소득이 개인 단계에서 어떻게 소득세로 과세되느냐에 달려 있게 된다.

개방경제 환경하에서 위와 같은 고려가 여전히 중요한 반면, 적어도 원천국 기준으로 자본에 대한 정상이익을 과세하는 것이 바람직한지 의문을 제기하는 논거들도 많다. 이러한 주장과 함께 국제적인 자본 이동이 높아지고 다국적기업이 기업 활동의 상당한 비중을 차지하고 있는 현대 개방경제 환경하에서 표준적인 법인세 제도가 직면하고 있는 현실적인 어려움을 다음 장에서 논의할 것이다. 우리는 또한 제18장에서 법인세율 결정에 영향을 미치는 요인에 대해 살펴보고자 한다.

국제거래와 기업과세

조세제도는 한 국가의 정부에 의해 설계되고 집행된다. 지금의 조세제도는 재화, 용역, 자본의 국가 간 이동이 지금보다 덜 중요했던 시기에 만들어졌다. 국제거래와 자본 이동을 다루기 위한 조세제도의 조정은 필요한 시점에 각 국가의 조세제도에 추가되어 왔다. 필연적으로 이런 조정 작업은 정부 간 상호 협력을 필요로 하며, 다른 나라의 과세제도와 세율 차이에 대한 다양한 접근 방식을 조정해야 하므로 복잡하고도 다양한 문제를 낳게 된다. 상호 협력은 두 국가 간에 맺어지는 양자 간 조세협약의 형식을 띠거나, OECD 및 EU 등과 같이 여러 국가들이 모인 협력체 내에서 여러 국가들의 조세규정을 동시에 함께 조정하는 다자간 협력의 형태를 띠게 된다.

현재의 조세제도가 만족스럽다고 주장하는 사람은 거의 없다. 다국적기업은 하나의 소득에 대해 복수의 국가에서 '이중과세'되어 국제 투자가 국내 투자보다 더 높은 조세부담을 하게 되는 문제점과 복수 국가의 조세당국을 상대해야 하는 추가적인 납세협력 비용 등에 대해 불평하기도 한다. 동시에 각국의 정부는 다국적기업들이 세율이 높은 국가에서 세율이 낮은 국가로 과세소득을 이전하거나, 조세피난처에 자회사를 우회 설립하여 과세를 피하는 것과 같은 조세회피 행위에 불만을 토로한다. 기업과 과세 당국 간에 발생하는 중요한 법적 분쟁 중 국제거래(cross-border transactions, 국경통과 거래)와 관련한 분쟁이 높은 비중을 차지하고 있다.

특히 다국적기업의 성장은 조세제도의 국제적인 측면에 대해 지속적인 압력을 가해 왔다. 한 기업의 전 세계 소득이 어떻게 과세되어야 하는지에 대한 보편적인 합의가 있을지라도, 두 개 이상의 국가에서 사업을 영위하는 경우 그 기업소득에 대해 어디에서 과세되어야 하는지에 대한 추가 질문이 가능하다. 즉 정확히 말해 전 세계에서 창출한 소득을 사업이 이루어지는 여러 국가들 간에 어떻게 배분해야 하는지에 관한 것이다. 소득의 국가 간 이동과 국가 간 조세경쟁 등에 대한 고려는 기업과세 제도 설계 시 중요해지고 있다.

한 기업이 법적으로 R국(國)의 거주자인 내국 법인이며, 완전히 R국의 거주자들에 의해 소유되고 있다고 가정해 보자. 그 기업은 S국에 100% 지분을 보유한 자회사를 가지고 있고, 해당 자회사가 생산하는 제품은 D국로 수출되어 D국의 국민들이 소비한다고 하자. 궁극적으로 기업 지분을 소유하는 자가 R국에 거주하고 있으므로 R국은 거주국(residency country)으로 간주된다. S국은 원천국(source country)으로 기업의 자산이 소재하고 있고, 생산활동이 일어나는 곳이다. D국은 소비국가(destination country)로 생산물이 소비되는 곳이다.[1] 우리는 이러한 운영 방식이 투자 자본에 대한 정상이익률을 초과하는 소득을 창출하게 되며, 이에 대해 과세되어야 한다는 것에 동의한다. 그러나 이러한 소득은 거주국, 원천국, 또는 소비국 어디에서 과세되어야만 하는가? 과세표준은 이들 세 개 국가 사이에 어떻게 배분되어야 하는가?

이러한 질문에 대해 설득력 있게 답변하기가 어렵다. 이를 평가하기 위해 제품이 S국에서는 생산만 이루어지고, D국의 국민에 의해 소비되며, 투자 자본은 R국의 투자자에 의해서만 조달된다고 가정해 보자. 전 세계 이윤은 이 세 개 국가에 거주하는 개인들이 기여하지 않는다면 0이 될 것이다. 그러나 이익의 20%는 거주국에서 기여했고, 50%는 원천국에서 기여했고, 30%는 소비국의 개인 기여로부터 나왔다고 말하는 것은 아무런 의미가 없을 것이다. 이 경우 전 세계 소득을 세 개 국가에 배분하는데 있어서 논리적인 뒷받침이 있다고 보기는 어려울 것이다. 그래서 다국적기업의 모든 소득에 대해 과세하려고 하면 소득의 배분 방식에 대한 국제 조세제도가 마련

---

1) 실제 다국적기업의 조직 구조는 일반적으로 더 복잡하다. 주주들은 다양한 국가에 거주하고, 기관투자자도 포함되어 있어 궁극적인 소유관계를 알기도 어렵다. 유사하게 기업 그룹들은 복수의 국가(또는 과세권할)에 자회사를 두고 고객을 보유하게 된다.

되어야 하는 것이다.

이러한 사례에서 조세제도의 다양한 요소들은 전 세계 소득의 배분 방식과 관련하여 다른 결과를 도출할 수 있다. 먼저, 일반적으로 소비국에서 과세되는 부가가치세를 고려해 보자. 앞에서 든 사례에서 이들 세 개 국가의 정부가 조세수입 확보를 위해 부가가치세에만 의존한다고 가정하면, 이 기업의 운영 과정에서 납부하는 유일한 조세는 거주국인 D국의 몫이 된다. 왜냐하면 부가가치는 노동비용과 경제적 지대의 합계로 표현될 수 있으므로, 이 사례에서 투자된 자본의 정상이익을 초과하는 그 기업의 전 세계 소득은 D국의 부가가치세율로 과세된다.

대신 세 개 국가가 전적으로 소득세에 의존한다면 결과는 다르게 나타난다. 소득세는 일반적으로 거주자 기준으로 운영되므로, R국에 거주하는 투자자는 그 기업의 지분 보유에 따른 배당소득과 자본이득에 대해 세금을 부담해야 할 것이다. 이 사례에서 기업의 운영과정에서 부담하는 유일한 조세는 거주국인 R국 주주의 개인소득세율에 따라 R국에서 납부될 것이다.[2]

세 개 국가가 일반적으로 원천국 기준으로 운영하는 법인세에만 전적으로 의존한다면 배분 방식은 또다시 달라진다. 이 사례에서 S국의 자회사가 신고하는 소득에 대해 법인세가 과세될 것이다. R국에 소재하는 모회사는 S국의 자회사로부터 받는 배당에 대해, R국이 외국 원천소득에 관하여 어떤 과세조항을 가지느냐에 따라 과세될 수도 있고 과세되지 않을 수도 있다. 만일 과세되지 않는다면 기업의 운영 과정에서 발생하는 유일한 조세는 원천국인 S국에서 부담하는 법인세가 된다.[3]

이 사례는 원천국, 거주국, 소비국 기준 과세 간 균형점이 법인세율, 개인소득세율, 부가가치세율의 상대적 수준에 달려 있다는 것을 의미한다. 이러한 세 가지 세목 사이의 균형점은 과세소득의 측정 방식에도 영향을 준다. 지난 30년간 많은 선진국에서 부가가치세율을 높이고 법인세율을 낮추는 쪽으로 조세 개혁이 진행된 결과, 원천국에서 총소득(투자된 자기자본에 대한 정상이익을 포함)에 대해 과세하기보다는 소비국에서 (현금흐름에 기초한) 경제적 지대를 과세하는 방향으로 이동하는 경향을

---

[2] 표준적인 개인소득세 제도하에서 경제적 지대와 투자 자본에 대한 정상이익률은 이 사례에서 과세가 된다. 다만 조세 납부는 자회사 또는 모회사 내부에 이윤을 유보함으로써 이연될 수도 있고, 개인 투자자들은 관련된 자본이득의 실현을 지연시킴으로써 조세 납부를 이연할 수 있다.

[3] 제18장 18.2절에서 자세히 논의되겠지만, 이는 (1) R국이 외국 원천 배당(foreign-source dividends)에 대해 법인세를 면제하고 있거나, 또는 (2) R국이 외국 원천 배당에 대해 과세하면서 세액공제제도를 동시에 운영하고 있는 상황에서 R국보다 S국의 법인세율이 더 높은 경우에 나타날 수 있는 결과이다.

나타내었다.

이 장은 다국적기업을 중심으로 한 법인세 과세에 초점을 두게 될 것이다. 가까운 미래에 각국 정부 간에 우리가 예상할 수 있는 수준보다 더 긴밀한 협조가 이루어지지 않는다면, 이러한 추세와 부합하는 조세제도를 설계할 때 예상되는 어려움을 극복하기는 쉽지 않을 것이다. 원천국 기준 법인세 과세제도 및 이를 운영할 때 나타나는 실무상 문제점에 대한 강력한 반론이 제기되어 왔다. 이러한 논쟁이 있었음에도 1세기 전부터 도입되어 온 원천국 기준 법인세 제도는 여전히 존재하고 있으며, 많은 국가에서 조세수입의 상당한 부분을 차지하고 있다.

소규모 개방경제에서 조세제도를 설계할 때, 많은 국가가 다가올 미래에도 원천국 기준 법인세 제도를 계속 운영하게 될 것을 예측할 수 있다. 이러한 현상이 법인세 제도를 개혁하는 추세를 막지는 못할 것이라는 생각이다. 그러나 최근 법인세율을 떨어뜨린 압력은 조세수입 측면에서 중요한 시사점을 제공하고 있다. 간단히 말해, 기업의 자기자본에 대한 공제제도(ACE) 도입으로 인해 발생하는 조세수입 감소를 상쇄하기 위해 법인세율을 인상시킬 경우, 다국적기업들은 국가 간에 실질적인 이익의 재분배를 가져오는 행위를 하기 때문에 법인세율 인상을 채택하기는 쉽지 않다. 이보다는 원천국 기준 법인세 제도로부터 조세수입을 적게 거두고, 이러한 제도 개혁을 (조세체계 전체 관점에서) 변화를 위한 세수 중립적 프로그램의 일부분으로 고려하는 것이 적합하다는 것이 본 장의 분석이 주는 시사점이다.

18.1 원천 기준 법인세 제도

현재 법인소득을 과세하는 국제적인 기준을 보면 1차적 과세권을 재화 또는 용역의 생산이 일어나는 '원천국(source country)'에 부여하고 있다. 대부분의 국가는 자국에서 발생된 소득을 기준으로 '거주자' 법인에 과세하고 있으며, 외국 원천 소득에 대해서는 과세를 면제하고 있다. 법인의 '거주' 개념은 자국 법령하에서 법인 설립이라는 형식적인 절차에 의존하고 있다. 또한 해당 개념은 법인의 주된 사업장소 또는 경영의 실질적인 중심지가 관련 국가에 설립되어 있는지 여부에 따라서도 결정된다. 법인이 어떤 특정 국가의 거주자는 아니더라도 '고정사업장(permanent establishment)'을 통해 사업 활동을 수행하고 있다면 해당 국가는 과세권을 행사할 수 있다. 이러한 경우 양자 간 조세조약은 보통 원천 국가의 과세권을 법인의 거주국(설립국 또는 실질적인 경영장소 소재국)이 해당 이익에 대해 행사하려는 과세권보다 우선시한다.

대부분의 다국적기업은 외국에 설립한 자회사를 통해 다양한 국가에서 사업을 영위한다. 많은 국가에 자회사를 보유하고 규모가 큰 다국적기업의 경우, 그룹의 전 세계 소득에 대해 각각의 자회사가 얼마나 기여했는지를 결정하는 것은 매우 어려운 문제이다. 특히 이들 자회사가 서로 최종재 생산을 위한 중간재를 공급하고 금융행위가 연관되어 있는 경우에 소득기여 비율을 정하는 것은 더욱 어려워진다. 그럼에도 불구하고 이는 국제조세 규범으로 조화롭게 해결해야만 하는 영역이며, 어느 나라가 얼마만큼 자국에서 과세할 수 있는 소득으로 보아야 하는지를 놓고 발생하는, 기업과 과세당국 간의 분쟁을 해결하기 위해 정교한 규칙과 절차가 발전되어 왔다. 실무적으로 원천국 과세제도를 선호하는 중요한 이유 중 하나는, 원천국 정부가 자국 내에 소재하는 다국적기업의 자회사로부터 신고되는 소득을 상세히 살펴보는 것이 상대적으로 쉽다는 점에 있다. 조세 납부는 원천국에서 이루어지므로 해당 국가의 과세당국은 당해 조세수입을 적정하게 징수할 유인을 가지게 된다. 이와 같은 원천국 기준 과세는 현재 기업의 소득을 어떻게 과세해야 할지에 대한 기본 토대가 되며, 어떤 한 국가가 원천국 기준이 아닌 다른 기준에 근거하여 법인소득에 과세하려 한다면 이는 어려운 일이 될 것이다. 특히, 동일한 소득에 대해 원천국에서 납부한 조세와 관련하여 거주국에서 부여하는 외국납부 세액공제 수준은 국제규범과 조화되는 원천국의 조세제도 내용에 따라 달라지게 된다.

18.1.1 집행과정에서 나타나는 쟁점

현행 원천 기준 조세제도는 다국적기업에게 매우 높은 납세협력비용을 초래하며, 원천과세제도를 집행하는 과세당국 입장에서는 매우 높은 행정비용을 부담해야 한다. L국과 H국에 100% 지분의 자회사를 설립한 다국적기업을 생각해 보자. L국의 자회사는 중간재를 생산하고 있고, H국의 자회사는 그 중간재를 구입하여 최종재 생산에 투입한다. 그리고 생산된 최종재는 특수관계 없는 고객에게 판매된다. 두 자회사 간의 거래에서 이 중간재 가격을 높게 매김으로써 다국적기업은 L국의 자회사가 더 많은 이익을 실현하도록 할 수 있고, H국의 자회사는 이에 상응하여 이익이 줄어든다. 그러나 다국적기업의 입장에서 본다면 전체 세전소득에는 영향이 없게 된다. L국의 법인세율이 H국보다 더 낮다면 이 다국적기업은 가능한 최고의 가격을 매길 명백한 유인을 가지게 된다. 이렇게 과세소득을 H국에서 L국으로 이전하여 총 법인세 납부액을 줄이면서 총세후소득을 늘릴 수 있다. 반대로 중간재를 생산하는 자회사가 세율이 높은 H국에 소재하고 있고 이 중간재를 구입하는 자회사가 L국에 소재하고 있다면, 다국적기업은 중간재에 낮은 가격을 매김으로써 세율이 낮은 L국로 더 많은 과세소득을 이전하려고 할 것이다.

원천국 기준으로 기업의 과세소득을 측정하기 위해, 서로 다른 국가에 소재하는 관련 기업 간에 거래되는 재화와 용역을 평가하는 데 사용되는 가격을 이전 가격이라고 한다. 상대적으로 법인세율이 높은 국가는 관련 당사자 간의 거래에 사용되는 이전 가격을 결정하는 과정에서 기업이 행사할 수 있는 재량을 축소하려고 한다. 이 때 사용되는 일반 원칙은 '독립기업 간 가격결정원칙(arm's length pricing)'인데, 관련 기업 간에 거래되는 재화와 용역의 가치를 특수관계 없는 기업들 간 동일한 재화와 용역이 거래될 때 확인되는 가격으로 평가하는 방법이다. 이 원칙은 특히 중간 투입재가 고도로 전문화된 품목이라서 다른 당사자와의 거래가 거의 없을 때는 적용하기 어렵다.

어떤 경우에는 독립기업 간 가격결정원칙이 전혀 적용되지 않는다. 예를 들면, 중간재가 L국의 특정한 장소에서만 캐낼 수 있는 광물이며, 이 광물은 오직 H국에 소재하는 다국적기업에 의해서만 독점적으로 생산 공정에 사용된다고 가정해 보자. 이 경우 광물의 제3자 간 거래 가격은 존재하지 않는다. 더구나 2개국에서 두 기업의 생산 활동으로부터 필수적인 기여분이 발생하지 않는다면 전 세계 소득은 0이 되는 경우이다. 그리고 설득력 없는 전 세계 소득의 배분이 두 장소에 대해 이루어진다. 이는 광물과 같은 물리적 투입 요소를 활용한 극단적인 사례일 수도 있다. 그러나 이러한 상황은 지식재산권과 같은 무형 자산에서 종종 발생할 수 있다. 예를 들어, L국에 소재하는 자회사를 단지 생산 공정과 제품 개선의 연구를 위해 다국적기업이 설립한 영리 목적의 연구소라고 가정해 보자. 다국적기업이 새로운 제품과 제조 공정을 개선하는 데 필수적인 기여분이 발생하는 연구사업 부문을 둘 이상의 국가에 보유하고 있다면 더욱 풀기 어려운 과제가 될 것이다.

독립기업 간 가격결정원칙은 더 일반적인 문제점을 가지고 있다. 다국적기업을 설립하는 중요한 이유는 비관련 기업 간의 독립(정상) 가격 거래를 통해서는 쉽게 모방될 수 없는 이점을 향유할 수 있기 때문이다. 어떤 경우 적절한 독립(정상) 가격을 찾기가 어렵다면 기업과 과세당국 간에 많은 이전 가격 논쟁이 있을 것이고, 소송비용이 많이 드는 것도 놀라운 일은 아니다.

이전 가격을 조정하는 경우가 다국적기업이 국가 간의 법인세율의 차이를 이용하는 많은 방법 중의 하나이다. 대부분의 국가에서 이자지급액이 법인세 과세소득으로부터 공제(손금산입)된다고 가정할 때, 다국적기업은 세율이 높은 국가에서 더 많은 부채를 차입하고, 세율이 낮은 국가에서 더 적은 부채를 빌려오는 것이 조세 측면에서 효율적이게 된다. 우리가 앞서 든 예에서 다른 모든 사정이 동일하다면 세율이 높은 H국에 소재하는 자회사를 통해 다국적기업은 더 많은 차입을 하게 되고, 세율이 낮은 L국에 소재하는 자회사를 통해 더 적은 차입을 하게 되는 것이다. 다국적기업이 그렇지 않았다면, 더 높은 법인세율로 과세되었을 소득을 이러한 방법으로 세율이 낮은 L국로 이전시킴으로써 전체 세금납부액을 줄이는 조세회피 행위를 할 수 있게 된다. 더구나 L국에 소재하는 자회사가 H국에 소재하는 자회사에 대출을 하게 된다면, H국에는 손금산입이 가능한 이자부담액이 생기게 되고, 세율이 낮은 L국에는 과세되는 이자소득이 발생하게 된다. H국에서의 조세절감액은 법인세율 차이 때문에 L국에서의 조세납부액보다 더 많게 되어, 다국적기업은 전 세계 조세납부액을 줄일 수 있게 된다.

특히 상대적으로 법인세율이 높은 국가의 정부는, 다국적기업이 과세관할권 밖으로 과세소득을 이전하려는 목적으로 부채를 과도하게 차입하는 방식을 규제하기 위해 부채의 사용 한도를 두고 있다. 이는 '과소자본 세제(thin capitalization rules)'라 불리며, 특수관계자에게 지급된 이자와 관련하여 손금산입되는 이자상한액을 정하고 있는 것이다. 또한 '이자배분 규칙(interest allocation rules)'으로 불리는 방법도 있는데, 법인세율이 높은 국가의 과세관할권 안에서 자금조달 목적으로 사용하기 위해 차입하는 금액과 관련된 이자부담액에 대해서만 손금산입 되도록 제한하는 제도이다. 그러나 이러한 조세회피 방지 규칙은 복잡하게 설계될 뿐만 아니라 그 효과도 다소 불분명하다. 그 결과 높은 행정비용과 납세협력 비용, 그리고 많은 법적 논쟁을 불러일으키게 된다.

18.1.2 조세부담 귀착과 논거

원천 기준 법인세 제도를 유지하게 되면 앞서 설명한 중요한 행정적인 문제가 계속 발생한다. 그러므로 원천 기준 법인세 제도를 유지하는 것이 왜 필요한지에 대한 강력한 논거를 찾아보도록 하자.

한 가지 이유는 국내 경제에서 사업을 영위하는 법인의 외국인 주주에게 과세할 수 있는 가능성을 강조하고 있다는 것이다. 일견 이는 명확해 보인다. 내국 법인도 어느 정도 외국인 주주가 지분을 보유할 수 있다. 외국 법인의 국내 자회사는 주로 비거주자가 지분을 보유하고 있다. 국내 거주자가 혜택을 받게 되는 많은 정부지출이 외국인 주주가 납부하는 세금에 의해 조달되는 상황을 좋아할지도 모른다. 이것이 옳은 상황이 되는 것은 원천 기준 법인세의 효과적인 전가가 일어나 법인의 주주가 세금을 부담하게 되는 정도에 따라 결정된다.

우리는 먼저 국제적으로 자본이 자유롭게 이동하고 반면 노동의 이동성은 없는 소규모 개방경제 환경하에서의 원천 기준 법인세 제도를 고려해 보자. 우리가 제17장에서 보았듯이, 자기자본 조달을 통한 투자에서 발생하는 정상 또는 요구 수익률에 상응하는 기업 이윤의 구성요소는 표준적인 법인세 과세표준에 포함되어 있다. 각 국가의 기업이 고려하고 있는 일련의 잠재적인 투자 계획이 있고, 이 투자 계획은 잠재적인 투자자에게 다른 이익률을 제공한다고 가정해 보자. 처음 이들 국가에는 원천 기준 법인세 제도가 없으며, 어느 국가이든 자금 조달을 필요로 하고, 투자자에게 적어도 3%의 실질 이익률을 제공하는 투자 계획이 있다고도 가정해 보자. 즉 투자가 일어나는 국가와 저축이 이루어지는 국가가 완벽히 분리됨으로써 '완전한 자본 이동(perfect capital mobility)'이 이루어지는 세계를 가정하는 것이다.

지금 한 국가가 원천 기준 법인세 제도를 운영하고 있다고 가정해 보자. 우리는 단순화를 위해 모든 투자금액이 자기자본에 의해 조달되는 사례에 집중한다. 이 제도를 통해 투자자에게 3%의 동일한 세후 이익률을 제공해 주기 위해서는, 해당 국가에서 발생하는 투자 계획으로 달성해야 하는 세전 요구 수익률이 높아지게 된다. 우리는 자본시장에서 자금조달을 위해 필요한 세후 요구 수익률이 3%에서 변화하지 않는다고 가정해 본다. 이러한 조세제도를 가진 국가는 매우 작아서, 세후 이익률 달성을 위해 국제적으로 자본을 배분하는 과정에서 발생하는 결과가 최저 요구 수익률에 거의 영향을 주지 않을 정도이다. 이러한 가정은 '소규모 개방경제(small open economy)' 가정을 구체화한 것이며, 세후 요구 수익률 개념은 당해 국가의 조세체계와 분리되는 역할을 하게 된다.

이 원천 기준 법인세 제도가 존재하는 국가에서 일어나는 투자 계획의 세전 요구 수익률이 3%에서 4%로 높아지게 된다고 가정해 보자. 법인세 제도가 없을 때 투자자에게 매력적이었던 3~4%의 세전 이익률을 가지는 투자계획은 자금 조달에 실패하게 된다. 적어도 4% 이상의 세전 이익률(3% 이상의 세후 이익률)을 달성할 수 있는 투자계획만이 자금조달에 성공하게 된다. 원천 기준 법인세 제도로 인해 관련 국가에서 투자 규모가 줄게 되는 경제적 영향이 생기게 된다.

이때 원천 기준 법인세 제도의 도입 결과, 누가 손해를 보게 되는지 질문해 보자. 이 분석의 주된 시사점은 자본 이동이 완전히 자유로운 소규모 개방경제하에서 주주들은 원천 기준 법인세 과세로 인해 전혀 영향을 받지 않게 된다는 점이다. 주주들은 이러한 법인세 제도의 유무에 관계없이 투자에 대해 동일한 세후 이익률(3%)을 계속 벌게 된다. 그들은 단지 원천 기준 법인세 제도가 있는 국가에 적게 투자하고, 그렇지 않은 국가에 자본을 많이 투자하면 된다. 완전한 자본 이동 가정하에서 조세귀착은 자본 소유자로부터 이동성이 낮은 다른 생산요소를 보유하고 있는 자에게 실질적으로 일어나게 된다. 이동성이 없는 노동의 경우, 원천 기준 법인세 제도로 인해 주로 국내 근로자에게 조세부담이 실질적으로 귀착된다. 투자가 줄어들면 근로자당 더 적은 자본과 더 적은 생산물이 돌아가게 되고, 결국 실질임금 수준이 낮아지게 된다.[4]

이러한 조건하에서 원천 기준 법인세 제도는 결과적으로 국내 근로자에게 과세하는 결과를 초래한다. 외국인 주주에게 과세하는 것으로 인해 국내 거주자에게 돌아오는 이득은 없다. 왜냐하면 외국인 주주를 포함하여 주주들은 조세제도로 인해 영향을 받지 않기 때문이다. 이 가정은 여전히 극단적인 것으로 보이지만, 일반적으로 세계경제, 특히 자본시장이 더욱 통합될 것이기 때문에 시간이 지남에 따라 이러한 현상은 확실히 실현 가능성이 더 높아지게 될 것이다. 최근의 실증연구 또한 높은 원천 기준 법인세율이 국내 실질임금 수준을 떨어뜨릴 수 있다는 단순한 분석 결과를 지지하고 있다.[5]

완전한 자본 이동을 가진 소규모 개방경제 환경하에서 자본소득 중 정상이익 구성요소에 대해 과세하는 원천 기준 법인세 제도가 비효율적이라는 것 또한 보여 주고 있다.[6] 이러한 우회적인 과세방법보다 직접적으로 근로소득에 대해 과세하는 제도를 운영함으로써 정부는 근로자당 더 많은 자본, 더 높은 생산성, 더 높은 생산물과

---

4) 어느 정도 자국 토지소유자에게도 단위 면적당 자본, 단위 면적당 생산액이 떨어지게 되고, 임대가치도 낮아짐으로써 효과적인 전가가 일어나게 된다. 이 사례에서 임대소득은 토지 가격에 자본화될 것이기 때문에 조세제도가 도입되거나 세율이 인상되는 그 시점에 토지를 보유하고 있는 소유자가 그 영향을 받게 된다.
5) 예를 들면, Hassett & Mathur(2006) 그리고 Arulampalam, Devereux, & Maffini(2007) 참조.
6) Gordon(1986) 참조.

함께 동일한 조세수입을 거둘 수 있게 된다. 이때 자본투자로 돌아오는 정상이익에 대해 과세하게 되는 원천 기준 자본소득 과세 제도를 근로소득에 대해 더 높은 세율로 과세하는 제도로 전환함으로써 국내 근로자의 복지수준은 더 높아지게 된다.

18.1.3 지대와 장소 특정적인 지대

앞에서의 논의는 현대 개방경제에서 법인의 자본투자에 발생하는 정상이익에 대해 과세하지 말아야 하는 강한 논거가 있음을 시사하고 있다. 그러나 법인소득에 대해 전혀 과세하지 않아야 한다는 주장을 따르기는 어렵다. 자본에 대한 필요이익, 또는 정상이익과 이 최저 요구 수익률을 초과하는 잉여를 구별하는 것이 중요하다. 이 이익의 초과 부분을 '경제적 지대'라고 부른다.

폐쇄경제 환경하에서 때때로 경제적 지대에 대해 높은 세율로 과세하는 것이 효율적이라고 주장되고 있다. 자본비용을 초과하는 모든 이익이 재생될 수 없는 희소한 천연자원으로부터 발생되는 순수한 지대를 반영한다면, 기업의 투자 의사결정을 왜곡하지 않으면서 100%에 가까운 세율로 과세될 수 있다.[7] 그러나 이 명확한 지대 중 일정 금액은 기업가 또는 혁신가의 노력에 따른 이윤 부분을 반영하고 있으며, 이들 개인에게 지급되는 보상금액에 충분히 반영되지 못하고 있다. 이러한 '준지대 (quasi rents)'에 대해 근로소득 세율에 가까운 세율로 과세하는 것이 여전히 적절한 것으로 보일지라도, 높은 세율로 과세함으로써 바람직한 기업 활동을 위축시킬 우려가 있다.

자본 이동이 자유로운 개방경제하에서 원천국 기준으로 임대료에 대해 과세하는 사례는 계속 줄어들겠지만 완전히 없어지지는 않을 것이다. 지대의 원천요소들 중 일부는 이동성이 높은 것도 있다. 예를 들면, 다국적기업은 다른 장소에서 유사한 비용으로 생산 가능하며, 다른 시장에 낮은 비용으로 수출할 수 있는 독특한 제품을 가지고 있을 수 있다. 시장 지배력을 가지고 있는 이 기업은 제품 생산비용보다 높게 가격을 책정할 수 있어 경제적 지대를 벌어들일 수 있다. 어느 장소에 생산 공장을 둘 것인지를 결정할 때 기업은 보통 경제적 지대의 세후 이익률을 극대화하는 장소를 선택할 것이다. 경제적 지대에 대한 원천과세 제도를 운영하는 여건이 비슷한 두 국가 중 한 국가를 선택할 때, 기업은 더 낮은 법인세율을 가진 국가를 선호하게 될

---

7) 순수한 지대에 대한 조세는 더 낮은 세후 이익률을 벌어들이는 자본 소유자에게 효과적으로 전가된다.

것이다. 이는 원천국 기준 과세방식에 따라 높은 법인세율로 과세하는 조세제도가 자본비용에 아무런 영향을 주지 않을지라도, 다국적기업의 국내 투자를 저해할 수 있음을 설명하고 있다.[8] 특히 정상이익이 차지하는 비중이 상대적으로 낮고 경제적 지대 비중이 상대적으로 높아 상당히 높은 이익을 가져다주는 투자 행위가 있다면, 기업은 경제적 지대에 대해서만 높은 세율로 과세하는 국가보다는 충분히 낮은 세율의 표준적인 법인세 제도를 가지고 있는 국가를 선호할 것이다. 18.1.1절에서 논의된 이전 가격 제도에서 설명하고 있듯이, 다국적기업이 그들의 연구 및 생산 활동을 자회사 형태로 분리하려고 할 때, 생산사업부에 대해 측정된 이익률은 연구 및 생산사업부를 결합하여 측정한 이익률보다는 높지 않을지라도, 정상이익률보다는 당연히 높게 나타날 것이다. 그러한 기업은 낮은 원천 기준 법인세율을 가진 국가에 과세소득을 높게 신고할 수 있는 사업부를 입지하도록 할 것이다.

또 다른 지대의 원천으로서 특정 장소에 특화되어 있는 사례를 들 수 있다. 단적인 예로는 북해의 원유 및 가스와 같은 광물자원이 있다. 원칙적으로 정부가 이러한 희소성 있는 천연자원을 탐사하고 추출하는 권리를 경매에 붙임으로써 생산자로부터 경제적 지대를 받을 수 있으나, 이는 실제적으로 거의 일어나고 있지 않다. 대신 이러한 행위는 종종 경제적 지대에 대해 과세하는 어떤 특정한 조세제도와 관련되어 있다.[9] 특정 장소와 연계된 경제적 지대 원천의 또 다른 예로는 (i) 특별한 기술을 갖고 있는 근로자의 근무(이러한 기술의 가치가 노동 비용에 충분히 반영되지 않는 정도만큼 지대가 발생), (ii) 토지 비용에 충분히 반영되지 않은 거대한 시장 근접성을 들 수 있다.

특정 장소와 연계된 지대 원천과 이동성이 높은 지대의 원천이 공존하는 개방경제 환경에서 조세제도를 설계하는 것은 쉬운 일이 아니다. 원칙적으로 이동성이 더 높은 지대보다 상대적으로 이동성이 낮은 지대에 높은 세율로 과세하는 것이 효율적이다. 이는 상대적으로 이동성이 낮은 생산요소는 다른 장소에 이전하여 입지하는 것이 쉽지 않기 때문이다. 우리는 실무적으로도 북해 원유 생산과 관련된 천연자원 사례에서 그러한 차등과세 사례를 볼 수 있다. 그러나 이러한 사례를 찾기는 쉽지 않

---

8) Devereux & Griffith(1998)는 사업 장소의 선택이 법인세에 미치는 영향에 대해 실증분석을 제시하고 있다.
9) 그 예로 영국 법인세 제도는 새로운 북해 영역에 한정하여 전액(100%) 투자공제를 허용하면서 이자지급액은 공제를 허용하지 않는 제도를 운영하고 있다. 이는 제17장에서 논의한 R-base 현금흐름 조세와 연결되어 있다.

다. 일반적으로 이러한 행위가 동일한 기업에 의해 수행될 때, 다른 행위에서 발생하는 소득에 대해 차등세율로 과세하는 것은 실무상 상당한 어려움이 있다. 이동성이 아주 높은 기업 활동에 대해 특별히 저세율을 적용하는 것은, EU의 기업과세 협약(Code of Conduct)이나 '유해 조세경쟁(harmful tax competition)'에 대한 OECD 지침 등과 같은 국제협약에 의해 제한받고 있다.

이들 협약이 맺어진 근거로는, 개별 국가 관점에서 이동성이 높은 것으로 보이는 활동이 전체적으로는 많은 국가 — EU 또는 OECD — 관점에서는 이동성이 낮을 수도 있다는 점이 있다. 예를 들면, 유럽시장에 자동차를 판매하는 자동차 생산 회사는 새로운 공장을 영국 또는 스페인 어느 국가에 두느냐에 대해 별 관심이 없을 수 있으나 적어도 EU 밖의 입지를 선택할 가능성은 낮다. 상당히 높은 비중을 차지하는 경제적 지대가 상대적으로 블록경제하에서 이동성이 낮다는 것이 사실이라면, 블록경제 안에서 법인세율의 상호 조정을 통해 상당한 이점을 누릴 수 있다. 국가 간에 긴밀히 공조함으로써 특정 장소에서 발생하는 지대를 통해 조세수입을 더 거둘 수 있다. 그럼에도 불구하고 특별한 기업 활동에 대해 특별한 조세제도 적용을 제한하려는 현행 협약을 넘어서서 법인세율을 더 조화롭게 운영하려는 노력은 아직 없는 듯하며, 이는 EU 국가들 사이에서도 마찬가지이다.

만일 모든 기업에 단 하나의 세율이 적용되어야 한다고 가정하면, 개별 국가 관점에서 적절하다고 생각되는 세율은 원천국 관점에서 아주 높은 세율로 특정 장소와 연계된 지대에 대해 과세하려는 바람직함과 이동성이 높은 지대를 높은 세율로 과세할 때 발생하는 위험 사이의 상충관계를 반영할 것이다. 이동성이 낮은 지대에 대해 과세하는 것을 외국인 주주가 어느 정도 부담하게 되므로 부분적으로 바람직할 수 있고, 더 일반적으로는 효율적인 조세수입 원천을 제공해 주기 때문이다. 이동성이 높은 지대에 대해 과세하는 것은 국제적으로 이동성이 높은 투자를 억제하는 위험 부담이 있다. 그 결과, 기업소득 중 정상이익 구성요소에 대해 원천 기준 과세 제도를 적용하면 근로자당 자본과 국내 임금은 18.1.2절에서 설명된 내용들과 유사한 결과를 가져온다.

자본의 이동성이 증가되고 다국적기업이 증가함에 따라 적정 법인세율은 과거보다 상당히 낮아질 수 있음을 시사하고 있다. 이는 전반적으로 지난 30년간 법인세율이 인하되어 온 추세와 일치한다. 더 중요한 것은 법인세율을 유지하는 국가들 사이의 공조가 없다면 개방경제하에서 적절한 또는 '경쟁적인' 세율은, 국제적으로 이동성이 높은 투자를 유치함에 있어 지리적 위치 측면에서 경쟁관계에 있는 다른 국가의 법인세율에 의존하게 된다. 이는 전반적으로 법인세율에서 나타나고 있는 '바닥으로의 경주(race to the bottom)'와 같은 경향과 일치하며, 그 결과 투자 유치를 위한 조세경쟁을 야기하게 된다. 그러나 불완전한 이동성을 가진 어떠한 경제적 지대의 원천이 존재하기 때문에, 국가 간의 심도 있는 공조가 없을지라도 적절한 법인세율은 0%까지 떨어지지 않는다. 경제 규모가 큰 국가가 기업 투자를 위해 상당한 지리적 비교우위를 가지고 있다면, 법인세율을 높게 유지하는 것이 더 적절할 수 있음을 암시한다. 이는 전반적으로 미국과 일본 같은 경제 규모가 큰 선진국에서 상대적으로 높은 법인세율을 가지게 되고, 아일랜드와 에스토니아 같은 작은 국가가 상대적으로 낮은 법인세율을 운영하는 양상과 일치한다.

18.2 이중과세 방지 제도

법인세 세수입의 상당 부분은 원천국에서 징수되고 있다. 그러나 배당이 한 국가의 자회사로부터 다른 국가의 모회사로 지급될 때, 모회사가 소재하는 국가의 입장에서 법인세를 추가적으로 과세하는 단계가 생길 수 있다.

한 국가 안에서 보면 자국 자회사가 모회사에 지급하는 배당은 모회사의 과세소득으로 간주하지 않는 경우가 흔하다. 이러한 면제제도에 대한 논리는 명확하다. 그러한 배당에서 발생하는 기초 이윤은 자회사의 법인소득에서 과세된 것으로 간주되기 때문이다. 이 이윤은 그 나라의 법인세율로 과세된다. 이러한 배당을 모회사가 받을 때 추가적인 세금이 과세된다면, 이는 자회사가 벌어들여 모회사에 지급하는 소득에 대해 모회사가 직접 벌어들이는 소득보다 높게 과세하게 되는 것을 의미한다. 이러한 '이중과세(double taxation)'는 자회사 조직을 통해 그들의 국내 사업을 운영하고 있는 기업 집단에 대해 불이익을 주게 되는 것이다. 국내의 자회사로부터 받는 배당소득에 대한 면제는, 조직구조 선택에 대한 왜곡 현상을 피하기 위해 모회사가 버는 소득과 자회사가 버는 소득에 대해 동일한 세율을 적용하여 과세하여야 한다.[10]

---

10) 반대로, 연구개발비 또는 투자의 특정한 형태에 대한 조세지원 결과, 기업 이익이 자회사 단계에서 과세되지 않는 경우에 이러한 국내 자회사로부터 받는 배당에 대해서도 면제함으로써, 이와 같은 조세지원을 통한 의도된 혜택이 이익분배 시점에서 상쇄되지 않도록 하고 있다.

 그러나 다른 국가에 소재하는 자회사로부터 배당을 받게 될 때는 상황이 달라진다. 자회사가 지급하는 배당의 원천이 되는 기초 이윤은 원천국에서 법인소득으로 과세되었다고 가정할 수 있다. 국제거래 관점에서 보면 자회사가 소재하는 원천 국가의 법인세율 및 과세표준 계산 법령에 따라 배당의 원천이라고 할 수 있는 이윤이 이미 과세되었다는 것을 의미한다. 원천국에서의 법인세율 및 법인세 과세표준 계산 방법은 모회사의 거주국과 다를 수 있다.

 모회사가 외국 자회사로부터 받는 배당금에 대해 경상적인 법인소득으로 간주하여 과세하면 배당의 원천이었던 이윤에 대해 이중과세하는 문제점이 생기게 된다. 대부분의 상황에서 이는 국내 투자에 의해 발생한 소득보다 국외 투자에 의해 발생한 소득에 대해 상당히 높게 과세하는 결과를 초래한다. 일반적으로 개별 국가는 이러한 국제적인 이중과세 문제를 완화하기 위해 두 가지 접근 방법(소득면제 방법과 세액공제 방법) 중 하나를 채택하게 된다.[11]

 첫째, 소득면제 방법(exemption method)은 그 이름에서 알 수 있듯이 단순하게 외국 자회사로부터 받는 배당소득에 대해 모회사가 소재하는 국가가 법인세 과세를 면제하는 것이다. 이는 외국 자회사로부터 받는 배당소득을 국내 자회사로부터 받은 배당소득과 완전히 동일하게 취급하는 것이며, 그 결과 법인소득에 대한 과세는 원천국에서만 이루어지는 순수한 원천국 과세방식을 따르게 되는 것이다. 이 일반적인 접근 방법은 프랑스, 독일, 많은 EU 국가에서 채택되고 있다.

 둘째, 세액공제 방법(credit method)은 좀 더 복잡하다. 예를 들면, 영국 모회사가 12.5%의 법인세율을 가지고 있는 아일랜드 자회사로부터 87.50파운드의 배당금을 받는다고 하자. 세액공제 방법하에서 기초이윤은 100파운드로 간주된다. 영국 법인세 제도는 기초이익에 대해 28%의 세율로 과세한다. 그러나 이 기초이익에는 아일랜드에 있는 자회사가 법인소득세로 부담한 것으로 간주되는 12.50파운드의 세액공제 금액이 포함되어 있다. 원칙적으로 영국 모회사는 영국 법인세법에 따라 15.50파운드(=28파운드−12.50파운드)를 납부해야 한다. 영국에서의 이런 법인세 납부액은 아일랜드보다 높은 법인세율을 가진 국가에 소재하는 자회사로부터 배당을 받은 경우에는 더 낮아지게 되고, 영국보다 더 높은 법인세율을 가진 원천 국가의 경우에는

---

11) 영국을 포함한 많은 국가는 피지배 외국 법인 규정에 따라, 제한된 상황에서 송금 여부에 관계없이 외국 자회사 소득에 대해 과세할 수 있는 권한을 가지고 있다. 이는 일반적으로 자회사가 비정상적으로 낮은 세율을 갖고 있는 조세피난처에 소재하고 있을 때 적용된다.

0파운드까지 떨어질 수 있다. 결과적으로 세액공제 방법과 면제 방법은 모회사가 소재하는 국가의 법인세율과 동일하거나, 더 높은 법인세율을 가진 원천국가에 소재한 외국 자회사로부터 받는 배당에 대해서는 똑같은 결과를 가져온다.[12] 반면 모회사 소재 국가보다 더 낮은 법인세율을 갖고 있는 외국의 자회사로부터 받는 배당에 대해서는 달리 취급되는 것이다.

원칙적으로 세액공제 방법은 외국 자회사가 벌어들인 소득에 대해 국내 법인세율보다 낮지 않은 세율로 과세하려는 입장이다. 외국 자회사가 벌어들인 이익이 항상 모회사로 즉시 송금되는 경우에, 외국 자회사로부터 국내 모회사로 직접 지급되는 배당에 대해서 적용되는 개념이다. 그러나 이러한 조건은 당연히 적용되지 않는다. 다국적기업은 그들의 외국 자회사에 이윤을 단지 유보하는 방식으로, 모기업 소재 국가에서 외국 원천 배당에 대해 과세되는 것을 이연할 수 있게 된다. 많은 국가에서 사업을 영위하는 기업 집단들은 모회사에 지급되는 배당이 더 높은 세율을 가진 국가에 소재하는 자회사로부터 지급되도록 함으로써 상당 수준 그러한 과세를 피해 갈 수 있다.

역사적으로 세액공제 방법은 미국과 영국을 포함하여 주요 자본 수출 국가에서 제도화되는 경향을 보였다. 과거에 간단한 조직 형태를 가졌던 다국적기업이 이들 거주국에서 외국 원천 배당에 대한 과세를 피하는 것이 쉬운 일은 아니었으며, 모회사의 법적인 거주지국이 당해 다국적기업들의 궁극적인 소유주 거주국에 대한 좋은 대리변수로 간주되어 왔다. 전 세계적으로 사업을 영위하는 복잡한 다국적기업의 출현과 여러 국가에 걸친 지분 보유 구조의 증가로 상황이 변화되었다. 현재 시점에서 볼 때 모회사의 법적인 거주지는 다른 국가에서 사업을 영위하는 자회사가 벌어들이는 소득에 대해 과세권 논쟁이 벌어질 때 불확실한 상황에 처하게 된다.[13] EU 국가에서 국내 자회사로부터 받는 배당과 외국 자회사로부터 받는 배당을 실무적인 관점에서 다르게 취급할 수 있을지는 명확하지 않다. 유럽 사법재판소는 국내 투자보다 외국 투자에 대해 불리하게 취급하지 않는 한 구성 국가들이 국내 배당에 대해서는 면제하고, 외국 배당에 대해서는 세액공제 방법을 계속 유지하면서 과세할 수 있다고 판결하고 있다.[14] 이러한 관점에서 과거 영국의 세액공제 방법이 유럽공동체법과

---

12) 과세소득을 계산할 수 있는 비교 가능한 방법을 추정해 보라.
13) 이러한 소득이 지분 형태로 보유하고 있는 국내 거주자의 저축에 대한 이익률의 원천이 되는 한, 개인 소득세하에서는 개인의 거주지 국가 기준으로 과세될 것이다.

양립할 수 있을지는 여전히 사법당국의 판단에 달려 있다.[15]

영국 정부는 2009년 7월부터 대부분의 상황에서 외국 자회사로부터 받는 배당에 대한 면제 방법을 도입하였다. 이 개혁으로 인한 조세수입 효과는 그리 크지 않을 것으로 예상하고 있다. 이러한 분석이 사실이라면 이것은 현대 개방경제하에서 세액 공제제도와 면제제도가 거의 차이 없음을 시사한다. 이는 조세체계에서 제도 간소화 사례로 인식될 만큼 반가운 일이다.

그러나 외국 자회사로부터 받는 배당에 대해 면제하는 것을 공론화하는 것은, 다국적기업에게 상대적으로 법인세율이 높지 않은 국가로 과세소득을 이전할 수 있는 기회를 더 명백하게 제공하게 될 소지도 있다. 즉 높은 법인세율을 가진 국가에서 차입한 자금을, 낮은 법인세율을 가지고 있는 국가에 소재하는 자회사의 주식으로 취득하는 방법으로 사업을 영위하는 방법이다. 이러한 방법은 결국 다국적기업이 국내 투자를 위해 차입하는 금액에 대한 이자비용 공제(손금산입)를 축소해야 된다는 강한 압박을 제공하게 될 것이다. 세법상 이러한 제한이 원칙적으로 매력적일 수도 있지만, 어떤 특별한 차입을 특별한 지출행위와 연관시키기 어려운 점을 감안하면, 이러한 차입금액에 대한 이자비용 공제(손금산입)를 축소하는 제도를 설계하여 집행하는 일은 실제로 매우 복잡한 일이다. 자국 소재 기업의 타인자본 조달비용을 증가시키지 않으면서 EU 조약상 의무 조항과 조화되는 규정을 만드는 것은 매우 어려울 수 있다. 다행히도 다음 장에서 설명되겠지만 지급이자에 대한 공제를 제한해야 하는 이러한 필요성은, 법인의 자기자본에 대한 공제를 허용하는 법인세 제도하에서는 시급성이 떨어지게 된다.

18.3 국제적인 맥락에서의 자기자본 공제제도(ACE)

우리는 이제 영국과 같은 개방경제 국가가 법인의 자기자본에 대한 공제제도(ACE) 도입을 통해 법인세 제도를 개혁하고자 할 때 발생할 수 있는 몇 가지 쟁점을 고려하고자 한다. 이는 법인세 과세기반에서 자기자본의 투자에 발생하는 정상이익에 대해

---

14) 판례 C-446/04 Test Claimants in the Franked Investment Income Group Litigation V Commissioners of Inland Revenue 참조.

15) 이 쟁점은 주석 14에 소개된 판례를 따르는 유럽 사법재판소가 판결하고 있는 내용과 관련된 주제이다.

서는 과세하지 않는 것을 의미한다.

ACE를 단순하게 도입하는 경우, 다국적기업의 맥락에서 볼 때 원천 기준 법인세 제도를 운영할 때 생기는 많은 문제점을 다룰 수는 없을 것이다. 다국적기업은 여전히 그들의 자회사로부터 생기는 과세소득을 법인세율이 더 낮은 국가에서 사업을 영위하는 계열회사로 이전하기 위해 이전 가격을 조정할 유인을 가지게 된다. 행정비용과 납세 순응비용은 표준적인 법인세 제도하에서 기업이 부담하는 비용보다는 높지 않겠지만 결과적으로는 계속 높게 유지될 것이다.

만일 대부분의 다른 국가들이 표준적인 법인세 제도를 유지한다고 가정하면, 자기자본을 사용하는 것에 대한 기회비용은 공제하지 않으면서 차입에 대한 이자비용에 대해서는 공제를 허용하는 경우, 다국적기업은 영국에서 사업을 영위할 때 자기자본을 더 선호하게 될 것으로 예상된다. 영국에서 타인자본을 적게 사용하고 다른 국가에서 타인자본을 더 사용한다면 이자지급액을 여전히 공제받을 수 있다. 반면, 영국에서 자기자본을 더 많이 사용하고 다른 국가에서 자기자본을 더 적게 사용하는 경우라면, 다국적기업은 대부분의 다른 국가에서 받지 못하던 조세감면을 누릴 수 있게 된다. 영국의 관점에서 볼 때, 자기자본의 기회비용 공제는 단지 이자 지급비용에 대한 공제를 대체(자기자본 공제가 없었다면 이자비용에 대한 공제를 신청했을 것이므로)하는 것이다. 이렇게 조달된 자기자본을 영국 내에서 투자자금으로 사용한다면, 다국적기업이 ACE 제도를 아주 적절하게 활용하는 방법이 되는 것이다. 영국 밖에서 다국적기업이 차입을 늘리는 것은 다른 나라에 과소자본(thin capitalization) 세제 도입에 대한 고민을 가져다주는 일이지만, 이것이 영국 입장에서의 주요 관심 영역은 아닐 것이다.

영국 소재 자회사가 외국 모회사에 지급하는 배당에 대해 세액공제제도를 계속 적용해 온 다른 국가에서의 해당 세액공제를 계속 적용할 것인지는 하나의 관심사가 될 수 있다. 자기자본 조달의 기회비용에 대해 ACE 형태의 공제제도를 운영한 벨기에나 크로아티아의 경험으로 볼 때 이는 문제가 되지는 않을 것이다.

또 하나의 관심사는 다국적기업이 외국에 투자하기 위해 사용한 자기자본에 대해 영국 내에서 세금감면을 위해 ACE 제도를 적용받을 수 있을지 여부에 관한 것이다. 이것이 문제라고 생각되지는 않는다. 먼저 영국에 자회사를 가진 모회사를 고려한다면, 우리는 같은 현상이 외국인 주주에 의해 자금 차입이 일어났을 때와 동일하게 ACE 공제가 영국 자회사에 의해 청구되는 것을 원할 것이다. 자회사가 발행하고 모회사가 취득한 모든 지분은 자회사의 ACE 금액을 계산하는 데 포함될 수 있지만, 모회사의 ACE 금액을 계산할 때에는 반대로 자기자본에 포함되지 않는다.

예를 들면, 모회사가 영국 자회사의 주식을 취득할 목적으로 1,000파운드의 주식을 발행했으며, 영국 자회사는 생산적인 자산 취득을 위해 이 1,000파운드를 사용한다고 가정해 보자. 모회사의 주식 발행 결과 자회사의 ACE 금액을 계산하는 데 사용되는 주식 총액은 1,000파운드만큼 증가하게 된다. 반면에 모회사의 ACE 금액을 계산하는 데 사용되는 주식 총액은 아무런 변화가 없다. 즉 자회사의 주식 구입을 위해 모회사가 지급한 청약대금은 외부 주주가 모회사 주식 취득의 대가로 납입한 금액과 상계될 뿐이다. 각각의 경우에 사후 ACE 금액을 계산하는 데 사용되는 주식 총액은 주식의 총발행이 아니라 순 발행(즉 판매−매입)에 따라 증가하게 된다.16) ACE 공제가 적용된 후 자회사가 벌어들이는 이익은 자회사 단계에서 과세된다. 이후 자회사가 모회사에 지급하는 배당액은 현행 시스템하에서 모회사 단계에서는 과세되지 않게 된다.

같은 규정이 영국 모회사가 외국 소재 자회사의 주식을 취득하는 경우에도 적용된다. 모회사가 ACE 공제를 적용받기 위해 계산하는 주식 총액은 모회사 지분의 순 발행에 의해서만 증가하게 된다. 국내든 해외든 자회사의 지분을 청약하여 취득하는 것은 ACE 공제 대상이 되는 해당 주식 총액을 줄이게 된다. 그 결과, 외국 소재 자회사에 투자할 목적으로 주식을 발행하거나 이익을 유보하는 방법으로는, 영국 법인이 영국 법인세법에 따라 ACE 공제 혜택을 받지 못하게 된다. 이러한 접근 방법은 영국 모회사가 외국 원천 배당을 수취할 때 그 배당금액에 대해 법인세를 면제하는 논리와 완전히 일치한다. 국내 자회사와 외국 자회사에 대해 세법상 동일하게 취급하므로 이러한 접근 방법은 EU 조약상 의무와도 조화를 이루게 된다.

만일 외국 자회사가 표준적인 법인세 제도를 가진 국가에 소재할 때의 해외 지분 투자에 대한 요구 수익률은 같은 조건하의 국내 투자에 대한 요구 수익률보다 높을지도 모른다. 그러나 이는 해당 외국 법인세 제도에 ACE 공제가 없을 때에만 나타나는 결과이다. 반대로 영국 법인세법에 ACE 제도가 있는 경우에는 영국이 자기자본

---

16) 같은 현상이 모회사가 새로운 자회사의 지분 취득자금을 조달하기 위해 주식을 발행하는 경우에도 적용된다. 이와 유사하게 모회사가 새로 설립되는 자회사의 지분을 취득하기 위해 차입하거나 기존 자회사의 지분을 추가로 취득하기 위해 타인자본을 차입한다면, 모회사의 ACE 금액은 줄어들게 된다. 중요하게도 이런 방식으로 영국 내 ACE 금액이 줄어들게 되므로 다국적기업은 외국에 소재하는 자회사가 필요로 하는 자기자본 투자금액을 영국에서 차입하려는 규모를 줄이게 된다.

투자에 대해서는 더 매력적인 사업장소가 될 것이다. ACE 제도의 이런 특성은 해외
투자에 대해 영국이 차별적인 취급을 하는 것이 아니라, 두 개의 법인세 제도 — 영
국의 ACE 제도와 다른 EU국가의 표준적인 법인세 제도 — 의 상호작용에 따라 발생
하는 효과이기 때문에 EU 조약에 위반하는 결과를 가져오지는 않는다.

18.4 결론

이 장에서 우리의 논의는 개방경제 환경에서 원천 기준 법인세 제도를 도입할 때 생
기는 문제점을 강조했다. 기업의 이윤 구성요소 중 정상이익에 대해 원천국 기준으
로 과세하는 사례는, 특히 앞서 논의한 맥락에서 볼 때 논리가 약해 보인다. 법인의
이익 구성요소 중 정상이익에 대해 면세하고 경제적 지대에 대해서만 과세하는 원천
기준 법인세를 유지해야 한다는 강한 논거가 있다. 적절한 법인세율의 결정은 이러
한 경제적 지대의 원천이 특정 장소와 연계되어 있는 수준 또는 국제적으로 이동할
수 있는 정도에 따라 정해진다.

이런 주장의 관점에서 볼 때는 원천 기준 법인세 제도를 포기하는 제안에 끌릴 수
도 있겠지만 적어도 영국의 관점에서 판단해 볼 때 비용이 많이 드는 조세 개혁 작업
이 될 것이다. 1997년부터 2008년 동안 법인세 수입은 전체 조세수입의 8.5% 정도를
차지하고 있다.[17] 소득세제의 근본적인 개혁 없이 이러한 조세수입의 대부분이 자본
이득과 배당소득에 대한 과세를 통해 보전될지는 명확하지 않다.

다소 온건적인 개혁 방법은 법인소득의 구성요소 중 정상이익을 과세하지 않는 범
위 내에서 법인세 제도를 개혁하는 것이다. 기업의 자기자본에 대한 공제제도(ACE)
는 차입금액에 대한 이자지급의 손금산입을 계속 허용하면서 도입이 가능하다. 이러
한 개혁은 영국과 같은 개방경제 환경에서는 EU 법령과 조화를 이루는 방법으로 달
성될 가능성이 높다. 실제로 벨기에는 최근 자기자본 기회비용에 대한 세금감면제도
를 도입한 바 있다.

이러한 개혁 작업은 법인세 과세기반을 좁히므로 법인세 조세수입이 분명 감소할
것이다. 조세수입 감소효과는 측정하기 어려운 여러 요인들에 달려 있다. 조세수입

---

17) OECD 재정수입통계에서 전체 세수 대비 법인세 비중 참조.

은 특히 법인자본에 과세되는 세전 평균 이익률 구성요소인 무위험 이자율, 자본에 대한 요구 수익률의 위험 프리미엄 부분과 경제적 지대 간의 상대적 중요성 등에 따라 결정된다. 예를 들면 무위험 실질 이익률이 3% 정도이고, 실질 평균 이익률이 12% 정도라고 하면[18], 이때 세입징수 비용은 법인세 징수액의 25% 정도이며, 2009~2010년 영국 기준으로 90조 파운드에 이른다.[19] 더 장기적인 관점에서 보면, ACE 제도의 도입으로 자본비용은 더 낮아지게 되어 영국에서 추가적인 투자가 창출되었다면, 이는 과세소득을 더욱 증가시켰을 것이고, 그 결과 조세수입 감소폭을 일정 부분 상쇄시킬 것이다.[20]

ACE 제도의 도입으로 인한 조세수입 감소금액을 법인세율 인상을 통해 보전할 수 있을 것인가? 개방경제하의 원천 기준 법인세 제도에서 경제적 지대에 대한 적절한 법인세율을 결정하려고 할 때 발생하는 상충관계에 대한 논의는 이 같은 접근 방법이 위험하다는 것을 말해 주고 있다. 국제적인 추세를 볼 때 법인세율은 낮아지고 있고, 이러한 추세를 거스르는 국가는 투자자에 대해 좋지 않은 신호를 보내는 위험을 안게 된다. 법인 이익 구성요소 중 정상이익에 대해 과세하려는 원천 기준 법인세 제도가 바람직하지 않고, 현행 영국의 법인세율이 어느 정도 적절한 것으로 간주된다면, 향후 법인세로부터 조달되는 조세수입이 줄어들 수밖에 없다는 것을 시사하고 있다.[21]

우리는 ACE 제도 도입에 따른 세수감소 규모만큼 법인세율을 인하하는 정책을 선택할 수 있다. 법인세율이 더 낮아지면 우리가 앞 장에서 강조한 표준적인 법인세 제도와 관련된 모든 왜곡도 이에 상응하여 줄어들 것이다. 그러나 근본적으로 현행 표준적인 법인세 제도가 안고 있는 문제는 여전히 남아 있을 것이다. 그래서 법인세 제도 개혁을 통해 동일한 조세수입 감소를 감수하면서 법인세의 여러 왜곡을 제거할

---

18) 영국의 10년 만기 지수연동된 국채의 사전 실질이자율은 1998~2008년 사이에 1~3% 범위에서 움직였다 (Joyce, Sørensen, & Weeken, 2008, 표 4). 영국 통계청은 영국의 상장되지 않은 비영리 법인은 1997~2009년 사이에 11.8%(2001년)에서 14.5%(2006) 사이의 순이익률을 실현한 것으로 추정하고 있다.

19) 이러한 대략적인 추정은 규모 정도를 보여 줄 목적으로 이루어졌으며, 중요한 많은 요소들을 고려하고 있지 않다. 현행 법인세 제도의 물가상승 효과는 그 비용이 매우 높을 것으로 짐작된다. 반대로 부채에 대한 이자지급액이 이미 공제되고 있다는 점에서 조세수입 감소효과를 낮출 수 있을 것이다.

20) de Mooij & Devereux(2009)에 따르면 ACE 제도 도입에 따른 모의실험 결과, 초기 재정비용의 절반 정도가 궁극적으로 이러한 방법으로 복구될 수 있음을 보여 주고 있다.

21) 우리가 제20장에서 논의한 대로, de Mooij & Devereux(2009)의 모의실험 분석 결과 또한 영국에서 기업의 자기자본 공제제도(ACE)를 도입하는 경우 반드시 법인세율을 인상을 통한 재정수입 감소를 보전하는 방법을 채택하지 않더라도, 광범위하게 소비세 과세기반을 확대하는 방식으로 재정수입 감소를 보전한다면, 생산성과 경제적 후생 분야 모두에서 실질적인 이득이 발생할 수 있음을 시사하고 있다.

수 있을 것이다.

　법인세율 인하 요구 또는 원천 기준 법인세 제도로부터 거둘 수 있는 조세수입이 감소하는 현상 때문에 장기적인 관점에서 더 근본적인 조세 개혁이 요구된다. 이러한 맥락에서 Auerbach, Devereux와 Simprion(2010)이 제안한 소비지 기반(destination basis)의 현금흐름 법인세 제도를 도입하자는 주장은 설득력을 가질 수 있다. 소비자에 대한 최종 판매가 이루어지는 국가에서 법인세를 과세할 경우, 다국적기업의 입지 결정과 관련된 왜곡을 줄일 수 있고, 세부담 감소를 위해 국가 간에 과세소득을 이전하려는 대부분의 기회를 없애게 될 것이다. 앞서 급여세 축소로 인해 발생하는 조세수입 감소를 상쇄하기 위해 부가가치세 과세기반을 넓히는 정책을 동시에 실시하게 되면 유사한 결과가 달성될 수 있음을 살펴본 바 있다.

　이 장은 다국적기업의 과세제도에 대해 초점을 맞추었다. 여기에서 고려된 ACE 제도는 저축에서 발생한 이익에 대해 과세하는 개인소득세 관점에서 볼 때 제13장과 제14장에서 살펴본 수익률(이익률) 공제제도와 자연스럽게 대응관계를 이룬다. 다음 장은 (i) 개인 단계에서 이익률 공제 관련 조세체계, (ii) 법인 단계에서 자기자본에 대한 공제제도가 소기업 과세제도라는 영역에서 어떻게 진행되는지를 다루게 된다.

중소기업 과세제도

중 소기업에 대한 과세체계를 고안할 때 중소기업 조직의 다양한 특징을 신중히 고려해야 한다. 중소기업은 자영업자와 중소법인을 의미하며, 전자는 개인으로서 후자는 하나의 법인으로서 세금이 부과된다. 다양한 경제활동이 회사에 고용된 근로자나 자영업자 개개인들에 의해 이루어진다. 또한 사장이면서 직원인 한 개인 역시 1인(창조)기업으로서 비슷한 경제활동을 수행할 수도 있다. 만약 경제활동을 통해 얻어진 소득에 대한 세금이 중소기업의 법적 형태에 따라 현저하게 다르다면, 중소기업 법인세 과세체계는 중소기업이 구조화되는 방법에 중요한 영향을 미치게 된다. 특정 중소기업의 형태를 다른 형태보다 선호해야 할 합리적인 이유가 없다면, 선택에 영향을 주는 왜곡을 피해야 한다. 올바른 과세체계를 확립하기 위해서는 전체적인 관점에서 개인 소득세제 내에서의 근로자의 급여와 자영업자의 사업소득, 그리고 중소법인기업과 중소비(非)법인기업의 사업소득을 동등하게 취급하여야 한다. 후자의 경우, 비법인기업은 거래 이득에 대해 소유주 개인소득세율이 적용되어 과세하는 반면, 법인기업의 사업소득에 대해서는 법인세가 적용된 후 배당소득이나 회사 전부 혹은 일부 매각에서 발생하는 이득에 대해 개인소득세가 적용되므로, 법인세율과 소득세율에 관한 일정한 조정이 필요하다.

이러한 중소기업 조직이 갖는 법적 형태의 다양성 외에 중소기업에 대한 과세체계를 구축함에 있어 주의해야 할 두 번째 이유는, 일반적으로 근로자들의 노동공급에 대한 대가와 자본 투자를 통해 발생한 자본이득이 중소기업 사업소득에 함께 반영된다는 것이다. 예컨대 소유주가 경영하는 중소기업의 경우를 살펴보자. 소유주인 경영자는 회사로부터 과세소득을 얻는 방법에 상당한 재량을 가진다. 또한 소유주인 경영자는 기업의 사업소득을 증가시키기 위해 단순히 자신의 임금을 낮추는 방법을 사용할 수 있다. 그리고 늘어난 기업의 사업소득을 배당으로 배분하여 자신의 소득을 증가시킬 수 있을 것이다. 만약 임금과 배당소득에 대한 세부담 수준이 다르다면, 소유주인 경영자가 자신의 소득을 가져가는 방법에 과세체계가 중요한 역할을 하게 될 것이다. 만약 근로소득에 비해 배당소득의 한계세율이 낮게 적용된다면, 소유주인 경영자는 조세회피 목적으로 임금을 줄이고 배당소득을 증가시킬 수 있어, 중소기업은 비슷한 일을 하며 동일한 수준의 소득을 얻는 자영업자나 일반 근로자보다 세금을 적게 낼 수 있게 된다. 이런 경우, 중소기업의 경제활동이 상대적으로 조세회피가 불가능한 대기업 근로자의 경제활동보다 더 선호된다. 이런 불평등과 왜곡을 피하기 위해 개인소득세와 법인세 간의 적절한 세율조정이 필요하다.

다른 관점에서, 전체 경제활동에서의 중소기업의 비중을 증가시킬 수 있도록 과세체계가 구축되어야 하는가에 대한 질문이 있을 수 있다. 만약 중소기업의 경제활동으로 인해 긍정적인 외부효과나 파급효과가 있다면 이런 주장은 받아들여질 수 있을 것이다. 예컨대 일부 혁신적인 기업으로 인해 제품이나 생산 처리과정을 향상시킬 수 있는 기술이 개발되고, 그 이후 이 기술은 다른 기업에게 보급될 수 있다. 하지만 중소기업 부문에는 매우 다양한 종류의 중소기업이 있기 때문에, 조세를 이용해 중소기업의 경제활동을 부양시킨다는 주장은 쉽게 받아들여지기 어렵다. 다양한 상황에서 전혀 혁신적이지 않은 중소기업도 존재하고 규모가 작다는 그 자체가 정부 정책을 통해 증진시키려고 하는 활동(예 : 혁신 등)을 수행하고 있음을 의미하지는 않는다.

반면, 진입장벽이나 중소기업 성장 저해요소로 인해 중소기업 부문의 경제활동이 효율적인 수준보다 낮다는 주장이 있다. 예컨대 높은 파산 위험과 더불어 중소기업의 성장 잠재력에 대한 제한된 정보는 중소기업의 자금조달을 위한 주식·채권 발행을 어렵게 만들 수 있다. 비록 이런 자금조달의 제한이 ─ 특히 중소기업에게 ─ 중요한 것은 사실이지만, 단순히 모든 중소기업에게 세제 혜택을 주는 것보다 더 나은 정책 방안이 있을 수 있음을 간과해서는 안 된다. 예를 들어 정부는 조세정책보다 특정 경제활동에 대한 대출 담보나 직접 자금지원을 통해 더 효율적으로 맞춤 지원을 할 수 있다. 앞서 논의한 바와 같이, 중소기업 부문에 매우 다양한 형태의 기업이 있기 때문에 모든 중소기업에 대한 전면 지원은 효율적인 정책 방안이 아니다. 예를 들어 만약 재정의 어려움으로 인해 중소기업에 의한 투자가 제대로 이루어지지 않고 있다고 판단된다면, 중소기업의 투자 의지와 상관없이 일률적인 세제 혜택을 주기보다는 투자를 하는 중소기업을 대상으로 한 재정 지원(예 : 투자시설 상각제도 확대)을 고려해 볼 수 있다.

또 다른 논쟁은 납세순응 과정에서 중소기업이 상대적으로 높은 비용을 부담해야 하는 경향이 있다는 것이다. 모든 조건이 다 동일할 때, 사업소득의 신고 부담이 상당히 높다면, 사업을 하려는 사람 중 일부는 자영업을 하는 것보다 근로자가 되는 것을 선택하게 될지도 모른다. 중소기업은 대기업에 비해 상대적으로 납세협력비용이 높기 때문에 경쟁에서 불리하며 이러한 불리함은 과세체계가 복잡할수록 증가하게 된다. 납세협력과정에서 발생하는 고정비용이 중소기업에게 더 크다는 연구 결과도 있다.[1] 여기에서 중소기업에게 일정한 세제 혜택을 주자는 정당성이 나오는데, 세제혜택을 얼마만큼 그리고 어떤 형태로 줘야 하는지는 많은 논란이 있다. 특히 납세협력비용의 차이를 인정하는 것이 일정 수준 이하의 사업소득에 대해 더 낮은 세율을 적용해야 한다는 주장을 합리화시킬 수 있는지는 명확하지 않다. 이런 주장에 의하면 일정 수준보다 낮은 사업소득을 가진 기업 중 가장 적은 사업소득을 가진 기업에게 돌아가는 혜택이 제일 적다. 하지만 사업소득이 일시적으로 낮은 기간 중에 납세협력비용도 더 낮아질 수 있을지는 명확하지 않다. 또한 중소기업은 조세회피나 납세의무 불이행의 기회가 상대적으로 더 많음을 잊어서는 안 된다. 예컨대 앞서 논의한 바와 같이, 세율이 상대적으로 낮은 자본소득으로 근로소득을 전환하거나 혹은 개인적인 지출을 기업의 비용으로 처리하여 공제를 받을 수 있다.[2] 납세협력비용 격차와 조세회피 및 탈세 기회의 격차에 대한 쟁점 사항들은 서로 내용은 다르지만, 두 쟁점 모두 과세체계가 기업별 규모 분포에 어떻게 영향을 미치는지와 연관성이 있다. 조세제도 구조를 단순화하고 서로 다른 소득 원천에 대한 과세취급을 일관성

---

1) Sandford, Godwin, & Hardwick(1989)과 Evans(2003) 참조.
2) Slemrod(2004) 참조.

있게 정렬함으로써 이러한 왜곡을 줄이는 것이 이상적이다.

중소기업과 대기업에게 영향을 다르게 미치는 법인세 과세체계의 또 다른 특징은, 기업의 이익과 결손을 세법상 비대칭적으로 취급한다는 것이다. 과세소득이 '0'보다 클 경우 세금이 부과되는 반면, 과세소득이 '0'보다 작을 경우 일반적으로 전액 세금 환급을 받지는 못한다. 이 경우 결손금은 일정 기간을 한도로 소급해서 공제되므로, 한 기업이 과거 일정 기간 동안 충분히 이익을 내고 이에 대해 법인세를 납부하였다면 그 범위 내에서 당해 결손금을 소급 공제하여 법인세를 환급받을 수 있을 것이다. 만약 더 이상 소급공제를 할 수 없게 되면 당해 결손금은 미래 과세표준을 계산할 때 공제될 수 있다. 해당 연도의 결손금이 차후 연도로 이월될 때, 미래에 소득이 발생하여 실제로 공제될 때까지의 시간 지연에 대해서는 보통 보상하지 않는다. 즉 당해 연도에 발생한 결손금 1파운드가 미래의 과세소득을 공제함으로써 얻을 수 있는 가치는, 현재의 과세소득 1파운드에 대해 납부하는 세금의 가액보다 낮다(이러한 차이는 특히 결손금에 대한 이월 공제가 이루어지기 전에 회사가 문을 닫을 위험이 클수록 더욱 분명해진다).

기업의 투자가 성공하였을 경우 정부는 기업의 이익을 세금징수를 통해 공유하지만 손실액에 대해서는 온전히 공유하지 않기 때문에, 결손금에 대한 비대칭적인 과세 정책은 기업의 위험 부담 행위를 억제하는 방향으로 작용한다.[3] 이월 공제 제도 효과가 대기업보다 중소기업에게 더욱 중요한 이유는, 새로운 기업일수록 기존 기업에 비해 과거에 순이익이 났을 가능성이 적고, 보다 다양한 사업분야를 지닌 회사일수록 새로운 투자로 인해 발생되어지는 결손금을 다른 사업부문에서 창출하는 이익에서 상쇄시킬 수 있기 때문이다.[4] 이런 주장은 어느 정도 타당성이 있지만, 그렇다고 해서 모든 중소기업에게 일률적으로 우대 세제를 적용하는 것은 정당화될 수 없다. 이 경우의 적절한 대응은 결손금에 대한 대칭적인 과세 취급을 허용하는 것일 것이다. 이는 즉각적인 환급을 허용하거나 결손금 이월 공제를 허용하되, 결손금이 미래에 실제로 사용되기까지의 시간 지연을 보상하기 위한 이자손실분도 같이 공제해 주도록 하는 방법들을 통해 달성 가능할 것이다.

---

3) Cullen & Gorden(2007)은 이런 비대칭성이 미국 사업가의 행동에 중요한 영향을 끼치고 있음을 실증적으로 보여 주고 있다.
4) 소유주가 경영하는 기업의 경우, 소유주가 기업의 결손금을 만드는 대신 자산의 근로소득을 낮춤으로써 결손금을 줄이는 방법으로 비슷한 효과를 낼 수 있다(근로소득이 낮아지면 그만큼 자신이 부담하는 근로소득세도 낮아진다).

　전형적인 대기업보다 특정 형태의 중소기업(예 : 투자나 연구 및 개발에 막대한 지출을 한 기업들)을 우대하는 세제 지원 방안을 시행하는 것은 어느 정도 정당화될 수 있을 것이다. 하지만 많은 다른 선진국과 영국에서 보듯 모든 중소기업에게 일반화된 세제혜택을 부여하는 것은 그 본질적 타당성과 규모 면에서 정당화하기 어렵다. 다음 장에서는 중소기업에 대한 영국의 현행 세제 혜택을 살펴보고자 한다. 그런 다음, 기업의 규모나 법적 형태에 상관없이 좀 더 중립적인 과세 취급을 제공하기 위해 어떻게 조세정책을 개선해야 하는지 살펴보고자 한다.

19.1　작은 것은 아름답거나, 적어도 세제 혜택을 받는다

지난 10년 동안 영국의 과세체계는, 소득의 원천이 실질적으로 비슷한 경우에는 각 소득원천에 대해 비슷하게 과세를 적용한다는 원칙에서 상당히 벗어나는 방향으로 변화하였다. 가장 대표적인 예는 2002~2003년도와 2003~2004년도 과세 연도 사업 소득 중 1만 파운드까지는 법인세율을 '0%'로 적용한 것이다. 이 정책은 영국 과세체계의 다른 특징들과 결합하여 ― 특히 일정 소득 이하는 소득세를 내지 않는 인적공제, 기본/저세율 납세자에 대한 배당소득의 사실상 비과세, 회사 배당금에 대한 사회보장기여금 면제 등 ― 중소기업 소유자에게 급여와 배당 형태의 수익에 대해 매년 최고 14,615파운드의 비과세 혜택을 제공하였다. 이와 같은 세제 혜택으로 인해 법인 형태를 선택하는 중소기업의 숫자가 급증할 것임을 예측하는 것은 어려운 일이 아니었다.[5] 처음에는 기업 육성정책으로서 정부가 시작했지만, 중소기업 소유주의 이런 행태로 인하여 정부는 이러한 정책을 부적절한 조세회피를 조장하는 정책이라고 부르게 되었다. 법인세율 '0%'는 처음에 배당되지 않은 사업소득에 한정되었으나 결국 철회되었다.

　하지만 영국 과세체계 안의 중소기업에 대한 세제 혜택은 여전히 남아 있다. 〈표 19.1〉은 생산하는 산출물의 가치가 주당 400파운드인 근로자, 자영업자, 중소기업의 소유주인 경영자가 부담하는 소득세와 국민보험기여금을 비교하고 있다. 자영업자들

---

5) 법인세 0%에 대한 이런 행동반응은 정책이 시행되기 전 폭넓게 예측되었다. Blow et al.(2002) 참조. Crawford & Freedman(2010)은 이 기간 동안 영국의 비정상적인 회사설립 규모에 대해 실증적 증거를 제시하고 있다.

| 표 19.1 | 법인별 총세금과 국민보험적립금, 2010~2011년도(주당 파운드)

	직장 근로자	자영업자	중소기업
생산량 가치	400.00	400.00	400.00
고용주 국민보험기여금	32.91	0	0
총임금/소득	367.09	400.00	110.00
고용인 국민보험기여금	28.28	0	0
자영업자 국민보험기여금	0	25.60	0
과세사업소득	0	0	290.00
법인세	0	0	60.90
과세소득	242.57	275.48	339.10
소득세	48.51	55.10	0
총국민보험기여금	61.19	25.60	0
총세금	48.51	55.10	60.90
총세금 및 국민보험기여금	109.70	80.70	60.90
순 소득	290.30	319.30	339.10

주 : 위의 예시는 다음의 정보를 사용하고 있다. (1) 고용주와 고용인의 등급 1에 계약된 국민보험적립금 비율은 각각 12.8%, 11%이다. (2) 소득 최저한은 주당 110파운드이다. (3) 자영업자들의 적립금은 등급 4 적립금 비율인 8%에 등급 2 적립금 고정요금인 주당 2.40파운드를 더하여 계산된다. (4) 개인 인적공제 금액은 연 6,475파운드이다. (5) 소득세의 기본세율은 20%이다. (5) 중소기업의 법인세율은 21%이다. (6) 개인은 다른 소득 원천이 없다고 가정한다.

고용인 : 고용주 국민보험기여금은 다음과 같이 계산된다 : 12.8%×(400−32.91−110(=257.09))파운드 또는 32.91파운드를 적립.
고용인 국민보험기여금은 다음과 같이 계산된다 : 11%×(367.09−110)파운드
과세소득은 다음과 같이 계산된다 : 367.09파운드−124.52파운드(연 인적공제의 일부(1/52)를 각 주에 할당)
소득세는 다음과 같이 계산된다 : 20%×과세소득

자영업자 : 자영업자 국민보험기여금은 다음과 같이 계산된다 : 8%×(400−110)파운드+2.40파운드
과세소득은 다음과 같이 계산된다 : 400파운드−124.52파운드(연 인적공제의 일부(1/52)를 각 주에 할당)
소득세는 다음과 같이 계산된다 : 20%×과세소득

중소기업 : 주당 임금 110파운드는 고용주와 고용인의 국민보험기여금을 발생시키지 않는다.
과세사업소득은 다음과 같이 계산된다 : 400파운드−110파운드
과세소득은 주당 급여소득 110파운드와 주당 배당소득 229.10파운드로 구성된다(세후 사업소득을 배당금으로 소유주에게 지급).
주당 임금 110파운드는 인적공제 대상이기 때문에 소득세가 과세되지 않는다. 소득세는 공식적으로 기본세율 납세자의 배당소득에 대해 10% 세율을 적용한다. 하지만 배당소득 세액공제로 인해 소득세 부담이 발생하지 않는다.

은 근로자보다 (특히 고용주와 피고용자가 부담하는 국민보험기여금을 함께 고려해 보면) 국민보험적립금을 상대적으로 덜 내고 있다. 하지만 이 자영업자들이 누릴 수 있는 사회보장급여 혜택은 더 낮기 때문에 자영업자가 기여금을 적게 냄으로써 받는 이익을 부분적으로 상쇄한다. 그럼에도 불구하고 보험통계 추정에 따르면 근로자에 대한 사회보장 혜택의 추가 가치는 더 높은 국민보험기여금 납부로 인해 발생되는 추가비용보다 현저하게 낮다.[6] 자영업자는 고용주가 내는 국민보험기여금이 없는

6) 예를 들면, HMRC는 2009~2010년도 자영업자를 위한 국민보험적립금의 감소로 인해 발생된 성부의 순

만큼 과세소득이 증가하고 그만큼 소득세도 더 내지만, 순 효과를 정리해서 보면 근로자보다 자영업자가 유리한 상황이다.

〈표 19.1〉은 법인의 이익과 배당소득에 대하여, 국민보험기여금 납부 의무가 없는 것이 어떻게 중소기업의 소유주인 경영자에게 유리하게 작용되는지 설명해 주고 있다. 우선, 중소기업 소유주인 경영자가 자신이 중소기업으로 받을 전체 보수 중 일부에 대해서 국민보험기여금 및 소득세의 과세최저한에 미치지 못하는 금액을 받으면 국민보험기여금 및 소득세 납부 의무를 회피할 수 있다. 여기에 중소기업 소유주인 경영자가 받을 전체 보수 중 나머지를 배당소득 형태로 받게 되면, 중소기업이 지불한 납세액은 오직 법인의 이익에 부과하는 법인세뿐이다. 본 예에서는 주당 과세 대상 소득 290파운드에 대해 중소기업의 법인세율 21%가 적용된다.[7] 기본세율구간에 있는 납세자는 배당소득에 대하여 10% 세율로 과세되지만, 납부세액은 전액 배당세액공제로 면제되어 실제로 납부해야 할 개인소득세는 없게 된다.[8] 게다가 배당소득에 대해서는 국민보험기여금이 부과되지 않는다. 대부분의 임금을 일반 형태의 급여(월급)보다 법인의 이익에서 지불되는 배당소득의 형태로 중소기업 소유자이자 경영자인 자신에게 지불할 경우, 법인이 아닌 개인사업자로 사업을 하는 자영업자는 일반 근로자들과 비교해 볼 때 직접세와 국민보험적립금 측면에서 상대적으로 더 조세회피를 할 수 있게 된다.

이 예시는 일부 측면에서 지나치게 단순화되어 있다. 예컨대 회사 배당금은 일반적으로 급여와 월급에 비해 상대적으로 자주 지불되지 않으므로, 중소기업 소유주가 월급 대신 배당으로 보수를 받아 조세회피를 하는 정도에는 한계가 있다. 또한 중소기업은 공동으로 소유되는 경우가 많아, 소유자가 보수를 조세회피의 목적에만 맞추어 급어로 빋을지 배당으로 받을지 일방적으로 정하지 못할 수도 있다(하지만 반대로 중소기업을 부부가 공동소유하는 경우, 과세소득을 개인 소득세율이 높은 소유주에게서 낮은 소유주에게로 이전하는 방법으로 조세회피를 하는 추가적인 기회를 잡을 수도 있다). 또, 중소기업의 소유자인 경영자는 사회보장 혜택을 최대한 받기 위

비용을 15억 파운드로 추정하였다. (출처 : HM Revenue and Customs, 'Tax Expenditures and Ready Reckoners', http://www.hmrc.gov.uk/stats/tax_expenditures/menu.htm, table 1.5, 2011년 6월 갱신된 내용.)

7) 2010년 4월 이후, 중소기업 특혜 법인세율(품격 있는 표현은 아니지만, 좀 더 정확한 표현이다)은 저사업소득 법인세율(small profits of corporation tax)로 재명명되었다.

8) 인적공제는 다른 소득 원천에서 적용되기 전 근로소득에 대해 적용되며, 이로 인해 배당소득 수령액은 (여기 예시에서는) 개인 급여소득의 (비)과세에 영향을 주지 않는다.

| 표 19.2 | 형태별 한계세율, 2010~2011년도

	직장 근로자	자영업자	중소기업
기본세율	39%	28%	21%
고세율	48%	41%	41%

주 : 이 표는 추가적인 소득 1파운드가 발생할 경우, 지불해야 할 추가 세금과 국민보험적립금을 1파운드의 퍼센트로 제시하고 있다.

기본세율 : 기본세율 납세자는 〈표 19.1〉에서 사용한 세율을 그대로 사용하였다.

고세율 : (1) 고세율 납세자에 대해 고용주의 국민보험기여금 비율은 12.8%이며 근로자의 국민보험기여금 비율은 일정 수준의 소득을 초과하는 소득에 대해 1%이다. (2) 소득세 고세율은 40%이다. (3) 자영업자에게는 일정 수준의 소득을 초과하는 사업소득에 대해 등급 4에 해당하는 국민보험적립금 비율인 4%가 적용된다. (4) 배당소득은 법정세율인 32.5%로 과세되나 배당소득 세액공제를 적용하면 실효세율은 25%가 된다.

하여 국민보험기여금을 최소한의 수준에서 납부하는 것을 원할 수도 있다. 그럼에도 불구하고 중소기업의 소유자는 자신이 받은 보수의 총액에서 급여(월급)의 비중을 줄이고, 배당소득의 비중을 증가시켜 조세회피를 하려는 유인을 가지고 있다.

자영업자나 중소기업의 소유자가 근로자에 비해 유리한 것은 고세율구간에 속하는 납세자에게도 마찬가지이다. 〈표 19.2〉는 (소득세와 국민보험기여금을 납부하기 전) 추가적인 소득의 소폭 증가에 대해 소득세와 국민보험기여금을 추가적으로 얼마나 내야 하는지를 보여 주는 전체적인 한계세율을 제시해 주고 있다. 〈표 19.1〉에 고려되었던 각 법적 형태별로, 기본세율과 고세율구간에 속하는 납세자별 한계세율을 제시해 주고 있다.[9] 고세율구간의 중소기업 소유자는 배당소득에 대해 개인소득세를 납부해야 하므로[10] 자영업자와 비교 시 누릴 수 있었던 법인화의 장점이 줄어든다.[11] 그러나 근로자에 비해 자영업자나 중소기업 소유자 모두 주로 국민보험기여금 부담이 상당히 줄어드는 효과가 남아 있다.

세부담 측면에서 국민보험이 갖는 이러한 장점은 일반적으로 모든 형태의 중소사

9) 〈표 19.2〉에서 보여 주고 있는 기본세율 납세자의 한계세율은 〈표 19.1〉에서 사용된 생산량 가치를 주당 400파운드에서 401파운드로 증가시킨 후 동일한 계산과정을 적용하여 계산하였다. 고세율 납세자의 한계세율은 비슷한 방법을 가지고 〈표 19.2〉의 '주'에서 제시한 세율을 사용하여 계산하였다.

10) 배당소득의 각 1파운드당 0.11파운드의 세제 혜택이 주어진다. 고세율 납세자들의 '공제 전의 액수'인 1.11파운드는 32.5% 세율이 적용되며, 이것은 0.36파운드의 세부담을 납세자에게 준다. 배당소득 세금공제는 이 납세자의 세부담을 0.25파운드로 줄여 준다. 기본세율 납세자에게는 '공제 전의 액수'인 1.11파운드에 10% 세율이 적용되며, 이것은 배당소득 세금공제 전, 0.11파운드의 세부담을 납세자에게 준다. 이런 경우, 배당소득 세금공제로 인해 납세자의 납부세액은 없어지게 된다.

11) 고세율 자영업자의 한계세율은 41%이고, 이 세율은 단순히 국민보험적립금 비율 1%에 소득세율 40%를 더하여 계산된다. 배당금의 형태로 추가적인 소득을 받은 고세율 중소기업 소유주의 한계세율은 40.75%로, 다음과 같이 계산된다 : $0.21+(1-0.21)\times0.25=0.4075$(중소기업 법인세율은 21%, 배당소득의 실효세율은 25%이다).

업자에게 적용된다. 다른 종류의 조세회피 방법들은 특정 형태의 중소사업자에게 더 유리할 수 있다. 투자 수익을 배당이 아닌 자본이득의 형태로 가져가려는 중소기업의 소유자들은, 회사의 지분 일부 혹은 전부를 외부 투자자에게 매매를 통해 처분하면 기본 소득세율에 비해 유리한 주식양도 소득세율의 적용을 받아 세부담 측면에서 혜택을 받을 수 있다. 비록 자본이익에 대해서는 물가상승분만큼 공제해 주는 제도 없이 명목가치로 과세하는 불리함이 있지만, '기업가 세제 혜택(entrepreneur's relief)'을 받을 수 있는 소유주에게는 일정 요건을 갖춘 주식양도 소득에 대해 10%의 세율로만 과세하고 있다.[12] 기업투자제도(Enterprise Investment Scheme)나 벤처 캐피털 트러스트(Venture Capital Trust)와 같은 특정한 세제 혜택을 통해 투자가 가능한 중소기업의 투자자들은, (비록 이와 같은 세제 혜택 제도들은 논란의 여지는 있지만, 재정지원을 받을 수 있는 일정한 이유를 가진 일부 중소기업을 대상으로 하고 있다.) 투자 소득에 대한 세제혜택을 통해 이득을 볼 수 있다.

2010~2011년도 기준으로 일정 수준 이하의 이윤에 부과된 낮은 법인세율(21%)과 일정 수준을 초과하는 이윤에 부과된 일반 법인세율(28%)의 차이는 최근 몇 해 동안 줄어들었다.[13] 이 격차는 더 줄어들 예정인데, 전에 비해 2014~2015년도에는 일반 법인세율이 23%로 인하되고, 낮은 법인세율은 2011~2012년도에 20%로 각각 인하되었기 때문이다. 본 장의 소개에서 논의하였던 것처럼, 모든 중소기업에 대해 우호적인 조세정책을 운영하는 것은 바람직하지 않다. 영국의 과세체계의 또 다른 문제점은 연 사업소득이 150만 파운드가 넘는 회사들의 경우 낮은 법인세율의 혜택이 없기 때문에, 연 사업소득이 30만~150만 파운드 사이의 회사들은 더 높은 법인세 한계세율에 직면한다는 것이다. 중소기업에 대한 이런 형태의 정책은 중소기업 육성이라는 처음 의도와는 달리 오히려 재정적 장벽을 초래하고 중소기업의 성장 의욕을 꺾고 있다.

법인에서 발생한 이익에 대한 과세 근거는 중소기업과 대기업의 경우 각각 다르다. 앞의 제17~18장에서 논의했던 것과 같이, 대기업은 법인세 세부담의 많은 부분

---

12) 기본세율 납세자와는 달리 배당소득에 대해 소득세를 납부하는 고세율 납세자는 이런 세제 혜택을 통해 배당소득보다 자본이익을 더 매력적으로 느끼게 된다. 제14장에서는 영국의 자본소득세에 대해 좀 더 논의하고 있다.

13) 낮은 법인세율은 연 30만 파운드 과세소득 이하에 적용된다. 기본세율은 연 과세소득 150만 파운드 이상에 적용된다. 이 두 과세 한계점 사이에서는 더 높은 법인세 한계세율이 적용되고, 결국 연 과세소득이 150만 파운드 이상인 기업인 경우 낮은 세율로 인한 모든 혜택이 환수된다.

을 국내 근로자에게 전가할 것이다. 법인세 원천 기준 법인세 과세의 주된 원리는 그 지역에서 발생하는 경제적 지대에 과세를 하는 것이므로, 적정 세율은 지대를 만들어 내는 기업활동의 이동성과 다른 국가들의 세율 수준에 따라 결정된다. 중소기업의 경우 법인세를 부과하는 더 중요한 근거는 우선 개인소득세의 과세기반을 보호하는 것이므로, 핵심은 법인세와 배당소득(그리고 어떤 경우에는 자본이득)을 합친 세부담 수준을, 근로자나 자영업자가 부담하는 세부담 수준과 맞추는 것이다. 앞으로 더욱 논의하겠지만 이와 같이 중소기업과 근로자·자영업자 간의 과세 수준을 맞추는 일은 중소기업을 위한 별도의 낮은 세율 없이도 달성할 수 있다.

19.2 기업을 장려하는 것인가, 아니면 조세회피를 조장하는 것인가? 복잡하면서도 혼란스러운 방안

영국에서의 지난 10년 동안 중소기업의 과세제도를 보면 정부가 ― 특정 중소기업들은 바람직한 경제활동을 활성화하기 위해 노력하고, 다른 한편으로 많은 중소기업들이 제대로 설계되지 못한 세제 혜택을 남용함으로써 나타나는 ― 개인소득세의 과세기반 약화를 막기 위하여 노력해 왔다는 것을 볼 수 있다. 이런 갈등은 특히 19.1절에서 묘사된 것처럼 법인세 세율이 0%부터 시작하는 경우 명백히 드러난다. 일부 중소기업들이 일반적인 과세체계를 이용하여 조세 혜택을 남용하는 것을 막기 위해 최근 도입되고 있는 복잡한 조세회피 방지 규정에서도 이와 같은 갈등은 분명히 나타난다. 대표적인 예는 '개인 서비스 회사'나 '관리 서비스 회사' 등을 겨냥한 대응 방안들이다. 이런 회사들의 소유주는 대기업에 고용되는 대신, 회사를 설립하여 동일한 서비스를 기업에 제공하는 방식으로 국민보험기여금의 상당 부분을 절감할 수 있게 된다.

이런 문제의 근본적 원인은 근로소득과 배당소득에 대한 소득세율 차이에서 온다. 급여와 월급을 배당소득으로 전환하면 발생하는 조세회피 가능성 때문에, 대기업에 고용되는 대신 그 근로자가 중소기업을 설립하여 대기업에 서비스를 제공하게 되는 것이다. 특정 형태의 중소기업(예 : 상당히 혁신적이거나 잠재 성장 가능성이 높은 중소기업)에게 보조금을 지급할 수는 있겠지만, 이 규모의 보조금(또는 세제 혜택)을 모든 중소기업에게 제공하는 것은 정당화시킬 수 없다. 영국의 경우를 보면, 이런 관점은 조세회피 방지 규정의 확산을 뒷받침하는 근거로 사용되고 있다.[14] 하지만 근로소득과 자본소득을 과세하는 세율의 근본적인 차이를 고려하지 않고, 문제의 증상만 따져 근시안적으로 만든 (중소기업 법인세의 각 쟁점들에 대한) 조세회피 방지 규정들은, 일관성 있는 해결책을 제시하기보다는 관련 법령을 더 복잡하게만 만들었다.

영국의 중소기업 과세제도에서 우리가 배울 수 있는 교훈은, 현행 제도보다 근로소득, 자영업자의 사업소득, 배당소득에 적용되는 전반적인 세율이 훨씬 더 비슷하게 되도록 조정하는 것이 필요하다는 것이다. 중소기업의 특정 경제활동에 재정 지원을 하려면, 모든 중소기업에 대해서 세제 혜택을 부여할 것이 아니라 당해 특정 경제활동과 밀접한 관련이 있고 검증 가능한 지출을 겨냥해서 세제 혜택을 부여해야 한다. 예컨대 이와 같은 재정 지원에는 (만약 중소기업의 연구 개발이 대기업보다 더 큰 파급효과를 주거나, 재정 지원이 없을 경우에 높은 비용이나 제한된 재정 확보 능력으로 인해 연구 개발이 충분히 일어나지 않을 분명한 증거가 있다면) 대기업보다 중소기업이 착수하고 있는 연구 개발(R&D)의 지출에 대해 더 많은 세제 혜택을 제공하는 방안 등이 포함될 수 있다. 또한 (만약 대기업보다 중소기업이 더 높은 사회적 투자수익률을 달성할 수 있는 분명한 증거가 있다면) 중소기업의 투자지출에 대해 후한 법인세 세제 혜택을 제공하거나, 중소기업의 사업 확장을 위해 투자한 금액에 대해 더 많은 소득세 관련 세제 혜택을 제공하는 것 역시 바람직한 재정 지원에 포함된다. 영국 과세제도에서도 재정 지원을 중소기업의 연구개발이나 투자에 제한하는 사례가 있으며, 이런 재정 지원은 실증분석 결과를 바탕으로 개선되거나 확장되었다. 또한 과세소득이 발생한 경우와 결손금이 발생한 경우에 대한 세법상 비대칭적 취급으로 인해 보다 더 위험한 투자가 불리한 취급을 받는 것을 줄여 주는 조치는 그 자체로 바람직하지만, 특히 중소기업에 이익이 될 것이다.

혁신적이고 높은 잠재 성장력을 가진 중소기업은 이러한 재정 지원 혜택을 지속적으로 받을 수 있다. 하지만 경제활동이 대기업에서 혁신 및 확장을 원하지 않거나, 혁신 및 확장을 할 수 없는 중소기업으로 이동하는 경향은 현저하게 줄어들 것이다. 결과적으로, 중소기업의 조세회피를 막기 위한 복잡한 조세회피 방지 규정의 필요성

---

14) Crawford & Freedman(2010)은 중소기업의 특정 형태가 부당하게 저축을 이용할 수 있는 범위를 제한하기 위해 영국에서 소개된 다양한 특별 조치들에 대해 자세히 논의하고 있다.

이 상당히 줄어들 것이다. 조세제도는 자신의 소득을 다른 형태로 전환할 수 있는 다양한 기회를 가진 경제 주체를 다루는 데 있어서 보다 공평하게 될 것이다.

본 장의 나머지는 근로자, 자영업자, 중소기업에 대한 이러한 과세 격차를 줄일 수 있는 개선 방안들에 대해 살펴보고자 한다. 우선 현행 영국 과세제도 안에서 세율만을 변화시키는 개선 방안에 대해 살펴보고자 한다. 그러나 서로 다른 법적 형태에 상관없이 근로소득과 자본소득 간에 보다 일관성 있는 과세방법을 제시하기 위해서는, 제14장과 제17장에서 논의하였던 개인소득세와 법인세의 과세표준 개편을 포함한 좀 더 급진적인 개선 방안이 요구된다고 결론짓고자 한다. 향후 논의는 현행 영국 과세제도에 대한 개혁안을 중심으로 전개되지만, 여기에서 설명되는 기본 원리들은 다른 상황에서도 적용될 수 있을 것이다.

19.3 근로소득과 자본소득 간의 과세방법 조정

근로소득과 자영업자의 사업소득 간 과세를 동등하게 조정하기 위해서는, 자영업자가 납부하는 국민보험기여금을, 근로자와 고용주가 근로소득에 대해 납부하는 기여금을 합친 수준으로 올려야 한다. 다만, 자영업자의 사회보장수급권이 근로자의 사회보장수급권과 차이가 있다면, 이를 반영한 보험계리적 가치 차이만큼 국민보험기여금 납부액의 차이가 있어야 할 것이지만, 행정상의 이유가 아닌 한 자영업자와 근로자 간 수급권의 차이가 있어서는 안 될 것이다.[15] 제5장에서 논의한 방법 중의 하나를 대안으로 국민보험기여금을 소득세와 통합할 수 있는데, 이때 사회보장연금 혜택에 대한 '기여 원칙(contributory principle)'은 행정상 실현 가능한 한도에서 근로자와 자영업자를 동일하게 취급하되 수급권의 차별을 통해 대체될 수 있다.

이익에 대한 배당과 고용으로 인한 소득의 과세상 취급을 동등하게 조정하기 위해, 급여(월급)에 대하여 고용주와 피고용인이 납부한 국민보험기여금과 거의 동등한 수준에서 기업이 지불하는 배당금, 또는 개인이 받는 배당소득에 세금을 부과하는 방법을 도입할 수 있다.[16] 거주자와 비거주자 주주를 각각 다르게 취급하는 것은 EU 조약 의무에 의해 제한되는 반면, 회사가 비거주자 주주에게 지불한 배당금에 세금

---

15) 예를 들면 과거 소득과 연관하여 급여 지급 수준을 아는 것은 어렵다.
16) 우리의 논의는 국민보험적립금이 개인소득세와 온전히 통합되지 않았음을 가정한다.

을 부과하는 것은 다른 국가와의 양자 간 조세조약에 의해 제한된다. 이런 요인들을 종합적으로 고려해 보면, 배당과 근로소득에 대한 전반적인 세율을 동등한 수준으로 조정하는 방향으로 영국 거주자들에 대한 배당소득 과세의 개혁 방안을 제시한다. 즉 이것은 법인의 이익에 대해서는 원천지국의 과세 형태, 개인 자본소득에 대해서는 거주지국의 과세 형태와 일치한다.

현행 영국 과세제도에 따르면, 높은 세율을 적용받는 납세자들은 배당소득에 대해 추가적인 개인소득세 납세 의무를 가지며, 연간 소득세 신고 시 이를 반영하여 신고하여야 한다. 반면, 기본세율구간 납세자들은 배당소득에 대해 추가적인 개인소득세 납세 의무를 가지지 않는다. 따라서 배당금을 받은 대부분의 기본세율구간 납세자들은 소득세 신고를 하지 않아도 된다. 기본세율구간 납세자가 받은 배당금에 과세를 할 경우, 소득세 신고를 해야 하는 납세자의 수가 증가하게 된다. 하지만 개인저축계좌(Individual Savings Accounts, ISA) 안에 보유하고 있는 주식에 대한 배당금에는 과세를 하지 않으며, 일정 금액 미만의 배당소득에 대해서는 (배당소득이 너무 작으면 소득세 신고 시 발생되는 행정비용 및 납세협력비용이 조세 수입보다 더 클 수 있기 때문에) 과세하지 않을 것이다. 이런 과세제도에 영향을 받는 기본세율구간 납세자들은 중소기업의 소유주일 것이다. 배당소득의 세제 혜택이 없다면, 많은 중소기업 소유주들은 사업소득을 배당으로 지급받지 않고 급여나 월급의 형태로 지급받음으로써 이러한 배당소득에 관한 소득세 신고 의무를 회피할 수 있을 것이다.

하지만 개인과 법인의 과세 대상에 대한 더 근본적인 개혁 없이 배당소득에 대해 소득세를 단순히 증가시키는 것은 큰 매력이 없는데, 그에 따른 중요한 이유들이 있다. 배당 소득세를 늘리는 것은 주식에 투자하여 정상수익이 발생했을 때 부과되는 세금의 세율이 증가하는 것과 같다. 대기업의 주식은 국제적으로 거래가 될 수 있기 때문에 주주 소득에 대한 영국의 과세제도는 대기업의 투자 결정에 중요한 영향을 미치지 못한다. 하지만 과세표준에 대한 조세 개혁이 수반되지 않은 상황에서 근로소득과 배당소득에 대한 세율만 단순히 조정하게 되면, 이는 주로 주식 발행을 통해 자본을 조달하는 내국 중소기업(특히 경영자와 소유주가 같거나, 경영자가 소유주와 밀접한 관계를 가지고 있는 중소기업)의 자본비용이 증가하는 부작용을 초래하게 된다. 뿐만 아니라 저축행위에도 영향을 줄 수 있으며 형평성 측면에서도 논란이 있을 수 있다. 예컨대 은퇴 전에 번 소득에 대하여 세금을 다 내고, 남은 세후소득을 주식에 투자한 은퇴 주주들은 그들이 받은 배당소득에 대해 추가적인 세부담을 가지게 된다.

그러므로 근로소득세와 자본소득세에 적용되는 세율의 완전한 조정이 이루어지기 위해서는 개인과 법인의 과세표준에 대한 조세 개혁이 반드시 수반되어야 한다. 제13장과 제14장에서 논의된 수익률 공제(rate-of-return allowance, RRA)는 회사 주식에 투자된 자본의 (개인저축계좌 밖에 있는) 정상이익을 개인소득세에서 면제해 주는 것을 의미한다. 제17장과 제18장에서 논의된 법인의 자기자본에 대한 공제(allowance for corporate equity, ACE)는 회사 주식에 투자된 자본의 정상이익을 법인세에서 면제해 주는 것을 의미한다. 자금조달비용에 대한 이런 공제제도는 추가적인 사업소득 또는 개인 배당소득에 적용되는 한계세율에 영향을 주지 않는다. 그렇기 때문에 이런 공제제도는 기업에게 근로소득을 배당소득으로 전환하려는 유인을 제공하지 않는다. 중요한 것은 이런 공제제도가 기본세율구간 납세자와 높은 세율구간 납세자에게 적용되는 배당소득세 세율이 증가할 수 있도록 허용하여, 전체적으로 근로소득과 배당소득 간의 과세상 취급에서 형평을 맞출 수 있도록 해 주면서, 동시에 현행 과세제도와 비교해서 국내 중소기업의 자기자본을 통한 조달비용을 줄여 준다.[17)]

게다가 회사 주식에 대한 배당소득과 자본이득의 수익률 공제제도(RRA) 도입은 제13장과 제14장에서 설명된 것처럼, 물가상승으로 인한 명목 주식가격 증가에 따른 과세를 피하고 양도소득세의 동결효과를 방지할 수 있는 장점을 가지고 있다. 비슷한 관점에서, 법인의 자기자본에 대한 공제제도(ACE) 도입 역시 제17장에서 설명된 것처럼 다른 장점들이 있는데, 특히 차입을 통한 자본조달을 세법상 유리하게 취급하는 왜곡을 제거하고, 감가상각 공제를 실제 감가상각 정도에 맞출 필요 없이 다양한 자본형태의 투자에 대한 과세 형평성으로 향상시키는 장점을 가지고 있다. 법인화되지 않은 사업 투자에 대한 과세제도를 법인 투자에 대한 과세제도와 함께 맞추기 위해서는, 개인사업자와 파트너십이 사용하는 사업용 자산에 대해서도 수익률 공제(RRA)를 허용하는 것이 바람직하다. 이는 선택사항으로 집행될 수 있어서 기업자산을 적게 가진 자영업자들이 수익률 공제를 선택하는 것 이상의 간편한 소득신고를 선택할 수 있다. (즉 기업이 원한다면 기업의 모든 소득을 근로소득으로 신고할 수

17) 제17장에서 설명한 바와 같이 법인세는 주식으로 자금조달한 투자에 대한 자본비용을 증가시키는 경향이 있다. 이런 자본비용 상승효과는 법인의 자기자본에 대한 공제(ACE)에 의해 제거된다. 또한 회사 투자 결정이 개인소득세에 영향을 받는 한 새로운 주식 발행을 통해 자금조달한 투자의 자본비용은 기본 배당소득세에 의해 더욱 증가할 것이다. 이런 자본비용 상승효과는 수익률 공제(RRA)에 의해 제거된다. 예로 Sørensen(2005) 참조.

있게 된다.)

이와 같이 개정하면 중소기업을 운영하는 데 있어서 순전히 세금 문제 때문에 특정 법적 형태로 중소사업을 하려고 하거나, 중소기업의 소유자인 경영자가 급여 대신 배당소득의 형태로 보수를 받으려고 하는 유인을 제거할 수 있을 것이다. 다양한 소득 형태에 대하여 형평성 있게 과세하기 위한 세율들의 조합은 국민보험기여금이 어느 정도 개인소득세와 통합되느냐에 따라 결정된다. 다음 예를 살펴보자. 국민보험기여금이 소득세와 완전히 통합되어, 기본세율구간 납세자와 높은 세율구간 납세자의 한계소득세율이 각각 40%와 50%라고 가정해 보자. 또한 법인세의 일정 수준 이하 소규모 과세표준 구간 소득에 대하여 낮은 세율로 적용하는 제도를 폐지하고 모든 법인의 소득에 28%가 적용된다고 가정한다. 이런 경우, 근로소득, 자영업자의 사업소득, 배당소득 사이의 한계세율이 완전히 조정되기 위해서는 배당소득에 대한 기본세율구간 납세자와 고세율구간 납세자의 (실효) 개인소득세 세율이 각각 대략 17%, 31%가 되어야 한다.[18]

배당 세액 공제는 이런 과세체계에서는 큰 역할을 하지 못하고 없어질 수 있다. 주주에게 배당된 이익과 유보된 이익에 대한 과세형평을 맞추기 위해 회사 주식(개인저축계좌를 통해 보유한 주식은 제외)의 자본이득(손해)은 배당소득과 같은 세율로 세금이 부과되어야 한다. 배당소득과 자본이득 모두에 대해 수익률 공제를 적용받을 수 있으며 사용하지 않은 공제 금액은(즉 만약 배당소득과 자본소득의 합계가 당해 연도의 수익률 공제 금액보다 적다면) 무위험 명목금리를 적용해 증액한 후 다음 연도로 이월되어 사용될 수 있다. 수익률 공제 자체 역시 무위험 명목금리를 참고로 계산된다. 제13장과 제14장에서 설명된 것처럼, 자본이득과 자본에서 창출되는 여러 소득을 동일하게 취급하는 것은 자본이득이 실현되었을 때 명목금액을 기준으로 과세하는 것과 일관성이 있다.

또한 자기자본에 대한 공제제도(ACE)하에서 특정 형태의 중소기업에 대한 세제 혜택을 도입할 수도 있다. 예컨대 만약 정부가 중소기업의 투자비용을 낮추기 원한다

---

18) 이 예에서 기본세율구간 납세자에게 법인의 자기자본에 대한 공제(ACE)를 초과하는 사업소득에 대해 세율 28%로 과세를 하는 것과 수익률 공제(RRA)를 초과하는 배당소득에 대해 세율 17%로 과세하는 것과 관련하여, 배당소득의 형태로 지불된 수익의 무위험 이자율 이상 사업소득은 다음 식에서 주어진 세율을 적용하여 과세된다 : $(1-t)=(1-0.28)\times(1-0.17)=0.6$(따라서 전반적인 세율($t$)은 40%이며 이 세율은 근로소득(과 비법인 형태의 사업 자산에 대해 수익률 공제를 초과하는 자영업자 소득)에 적용되는 개인 소득세율과 비슷하다). 이에 상응하는 고세율구간 납세자의 세율 계산은 다음과 같다 : $(1-t)=(1-0.28)\times(1-0.31)=0.5$.

면, 이 정책 목표는 중소기업이 지출한 투자 금액에 대해 후하게 비용 공제를 인정함으로써 달성될 수 있다. 한 가지 방법은 연간 투자 공제(Annual Investment Allowance)을 사용하는 것이다. 이 제도는 영국에서 2008~2009년도에 도입되었다. 2010~2011년도, 이 제도는 모든 기업의 공장과 기계에 투자된 금액에 대하여 10만 파운드를 한도로 100% 비용 공제를 인정해 주었다.[19] 중소기업의 경우, 이 제도는 실질적으로 공장과 기계에 투자된 모든 투자금액을 투자가 이루어진 해에 모두 공제해 주게 된다. 이 방법은 법인의 자기자본에 대한 공제제도(ACE)가 포함된 법인세 체계 안에서 적용될 수 있다. 제17장에서 논의된 바와 같이, 위와 같은 비용 공제제도가 법인의 자기자본에 대한 공제제도(ACE)와 결합된다고 여타 다른 감가상각 방법보다 현재가치 측면에서 더 관대한 것은 아니다. 그렇지만 투자 시점에서 한꺼번에 비용 처리를 할 수 있는 것은 자금 조달에 어려움을 겪고 있는 중소기업에게 상당히 유용하다. 이 방법은 여러 종류의 자산에 대한 투자에도 적용되도록 확대시킬 수 있다. 예컨대 투자 금액 10만 파운드의 범위 내에서 투자 금액보다 더 많이 공제받도록 할 수 있다. 이런 종류의 공제를 '슈퍼공제(super-dudction)'라고 부를 수 있으며 슈퍼공제는 현재 연구개발에 대한 지출에 대해 적용된다.

여기서 논의한 소득세와 법인세에 대한 개정안은 Crawford와 Freedman(2010)이 강조한 중소기업 형태의 선택에 영향을 주는 요소들을 거의 모두 살펴보고 있다. 한 예외로, 만약 부부가 각각 다른 한계세율을 적용받는다면 한계세율이 높은 배우자의 소득을 한계세율이 낮은 배우자에게 이전하려는 유인이 발생한다. 이런 현상은 기업의 모든 (세후) 자본소득의 경우에도 적용될 수 있으며, 만약 부부가 공동으로 같은 회사를 소유하고 있거나 같은 회사에 고용되었다면 자본소득의 이전이 더욱 용이할 것이다. 이런 경우, 조세회피의 기회는 근로소득세와 자본소득세의 과세체계가 달라서가 아니라, 개인소득세 과세체계가 부부를 합산과세하지 않고 개인단위 과세체계와 세율의 누진구조가 결합하여 적용되는 것에서 기인한다.[20] 만약 이런 특징들이 앞서 논의한 개정안에 포함된다면 부부는 납세 총액을 줄이기 위해 조세회피의 기회를 갖게 되거나 이것을 막기 위해서 특정 조세회피 방지 규정들이 요구될 것이다.

---

19) 비용 공제를 위한 금액 한도 기준은 2012년 4월 이후 25,000파운드로 줄어들었나.
20) 뿐만 아니라 제3장에서는 부부의 합산과세 또는 독립과세에 대한 사례들의 논의를 제공하고 있다.

19.4 결론

본 장에서는 영국의 과세체계하에서의 급여, 자영업자의 사업소득, 배당소득에 적용되는 소득세와 국민보험기여금을 모두 합친 세율의 차이를 살펴보았다. 이 차이점은 중소기업의 형태 선택에 왜곡을 준다. 즉 근로소득보다 사업소득의 세금 부담이 적기 때문에 사업소득을 근로소득으로 전환할 유인이 존재한다. 일부 사람들은 이런 소득 전환을 손쉽고 더 큰 규모로 할 수 있기 때문에 이런 과세체계하에서는 불형평 문제가 존재한다. 또한 이런 문제들의 근본적인 원인을 다루기보다는 임시방편으로 조세회피 방지 규정을 만들어 문제를 해결하려고 한 결과, 조세회피 방지 규정이 점점 복잡하게 만들어졌다. 일부 선별적인 중소기업에 의해 수행되는 일부 활동에 대한 세제 지원을 지지하는 강력한 논거들이 있다. 이 경우 모든 중소기업을 대상으로 전체 사업소득에 적용되는 법인세 세율을 일괄적으로 낮추기보다는 선별적인 세제 혜택을 부여하는 것이 바람직하다.

중소기업 과세 제도는 개인소득세와 법인세, 그리고 근로소득세, 자본소득세와 밀접한 관련이 있기 때문에 본질적으로 복잡하다. 중소기업 과세제도 분야는 과세체계를 전체적인 관점에서 통합된 시각으로 바라보는 것이 필요한 분야인 동시에 과세제도상 문제점이 쉽게 노출되는 분야이기도 하다. 여기서는 수익률 공제제도(RRA)를 시행하는 개인소득세 제도와 법인의 자기자본에 대한 공제제도(ACE)를 시행하는 법인세 제도를 결합하는 방안을 살펴보았다. 이러한 정책이 바람직한 세율 조정(즉 법인이득에서 법인세가 이미 한 번 과세되었음을 인식하여 주식에 대한 배당소득·자본이득에 대한 개인소득 세율을 다른 소득에 비하여 더 낮추는 것을 말한다)과 함께 시행된다면, 근로소득을 자본소득으로 전환하려는 유인이 사라지고, 중소기업 형태의 선택에 따른 세제상 왜곡이 생기는 것을 막을 수 있다. 이러한 개혁방안은 칭찬할 점이 많다는 것이 우리의 견해이다.

결론 및 세제 개혁에 대한 제언

조세제도는 현대 경제에서 중요한 역할을 하고 있다. 영국을 포함한 선진국에서는 조세가 국민소득의 30~50%를 차지한다. 이 중 영국은 중간 정도 순위에 위치하고 있다. 이토록 방대한 세입을 확보하는 방법은 경제적 효율성과 공평성을 좌우하는 중요한 사안이다. 많은 국가들이 자국의 조세제도를 통해 더 많은 세수를 확보하여 재정 적자를 해결하고자 하고 있기 때문에 조세체계를 바르게 정비하는 것의 중요성이 증가하고 있다.

조세와 복지제도는 본서에서 제시된 것과 같이 명확하게 정의된 경제 원칙을 기초로 일관된 구조를 가져야 한다. 다양한 요소가 적절히 조화를 이루고 불필요한 왜곡이 제거된 이상적인 조세제도 수립을 위한 명확한 비전이 필요하다. 본서와 같이 일관적인 시스템을 향한 진보적 연구는 가치가 있으며, 특히 조세제도의 역할이 중요해지는 시기에는 더욱 빛을 발할 것이다.

우리는 현대 조세제도의 주요 요소에 대하여 알아보았고, 특별히 영국의 상황에 맞는 세제 개혁안을 개발하여 제안하였다. 이러한 제안은 경제이론, 조세효과에 대한 실증적 자료, 소득의 재분배와 경제의 작동 원리에 대한 지식의 도움을 받아 개발되었다.

본서의 마지막 부분인 제20장을 통해 이번 연구로부터의 중요한 교훈 및 결론을 도출하고자 한다. 우선 이상적인 조세제도의 전반적인 특징에 대하여 소개할 것이다. 이상적인 조세제도와 현행 영국의 제도를 비교한 후, 세제 개혁을 위한 주요 제언을 제시할 것이다. 마지막으로, 개혁의 우선순위와 시기 및 과정 등을 고려하고 여러 가지 제언을 묶어 단일 개혁안을 기술하면서 마무리 짓고자 한다. 가능한 경우에는 특정 제안을 선호하였다. 논쟁은 양측이 팽팽하게 맞서는 경우가 많았으며, 독자들이 앞 장의 내용을 참고하여 각 개혁안 및 대안을 완전히 이해할 수 있도록 하였다.

20.1 이상적인 조세제도

조세는 공적 지출을 위해 징수되는 실제 금액과 별도로 불가피한 비용을 발생시킨다. 조세제도 운영을 위해 정부와 납세자에게 행정 비용이 수반되며, 절세를 위한 납세자들의 행동 변화로 인해 복지 손실이 발생한다. 본 연구의 과제는 정부 지출과 이상적인 재분배를 충당할 수 있는 세수 확보를 위한 조세제도를 고안하는 것이다. 이러한 제도는 경제적·행정적 비효율성을 최소화할 수 있어야 하고, 최대한 간소하고 투명한 형태를 유지해야 하며, 동시에 경제활동과 납세자에 따라 임의적 과세의 차별성이 발생하는 것을 방지할 수 있어야 한다. 본서에서 논의된 내용을 종합하여 이상적인 조세제도의 전반적인 특징에 대하여 서술하고자 한다.

우리 제안의 핵심은 — 제안의 전체를 포괄하는 것은 아닐 수 있으나 — 조세의 누진성과 중립성이다. '누진성', '중립성', '체계성' 이 세 가지는 각각 중요한 의미를 지닌다.

첫째로, 조세제도는 하나의 큰 틀로서 검토되어야 한다.

이상적인 조세제도는 정부 지출의 전체를 충당할 수 있도록 설계되어야 한다. 특정 목적을 위해 세수를 구분하여 지정해서는 안 된다. 특정 세금이 특정 지출을 위해 쓰일 필요는 없다. 그리고 지출에 제약이 없는 세수를 특정 목적으로 사용하도록 지정하는 것은 꾸미는 것에 불과하다. '세금 납부로 정부의 지출을 통제한다고 하는 것은 유권자를 속이는 행위이며, 이는 민주주의의 발전은커녕 납세자의 혼란을 야기할 뿐이다.'[1]

더 일반적으로 말하면, 각 세목 전부가 모든 목적을 다 충족시킬 필요는 없다. 조세제도가 전반적으로 기후 변화에 대처하는 구조로 되어 있다면 모든 세목이 환경문제와 연관될 필요는 없다. 그리고 조세제도가 전반적으로 누진적이라면, 모든 세목이 누진적일 필요는 없다. 일반적으로 부의 재분배를 달성하기 위해 적합한 도구는 개인에 대한 직접세와 복지 혜택이다. 따라서 개인에게 과세되는 직접세의 세율 조절을 통해서 원하는 수준의 누진성을 달성할 수 있으므로 그 외의 세목은 효율성을 달성하는 데 집중할 수 있다.

둘째, 중립성을 추구해야 한다.

유사한 경제활동에 대해 비슷한 방법으로 과세하는 조세제도가 복잡하지 않고 간단한 형태를 띠는 경향이 있다. 이러한 조세제도는 납세자와 경제활동 사이의 부당한 차별이 없으며, 경제 왜곡을 최소화하는 데 도움이 된다.

그러나 중립성은 경제 왜곡을 최소화하는 것과 항상 같은 의미를 가지는 것은 아니다. 과세 목적을 위해 서로 다른 경제활동 사이에 차별을 두는 것이 효율적일 수 있다. 술이나 담배, 환경오염을 유발하는 행위에 대한 차별적 과세를 예로 들 수 있다. 이런 행위들은 사회나 개인 자신에게 해로운 영향을 줄 수 있는데 이는 조세정책을 통해서 억제될 수 있다. 연금저축이나 연구개발(R&D)에 비과세·감면제도를 적용하여 사회가 원하는 유익한 행동을 사람들에게 권장할 수 있다. 조세제도가 전반적으로 근로의욕에 대하여 부정적인 영향을 미치기 때문에 이를 상쇄하기 위해 보육과 같이 노무 제공과 관련한 상품(서비스)에 대하여 더 관대한 조세 특혜를 주는 것에 대해서 다소 미묘한 논쟁이 있다.

그러나 그런 논쟁은 건설적인 충고로 받아들여져야 한다. 설령 이론적으로 설득력이 있더라도, 중립성의 원칙에서 벗어났을 때 얻는 이점과 시스템이 복잡해지면서 발생하는 단점을 서로 잘 비교해야 한다. 서로 다른 경제활동에 대하여 과세를 달리하려면 그 경계를 정의하고 정책을 운영함에 있어 많은 어려움이 뒤따른다. 행정 및 납세협력 비용이 증가하고, 감세 대상이 되는 행위인 것처럼 가장하는 왜곡된 동기를 유발할 수 있다. 따라서 중립성의 원칙에서 벗어나는 것에 대한 제약은 강화되어야 하고, 명확하고 설득력 있는 타당한 이유가 요구되어야 한다. 환경적으로 유해한 활동, '죄악세', 연금, R&D, 교육 투자와 육아 등 몇 안 되는 주요 항목만이 이 제약을 통과할 수 있을 것이다. 이는 현행법에서 볼 수 있는 예외 항목보다 범위가 훨씬

---

1) Institute for Fiscal Studies, 1993, 64-5.

좁다.

셋째, 최대한 효율적으로 누진성을 달성해야 한다.

소득세와 복지 혜택에 대한 세율표는 과세의 누진성 확보를 위해 중요한 역할을 한다는 것을 강조한 바 있다. 부의 재분배와 근로의욕 사이의 상충관계는 불가피한 것이다. 행동 변화를 유발하지 않고, 부유층에게 과세를 하거나 빈곤층의 소득을 보충해 주는 것은 불가능하다. 그러나 신중을 기하면 누진성을 달성하는 과정에서 생기는 효율성 손실을 최소화하도록 조세제도를 설계할 수 있다. 즉 소득 분배 구조에 대한 지식과 서로 다른 소득수준에 있는 사람들이 세금 및 복지 혜택에 반응하는 정도에 관한 지식을 반영한 세율표를 고안해야 하는 것이다. 또한 조세회피와 이민과 같은 사람들의 반응, 그리고 (은퇴 시기를 포함한) 근로기간에 대한 사람들의 결정에 관한 사항을 함께 고려해야 한다.

또한 노동공급 유인, 잠재적 수익성 혹은 사람들의 필요를 나타내는 식별 가능한 특성들을 고려하여 세율표를 설계해야 한다. 예를 들어, 취학 자녀를 둔 여성과 은퇴기에 접어든 사람의 경우, 노동의욕이 특히 민감하게 변화한다. 그래서 그들은 다른 사람들보다 더 낮은 실효세율을 적용받아야 할 것이다. 물론 세금과 복지 지출을 각 특징에 따라 조건적으로 달리하는 방법은 제한적이며, 불공평성과 위법적인 차별을 형성할 것이다. 그리고 특정 조건을 갖춘 사람들에게 더 관대한 제도는 그러한 조건을 확보하고자 노력하는 바람직하지 않은 의욕을 유발할 수도 있다. 여기에는 중립성을 추구하기 위한 노력도 있으며, 따라서 원칙을 벗어나는 것에 대한 제약이 높아야 한다.

누진적인 조세제도를 설계할 때, 우리가 원하는 누진성이 무엇인지에 대한 고찰이 필요하다. 많은 논의들은 사람들의 현재 소득에 조세가 미칠 영향에 대해 집중한다. 그러나 그보다 이상적인 것은, 연간 소득을 보는 순간적 관점이 아닌, 납세자 일생에 걸친 소득을 보는 관점에서 조세제도의 누진성을 점검하는 것이다. 이를 위한 방법은 소득의 분배뿐만 아니라 지출의 분배를 고려하는 것이다. 일생의 소득과 일생의 지출은 매우 유사할 것이다(차이가 있다면, 증여 또는 상속된 재산이 주를 이룰 것이다). 그러나 연간 소득과 연간 지출은 대출금과 저축액에 따라 크게 달라질 것이며, 이는 생애주기별 수요 변화와 소득 변동에 기인한 것이다. 일생의 소득을 측정할 완벽한 방법은 없다. 그렇기 때문에 단기적 소득과 지출에 대한 측정치가 일생의 소득을 나타내는 보완적인 지표로 활용될 수 있으며 이 둘을 조합하여 신중하게 조사되어야 한다. 그러나 사람에 따라 대출할 수 있는 규모에 제한이 있으며, 연간 소득이 지표로서 적절할 수도 있다는 점을 상기해야 한다.

누진적이면서 중립적인 조세제도는 어떠한 형태일까?

소득세의 경우, 단순한 것이 가장 유익하다. 단일 소득공제와 2~3단계 세율구간을 갖춘 단일 소득세로서 저소득 혹은 높은 수요에 직면한 사람들을 지원할 수 있는 단일 복지제도와 결합된 형태가 이상적일 것이다. 서로 다른 소득구간 및 인구학적인 특징에 따라 납세자가 얼마나 민감하게 반응하는지를 나타내는 최상의 자료를 반영하여 세율표를 설계해야 한다.

소득은 그 원천에 상관없이 동일한 세율을 적용해야 한다. 일반적인 소득세제와 달리 우리는 소득을 생성하는 데 소요되는 모든 비용을 공제하도록 하였다. 소득원천에 따라 다른 세율을 적용하는 것은 조세제도를 복잡하게 하고, 공평성을 저해하며, 세금 부담이 적은 경제활동으로 쏠리는 왜곡된 행동 및 세금회피를 유발한다. 모든 소득을 동일하게 과세하는 것은 직원 복리 후생을 현금소득처럼 과세하라는 것만을 의미하는 것이 아니다. 자영업 소득, 재산소득, 저축소득, 배당금 소득, 양도소득에도 동일한 세율구조를 적용해야 한다는 것을 의미한다.

사업소득이 법인을 빠져나가기 전에 대부분 법인세를 통해서 과세되는 것은 당연하다. 그러나 법인에서부터 발생한 소득(배당소득과 주식 양도소득)에 대한 소득세율은 인하되어야 하며, 이는 법인세로 이미 지불된 세액을 반영해야 한다. 법인과 주주에게 적용되는 세율의 합은 근로 및 그 밖의 소득에 부과되는 세율과 동일해야 한다.

이 같은 단일 세율표는 업무 관련 비용과 생산과정의 투입재와 같이 소득 창출 과정에서 발생하는 비용을 공제하고 난 소득에 적용되어야 한다. 이러한 공제를 허용하지 않으면 경제활동에 대한 왜곡된 결정을 유발하며, 저비용-저소득 경제활동을 장려하는 제도가 되어 버린다. 동일한 가치를 지닌 고비용-고소득 경제활동은 회피 대상이 될 것이다. 물론 수입 창출 과정에서 발생한 지출과 소비성 지출을 구분하는 것은 쉽지 않다. 그러나 적어도 원칙은 명확하다.

그 원칙은 저축과 투자에도 적용된다. 미래의 소득을 창출하는 것은 현재 소비의 희생을 전제로 한다. 이런 의미에서 저축과 투자는 미래의 소득창출과 연관된 비용이며, 다음 두 가지 방법 중 하나로 이를 실현할 수 있다.

- 현재 개인 연금 저축분에 대하여 공제를 허용하고 제한적으로 사업용 투자에 대하여 100% 즉시 상각을 허용하듯이, 현금이 저축되거나 투자되면 이를 공제 가능한 비용으로 인정할 수 있다.
- 사전에 저축되거나 투자된 자본에 대한 기회비용을 매년 공제할 수 있다. 이것은 현재 다른 나라에서는 운영하고 있지만 영국에서는 아직 적용한 적이 없는 방법으로서, 저축에 대한 수익률 부분을 공제(rate-of-return allowance, RRA)해 주는 것과 기업투자에 대한 기업자본금을 공제(allowance for corporate equity, ACE)해 주는 방법이다. 무위험 (정상) 수익률 정도만 기대할 수 있는 자산의 경우, 보다 더 간소화될 수 있으며 수익에 대해 비과세를 적용할 수 있다.

과세 시기를 제외하면, 상기 두 가지 방법에는 서로 차이가 없다. 세율이 안정적일 경우, 해마다 비용공제를 허용하는 두 번째 방법과 선공제(up-front deduction)를 허용하는 첫 번째 방법 모두 공제액의 현재가치가 같다. 두 가지 방법 모두, 저축 및 투자로부터의 정상수익률분은 면세 대상이다. 그리고 정상수익률을 초과하는 수익에 대해서는 기본세율로 과세할 것이다.

이런 방식은 전 세계 정책결정자들이 수십 년 동안 고심했던 난제를 해결하는 데 도움을 준다. 한편으로는 조세회피를 예방해야 하면서 다른 한편으로 저축과 투자를 저해하는 요소를 최소화해야 하는 문제 간의 긴장관계가 오랜 숙제였다. 저축과 투자를 장려하고자 정책결정자는 자본적 소득에 대한 세율을 줄이려 하였으나, 노동소득을 자본이득으로 전환하는 행위가 성행할 것을 염려하여, 두 가지 소득에 대한 세율을 최대한 서로 비슷하게 맞추고자 노력하였다. 결과적으로, 자본적 소득에 대한 세율이 낮아졌고(자본적 소득의 종류에 따라 세율 변동), 이는 저축·투자의욕을 저해함과 동시에 조세회피 가능성 또한 남겨 두는 모호하게 절충된 상황을 초래하였다. 자본적 소득에 대하여 정상세율로 과세하되 자본적 비용에 대한 공제도 모두 허용하면 문제가 해결된다.

자본적 지출에 대한 공제 없이 자본적 소득에 과세하는 것은 몇 가지 문제를 일으킨다. 실제로 자본적 소득(양도소득)은 자산이 매각될 때에만 과세할 수 있고, 자산의 가치가 증가할 때에는 과세되지 않는다(따라서 비효율적인 동결효과가 발생한다). 완벽하게 물가 변동과 연동되지 않는다면(연동된 적 없음) 특정 기간에 대한 저축과 투자가 더 위축될 것이다. 그리고 감가상각 공제 가능액이 실제의 경제적 상각률을 반영하지 못하는 한(세법이 정확한 상각률을 적용하는 것은 불가능하다) 특정 자산에 대한 투자가 위축될 것이다. 일반적인 자본세가 저축과 투자를 위축시키고 있는 상황에서, (아마도 더 중요한 사안인) 다양한 형태의 저축과 투자에 각기 다른 수준의 불이익까지 생겨, 저축과 투자의 형태가 왜곡되는 결과를 낳고 있다.

다양한 형태의 저축과 투자 사이에 중립성을 달성하는 것이 우리의 일반적인 목적이지만, 연금 저축에 대해서는 조세제도가 더 관대해도 괜찮을 수 있을 것이다. 사람들의 행동을 살펴보면, 항상 장기적인 안목과 합리적인 방법으로 의사결정하는 것은 아님을 알 수 있다. 퇴직저축이 적당하지 않은 사람의 경우, 은퇴 후 정부로서 많은 비용이 드는 국가 보조금 프로그램에 더 의지하려고 할 것이다. 젊을 때 연금저축을 하도록 장려하면 이러한 현상을 줄일 수 있을 것이다.

앞에서 제안한, 자본의 정상수익률 부분을 면세하는 제도는 넓은 의미에서 지출에 과세하는 것과 같은 것이다. 물론 부가가치세 등 지출을 과세하는 방법에는 여러 가지가 있다. 가정의 모든 최종 소비 지출에는 부가가치세가 적용되어야 하지만, 사업용 매입에는 부가가치세가 적용되어서는 안 된다(이는 현행법상 사업자가 매입세액 환급을 신청함으로써 달성되고 있다)는 추정에서부터 부가가치세제에 대한 논의를 시작하고자 한다.

이것은 매출에 대한 영세율, 저세율, 면세(매입세액 공제가 불가능한) 적용을 방지한다는 것과 같은 의미이다. 만일 특정 상품이나 서비스(특히 금융서비스나 주택)에 통상적인 부가가치세 과세가 어렵다면, 부가가치세를 대신할 수 있는 다른 형태의 세금을 찾아 이러한 항목이 경제적으로 동일하게 과세되도록 해야 한다. 정부는 품목에 따라 서로 다른 세율을 적용하려고 하는 경향이 있는데, 이는 조세제도를 하나의 큰 틀에서 보지 않는 과오로 인한 것이며, 소득세와 복지 혜택에 대한 세율표를 재분배 목적을 달성하기 위한 최고의 도구로 여기기 때문이다.

소득이 발생하는 과정에서 생기는 비용을 공제해 주지 않고 소득세를 부과하는 것, 매입비용에 대한 공제 없이 매출을 과세하는 것, 사업용 지출에 직접적으로 세금을 부과하는 것 모두 일반적으로 매우 비효율적이며, 좋은 조세제도라고 할 수 없다. 따라서 모든 종류의 거래세, 매입세, 매출세는 바람직하지 않다고 볼 수 있다.

그러나 모든 소득(혹은 지출)을 동등하게 과세하고, 비용을 모두 공제해 주는 것이 옳지 않을 수 있다는 것을 나타내는 사례가 있다. 순수 경제적 지대의 경우, 이론적으로 경제 왜곡을 발생시키지 않으면서 과세할 수 있다. 한 예로 자본이익의 '초과분'에 대한 과세는 저축과 투자를 위축시키지 않는다. 실제로 지대를 정확하게 파악하기가 어렵다. 따라서 임대료를 일반소득보다 높은 세율로 과세하는 것이 염려스럽다. 그러나 지대를 정확하게 파악할 수 있다면, 특수한 세금을 도입할 수 있다. 특히 토지의 가치에 세금을 부과하는 토지세의 경우, 토지의 가치를 건물의 가치와 분리하는 어려움만 해결할 수 있다면 순수 지대에 대한 과세로서 바람직하다.

시장 실패를 바로잡기 위한 세목의 경우 단일 세율을 적용하지 않을 수 있다. 위해성이 있는 행위의 가격을 올리는 것은 이를 억제할 수 있는 효율적인 방법일 것이다. 이로써 이러한 행위를 쉽게 저지르는 사람을 확실히 감소시킬 수 있기 때문이다. 큰 환경 문제를 야기하는 탄소 배출과 교통 혼잡에는 높은 가격을 부여해야 한다. 또한 흡연자와 음주자가 그들 스스로와 타인에게 끼치는 유해성을 고려하면 담배와 술에 대한 과세는 타당하다고 할 수 있다.

위해성이 있는 재화에 세금을 부과하는 것 대신 채택할 수 있는 대안으로, '총량 제한 및 거래제(cap-and-trade system)'를 고려해 볼 수 있다. 특정 재화에 대하여 제한적인 허가권를 발급하고 그 허가권을 거래하도록 허용하는 방법으로서 해당 재화의 가격 상승과 불필요한 자들의 소비 감소를 유발하여 유사한 결과를 달성시킬 수 있다. 이러한 허가권은 단순히 분배하기보다는 경매에 의해 판매되어야 하며, 경매를 통한 수익금을 왜곡을 유발하는 세목을 줄이는 데 사용할 수 있다(해당 재화의 가격을 상승시킴으로써 발생하는 근로의욕 저하 상쇄). 조세제도나 총량 제한 및 거래제를 채택할 경우, 위해성이 있는 활동을 정확하게 포착하는 것과 유해성의 원인이 되는 것에 일관적인 가격을 부과하는 것이 매우 중요하다. 예를 들어, 최소 비용으로 기후 변화를 억제하기 위해서는 탄소를 발생시키는 다양한 원인들 간의 중립성을 유지해야 한다. 잘못 설계된 정책으로 인해 위해성 있는 활동을 억제함으로써 얻는 잠재적 이익이 쉽게 소멸될 수 있다.

위에 기술한 대로, 일생의 소득과 일생의 지출 사이의 결정적인 차이는 상속과 유산이다. 특히 다음 세대로 이전되는 재산에 과세하는 것은 바람직하다. 아이들 사이에 출생부터 발생하는 삶의 기회에 대한 불평등을 매우 낮은 경제적 비용으로 감소시킬 수 있는 방법이 될 것이다. 이를 달성하기 위해, 우리는 일생에 걸쳐 받는 수입에 대하여 과세하는 것이 적절하다고 본다. 살아 있는 동안의 증여나 사후 상속을 포함한 모든 종류의 자산 취득이 과세된다면 공평성과 효율성이 가장 이상적으로 충족될 것이다. 그러나 부의 이전에 대해 과세하는 깃은 실질적으로 어려울 수밖에 없다. 이런 어려움으로 인해 상당한 양의 부의 이전이 과세 대상에서 제외된다면, 이상적인 조세제도를 위해 다음 두 가지 차선책을 고려해야 할 것이다. 첫 번째로 이러한 부의 이전을 영구적으로 과세하지 않는 방법이 있다. 그리고 두 번째 차선책은 앞서 논의된 바 있는 자본적 소득에 대한 과세가 발생시킬 수 있는 문제를 수반하는 것으로서, 저축의 정상적 이익분에 대한 면세를 제한하여 해당 부의 이전을 과세하는 방법이다.

이 책의 모든 장의 내용을 함축하여 이상적인 조세제도를 구성하였다. 이를 소득세, 간접세, 환경세, 저축과 부에 대한 세금, 사업세 이렇게 5가지 항목으로 나누어 〈표 20.1〉의 좌측 칸에 요약하였다. 여러 측면에서 영국의 조세제도가 이러한 이상적인 조세제도에 미치지 못한다는 것이 이제 명확할 것이다. 이와 관련된 자세한 내용은 표의 우측 칸에 설명되어 있다. 무질서한 세율, 세원에 대한 일관된 시각의 부족, 다양한 종류의 경제활동 사이 속 무분별한 차별은 현 조세제도의 전형적인 특징이다. 이 책 전반에 각 항목별 다양한 예시를 수록하였다. 우리는 이제 현행 제도의 문제점을 논의하고 어떻게 개선할 수 있는지에 대한 구체적인 대안을 제시하고자 한다.

| **표 20.1** | 이상적인 조세제도와 현행 영국 조세제도 비교

이상적인 조세제도	현행 영국 조세제도
소득세	
투명하고 일관성 있는 세율 구조를 가진 누진 소득세	축소된 공제제도 및 국민 보험제도와 조세제도의 분리로 인해 불투명하고 혼란스러워진 실효세율
저소득층 혹은 복지 혜택에 대한 수요가 많은 계층을 위한 통합적 단일 복지 혜택	매우 복잡한 다수의 복지급여
행동 반응에 대한 실증자료를 반영한 실효 세율표	필요 이상으로 고용과 소득을 저해하는 세율 구조
간접세	
대체로 동일한 부가가치세제 적용 －경제적 효율성을 위해 소수의 예외적인 제도 적용 －금융서비스 및 주택에 대하여 부가가치세와 동일한 기능을 하는 세목 적용	광범위한 부가가치세 영세율, 저세율, 면세율 적용 －금융서비스 면세 : 주택은 일반적으로 부가가치세 적용 대상이 아니며, 지방세 적용 대상이지만 현재 부동산 가치에 비례한 과세가 아님

| 표 20.1 | (계속)

이상적인 조세제도	현행 영국 조세제도
거래세 없음	부동산과 증권 거래에 인지세 부과
술과 담배에 가산세 적용	술과 담배에 가산세 적용
환경세	
탄소 배출에 대해 일관적인 가격책정	탄소 배출의 원인에 따라 임의적이고 일관성 없는 방식으로 가격 책정(일부에는 0 적용)
도로 혼잡에 초점을 두고 겨냥한 과세	유류 소비에 대한 부적절한 조세
저축과 부에 대한 과세	
저축의 정상적 수익분 비과세 —동시에 퇴직 저축에 추가 인센티브 부여	전체는 아니지만, 대부분의 저축에 대해 정상적 수익분 과세 —퇴직 저축에 대한 추가 인센티브는 있지만 미흡하게 설계되어 있음
모든 소득 원천에서 나온 수입을 동일하게 과세하면서 저축의 정상적 수익분에 대해서는 공제 혜택 부여 —이미 부담한 법인세를 반영하기 위해 법인의 주식으로부터 얻은 소득에 대해서는 낮은 소득세율 적용	소득세, 국민보험기여금, 양도소득세 등 다른 종류의 소득(급여, 사업수익, 양도소득 등)에 대해 다양한 세율 적용 —배당금 과세에서는 기납부 법인세를 고려하지만, 양도소득세의 경우 기납부 법인세 무시
개인의 일생 기준으로 한 상속·증여세제	사망 시 혹은 사망에 근접한 시기에 이전된 일부 자산만 과세하는 비효과적인 상속세제
사업세	
투자의 정상적 수익분에 대해서는 면세를 적용하는 단일 법인세율	자기자본 조달 비용에 대한 공제 혜택이 없으며, 법인 수익에 따라 차등세율을 적용하는 법인세
근로소득, 자영업 소득, 소규모 법인 운영 소득 모두를 동등하게 과세	자영업 소득과 분배소득에 대한 특혜
중간 투입재료 면세 —그러나 적어도 영업용과 농업용 토지에 대해서는 토지세 적용	사업용 건물에 영업세 부과 —토지세 없음

20.2 영국의 조세제도 개혁을 위한 제언

우리가 제시하는 효율적인 조세제도는 다양한 경제활동에 대한 현행법상 차별을 제거하고, 세금에 대한 반응 지식을 접목하여 바람직하지 않은 행동 변화를 최소화하며, 외부성에 대하여 일관성 있게 과세하는 제도이다. 우리의 접근방식을 이해하기 위해서는 인센티브와 누진성이 조세·복지제도 전체에서 또한 국민의 삶 전체에 걸쳐서 어떠한 작용을 하는지에 대해 논리적으로 이해해야 한다.

이번 장에서 우리는 높은 시야에서의 비전을 제시한 후, 특정 이론과 현행 영국의 조세제도를 비교하고, 우리의 구체적인 개혁안의 일부를 요약하였다. 우리는 두 가지 방법으로 우리의 비전과 현재 영국의 시스템 사이의 차이점을 보여 주고자 한다. 먼저 현재 시스템의 7가지 주요 문제점을 설명하고, 다음에 이상적인 시스템의 특징을 영국의 제도와 비교하겠다.

우리의 비전이 제시하는 기준에 따르면, 영국 조세제도는 다음과 같은 7개의 주요 문제점이 있다.

1. 최근 몇 년 동안 일부 그룹에 대한 개선에도 불구하고, 현행 소득세제 및 복지제도는 상대적으로 잠재적 소득능력이 낮은 많은 사람들에게 심각한 근로의욕 저하를 초래하였다. 특히 복지 시스템은 너무 복잡하다.

2. 대부분의 불필요한 복잡성과 비일관성은 조세제도의 여러 부분이 엉성하게 연결되면서 발생한다. 이러한 문제는 소득세와 국민보험기여금(NIC)과의 통합 부족부터 소득세과 법인세 간의 일관성 부족까지 광범위하게 존재한다.

3. 저축과 부의 이전에 관한 현행 과세제도는 일관성이 없고 불공평하다. 과세 대상이 일관성 있게 정해지지 않았으며, 저축은 위축되고, 다양한 형태의 저축들이 서로 다른 방법으로 과세되고 있다.

4. 환경세제가 기후 변화와 교통 혼잡에 관한 긴박한 문제를 일관성 있게 다루지 못하고 있다. 탄소에 대한 실효세율은 발생 원천에 따라 매우 다양하고, 유류세는 도로 혼잡 통행료 징수제도를 대체하기에는 빈약하다.

5. 현행 법인세제는 사업 투자를 위축시키고, 자기자본을 통한 자금 조달보다는 부채를 통한 자본 조달을 선호하게 한다. 법인세제와 다른 조세제도와의 통합성 부족으로 인해 법적 형태 선택에 있어 왜곡이 발생하기도 한다. 또한 법인

세에 대한 국제적 압력도 커지고 있다.

6. 건물과 토지에 대한 과세제도는 비효율적이고 불평등하다. 사업용 건물(생산매입)에는 세금을 부과하지만 토지에는 부과하지 않는다. 주택에 대하여는 거래세를 부과하고 있으며, 20년 전에 평가한 건물의 가치를 기반으로 부과하고 있다.

7. 재분배는 비효율적이고 일관성 없는 방식으로 추진되고 있다. 예를 들어, 현행 법상 부가가치세 영세율과 저세율 적용은 어떤 특정한 취향을 가진 사람에게 도움이 되고 있을 뿐 저소득층을 고려하지 않고 있다. 그리고 지방세는 명백한 효율성의 개선 없이 역진적이다.

다음 절에서는 〈표 20.1〉의 항목에 따라 우리 세제 개혁안의 구체적인 내용에 대하여 설명하고자 한다. 독자의 이해와 편의를 위해 우리의 제안을 주제별로 나누었다. 이미 앞에서 강조한 대로, 전체 개혁안을 염두에 두면서 우리의 개별 개혁안들을 고려하는 것이 중요하다. 개혁안 전체는 다양한 수준의 누진성을 달성하고자 고안되었다. 이는 소득세제와 복지 혜택 제도에 적용되는 수치들에 달려 있다. 그러나 조세 제도의 효율성은 세제 개혁의 다양한 요소가 어떻게 상호 작용하는지에 달려 있다.

20.2.1 근로소득세제와 근로의욕

소득세제와 복지 혜택 제도는 누진적이고 일관성이 있어야 하며, 소득분배 구조와 근로의욕에 대한 각 소득계층의 반응을 반영하여 설계되어야 한다.

일관성을 위해서 우선 소득세 자체가 합리적인 구조를 갖추어야 한다. 112,950 파운드의 소득일 때 한계세율은 40%이지만, 오히려 소득이 100,000파운드이면 한계세율이 40%에서 60%로 올라가는, 무의미하게 복잡한 구조에서 벗어나야 한다. 더 중요한 것은 소득세 제도와 국민보험기여금(NIC)을 분리해서 운영하는 현행 구조를 개선해야 한다는 것이다. 이들은 서로 다른 과세 규정과 면제 규정을 적용하고 있으며, 행정비용과 납세협력 비용을 무의미하게 증가시키고, 제도의 투명성을 저해시킬 뿐이다. 국민보험은 진정한 사회보장성 보험제도가 아니며, 소득에 대한 또 다른 세금일 뿐이다. 현행 제도는 정치인들로 하여금 국민보험이 사실상 근로소득에 대한 과세라는 인식 없이 국민보험을 운영하도록 만들었다. 이 두 제도는 통합되어야 한다. 우리가 제안한 바대로 원천에 상관없이 모든 소득에 동일한 세율표를 적용한다면,

두 제도의 통합으로 인해 국민보험이 자영사업 소득과 양도소득까지 확대 적용되는 효과를 얻을 수 있을 것이다. 세율 구조 조정에 고용주의 국민보험기여금(NIC)도 포함되어야 하기 때문에, 고용주의 기여금이 종업원의 기여금 및 소득세와 통합되거나, 혹은 이와 유사한 기능을 하는 세목을 근로소득 외의 소득에 부과해야 할 것이다. 그러나 이 두 대안 모두 정치적으로 실현이 쉽지 않을 것이다.

효과적인 조세와 복지 혜택 제도를 위한 필수 조건으로서 필요한 두 번째 실질적인 변화는 복지 혜택 제도에 대한 상당한 규모의 단순화와 통합이다. 현행 중복되는 평가 방법과 다중적 복지 구조로 인해 일부 사람들은 90% 이상의 한계세율을 적용받고 있다. 이것은 복잡하고 불공정하며 비효율적이다.

소득과세에 대한 개혁뿐만 아니라 소득세와 복지급여에 대한 세율 구조 개혁 또한 고려하였다. 우리는 저소득자의 경우에 특히 얼마나 더 일할지에 대한 결정보다 일할지 여부에 대한 결정이 인센티브에 더 민감하다는 실증자료들을 고려할 때, 저소득자에 대한 실효 세율을 감소시키는 것이 바람직하다고 여긴다. 또한 고소득자가 과세에 반응하는 행동 방식의 범위에 대한 증거자료에 유념하여 최상위 소득구간에 적용할 적정 세율에 대해서도 살펴보았다. 이 분야에서의 조세 개혁은 고용, 소득, 세수에 큰 영향을 미칠 것이다. 그러나 이러한 제언이 확고해지려면 정치적 가치 판단을 필요로 하는데, 우리가 그런 정치적 가치 판단을 할 입장은 아니다.

또한 가족 구성원의 연령에 따라 인센티브에 대한 행동 반응이 어떻게 다른지에 대한 정보를 활용하여 세제 개혁안을 구성하였다. 우리는 이 분야에 대한 개혁안을 좀 더 자신 있게 제안할 수 있다. 세제 개혁은 전반적으로 누진적이지도 역진적이지도 않게 설계될 수 있기 때문이다. 생애주기에 걸친 재분배이므로, 사람들이 인센티브에 가장 민감할 때 높은 인센티브를 받을 수 있도록 하였다. 가장 효과적인 분야를 대상으로 삼은 인센티브는 복지 전반을 향상시킬 수 있다. 또한 특정 세제 개혁안에 대해 시뮬레이션을 해 본 결과 고용률을 크게 증가시킬 것으로 예상된다.

첫째, 막내 자녀가 취학 아동인 가정에 대해 근로 인센티브를 더 강화해야 한다. 이는 자녀의 나이가 많은 어머니가 더 어린 자녀를 둔 어머니보다 세금 및 복지 혜택에 민감하게 반응하는 사실을 반영한 것이다. 현재 영국의 조세 및 복지제도에 적용할 수 있는 한 가지 방법을 설명하기 위해 시뮬레이션을 해 보았다. 자녀세액공제(Child Tax Credit)를 가장 어린 자녀가 5세 미만인 가정에는 더 유리하게(그리고 자산 소득 조사를 보다 광범위하게 실시) 제공하고, 가장 어린 자녀가 5세 이상인 가정은 덜 유리하게(그리고 자산 소득 조사를 축소) 제공하는 정책에 대한 시뮬레이션이 었다. 불확실성이 크긴 하지만, 이러한 정책을 통해 약 52,000명의 고용 순 증가(혹은 근로자 약 0.2% 증가)와 약 8억 파운드 수준의 총 연소득 증가를 기대해 볼 수 있을 것으로 추정하였다. 생애주기 관점에서 볼 때 이러한 세제 개혁의 효과는 상쇄될 것이다. 자녀들이 어릴 때 자녀세액공제를 받은 가정은 시간이 지나면 자녀세액공제 대상 자격을 잃게 되기 때문이다. 복지 재원이 미취학 아동이 있는 가정으로 효과적으로 이동하는 것이다.

둘째, 55~70세(근로 인센티브에 매우 민감한) 사이의 은퇴 연령 근로자들을 위한 근로 인센티브를 강화해야 한다. 기존 조세 및 복지급여 제도 안에서 우리가 할 수 있는 방법을 하나 설명(만일 우리의 다른 제안을 수행한다면 활용 가능한 방안들은 분명 달라질 것이다)하기 위하여 시뮬레이션을 하였다. 종업원과 자영업자가 국민보험기여금(NIC)을 지급하지 않아도 되는 연령을 국가 연금 수급연령에서 55세로 낮추고, 더 높은 인적공제 대상 연령을 65세에서 55세로 낮추며, 연금 공제 대상 연령을 70세로 높였을 때의 영향을 보기 위한 시뮬레이션이다. 시뮬레이션 결과, 이러한 정책으로 인해 약 157,000명의 고용(노동력의 0.6%) 증가와 20억 파운드에 조금 못 미치는 총 연소득 증가를 기대할 수 있을 것으로 나타났다. 자녀세액공제 시뮬레이션에서처럼; 분배 효과 대부분은 생애주기를 통틀어 보면 서로 상쇄될 것이다.

현재 조세 및 복지급여 제도는 불필요하게 복잡하고, 많은 사람들로 하여금 일을 하지 않거나, 너무 적게 일하도록 만든다. 더 간단하고 합리적인 조세제도를 설계하고, 심각하게 의욕을 저해하는 요소를 최소화함으로써, 우리의 세제 개혁안은 잠재적으로 중요한 경제적 이익을 가져올 것이다.

20.2.2 간접세제

소비의 많은 부분에 영세율, 저세율, 면세를 적용함으로써 현행 부가가치세제는 행정적인 복잡성, 서로 다른 종류의 소비 사이의 임의적 왜곡 현상, 취향이 다른 소비자에게 주는 불평등한 과세가 결합된 문제점들을 만들어 내고 있다. 부가가치세율 인상(예 : 2011년 1월부터 17.5%에서 20%로 인상)은 이러한 문제를 더 악화시킬 뿐이다. 조세로 인해 발생한 일반적인 근로의욕 저하 문제를 상쇄하기 위해, 시간을 절약해 주는 재화는 덜 과세하고 여가시간을 필요로 하는 재화는 더 과세하는 것이 경제 효율 측면에서 긍정적이라는 논의가 있다. 그러나 일부 예외(특히 보육)를 제외하면,

이러한 세제상 차별은 잠재적 이익보다 실질적 불이익이 더 클 것이다.

국제적 사례를 보면, 부가가치세 과세 대상을 좁히는 것이 불가피한 것만은 아니다. 영국은 대부분의 다른 나라들보다 더 많은 상품에 영세율을 적용한다. 예를 들어, 음식 전반과 물, 책, 아동복에 영세율을 적용하는 EU 국가는 영국과 아일랜드뿐이다. 뉴질랜드는 거의 모든 재화와 서비스에 부가가치세 표준세율을 적용하는 것이 가능하다는 것을 보여 준다. 부가가치세의 세원을 좁게 유지하는 비용은 크다. 단일 세율을 적용하는 것이 최적이라는 가정하에 소비 패턴의 왜곡만을 고려(복잡함으로 인한 비용은 무시)한 시뮬레이션을 실행해 본 결과, 대부분의 영세율과 저세율 항목으로까지 부가가치세 단일 세율 17.5% 적용을 확장할 때, (이론상으로) 정부가 각 가구의 복지 수준을 지금처럼 유지하고도 약 30억 파운드의 세수를 추가로 거둘 수 있다는 시사점을 발견할 수 있었다. 실제 영향력은 이보다 크거나 작을 수 있다.

조세제도를 전체적으로 하나의 큰 틀에서 보려고 하지 않기 때문에 영국의 이런 상황이 지속되고 있다. 현대 조세제도에서 재분배를 달성하기 위해 부가가치세를 이용하는 것은 좋은 선택이 아니다. 따라서 부가가치세는 사실상 모든 상품과 서비스에 동일하게 적용되어야 한다. 그러나 이러한 개혁은 소득세와 복지제도와 적절히 조화를 이루어야 한다. 부가가치세 확대로 나타날 수 있는 근로 저해 효과나 재분배 문제를 해결해야 하기 때문이다. 우리는 이것이 가능한 것임을 증명하였다.

우리 조세 개혁안의 핵심은 부가가치세 과세기반 확대이다. 이를 위해 현재 영세율과 저세율을 적용받고 있는(주로 음식, 여객 운송, 책과 그 밖에 독서물, 처방전이 필요한 의약품, 아동복 및 국내 연료와 전력) 재화와 서비스가 부가가치세 일반 과세 대상에 포함되어야 한다. 이것만 따로 떼어놓고 보면, 17.5% 부가가치세율로 약 240억 파운드 규모의 세수 확보가 가능하다. 그러나 이것은 근로 의욕을 저해하며, 역효과를 초래할 수 있다. 이런 효과를 상쇄시키기 위해 우리는 소득세를 낮추고, 수급 조건에 따라 지급하는 복지급여와 무차별적으로 지급하는 복지급여를 증가시키는 개혁안을 제시하였다. 이 개혁안을 부가가치세 과세기반 확대와 조화롭게 운영하면 세수 중립적 개혁안이 된다. 이러한 전반적인 개혁안은 사람들의 지출을 기준으로 보면 누진적으로 보이지만, 소득을 기준으로 보면 약간 역진적이다. 사람의 생애주기에 걸쳐 평균적으로 보면 분배적인 측면은 대략 중립적일 것이다. 한 시점을 기준으로 소득만 보는 관점은 제한적이기 때문에 일생의 관점에서 접근하는 것이 중요하다는 것을 시사하는 실례이다.

우리의 개혁안이 지닌 참신하고 중요한 특징 중 하나는 근로 인센티브에 집중했다는 점과 근로의욕 저하를 방지하기 위해 보상정책을 구축했다는 점이다.

부가가치세를 모든 소비 형태에 확대 적용하는 것은 간단하지 않다. 주택은 현재 부가가치세 부과 대상이 아니다. 그러나 새로운 부동산이 지어졌을 때(혹은 기존 부동산이 팔렸을 때) 부가가치세를 부과하는 것보다 주택 서비스에 대한 사람들의 연간 소비에 과세하는 것이 더 합리적일 것이다.

주택의 현재 소비가치에 비례하여 부과하는 세금을 도입하면 영국의 현재 주택 과세제도를 크게 발전시키게 될 것이다. 지방세는 20년 전의 주택가치를 기준으로 과세되기 때문에 부동산의 가치를 고려할 때 매우 역진적이며, 단독 보유 시 세제 혜택을 부여한다. 따라서 불공평하며 주택의 비효율적인 사용을 장려하는 양상을 띠고 있다. 거래세로서의 부동산거래세는 매우 비효율적이고, 유동성을 위축시키며, 토지의 가치를 가장 높게 평가하는 사람이 토지를 보유하도록 하지 않는다. 또한 'slab' 구조(경계가 되는 특정 수치 전후로 납부 세액이 큰 차이를 보임)로 되어 있어서 왜곡된 인센티브를 발생시킨다. 세수 중립적인 토대에서 이러한 두 세목을 대신할 수 있는 것은 부동산의 현재 소비가치에 비례하여 과세하는 간단한 세목을 도입하는 것이다. 이는 본질적으로 부동산에 대한 부가가치세 대신이 될 수 있으며, 향후 꼭 실현되어야 할 방향이다.

특히 부가가치세 면세는 기업으로 하여금 매입세액 환급을 신청하지 못하게 함으로써 피해를 낳고 있으며 생산의 왜곡을 초래한다. 이러한 면세 항목 중 가장 중요한 것이라 할 수 있는 금융서비스에 우리의 연구를 집중했다. 부가가치세 면세로 인해 금융서비스가 기업에게는 비싼 가격에, 일반 가정에는 너무 싼 가격에 공급된다. (따라서 기업은 자금조달이 어렵지만, 일반 가정에게는 자금조달이 쉽게 된다.)

이것은 수직적 통합을 인위적으로 유도하는 왜곡을 가져오고 국제거래를 왜곡시킨다. 뿐만 아니라 서로 다르게 과세되는 금융활동 사이의 어색한 경계를 만든다. 최근 금융 위기로 의해 부각된 금융 시스템상의 문제를 해결하기 위한 내용은 이 책에 담지 않았다(이는 조세만큼이나 중요한 규제에 관한 문제이다). 금융 분야에 추가적인 세금을 부과하기 이전에 적어도 다른 사업과 동일한 세목이 적용되도록 해야 한다. 금융서비스가 제공되는 방법을 보면 일반적인 방식으로 부가가치세를 적용할 수 없다. 그러나 부가가치세를 적용하는 것과 경제적으로 동등한 효과를 낼 수 있는 세금을 부과하는 방법에는 여러 가지가 있을 수 있다. 가장 실용적인 방법을 찾는 것을 우선적으로 고려해야 한다.

순수하게 실질적인 문제를 논의하자면, 수출 품목에 대한 부가세 영세율 적용은 부가가치세 순환 구조를 망가뜨려 부가가치세를 탈세에 더 취약하게 만든다. 부가가치세 영세율 적용을 없애고, 국경에서 부가가치세를 부과하되 수입업자가 환급받을 수 있게 하면(그래서 순 세금은 여전히 없지만 집행이 더 쉽게 된다면) 의미 있는 세제 개선이 될 것이다.

우리는 간접세에 대한 완전한 단일 과세를 제안하는 것이 아니다. 특히 유해성이 있는 활동에 대한 추가적 과세가 더 설득력이 있다. 술과 담배에 대한 과세가 좋은 사례이며, 이러한 방법을 지속하는 것이 중요하다. 유해성이 있는 활동에 속하는 것으로서 중요한 것은 환경오염이며, 다음 절에서 설명하겠다.

20.2.3 환경세제

조세제도를 통해 환경적 외부성에 비용을 부여하는 것은 긍정적인 방법이다. 최근 영국에서 환경세에 대한 여러 가지 혁신이 있었다. 그러나 환경세 적용이 시급한 두 가지 과제가 남았다. 온실가스 배출과 교통 혼잡이 그것이다. 불행하게도 이 두 가지 외부성에 대한 현행 과세제도에는 일관성이 없다.

제한된 적용 범위를 지닌 유럽연합의 배출권 거래제(Emissions Trading Scheme, ETS)와 함께 서로 다르고 일관성 없는 국내 정책들의 조합으로 인해, 온실가스에 대한 실질적인 과세는 배출의 원천(예 : 연료의 종류)과 사용자별(예 : 국내거주자 또는 사업자)로 매우 다양해진다. 실제로 국내 연료 소비에 대한 부가가치세 저세율 적용은 탄소 배출 생성을 돕는 보조금 역할을 한다. 이 상황은 부가가치세 과세기반 확대라는 우리의 개혁안을 통해 개선될 수 있겠으나, 추가적인 세금 인상도 필요하다. 탄소 배출에 대한 일관성 있는 비용 부과는 시급한 현안이다. 개혁된 ETS와 ETS의 대상이 아닌 탄소 배출에 대해 과세하기 위한 더 간단하고 일관성 있는 시스템을 통합하여 해결해야 할 것이다.

차량 운행에 대한 과세를 위한 일관된 제도가 없는 상황은 큰 경제적 비용을 초래한다. 도로 혼잡 통행료 징수제를 도입하여 도로 혼잡 수준과 비용을 정확하게 반영하기 위해 시간과 장소에 따라 달리 적용하면, 최대 국민 소득의 1%에 해당하는 연간 복지 혜택이 확보될 수 있을 것으로 정부는 추정하고 있다. 이러한 제도 도입은 비용이 비싸고 많은 논쟁을 야기할 수 있다. 소규모의 덜 정확한 제도가 먼저 고안되어 이러한 종합적인 시스템으로 가는 초석을 닦아야 할 것이다. 그러나 혜택의 규모를 보면 도로 혼잡료 제도 도입은 시급한 현안이다. 도로 혼잡세를 도입하는 것에 대한 보상으로 유류세를 크게 감소시킬 수 있을 것이다. 도로 혼잡세가 도입되면 현재 유류세 세율은 탄소 배출을 이유로 정당하게 부과할 수 있는 것보다 훨씬 높아진다. 물론 이러한 개선을 위해서는 여러 가지 실질적 어려움이 따르겠지만, 빨리 개선할수록 이로움도 크다. 차량 연비의 효율성이 개선되고 결국 전기차가 기존의 석유 차량을 대체(우리가 탄소 배출 감소 목표를 충족하려면 완전하게 이루어져야 하는 변화)할수록 현재의 유류세 제도는 교통 혼잡을 억제하기에는 효율적이지 못하게 될 것이다. 또한 운전자들로부터 얻는 해당 세수의 증가도 점점 감소할 것이다(따라서 도로 혼잡을 초래하는 것이 대한 보상 차원으로서도 부족하다).

20.2.4 저축과 부에 대한 과세

저축에 대한 과세는 다양한 형태의 저축에 대체적으로 비슷한 방법으로 적용되어야 한다. 또한 사람들이 생애 후반부보다 초반에 소비를 더 많이 하도록 인센티브를 창출해서도 안 되며, 물가상승률에 대해 과도하게 민감한 효과를 초래해서도 안 된다. 영국에서 실행되어야 하는 중요한 개혁으로서 다양한 형태의 자산에 대한 과세가 일관성 없이 다양하게 적용되는 것을 축소해야 한다. 가능하면 저축의 정상수익에 대해서는 면세를 해 주며, 물가상승에 영향을 받지 않는 제도를 만드는 것이다. 저축 세제를 바로잡는 것은 개인과 기업 과세제도를 바로잡기 위해서도 중요하다.

이러한 목적들은 '초과' 수익에만 과세하고, 저축에서 얻은 소득이나 양도소득 중 무위험 수익률 혹은 정상수익률에 부합하는 부분(예 : 중기 국채에서 지급된 수익)은 면세함으로써 달성할 수 있다. 조세 개혁을 위해 우리가 제안하는 주요 내용은, 일반 은행과 주택금융기관 계좌로부터 받는 이자는 면세하고 더 높은 수익을 낼 수 있는 주식과 같은 위험 자산보유가 상당한 경우에 수익률 공제(rate-of-return allowance, RRA)를 허용하는 것이다. 단순화하면, 영국 주식 ISAs와 같은 뮤추얼 펀드와 소규모 주식 보유에서 얻은 수익에 대해서는 비과세 혜택을 적용하자는 것이다. 이러한 개혁안들이 현행 제도보다 더 효율적일 뿐만 아니라 소비 시점에 대한 조세 왜곡을 줄이고, 제도를 더 공정하게 만든다고 믿는다. 현행 조세제도는 이자가 발생하는 은행 및 주택금융기관 계좌와 같이 소규모 저축을 하는 개인에게 중요한 자산에 대해서는 훨씬 엄격하게 과세한다. 반면, 연금제도와 자가주택에 대해서는 유리하게 과세한다.

수익률 공제(RRA)는 특정 자산이 보유하고 있는 누적저축에 무위험 명목이자율을 적용하여 계산한다. 물가와 명확하게 연동될 필요는 없으며, 여기서 말하는 저축은 해당 자산의 과거 구매 및 순 판매에 부합하는 개념이다. 해당 연도에 현실화된 명목적 양도소득과 명목소득의 합계가 RRA를 초과하면, 초과분에 대해서는 개인의 한계소득세율을 적용한다. RRA가 특정 연도에 실현된 자산수익을 초과한 경우, 초과한 금액은 다음 연도도 이월하여 향후 발생할 명목수익에서 차감한다. 이때 향후 발생할 명목수익에 RRA를 결정하기 위해 사용했던 명목이자율을 동일하게 적용한다. 이러한 시스템을 운영함에 있어 명목이자율을 명시하는 것 이외에는 더 많은 정보를 제공할 필요가 없다. 기존의 소득세제에서 이와 같은 자산의 양도소득에 대한 과세를 위해 필요로 했던 정보만 있으면 된다. 대부분의 경우, 정상수익률은 중기 국채의 명목이자율로 보면 된다. 노르웨이에서도 주식의 양도소득과 배당금을 과세하기 위해 비슷한 방식을 활용한다.

RRA를 적용하는 개인양도 소득세제는 현행 소득세제하에서 저축보다 현재의 소비를 선호하게 되는 왜곡 현상을 줄일 뿐만 아니라, 매우 중요한 실용적 장점을 지닌다. 기존 소득세제상의 양도소득에 대한 과세는 중대한 문제를 발생시킨다. 발생한 이익보다 실현된 이익에 과세하여 '동결효과'가 생기고, 사람들로 하여금 가치가 올라간 자산의 매각을 지연하도록 한다. 반면, 순수 명목적 소득에 대한 과세는 실효세율이 인플레이션에 매우 민감하게 반응하도록 한다. 명목적 양도소득에 우대 세율을 적용함으로써 후자의 문제를 해결하려는 단편적인 시도들은 조세회피를 유발할 것이며, 사람들은 가능한 경우 근로소득을 세율이 낮은 자본소득으로 전환시키려 할 것이다.

지난 15년 동안 시행되어 온 영국의 양도소득세제에 대한 불만족스런 개혁의 결과로서 이러한 문제들이 발생하였다. RRA 방식은 이러한 모든 문제를 해결한다. 또한 잘 설계된 저축에 대한 과세 시스템의 한 구성요소로서, 법인세제와 일관성 있게 작동한다. 주식 양도소득과 기업 배당금 소득으로부터 발생한 초과수익에 적용하는 소득 세율은 다른 자산으로부터 발생하는 이익에 적용하는 세율보다 낮을 것이다. 이는 법인 차원에서 지불한 세금부분을 반영하기 위한 것이다. 실제로 소득세제에서의 RRA제도는 우리가 제안하는 법인세제 개혁안에서 기업 자기자본에 대한 공제와 대응되는 개념이다.

저축의 정상수익에 대한 과세효과를 동일하게 제거할 수 있는 이론적인 방법이 있다. 실질적인 개혁안으로서 RRA 방식은 『미드 보고서(Meade Report)』[2]가 제안하는 순수 소비세(pure expenditure tax, EET) 방식을 초월하는 잠재적 장점을 가지고 있다. RRA 방식은 세금을 우선 징수하고, 수익이 실현되었을 때 면세 혜택을 제공하기 때문에 제도 개혁이 비교적 간단하다. 또한 저축자가 인출 전 해외로 이전하여 미래의 납세 의무를 회피함으로 인해 발생하는 세수손실 문제를 해결한다. 국제 이주가 증가하는 상황에서 이것은 중요한 고려사항이다.

연금저축과 관련해서는 다른 대안이 매우 복잡할 수 있기 때문에 현재의 소비세 적용 방식이 대략적으로 옳은 것처럼 보인다. (간단한 소비세 적용 방식의) 일부 세제 특혜는 장기간 동안 접근을 제한하고, 저축으로 묶어 두는 것에 대한 보상을 제공하거나 장려하므로 아마 정당화될 수 있을 것이다. 현행 영국의 연금에 대한 과세 제도는 간소화 작업이 필요하다. 고용주의 기여금이 종업원의 기여금보다 더 우월한 세제 혜택을 받는 모순은 제거되어야 할 것이다. 이런 세제상의 불평등은 소득세와 국민보험기여금(NIC)의 분리, 그리고 고용주의 기여금과 종업원의 기여금을 구분함에 따라 나타나는 현상이다. 그래서 이러한 구분을 없애는 방향으로 소득세제가 통합되면 문제는 없어질 것이며, 조세제도에 대한 장기적 비전도 달성될 것이다.

현재의 저축에 대한 과세 시스템에서 발생하는 왜곡 비용을 하나의 수치로 표현할 수는 없다. 그러나 이 분야에 대한 연구[3]를 보면, 경제학적으로 보수적인 관점에서 보아도, 저축의 정상수익에 대한 감세는 생애주기에 걸친 저축의 분배와 저축량에 상당한 영향을 주며, 결과적으로 일생의 복지를 개선시킨다고 한다.

저축 과세에 대한 우리의 개혁안으로 인해 대부분의 사람은 저축 수익에 대한 세금이 감소할 것이다. 그러나 양도소득이 큰 사람이나, 일반적으로 매우 높은 수익을 얻은 사람들에게는 예외적일 것이다.

우리는 조세제도가 개인의 생애주기에 걸쳐 효율적이고 공평해지려면 저축이 중요한 역할을 한다는 관점에서 개혁안을 설계하였다. 그러나 세대 간의 상속과 같은 부의 이전에 대해서는 다르게 생각할 수 있다. 특정 그룹의 주택자산 증가와 결부된 최근 부의 불평등의 증가로 인해 형평성과 효율성의 관점에서 부의 이전을 과세하는 것이 타당하다는 의견이 있다. 현재 영국의 상속세는 여러 가지 측면에서 불공평하

---

2) Meade, 1978.
3) Attanasio and Wakefield, 2010.

다 ─ 생애에 걸쳐 재산을 증여하면 과세되지 않는다. 죽기 전에 잘 계획하면 상속세 과세를 피할 수 있다. 반면, 죽을 때 이와 같이 조세회피를 계획하지 않으면(대개의 평범한 경우) 높은 세율로 과세된다. 이것은 조세에 따른 많은 행동적 변화를 일으키고, 농업 및 사업 자산과 같은 몇몇 종류의 자산에게 뚜렷한 이유 없이(농업 분야와 가업 기업으로부터의 로비로 인한 이유밖에 없음) 조세 혜택을 부여한다. 사망 시에 실현되는(상속되는) 양도소득과 근로기간 동안에 실현되는 양도소득이 다르게 과세되는 것은, 저축에 대한 과세를 개혁하자는 우리의 개혁안이 내포하는 폭넓은 시각에서 보더라도 정당성이 부족하다. 상속재산에 대해서만 과세하는 것은 최선이 아니다. 원칙적으로 일생에 걸쳐 증여·상속받은 분을 누적적으로 관리하여 과세하는 것이 바람직하다. 이러한 방향이 실현되려면 도입 시기에 행정적 어려움이 따를 것이다. 그러나 장기적 관점에서 이러한 방향으로 가는 것은 설득력이 있다.

20.2.5 기업 과세

기업 과세를 위한 우리의 개혁안은 세 가지 주요 요소를 내포한다.

첫째, 우리는 현행 사업용 자산에 부과하는 재산세를 폐지하고, 이를 대신하여 토지의 가치에 대한 과세 시스템을 도입할 것을 제안하고 있다. 이는 현행법상 가장 왜곡된 세목 중 하나를 중립적이고 효율적인 조세로 교체하는 것이다. 사업용 자산에 부과하는 재산세는 좋은 세목이 아니다. 이것은 서로 다른 종류의 사업들 간의 차별을 만들고 사업용 부동산 개발을 저해한다.

두 번째는 소규모 사업과 자영업에 관한 것이다. 현행 제도는 조직 형태에 대한 선택(예 : 고용될 것인지, 자영업을 할 것인지의 선택과 비법인 회사와 작은 법인 사이의 선택)뿐만 아니라, 보수 형태에 대한 결정(예 : 소규모 법인의 소유자가 급여 형태로 보수를 받을 것인지, 혹은 배당금 형태로 보수를 받을 것인지에 대한 결정)에 대해서도 왜곡된 선택을 하도록 한다. 이러한 차이는 공정하지도 않고, 합리적이지도 않다. 이익의 규모에 따라 적용되는 법인세율이 다른 것도 정당성이 부족하다.

우리는 근로소득과 자영업 소득에 대한 과세를 균등하게 할 것을 제안한다. 이를 위해서는 고용주와 종업원이 납부하는 국민보험기여금 수준까지 자영업자가 납부하는 국민보험기여금을 늘려야 한다(가급적 소득세와 국민보험기여금을 통합하는 과정에서 함께 개선). 배당소득에 대한 과세를 근로소득에 대한 과세와 동일한 수준으로 맞추기 위해서는, 최소한 임금과 급여에 대해 고용주와 종업원이 지불한 국민보험기여금에 상응하는 금액만큼 개인의 배당소득에 대한 과세를 인상시켜야 한다. 다시 말하면, 이것은 소득세와 국민보험기여금을 통합하는 과정에서 실현될 수 있을 것이다. 개인이 단독사업과 동업사업에 투자한 자기자본과 법인 주식에 투자한 자본은 모두 20.2.4절에서 설명한 수익률 공제 적용 대상이 될 것이다. 두 경우 모두 투자로부터의 '정상' 수익은 소득세의 적용을 받지 않을 것이다.

법인세 관련 세 번째 개혁안은 법인세 안에 법인의 자기자본에 대한 공제(allowance for corporate equity, ACE)를 신설하자는 것이다. ACE는 자기자본을 이용해 자금조달을 할 경우 소요되는 비용을 공제해 주는 제도이다. 이는 차입으로 자금조달을 할 경우, 지급 이자를 비용처리해 주는 현행 공제제도와 유사한 것이다. 이것은 서로 다른 자금조달 원천 간의 공평성을 이루기 위함이다. RRA와 마찬가지로, ACE도 모든 형태의 기업 투자를 대상으로 요구 수익률에 대한 법인세 효과를 제거하도록 설계할 수 있다. 기업이 투자하는 다양한 자산들은 모두 동등하게 취급되며, 인플레이션으로 인한 법인세 변동에 영향을 받지 않는다. 이러한 형태의 법인세 과세기반을 갖추면, 최저 요구 수익률 혹은 '정상'수익률 수준의 이윤만 얻는 투자 프로젝트는 사실상 법인세를 면제받게 된다. 그리고 정상수익률 이상 혹은 경제적 지대에 해당하는 투자소득으로부터만 세수를 거둬들이게 된다.

자본의 정상수익률에 대해 법인세를 면제하는 것은, 우리가 앞서 제안한 바 있는, 사업에 투자한 자본의 정상수익률에 대해서는 소득세를 면제하도록(이는 법인의 자기자본과 비법인의 사업 자산에 대해 수익률 공제를 적용함으로써 달성) 하자는 개혁안과 일맥상통한다. 법인의 이익, 배당소득, 주식 양도소득, 그리고 여러 종류의 개인소득에 적용하는 세율을 모두 맞추어야 한다. 그렇게 되면 소유권자가 직접 경영하는 소기업의 경우, 스스로에게 보수를 지급할 때 세제 혜택을 고려하여 급여 대신 배당금의 형태를 택하는 일이 없어질 것이다. 또한 근로소득, 자영 사업소득, 소기업의 사업소득에 동일한 과세방법을 적용할 수 있게 된다. 매우 복잡한 조세회피 방지 규정은 이제 불필요하게 될 것이다.

벨기에 및 기타 국가에서 ACE와 같은 공제제도를 운영한 사례를 보면, 이러한 접근 방식이 실현 가능한 것이며, EU 조약상의 의무를 위반하는 것이 아님을 알 수 있다. 다국적기업이 영국 밖으로 과세소득을 이전시키는 것도 ACE 도입으로 차단할 수 있다. 주로 법인세가 낮은 국가의 자회사에 자본 투자를 하기 위하여 영국에서 대출을 받고, 영국에서 관련 이자비용에 대한 공제를 받는 방식의 조세회피가 감소할 것이다.[4] 이전 가격의 조작과 같이, 다국적기업이 영국의 법인세를 줄이기 위해 사용하는 다른 조세회피 기법은 차단하지 못할 것이다. 그러나 법인세율이 변하지 않는다면 이와 같은 조세회피 기회가 현행 법인세 과세기반보다 더 크지는 않을 것이다.

자기자본을 통해 자금조달을 할 경우 소요되는 비용을 인정하는 공제제도를 도입하면, 상당한 규모의 세수손실이 발생할 수 있다. 이 세수손실은 법인세율을 인상하는 방법을 통해 회복할 수 있지만, 우리가 생각하기에 이 방법은 적절하지 않다. 법인 사업 원천의 이동성이 낮아 이전이 어려운 경우라면, 순순히 영국에 세금을 납부할 수밖에 없다. 그러나 법인의 사업 원천 이동성이 높은 경우, 영국의 세율이 여의치 않으면 다른 국가로 이전하면 된다. 따라서 적절한 법인세율은 이러한 사업의 이동성 정도 간 균형을 이룰 수 있어야 한다. 이를 위해서는 필연적으로 다른 국가의 법인세율을 참고해야 한다. 국제적으로 법인세율은 지난 30년 동안 인하되고 있으며, 경제 통합이 강화됨에 따라 향후 추가적인 인하가 뒤따를 것이다. 법인세율을 인상하면, 다국적기업은 영국 밖으로 과세소득을 이전시키려 할 것이다. 만일 현재 영국의 법인세율이 적절하다고 하더라도 이는 자기자본 투자로부터의 정상수익에 대한 과세를 내재하고 있는 것이므로, 법인세를 통해 너무 많은 세수를 징수하고 있는 셈이다. 따라서 우리의 제안은 법인세율 인상 없이 ACE를 도입하여 이에 따른 법인세 세수 감소를 감수하자는 것이다. 조세제도 전체에 대한 개혁의 일환으로 여기고, 법인세와 다른 세금에서 징수되는 세수의 비율을 재조정할 것을 제안한다.

이러한 맥락에서, 조세귀착과 조세제도에 의해 발생한 왜곡 비용을 누가 부담하는지에 대한 문제를 이해해야 한다. 자기자본에 대한 투자 비용이 상승하면, 법인세로 인해 기업 투자가 전반적으로 감소하는 양상이 된다. 개방경제에서 이와 같은 왜곡 비용은 대부분 국내 근로자가 부담하게 될 것이다. 자본의 소유자는 다른 국가로 투자처를 이전할 수 있다. 그러나 영국 내 투자가 저하된다는 것은, 근로자 1인당 자본비율이 낮아지고, 이는 노동 생산성 저하로 이어진다는 것을 암시한다. 이것은 장기적으로 낮은 실질 급여로 이어질 것이고, 이로 인해 국내 노동자는 더 빈곤해질 것이다. 반면, 급여에 대한 직접과세는 동일한 세수 확보를 가능케 함과 동시에, 근로자 1인당 자본비율 상승과 이에 따른 근로자 1인당 생산량을 증가시킬 것이다. 결과적

---

4) 자회사에 자본 투자를 하면 모회사의 ACE는 줄어든다.

으로 근로소득 세율 인상에도 불구하고 국내 근로자의 복지는 향상될 것이다.

우리는 조세 개혁안의 다른 요소와 마찬가지로, 개혁의 가치를 대략적인 범위로 나타낼 수 있다. ACE 도입으로 인한 세수 감소를 소비세(부가가치세) 세원 확대로 충당하여 세수 중립적 개혁안을 시행할 수 있다. 이를 통해 장기적으로 영국의 투자는 6.1%, 임금은 1.7%, 고용은 0.2%, GDP는 1.4% 증가할 수 있을 것으로 추정되며, GDP 0.2% 상당의 이익이 소비자 대표에게 돌아갈 것으로 추정되었다.[5]

이러한 시뮬레이션의 오차 범위는 넓지만, 자기자본을 통한 기업 투자로부터의 정상수익을 면세함으로써 근로자 1인당 자본비율을 상당히 높일 수 있다는 것을 확증하는 실증적 근거가 된다. 결과적으로 임금, 고용, 생산, 복지 면에서 이득이 된다. 이를 위해서는, ACE로 인한 세수손실을 어떠한 세목으로 회복하느냐가 결정적이다. 법인세율 인상으로 세수손실을 막는 것은 적합하지 않다. 이는 다국적기업으로 하여금 실질적 활동과 과세소득을 국외로 이전시키도록 유도할 뿐이다.

20.3 전체 개혁안과 개혁이행 과정

우리 개혁안의 주요 내용은 〈표 20.2〉에 요약되어 있다. 이 급진적인 개혁안은 훨씬 더 효율적이고 효과적인 조세제도를 목표로 하고 있다. 이로 인해 영국의 조세제도는 누진적이고 중립적인 제도가 될 수 있을 것이다. 자기자본으로부터의 정상수익률 면세, 모든 소득의 원천에 대한 소득세율 균등 조정, 부가가치세 세원 확대가 조화롭게 실행되면 중립성을 확보할 수 있게 될 것이다. 우리는 소득세제와 복지제도를 통해 누진성을 유지할 수 있는 — 혹은 원하는 형태로 바꿀 수 있는 — 방법도 제안하였다. 조세제도 전체를 보았을 때 누진성이 확보되어야 하는 영역이 바로 이곳이다. 복지제도 간소화 및 합리화를 위한 개혁이 누진성과 조화를 이루어야 한다. 또한 사람들이 인센티브에 반응하는 정도와 관련된 정보를 활용하여 소득세제와 복지급여를 설계해야 한다. 중립성을 벗어나야 하는 경우 — 환경 외부성이 존재하는 경우 — 관련 제도를 신중하게 설계해야 하며, 외부성 발생을 중점적으로 다룰 것을 명확히 해

---

[5] de Mooij & Devereux(2009, table B.4) 참조. 유사한 접근 방법으로, Radulescu & Stimmelmayr(2007)은 부가가치세율 인상과 ACE 도입을 동시에 실행한 세수 중립적인 개혁이 독일에게 상당한 유익을 줄 수 있음을 예측하였다.

| 표 20.2 | 개혁안의 주요 내용

소득세

- 소득세와 종업원(고용주도 포함하면 이상적일 것이다)의 국민보험기여금(NIC) 통합
- 소득 증가에 따라 축소되는 불투명한 인적공제 폐지 및 투명성과 일관성을 갖춘 세율표 도입
- 일부 저소득층이 직면하고 있는 최고 실효한계세율(90% 이상) 제거 및 통합된 단일 복지급여 제도 도입
- 막내가 취학 아동인 가정과 55~70세 연령층에 대한 근로 인센티브 강화

간접세

- 대부분의 영세율·저세율 적용 폐지, 가능하면 면세 적용도 폐지하고, 근로 인센티브를 유지하는 한편 평균적 빈곤층을 위한 포괄적 보상 정책 도입
- 수출에 대한 부가가치세 영세율 적용을 폐지하는 동시에, 소비지 과세원칙 유지
- 금융서비스에 부가가치세와 동등한 조세 도입
- 지방세와 부동산거래세를 폐지하고, 국내 부동산의 현재가치에 비례하여 과세하는 토지세를 도입하여 주택에 대한 부가가치세 부과 효과 실현

환경세

- 유럽연합의 배출권 거래제의 적용 범위를 확대하고, 다른 배출 원인에 대해서도 일관적으로 과세함으로써 탄소 배출에 대한 일관성 있는 비용 부과
- 휘발유와 등유에 대한 현행 과세를 혼잡 통행료 제도로 대체

저축과 부에 대한 과세

- 은행과 주택금융기관 계좌에 대한 이자 면세
- 위험자산(예 : ISAs 이외의 주식, 비법인 기업자산, 임대 부동산)을 상당량 보유하고 있는 경우, 수익률 공제를 도입하여 초과수익에 대해서만 과세
- 수익률 공제 범위를 초과하는 자본소득과 양도소득에 대해 근로소득과 동일한 세율표(종업원과 고용주의 국영보험기여금을 포함한)로 과세하되, 배당소득과 주식 양도소득에 대해서는 기납부 법인세를 감안하여 저세율 적용
- 현행 연금에 대한 과세를 유지하되 긴소화하기 위하여 고용주 기여금에 대한 지나친 조세 혜택과 일시불 지급에 대한 면세 혜택을 폐지하고, 우리가 장려하고자 하는 행동에 인센티브 부여
- 명백한 상속세 회피를 근절하고, 전 생애에 걸친 자산 이전에 대하여 포괄과세

법인세

- 부채와 자기자본 간의 과세형평성을 실현하기 위해 법인의 자기자본에 공제혜택(ACE)을 부여하고, 투자로부터의 초과수익만 과세
- 근로소득, 자영 사업소득, 법인소득 간의 과세형평성 실현
- 사업용 부동산에 대한 재산세 및 부동산거래세를 폐지하고, 실현 가능한 범위에서 사업 및 농업용 용지의 가치에 토지세 부과

야 한다. 탄소에 대하여 일관된 비용을 부과하는 것, 차량 운전자에게 그들이 야기하는 외부성(예 : 교통 혼잡)에 대한 대가를 치르게 하는 것이 여기에 포함된다.

이 모든 변화를 실행한다는 것은 의심의 여지 없이 조세정책의 혁명을 의미하는 것이겠지만, 변화의 정도가 과장될 가능성도 있다. 우리가 추진하고자 하는 누진적이고 중립적인 조세제도란 소득이나 지출에 단일조세를 부과하자는 것이 아니며, 현행 제도와 유사하게 다양한 세목을 혼합한 형태이다. 즉 부가가치세, 소득세, 법인세 체제는 그대로 유지될 것이며, 다만 각각의 과세기반이 달라질 것이다. 실용성 측면에서 보면, 이와 같이 다양한 세목을 운용함으로써 세입의 다양성을 추구할 수 있다. 누진적인 소득세와 복지제도를 유지하는 것 또한 효과적인 재분배를 위해 필요하다.

즉 이 개혁안의 규모와 범위는 다음 혹은 그다음 정부 예산을 위해 측정된 것이 아니며, 보다 장기적인 계획을 세우기 위한 것이다. 이러한 개혁이 시행되기 위해서는 현실적, 정치적 어려움을 극복해야 한다. 몇몇의 경우(예 : 부가가치세와 탄소세 관련 개혁안) 이행을 위해서는 국제적 합의가 필요하다.

다음으로, 개혁의 우선순위에 관한 사항이 궁금할 것이다. 어떠한 개혁안이 가장 중요한지, 빨리 실행될 수 있는지, 그리고 이행을 위해 더 많은 시간이 소요되는 것은 어떠한 개혁안인지에 관한 궁금증이다. 현실적인 관점에서 무엇이 가능한지 우리도 확신할 수 없으며, 적절한 개혁안을 확신 있게 제시할 수 있을 정도의 증거가 아직 불충분하다는 것을 여러 부분에서 밝힌 바 있다.

개혁안에서 우리가 주목할 부분은, 개혁을 통해 현행 조세제도에 분명히 존재하고 있는 왜곡 현상들을 종료할 수 있다는 점이다. 또한 개혁안이 경제후생의 개선 효과를 가져올 것이라는 점을 뒷받침할 실증자료가 많이 있다. 이 개혁안 중에서도 부가가치세가 적용되는 재화와 용역의 범위를 확대하는 것(부가가치세에 상응하는 별도의 조세가 주택과 금융서비스에 적용된다는 것을 포함), 차량 운전자에게 혼잡 통행료를 부과하는 것, 온실가스 배출에 대한 일관성 있는 부담금을 부과하는 것, 소득세와 복지제도를 더 간소하게 개선하는 것, 인센티브에 민감하게 반응하는 그룹에게는 낮은 실효세율을 적용하는 것이 우선순위에 포함되어야 할 것이다.

정상수익분은 과세 대상에서 제외하고, 근로소득, 저축소득, 자영 사업소득, 법인소득 간 과세 형평성을 맞춤으로써 저축과 수익에 대한 과세를 재정비하고자 하는 우리의 개혁안은 원대하다. 자영 사업소득과 자본적 소득으로까지 국영보험기여금 적용 대상을 확대한다면 가장 큰 발전이 될 것이며, 이로써 근로소득을 자본적 소득으로 전환하려는 인센티브를 없앨 수 있을 것이다. 소득세와 국민보험기여금의 통합 또한 자연스럽게 조화를 이룰 것이다. 이러한 통합은 고용주(종업원도 포함)의 국민보험기여금도 포괄하는 것이며, 비고용 소득의 경우에도 이와 동등한 조세가 부과되어야 한다. ACE의 도입은 자기자본보다 차입자본이 기업에게 유리하다는 잘못된 편견을 제거할 것이다. 한편으로는 조세회피를 예방해야 하지만, 다른 한편으로는 저축과 투자를 저해하는 요인을 최소화해야 하는 것 사이의 지속적이고 보편적인 갈등을 우리의 개혁안이 해결할 수 있다는 점을 앞서 제안한 바 있다. 모든 소득에 유사한 한계 세율을 적용하면서 자본의 정상 이익분을 면세하여, 저축과 투자에 대한 인센티브는 확보함과 동시에 조세회피를 방지할 수 있다.

그러나 중요하다고 해서 도입을 위한 적절한 시기가 언제라는 것이 분명한 것은 아니다. 일부 개혁안은 상당한 개발과 투자, 협의 기간을 요할 수 있으며, 사람들의 이해 및 적응을 위한 시간이 필요할 수도 있다. 혼잡 통행료는 중요하지만, 계획과 투자가 요구되므로 수년 안에는 시행되기 어려울 것이다. 그래도 계획은 조속히 세워야 한다. 우리는 저축과세와 법인세제에 관한 급진적인 개혁안을 제시하였다. 이상적인 세계라면 개혁안은 빠르게 도입될 것이고, 사람과 기업이 이러한 개혁을 예측하여 그들의 행동 방향을 달리 계획하는 것이 허락되지 않을 것이다. 그러나 실제로는 이러한 즉각적인 변화를 좋은 정책 입안이라고 할 수 없다. 조치가 제대로 실행되기 위해서는 상당한 계획과 협의가 필요할 것이며, 이를 위해 월 단위보다는 연 단위로 소요 기간을 예측해야 할 것이다.

결정적으로 어떻게 실현시킬 수 있는지 정확하게 명시할 수 없으나 잠재적으로 중요한 개혁안들이 있다. 이들 중 가장 중요한 것은 아마도 금융서비스에 대하여 부가가치세 또는 이와 유사한 세금을 부과하는 개혁안일 것이다. 이를 추진하기 위한 방법을 대략적으로 그려 보기는 했지만, 우리는 확정적인 해결책을 제시하지는 못했다. 또한 사업용 자산에 대한 재산세를 토지의 가치에 과세하는 형태로 대체하고자 하지만, 이를 위해서는 건물과 토지를 분리하여 신뢰할 만한 방법으로 토지의 가치만을 측정할 수 있어야 한다. 우리는 이것이 가능할 것이라고 생각하지만, 더 많은 연구를 통해 이러한 가능성을 확증해야만 한다. 한편 개인의 생애 전체를 보는 관점에서 상속세를 부과하자는 우리의 실험적인 개혁안은 이행 과정에서 다양한 문제를 해결해야 할 것이며, 이는 극복이 어려울 수 있다.

그러나 절망스러운 것은 아니다. 이러한 조세 개혁안을 위한 준비는 본격적으로 매우 신속하게 시작될 수 있으며, 또한 시작해야 한다. 우리가 현재 직면한 많은 문제는 장기적인 계획과 전략의 부재로 인한 것이며, 이러한 계획이 필요한 이슈에 대해 대처가 없었기 때문에 발생하였다. 물론 단기간 내에 실행 가능한 것도 있다.

많이 늦었지만 주택 재평가 작업을 시행할 수만 있다면 주택에 부과하는 부동산거래세와 재산세를 폐지하는 대신, 주거 가치에 소비세(부가가치세를 대신하는 형태)를 부과할 수 있다. 대부분의 재화와 용역으로 부가가치세 적용을 확장하는 것은 신속하게 실행될 수 있다. 이때 보상 정책(개혁으로 인한 손해를 완화시키기 위한 것으로서 단계적으로 없어질 수 있다)이 수반되어야 할 것이다. 근로소득세제와 복지제도의 개혁 또한 조만간 실현 가능할 것이다. 소득과 연계하여 점차 축소되는 인적공제 제도로 인해 특이한 한계세율 구조가 탄생한 것과 같은 문제들을 다수 제거하는 것은 하룻밤 사이에도 가능하다. 이자가 발생하는 계좌에 대한 과세를 철회하는 것, 상속세법의 허점으로서 가장 명백한 것들을 제거하는 것, 연령에 따른 복지제도를 개선하는 것도 단기간에 가능한 사항들이다.

물론 중대한 변화의 경우, 개혁의 실현 가능성에 어려움이 따른다. 우리가 설계한 조세제도는 현행 제도와는 다른 방식으로 사람과 기업에게 영향을 미칠 것이다. 우리가 고안한 조세제도가 좋은 목표를 위한 것이라는 점에서는 보편적인 합의를 얻을 수 있을지라도, 그 목표에 도달하는 것은 쉽지 않을 것이다.

장기적인 안목에서 보면, 기업에서 개인으로 납세 의무가 이전된다고 해서 궁극적인 귀착의 변화가 일어나는 것은 아니지만, 분명 대부분의 사람은 이를 단순한 세금 인상으로 받아들일 것이다. 우리는 일생에 걸친 개인의 조세부담에 주로 관심이 있지만, 각 개인은 인생의 특정 시점에 변화를 겪을 것이고 이에 대하여 예민할 수밖에 없다.

이런 모든 이유로 인해, 의심의 여지 없이 개혁은 정치적 어려움을 수반한다. 하지만 정치적 어려움을 초월하는 영향도 있다. 사람들은 실제로 개혁으로 인한 비용을 감당해야 할 것이고, 비용은 조직적으로 다양할 것이며, 어떤 사람에게는 공정하지 않은 방법이 적용될 수도 있다. 이들의 유형에는 세 가지가 있다.

첫째, 우리가 제안한 다수의 개혁은 평균적으로 분배적이고 중립적이지만, 특정 상황에 처한 일부 사람들에게 영향을 준다. 예를 들면, DVD와 비스킷을 사는 것보다 책과 케이크를 사고자 하는 사람들이나 자영업자가 영향을 받게 될 것이다. 단적으로, 누군가를 불리하게 하는 개혁의 경우에 이러한 유형의 문제를 피할 수는 없다.

지적인 사고를 통하여 더 나은 균형을 이루도록 해야 한다. 다른 모든 사람의 희생을 통해 자영업자에게 혜택을 부여하는 것보다는 서로 다른 형태의 일 사이에서 중립성을 이루는 것이 옳을 것이다. 현실에서 새로운 제도로의 전환에는 많은 도전이 뒤따른다.

둘째, 생애주기적 관점에서 보면, 우리의 개혁안 대부분은 아무런 손익도 발생시키지 않는다. 부가가치세 확대와 다른 세목의 감소는, 소비가 소득보다 많을 때에는 손해를 끼치지만, 소득이 소비보다 많을 때에는 이익을 줄 것이다.

어린 자녀를 둔 가구에 대한 복지급여를 인상하는 것과, 성장한 자녀를 둔 가정에 대한 복지급여를 삭감하는 것으로부터의 영향은 평균적으로 생애주기에 걸쳐서 서로 상쇄된다. 다시 말하자면 혜택을 보는 자와 손해를 보는 자가 있겠지만 이 경우 '평균적으로'가 중요하다는 것이다. 그러나 다른 관점도 있다. 만약 이미 나에게 성장한 자녀가 있다면, 세제 개혁으로 인한 영향의 상쇄가 다음 세대에서나 가능하기 때문에 큰 위안이 되지 않을 것이다. 나는 배를 놓쳤고, 손해를 입은 채 남겨졌다. 이러한 효과는 개혁안을 단계적으로 도입함으로써 다소 피할 수 있을 것이다. 이것이 어떻게 가능한지에 관한 논의도 앞에 설명하였다. 부가가치세 개혁의 생애주기적 효과는 해결이 더 어렵다. 노년층의 소비가 소득보다 높은 경우, 개혁으로 인해 당장 불이익을 받을 것이며, 젊었을 때에 개혁이 일어났더라면 혜택을 받았을 것이라는 가정이 이들에게 위로가 되지 않을 것이다. 그러나 우리가 설명한 개혁안은 사실 평균적으로 연금 수령자에게 손해를 끼치지 않는다.

세 번째는 자본화와 관련된 것이다. 우리의 개혁안 — 특히 자본과세의 개혁 — 은 특정 자산의 가치에 영향을 미칠 것이고, 이로 인해 일부 소유자에게는 우발적 이득을, 일부에게는 우발적 손실을 발생시킬 것이며, 이것이 공평하지 않아 보일 수 있다. 예를 들어, 재산세와 부동산거래세를 폐지하는 대신 현재의 부동산 가치에 비례한 세금을 도입하면, 어떤 부동산은 가치가 감소하고, 어떤 부동산은 가치가 상승할 것이다. 우리의 상속세 개혁안은 아마도 농경지와 비상장 기업의 가치를 감소시킬 것이다.

이것은 중요한 문제이며, 사람들은 실제로 비용을 부담하게 될 것이다. 개혁은 신중하게 운영되어야 하며, 점진적으로 실행되어야 한다. 어떠한 경우에는 개혁이 쉬울 수 있다. 특히 특정 집단에 손해를 주는 이슈의 경우에는 점진적인 개혁이 중요하다. 그러나 현재 상황에서 비용은 대부분 피할 수 없는 것이다. 이런 이슈들은 정치적인 저울질을 통해 비교되어야 한다. 우리의 생각은 명확하다. 제도 개편에 따른 장기적인 이익이 개편에 따른 비용보다 훨씬 크다. 현상 유지의 횡포에 영원히 굴복할 수는 없다.

즉 현 상황은 복잡성, 불공평, 그리고 상당한 경제적 비용을 수반한다. 이에 따른 결과는 앞서 언급한 것처럼 세금을 회피하기 위한 납세자의 노력과 조세회피에 대응하기 위한 정부의 노력이다. 세원이 복잡하고 일관성이 없을수록, 조세회피는 더 쉬워질 것이고 더 많은 법률이 요구될 것이다. 결과적으로 세수 확보를 위해 더 많은 노력을 쏟아야 하며, 반면 일관된 전략을 따르는 일은 뒷전이 될 것이다. 분명한 것은 영국이 조세회피에 대응하는 방법에 중대한 문제가 있다는 것이다. 근본적인 원인을 해결하기보다 증상을 해결하기 위해 특정 조세회피 기법을 겨냥한 조세회피 방지 규정을 제정하는 방법을 택하는 정부의 대응 경향은 큰 문제를 낳고 있다. 세원에 대한 명확성과 일관성이 부족해지기 때문이다.

다음으로, 영국의 조세제도 안에 있는 근본적인 불일치와 불필요한 경계선을 해결해야 한다. 결과적으로 조세회피에 대응할 수 있는 견고한 제도를 수립해야 한다. 만일 경제활동들이 모두 유사하게 과세된다면, 납세자가 특정 행동을 다른 행동인 것처럼 가장하는 현상이 없어질(혹은 최소한 줄어들) 것이다. 이로 인해 재무부의 세수손실도 없거나 매우 적어질 것이다. 우리의 개혁안이 조세회피를 완전히 사라지게 할 것이라고 믿을 만큼 순진하지는 않다. 그러나 최근 조세회피 방지 법률이 기하급수적으로 늘어나고 있다. 영국과 법적 유산을 공유하고 있는 호주와 캐나다, 뉴질랜드의 경우, 일반적인 조세회피 방지 조항 혹은 원칙('statutory GAAR')을 적용하고 있고 우리도 이러한 방법을 고려해 볼 필요가 있다. 하지만 우리의 주요 개혁 방향은, 맹목적으로 조세회피 방지 조항에 의지하기보다는(일반적 규정이든 또는 구체적 규정이든 상관없이) 조세회피의 근본적인 원인을 해결해야 한다는 것에 주안점을 두고 있다. 단순히 조세회피자를 범법자로 만들고 그들을 타이르는 정책은 볼품없는 전략이다. "조세회피가 성행한다는 것은 납세자가 아닌 조세제도에 개혁이 필요하다는 것을 의미한다."라고 말한 Kaldor 경의 격언을 시작점으로 삼고 개혁을 시도해야 할 것이다.[6]

개혁이 필요하다는 것은 명백하다. 이는 명확하고 일관된 전략적인 정책 방향에

---

6) Kaldor, 1980.

대한 요구이다. 전략적 방향은 수립되어야 하고 모두가 이를 이해해야 한다. 개별 정책 계획은 이러한 전략적 방향에 견주어 평가되어야 한다. 정부는 조세 개혁을 위한 장기적인 의제를 수립해야 한다. 이는 긴급한 과제이다. 이로 인한 정치적 이득을 위해서이다. 1997~2010년 노동당 정부 시절, 충분히 고려하지 않고 만든 변화와 개혁을 다시 번복하기 위하여 많은 정치적 비용을 지불해야 했던 경험은 좋은 이정표가 될 것이다. 10% 소득세 구간 도입 후 폐지, 자산 보유 기간만큼 보상을 제공하는 이상한 양도소득세제 도입 후 폐지, 수익이 낮은 경우 법인세 영세율 제도 도입 후 철회, 이 세 가지 정책 실패 사례는 정책 방향의 부재에서 기인하였다.

이 보고서가 적어도 효과적인 장기전략 수립을 위한 토대가 되어 주길 희망한다. 최소한, 계획성과 일관성이 결여된 개혁으로 인한 혼란과 비용을 피하는 데는 도움이 될 것이다. 더 개선되고 효과적인 조세제도로 발전하는 것에 도움이 될 수 있길 희망한다.

20.4 결론

최근 몇 년 동안, 영국에서 1파운드를 벌면 40펜스 가까운 금액이 세금으로 빠져나간다. 이러한 수준으로의 정부 성장은 아마 20세기 역사상 가장 눈에 띄는 발전 중 하나일 것이다. 우리가 현재 직면하고 있는 수준의 조세는 우리 개개인 모두에게 상당한 영향력을 미친다. 또한 조세는 경제 총생산량과 필수 공공서비스에 대한 정부의 지출능력에 영향을 미친다. 조세와 공공지출의 총량과는 무관하게, 경제의 잠재적 생산 능력에 대한 위해성이 적고, 경제적 복지를 향상시키며, 공정해 보이는 조세제도를 정부가 설계할 수 있다나면 복지 수준이 향상될 것이다.

그러나 정부 입장에서 일관된 방법으로 조세제도를 운영하는 것은 어려운 일이다. 이 책에서 논의된 경제적 이상과는 달리 조세 정책은 정치적 과정을 통해 만들어지며, 조세 정책이 저녁 뉴스에, 궁극적으로는 투표함에 어떠한 영향을 미칠지에 관심이 집중된다. 이를 통해 정책이 왜곡될 수 있다는 점을 감안하면, 지난 30년 동안의 조세 정책에서 고무적인 측면을 발견할 수 있다. 주택담보대출과 저축에 대한 과세, 그리고 법인세제의 몇 가지 요소는 시간이 지남에 따라 개선되었다. 또한 저소득층 근로자를 위한 근로 지원 확대와 1970년대 존재했던 소득세 최고세율 인하를 통해 근로 인센티브 문제를 개선시켜 왔다.

그러나 모든 그림이 좋은 것은 아니다. 정부는 경제적인 피해가 가장 적은 분야에 대한 조세를 인상한 것이 아니라, 투명성이 가장 낮거나 일시적으로 가장 큰 인기를 끌 수 있는 분야의 조세를 인상해 왔다. 이것은 잘못된 정책으로 이어졌고, 훗날 교정되어야만 했다(이 자체가 정치적 긴장을 만들기도 했다). 좋지 못한 경제는 궁극적으로 좋지 못한 정치를 만든다.

또한 정부는 (당연히) 힘든 결정을 꺼리며, 고통스런 과제를 미뤄서 미래에 더 큰 문제를 양산시킨다. 우리가 지금까지 1991년 주택가치를 기준으로 주택에 대한 세금을 납부하고 있는 현실 및 소득세 시스템이 아직도 둘로 분리된 채 운용되고 있는 현실은, 모두 조세제도가 내재하고 있는, 정치적으로 해결하기 어려운 문제를 적절하게 다루지 못한 데 따른 산물이다.

언론이 주도하는 민주주의하에서 정부는 적절히 행동하기 어려우며, 정치적 실현 가능한 범위 내에서 움직여야 한다. 그러나 조세제도를 만드는 더 좋은 방법이 있다. 현행 조세제도보다 더 공정하고, 위해성이 적으며, 간소화된 조세제도가 있다. 이런 조세를 실행하려면 정부는 유권자에게 정직해져야 한다. 또한 논쟁에 대하여 이해하고 설명하고자 해야 하며, 전문가와 대중의 의견을 경청하고 그들과 협의하려고 노력해야 한다. 단기적인 전략에 앞서 장기적인 전략을 세우려고 노력해야 한다.

정부가 이를 이행하지 않음으로 인한 비용은 불분명하고 매우 크다. 우리의 개혁안에 따라 소득, 지출, 이윤, 환경 외부성, 저축에 대한 과세에 개혁이 이루어진다면, 최고 연간 수십억 파운드에 달하는 경제적 후생 개선 효과를 기대할 수 있을 것으로 예상한다.

일부 개혁안은 이해가 쉽고, 매우 간단하기 때문에 독자들을 웃게 만들 수 있을 것이다. 일부 독자에게는 덜 만족스러울 수 있다. 우리는 이러한 논쟁과 명확성을 추구하고자 하는 노력에 기여했기를 희망한다. 또한 책임 있는 정부를 만드는 과정에 공헌했길 바란다. 그러나 이것은 장기적인 프로젝트이다. 원컨대 우리와 우리의 독자 모두는 정부가 조세제도의 합리성을 개선하도록, 개편 내용에 관해 우리에게 정직할 수 있도록, 그리고 용기가 필요할 때 담대할 수 있도록 계속해서 압력을 가할 것이다. 이제는 정부가 조세정책에 대한 합리적인 계획을 준비해야 할 때이다.

참고문헌

Adam, S. (2005), 'Measuring the Marginal Efficiency Cost of Redistribution in the UK', Institute for Fiscal Studies (IFS), Working Paper 05/14 (http://www.ifs.org.uk/publications/3399).

— and Brewer, M. (2010), *Couple Penalties and Premiums in the UK Tax and Benefit System*, IFS (Institute for Fiscal Studies) Briefing Note 102 (http://www.ifs.org.uk/publications/4856).

— and Browne, J. (2010), 'Redistribution, Work Incentives and Thirty Years of UK Tax and Benefit Reform', Institute for Fiscal Studies (IFS), Working Paper 10/24 (http://www.ifs.org.uk/publications/5367).

— — and Heady, C. (2010), 'Taxation in the UK', in J. Mirrlees, S. Adam, T. Besley, R. Blundell, S. Bond, R. Chote, M. Gammie, P. Johnson, G. Myles, and J. Poterba (eds), *Dimensions of Tax Design: The Mirrlees Review*, Oxford: Oxford University Press for Institute for Fiscal Studies.

— and Loutzenhiser, G. (2007), 'Integrating Income Tax and National Insurance: An Interim Report', Institute for Fiscal Studies (IFS), Working Paper 07/21 (http://www.ifs.org.uk/publications/4101).

Ainslie, G. (1975), 'Specious Reward: A Behavioral Theory of Impulsiveness and Impulse Control', *Psychological Bulletin*, **82**, 463–96.

Akerlof, G. (1978), 'The Economics of "Tagging" as Applied to the Optimal Income Tax, Welfare Programs, and Manpower Planning', *American Economic Review*, **68**, 8–19.

Alesina, A., Ichino, A., and Karabarbounis, L. (2007), 'Gender Based Taxation and the Division of Family Chores', National Bureau of Economic Research (NBER), Working Paper 13638 (http://www.nber.org/papers/w13638).

Alt, J., Preston, I., and Sibieta, L. (2010), 'The Political Economy of Tax Policy', in J. Mirrlees, S. Adam, T. Besley, R. Blundell, S. Bond, R. Chote, M. Gammie, P. Johnson, G. Myles, and J. Poterba (eds), *Dimensions of Tax Design: The Mirrlees Review*, Oxford: Oxford University Press for Institute for Fiscal Studies.

Altshuler, R., and Auerbach, A. (1990), 'The Significance of Tax Law Asymmetries: An Empirical Investigation', *Quarterly Journal of Economics*, **105**, 61–86.

Andelson, R. (2001), *Land-Value Taxation around the World*, Oxford: Blackwell Publishing.

Apps, P., and Rees, R. (2009), *Public Economics and the Household*, Cambridge: Cambridge University Press.

Arulampalam, W., Devereux, M., and Maffini, G. (2007), 'The Direct Incidence of Corporate Income Tax on Wages', Oxford University Centre for Business Taxation,

Working Paper WP07/07 (http://www.sbs.ox.ac.uk/centres/tax/papers/Pages/PaperWP0707.aspx).

Atkinson, A. (1995), *Public Economics in Action: The Basic Income / Flat Tax Proposal*, Oxford: Oxford University Press.

— and Piketty, T. (eds) (2007a), *Top Incomes over the Twentieth Century: A Contrast between Continental European and English-Speaking Countries*, Oxford: Oxford University Press.

— — (2007b), 'Towards a Unified Data Set on Top Incomes', in A. Atkinson and T. Piketty (eds), *Top Incomes over the Twentieth Century: A Contrast between Continental European and English-Speaking Countries*, Oxford: Oxford University Press.

— and Stiglitz, J. (1976), 'The Design of Tax Structure: Direct versus Indirect Taxation', *Journal of Public Economics*, **6**, 55–75.

— — (1980), *Lectures on Public Economics*, London: McGraw-Hill.

Attanasio, O., and Wakefield, M. (2010), 'The Effects on Consumption and Saving of Taxing Asset Returns', in J. Mirrlees, S. Adam, T. Besley, R. Blundell, S. Bond, R. Chote, M. Gammie, P. Johnson, G. Myles, and J. Poterba (eds), *Dimensions of Tax Design: The Mirrlees Review*, Oxford: Oxford University Press for Institute for Fiscal Studies.

— and Weber, G. (2010), 'Consumption and Saving: Models of Intertemporal Allocation and Their Implications for Public Policy', *Journal of Economic Literature*, **48**, 693–751.

Auerbach, A. (1985), 'The Theory of Excess Burden and Optimal Taxation', in A. Auerbach and M. Feldstein (eds), *Handbook of Public Economics*, Volume 1, Amsterdam: Elsevier.

— and Bradford, D. (2004), 'Generalized Cash-Flow Taxation', *Journal of Public Economics*, **88**, 957–80.

— Devereux, M., and Simpson, H. (2010), 'Taxing Corporate Income', in J. Mirrlees, S. Adam, T. Besley, R. Blundell, S. Bond, R. Chote, M. Gammie, P. Johnson, G. Myles, and J. Poterba (eds), *Dimensions of Tax Design: The Mirrlees Review*, Oxford: Oxford University Press for Institute for Fiscal Studies.

Aujean, M., Jenkins, P., and Poddar, S. (1999), 'A New Approach to Public Sector Bodies', *International VAT Monitor*, **10**, 144–9.

Autor, D., and Dorn, D. (2011), 'The Growth of Low Skill Service Jobs and the Polarization of the U. S. Labor Market', MIT, Department of Economics, Working Paper (http://econ-www.mit.edu/files/1474).

Banks, J., Blundell, R., and Tanner, S. (1998), 'Is There a Retirement-Savings Puzzle?', *American Economic Review*, **88**, 769–88.

— and Casanova, M. (2003), 'Work and Retirement', in M. Marmot, J. Banks, R. Blundell, C. Lessof, and J. Nazroo (eds), *Health, Wealth and Lifestyles of the Older*

Population in England: The 2002 English Longitudinal Study of Ageing, London: Institute for Fiscal Studies (http://www.ifs.org.uk/elsa/publications.php?publication _id=3088).

Banks, J. and Diamond, P. (2010), 'The Base for Direct Taxation', in J. Mirrlees, S. Adam, T. Besley, R. Blundell, S. Bond, R. Chote, M. Gammie, P. Johnson, G. Myles, and J. Poterba (eds), *Dimensions of Tax Design: The Mirrlees Review*, Oxford: Oxford University Press for Institute for Fiscal Studies.

— Emmerson, C., and Tetlow, G. (2007), 'Better Prepared for Retirement? Using Panel Data to Improve Wealth Estimates of ELSA Respondents', Institute for Fiscal Studies (IFS), Working Paper 07/12 (http://www.ifs.org.uk/publications/4007).

— Karlsen, S., and Oldfield, Z. (2003), 'Socio-Economic Position', in M. Marmot, J. Banks, R. Blundell, C. Lessof, and J. Nazroo (eds), *Health, Wealth and Lifestyles of the Older Population in England: The 2002 English Longitudinal Study of Ageing*, London: Institute for Fiscal Studies (http://www.ifs.org.uk/elsa/publications.php? publication_id=3088).

— and Oldfield, Z. (2006), 'Understanding Pensions: Cognitive Function, Numerical Ability and Retirement Saving', Institute for Fiscal Studies (IFS), Working Paper 06/05 (http://www.ifs.org.uk/publications/3586).

Barker, K. (2004), *Delivering Stability: Securing Our Future Housing Needs* (http://webarchive.nationalarchives.gov.uk/+/http://www.hm-treasury.gov.uk/ consultations_and_legislation/barker/consult_barker_index.cfm).

Becker, G. (1991), *A Treatise on the Family*, Cambridge, MA: Harvard University Press.

Bell, K., Brewer, M., and Phillips, D. (2007), *Lone Parents and 'Mini-Jobs'*, York: Joseph Rowntree Foundation (http://www.ifs.org.uk/publications/4052).

Bennett, F., Brewer, M., and Shaw, J. (2009), *Understanding the Compliance Costs of Benefits and Tax Credits*, IFS Report 70, London: Institute for Fiscal Studies (http:// www.ifs.org.uk/publications/4558).

Bentham, J. (1789), *An Introduction to the Principles of Morals and Legislation*.

Bentick, B. (1979), 'The Impact of Taxation and Valuation Practices on the Timing and Efficiency of Land Use', *Journal of Political Economy*, **87**, 859–68.

Bernheim, B. (2002), 'Taxation and Saving', in A. Auerbach and M. Feldstein (eds), *Handbook of Public Economics*, Amsterdam: Elsevier Science BV.

— and Rangel, A. (2005), 'Behavioral Public Economics: Welfare and Policy Analysis with Non-Standard Decision-Makers', National Bureau of Economic Research (NBER), Working Paper 11518 (http://www.nber.org/papers/w11518).

Bettinger, E., and Slonim, R. (2006), 'Using Experimental Economics to Measure the Effects of a Natural Educational Experiment on Altruism', *Journal of Public Economics*, **90**, 1625–48.

Bird, R. (2010), Commentary on I Crawford, M. Keen, and S. Smith, 'Value Added Tax and Excises', in J. Mirrlees, S. Adam, T. Besley, R. Blundell, S. Bond, R. Chote, M. Gammie, P. Johnson, G. Myles, and J. Poterba (eds), *Dimensions of Tax Design: The Mirrlees Review*, Oxford: Oxford University Press for Institute for Fiscal Studies.

— and Gendron, P.-P. (2007), *The VAT in Developing and Transitional Countries*, Cambridge: Cambridge University Press.

Blow, L., Hawkins, M., Klemm, A., McCrae, J., and Simpson, H. (2002), *Budget 2002: Business Taxation Measures*, IFS (Institute for Fiscal Studies) Briefing Note 24 (http://www.ifs.org.uk/publications/1774).

Blundell, R., Bozio, A., and Laroque, G. (2011), 'Labor Supply and the Extensive Margin', *American Economic Review*, **101**, 482–6.

— Emmerson, C., and Wakefield, M. (2006), 'The Importance of Incentives in Influencing Private Retirement Saving: Known Knowns and Known Unknowns', Institute for Fiscal Studies (IFS), Working Paper 06/09 (http://www.ifs.org.uk/publications/3593).

— and Hoynes, H. (2004), 'In-Work Benefit Reform and the Labour Market', in R. Blundell, D. Card, and R. Freeman (eds), *Seeking a Premier League Economy*, Chicago: University of Chicago Press.

— and MaCurdy, T. (1999), 'Labour Supply: A Review of Alternative Approaches', in O. Ashenfelter and D. Card (eds), *Handbook of Labour Economics*, Amsterdam: North-Holland.

— Meghir, C., and Smith, S. (2004), 'Pension Incentives and the Pattern of Retirement in the United Kingdom', in J. Gruber and D. Wise (eds), *Social Security Programs and Retirement around the World: Micro-Estimation*, Chicago, IL: University of Chicago Press.

— Pashardes, P., and Weber, G. (1993), 'What Do We Learn about Consumer Demand Patterns from Micro Data?', *American Economic Review*, **83**, 570–97.

— and Preston, I. (1998), 'Consumption Inequality and Income Uncertainty', *Quarterly Journal of Economics*, **113**, 603–40.

— and Shephard, A. (2011), 'Employment, Hours of Work and the Optimal Taxation of Low Income Families', Institute for the Study of Labor (IZA), Discussion Paper 5745. Forthcoming *Review of Economic Studies*.

Boadway, R., and Bruce, N. (1984), 'A General Proposition on the Design of a Neutral Business Tax', *Journal of Public Economics*, **24**, 231–9.

— Chamberlain, E., and Emmerson, C. (2010), 'Taxation of Wealth and Wealth Transfers', in J. Mirrlees, S. Adam, T. Besley, R. Blundell, S. Bond, R. Chote, M. Gammie, P. Johnson, G. Myles, and J. Poterba (eds), *Dimensions of Tax Design: The Mirrlees Review*, Oxford: Oxford University Press for Institute for Fiscal Studies.

Boadway, R. and Pestieau, P. (2003), 'Indirect Taxation and Redistribution: The Scope of the Atkinson–Stiglitz Theorem', in R. Arnott, B. Greenwald, R. Kanbur, and B. Nalebuff (eds), *Economics for an Imperfect World: Essays in Honor of Joseph E. Stiglitz*, Cambridge, MA: MIT Press.

Bond, S., and Devereux, M. (2003), 'Generalised R-Based and S-Based Taxes under Uncertainty', *Journal of Public Economics*, **87**, 1291–311.

— Hawkins, M., and Klemm, A. (2004), 'Stamp Duty on Shares and Its Effect on Share Prices', Institute for Fiscal Studies (IFS), Working Paper 04/11 (http://www.ifs.org.uk/publications/1847).

— and Xing, J. (2010), 'Corporate Taxation and Capital Accumulation', Oxford University Centre for Business Taxation, Working Paper WP10/15 (http://www.sbs.ox.ac.uk/centres/tax/papers/Pages/PaperWP1015.aspx).

Bovenberg, A., Hansen, M., and Sørensen, P. (2008), 'Individual Savings Accounts for Social Insurance: Rationale and Alternative Designs', *International Tax and Public Finance*, **15**, 67–86.

— and Sørensen, P. (2004), 'Improving the Equity-Efficiency Trade-Off: Mandatory Savings Accounts for Social Insurance', *International Tax and Public Finance*, **11**, 507–29.

Bradford, D. (1982), 'The Choice between Income and Consumption Taxes', *Tax Notes*, **16**, 715–23.

Brewer, M. (2006), 'Tax Credits: Fixed or Beyond Repair?', in R. Chote, C. Emmerson, R. Harrison, and D. Miles (eds), *The IFS Green Budget: January 2006*, Commentary 100, London: Institute for Fiscal Studies (http://www.ifs.org.uk/publications/3552).

— and Browne, J. (2009), *Can More Revenue Be Raised by Increasing Income Tax Rates for the Very Rich?*, IFS (Institute for Fiscal Studies) Briefing Note 84 (http://www.ifs.org.uk/publications/4486).

— — and Jin, W. (2011), *Universal Credit: A Preliminary Analysis*, IFS (Institute for Fiscal Studies) Briefing Note 116 (http://www.ifs.org.uk/publications/5415).

— Goodman, A., and Leicester, A. (2006), *Household Spending in Britain: What Can It Teach Us about Poverty?*, Bristol: Policy Press (http://www.ifs.org.uk/publications/3620).

— O'Dea, C., Paull, G., and Sibieta, L. (2009), *The Living Standards of Families with Children Reporting Low Incomes*, Department for Work and Pensions Research Report 577, Leeds: CDS (http://research.dwp.gov.uk/asd/asd5/rports2009-2010/rrep577.pdf).

— Ratcliffe, A., and Smith, S. (2010), 'Does Welfare Reform Affect Fertility? Evidence from the UK', *Journal of Population Economics*, online 16 September (http://dx.doi.org/10.1007/s00148-010-0332-x).

—, Saez, E., and Shephard, A. (2010), 'Means-Testing and Tax Rates on Earnings', in J. Mirrlees, S. Adam, T. Besley, R. Blundell, S. Bond, R. Chote, M. Gammie, P. Johnson, G. Myles, and J. Poterba (eds), *Dimensions of Tax Design: The Mirrlees Review*, Oxford: Oxford University Press for Institute for Fiscal Studies.

— and Shaw, J. (2006), *How Many Lone Parents Are Receiving Tax Credits?*, IFS (Institute for Fiscal Studies) Briefing Note 70 (http://www.ifs.org.uk/publications/3574).

— Sibieta, L., and Wren-Lewis, L. (2008), *Racing Away? Income Inequality and the Evolution of High Incomes*, IFS (Institute for Fiscal Studies) Briefing Note 76 (http://www.ifs.org.uk/publications/4108).

British Aggregates Association (2005), *An Analysis of Trends in Aggregates Markets since 1990 – and the Effects of the Landfill Tax and Aggregates Levy*, Bath.

Browne, J. and Phillips, D. (2010), box 2.1 in R. Chote, C. Emmerson, and J. Shaw (eds), *The IFS Green Budget: February 2010*, Commentary 112, London: Institute for Fiscal Studies (http://www.ifs.org.uk/publications/4732).

Browning, M., Bourguignon, F., Chiappori, P.-A., and Lechene, V. (1994), 'Income and Outcomes: A Structural Model of Intrahousehold Allocation', *Journal of Political Economy*, **102**, 1067–96.

Buchanan, J., and Musgrave, R. (1999), *Public Finance and Public Choice*, Cambridge, MA: MIT Press.

Carroll, R., and Hrung, W. (2005), 'What Does the Taxable Income Elasticity Say about Dynamic Responses to Tax Changes?', *American Economic Review*, **95**, 426–31.

Case, A., and Paxson, C. (2008), 'Stature and Status: Height, Ability, and Labor Market Outcomes', *Journal of Political Economy*, **116**, 499–532.

Cave, M. (2009), *Independent Review of Competition and Innovation in Water Markets: Final Report*, London: Department for Environment, Food and Rural Affairs (http://archive.defra.gov.uk/environment/quality/water/industry/cavereview/).

Centre for Social Justice (2009), *Dynamic Benefits*, London.

Chaloupka, F., and Wechsler, H. (1997), 'Price, Tobacco Control Policies and Smoking among Young Adults', *Journal of Health Economics*, **16**, 359–73.

Chetty, R. (2009), 'Bounds on Elasticities with Optimization Frictions: A Synthesis of Micro and Macro Evidence on Labor Supply', National Bureau of Economic Research (NBER), Working Paper 15616 (http://www.nber.org/papers/w15616).

Choi, J., Laibson, D., Madrian, B., and Metrick, A. (2004), 'For Better or for Worse: Default Effects and 401(k) Savings Behavior', in D. Wise (ed.), *Perspectives on the Economics of Aging*, Chicago, IL: University of Chicago Press.

Chung, W., Disney, R., Emmerson, C., and Wakefield, M. (2008), 'Public Policy and Retirement Saving Incentives in the UK', in R. Fenge, G. de Ménil, and P. Pestieau (eds), *Pension Strategies in Europe and the United States*, Cambridge, MA: MIT Press.

Committee on Climate Change (2008), *Building a Low Carbon Economy: The UK's Contribution to Tackling Climate Change*, First Report, London: TSO.

Convery, F., McDonnell, S., and Ferreira, S. (2007), 'The Most Popular Tax in Europe? Lessons from the Irish Plastic Bags Levy', *Environmental and Resource Economics*, **38**, 1–11.

Copenhagen Economics and KPMG (2011), *VAT in the Public Sector and Exemptions in the Public Interest* (http://ec.europa.eu/taxation_customs/resources/documents/common/publications/studies/vat_public_sector.pdf).

Crawford, C., and Freedman, J. (2010), 'Small Business Taxation', in J. Mirrlees, S. Adam, T. Besley, R. Blundell, S. Bond, R. Chote, M. Gammie, P. Johnson, G. Myles, and J. Poterba (eds), *Dimensions of Tax Design: The Mirrlees Review*, Oxford: Oxford University Press for Institute for Fiscal Studies.

Crawford, I., Keen, M., and Smith, S. (2010), 'Value Added Tax and Excises', in J. Mirrlees, S. Adam, T. Besley, R. Blundell, S. Bond, R. Chote, M. Gammie, P. Johnson, G. Myles, and J. Poterba (eds), *Dimensions of Tax Design: The Mirrlees Review*, Oxford: Oxford University Press for Institute for Fiscal Studies.

Creedy, J., and Disney, R. (1985), *Social Insurance in Transition: An Economic Analysis*, Oxford: Oxford University Press.

Cremer, H., and Pestieau, P. (2006), 'Wealth Transfer Taxation: A Survey of the Theoretical Literature', in L.-A. Gérard-Varet, S.-C. Colm, and J. Mercier Ythier (eds), *Handbook of the Economics of Giving, Reciprocity and Altruism*, Volume 2, Amsterdam: North-Holland.

CSERGE (1993—Centre for Social and Economic Research on the Global Environment, University of East Anglia), *Externalities from Landfill and Incineration*, Department of the Environment, London: HMSO.

Cullen, J., and Gordon, R. (2007), 'Taxes and Entrepreneurial Risk-Taking: Theory and Evidence for the U.S.', *Journal of Public Economics*, **91**, 1479–505.

De Mooij, R., and Devereux, M. (2009), 'Alternative Systems of Business Tax in Europe: An Applied Analysis of ACE and CBIT Reforms', European Commission, DG Taxation and Customs Union, Taxation Paper 17.

Department for Environment, Food and Rural Affairs (2008), *Synthesis Report on the Findings from Defra's Pre-Feasibility Study into Personal Carbon Trading*, London (http://www.decc.gov.uk/assets/decc/what%20we%20do/global%20climate%20change%20and%20energy/tackling%20climate%20change/ind_com_action/personal/pct-synthesis-report.pdf).

Department for Transport (2004), *Feasibility Study of Road Pricing in the UK*, London (http://webarchive.nationalarchives.gov.uk/+/http://www.dft.gov.uk/pgr/

roads/introtoroads/roadcongestion/feasibilitystudy/studyreport/feasibilityfullreport).

— (2006), *Transport Demand to 2025 & the Economic Case for Road Pricing and Investment*, London (http://webarchive.nationalarchives.gov.uk/+/http://www.dft.gov.uk/about/strategy/transportstrategy/eddingtonstudy/researchannexes/research annexesvolume3/transportdemand.pdf).

Department for Work and Pensions (2006), *Security in Retirement: Towards a New Pensions System*, Cm. 6841, London (http://www.dwp.gov.uk/policy/pensions-reform/security-in-retirement/white-paper/).

— (2010a), *Income Related Benefits: Estimates of Take-Up in 2008–09*, London (http://research.dwp.gov.uk/asd/income_analysis/jun_2010/0809_Publication.pdf).

— (2010b), *21st Century Welfare*, Cm. 7913, London (http://www.dwp.gov.uk/docs/21st-century-welfare.pdf).

— (2010c), *Fraud and Error in the Benefit System: October 2008 to September 2009* (http://research.dwp.gov.uk/asd/asd2/fem/fem_oct08_sep09.pdf).

— (2010d), *Universal Credit: Welfare that Works*, Cm. 7957, London (http://www.dwp.gov.uk/docs/universal-credit-full-document.pdf).

— (2010e), *Low-Income Dynamics 1991–2008 (Great Britain)*, London (http://statistics.dwp.gov.uk/asd/hbai/low_income/low_income_dynamics_1991-2008.pdf).

Department of Energy and Climate Change (2009a), *The UK Renewable Energy Strategy*, Cm. 7686, London (http://webarchive.nationalarchives.gov.uk/+/http://www.decc.gov.uk/en/content/cms/what_we_do/uk_supply/energy_mix/renewable/res/res.aspx).

— (2009b), *Carbon Appraisal in UK Policy Appraisal: A Revised Approach* (http://www.decc.gov.uk/assets/decc/what%20we%20do/a%20low%20carbon%20uk/carbon%20valuation/1_20090901160357_e_@@_carbonvaluesbriefguide.pdf).

— (2010), *Quarterly Energy Prices*, 25 March.

Devereux, M. (1989), 'Tax Asymmetries, the Cost of Capital and Investment: Some Evidence from United Kingdom Panel Data', *Economic Journal*, **99**, 103–12.

— and Griffith, R. (1998), 'Taxes and the Location of Production: Evidence from a Panel of US Multinationals', *Journal of Public Economics*, **68**, 335–67.

Diamond, P., and Mirrlees, J. (1971), 'Optimal Taxation and Public Production: Production Efficiency', *American Economic Review*, **61**, 8–27.

Dilnot, A., Kay, J., and Morris, C. (1984), *The Reform of Social Security*, Oxford: Oxford University Press.

Dresner, S., and Ekins, P. (2006), 'Economic Instruments to Improve UK Home Energy Efficiency without Negative Social Impacts', *Fiscal Studies*, **27**, 47–74.

Dupuit, J. (1844), 'On the Measurement of the Utility of Public Works', *Annales des Ponts et Chaussées*, **7**.

Dye, R., and England, R. (eds) (2009), *Land Value Taxation: Theory, Evidence and Practice*, Cambridge, MA: Lincoln Institute of Land Policy.

Ebrill, L., Keen, M., Bodin, J.-P., and Summers, V. (2001), *The Modern VAT*, Washington, DC: International Monetary Fund.

Eddington, R. (2006), *The Eddington Transport Study*, London: Department for Transport (http://webarchive.nationalarchives.gov.uk/+/http://www.dft.gov.uk/about/strategy/transportstrategy/eddingtonstudy/).

European Commission (1987), *Completion of the Internal Market: Approximation of Indirect Tax Rates and Harmonisation of Indirect Tax Structures*, COM(87) 320, Brussels.

— (1996), *A Common System of VAT: A Programme for the Single Market*, COM(328) 96, Brussels.

— (2004), *Report from the Commission to the Council and the European Parliament on the Use of Administrative Cooperation Arrangements in the Fight against VAT Fraud*, COM(2004) 260 final, Brussels (http://eur-lex.europa.eu/LexUriServ/LexUriServ.do?uri=COM:2004:0260:FIN:EN:PDF).

— (2008), 'Measures to Change the VAT System to Fight Fraud', SEC(2008) 249, Brussels.

— (2010a), 'Taxation of the Financial Sector', Communication from the Commission to the European Parliament, the Council, the European Economic and Social Committee, and the Committee of the Regions, COM(2010) 549/5, Brussels (http://ec.europa.eu/taxation_customs/resources/documents/taxation/com_2010_0549_en.pdf).

— (2010b), 'Financial Sector Taxation', Commission Staff Working Document, SEC(2010) 1166/3, Brussels (http://ec.europa.eu/taxation_customs/resources/documents/taxation/sec_2010_1166_en.pdf).

— (2010c), 'Commission Staff Working Document accompanying the Green Paper on the Future of VAT', SEC(2010) 1455 final, Brussels (http://ec.europa.eu/taxation_customs/resources/documents/common/consultations/tax/future_vat/sec%282010%291455_en.pdf).

Evans, C. (2003), 'Studying the Studies: An Overview of Recent Research into Taxation Operating Costs', *Journal of Tax Research*, **1**, 64–92.

Fane, G. (1987), 'Neutral Taxation under Uncertainty', *Journal of Public Economics*, **33**, 95–105.

Farhi, E., and Werning, I. (2007), 'Capital Taxation: Quantitative Explorations of the Inverse Euler Equation', Laboratory for Macroeconomic Analysis, Working Paper CAS_RN_2007_3.

— — (2010), 'Progressive Estate Taxation', *Quarterly Journal of Economics*, **125**, 635–73.

Feldstein, M. (1999), 'Tax Avoidance and the Deadweight Loss of the Income Tax', *Review of Economics and Statistics*, **81**, 674–80.

Fiszbein, A., and Schady, N. (2009), *Conditional Cash Transfers: Reducing Present and Future Poverty*, Washington, DC: World Bank.

Freedman, J., and Chamberlain, E. (1997), 'Horizontal Equity and the Taxation of Employed and Self-Employed Workers', *Fiscal Studies*, **18**, 87–118.

Freud, D. (2007), *Reducing Dependency, Increasing Opportunity: Options for the Future of Welfare to Work*, independent report to the Department for Work and Pensions, Leeds: CDS (http://www.dwp.gov.uk/policy/welfare-reform/legislation-and-key-documents/freud-report/).

Friedman, M. (1962), *Capitalism and Freedom*, Chicago, IL: University of Chicago Press.

Fullerton, D., Leicester, A., and Smith, S. (2010), 'Environmental Taxes', in J. Mirrlees, S. Adam, T. Besley, R. Blundell, S. Bond, R. Chote, M. Gammie, P. Johnson, G. Myles, and J. Poterba (eds), *Dimensions of Tax Design: The Mirrlees Review*, Oxford: Oxford University Press for Institute for Fiscal Studies.

— and West, S. (2002), 'Can Taxes on Vehicles and on Gasoline Mimic an Unavailable Tax on Emissions?', *Journal of Environmental Economics and Management*, **43**, 135–57.

Gale, W., and Slemrod, J. (2001), 'Rethinking the Estate and Gift Tax: Overview', in W. Gale, J. Hines, and J. Slemrod (eds), *Rethinking Estate and Gift Taxation*, Washington, DC: Brookings Institution Press.

Gallagher, E. (2008), *The Gallagher Review of the Indirect Effects of Biofuels Production*, St Leonards-on-Sea: Renewable Fuels Agency (http://webarchive. nationalarchives.gov.uk/+/http://www.renewablefuelsagency.gov.uk/reportsandpub lications/reviewoftheindirecteffectsofbiofuels).

Gendron, P.-P. (2005), 'Value-Added Tax Treatment of Public Bodies and Non-Profit Organizations', *Bulletin for International Fiscal Documentation*, **59**, 514–25.

Genser, B., and Winker, P. (1997), 'Measuring the Fiscal Revenue Loss of VAT Exemption in Commercial Banking', *Finanzarchiv*, **54**, 565–85.

George, H. (1879), *Progress and Poverty*, London: J. M. Dent.

Golosov, M., and Tsyvinski, A. (2006), 'Designing Optimal Disability Insurance: A Case for Asset Testing', *Journal of Political Economy*, **114**, 257–79.

Goodman, A., Johnson, P., and Webb, S. (1997), *Inequality in the UK*, Oxford: Oxford University Press.

— and Oldfield, Z. (2004), *Permanent Differences? Income and Expenditure Inequality in the 1990s and 2000s*, IFS Report 66, London: Institute for Fiscal Studies (http://www.ifs.org.uk/publications/2117).

Gordon, R. (1986), 'Taxation of Investment and Savings in a World Economy', *American Economic Review*, **76**, 1086–102.

Gruber, J. (2003a), 'Smoking "Internalities"', *Regulation*, **25**, 52–7.

— (2003b), 'The New Economics of Smoking', *NBER Reporter* (http://www.nber.org/reporter/summer03/gruber.html).

— and Koszegi, B. (2001), 'Is Addiction "Rational"? Theory and Evidence', *Quarterly Journal of Economics*, **116**, 1261–303.

— and Wise, D. (eds) (1999), *Social Security and Retirement around the World*, Chicago, IL: University of Chicago Press.

— — (eds) (2004), *Social Security Programs and Retirement around the World: Micro Estimation*, Chicago, IL: University of Chicago Press.

Grubert, H., and Mackie, J. (1999), 'Must Financial Services Be Taxed under a Consumption Tax?', *National Tax Journal*, **53**, 23–40.

Hall, R. (2010), Commentary on J. Banks and P. Diamond, 'The Base for Direct Taxation', in J. Mirrlees, S. Adam, T. Besley, R. Blundell, S. Bond, R. Chote, M. Gammie, P. Johnson, G. Myles, and J. Poterba (eds), *Dimensions of Tax Design: The Mirrlees Review*, Oxford: Oxford University Press for Institute for Fiscal Studies.

— and Rabushka, A. (1995), *The Flat Tax*, Stanford, CA: Hoover Press.

Hammond, P. (1988), 'Altruism', in J. Eatwell, M. Milgate, and P. Newman (eds), *The New Palgrave: A Dictionary of Economics*, Basingstoke: Macmillan.

Hanly, M., Dargay, J., and Goodwin, P. (2002), *Review of Income and Price Elasticities and the Demand for Road Traffic*, London: Department for Transport, Local Government, and the Regions.

Harrington, W., Morgenstern, R., and Nelson, P. (1999), 'On the Accuracy of Regulatory Cost Estimates', Resources for the Future, Discussion Paper 99-18 (http://www.rff.org/rff/Documents/RFF-DP-99-18.pdf).

Hashimzade, N., Khodavaisi, H., and Myles, G. (2005), 'Tax Principles, Product Differentiation and the Nature of Competition', *International Tax and Public Finance*, **12**, 695–712.

— and Myles, G. (2007), 'Inequality and the Choice of the Personal Tax Base', *Research on Economic Inequality*, **15**, 73–97.

Hassett, K., and Hubbard, R. (2002), 'Tax Policy and Business Investment', in A. Auerbach and M. Feldstein (eds), *Handbook of Public Economics*, Volume 3, Amsterdam: Elsevier.

— and Mathur, A. (2006), 'Taxes and Wages', American Enterprise Institute, Working Paper 128 (http://www.aei.org/paper/24629).

Haufler, A., and Pflüger, M. (2004), 'International Commodity Taxation under Monopolistic Competition', *Journal of Public Economic Theory*, **6**, 445–70.

— Schjelderup, G., and Stahler, F. (2005), 'Barriers to Trade and Imperfect Competition: The Choice of Commodity Tax Base', *International Tax and Public Finance*, **12**, 281–300.

Heady, C. (1993), 'Optimal Taxation as a Guide to Tax Policy: A Survey', *Fiscal Studies*, **14**(1), 15–41.

Heckman, J. (2006), 'Skill Formation and the Economics of Investing in Disadvantaged Children', *Science*, **312**, 1900–02.

— Lochner, L., and Taber, C. (1999), 'General Equilibrium Cost Benefit Analysis of Education and Tax Policies', in G. Ranis and L. Raut (eds), *Trade Development and Growth: Essays in Honor of T. N. Srinivasan*, Amsterdam: Elsevier Publishers.

Hedges, A., and Bromley, C. (2001), *Public Attitudes towards Taxation: The Report of Research Conducted for the Fabian Commission on Taxation and Citizenship*, London: Fabian Society.

Helm, D. (2008), 'Climate-Change Policy: Why Has So Little Been Achieved?', *Oxford Review of Economic Policy*, **24**, 211–38.

Highfield, R. (2010), Commentary on J. Shaw, J. Slemrod, and J. Whiting, 'Administration and Compliance', in J. Mirrlees, S. Adam, T. Besley, R. Blundell, S. Bond, R. Chote, M. Gammie, P. Johnson, G. Myles, and J. Poterba (eds), *Dimensions of Tax Design: The Mirrlees Review*, Oxford: Oxford University Press for Institute for Fiscal Studies.

HM Revenue and Customs (2009), *Meeting Our Challenges: Departmental Autumn Performance Report 2009* (http://www.hmrc.gov.uk/about/autumn-report-2009.pdf).

— (2010a), *Child and Working Tax Credits: Error and Fraud Statistics 2008–09* (http://www.hmrc.gov.uk/stats/personal-tax-credits/cwtcredits-error0809.pdf).

— (2010b), *Child Benefit, Child Tax Credit and Working Tax Credit: Take-Up Rates 2007–08*, London (http://www.hmrc.gov.uk/stats/personal-tax-credits/cwtc-take-up2007-08.pdf).

— (2010c), *Improving the Operation of Pay As You Earn (PAYE)*, Discussion Document (http://customs.hmrc.gov.uk/channelsPortalWebApp/downloadFile?contentID=HMCE_PROD1_030623).

— (2010d), *Measuring Tax Gaps 2010*, London (http://www.hmrc.gov.uk/stats/measuring-tax-gaps-2010.htm.pdf).

— (2010e), *Improving the Operation of Pay As You Earn (PAYE): Collecting Real Time Information* (http://customs.hmrc.gov.uk/channelsPortalWebApp/downloadFile?contentID=HMCE_PROD1_030851).

— (2010f), *2009–10 Accounts*, HC 299, London: TSO (http://www.hmrc.gov.uk/about/hmrc-accs-0910.pdf).

HM Treasury (2007), *Income Tax and National Insurance Alignment: An Evidence-Based Assessment* (http://webarchive.nationalarchives.gov.uk/+/http://www.hm-treasury.gov.uk/media/B/B/pbr_csr07_incometax713.pdf).

HM Treasury (2008), 'Public Finances and the Cycle', Treasury Economic Working Paper 5 (http://webarchive.nationalarchives.gov.uk/+/http://www.hm-treasury.gov.uk/d/pbr08_publicfinances_444.pdf).

— (2009), *Pre-Budget Report 2009—Securing the Recovery: Growth and Opportunity* (http://webarchive.nationalarchives.gov.uk/+/http://www.hm-treasury.gov.uk/prebud_pbr09_index.htm).

— (2010a), *Budget 2010—Securing the Recovery*, March (http://webarchive.nationalarchives.gov.uk/+/http://www.hm-treasury.gov.uk/budget2010_documents.htm).

— (2010b), *Budget 2010*, June (http://www.hm-treasury.gov.uk/junebudget_documents.htm).

— (2011), *2011 Budget*, March (http://www.hm-treasury.gov.uk/2011budget_documents.htm).

— and Department for Education and Skills (2007), *Final Evaluation of the Saving Gateway 2 Pilot: Main Report*, Research Study conducted by Ipsos MORI and Institute for Fiscal Studies (http://webarchive.nationalarchives.gov.uk/+/http://www.hm-treasury.gov.uk/media/7/0/savings_gateway_evaluation_report.pdf).

— and HM Revenue and Customs (2010), *Impact Assessments*, London (http://cdn.hm-treasury.gov.uk/junebudget_impact_assessments.pdf).

Hoffman, L., Poddar, S., and Whalley, J. (1987), 'Taxation of Banking Services under a Consumption Type, Destination Basis VAT', *National Tax Journal*, **40**, 547–54.

Holtz-Eakin, D., Joulfaian, D., and Rosen, H. (1993), 'The Carnegie Conjecture: Some Empirical Evidence', *Quarterly Journal of Economics*, **108**, 413–35.

House of Commons Environmental Audit Committee (2006), *Pre–Budget 2005: Tax, Economic Analysis, and Climate Change*, London: The Stationery Office Limited.

House of Commons Treasury Committee (2007), *Private Equity*, Tenth Report of Session 2006–07, HC567 (http://www.publications.parliament.uk/pa/cm200607/cmselect/cmtreasy/567/56702.htm).

Hoynes, H. (2010), Commentary on M. Brewer, E. Saez, and A. Shephard, 'Means-Testing and Tax Rates on Earnings', in J. Mirrlees, S. Adam, T. Besley, R. Blundell, S. Bond, R. Chote, M. Gammie, P. Johnson, G. Myles, and J. Poterba (eds), *Dimensions of Tax Design: The Mirrlees Review*, Oxford: Oxford University Press for Institute for Fiscal Studies.

Huizinga, H. (2002), 'A European VAT on Financial Services?', *Economic Policy*, **17**, 499–534.

IFS Capital Taxes Group (1989), *Neutrality in the Taxation of Savings: An Extended Role for PEPs*, Commentary 17, London: Institute for Fiscal Studies.

— (1991), *Equity for Companies: A Corporation Tax for the 1990s*, Commentary 26, London: Institute for Fiscal Studies (http://www.ifs.org.uk/publications/1914).

Inland Revenue (1999), *Tax Credits Act 1999 and Accompanying Regulations: Regulatory Impact Assessment* (http://www.hmrc.gov.uk/ria/ria9.pdf).

Institute for Fiscal Studies (1993), *Options for 1994: The Green Budget*, Commentary 40, London: IFS (http://www.ifs.org.uk/publications/5613).

Intergovernmental Panel on Climate Change (2007), *Climate Change 2007: The Physical Science Basis—Contribution of Working Group I to the Fourth Assessment Report of the IPCC*, Cambridge: Cambridge University Press (http://www.ipcc-wg1.unibe.ch/publications/wg1-ar4/wg1-ar4.html).

International Monetary Fund (2010), *A Fair and Substantial Contribution by the Financial Sector: Final Report for the G-20* (http://www.imf.org/external/np/g20/pdf/062710b.pdf).

Jacobs, B., and Bovenberg, A. (2008), 'Optimal Taxation of Human Capital and the Earnings Function', CESifo, Working Paper 2250 (http://www.cesifo-group.de/portal/page/portal/ifoHome/b-publ/b3publwp/_wp_by_number?p_number=2250).

Johnson, P., Leicester, A., and Levell, P. (2010), *Environmental Policy since 1997*, IFS (Institute for Fiscal Studies) Briefing Note 94 (http://www.ifs.org.uk/publications/4829).

Joyce, M., Sorensen, S., and Weeken, O. (2008), 'Recent Advances in Extracting Policy-Relevant Information from Market Interest Rates', *Bank of England Quarterly Bulletin*, 2008 Q2, 157–66.

Kaldor, N. (1980), *Reports on Taxation, I*, London: Duckworth.

Kaplow, L. (1995), 'A Note on Subsidizing Gifts', *Journal of Public Economics*, **58**, 469–77.

— (1998), 'Tax Policy and Gifts', *American Economic Review: Papers and Proceedings*, **88**, 283–8.

— (2008), *The Theory of Taxation and Public Economics*, Princeton, NJ: Princeton University Press.

Kay, J. (2010), Commentary on J. Banks and P. Diamond, 'The Base for Direct Taxation', in J. Mirrlees, S. Adam, T. Besley, R. Blundell, S. Bond, R. Chote, M. Gammie, P. Johnson, G. Myles, and J. Poterba (eds), *Dimensions of Tax Design: The Mirrlees Review*, Oxford: Oxford University Press for Institute for Fiscal Studies.

— and King, M. (1990), *The British Tax System*, fifth edition, Oxford: Oxford University Press.

Keen, M., Krelove, R., and Norregaard, J. (2010), 'The Financial Activities Tax', in S. Claessens, M. Keen, and C. Pazarbasioglu (eds), *Financial Sector Taxation: The IMF's Report to the G-20 and Background Material*, Washington, DC: International Monetary Fund (http://www.imf.org/external/np/seminars/eng/2010/paris/pdf/090110.pdf).

Keen, M. and Lahiri, S. (1998), 'The Comparison between Destination and Origin Principles under Imperfect Competition', *Journal of International Economics*, **45**, 323–50.

— and Smith, S. (1996), 'The Future of Value-Added Tax in the European Union', *Economic Policy*, **23**, 375–411 and 419–20.

— — (2000), 'Viva VIVAT!', *International Tax and Public Finance*, **6**, 741–51.

— and Wildasin, D. (2004), 'Pareto-Efficient International Taxation', *American Economic Review*, **94**, 259–75.

Kenway, P. and Palmer, G. (2007), *Poverty among Ethnic Groups: How and Why Does It Differ?*, York: Joseph Rowntree Foundation (http://www.jrf.org.uk/sites/files/jrf/2042-ethnicity-relative-poverty.pdf).

Kerrigan, A. (2010), 'The Elusiveness of Neutrality: Why Is It So Difficult to Apply VAT to Financial Services?', *International VAT Monitor,* **21**, 103–12.

King, J. (2007), *The King Review of Low-Carbon Cars—Part I: The Potential for CO_2 Reduction* (http://webarchive.nationalarchives.gov.uk/+/http://www.hm-treasury.gov.uk/d/pbr_csr07_king840.pdf).

— (2008), *The King Review of Low-Carbon Cars—Part II: Recommendations for Action* (http://webarchive.nationalarchives.gov.uk/+/http://www.hm-treasury.gov.uk/d/bud08_king_1080.pdf).

Kirby, K., Winston, G., and Santiesteban, M. (2005), 'Impatience and Grades: Delay-Discount Rates Correlate Negatively with College GPA', *Learning and Individual Differences*, **15**, 213–22.

Kleven, H., Kreiner, C., and Saez, E. (2009a), 'Why Can Modern Governments Tax So Much? An Agency Model of Firms as Fiscal Intermediaries', National Bureau of Economic Research (NBER), Working Paper 15218 (http://www.nber.org/papers/w15218).

— — — (2009b), 'The Optimal Income Taxation of Couples', *Econometrica*, **77**, 537–60.

Kopczuk, W. (2005), 'Tax Bases, Tax Rates and the Elasticity of Reported Income', *Journal of Public Economics*, **89**, 2093–119.

— (2010), 'Economics of Estate Taxation: A Brief Review of Theory and Evidence', National Bureau of Economic Research (NBER), Working Paper 15741 (http://www.nber.org/papers/w15741).

— and Slemrod, J. (2001), 'The Impact of the Estate Tax on Wealth Accumulation and Avoidance Behaviour', in W. Gale, J. Hines, and J. Slemrod (eds), *Rethinking Estate and Gift Taxation*, Washington, DC: Brookings Institution Press.

KPMG (2006), *Administrative Burdens – HMRC Measurement Project—Report by Tax Area, Part 11: Employer Taxes* (http://www.hmrc.gov.uk/better-regulation/part11.pdf).

Laroque, G. (2005a), 'Indirect Taxation Is Superfluous under Separability and Taste Homogeneity: A Simple Proof', *Economics Letters*, **87**, 141–4.

— (2005b), 'Income Maintenance and Labour Force Participation', *Econometrica*, **73**, 341–76.

Leape, J. (2006), 'The London Congestion Charge', *Journal of Economic Perspectives*, **20**(4), 157–76.

Leicester, A. (2006), *The UK Tax System and the Environment*, IFS Report 68, London: Institute for Fiscal Studies (http://www.ifs.org.uk/publications/3774).

Lewis, M., and White, S. (2006), 'Inheritance Tax: What Do People Think? Evidence from Deliberative Workshops', in W. Paxton, S. White, and D. Maxwell (eds), *The Citizens' Stake: Exploring the Future of Universal Asset Policies*, Bristol: Policy Press.

Lockwood, B. (1993), 'Commodity Tax Competition under Destination and Origin Principles', *Journal of Public Economics*, **52**, 141–62.

— (2010), 'How Should Financial Intermediation Services Be Taxed?', CESifo Working Paper 3226 (http://www.cesifo-group.de/portal/pls/portal/docs/1/ 1185178.PDF).

— de Meza, D., and Myles, G. (1994), 'When Are Origin and Destination Regimes Equivalent?', *International Tax and Public Finance*, **1**, 5–24.

Loretz, S. (2008), 'Corporate Taxation in the OECD in a Wider Context', *Oxford Review of Economic Policy*, **24**, 639–60.

Lundberg, S., Pollack, R., and Wales, T. (1997), 'Do Husbands and Wives Pool Their Resources? Evidence from the United Kingdom Child Benefit', *Journal of Human Resources*, **32**, 463–80.

Lyons, M. (2007), *Lyons Inquiry into Local Government—Place-Shaping: A Shared Ambition for the Future of Local Government*, Final Report, London: TSO (http:// www.lyonsinquiry.org.uk/index98b2.html).

Mace, B. (2010), Commentary on J. Shaw, J. Slemrod, and J. Whiting, 'Administration and Compliance', in J. Mirrlees, S. Adam, T. Besley, R. Blundell, S. Bond, R. Chote, M. Gammie, P. Johnson, G. Myles, and J. Poterba (eds), *Dimensions of Tax Design: The Mirrlees Review*, Oxford: Oxford University Press for Institute for Fiscal Studies.

Machin, S., and Van Reenen, J. (2008), 'Changes in Wage Inequality', in S. Durlauf and L. Blume (eds), *The New Palgrave Dictionary of Economics*, second edition, Basingstoke: Palgrave Macmillan.

Manning, A., and Goos, M. (2007), 'Lousy and Lovely Jobs: The Rising Polarization of Work in Britain', *Review of Economics and Statistics*, **89**, 118–33.

Martin, D. (2009), *Benefit Simplification: How, and Why, It Must Be Done*, London: Centre for Policy Studies.

McAlpine, C., and Thomas, A. (2008), *The Triggers and Barriers to the Take-Up of Working Tax Credit among Those without Dependent Children*, HMRC Research

Report 86, London: HM Revenue and Customs (http://www.hmrc.gov.uk/research/report86-full.pdf).

McLure, C. (1999), 'Protecting Dual VATs from Evasion on Cross-Border Trade: An Addendum to Bird and Gendron', mimeo, Hoover Institution.

— (2000), 'Implementing Subnational Value Added Taxes on Internal Trade: The Compensating VAT (CVAT)', *International Tax and Public Finance*, **7**, 723–40.

Meade, J. (1978), *The Structure and Reform of Direct Taxation: Report of a Committee Chaired by Professor J. E. Meade for the Institute for Fiscal Studies*, London: George Allen & Unwin (http://www.ifs.org.uk/publications/3433).

Meghir, C., and Phillips, D. (2010), 'Labour Supply and Taxes', in J. Mirrlees, S. Adam, T. Besley, R. Blundell, S. Bond, R. Chote, M. Gammie, P. Johnson, G. Myles, and J. Poterba (eds), *Dimensions of Tax Design: The Mirrlees Review*, Oxford: Oxford University Press for Institute for Fiscal Studies.

Merrill, P., and Edwards, C. (1996), 'Cash-Flow Taxation of Financial Services', *National Tax Journal*, **49**, 487–500.

Meyer, B., and Sullivan, J. (2003), 'Measuring the Well-Being of the Poor Using Income and Consumption', *Journal of Human Resources*, **38** Supplement, 1180–220.

— — (2004), 'Consumption and the Poor: What We Know and What We Can Learn', ASPE-Initiated Workshop on Consumption among Low-Income Families.

Mirrlees, J. (1971), 'The Theory of Optimal Income Taxation', *Review of Economic Studies*, **38**, 175–208.

— Adam, S., Besley, T., Blundell, R., Bond, S., Chote, R., Gammie, M., Johnson, P., Myles, G., and Poterba, J. (eds) (2010), *Dimensions of Tax Design: The Mirrlees Review*, Oxford: Oxford University Press for Institute for Fiscal Studies.

Muellbauer, J. (2005), 'Property Taxation and the Economy', in D. Maxwell and A. Vigor (eds), *Time for Land Value Tax?*, London: Institute for Public Policy Research (IPPR).

Myles, G. (1995), *Public Economics*, Cambridge: Cambridge University Press.

Newbery, D. (2003), 'Sectoral Dimensions of Sustainable Development: Energy and Transport', in United Nations Economic Commission for Europe, *Economic Survey of Europe 2* (http://www.unece.org/ead/sem/sem2003/papers/newbery.pdf).

— (2005), 'Road User and Congestion Charges', in S. Cnossen (ed.), *Theory and Practice of Excise Taxation: Smoking, Drinking, Gambling, Polluting, and Driving*, Oxford: Oxford University Press.

— Santos, G. (1999), 'Road Taxes, Road User Charges and Earmarking', *Fiscal Studies*, **20**, 103–32.

Oates, W., and Schwab, R. (1997), 'The Impact of Urban Land Taxation: The Pittsburgh Experience', *National Tax Journal*, **50**, 1–21.

OECD (2006), *The Political Economy of Environmentally Related Taxes*, Paris: Organization for Economic Cooperation and Development.

— (2011), *Consumption Tax Trends 2010*, Paris: Organization for Economic Cooperation and Development.

Office for Budget Responsibility (2011), *Economic and Fiscal Outlook: March 2011*, Cm. 8036 (http://budgetresponsibility.independent.gov.uk/wordpress/docs/economic_and_fiscal_outlook_23032011.pdf).

Office for National Statistics (2009), *Wealth in Great Britain: Main Results from the Wealth and Assets Survey 2006/08* (http://www.statistics.gov.uk/downloads/theme_economy/wealth-assets-2006-2008/Wealth_in_GB_2006_2008.pdf).

Ofgem (2009), *Updated: Household Energy Bills Explained*, Factsheet 81, London: Office of the Gas and Electricity Markets (http://www.ofgem.gov.uk/Media/FactSheets/Documents1/updatedhouseholdbills09.pdf).

Parker, A., and Fischhoff, B. (2005), 'Decision-Making Competence: External Validation through an Individual-Differences Approach', *Journal of Behavioral Decision Making*, **18**, 1–27.

Parry, I., and Small, K. (2005), 'Does Britain or the United States Have the Right Gasoline Tax?', *American Economic Review*, **95**, 1276–89.

Pestieau, P. (2010), Commentary on J. Banks and P. Diamond, 'The Base for Direct Taxation', in J. Mirrlees, S. Adam, T. Besley, R. Blundell, S. Bond, R. Chote, M. Gammie, P. Johnson, G. Myles, and J. Poterba (eds), *Dimensions of Tax Design: The Mirrlees Review*, Oxford: Oxford University Press for Institute for Fiscal Studies.

Pigou, A. (1920), *The Economics of Welfare*, London: Macmillan.

Poddar, S. (2003), 'Consumption Taxes: The Role of the Value-Added Tax', in P. Honohan (ed.), *Taxation of Financial Intermediation: Theory and Practice for Emerging Economies*, Washington, DC: World Bank.

— (2007), 'VAT on Financial Services: Searching for a Workable Compromise', in R. Krever and D. White (eds), *GST in Retrospect and Prospect*, Wellington: Thomson Brookers.

— and English, M. (1997), 'Taxation of Financial Services under a Value-Added Tax: Applying the Cash-Flow Method', *National Tax Journal*, **50**, 89–111.

Poterba, J. (2002), 'Taxation, Risk-Taking, and Household Portfolio Behavior', in A. Auerbach and M. Feldstein (eds), *Handbook of Public Economics*, Volume 3, Amsterdam: Elsevier.

Prabhakar, R. (2008), 'Wealth Taxes: Stories, Metaphors and Public Attitudes', *Political Quarterly*, **79**, 172–8.

Radalj, K., and McAleer, M. (2005), 'Speculation and Destabilisation', *Mathematics and Computers in Simulation*, **69**, 151–61.

Radulescu, D., and Stimmelmayr, M. (2007), 'ACE versus CBIT: Which Is Better for Investment and Welfare?', *CESifo Economic Studies*, **53**, 294–328.

Reeves, R. (2007), *John Stuart Mill: Victorian Firebrand*, London: Atlantic Books.

Rhys Williams, J. (1943), *Something to Look Forward to: A Suggestion for a New Social Contract*, London: MacDonald.

Roberts, M., and Spence, M. (1976), 'Effluent Charges and Licenses under Uncertainty', *Journal of Public Economics*, **5**, 193–208.

Rosen, H. (1977), 'Is It Time to Abandon Joint Filing?', *National Tax Journal*, **30**, 423–8.

Rowlingson, K., and Mackay, S. (2005), *Attitudes to Inheritance in Britain*, Bristol: Policy Press.

Saez, E. (2002), 'Optimal Income Transfer Programs: Intensive versus Extensive Labor Supply Responses', *Quarterly Journal of Economics*, **117**, 1039–73.

Sainsbury, R., and Stanley, K. (2007), *One for All: Active Welfare and the Single Working-Age Benefit*, London: Institute for Public Policy Research (http://www.ippr.org/publications/55/1588/one-for-all-active-welfare-and-the-single-working-age-benefit).

Sandford, C., Godwin, M., and Hardwick, P. (1989), *Administrative and Compliance Costs of Taxation*, Bath: Fiscal Publications.

Sandmo, A. (1976), 'Direct versus Indirect Pigouvian Taxation', *European Economic Review*, **7**, 337–49.

Sansom, T., Nash, C., Mackie, P., Shires, J., and Watkiss, P. (2001), *Surface Transport Costs and Charges: Great Britain 1998*, Leeds: Institute for Transport Studies.

Schneider, F., and Enste, D. (2000), 'Shadow Economy: Size, Causes, and Consequences', *Journal of Economic Literature*, **38**, 77–114.

Select Committee on Work and Pensions (2007), *Seventh Report*, Session 2006–07, HC 463 (http://www.publications.parliament.uk/pa/cm200607/cmselect/cmworpen/463/46302.htm).

Shaw, J., Slemrod, J., and Whiting, J. (2010), 'Administration and Compliance', in J. Mirrlees, S. Adam, T. Besley, R. Blundell, S. Bond, R. Chote, M. Gammie, P. Johnson, G. Myles, and J. Poterba (eds), *Dimensions of Tax Design: The Mirrlees Review*, Oxford: Oxford University Press for Institute for Fiscal Studies.

Slemrod, J. (2004), 'Small Business and the Tax System', in H. Aaron and J. Slemrod (eds), *The Crisis in Tax Administration*, Washington, DC: Brookings Institution Press.

— (2006), 'Taxation and Big Brother: Information, Personalisation and Privacy in 21st Century Tax Policy', *Fiscal Studies*, **27**, 1–15.

— and Kopczuk, W. (2002), 'The Optimal Elasticity of Taxable Income', *Journal of Public Economics*, **84**, 91–112.

Society of Motor Manufacturers and Traders (2010), *New Car CO$_2$ Report 2010* (https://www.smmt.co.uk/shop/new-car-co2-report-2010-2/).

Sørensen, P. (2005), 'Neutral Taxation of Shareholder Income', *International Tax and Public Finance*, **12**, 777–801.

— (2007), 'The Theory of Optimal Taxation: What Is the Policy Relevance?', *International Tax and Public Finance*, **14**, 383–406.

— (2009), 'Dual Income Taxes: A Nordic Tax System', paper prepared for the conference on *New Zealand Tax Reform—Where to Next?*.

Stern, N. (2006), *Stern Review: The Economics of Climate Change*, Cambridge: Cambridge University Press.

— (2008), 'The Economics of Climate Change', *American Economic Review: Papers and Proceedings*, **98**, 1–37.

— (2009), *The Global Deal: Climate Change and the Creation of a New Era of Progress and Prosperity*, New York: Public Affairs.

Stiglitz, J. (1998), 'Using Tax Policy to Curb Speculative Short-Term Trading', *Journal of Financial Services Research*, **3**, 101–15.

Taylor, C., Denham, M., Baron, R., and Allum, A. (2010), *Welfare Reform in Tough Fiscal Times: Creating a Better and Cheaper Benefits System*, London: Taxpayers' Alliance (http://www.taxpayersalliance.com/welfarereform.pdf).

Thaler, R., and Shefrin, H. (1981), 'An Economic Theory of Self-Control', *Journal of Political Economy*, **89**, 392–406.

Tobin, J. (1970), 'On Limiting the Domain of Inequality', *Journal of Law and Economics*, **13**, 263–77.

— (1978), 'A Proposal for International Monetary Reform', *Eastern Economic Journal*, **4**, 153–9.

Tuomala, M. (1990), 'Optimal Income Taxation and Redistribution', Oxford: Clarendon Press.

Turley, C., and Thomas, A. (2006), *Housing Benefit and Council Tax Benefit as In-Work Benefits; Claimants' and Advisors' Knowledge, Attitudes and Experiences*, Department for Work and Pensions Research Report 383, Leeds: CDS (http://research.dwp.gov.uk/asd/asd5/rports2005-2006/rrep383.pdf).

US Department of the Treasury (1992), *Integration of the Individual and Corporate Tax Systems: Taxing Business Income Once*, Washington, DC: US Government Printing Office.

Valuation Office Agency (2009), *Property Market Report January 2009* (http://webarchive.nationalarchives.gov.uk/+/http://www.voa.gov.uk/publications/property_market_report/pmr-jan-09/index.htm).

— (2010), *Annual Report and Account 2009–10* (http://www.voa.gov.uk/corporate/_downloads/pdf/annualReport_2009_10.pdf).

Varsano, R. (2000), 'Sub-National Taxation and Treatment of Interstate Trade in Brazil: Problems and a Proposed Solution', in S. Burki, F. Eid, M. Freire, V. Vergara, and G. Perry (eds), *Decentralization and Accountability of the Public*

Sector, Proceedings of the Annual World Bank Conference on Development in Latin America and the Caribbean—1999, Washington, DC: World Bank.

Vickrey, W. (1999), 'Simplification, Progression, and a Level Playing Field', in K. Wenzer (ed.), *Land-Value Taxation: The Equitable and Efficient Source of Public Finance*, Armonk, NY: M. E. Sharpe.

Viscusi, W. (1995), 'Carcinogen Regulation: Risk Characteristics and the Synthetic Risk Bias', *American Economic Review*, **85**, 50–4.

Wakefield, M. (2009), 'How Much Do We Tax the Return to Saving?', IFS (Institute for Fiscal Studies) Briefing Note 82 (http://www.ifs.org.uk/publications/4467).

Watkiss, P., and Downing, T. (2008), 'The Social Cost of Carbon: Valuation Estimates and Their Use in UK Policy', *Integrated Assessment*, **8**, 85–105.

Weil, D. (1994), 'The Saving of the Elderly in Micro and Macro Data', *Quarterly Journal of Economics*, **109**, 55–81.

Weitzman, M. (1974), 'Prices versus Quantities', *Review of Economic Studies*, **41**, 477–91.

Zee, H. (2006), 'VAT Treatment of Financial Services: A Primer on Conceptual Issues and Country Practices', *Intertax*, **34**, 458–74.

찾아보기

【ㄱ】

가계 자산소득 조사에 의한 편익제도 325

가정용 레이트 411

가족소득의 과세체계 84~87

간이과세 194, 195

간접세제 508~511

감면세율 188

개량세 399

개발세 399

개인연금 311

개인종합자산관리계좌 311

개혁안의 주요 내용 518, 519

거래세 168

거주국 기준 436

결합 세율 스케줄 144

결합 스케줄 143

결합 실효세율 143

경제적 귀착 35

경제적 지대 439, 449, 464, 473

경제적 지대세 41

경제학적 접근방법 2

계획이득세 400

고정사업장 458

골재채취세 247, 256, 257

공매 273, 284

공평한 조세체계 44~46

과세소득 탄력성 76

과세 이연 공제제도 446

과세회피 방지 법령 432

과소자본 세제 461, 471

교통 혼잡의 외부비용 300

국민보험기여금 335

근로소득세 317, 319

근로유인 측정 100

글로벌 총량 제한 및 거래제 266

금융 안정성 기여금 229

금융활동조세 224~227

긍정적 외부성 43

기업가 감면 369

기업가 세제 혜택 485

기업 과세 515~518

기업투자제도 485

기회비용 438

기후변화세 247, 267, 269, 278, 279

기후변화협정 267, 279

【ㄴ】

내부성 166, 179

내부화 246, 259, 300

내연적 한계 69, 90

내연적 한계 변화 80

녹색 조세 279

누진성 31, 498

누진세와 가계 자산소득조사 347~352

누진적인 조세제도 498

누진적인 조세체계 51

【ㄷ】

다양한 부가가치세율 172

다중 수단 249

단순 결합 세율 스케줄 144

단순성 58~62

단순한 조세체계 58

단일세율 123, 166, 170, 171, 180, 195, 436

단일 세율표 499

단일 스케줄 152

단일 통합세 145

단일 편익체계 150

단일 평률세율 152

담배세 43

대기오염규제법 246

대체효과 38, 74, 75

독립기업 간 가격결정원칙 460

동결효과 343, 346, 513

동시 산정 159

【ㄹ】

런던 혼잡통행료 293

【ㅁ】

매립세 247, 255, 256

매립 할당량 거래제도 257

매연공해감소(도시)법 246

매입자 납부제도 204

면세 187, 188, 190, 191

면세제도 192

무상할당방식 251, 273

무위험 수익률 450

미드 보고서 2, 514

【ㅂ】

발생에 기초한 조세체계 346

배당 세액 공제 491

배출권 거래제 252, 261, 267, 269, 270, 283, 511

배출 할당량 271

법인세 주주 귀속방식 과세체계 437

법적 귀착 35

법정 부담자 35

벤처 캐피털 트러스트 485

복수세율 181

부가가치세 166, 183, 208

부가가치세 과세기반 확대 231~244, 509

부가가치세 면세 510

부가가치세 세수탈루 196

부가가치세 작동원리 184~187

부동산거래세 428

부유세 374

부(負)의 소득세 77, 79

부의 이전 374

부의 이전 동기 380

부의 이전세 375

부의 이진에 내한 과세 373

부의 이전에 대한 동기 378

부의 이전에 따른 세금 384~392

부(負)의 저축 319

부정적 외부성 42

불완전 EET 방식 363

비(非)가격 정책 283

비(非)조세 정책 283

비가정용 레이트 403

비과세 정액지급금 364

비닐봉지세 258
비밀세 22
비중립적인 조세체계 57

【ㅅ】

사업용 레이트 403
사적연금제도 318
사회배당 77
사회적 이익률 441
상속세 374, 375, 392
상속세의 과세체계 389
생산의 효율성 167
생산지 과세원칙 198
생산지국 과세원칙 200, 205
생애주기 저축 306
생애주기별 혜택 126~134
세수 중립적 세제개혁 75
세원 303
세율 스케줄의 통합 157~161
세율인하-과세기반 확대 432
세율표 74~84, 134
소규모 개방경제 462
소득 변동성 330~331
소득세 318
소득연계국가연금 311
소득효과 38, 74, 75
소매세 186
소비세 303
소비지 과세원칙 198
소비지국 과세원칙 199
소비지 기반 475
소비평준화 308
소음부과금 290
손실 상계 356

수단적 지침들 55
수익률 공제 318, 422, 490, 512, 513
수익률 공제 소득세 317
수익률 공제(RRA) 제도 319, 338, 357, 449,
    475, 493
수익률 공제(RRA) 방식 452
수직적 공평성 45~46
수출세율 205, 206
수평적 공평성 45
수평적 형평 175
수평적 형평성 174~176
수혜적 조세 개혁 51
순수 소비세 514
순수한 소득세 334
순수 현금흐름 지출세 343
순차적 산정 159
슈퍼공제 492
신장세 89
신종 자본증권 445
실용적 법칙들 48, 55
실질적인 경제적 부담자 35
실효한계세율 99, 101~103, 109, 110

【ㅇ】

아담 스미스(Adam Smith) 28
안정성 62
안정적인 조세체계 62
암묵적 조세 268, 269
암묵적 탄소세 269, 270
양도소득세 390
업무용 차량 세제 290
업무용 회사차 300
에딩톤 보고서 295
역탄력성 규칙 171

역U자   116
연간 투자 공제   492
연금과세   338
연료 빈곤   276
연료세   287, 290~298, 301
영국고령화연구패널   310
영국 상속세   385
영국의 중소기업 과세제도   487
영국의 PAYE(원천과세제도)   139
영국 조세제도   505
영세율   187, 188
온정주의   43
완전 EET 방식   361~363
완전한 자본 이동   462
완전한 조세 평준화   370
완전한 평준화   366
외국납부 세액공제   459
외부성(또는 외부효과)   30, 42, 166, 179
외연적 한계   69, 80, 90
원천국 기준   436, 459, 473
원천지국 과세원칙   200
위험 프리미엄   448, 474
윈스턴 처칠(Winston Churchill)   398
윌리엄 비커리(William Vickrey)   398, 405
유량   249, 263
유량 오염물질   249
유상할당   285
유상할당방식   273
유해 조세경쟁   466
유효세율(ETR)   341
유효세율표   74
유효 조세체계   347
이상적인 조세제도   496~504
이월공제   449

이자배분 규칙   461
이전가격   460
이중가격제도   273
이중과세   391, 455, 467
이중배당   254, 255, 259
이중소득 과세제도   435
이해관계자연금   311
인두세   41
인지세   168, 169, 428
일괄세   41
일률과세   77
일시상각   443
임금 격차   37
임시 지급   156

【ㅈ】

자기공급   191
자기자본에 대한 공제(ACE)   446, 470, 490, 516
자기자본에 대한 공제제도   225, 493
자녀세액공제   507
자동차 개별소비세   247, 287
자동차세   290, 298~300
자본비용   437, 441, 443
자본세   45
자본이득   422
자본이득세   425
자본이득에 대한 과세   346
자본화   523
자산들 간의 저축배분   310~312
자중손실   37, 38, 50
재산세   398
재생가능 수송연료 사용 의무   269
재생가능 에너지 사용 의무   267, 278

재정견인 19

저량 249, 263

저량 오염물질 249

저세율 187

저축과 부에 대한 과세 512~515

저축과세 303

저축에 대한 과세 52

저축의 정상수익 314

저축의 정상적 수익에 대한 과세 304

저축 중립적 세제 323

전 세계 부채 한도 설정 제도 451

절차의 공정성 44

정산기관 205, 206

정상 초과 이윤 439

정상적 무위험 수익 318

제임스 미드(James Meade) 2

제한된 TEE 제도 357

조세 개혁의 정치적 과정 19~24

조세 격차 37, 60

조세경쟁 433

조세 계산 회계 219~224, 227, 228

조세부담 35

조세부담의 이연 343

조세수입 중립적인 조세 개혁 49

조세 쐐기 37

조세자본화 398

조세 전가 434

조세중립성 305

조세체계와 편익체계의 통합 152~161

조세체계의 목표 29

조세체계의 복잡성 60

조세체계의 전일론적 관점 58

조세체계의 통합 141~148

조세체계의 평가 28~47

조세 평준화 325, 338

조세피난처 455

조세회피 59

조세회피 방지 조항 524

종가세 291

종합세액공제제도 152

좋은 조세체계 28, 30

주택서비스세 411

준지대 464

중간 세율 145

중간투입재 191

중립성 55~58, 497

중립성 원칙 312~326

중립적 조세제도 499

중립적 조세체계 46, 55

중소기업 과세제도 477~493

증여세 390

지대의 유형 42

지역 내 행방불명 사업자 201

지출세 303, 318

진정한 세율 스케줄 143

집약적 한계 39

【ㅊ】

참여세율 99, 101~103

청정개발제 265

청정대기법 246

체계적인 개념적 접근방법 4

초과부담 51

총량 제한 및 거래제 250, 253, 259, 265, 502

총량 제한 및 배출 거래제 251

총량 제한 및 배출권 거래제 272

최고세율 123~125

최적 과세 48, 453

최적 과세와 사회 후생 48~55

최적과세 접근방식 79

최적 세율표 79

최적세 이론 48, 49

최적 소득세율표 122

최적 소득세체계 52

【ㅋ】

카네기 효과 375

카운슬세 408

카운슬세 급여 409

케이트 바커(Kate Barker) 402

【ㅌ】

탄소감축 실천계획 267, 272

탄소배출 감축목표 278

탄소세 272, 277

탄소의 사회적 비용 280, 281, 298

탈세 60, 196

태깅 87, 126

토빈세 169

토지세 42, 398

토지에 대한 지대세 42

통합적 복지체계 95

특정 평등주의 174

【ㅍ】

편익조세 397

편익체계의 통합 148~152

평생소득 303

포괄적 소득세 315, 319

포괄적인 기업소득세 450

포괄적 한계 39

표준세율 187

표준 소득세 318

피구세 245

【ㅎ】

합법적 기대에 대한 공평성 45

항공여객세 247, 255, 256, 267

행정 통합 154~157

헨리 조지(Henry George) 398

현금흐름 과세 213~216

현금흐름 부가가치세 216

현금흐름 조세 443~446, 448

현금흐름 지출세 317, 319

혼잡에 대한 조세 270

혼잡통행료 247, 288, 290~296, 301

확정급부형 연금 358

확정기여형 연금 358

환경세 42, 287, 290

환경세제 511

회전목마 사기 201~203

효율적인 조세제도 505

후생손실 35, 50

【기타】

CVAT 제안 206

EEE 제도 361

EET 339, 449

EET 방식 351

EET 저축제도 366

EET 제도 351

ETS 271~274, 278, 281, 282, 284, 285

R+F−base 현금흐름 조세 445, 448

R-base 현금흐름 조세 444, 445

RRA 338

TEE 338, 339, 341

TEE 방식 351, 353

TEE 유형의 제도 351

TEE 제도 354, 360

TtE 338

TTE 341

U자형 109

VIVAT 제안 206

저자 소개

제임스 멀리즈 경(Sir James Mirrlees)

멀리즈 경(卿)은 현재 영국 케임브리지대학교 트리니티 칼리지(Trinity College) 평의원 겸 정치경제학 명예교수, 호주 멜버른대학교 계관(Laureate)교수, 홍콩 차이니즈대학교 저명(Distinguished)교수이며, 영국 학사원(British Academy) 특별 회원이다. 또한 멀리즈 경은 세계 계량경제학회 회장, 영국 왕립경제학회 회장, 유럽경제학회 회장 등을 역임하였다. 세계 각국으로부터 많은 명예박사 학위를 수여받았다. 멀리즈 경은 주로 유인과 정보비대칭의 경제학을 연구했으며 현대 최적과세이론을 창시하고 체계화하였다. 1996년에 노벨경제학상을 공동으로 수상했고, 1997년에 경제학에 기여한 공로로 영국 여왕으로부터 경(卿, Sir) 작위를 수여받았다.

스튜어트 아담(Stuart Adam)

아담은 현재 영국재정연구소(IFS) 선임 연구 이코노미스트로 일하고 있다. 아담의 연구 분야는 조세 및 편익제도의 설계이며, 그동안 소득세, 국민보험, 자본이득세, 세액공제, 근로유인과 재분배, 자녀가 있는 가계에 대한 보조, 지방재정 등을 포함하여 영국의 조세 및 편익정책과 관련된 다양한 문제들을 연구해 오고 있다.

티모시 베슬리(Timothy Besley)

베슬리는 현재 런던정치경제대학교(LSE)에서 경제학 및 정치학 쿠웨이트(Kuwait) 석좌교수로 있으며, 영국재정연구소(IFS) 연구위원이기도 하다. 특히 베슬리 교수는 2006~2009년 영국은행 통화정책위원회(MPC) 위원을 역임했다. 베슬리 교수의 연구 분야는 주로 발전경제학, 공공경제학, 정치경제학이나. 베슬리 교수는 *American Economic Review*의 공동 편집장을 역임했고, 현재 세계 계량경제학회 및 영국 학사원 특별 회원이며, 유럽경제학회 회장을 역임했다. 베슬리 교수는 2005년 Yrjö Jahnsson 상(賞)을 수상했으며, 2010년 사회과학에 봉사한 공로로 여왕으로부터 대영제국 훈작사(CBE)를 수여받았다.

리차드 블룬델(Richard Blundell)

블룬델은 현재 영국재정연구소(IFS) 연구담당 소장이며, 영국 ESRC 부설 공공정책센터 소장으로도 일하고 있다. 또한 블룬델은 영국 UCL 대학교에서 데이비드 리카도(David Ricardo) 석좌

교수직을 보유하고 있다. 블룬델의 연구 분야는 주로 미시계량경제학, 가계의 행위, 조세정책 평가 등이다. 블룬델은 영국 학사원 특별 회원, 영국 보험회계연구원 명예위원, 영국 왕립경제학회 회장이며, 유럽경제학회 및 세계 계량경제학회 회장을 역임했고, *Econometrica*의 공동 편집장을 역임했다. 블룬델은 Yrjö Jahnsson 상(賞)과 프리쉬 메달(Frisch Medal)을 수상했으며, 2006년 경제학 및 사회과학에 봉사한 공로로 여왕으로부터 대영제국 훈작사(CBE)를 수여받았다.

스테판 본드(Stephen Bond)

본드는 현재 영국 옥스퍼드대학교 너필드 칼리지(Nuffield College) 선임 연구위원, 옥스퍼드대학 부설 기업세 연구센터 프로그램 담당 소장, 영국재정연구소(IFS) 연구위원이다. 본드의 주요 연구 분야는 법인세 정책 및 법인세가 기업 행위에 미치는 영향 등이며, 이 외에도 기업투자 및 금융행위에 대한 실증 연구, 패널자료 분석을 위한 계량경제적 방법 개발 등을 연구하고 있다.

로버트 초테(Robert Chote)

초테는 현재 영국 예산책임처(OBR) 처장이며, 2002~2010년 간 영국재정연구소(IFS) 소장을 역임했다. 또한 초테는 IMF 제1 부전무 자문역 및 연설 작성자로 근무했고, 1995~1999년 간 영국 *Financial Times*지 경제담당 에디터, *The Independent*지 경제 특파원, *Independent on Sunday*지 기고자로도 활동했다. 초테는 영국 경제사회연구소(NIESR) 이사장이며, 영국 통계청(ONS) 부설 정부활동평가센터 자문역을 맡고 있다.

말콤 게미(Malcolm Gammie)

게미는 현재 영국 제1 에식스 법정(One Essex Court) 법정 변호사이며, 30년 동안 영국재정연구소(IFS)와 관계해 왔고, 재정연구소 부설 세법검토위원회 연구소장으로 일하고 있다. 2002년에 QC(영국의 착선 변호사)가 되었고 2008년에 LexisNexis 조세상(賞)을 수상함으로써 '그해의 조세변호사'로 선정되었다. 영국 공인세무사회(CIT) 회장을 역임했고, 호주, 네덜란드, 영국 등의 대학에서 강의하고 있으며, 조세정책 문제들과 관련하여 세계 여러 정부들, 유럽위원회, OECD 등에 자문역할도 해 주고 있다. 2005년에 조세정책에 봉사한 공로로 여왕으로부터 대영제국 훈작사(CBE)를 수여받았다.

폴 존슨(Paul Johnson)

존슨은 현재 영국재정연구소(IFS) 소장이며, 처음부터 영국재정연구소에서 일해 왔으며 조세, 복지, 분배 문제들을 연구해 오고 있다. 존슨은 영국 금융감독위원회(FSA) 경제 담당 팀장, 교육부 선임 이코노미스트, 재무부 국장 등을 역임했다. 또한 존슨은 2004~2007년 간 영국 정부

경제연구소(GES) 부소장을 역임했다. 존슨은 공공경제학 및 정책 분야와 관련하여 연구소 및 정부에서 활발하게 활동해 오고 있다.

가레스 마일레스(Gareth Myles)

마일레스는 현재 영국 엑시터(Exeter)대학교 경제학과 교수이고, 영국재정연구소(IFS) 연구위원이다. 또한 마일레스는 영국 왕립 인문과학회 평의원이며 호주 조세연구소 전문 연구위원으로 일하고 있다. 마일레스는 현재 *Fiscal Studies* 편집장 및 *Journal of Public Economic Theory* 부편집장이다. 마일레스의 주요 연구 분야는 공공경제학, 노동경제학, 미시경제학이며, 불완전 경쟁하에서의 조세부과, 국제조세, 공공재 등과 관련하여 많은 연구논문들을 발간하였다. 마일레스는 *Public Economics*(1995)와 *Intermediate Public Economics*(2006)라는 두 권의 공공경제학 교재를 출간하였다.

제임스 포테르바(James Poterba)

포테르바는 미국 MIT 대학교 경제학과 미츠이(Mitsui) 석좌교수이며, 미 국가경제연구원(NBER) 원장이며, 미국 조세학회 회장을 역임했다. 포테르바는 미국 인문·자연과학회 평의원이고, 세계 계량경제학회 특별 회원이다. 포테르바의 주요 연구 분야는 조세부과가 가계 및 기업의 경제적 의사결정에 미치는 영향을 분석하는 데 있다. 포테르바는 2005년 미 연방세 개혁을 위한 대통령 자문위원회 위원과 *Journal of Public Economics* 편집장을 역임했다. 포테르바는 미 하버드대학교에서 경제학을 공부했고, 영국 옥스퍼드대학교에서 경제학 박사학위를 취득했다.

역자 소개(가나다순)

강성훈(제15장, 제19장 번역)

미국 미시건주립대학교(Michigan State University) 응용경제학 박사

현재 한국조세재정연구원 조세연구본부 부연구위원

권오성(제10장, 제11장, 제12장 번역)

미국 워싱턴대학교(University of Washington) 경제학 박사

현재 국방대학교 국방관리대학원 국방관리학부 교수

김영노(감수)

네덜란드 레이든대학교(Leiden University) 법학 석사

현재 OECD 조세정책 및 조세행정센터 선임 자문관

김재진(제3장, 제4장, 제20장 번역)

미국 미시건주립대학교(Michigan State University) 경제학 박사

현재 한국조세재정연구원 조세연구본부 선임연구위원 겸 조세연구본부장

박우성(제13장 번역)

미국 브라운대학교(University of Brown) 경제학 박사

현재 경희대학교 경제학과 교수

안세준(제6장, 제7장 번역)

미국 워싱턴대학교(University of Washington Law School) 세법학 석사

미국 뉴욕대학교(New York University Law School) 세법학 석사

현재 조세심판원 상임심판관

이성규(서문, 제1장, 제2장, 제5장, 제14장 번역)

영국 사우스앰턴대학교(University of Southampton) 경제학 박사

현재 국립안동대학교 무역학과 교수

이호섭(제17장, 제18장 번역)

서울대학교 경영학 석사

네덜란드 딜로이트 회계법인 연수

현재 기획재정부 경제정책국 부동산정책팀 팀장

주만수(제16장 번역)

미국 일리노이대학교(University of Illinois at Urbana-Champaign) 경제학 박사

현재 한양대학교 경제학부 교수

최승문(제8장, 제9장 번역)

미국 프린스턴대학교(Princeton University) 경제학 박사

현재 한국조세재정연구원 재정연구본부 부연구위원